W0229220

ROAD TO NOWHERE

MARC HELSEN

EINE REISE IN DIE VERGESSENEN LÄNDER DER WELT

AUS DEM NIEDERLÄNDISCHEN
VON BÄRBEL JÄNICKE

KUNTH

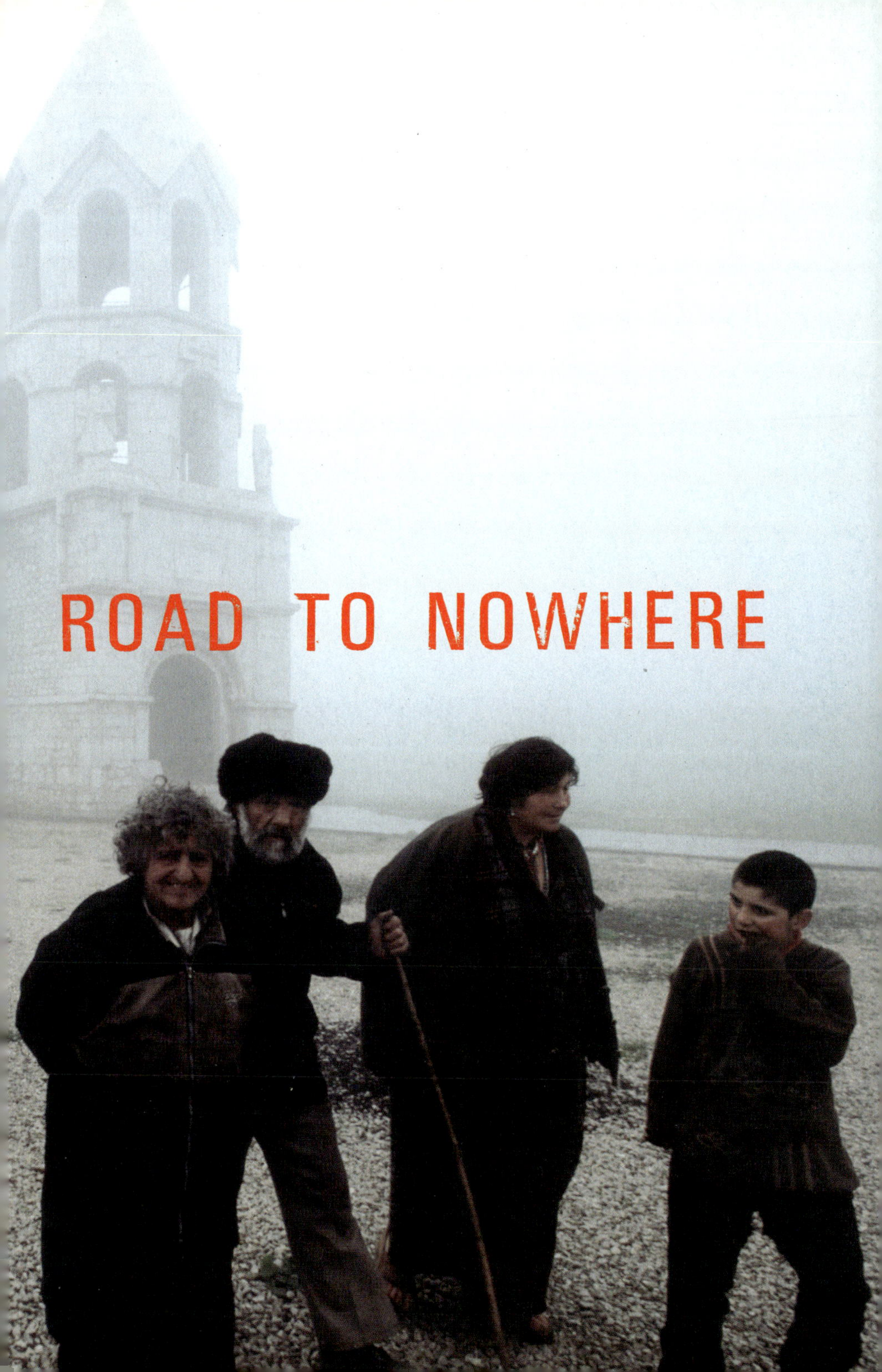
ROAD TO NOWHERE

Ohne die Mitwirkung von Ärzte ohne Grenzen hätte ich dieses Buch nicht schreiben können. Mein aufrichtiger Dank gilt den zahllosen Mitarbeitern von Ärzte ohne Grenzen – aus Belgien, den Niederlanden und anderen Ländern, die dieses Projekt logistisch unterstützt oder mich in einigen der entlegensten Weltregionen ins Schlepptau genommen haben. Ihr Engagement und ihre Hilfsbereitschaft – selbst unter schwierigsten Bedingungen – werden mir immer in Erinnerung bleiben.

Ärzte ohne Grenzen arbeitet häufig in »vergessenen« Gebieten, wie sie in meinem Buch vorkommen. Die Organisation leistet vorwiegend medizinische Hilfe für die Not leidende Bevölkerung, betrachtet es jedoch ebenfalls als ihre Aufgabe, öffentliches Interesse für diese Menschen zu wecken. Daher wird manchmal behauptet, Ärzte ohne Grenzen sei gleichsam das Kind eines Arztes und eines Journalisten. Eine Anspielung auf die Tatsache, dass die Organisation im Laufe ihrer bewegten Geschichte immer wieder Missstände angeprangert hat und unabhängige Journalisten darin unterstützt hat, sie öffentlich bekannt zu machen. Ärzte ohne Grenzen hat Beistand und Aufklärung immer als zwei unverbrüchlich miteinander verbundene Aspekte moderner humanitärer Hilfe angesehen. Gerade diese Verknüpfung macht die Organisation auch heute noch so einzigartig. Ihrer Unterstützung ist es auch zu verdanken, dass ich meine Reiseerzählung schreiben konnte als eine Sicht auf das wirkliche Leben in Gegenden, die die Welt allzu gerne vergisst.

Marc Helsen

INHALT

PROLOG

ICH GING AN DER ELFENBEINKÜSTE an Land – mit einem Sack voller klirrender Flaschen Johnny Walker, Drambuie, Cognac, Portwein und Gin sowie acht Dosen Bier und vier Flaschen Rotwein. Doch bevor Sie mich für einen Alkoholiker halten, möchte ich doch darauf hinweisen, dass es sich bei diesem Vorrat um ein Abschiedsgeschenk von SN Brussels Airlines handelte. Eine befreundete Stewardess hatte sich so sehr um mein Wohlergehen während der Mission des kommenden Halbjahres gesorgt, dass sie, in der Hoffnung, mir damit den Rücken zu stärken, die Bar des Flugzeuges leer räumte. Wenn Sie sich an jenem Wintertag im Januar 2006 also zufällig auf demselben Flug von Brüssel nach Abidjan befunden haben und sich wegen des gut gemeinten Überfalls auf den SN-Getränkebestand gezwungen sahen, Selters zu trinken, weil es keine alkoholischen Getränke mehr gab: Entschuldigen Sie bitte.

Der Flughafen von Abidjan ist modern und gut ausgestattet. Auf den ersten Blick scheint sich seit meinem letzten Besuch Anfang 2001 in der Stadt nichts verändert zu haben. Doch das täuscht. In den vergangenen Jahren hat sich die Elfenbeinküste von einem Vorbild für Afrika zu einem seiner vielen Problemländer entwickelt, und ein Bürgerkrieg hat das Land gespalten. Blauhelme und eine französische Friedenstruppe versuchen die kämpfenden Parteien auseinanderzuhalten. Abidjan, die einst so stolze Hauptstadt, die wegen ihrer modernen Skyline und ihrer schicken Boutiquen von manchen auch als »Paris Afrikas« bezeichnet worden war, hat ihre besten Zeiten hinter sich.

Am Flughafen steige ich in einen wartenden Toyota Land Cruiser von Ärzte ohne Grenzen. Die Straßen von Abidjan sind leer. »*Les Jeunes Patriotes ont bloqué les rues toute la journée!*«, meldet der Fahrer. Ein paar Autos wurden in Brand gesteckt, doch

Cité Soleil, Port-au-Prince, Haiti.

sonst kam es zu keinen nennenswerten Gewaltakten. Wird die Situation sich von selbst beruhigen oder wird sie, wie es in Afrika häufiger vorkommt, nach weiteren Zwischenfällen total außer Kontrolle geraten? Ich werde bei der niederländischen Sektion von Ärzte ohne Grenzen in Abidjan einquartiert, in einem geräumigen Haus, in dessen Einfahrt der Land Cruiser rückwärts hineinfährt, bevor die Wachposten das Metalltor zwischen Grundstück und Straße verriegeln.

Später im Bett, bei offenem Fenster, atme ich den Geruch Afrikas ein. Afrika duftet herrlich. Es trägt ein vielschichtiges Parfum: Es besteht aus einem Gemisch aus roter Erde, Holzfeuern, gebackenem Maniok, blühenden Blumen, verwesendem Fleisch, getrocknetem Fisch, dem verbrannten Zweitakteröl klappriger Mopeds – und in Abidjan: aus dem Hauch einer feuchtwarmen Meeresbrise.

Am nächsten Morgen bereiten wir alles für den Aufbruch vor. Doch als wir das Gepäck ins Auto verladen haben, erreicht uns die Nachricht, dass die *Jeunes Patriotes* nach einer angenehmen Nachtruhe wieder unterwegs sind und es erneut zu vereinzelten Straßensperren in Abidjan kommt. Die Abreise wird gleich auf den nächsten Tag verschoben. Der Norden der Elfenbeinküste, mein Reiseziel jenseits der Demarkationslinie, rückt mit einem Mal in weite Ferne. Mich beschleicht ein mulmiges Gefühl: Werde ich je dort ankommen?

Nachmittags auf einem Spaziergang spüre ich, wie sich eine trügerische Ruhe über die Stadt legt. In Abidjan sieht man zwar immer noch viele der neuesten Mercedes- und BMW-Modelle, in denen die vornehme Gesellschaft die Boulevards auf und ab fährt, doch ich beobachte auch, dass die Händler ihre Läden schließen, obwohl es erst zwei Uhr nachmittags ist. Eine gewisse Spannung liegt in der Luft. Und als ich meine Schritte in eine bestimmte Richtung lenke, treten mir zwei Männer in den Weg: »Monsieur, dort sollten Sie nicht hingehen. Das wäre nicht gut für Sie.« Es ist eine gut gemeinte Warnung an den Fremden, nicht offenen Auges in die Falle zu tappen und die hastig errichteten Sperren zu übersehen, die ich nun in der Ferne entdecke. Junge Männer kontrollieren jeden vorbeifahrenden Wagen und schicken die Fahrer in die Richtung zurück, aus der sie gekommen sind.

Ich beschließe, dem guten, selbstlosen Rat zu folgen und mich unverzüglich aus dem Staub zu machen. Vorbei an Buden von Zigarettenhändlern und an Klempnern, die ihr Können unter Beweis stellen, indem sie zerbrochene Toilettenschüsseln und beschädigte Waschbecken am Straßenrand ausstellen, gelange ich wieder zu meinem Quartier. Dort informiert mich eine der jungen Frauen, die diesen Einsatz leiten, dass nun auch Nachrichten über Blockaden im Landesinneren vorlägen. Das sieht zunehmend schlechter aus.

Sowohl die Niederländer als auch die Belgier rechnen von diesem Abend an mit einer Evakuierung. Da ich die *Jeunes Patriotes* nicht persönlich davon überzeugen kann, nach Hause zu gehen und sich in den kommenden Tagen harter Arbeit zu widmen, statt sich mit Straßensperren zu beschäftigen (unzulässige Einmischung in die Angelegenheiten einer fremden Macht nennt man so etwas), finde ich mich damit ab, dass gleich mein erster Auftrag ins Wasser fallen könnte. Ein wahrhaft prophetischer Gedanke, denn kurz darauf setzt ein Regen ein, der den ganzen Abend über anhält.

Um zehn Uhr steht fest, dass alle evakuiert werden. Da das Rebellengebiet im Norden unter den gegebenen Umständen unerreichbar ist, hat es auch für mich keinen Sinn zu bleiben. Ich werde also mit den anderen heimfahren. Es wird höchste Zeit, sich der trostreichen Alkoholvorräte von SN Brussels Airlines zu widmen.

NACHTS BLEIBT ES RUHIG in den Straßen von Abidjan, aber sobald alle wieder auf den Beinen sind, sind auch die Straßensperren wieder da. Im Fernsehen werden die Zuschauer während einer Sendung über eine Rockband im Untertitel gebeten: »Kommen Sie und verteidigen Sie das Gebäude des Senders.« Nicht ganz sicher, ob sich dieser Appell auch an mich richtet, nehme ich mir die Morgenzeitungen vor. Die Fraternité Matin, die das merkwürdige Motto *ni neutre, ni partisan* unter ihrem Namen trägt, ist voll mit Fotos von diskutierenden Demonstranten und Aufrührern. Im Hintergrund der Fotos sieht man den Rauch brennender Objekte. Im ganzen Land hat es sieben Tote gegeben. Im Westen wurden bei einem Überfall auf eine UN-Basis fünf Aufständische von UN-Truppen erschossen. Im Fernsehen tritt ein Trupp von Wortführern auf. Sie verkünden, dass sie die Regierungspolitik satthätten und dass sowohl die Vereinten Nationen als auch die 4000 Mann starke französische Friedenstruppe gut daran täten, möglichst schnell die Kurve zu kratzen.

Weder bei Ärzte ohne Grenzen noch in der belgischen Botschaft hat man eine genaue Vorstellung davon, wie sich die Lage entwickeln wird. »Bleiben Sie alle in den Gebäuden«, rät der Botschafter. Telefonisch erreicht uns die Nachricht, dass hellhäutige Insassen eines Wagens auf dem Weg zum Flughafen bedrängt wurden. Die Aggression scheint sich mehr und mehr gegen Ausländer im Allgemeinen zu richten.

Um halb zehn schickt der Teamleiter von Ärzte ohne Grenzen Niederlande einen Wagen mit zwei Ivorern zum Flughafen. »Mal sehen, ob sie durchkommen.« Bald darauf kommt die Nachricht, dass sie es nach einer kurzen Diskussion an der Straßensperre geschafft haben. Ich weiß nicht, was ich von der Situation halten soll. Dass ich das Rebellengebiet nicht erreichen werde, steht fest, aber als Einleitung in ein Buch mit dem Titel *Road to Nowhere* kann man es gelten lassen: Vom ersten Trip kehre ich wie ein perfekt geschleuderter Bumerang unverrichteter Dinge nach Belgien zurück.

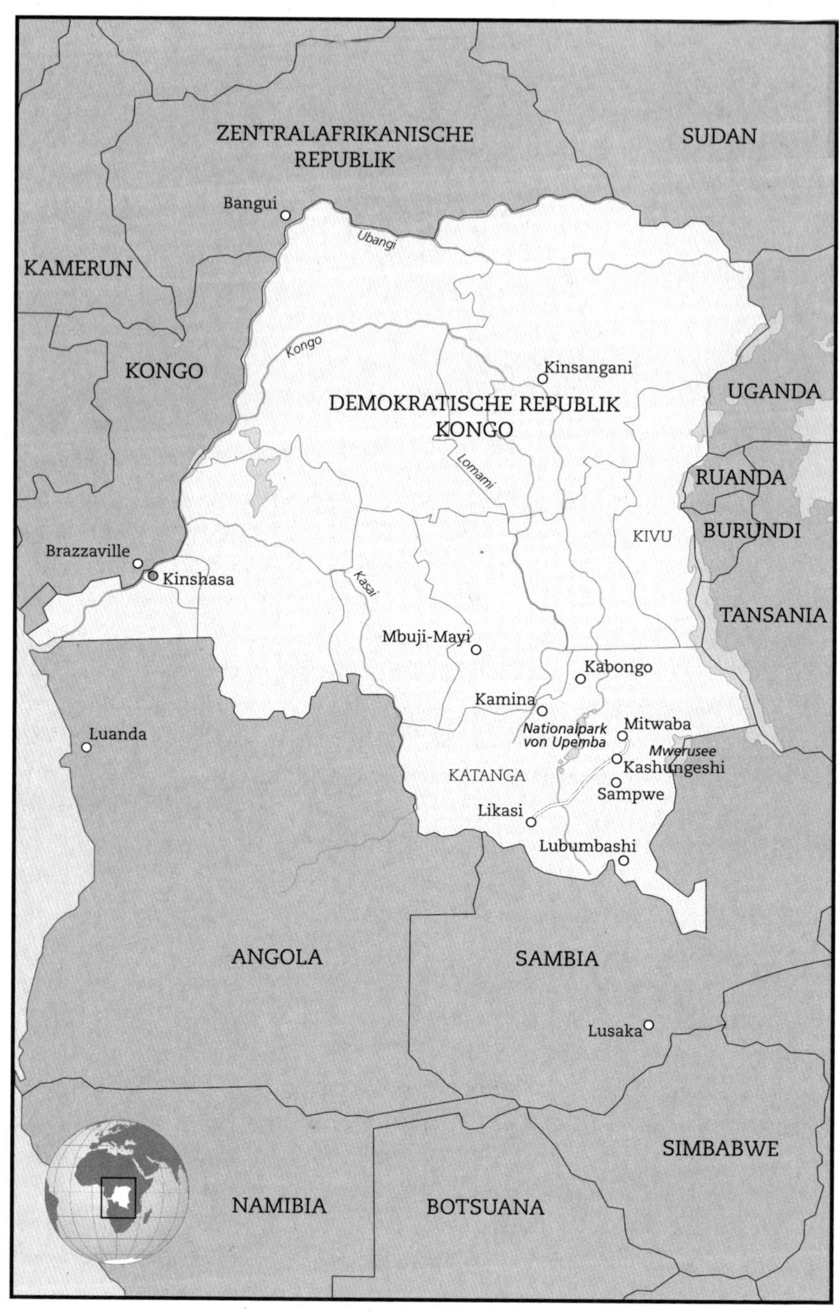
ZENTRALAFRIKANISCHE REPUBLIK
SUDAN
Bangui
Ubangi
KAMERUN
Kongo
KONGO
Kinsangani
UGANDA
DEMOKRATISCHE REPUBLIK KONGO
Lomami
RUANDA
KIVU
BURUNDI
Brazzaville
Kinshasa
Kasai
TANSANIA
Mbuji-Mayi
Kabongo
Kamina
Luanda
Nationalpark von Upemba
Mitwaba
Mwerusee
Kashungeshi
KATANGA
Sampwe
Likasi
Lubumbashi
ANGOLA
SAMBIA
Lusaka
SIMBABWE
NAMIBIA
BOTSUANA

KONGO

»There was no joy in the brilliance of sunshine.«
Joseph Conrad – Heart of Darkness

FRÜHMORGENS AN EINEM GEWITTRIGEN TROPENTAG laden Doktor Gbane und ich auf dem Flughafen von Lubumbashi 500 Kilo Gepäck in das Propellerflugzeug einer EU-Hilfsorganisation. Die Maschine wird uns in das gottverlassene Dorf Mitwaba in Nordkatanga bringen, in dem Ärzte ohne Grenzen einen Stützpunkt aufgebaut hat.

Doktor Gbane ist ein Ivorer, mit dem ich in den vergangenen Tagen in Lubumbashi mein Quartier geteilt habe. Er ist klein, stämmig und trägt eine feine Brille. Wie viele Afrikaner besitzt er einen unerschütterlichen Humor. Ich mochte ihn schon von unserer ersten Begegnung an. Während wir zusammenwohnten, musste ich durch sein Zimmer gehen, um in unser gemeinsames Bad zu gelangen. Einmal traf ich ihn dabei an, wie er auf seinem Gebetsteppich kniend, das Gesicht nach Osten gewandt, moslemische Gebete sprach. In den folgenden Tagen lauschte ich in den frühen Morgenstunden und kurz nach Sonnenuntergang oft seinem sonoren Gemurmel, aus dem manchmal der Name Allahs herauszuhören war. Ich begriff, dass es seine Art war, sich auf seinen Einsatz im Kongo vorzubereiten: Er würde ein Jahr in Mitwaba bleiben.

BEVOR ICH NACH LUBUMBASHI AUFGEBROCHEN war, hatte ich einige Tage bei Phillipe Havet, einem Belgier – mit einem Schädel kahl wie eine Kanonenkugel –, in Kinshasa gewohnt. Er arbeitet als logistischer Koordinator für Ärzte ohne Grenzen und schilderte mir vor meiner Abreise in kurzen Zügen die Lage in Mitwaba, in Nordkatanga. Als Erstes zeichnete er auf einem Blatt Papier eine Übersichtskarte, in die er einige Dörfer, die Hauptstraßen und die Gebiete eintrug, in denen sich die Mai-Mai-Rebellen und die kongolesische Armee konzentrieren.

»Schon in der Gegend um Mitwaba sind ungefähr 20 000 Leute auf der Flucht vor der Gewalt«, erklärte er mir. »Die Lage ist angespannt. Die kongolesische Armee bereitet eine Offensive vor.«

Nachdem er mir versichert hatte, dass er mich »innerhalb von 48 Stunden aus dem Schlamassel herausholen könne«, wenn es in Mitwaba plötzlich heiß herginge, verabschiedete ich mich von ihm, ohne mir ganz darüber im Klaren zu sein, ob mich sein Versprechen nicht eher verunsicherte als beruhigte.

OBWOHL LUBUMBASHI IMMER NOCH MEHR Erwartungen weckt als erfüllt, ist es doch eine lebenswerte Stadt voller Händler. Vom Bahnhof aus fährt alle paar Wochen ein Zug bis ins angolanische Luanda. Bis zur nahe gelegenen sambischen Grenze gibt es eine gut ausgebaute asphaltierte Straße, auf der ich in den folgenden Tagen Dutzende voll beladener Lastwagen vorbeidonnern sehe.

Mein Handy funktioniert in Lubumbashi genauso gut wie in Brüssel, und anders als in Kinshasa wird man auf der Straße in Ruhe gelassen: Es gibt wenig Bettler, aber viele Straßenhändler, die Schuhe, Gürtel, Zeitungen, Jeanshosen und Seife in ihrem Sortiment haben.

Lubumbashi sieht so aus, wie sich Europäer eine Stadt im Herzen Afrikas vorstellen: ein- und zweistöckige verputzte Backsteinbauten mit weißen Stuckverzierungen ordnen sich um ein Gitternetz schnurgerader Alleen, in denen Bäume mit weiß getünchten Stämmen die Straßen säumen; hier und da lockert ein Platz das strenge Gefüge auf. Man sieht, dass die Stadtverwaltung in Lubumbashi gute Arbeit leistet: Alle öffentlichen Gebäude sind ordentlich gestrichen und die Schlaglöcher in den Straßen werden (gelegentlich) ausgebessert. Das Innere des prächtigen Postgebäudes ist komplett eingerüstet: Es wird vollständig renoviert, was im Kongo, wo aus den Dächern alter Kolonialbauten gewöhnlich Bäume wachsen, eine große Seltenheit ist.

Die Lage der Stadt, auf 1000 Meter Höhe, mildert die afrikanische Hitze beträchtlich. Verlängert man die Sichtachse der Hauptstraße, so führt sie auf die düstere Silhouette einer gewaltigen Abraumhalde hinab, die sich wuchtig und bedrohlich vor dem Tropenhimmel abzeichnet. Dieser gigantische Schuttkegel wird in Lubumbashi seit jeher *Der Große Berg* genannt. Er bildet die kollektive Hinterlassenschaft der Union Minière – die sich heute Umicore nennt – und der Gécamines, einem ehemaligen kongolesischen Staatsbetrieb, der zu früheren Zeiten die treibende Kraft der kongolesischen Wirtschaft war, heute jedoch in ein tiefes Koma gefallen ist, aus dem er nur ab und an wieder erwacht.

Die baufälligen Anlagen von Gécamines wirken wie die perfekte Kulisse für einen Science-Fiction-Film. *Mad Max* nennen zynische Katanger diese rostige Müllhalde.

Ganz in der Nähe der gespenstisch aussehenden Bauten von Gécamines steht heute die brandneue Fabrik der GTL (Groupement pour le Traitement du Terril de

Lubumbashi), die zur Forrest-Gruppe des umstrittenen belgisch-kongolesischen Geschäftsmannes George Forrest gehört.

In Katanga liegt ein Fünftel des Weltaufkommens an Kobalt und die wahrscheinlich größte Kupferreserve der Welt. Überall auf der Welt braucht man Kobalt zur Herstellung von Mobiltelefonen, Flugzeugmotoren und Akkus. Im Kongo gibt es davon genug für alle: Schon für die Aufarbeitung des Abraums von Lubumbashi wäre nach Meinung von Chemikern ein Zeitraum von 17 Jahren nötig. Die Frage ist nur: Lässt man Forrest und Co. so lange ungestört arbeiten? Oder werden niederträchtige kongolesische Politiker und in- und ausländische Kriegsherren dieses Vorhaben mit einem weiteren Krieg oder Raubzug abermals vereiteln? Außerdem bleibt wie immer im Kongo die Frage offen: Wohin fließt das Geld, das die Bergwerksgesellschaften für die Konzessionen bezahlen? Denn eines ist gewiss, der gewaltige Reichtum an Bodenschätzen im Ostkongo und besonders in Katanga ist verantwortlich für die nie endende Kriegsgewalt in dieser Region. Es gibt riesige Mengen von Kobalt, Gold, Silber, Kupfer, Zinn, Mangan, Platin und vielen anderen Rohstoffen, die nur darauf warten, gefördert zu werden. Zur Zeit tun das vor allem selbst ernannte Generäle und deren politische Freunde. Aber gerade durch die Aktivitäten der neuen internationalen Bergwerksgesellschaften zeichnet sich hier allmählich ein Wandel ab.

NACHDEM UNS DER KONTROLLTURM in Lubumbashi die Starterlaubnis erteilt hat, fliegen wir eine Stunde über einen grünen Teppich aus Wäldern und Savannen. Nur selten kreuzen wir die rostrote Spur einer Straße, auf der kein einziges Fahrzeug zu sehen ist.

Der Pilot des Flugzeugs, einer Cessna 208B, ist Bretone. Olivier Le Guyader war früher Fluglotse im Tower in Brest, in einer der verkehrsreichsten Kontrollstationen Frankreichs: »Wir kontrollierten den Verkehr über dem Atlantischen Ozean von London bis Bordeaux.« Zu guter Letzt hatte er genug von den Pünktchen, die über seinen Bildschirm flimmerten, und fasste den Entschluss, den afrikanischen Luftraum zu erobern. Heute fliegt er für *Aviation Sans Frontières*. Während des Fluges erklärt er: »Im Kongo ist noch *echtes* Fliegen gefragt. Da muss man als Pilot auch technisch versiert sein. Das ist alles andere als ein Routinejob.«

Bei jeder Landung in irgendeinem gottverlassenen Nest zwischen Katanga und Kivu fliegt Olivier Le Guyader erst einmal in relativ geringer Höhe über die Landebahn hinweg, um zu kontrollieren, ob nicht vielleicht Kinder, Ziegen oder Kühe darauf herumlaufen, und um sicherzugehen, dass die Piste nicht nach einem kurz zuvor niedergeprasselten Gewitterregen unter Wasser steht. Erst dann setzt er zur Landung an.

»Ich finde es herrlich«, sagt er. »Vor allem den Kontakt zu den Kongolesen. Sie sind immer freundlich und aufgeschlossen, nie gibt es Gemecker. In Brest wurde ich nicht einmal begrüßt, wenn ich zur Arbeit kam. Das ist hier ganz anders. Am liebsten löse ich mit ihnen gemeinsam Probleme. Tag für Tag. Das gibt mir gewaltigen Auftrieb.«

Olivier ist wirklich ein Prachtkerl. Nachdem er uns auf einer kaum drei Meter breiten Landebahn abgesetzt und unser gesamtes Gepäck auf den *runway* ausgeladen hat, führt er uns eines seiner Bravourstückchen vor.

Er hebt ab, kippt das Flugzeug über den Schluchten um Mitwaba auf die Seite, fliegt zurück und schießt dann mit aufheulendem Motor auf uns herab. Nur wenige Meter über unseren Köpfen saust er vorbei. Im grauen Brest hätte er dafür seine Fluglizenz eingebüßt, aber hier finden es alle großartig.

UNTER NORMALEN UMSTÄNDEN wohnen in Mitwaba 2500 Menschen. Als die Mai-Mai-Rebellen jedoch im März 2004 die umliegenden Dörfer überfielen und plünderten und es wiederholt zu immer schrecklicheren Zusammenstößen mit der kongolesischen Armee im Norden von Mitwaba kam, musste das Dorf insgesamt 8500 Menschen aufnehmen, die in mehreren Flüchtlingswellen hier eintrafen. Sie hatten nicht nur ihr Hab und Gut verloren, sondern waren auch von den grauenhaften Ereignissen während der Mai-Mai-Überfälle traumatisiert. Es kursierten Schauergeschichten von Menschen, die bei lebendigem Leib gebraten und danach aufgegessen wurden.

Aus den Dörfern Kintya, Nkonga, Dilenge, Mulma, Mubidi, Kalike, Kisele, Kabambe, Katale, Kwiyajo und Kansove ergoss sich ein ständiger Strom Heimatloser nach Mitwaba. Die Mai-Mai, eine Verbrecherbande, die glaubt, Magie mache sie unverwundbar, hatten ihre Dörfer geplündert und ganz oder teilweise niedergebrannt und verwüstet. Mordend und brandschatzend hatten sie unter der Bevölkerung von Nordkatanga Angst und Schrecken verbreitet. Schließlich ging die Armee zum Gegenangriff über. Ob der die Lage verbesserte, sei dahingestellt, denn mit den Soldaten kamen abermals Vergewaltigungen, Plünderungen und Zwangsarbeit auf die Einwohner der Region zu. Seither füttern die Dorfbewohner von Mitwaba die Flüchtlinge durch und brauchen dafür ihre letzten kärglichen Vorräte auf.

In den Wochen vor meiner Ankunft waren die Nahrungsmittelvorräte in Mitwaba jedoch endgültig aufgebraucht. In den Flüchtlingslagern essen die Menschen Maniokabfall, Blätter, Insekten und Pilze – und das schon seit Monaten. Oft gibt es nur jeden zweiten Tag eine kümmerliche Mahlzeit. Selbst den Erwachsenen droht Unterernährung. Eine Hungersnot steht bevor. Und das in einem Land, in dem sprichwörtlich jeder Stock, den man in die Erde steckt, austreibt und Früchte trägt.

Kinder warten an der Landebahn von Mitwaba auf die Ankunft eines UN-Hubschraubers mit Lebensmitteln.

In Mitwaba ist vom kongolesischen Optimismus nichts mehr zu spüren. Doch immer werde ich auf meiner Erkundungstour höflich von Leuten begrüßt, die nichts als Lumpen an ihrem mageren Leib tragen. Nagender Hunger kann sie nicht daran hindern, den Fremden zu grüßen, nicht selten legen sie dazu die rechte Hand auf ihr Herz. »*Djambo papa!*« Weitschweifig grüße ich, Männer wie Frauen, zurück und schüttele jeden Tag Dutzende von Händen.

Die Kongolesen sind für ihr höfliches Benehmen allgemein bekannt, aber diese freundliche Begrüßung von Menschen, die jeden Tag hungrig aufstehen und sich hungrig schlafen legen, zeigt vor allem, dass sie ihre Selbstachtung nicht verloren haben. Sie bewahren Haltung und hoffen im Stillen, dass sich die schrecklichen Umstände, unter denen sie leben müssen, irgendwann einmal ändern werden – mithilfe der Heiligen Vorsehung, des weißen *muzungu* oder sogar der kongolesischen Regierung. Sie hoffen, auch wenn sie in ihrem Leben von allen dreien oft genug betrogen wurden und tief in ihrem Innersten wissen, was sie von deren Versprechungen zu halten haben.

Keiner der armen, freundlichen Leutchen, die mir begegnen, streckt die Hand zum Betteln aus. Doch mehrmals am Tag höre ich die schreckliche Frage: »Väterchen, haben Sie nichts zu essen für mich?« Oder die Verzweiflung etwas besser verbergend: »Haben Sie nicht Arbeit für mich?«

Diese Misere ist das Resultat des schrecklichsten Krieges in Afrika. Eines Konflikts, der seit 1998 vier Millionen Tote gefordert hat. Der Krieg im Kongo ist damit der mörderischste Konflikt seit dem Zweiten Weltkrieg. Am merkwürdigsten daran ist aber vielleicht die Tatsache, dass die Weltöffentlichkeit beschlossen hat, wegzuschauen und den Kongo ausbluten zu lassen. Alle haben die Elendsschilderungen aus dem Kongo satt. Denn sie nehmen nie ein Ende.

AM TAG NACH MEINER ANKUNFT fahre ich auf dem Rücksitz von Josephs Motorrad über eine Buckelpiste zum Flüchtlingslager Kananda, das fünf Kilometer westlich von Mitwaba liegt. Unterwegs halten wir bei den Ruinen eines alten britischen Krankenhauses. Es ist während der Scharmützel im März 2004 von der Bande von Colonel Gaspard Tchoutchou geplündert worden, einem kongolesischen Armeeoffizier von Gottes Gnaden, der in diesem Krieg eine besonders üble Rolle gespielt hat. Nach Auskunft der Flüchtlinge versorgte er die gegnerischen Mai-Mai mit Waffen aus dem Militärstützpunkt in Kamina. Im Austausch dafür bekam er von wildernden Mai-Mai, die im Upemba-Nationalpark Elefanten geschossen hatten, Elfenbein.

55 Familien haben in den Ruinen des Krankenhauses einen Unterschlupf gefunden. Zunächst waren es 150, aber viele sind geflohen, weil die Soldaten des nahe gelegenen Militärlagers sich hier nachts auf die Suche nach jungen Frauen gemacht hatten.

Das Krankenhaus liegt ein wenig abseits, sodass seine Bewohner nicht den Schutz der Dorfgemeinschaft von Mitwaba genießen können. Von März bis August 2005 wurden Dutzende von Frauen auf dem Weg von ihrer armseligen Unterkunft im verfallenen Krankenhaus nach Mitwaba von den Soldaten der 63. Brigade der kongolesischen Armee vergewaltigt. Von Soldaten, die sie eigentlich gegen die Mai-Mai-Rebellen schützen sollten.

Einer von ihnen bekam von den Einwohnern den Beinamen *Das Schwein*, weil er jede Woche mindestens fünf Frauen Gewalt antat. »Mit einem Speer bewaffnet, versteckte er sich im hohen Gras am Straßenrand«, erzählt eine der Frauen im alten britischen Krankenhaus. »Von seiner Waffe in Schach gehalten, mussten wir uns ausziehen, und dann legte er los.«

Sie hatte ihre Geschichte dem *Abbé* von Mitwaba erzählt, und der Geistliche war bei der Armee vorstellig geworden, aber ihre mutigen Aussagen hatten keinerlei Konsequenzen. *Das Schwein* blieb, wo es war. Erst nach geraumer Zeit wurde der Vergewaltiger zu einer anderen Einheit versetzt, weitab von Mitwaba.

»Viele junge Frauen trauen sich nicht zuzugeben, dass sie vergewaltigt wurden. Das brächte Schande über ihre Familie, und sie bekämen Schwierigkeiten mit ihren Männern. Also schweigen sie«, hatte mir Abbé Jean-Pierre im Schatten seiner verfallenen Kapelle berichtet, bevor ich nach Kananda aufbrach. In der 1948 von Franziskanern errichteten Kirche gibt es heute keine einzige Scheibe mehr, und aufgrund von Bodensenkungen droht sie auseinanderzubrechen. Doch der Krieg hat seine angeschlagene Kirche von Neuem mit Gläubigen gefüllt.

»Sie werden von den Zuständen im englischen Krankenhaus schockiert sein«, hatte mich Abbé Jean-Pierre vor meiner Abreise gewarnt.

Er sollte nur allzu recht behalten: In diesem verwahrlosten Krankenhaus begegne ich verzweifelten Menschen, die völlig am Ende ihrer Kräfte sind. In jedem der ehemaligen Krankenzimmer leben derzeit zwei Familien auf engstem Raum zusammen. Die Frauen kochen ihre kümmerlichen Nahrungsreste auf Holzkohlefeuerstellen auf dem Boden, die den Raum ständig mit Qualm füllen. Zum Glück haben Mitarbeiter von Ärzte ohne Grenzen Belgien die verschüttete Quelle in der Nähe des Krankenhauses wieder freigelegt, sodass es wenigstens einigermaßen sauberes Wasser gibt. Aber das ist auch der einzige Lichtblick.

Alle Bewohner dieser armseligen Kolonie waren im April 2005 geflohen, als die Mai-Mai ihr Dorf überfielen. Zwei Kinder starben und vier Erwachsene wurden erschossen. Das Dorf wurde niedergebrannt. Ich bitte Joseph, einen Katanger, der in Suaheli mit ihnen sprechen kann, sie danach zu fragen, ob sie an eine baldige Rückkehr in ihr Dorf glauben.

Ein Mann mit eingefallenen Wangen, aber einem lebhaften Blick antwortet: »Im Moment ist das unmöglich. Die Mai-Mai und die Soldaten haben sich unsere Felder unter den Nagel gerissen.«

»Wo früher unser Dorf stand, wächst heute nur noch Urwald!«, sagt ein älterer Mann verbittert. »Wir haben nichts mehr. Wir müssen leben wie Tiere.«

Um uns drängen sich Dutzende Männer, Frauen und Kinder. Auf jede meiner Fragen antworten sie geduldig, besonnen und – was mich noch am stärksten berührt – ohne Empörung in der Stimme. Einmal antwortet eine der Frauen, dann wieder einer der Männer. Die Begegnung mit mir, einem Fremden, bringt sie dazu, ihr Schicksal in Worte zu fassen.

»Joseph, frag sie, wovon sie sich ernähren.«

Auf diese Frage hin bringen mich die Frauen zu einem hölzernen Mörser, in dem eine von ihnen mit einem dicken Stößel eine graue Masse zermalmt. Mir kommt das klassische Bild der zentralafrikanischen Maman, die Maniok stampft, in den Sinn. In dem Mörser befindet sich jedoch kein Maniok.

»*On ne mange que les déchets de maniok*«, erklärt ein Mann.

»Sie essen nur den Abfall der Maniokpflanze«, sagt Joseph, der meine Irritation bemerkt.

»Nicht die Blätter, denn davon machen sie eine Art Spinat. Aber die gibt es auch schon lange nicht mehr. Sie essen seit Monaten schon die Reste, die sie normalerweise als Tierfutter verwenden. Sie weichen sie in Wasser ein, lassen den Brei stehen, bis er gärt, trocknen das Gemisch dann in der Sonne und stampfen es klein.«

»Ist das alles, was sie essen?«

Diese Frage braucht Joseph nicht zu übersetzen, so viel Französisch verstehen die Frauen selbst.

»Ja«, antworten sie im Chor. Zum Beweis geht eine der Frauen in das baufällige Krankenhaus und zeigt mir den verbeulten Topf, in dem sie ihre karge Mahlzeit zubereitet hat. Ich sehe den faustgroßen Klumpen einer graugrünen Masse: die Tagesration.

»Sie sagt, dass sie das Essen aufhebt, bis ihr Mann zurückkommt«, übersetzt Joseph.

»Wo ist er denn?«

»Er ist zu einem Dorf im Süden aufgebrochen, das 55 Kilometer entfernt liegt. Viele Männer aus dem Lager gehen dorthin, weil sie hoffen, auf den Feldern der dortigen Dorfbewohner für fünf Tage Arbeit zu finden. Dafür bekommen sie einen Sack Maniokabfall, den sie dann nach Hause bringen.«

So funktioniert das also. Die Männer verschwinden für eine Woche und hoffen, auf diese Weise den Lebensunterhalt für ihre Familie zusammenzukratzen – einen Lebensunterhalt, der aus Tierfutter besteht.

Aber damit noch nicht genug des Elends. Unterwegs begegnen die Männer Soldaten der kongolesischen Armee, die sie oftmals anhalten und sie zwingen, ihr Gepäck zu schleppen, berichten die bedauernswerten Krankenhausbewohner.

Häufig beschlagnahmen die Soldaten auch die Fahrräder der Bewohner, um damit bis ins 55 Kilometer entfernte Kashungeshi zu fahren und sich dort mit Vorräten einzudecken.

»Müsst ihr auch ihre Munition tragen?«

»Natürlich«, antworten die Männer der Gruppe. »Und ihre Waffen. Häufig nehmen sie uns auch das Essen ab, das wir während der Woche mit harter Arbeit ver-

Flüchtlinge in Mitwaba kochen ihre kärglichen Nahrungsreste auf einem kleinen Holzkohlefeuer in einem düsteren, spärlich beleuchteten Zimmer einer Krankenhausruine.

dient haben. Oder wir müssen uns freikaufen.« Sie erzählen, Angst sei auf diesen Wegen ihr ständiger Begleiter. Und wenn Gott ihnen auch vorherbestimmt habe, als Flüchtlinge zu leben, so hofften sie doch wenigstens darauf, in einem sicheren Lager zu wohnen, mit Feldern in der Nähe, die sie bewirtschaften könnten.

Auch ein paar Schritte weiter, im eigentlichen Lager Kananda, gibt es keinen Grund zur Freude. Hier leben 2000 Flüchtlinge, denen allmählich die Kleider am Leib verrotten. Sie sehen aus, als seien sie aus der Erde hervorgekrochen. Es sind Einwohner der Dörfer Konga, Lunguysin, Dilenge, Kyombyo und Bokonge. Ihre Dörfer wurden dem Erdboden gleichgemacht. Seit Monaten haben sie nicht ein einziges Mal etwas Anständiges zu essen bekommen.

»Wir werden sterben, was soll aus unseren Kindern werden?«, klagen sie. Ein alter grauhaariger Mann, dessen Hemd nur noch von einzelnen Fäden zusammengehalten wird, tritt als Sprecher auf und erklärt, dass die Flüchtlinge, was ihre Sicherheit und ihr Überleben angeht, allein auf Ärzte ohne Grenzen hoffen. »Unsere Dorfältesten wurden von den Militärs verschleppt. Sie sollten ihnen verraten, wo sich die Mai-Mai aufhalten. Vielleicht sehen wir sie nie wieder. Können Sie uns sagen, wo sie sind?«

»Nein«, sage ich. Ich kann es ihnen nicht sagen. Wo sie sind, weiß allein die Armee.

MAJOR ANDRÉ EKEMBE von der 63. Brigade der kongolesischen Armee hat sein Hauptquartier im höchstgelegenen Haus von Mitwaba eingerichtet. Eine gute Aussicht kann nichts schaden: Erst 14 Tage vor meiner Ankunft haben die Rebellen fünf Kilometer vor Mitwaba einen seiner Militärposten überfallen. Einen der Wachposten haben sie dabei wie ein Schwein abgestochen und ihm seine Geschlechtsteile abgeschnitten.

Der diensthabende Unteroffizier teilt mir mit, der Major würde mich empfangen, ich müsse mich aber einen Moment gedulden, da er sich noch in einer Besprechung mit seinen Offizieren befände. Ich setze mich also auf einen Stuhl und beobachte ebenso wie der Unteroffizier eine ganze Weile lang eine Mücke an der Wand. An der Bürotür des Majors hängt eine unzweideutige Botschaft. Dort steht: »Nichts ist langweiliger, als Besuch von jemandem zu bekommen, der nichts zu tun hat.«

Ich glaube: Nur in der Armee kann man sich so etwas ausdenken.

Nach einer Weile gesellt sich ein schmächtiger Adjutant in einer langen, gefütterten Uniformjacke mit Pelzkragen zu mir. Angesichts der bestehenden Wetterverhältnisse ist seine Montur ziemlich ungewöhnlich. Als ich – der ich hier in Hemdsärmeln sitze – mir darüber eine Bemerkung erlaube, sagt er, dass er aus der Provinz Evenaar stamme und es hier in Mitwaba, auf 1600 Meter Höhe, abends schon empfindlich kalt sei. Kurz darauf öffnet sich plötzlich die Tür und der Adjutant gibt mir ein Zeichen einzutreten.

Major Ekembe schüttelt mir die Hand und lässt sich geraume Zeit, meine Akkreditierung als Journalist zu prüfen. »Was wollen Sie wissen?«, fragt er.

»Wer sind die Mai-Mai eigentlich?«, frage ich

Sein Adjutant räuspert sich. Er wird während der nächsten halben Stunde alle meine Fragen und ebenso die Antworten des Majors notieren.

»Veteranen, die Joseph Kabila zum Kampf gegen die Ruander einberufen hatte, als diese in unser Land einfielen. Als die Ruander abgezogen waren, wollten wir sie in die kongolesische Armee integrieren. Doch viele lehnten es ab, ihre Waffen niederzulegen, und stellten sich gegen uns.«

Nach Meinung des Kommandanten hängt viel von den Dorfältesten ab. Einige sind Befürworter der Armee, andere sind ihre Gegner. Ebenso gespalten ist auch die Bevölkerung der ganzen Region: Manche stehen auf der Seite der Mai-Mai, andere entscheiden sich für die Armee.

»Man hat mir erzählt, die Überfälle der Mai-Mai hätten erst eingesetzt, als es zu Übergriffen der Armee gekommen war. Ihre Soldaten haben Frauen in einem der Dörfer vergewaltigt, ihre Kochtöpfe und ihr Essen gestohlen und den Männern die Räder abgenommen.«

»Wer hat Ihnen so etwas erzählt?«

»Irgendwelche Leute.«

»Welche Leute?«

»Leute, mit denen ich gesprochen habe.«

»Hören Sie«, sagt Ekembe, »Sie müssen nicht alles glauben, was man Ihnen erzählt. Sie müssen die Fakten prüfen.«

Er lächelt provozierend und fährt fort: »Sie sehen doch, dass die Frauen frei und offen durch die Straßen gehen, oder nicht? Nun ja, was die Vergewaltigungen und die Fahrraddiebstähle angeht: Da gab es schon ein paar Fälle. Aber das waren isolierte Vorkommnisse. Die Täter wurden bestraft.«

»Und was ist mit dem *Schwein*?«

»Pardon?«

»Einer Ihrer Soldaten wird von den Frauen in den Lagern *Das Schwein* genannt. Sie können sich sicher denken, warum.«

Im Gesicht von Major Ekembe zuckt ein Muskel.

»Davon ist mir nichts bekannt.«

Während der Adjutant alles eifrig notiert – auch meine Frage nach dem *Schwein* –,

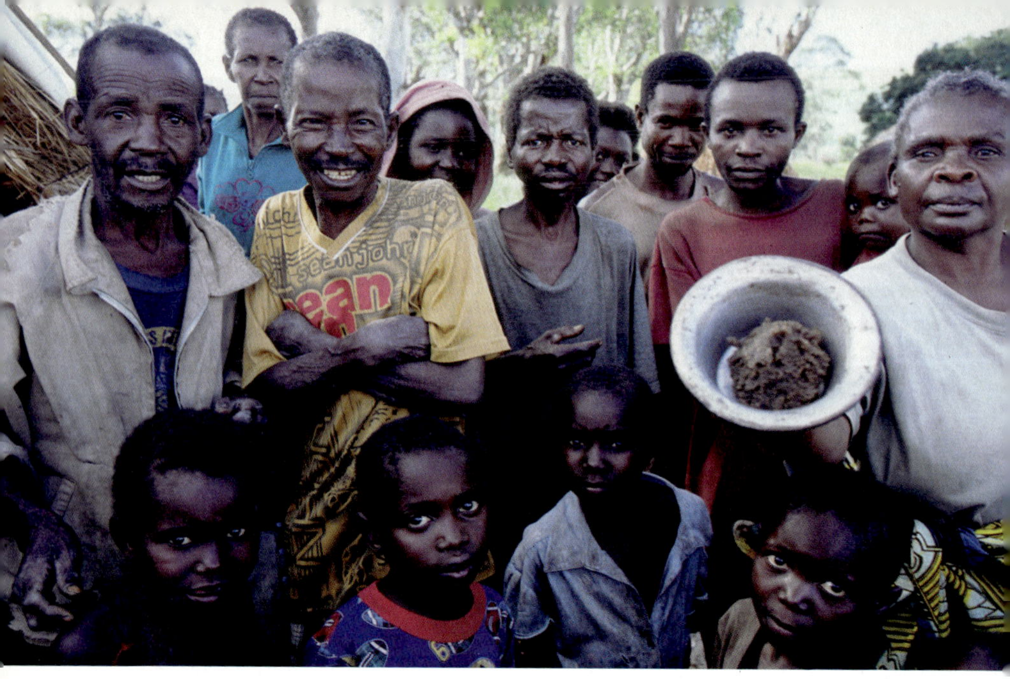

Eine Frau aus dem Flüchtlingslager bei Mitwaba zeigt ihre karge Tagesration.

skizziert sein Vorgesetzter auf meine Bitte hin in groben Zügen die militärische Lage. Seine Auslegungen laufen darauf hinaus, dass sich die gut organisierten Rebellen, die über Raketen und Mörser verfügen, in den Upemba-Nationalpark zurückgezogen haben und die Armee wieder die Macht über die geschundene Hauptroute von Likasi nach Mitwaba zurückgewonnen hat.

»In Kürze wird unsere Säuberungsaktion der Vergangenheit angehören. Die Mai-Mai sind destabilisiert. Vor unserem Eingreifen gab es jeden Tag Tote, nun werden die Dörfer nicht mehr überfallen.«

Er erklärt auch, niemand wisse, wie viele Kämpfer die Mai-Mai in ihren Reihen hätten und wer ihr geheimnisvoller Anführer Kommandant Gédéon sei. »Selbst seine eigenen Leute bekommen ihn nie zu Gesicht«, sagt Major Ekembe.

Ich erzähle ihm, dass ich vorhabe, zu den Dörfern im Süden zu reisen, und nachdem er noch einmal bekräftigt hat, dass der Weg dorthin sicher sei, verabschiede ich mich von ihm.

AUF DEM RÜCKWEG ZUM DORF komme ich an einem Dutzend abgewrackter, radloser Militärfahrzeuge vorbei, die aussehen, als wären sie schon in der Schlacht von Stalingrad dabei gewesen. Dann entdecke ich eine Hütte, von der ein stechender

Geruch ausgeht. Ich stecke meinen Kopf in die Türöffnung und sehe einen Mann bei einem Feuerchen kauern, über dem ein Topf mit einer Kondensationsröhre steht. Aus der Röhre tropft eine helle Flüssigkeit.

»*Djambo! Karibu!*«, sagt er, bietet mir einen Holzschemel an und erklärt mir, was er gerade tut. Seiner Meinung nach liefert sein Ansatz aus Maiskörnern ein hervorragendes alkoholisches Gebräu. Obwohl ich befürchte, von seinem Fusel auf der Stelle blind zu werden, kann ich das vollgefüllte Glas, das er mir hinhält, schwerlich ablehnen.

Mir zieht es fast die Schuhe aus. »Herr des Himmels!«, krächze ich und gebe ihm das schmutzige Glas zurück. Den ganzen Tag haftet mir der Geschmack dieses Gesöffs noch auf der Zunge, und ich könnte mir wahrlich was Besseres vorstellen.

Da wegen des Krieges (und der schrecklichen Straßenzustände) schon jahrelang kein Lastwagen (und damit auch kein Bier) mehr nach Mitwaba gelangt ist, halten sich die Einwohner eben auf diese Weise bei Laune. Eine Flasche dieses Fusels kostet 1000 kongolesische Francs (zwei Euro). Ein Preis, den in Mitwaba niemand mehr bezahlen kann. Deshalb legen die Männer heutzutage zu sechst für eine Flasche zusammen, berichtet der Brenner.

TROTZ ALL DER SCHWIERIGKEITEN gibt es in Mitwaba immer noch eine funktionierende Schule. Etienne Pierre Kabange war schon vor dem Krieg der Rektor der weiterführenden Schule und das ist er immer noch. Er erzählt mir, dass die Lehrer eigentlich monatlich 20 Dollar verdienen, aber schon lange nicht mehr bezahlt werden. Ich brauche ihn nicht erst um eine Führung durch seine Schule zu bitten.

»Ich werde Ihnen zeigen, wie schlimm es mittlerweile um dieses Land steht«, sagt Herr Kabange.

Die erste Tür, die er öffnet, gibt den Blick auf 16 Schüler frei, die auf dem blanken Boden sitzen, während ihr Französischlehrer die Tafel vollschreibt.

»Was ist mit den Bänken passiert?«

»Die hat die kongolesische Armee uns weggenommen. Sie brauchten Brennholz, abends kann es hier recht kühl werden.«

Der Französischlehrer heißt Herr François. Er erzählt mir, dass er den Inhalt des Lesebuchs an die Tafel schreibt, damit die Schüler ihn abschreiben können. »Es ist das einzige Buch, das mir geblieben ist«, erklärt Herr François, »alle anderen haben die Soldaten gestohlen.«

Wir besuchen noch andere Klassen. Insgesamt gehen hier 148 Schüler zur Schule.

»*Bonjour, les enfants.*«

»*Bonjour, monsieur l'instituteur!*«

So erschallt es immer wieder, wenn wir eine Klasse betreten und die Schüler begrüßen. Stets erheben sie sich vom staubigen Boden, auf dem bis zur Ankunft der Armee vor einem Jahr noch ihre hölzernen Schulbänke gestanden haben.

In der letzten Klasse, die wir besuchen, wird Schreibmaschinenschreiben unterrichtet. Den zwölf Schülern sind noch drei funktionierende Maschinen geblieben.

»Das Problem liegt darin«, sagt Herr Kabange, »dass die restlichen Maschinen kaputt sind. Wir bekommen keine anderen mehr. Können Sie nicht vielleicht in Belgien ein paar alte Maschinen auftreiben?«

»In Belgien gibt es keine Schreibmaschinen mehr. Heutzutage arbeiten alle mit Computern.«

»Das habe ich befürchtet«, sagt Herr Kabange.

AM GLEICHEN TAG, AN DEM ICH MIT Joseph auf dem Motorrad ins 120 Kilometer entfernte Sampwe aufbrechen will, landet eine Douglas DC3 auf der schmalen Landebahn von Mitwaba. Das letzte Mal habe ich so eine DC3 Ende der Achtzigerjahre in der Luft gesehen, und zwar als Frachtflugzeug in Alaska. Aber hier in Afrika sind diese Oldtimer immer noch in Gebrauch, auch wenn diese Kiste mittlerweile einen neuen Motor hat.

Die Maschine trägt ein Rotes-Kreuz-Emblem und macht in Mitwaba Zwischenstation, um Verwundete der kongolesischen Armee aufzunehmen. Bandagierte Männer mit aschgrauen Gesichtern werden in das Flugzeug verladen und zum Krankenhaus in Lubumbashi geflogen. Unter ihnen befinden sich keine verwundeten Mai-Mai. In diesem schrecklichen Krieg in Nordkatanga werden keine Gefangenen gemacht.

Eine Stunde nach dem Abflug der DC3 starten Joseph und ich mit einem leichten Motorrad in Richtung Sampwe. Joseph wird dort bei einem Außenposten von Ärzte ohne Grenzen Berichte abholen und die Gebäudemiete bezahlen. Vor unserem Aufbruch werde ich jedoch in der Niederlassung von Ärzte ohne Grenzen in Mitwaba noch Zeuge eines Konflikts zwischen der kongolesischen Armee und den Mitarbeitern von Ärzte ohne Grenzen. Zwei Offiziere in Zivil fragen, ob sie die Batterie für ihren Feldempfänger auf der Ärzte-ohne-Grenzen-Station aufladen dürfen. Doktor Serge, ein Kongolese, verneint das höflich, woraufhin ihn die beiden als *Belgier* beschimpfen. »Sie sind genauso wie die Belgier! Immer geht alles strikt nach Vorschrift!«

Um Eskalationen solcher Zusammenstöße zu vermeiden, wird meistens rasch eine Zusammenkunft mit dem Kommandanten der Einheit – Major Ekembe – anberaumt. Solche Situationen machen jedoch auch deutlich, wie heikel die Lage ist, in der sich

Ärzte ohne Grenzen in solchen Konfliktgebieten befindet. Würden ihre Mitarbeiter hier nachgeben, bedeutete das, Partei zu ergreifen, und das kann sich eine neutrale Hilfsorganisation wie Ärzte ohne Grenzen absolut nicht erlauben. Denn was würden wohl die sich für unsterblich haltenden Mai-Mai-Krieger davon halten?

UM HALB ZEHN BRECHEN Joseph und ich endlich auf. Rasch lassen wir Mitwaba hinter uns. Wir nehmen die alte R617 von Mitwaba nach Likasi. Während der Regenzeit – von Oktober bis April – ist diese Route kaum passierbar. Die zweispurige Straße aus roter Erde ist voller Gräben und Löcher, die bei jedem Gewitter volllaufen und sich nur auf spontan eingeschlagenen Umwegen umkurven lassen. Für eine Fahrt mit dem Lastwagen von Lubumbashi nach Mitwaba muss man, je nach Regenmenge, Motivation des Fahrers und Anzahl der Pannen, mindestens acht Tage einplanen. Ein zusätzliches Problem stellen dabei die baufälligen Flussbrücken dar. Einige können gerade mal zehn Tonnen Gewicht tragen. An anderen Stellen muss der Wagen den Fluss durchqueren, was in der Regenzeit fast unmöglich ist. Diese Schwierigkeiten haben dazu geführt, dass zurzeit sämtliche Waren auf Fahrrädern transportiert werden.

Joseph und ich sehen unterwegs unzählige Radfahrer: einzeln oder in Gruppen. Einige kommen aus dem weit entfernten Lubumbashi (450 km), andere versorgen sich auf dem 55 Kilometer von Mitwaba entfernten Markt von Kashungeshi mit Vorräten. Sie schieben ihre wie Maulesel bepackten Fahrräder über Berg und Tal.

Häufig bemerken wir Soldaten, die hinter Fahrrädern herspazieren, ihre Waffen baumeln lässig am Lenker. Sie haben die Fahrradbesitzer gezwungen, ihr Gepäck nach Kashungeshi und wieder zurück zu transportieren, ganz so wie es uns die bedauernswerten Flüchtlinge im Lager von Mitwaba beschrieben hatten.

Wir sehen viele Räder mit einem Platten. Die Fahrer sitzen am Straßenrand und flicken ihre Reifen. Diejenigen, die mit ihren Waren aus Lubumbashi kommen, beklagen sich bitterlich: Sie müssen zwölf Kontrollen passieren und an jedem Schlagbaum kassiert die örtliche Polizei zwischen 300 und 800 kongolesische Francs. Wenn sie endlich in Kashungeshi oder Mitwaba ankommen, sind ihre Waren sündhaft teuer geworden. Der Kongo ist damit wieder auf dem Niveau des europäischen Mittelalters angekommen, in dem die Reisenden zwischen den Städten Zollschranken und Räuberbanden zu erwarten hatten. Die hiesige Polizei, die im Kongo von staatlicher Seite gar nicht oder kaum entlohnt wird, nutzt dieses Verfahren als Einkommensquelle.

»Wer die Polizisten, denen er unterwegs begegnet, kennt, kann sie auf 100 bis 200 Francs Zoll herunterhandeln«, erklärt uns Augustin, einer der Radfahrer. »Und dann

Zu ihrer Versorgung sind Tausende von kongolesischen Dörfern auf Fahrradtransporte angewiesen. Dieser Mann hat mit seinem voll beladenen Fahrrad schon 400 Kilometer zurückgelegt.

kann man nur hoffen, dass einem die Soldaten unterwegs nicht zu viel wegschnappen«, sagt er bitter. »Wer nicht bezahlt, wird festgenommen.«

Es ist kein Pappenstiel, zehn Tage bei Wind und Wetter ein schwer bepacktes Rad bergauf und bergab zu schieben. »Ich nehme Ibuprofen gegen die Schmerzen und Indocin, um wach zu bleiben«, erzählt Augustin. »Und wenn ich nach Hause komme, tut mir alles weh. Dann schlafe ich zwei Tage durch.«

Bevor wir weiterfahren, wünsche ich ihm viel Glück. In den wenigen Dörfern, durch die wir auf dem Weg nach Kashungeshi kommen, laufen die Bewohner schnell zusammen, um einen Blick auf uns zu erhaschen. Die Erwachsenen winken und die Kinder rufen »*Muzungu! Muzungu!*«, als sei schon die Fahrt eines weißen Mannes durch ihr Dorf Vorbote einer lang ersehnten Wende zum Besseren.

ALS WIR ENDLICH IN KASHUNGESHI ANKOMMEN, steht die Sonne schon hoch. Die Hügel am Horizont baden in einem blauen Licht, das ihre Konturen verschwimmen lässt.

»Wir müssen uns beim örtlichen Militärkommandanten anmelden«, sagt Joseph.

»Sonst bekommen wir Schwierigkeiten.«

Unter einem Sonnenschirm aus Stroh treffen wir auf einen jungen Soldaten in Zivil. Er verkündet uns, der Kompaniechef werde bald eintreffen. Im Gegensatz zu seinen Kameraden ist er sauber gekleidet. Auf seinem Gesicht liegt ein glühender, angespannter Ausdruck, als könne er seine verborgene Wut kaum zügeln. Seine Antworten auf meine Fragen kommen wie Pistolenschüsse.

»Wurde in den vergangenen Tagen um Kashungeshi noch gekämpft?«

»Nein. Wir haben diese Wahnsinnigen in den Upemba-Nationalpark zurückgetrieben.«

»Was geschieht mit den gefangenen Mai-Mai?«

»Wir exekutieren sie an Ort und Stelle. Oder glauben Sie etwa, wir gäben ihnen die Möglichkeit, sich später wieder dem restlichen Gesindel anzuschließen?«

Er antwortete ehrlich. In Nordkatanga wird der Krieg von beiden Seiten gnadenlos geführt. Was das bedeutet, kann ich mir ausmalen.

Kurz darauf erscheint ein verschlafener Adjutant in schmutziger Uniform. Er erklärt, der Befehlshaber sei unabkömmlich, aber er – der Adjutant – könne als Sprecher fungieren. Seine Kompanie, so berichtet er, liege beiderseits von Kashungeshi, im Umkreis von 25 Kilometern.

Die Soldaten berichten, in den vergangenen Tagen habe es sieben Tote in Kashungeshi gegeben: Am Tag vor unserer Ankunft starben fünf Erwachsene, unter ihnen die Frau eines Soldaten, und am Tag davor zwei Kinder. Die Todesursache ist ihnen unbekannt. Ihre Züge verraten Unruhe. Die alte Devise der Franziskanermönche – *heute ich, morgen du* – muss in diesem Teil Afrikas ganz wörtlich genommen werden. Denn hier lauert der Tod ständig hinter der nächsten Ecke. Er ist ein spürbarer Teil des Lebens. Es ist einfach, im Kongo zu sterben.

Nachdem uns der Adjutant zugesichert hat, dass der Weg Richtung Sampwe ungefährlich sei, besuchen Joseph und ich das Flüchtlingslager am Rand von Kashungeshi. Hier leben Vertriebene aus Kasimba, Sokbwa und den Dörfern in Richtung Sampwe.

Ihr Zustand ist noch beklagenswerter als der ihrer Leidensgefährten in Mitwaba. Sie leben in Strohhütten und haben kaum etwas zu essen. In ihrem Blick liegt dumpfe Verzweiflung. Sie fragen uns nichts. Sie starren nur vor sich hin.

Ich spreche einen älteren Mann an und frage ihn nach seinem Namen. Als Antwort zeigt er mir seinen abgelaufenen Pass. Jean Kapyamutwe, 1947, ist darin zu lesen. Wie alle Heimatlosen dieses Lagers am Rande von Kashungeshi wurde er am 1. Januar 2006 aus seinem Dorf vertrieben. Die Mai-Mai-Kämpfer hatten es bei ihrem brutalen Überfall auf diejenigen Häuser des Dorfes abgesehen, in denen Soldaten beherbergt wurden; die brannten sie zuerst nieder. Erst dann steckten sie, als pure Repressalie, auch den Rest des Dorfes in Brand.

Aus einer der Nachbarhütten hören wir lautes Wehklagen. Als wir ihm nachgehen, treffen wir einige Frauen an, die das eben verstorbene Kind einer jungen Mutter beweinen. Die Frau tritt mit ihrem toten Kind auf dem Arm in die Tür. Tränen rollen über ihre Wangen. Ich schätze das Alter des Babys – ein Mädchen – auf drei Monate. »Blutarmut«, vermutet Joseph. Er schüttelt den Kopf: »Das geschieht hier ständig.«

Vom Lager aus gehen wir zum Gesundheitszentrum in Kashungeshi, wo eigentlich gerade eine Masernimpfung stattfinden soll. Die Impfungen wurden jedoch abgebrochen, weil der Kühlschrank ausgefallen und der Impfstoff somit verdorben ist.

In diesem Dorf gibt es für uns danach nicht mehr viel zu tun. Joseph startet wieder sein Motorrad, und wir verlassen das Dorf. Nach 30 Kilometern gabelt sich der Weg. Wir fahren nun auf einer einspurigen Straße, auf der uns noch immer Leute begegnen, die auf ihren vollgepackten Fahrrädern Waren aus Lubumbashi transportieren. Sie lassen uns überholen und winken uns zu.

In der Ferne erheben sich wieder die Tafelberge. Die Savanne geht langsam in einen dichten Wald über, aus dem gewaltige Termitenhügel aufragen. Sie wirken wie unterirdische Kreaturen, die aus dem Erdboden hervorkriechen, um Luft zu schnappen. Schon bald beginnt die mühsame Strecke hinauf zu dem Höhenzug, den wir vor Sampwe überqueren müssen.

Sampwe selbst liegt am Fuße eines der hundert Hügel, die sich in diesem Teil Katangas zu einer fließenden, endlos wogenden Landschaft zusammenfügen. Ihre Silhouette erinnert an die Falten einer achtlos hingeworfenen Decke. Es ist hier wärmer als in Mitwaba und es gibt mehr Mücken.

»Deshalb sterben hier viele Menschen an Malaria«, sagt Doktor Géou, der für das kleine Ärzte-ohne-Grenzen-Krankenhaus von Sampwe zuständig ist. In seinem Lächeln spiegeln sich Ohnmacht und Schicksalsergebenheit, als wolle er sagen: »So läuft das hier nun einmal.«

Kurz nach unserer Ankunft beginnt es zu dämmern. Die Mondsichel steigt langsam am Himmel empor, als wir unser stockdunkles Haus erreichen, wo der Wachposten mit einem lauten »*Présent!*« antwortet, als Joseph seinen Namen ruft. Wir erkundigen uns beim Koch, ob er noch etwas Essbares für uns auftreiben könne. Er wolle versuchen, noch etwas Ziegenfleisch und Reis zu finden, sagt er.

Während wir darauf warten und im gegenüberliegenden Gebäude ein paar Bier trinken, zieht eine Gruppe Frauen unter rhythmischem Singen und Stampfen an uns vorbei. »Sie kommen von einem Begräbnis«, sagt die Frau, die uns das Bier serviert. »So ein Trauerzug kommt hier jeden Tag vorbei.«

Ich bezahle sie mit einem Stapel entsetzlich schmutziger Scheine. Sie können mir glauben, kongolesische 100-Francs-Scheine sind die dreckigsten Banknoten der Welt. Sie wurden zwar alle erst im Jahr 2000 gedruckt, sehen aber aus, als stammten sie noch aus napoleonischer Zeit. Sie sind anthrazitfarben und riechen nach Abfall, Urin und schlecht geräuchertem Fisch. Sie stinken nach Armut und ich versuche nicht daran zu denken, was für interessante Bakterienkulturen sich wohl permanent darauf tummeln.

In unserer Unterkunft vertraut mir Joseph schließlich an, dass ein Oberst der Armee auch auf seinen Kopf schon einen Preis ausgesetzt hatte. Denn er hatte es gewagt, das Verschwinden von vier Dorfältesten anzuzeigen, die die Armee festgenommen hatte, damit sie den Aufenthaltsort der Mai-Mai verraten. Sie waren nie mehr zurückgekehrt.

»Damals bin ich knapp dem Tode entronnen«, erzählt er. »Sie hatten einen Hinterhalt errichtet, um mich zu liquidieren, aber glücklicherweise hat mich am Vortag einer meiner Freunde bei der Armee gewarnt.« Er schaut mich eindringlich an. »Ja, Marc, so ist hier die Lage.«

Das Ziegenfleisch wird serviert, und wir essen schweigend, beide in Gedanken versunken. Dabei schweifen die Gedanken meines Freundes wohl in Richtung meines Heimatlandes ab, denn plötzlich fragt er: »Marc, der Winter in Europa, wie kalt ist der eigentlich?«

Die nächste halbe Stunde erzähle ich Schauermärchen von minus 30 Grad in Moskau und verrückten Russen, die Löcher in das Eis von Seen und Flüssen hacken, um darin zu baden. Joseph ist ganz Ohr, also lege ich noch einen Zahn zu und komme ihm mit noch kruderen Geschichten von Eskimos, Iglus und eisigen Winterexpeditionen mit Hundeschlitten durch baumlose Landschaften.

Das alles muss ihn sehr beeindruckt haben, denn frühmorgens am nächsten Tag, als die Sonne die Bergwipfel noch nicht erreicht hat und ich noch unter meinem Moskitonetz liege, höre ich, wie er in der Küche zum Koch sagt: »Die Russen baden bei minus 30 Grad. Und die Eskimos – das ist wirklich unglaublich – wohnen sogar in Eishäusern!« Tiefes Schweigen. Dann sagt der Koch: »Das ist wirklich die abenteuerlichste Geschichte, die mir je aufgetischt wurde. Ihr habt gestern Abend sicher ganz schön gebechert?«

Soldaten der kongolesischen Armee nehmen ein niedergebranntes Dorf ein. Sie bauen die zerstörten Hütten wieder auf, um darin vorübergehend zu wohnen.

HAUPTMANN CRISPIN HAT SEINER MANNSCHAFT den Befehl erteilt, die niedergebrannten Dörfer Kalenga und Muvule wieder aufzubauen. Zusammen mit dem Dorfältesten empfängt er uns unter einem baldachinartigen Sonnenschirm in Mukana, wo auch das Hauptquartier seines Bataillons liegt. Nach einer zweistündigen Fahrt sind Joseph und ich aus Sampwe hier angekommen. Ich will die niedergebrannten Dörfer sehen und brauche dazu die Genehmigung der Armee. Hauptmann Crispin ist jung und empfängt uns freundlich. Er hat kein Problem damit, dass wir seine Soldaten fotografieren, und führt uns wenig später durch das total verwüstete Dorf. Dessen Bewohner arbeiten unter Aufsicht der Militärs am Wiederaufbau. »Ich möchte, dass sie in ihr Dorf zurückkehren, um hier zu arbeiten«, sagt der Hauptmann, »wir haben die Situation im Kampf gegen die Mai-Mai unter Kontrolle. Also sollen die Leute zurückkommen.«

Die Dorfbewohner stimmen mit seiner Einschätzung der Lage wohl nicht so ganz überein, denn vor jeder Hütte, an der gearbeitet wird, steht ein bewaffneter Wachposten. Mir wird schlagartig klar, was hier vorgeht: Die Dorfbewohner werden angehalten, ihre Häuser wieder aufzubauen, damit die Soldaten mit ihren Frauen darin wohnen können.

Nach der Führung lädt uns Hauptmann Crispin in das massive Haus ein, das er selbst bewohnt. Es ist das einzige, das den Flammen entgangen ist. Er bittet uns zu Tisch. Ein Soldat bringt uns einen Topf Maniok. Wir essen mit den Fingern, wobei wir den Maniok zu kleinen Kugeln drehen, die wir in einen Topf mit Ziegenfleisch und Sauce tunken und dann in den Mund stecken ..., jedoch erst nachdem Hauptmann Crispin mit einem gemurmelten Gebet für das Essen gedankt hat und wir uns nach seinem laut ausgesprochenen »Amen!« bekreuzigt haben.

Während der Mahlzeit besprechen wir die militärische Lage. Die Straße von Kashungeshi nach Mukana sei nun wieder fest in Händen der Armee, versichert uns unser Gastgeber. Er bestätigt uns auch, dass es für gefangene Mai-Mai keine Gnade gibt. »Wir schnappen sie uns und töten sie«, sagt er. Als wir uns verabschieden, gibt er uns noch einen handgeschriebenen Brief für jemanden in Sampwe mit.

»Geben sie ihn nicht bei der Militärführung ab, sondern lieber beim Pastor. Er wird schon dafür sorgen, dass er ankommt«, sagt er und unterstreicht damit nochmals die große Vertrauenswürdigkeit der kongolesischen Armee. Joseph verspricht ihm, den Brief – der zweifellos für eine Frau bestimmt ist – dem richtigen Mann zukommen zu lassen. Danach brechen wir auf und schon bald kommen wir wieder an geplünderten Dörfern vorbei: an Kyobo, Kyalowe und Mbol. Nur die Backsteinmauern stehen noch. Hier ist niemand mehr – außer den Geistern derer, die hier füsiliert, bei lebendigem Leib verbrannt und aufgegessen wurden.

Schließlich kommen wir zu einer Brücke, die von fünf der schäbigsten Soldaten bewacht wird, die ich je gesehen habe. Die Uniformen fallen ihnen buchstäblich vom Leib. Der Soldat, der uns anhält, trägt eine Uniformhose, die aus mehr Löchern als Stoff besteht, und sein Hemd sieht aus, als hätte es aus nächster Nähe einen Volltreffer aus einer zwölfkalibrigen Schrotflinte abbekommen. Sie fragen nach Zigaretten und lassen uns die Brücke überqueren, nachdem wir ein paar davon verteilt haben. Während sie mit uns sprechen, zeigt sich nicht die Spur eines Lächelns auf ihrem Gesicht. Alle fünf tragen Waffen – alte belgische Vignerons –, als sie uns entgegengehen. Ihr eisiger Blick lässt erahnen, wozu sie imstande sind.

NACH UNSERER RÜCKKEHR NACH SAMPWE entdecke ich auf einem Abendspaziergang die Überbleibsel eines alten Chevrolets. Der Wagen hat zwar noch seine vier Räder, und sein Besitzer hat das Chassis auf Holzklötzchen aufgebockt, um die Reifen zu schonen, doch von der Innenausstattung existiert nur noch der Tacho am Armaturenbrett und das Steuerrad.

Während ich den Wagen begutachte und rätsele, wie alt er wohl ist, höre ich jemanden rufen: »Ja! Ich bin der Besitzer!«

Ein grauhaariger Mann um die sechzig eilt herbei und stellt sich als Kibangwe Bienheureux vor. In seiner Begleitung befindet sich ein weiterer Mann, der sich Kabila Dieudonné nennt. Während ich sie auf afrikanische Weise begrüße – man gibt sich zunächst die Hand, dreht die Hand dann seitlich, umfasst den Handballen, dreht die Hand noch einmal und schüttelt sich nochmals die Hand –, frage ich mich, warum die Missionare, die den Kongolesen damals christliche Namen gegeben haben, häufig solche albernen Vornamen gewählt haben. Sicher hießen die bleichgesichtigen Schwestern und Pastoren damals doch auch einfach Jos, Annemie und Jan? Und nicht etwa Glückselig und Gottgegeben?

Auch wenn die letzten belgischen Missionare möglicherweise längst in die ewigen Jagdgründe eingegangen sind, haben sie doch die Art und Weise vererbt, wie man sich vorstellt und seinen Namen nennt: schulmäßig und alphabetisch korrekt – zuerst den Nachnamen, dann den Vornamen.

»Guten Tag, meine Damen und Herren, ich bin Helsen, Glückselig und das ist mein Freund Janssen, Gottgegeben.«

Haha – sehr witzig. Aber im Kongo müssen sie das jetzt ausbaden.

»Mein Großvater hat dieses Auto einem Mitarbeiter von Gécamines abgekauft«, erklärt Bienheureux. »Schon vor langer Zeit. In den Fünfzigerjahren, glaube ich.«

Ich bitte ihn, die Motorhaube zu öffnen. Er tut es: erst die linke Seite, dann die rechte. Der Motor ist noch drin. »Ich garantiere Ihnen«, fährt Bienheureux mit dem typischen kongolesischen Optimismus fort, der fast schon an Blauäugigkeit grenzt, »geben Sie mir eine Batterie und er läuft wieder!«

An der Innenseite des Fahrgestells finde ich eine Plakette mit den Daten des Wagens: General Motors Antwerpen – Model Nr. 1248, und dann die von Hand eingestanzte Zahl 39.

»Der Wagen stammt aus dem Jahr 1939«, stelle ich fest.

»Verdammt, der ist ja noch älter, als ich dachte«, ruft der Besitzer der Schrottkiste. »Der stammt ja sogar noch aus der Zeit vor dem Krieg gegen Hitler, Adolf.«

DIE STILLE ÜBER SAMPWE zerreißt mit einem Knall, und ich bekomme fast einen Herzschlag. Schon durchzuckt der erste Blitz des Gewitters den Himmel. In der nächsten Stunde donnert Kanonenschlag auf Kanonenschlag, sie klingen wie Artilleriegeschütze, das Sperrfeuer einer nahe gelegenen Front: wie das alles übertönende Höllenfeuer, das einem Angriff vorausgeht. Schon von fern höre ich den Regen näher kommen. Von Dach zu Dach springt er über die Wellblechplatten der Häuser von Sampwe, bis er unser Haus erreicht und es unter einem ohrenbetäubenden Trom-

Alles, was im Busch kaputtgeht, bleibt an Ort und Stelle liegen. Oldtimer aus der Kolonialzeit in einem Dorf in der Nähe von Sampwe in Nordkatanga.

melwirbel begräbt. Der Himmel färbt sich schwarz wie am Vorabend des Jüngsten Gerichts. Das Wasser plätschert aus den Regenrinnen durch Rohre in die großen Tonnen, in denen es die Dorfbewohner auffangen. Von dort läuft es in die Gärten und die Straßen entlang. Die Feuchtigkeit legt sich über den beißenden Rauch der brennenden Abfälle und spült den Dreck weg.

Als der Regen endlich nachlässt, atmet das Land auf. Alles riecht frisch. Ein Hund schlägt an, und ich kann nun leicht 50 Kilometer weit über die wasserdurchtränkte Landschaft blicken, bis hin zur graugrünen Silhouette des nächsten Höhenzuges, an dem sich das Land scharf gegen den Himmel abzeichnet.

Nach einem Gewitter über Katangas rote Erde zu gehen, gleicht einem Gleiten über eine mit Kernseife eingeschmierte Schlitterbahn. Wer es, wie ich, nicht lassen kann, bringt ein Kilo Matsch an den Schuhen mit zurück.

Während Joseph vor unserer Rückfahrt am Motorrad herumbastelt, lausche ich auf der Terrasse den Geräuschen der langsam trocknenden Landschaft. Einer Landschaft ohne Verkehr, mit einer Luft, so rein, als könne man sie trinken. Hier ist die Erde wieder zu ihrer Urform zurückgekehrt, nur von den Stimmen ihrer Bewohner und den Lauten der Vögel, die in den Bäumen der Umgebung nisten, durchdrungen.

Ich höre die Kinder auf ihrem Heimweg von der Schule, ein paar von ihnen singen mit klaren Stimmen, andere schnattern und kichern. Sie erinnern mich an meine eigene Kindheit, als ich wie sie zu Fuß von der Schule nach Hause ging. In diesen Erinnerungen regnet es nie. Ich sehe mich im Sonnenschein mit dem Nachbarjungen in kurzen Hosen heimlaufen – und die Farben sind hell und leuchtend, genau wie in Afrika.

WIR LASSEN DER SONNE ZEIT, die Straße zu trocknen, und bereiten uns auf den Rückweg nach Mitwaba vor. Dann verabschieden wir uns von Doktor Géou und lassen Sampwe rasch hinter uns.

Nach einer Stunde hat unser Motorrad einen Platten. »Immer dasselbe«, flucht Joseph und sucht nach einem Schraubenschlüssel, um das Rad loszuschrauben.

Während wir am Motorrad herumdoktern, nähert sich uns eine Gruppe mit einem Fahrrad, auf dem ein todkranker Mann in einem auf den Gepäckträger montierten Holzstuhl sitzt. Er ist abgemagert bis auf die Knochen und seine blutunterlaufenen Augen flackern in den Augenhöhlen. Seine beiden Begleiter, die das Rad schieben, erzählen uns, dass sie hoffen, das Krankenhaus von Sampwe zu erreichen, bevor er stirbt. Dann gehen sie weiter. Ich kann nur vermuten, wie lange sie schon mit diesem lebenden Leichnam unterwegs sind, und versuche mir vorzustellen, was wohl im Kopf des Mannes auf dem Gepäckträger vorgeht. Sicher weiß er, dass er verloren ist und vielleicht auch auf diesem verfluchten Fahrrad sterben wird, allein mit seinen beiden Helfern.

»Das ist ein verdammter Mist«, sagt Joseph, während er den Schlauch von der Felge zerrt.

»Ja«, sage ich. Und ich weiß, dass er damit nicht den platten Reifen meint.

AM NÄCHSTEN MORGEN kreisen die Rotoren von zwei großen UN-Hubschraubern über der schmalen Landebahn von Mitwaba. Sie kommen auf die eindringlichen Bitten von Ärzte ohne Grenzen hin und haben Nahrungsmittel für die allmählich verhungernden Flüchtlinge an Bord. In den kommenden Tagen werden noch mehr UN-Helikopter eintreffen, alle mit Proviant beladen. Sie liefern insgesamt 30 Tonnen Maismehl, Bohnen, Öl und Salz. Davon können an jede Familie in und um die Flüchtlingslager zwischen Mitwaba und Kashungeshi durchschnittlich acht Kilo verteilt werden. Es ist ein Tropfen auf den heißen Stein, sagen die Mitarbeiter von Ärzte ohne Grenzen. Sie hatten 300 Tonnen angefragt. Doch sie haben den Bescheid erhalten, dass die übrigen 270 Tonnen Nahrungsmittel auf dem Landweg herbeigeschafft werden sollen.

Auf dem Landweg? Auf derselben Straße, auf der Joseph und ich nur mühsam vorangekommen waren? Woher sollte man dazu die Lastwagen nehmen?

Doch diese Fragen sind für die *déplacés,* die Flüchtlinge der Lager, zweifellos Sorgen von morgen. In Scharen sind sie zum Flugplatz gekommen, um beim Ausladen der Nahrungsmittel zuzuschauen. Sie haben den abfliegenden Hubschraubern zugewunken und Abbé Jean-Pierre ihre verbliebenen Fahrräder angeboten, um die Nahrungsmittel zu transportieren. Er organisiert das Spektakel mit seinem alten, stotternden Geländewagen; und er wird dafür sorgen, dass alles in ein paar Tagen verteilt ist. Ein Trupp Fahrradfahrer bringt die Sachen in ein Depot hinter der Kirche, wo sie hoffentlich vor Plünderungen der Armee sicher sind, bis sie verteilt werden können.

Doktor Gbane und Doktor Serge machen sich darüber ihre eigenen Gedanken: »Wenn die Flüchtlinge bis zur Aussaat nicht auf ihre Felder zurückkönnen, haben wir zu Beginn der Trockenzeit hier ein großes Problem.«

In den vergangenen Monaten mussten die Mediziner von Ärzte ohne Grenzen mit ansehen, wie verzweifelte Mütter ihre unterernährten Kinder nach und nach in das Krankenhaus von Mitwaba brachten. Dort wurden die Kinder immer wieder aufgepäppelt. Aber sobald man sie wieder in die Lager zurückschickte, in denen es für die Kinder kaum etwas zu essen gab, begannen die Probleme wieder von Neuem.

»Es ist ein ständiger Kreislauf«, sagt Doktor Serge.

Jetzt ist zwar eine Lebensmittelration für alle vom Himmel gefallen, aber die Ärzte wissen schon, wie das weitergeht: Es ist der gleiche Kreislauf wie bei den Kindern. Erst wenn die Flüchtlinge die Felder ihrer verwüsteten Dörfer wieder bestellen können, kann sich die Lage ändern. Aber dazu müsste der Krieg erst einmal vorbei sein.

Herr Kalenga, mit dem ich von der Landebahn zurück zum Dorf gehe, beschreibt es folgendermaßen: »Solange die Soldaten nachts an die Tür klopfen, um uns auszurauben, bleiben auch die Mai-Mai.« Seine Familie musste schon drei Fahrräder an die Armee abtreten.

Soldaten, denen ich unterwegs begegnet bin, haben mir erzählt, dass ihr monatlicher Sold abhängig vom Rang 500 bis 1000 kongolesische Francs beträgt. Das entspricht einem bis zwei Euro. Und selbst die werden ihnen oft nicht ausbezahlt. So haben diese Soldaten, wie viele säbelrasselnde Kriegsbanden früherer Zeiten, gelernt, auf Kosten des Landes und seiner Bewohner zu leben. Mit der Besonderheit, dass die kongolesische Armee diese Gewohnheit auch in Friedenszeiten beibehält. Ein Verhalten, das die Mai-Mai – die sich selbst als eine Art Widerstandskämpfer in einem Befreiungskrieg gegen die Soldaten verstehen – bei den Waffen hält.

Aber es gibt natürlich auch andere Motive für die Fortführung des Krieges. Sie beruhen auf einem finsteren Zusammenspiel von Gold- und Gewinnsucht, der okkul-

BLOOD DONORS

ten Macht von Hexenmeistern und *féticheurs* und der Bedeutung ritueller Blutbäder. Was deutlich macht, dass sich im Kongo nichts geändert hat, seit Kurtz, die Hauptperson in Joseph Conrads »Herz der Finsternis«, in einer Vision auf seinem Totenbett ausgerufen hatte: »Das Grauen! Das Grauen!«

Letzteres wurde mir auch beim Lesen der minutiösen Schilderung des Franziskanerbruders Louis Aerden bewusst. Seine in den letzten vier Jahren gesammelten Berichte sind grauenvoll. Sie lassen keinen Zweifel daran, dass das alte magisch-religöse Ritual, der Verzehr von Menschenfleisch, von den Einwohnern Nordkatangas wiederaufgenommen worden ist.

»Das Fleisch von Frauenbrüsten ist schmackhafter als das der Antilope.« – Aussage von Mai-Mai-Milizionären aus der Gegend von Kabongo, übermittelt von Herrn Chola, einem früheren Verwaltungsbeamten aus Kamina, veröffentlicht von Bethuel Kasamwa Tuseko.

»Die Milizionäre paradieren mit den Geschlechtsteilen ihrer Opfer, die sie am Feuer gedörrt haben, durch die Dörfer. Sie haben sie auf Lanzen aufgespießt, um die Dorfbewohner, die sie der Unterstützung der kongolesischen Armee verdächtigen, einzuschüchtern.«

»In der Gegend von Malembe Nkulu wurde Mai-Mai-Chef Makabe mit einem getrockneten Babyleichnam um den Hals gesehen.«

»Im August wurde eine Frau mit Namen Emmerance, die im Dorf Benze wohnte, von den Mai-Mai von Kabale getötet und aufgegessen.«

»Drei Polizisten wurden von den Milizen von Kabale getötet und aufgegessen. Ein anderes Opfer, Banza Mbyua Dieudonné, wurde in das ehemalige Don-Bosco-Krankenhaus gebracht. Er ist schwer verstümmelt. Ihm wurden seine Geschlechtsteile abgeschnitten.«

»Im Januar 2002 fand der erste Kampf zwischen den Mai-Mai und den kongolesischen Militärs in Kilumba statt. Die Mai-Mai überfielen eine Einheit Soldaten, entwaffneten sie, töteten sie und verteilten ihr Fleisch. Bei ihrer Rückkehr nach Kasenga liefen sie – mit geräuchertem Menschenfleisch behängt – ganz offen über den Markt. Dabei handelte es sich um

---

Zwei Männer schieben einen Sterbenden auf einem Fahrrad zum kleinen Ärzte-ohne Grenzen-Krankenhaus von Sampwe. Sie sind schon Stunden unterwegs und haben noch 40 Kilometer vor sich.

besondere Körperteile wie Geschlechtsorgane, Handflächen und Schädel. Diese wurden als Colliers und Amulette getragen.«

»Im Verlauf des Januars 2002 wurde Herr Pierre Kayumba Ka Ntumbo im Dorf Shele von Männern aus Kabale unter dem Vorwand festgenommen, er habe der kongolesischen Armee bei der Überquerung des Zibambosees geholfen. Man hat ihn an einem Pfahl in der Nähe eines Feuers festgebunden, um ihn zu rösten. Dann begannen sie, ihm bei lebendigem Leib die Haut abzuziehen. Sie brieten sein Fleisch und zwangen ihn zuzusehen, wie sie es aßen. Sie fuhren damit fort, bis er schließlich verstarb. Seine Innereien und andere Körperteile wurden öffentlich zur Schau gestellt. Später taten sie dasselbe mit zwei Frauen, die sie der Hexerei beschuldigten. Sie kamen unter den gleichen Umständen um.«

»Im März 2002 wurden sechs Soldaten der kongolesischen Armee in Bangwe getötet. Zwei von ihnen wurden verstümmelt. Aus ihren Organen machte man Fetische.«

»Im Juli 2002 beschuldigte man eine Frau aus Benze der Hexerei. Sie wurde zum Dorfplatz geführt, entkleidet und angezündet. Ihr Fleisch wurde verteilt und öffentlich aufgegessen.«

Louis Aerden gibt auch die Schilderung von Michel Kikumbi Kitoko wieder, der in der Zeit vom 7. April 2004 bis zum 5. Dezember 2004 Gefangener der Mai-Mai-Truppe unter Befehl des geheimnisvollen Kommandanten Gédéon war. Am Tag nach seiner Gefangennahme hat er mit angesehen, wie die Mai-Mai von einem Kampf mit der kongolesischen Armee mit zwei Säcken zurückkehrten, von denen jeder 100 Kilo Menschenfleisch enthielt. Sie transportierten sie auf erbeuteten Fahrrädern.

Der Augenzeuge berichtet davon, dass Gefangene wie Tiere abgestochen und geschlachtet wurden: »Vor meinen Augen wurden zwei Männern die Kehle durchgeschnitten. Sie wurden ausgebeint wie Rotwild. Danach wurde ein Teil des Fleisches von den Mai-Mai sofort aufgegessen, ein anderer Teil am Feuer geräuchert.«

Er beschreibt auch den gleichermaßen mysteriösen wie wahnsinnigen Kommandanten Gédéon. »Ich habe Gédéon mehrmals gesehen, immer war sein Gesicht hinter einem roten Kopftuch verborgen. Er ist 1,60 Meter groß und schaut niemandem direkt in die Augen. Er trinkt sehr viel. Er besitzt viele Flaschen voller Gold und anderer Mineralien, die er zusammen mit Pelzen in einer Holzkiste versteckt. Er hat auch eine Kiste voller menschlicher Geschlechtsorgane. Er geht nie aus, ohne seine Schätze mitzunehmen. Für den Transport braucht er mindestens 20 Mann. Er wird auch ständig von einem persönlichen Fetischpriester, einem gewissen Kamanya, begleitet.«

OBWOHL DIE SECHS FRAUEN aus dem Flüchtlingslager Kananda bei Mitwaba schon seit einem ganzen Jahr Hunger leiden, haben sie doch einen fünf Kilometer langen Weg auf sich genommen, um dem *muzungu* – dem Weißen – zu schildern, wie ihre Männer und Söhne eines Tages im Frühjahr 2005 von kongolesischen Soldaten festgenommen wurden. Sie standen unter Verdacht, mit den geheimnisvollen Mai-Mai-Rebellen zu sympathisieren. Seit der Verhaftung haben die Frauen nichts mehr von ihren Ehemännern gehört. Sie müssen mit dem harten Lagerleben nun eigenständig fertig werden und ihre Kinder allein großziehen. Herzzerreißende Geschichten gibt es in Nordkatanga zur Zeit mehr als genug.

Erschöpft lehnen sich die sechs Frauen an den Zaun, manche bestehen nur noch aus Haut und Knochen. Sie haben beim Brand ihres Dorfes im gnadenlosen Kampf der Mai-Mai gegen die kongolesische Armee nicht nur ihre Habseligkeiten verloren, zu allem Unglück verdächtigten die Soldaten ihre Männer auch noch, Rebellen zu sein. Die Kleider am Leib sind alles, was ihnen geblieben ist. Sie lächeln verlegen und machen einen kleinen Knicks, als ich ihnen die Hand gebe. Selbst im größten Elend verlieren sie nie ihre höfliche Art.

Wir ziehen uns an einen ruhigen Ort zurück, an dem wir reden können. Ich frage sie, was an den Unglückstagen im April 2005 genau passiert sei. Die Antwort kommt prompt: Etwa 30 Männer und Knaben sind damals von den Soldaten festgenommen worden. Sie stammten alle aus Dörfern nördlich von Mitwaba: aus Konga, Kakunko, Dilenge und Lunguzi.

Kishimba ist die Frau eines der Vermissten. »Sie kamen ins Lager, um Mai-Mai zu finden, sie stützten sich bei ihrer Suche auf Angaben eines älteren Mai-Mai, den sie gefangen genommen und gefoltert hatten«, erzählt sie leise in Suaheli. Joseph übersetzt fast flüsternd.

»Gewöhnlich wird bei den Männern, die sich den Mai-Mai anschließen, eine Art Taufe vorgenommen«, erklärt Ngoy, eine andere Frau, die seit jenem unseligen Tag nichts mehr von ihrem Mann gehört hat. »Einige unserer Männer und Söhne hatten sich dieser rituellen Taufe wirklich unterzogen, gezwungenermaßen. Weil *echte* Mai-Mai sie dazu genötigt hatten. Manche hatten auch geglaubt, sich damit vor den üblen Machenschaften der Soldaten schützen zu können. Denn ein älterer Mann hatte ihnen erzählt, dass sie so gegen ihre Gewalttaten immun sein würden. Aber sie waren keine Mai-Mai. Sie hatten nicht einmal Waffen. Sie waren mit uns zusammen ja sogar auf der Flucht vor den Mai-Mai.«

Ähnliche Geschichten höre ich auch von den anderen Frauen. Es fällt ihnen schwer, davon zu berichten: Nach allem, was sie miterleben mussten, sind ihre Herzen leer. Manche verbergen ihr Gesicht in den Händen, nachdem sie zu Wort gekommen sind.

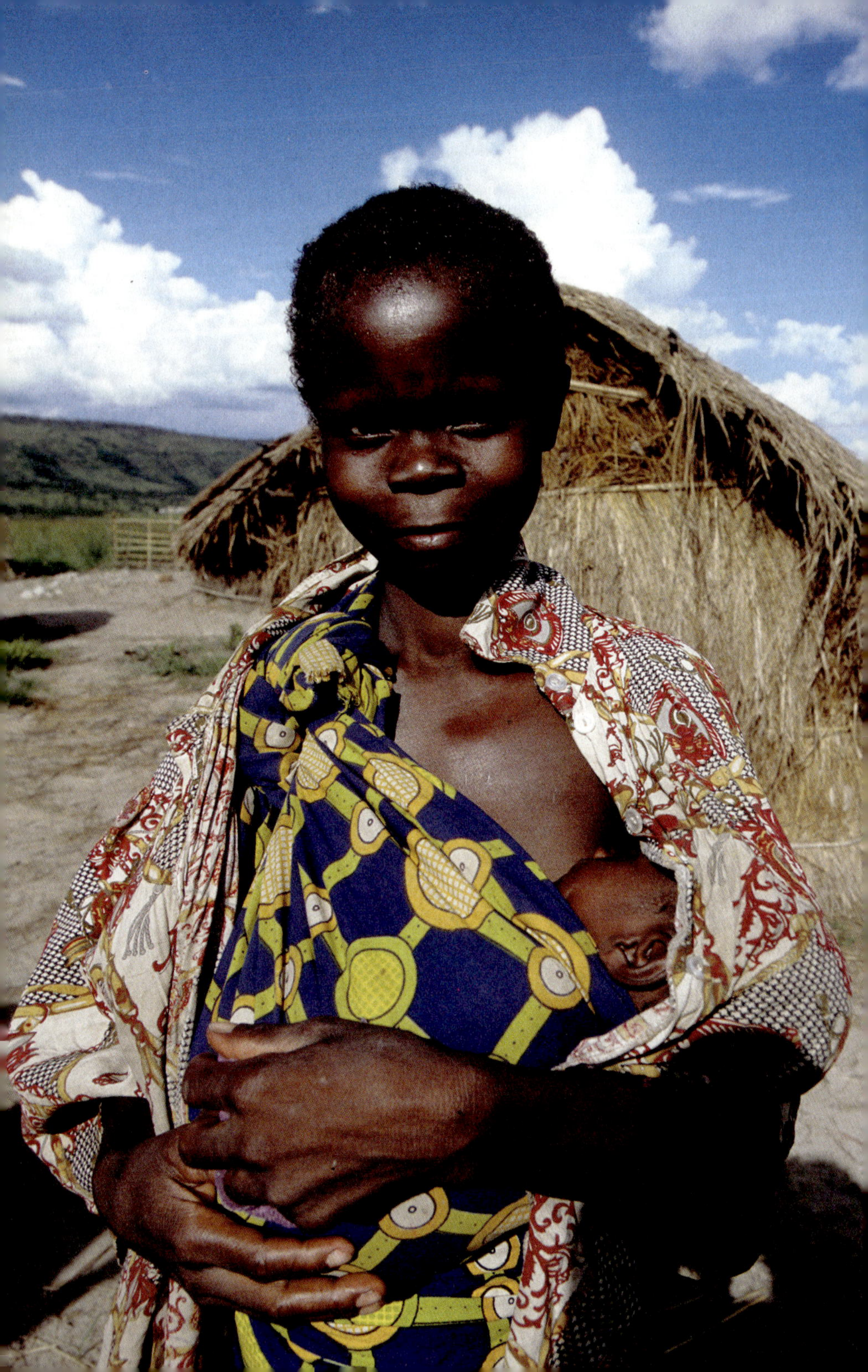

»Sie sind tot«, sagen alle sechs Frauen gemeinsam. Andere Gefangene wurden später, als das Rote Kreuz sich der Situation annahm, wieder freigelassen, aber ihre Männer waren nicht dabei. »Sie waren schon gestorben, als das Rote Kreuz kam«, meint eine der Frauen.

Ich frage sie, ob sie ihre Männer und Söhne nach der Festnahme überhaupt noch einmal gesehen haben. »Nein«, antworten die Frauen im Chor. »Wir haben ihnen noch zweimal etwas zu essen an das Gefängnistor von Mitwaba gebracht, aber wir mussten es den Wachposten übergeben.«

Haben sie den Soldaten je Geld gegeben, um die Gefangenen freizubekommen? »Wir haben mit ihnen darüber verhandelt, aber es kam nie so weit. Wir wissen nicht einmal, wo man sie begraben hat. So sind sie Tote und irgendwie doch nicht tot.«

Muemba hält ihre Hand vor den Mund und flüstert leise: »Die Soldaten verbieten uns sogar, unsere Männer und Söhne zu betrauern. Wir dürfen im Lager nicht in der Öffentlichkeit weinen. Wir tun es leise, in unseren Hütten. Wenn wir die Stiefel der Soldaten hören, wischen wir schnell unsere Tränen fort, damit sie nichts davon mitbekommen.«

Ich frage sie, wie sie heute über die kongolesische Armee denken. »Sie misshandeln uns, statt uns zu helfen«, antwortet Kishimba. »Es ist so, als stoße einem jemand einen Speer in den Leib und ein anderer biete einem an, ihn wieder herauszuziehen, aber stattdessen stößt er ihn nur noch tiefer hinein.«

Die anderen Frauen pflichten ihr bei. »Die Behörden haben nichts getan, sie legen allesamt die Hände in den Schoß. Wir konnten unsere Männer nicht einmal begraben. Bei wem sollen wir uns über dieses Unrecht beklagen?«, fragen sie.

Ich verabschiede mich von diesen trauernden Witwen und gebe jeder von ihnen etwas Geld, da sie den weiten Weg auf sich genommen haben, um mit mir zu sprechen. Sie bedanken sich mit einem Knicks.

Als sie wieder zu ihrem elenden Lager aufbrechen, tritt Joseph fest gegen einen Stein. Er schaut in den Himmel und sagt: »Das ist hart.«

»Ja«, sage ich, »und das sind nicht einmal Kriegsgefangene, sondern Zivilisten.« Ich lasse eine halbherzige Tirade über den Internationalen Gerichtshof für Kriegsverbrecher in Den Haag, das Tribunal in Arusha und Ähnliches vom Stapel, obwohl ich genau weiß, dass man sich von solchen Institutionen nichts versprechen darf. Am Ende schweigen wir beide.

Katangische Mutter mit ihrem Säugling vor ihrer Notunterkunft aus Schilfgras in einem Flüchtlingslager bei Kashungeshi.

Weiß denn außer den Soldaten niemand, wo die verschwundenen Männer sind?

Ein Mann weiß, was geschehen ist. Herr Albert, der frühere Gefängniswärter von Mitwaba.

»Ich habe gesehen, dass Sie mit den Frauen gesprochen haben«, flüstert er.

»Ihre Männer sind von den Soldaten ermordet worden, sie haben ihnen Benzin in die Ohren gegossen. Das hält keiner lange aus. Sie sind sofort todkrank geworden. Als sie tot waren, haben die Soldaten sie auf einem Grundstück direkt hinter dem Gefängnis von Mitwaba begraben.«

Warum erzählt er den Frauen nicht, wie ihre Männer und Söhne gestorben sind?

»Ich bringe es nicht übers Herz und die Zeiten sind nicht danach«, sagt Herr Albert.

ÄRZTE OHNE GRENZEN HAT SEIN HAUPTQUARTIER in Mitwaba in einem geräumigen alten Haus eingerichtet. Es ist das einzige Haus im Dorf, das über Elektrizität verfügt. Die Ärzte-ohne-Grenzen-Techniker haben, nachdem sie die Mauern getüncht hatten, Leitungen verlegt und dann einen Generator und eine Reihe aufladbarer Batterien installiert. Es besteht Funkverbindung in alle wichtigen Städte des Kongo, in denen Ärzte-ohne-Grenzen-Mitarbeiter tätig sind. Wenn es nötig ist, kann auch eine Satellitenverbindung aufgebaut werden.

Manchmal habe ich in der Nähe des Hauses ein Schwein herumwühlen sehen, und ich habe mir sagen lassen, dass es Arthur heißt. Eigentlich hätte Arthur schon vor Neujahr in Form von Koteletts und Speck auf den Tellern landen sollen, aber er ist den Ärzte-ohne-Grenzen-Mitarbeitern ans Herz gewachsen. Sie brachten es nicht über sich, ihn zu schlachten. Arthur teilt sich nun das Revier mit einem Hund, der besonders eifersüchtig auf ihn ist. »Notfalls wird er wohl doch dran glauben müssen«, munkelt man in Mitwaba. Zur großen Besorgnis von Doktor Gbane, der als Moslem natürlich kein Schweinefleisch essen darf.

Doktor Gbane ist ein umgänglicher Zeitgenosse. Sein Humor ist ansteckend und seine Analysen sind präzise. Häufig gehen wir abends noch einmal die Ereignisse des Tages durch, wir diskutieren, welche Chancen die Elfenbeinküste bei der Finalqualifikation des Afrikacups hat, wie die Mannschaftsaufstellung von Chelsea und Arsenal aussieht und wer nun eigentlich Nationaltrainer der Elfenbeinküste werden sollte, ein Ivorer oder ein Franzose. Bevor wir uns schlafen legen, hören wir jeden Tag die BBC-Radionachrichten auf meinem kleinen Weltempfänger.

- *Der Iran bricht seine Handelsbeziehungen zu Dänemark ab, nachdem in einer dänischen Zeitung eine als beleidigend empfundene Karikatur des Propheten Mohammed erschienen ist.*

- *Amerikanische Kirchen kritisieren die Haltung der Bush-Regierung zur weltweiten Erderwärmung.*
- *Die Börsen reagieren positiv auf die Aussage des amerikanischen Nationalbankvorsitzenden.*
- *Der Wiederaufbau des Irak droht wegen anhaltender Ausschreitungen in eine Sackgasse zu geraten.*
- *Der Kongo gewinnt 4:1 gegen Nigeria!*

Aber hier in Mitwaba hat das alles keine Bedeutung.

AUCH IN DEN KOMMENDEN TAGEN zerschneiden die Rotoren von UN-Hubschraubern mit russischer Besatzung den Himmel über Mitwaba. Sie bringen den Hungernden Nachschub an Mehl, Öl und Salz. Bohnen hat man schon von der Liste gestrichen.

Zu Fuß folge ich dem langen Zug der Fahrradfahrer, der sich vom Landeplatz der Hubschrauber in Richtung Dorf bewegt; ab und zu schüttelt mir ein Bewohner des Flüchtlingslagers die Hand. Sie gehen scheinbar davon aus, dass ich als *muzungu* persönlich für die Ankunft der lang erwarteten Nahrungsmittel verantwortlich bin. Diese Illusion will ich ihnen nicht rauben.

Unterwegs bleibe ich bei einer Baracke stehen, in der die Lehrer der hiesigen Hilfsorganisation *Action contre la Pauvreté* Kinder unterrichten, die das Schulgeld für die öffentliche Schule in Mitwaba nicht aufbringen konnten.

Hier sitzen die Kinder aus den Flüchtlingslagern neben den Kindern von Soldaten. Also neben Kindern *der* Männer, die vielleicht ihre Väter getötet haben. Aber im Kongo spielt das keine große Rolle: Alle 130 Schüler dieser kleinen Schule sitzen auf dem blanken Boden und schreiben schweigend ab, was ihr Lehrer mit Kreide auf eine schwarz gestrichene Mauer schreibt. Das Gebäude diente bis vor Kurzem noch als Munitionsdepot der Armee.

Da die Mittel fehlten, hat das Schuljahr mit zwei Monaten Verspätung begonnen. »Zu guter Letzt spendete eine Nonne dem Projekt Geld«, erklärt mir George Kachinga, ein großer hagerer Mann, der mit einem Megafon durch die Schule geht, damit er allen Schülern und Lehrern der fünf Klassen gleichzeitig seine Anweisungen erteilen kann.

»Alle für ein Foto nach draußen kommen!«, brüllt er in sein Megafon. In den kongolesischen Schulen herrscht Disziplin, und für das Gruppenfoto, das ich von ihnen machen will, stellen sich die Schüler sofort ordentlich vor ihren Klassen auf. Ich frage Herrn Kachinga, wie viele Einwohner von Mitwaba lesen oder schreiben können.

In Mitwaba schreibt ein Lehrer den Text des einzig verbliebenen Schulbuchs an die Tafel, damit ihn die Schüler seiner Klasse abschreiben können.

»75 Prozent sind Analphabeten«, antwortet er prompt. »Von den Frauen kann nicht einmal jede zehnte lesen oder schreiben.«

Auch in dieser Schule herrscht ein bitterer Mangel an Lehrbüchern. »Die drei Frauen und zwei Männer, die hier als Lehrer arbeiten, legen die 55 Kilometer nach Kashungeshi zu Fuß zurück, um dort die Bücher abzuschreiben. Sie müssen bedenken, sie arbeiten alle ehrenamtlich.«

»Bewundernswert«, sage ich und bin wirklich beeindruckt. Denn wo wurde ein Land je von seiner Führung so im Stich gelassen? Ein Land ohne Staat, das eigentlich nur existiert, weil es auf der Weltkarte verzeichnet ist. In dem die Polizei, die Lehrerschaft und die Armee gar nicht oder kaum entlohnt werden. In dem es weder Krankenkassen noch Renten oder Versicherungen gibt. In dem nicht einmal Straßen existieren. In dem aber trotzdem 55 Millionen Menschen mit einem Lächeln *à la Congolaise* versuchen, das Beste aus ihrer Lage zu machen. Genau das ist es, was mich im Kongo am stärksten berührt.

Wenn man die Kongolesen fragt: »*Ça va?*«, dann antworten sie: »*Ça va bien*« und lachen, auch wenn klar ist, dass es ihnen überhaupt nicht gut geht. Oder sie sagen, auf kongolesische Art und Weise, »*Ça va un peu!*« und lachen noch lauter, als wollten sie sagen: Natürlich geht es uns nicht gut, aber wir leben im Kongo, und hier gelten andere Regeln und Gesetze als im Rest der Welt.

Ein fremder Planet, das ist der Kongo. Ein Stückchen Erde, auf dem alles anders ist als überall sonst auf der Welt. Er ist das reichste und ärmste Land zugleich, übersät mit Waffen, überschwemmt von ausländischen Priestern und Entwicklungshelfern, regiert von den korruptesten Politikern der Welt und, wo immer möglich, ausgeplündert von ausländischen Bergwerksgesellschaften und zwielichtigen kongolesischen Handelskompanien.

Ich verlasse die Schule und gehe ins Dorf zurück.

»BON RETOUR, MARC!«, brüllt mir Herr Kachinga mit seinem Megafon als wohlgemeinten Abschiedsgruß hinterher.

Ich schaue mich um und winke ihm zu. Er grinst von einem Ohr zum andern.

Auf meinem Rückweg komme ich an der Polizeistation von Mitwaba vorbei. Wie gewöhnlich liegt, sitzt und hängt die ganze Mannschaft auf den Stufen vor der Wache herum. Denn schließlich wollen sie mitbekommen, ob es in Mitwaba für sie einen Grund gibt auszurücken.

Aber in Mitwaba passiert nie etwas. Außer dass Gefangene in den Gefängnissen von Mitwaba exekutiert werden, aber das fällt in die Zuständigkeit des Militärs.

Plötzlich kommt Bewegung in das Polizeikorps von Mitwaba. Sie bitten mich, ein Foto von ihnen zu machen.

»Ich werde es per Post schicken«, sage ich nach der Fotosession.

Darüber können sie nur höhnisch lachen. »Die kongolesische Post! Die gibt's doch gar nicht!«

»Dann schicke ich es vielleicht zu Doktor Gbane von Ärzte ohne Grenzen«, sage ich, »aber das kann eine Weile dauern.«

Sie finden es ausgesprochen löblich, dass ich mich so ins Zeug lege. »Wir werden warten, was kommt. Das tun wir hier im Kongo schon unser ganzes Leben lang«, sagt der Polizeichef.

WÄHREND SICH DIE ABENDSTILLE über die umliegenden Täler senkt, fange ich in meinem Zimmer an zu packen. In Mitwaba kann man kosten, wie die Luft schmeckt, wenn es im Umkreis von Hunderten von Kilometern keinen Verkehr, keine Industrie, keine Elektrizität und keine Zentralheizung gibt. Hier spürt man den Hauch der Vorzeit. Durch das Fenster meines Zimmers betrachte ich den Sonnenuntergang und den stetigen Zug der meist weiblichen Träger, die auf ihrem Kopf Lasten balancieren. Jetzt, wo ich hier bin, wird mir bewusst, wie sehr ich mich – trotz des Mangels an Komfort – nach einem einfacheren, langsameren Leben sehne. Das Leben in Katanga könnte diesen Wunsch in vielem weitgehend erfüllen, wenn nur dieser verdammte Krieg nicht wäre. Ich frage mich, warum die Kongolesen, die in einem Moment die freundlichsten Menschen der Welt sein können, im nächsten Moment in wahnsinnige Grausamkeiten verfallen können?

Während mir diese anthropologisch inspirierten Gedanken durch den Kopf gehen, falte ich Hemd und Hose zu einem Kopfkissen, spanne mein Moskitonetz über mein Bett, wünsche meinem Zimmergenossen Doktor Gbane eine gute Nacht und beobachte noch eine halbe Stunde lang das eigentümliche Spiel von Licht- und Schattenflecken, die der aufgehende Mond auf die gegenüberliegende Wand projiziert. Es ist dieses Unbezähmbare, Wilde im Wesen Zentralafrikas, der diesen Teil des Kontinents für mich so unwiderstehlich macht. Trotz des Elends und der Grausamkeiten bedaure ich, dass es nun Zeit wird, den Dschungel zu verlassen.

Gewiss, Afrika kann äußerst deprimierend sein. Aber auch so heiter, wie ich es am folgenden Tag auf dem Weg nach Lubumbashi noch einmal erlebe. In vollem Flug zaubert Olivier Le Guyader unter dem Sitz des Cockpits seiner Cessna eine ausgewachsene Pizza hervor. Er teilt sie in drei Stücke: eins für den Kopiloten, eins für den Passagier und eins für ihn selbst. Dann lässt er sein eigenes Stück auf sein blütenweißes Pilotenhemd fallen. Er stößt bretonische Flüche aus und schmettert sie durch das Flugzeug, bis er auf der Landebahn von Lubumbashi zum Stehen kommt.

MEINE LETZTE STATION IM KONGO ist Kinshasa, wo ich im Herzen der Stadt zwei Aidsprojekte von Ärzte ohne Grenzen Belgien besuche. Doktor Philibert Kilesi führt mich durch eines dieser Projekte, ein Zentrum, in dem Kranke sich für Tests und die Vergabe von Medikamenten anmelden können. Die Patienten werden hier im wahrsten Sinne des Wortes zu Nummern degradiert.

»Jeder, der das Wartezimmer betritt, zieht hier eine Nummer, wie in Belgien beim Metzger«, sagt Doktor Philibert lachend. »Wir sind dazu übergegangen, weil unser System, die Namen nach der Registrierung der Kranken aufzurufen, nicht funktionierte. Wenn wir im Wartezimmer einen Namen aufriefen, schämte sich der Aufgerufene zu sehr, um aufzustehen. Aids ist im Kongo ein Stigma. Jetzt läuft es besser. Jeder wird hier anonym behandelt.«

Dank Doktor Françoise Louis, einer französischen Mitarbeiterin von Ärzte ohne Grenzen, kann ich mir auch das Aidszentrum für Prostituierte im berüchtigten Vergnügungsviertel Matonge ansehen. Die Huren von Kinshasa bilden eine eigene Zielgruppe, weil sie häufig auf Kondome verzichten. »Einen Dollar für eine Nummer mit Kondom, zwei Dollar ohne. Die Kunden fragen extra danach«, erklärt mir ein Mädchen, mit dem ich in diesem Zentrum spreche.

Sie erzählt von neun- und zehnjährigen Kinderprostituierten, die sich mit weniger als einem Dollar begnügen müssen, weil ihre Brüste noch nicht entwickelt sind, und von Schulkindern, die gute Zensuren bekommen, weil sie es mit ihrem Lehrer treiben.

»Das Problem der Aidsstigmatisierung ist bei Prostituierten noch viel größer als bei anderen Kongolesen«, erklärte mir Doktor Françoise vor meinem Besuch des Zentrums. Wenn ein Mädchen zu sehr an Gewicht verliert, weil ihr die Krankheit in den Knochen steckt, ist sie damit auch weniger attraktiv für die Kunden. In der Konkurrenz zu ihren Kolleginnen ist sie dadurch ernsthaft im Nachteil. Also versuchen die Huren von Kinshasa – ob sie nun Straßendirnen sind oder schicke *londoniennes* auf hohen Stilettos, die in den teureren Bars und Restaurants an den Ufern des Kongo flanieren – ihr Problem in allen Sprachen der Welt zu verschweigen. Genauso, wie sie nicht darüber reden, dass sie ungeschützten Sex mit ihren *loves* haben, wie ihre Zuhälter in Kinshasa genannt werden.

ALS ES IN KINSHASA ABEND wird, fahre ich zurück zu meiner Unterkunft an der Avenue de la Révolution. Hier am Straßenrand kann man alles kaufen, was Kinshasa zu bieten hat: Ananas, Autoreifen, Waschbecken, Kloschüsseln, Telefonkarten, Bier, Antilopenköpfe, Särge mit Glasfenstern, Sandalen, Maismehl und Sex. In der Savannah Bar, am Ufer des Kongo, setzen die *londoniennes* ihre hellblauen Kontaktlinsen ein und schminken sich, um einen russischen Piloten, einen ausländischen UN-Soldaten oder einen Entwicklungshelfer aufzureißen. Krieg oder Frieden, Aids oder Gesundheit, Essen oder Hungern: es herrscht *business as usual* im Kongo.

Ein paar Schritte weiter versuchen ganze Schwärme von Händlern, ihre armseligen Geschäfte am Straßenrand im Schein von Öllampen abzuwickeln. Auf der einzigen Reklame, die ich sehe, preisen lachende Kongolesen Mobilfunknetze an.

Während meiner Fahrt quer durch die Stadt kann ich wieder einmal feststellen, dass Kinshasa noch immer den chaotischsten Verkehr der Welt hat. Am meisten ähnelt er wohl dem Abzug einer geschlagenen Armee: Rauch speiende Lastwagen, in denen sich 20 Männer mit irrem Blick und weiß blitzenden Augen festkrallen, zerbeulte Busse des belgischen Fuhrunternehmens De Lijn, Sattelschlepper, beladen mit riesigen zusammengeschweißten Metallcontainern, aus deren Löchern Dutzende von Passagieren ihre Köpfe stecken (und auf deren Dach 30 weitere Mitfahrer sitzen), Autos ohne Motorhaube oder ohne Türen, Soldaten, die mit geschulterten Waf-

POLICE
COMITE
MITWABA

fen auf einem Traktor sitzen. Das alles wird eingerahmt von Müll und offenen Kloaken am Straßenrand. So könnte die Welt nach einem Atomkrieg aussehen, der jegliche Zivilisation ausgelöscht hat.

An einer Kreuzung werden wir von drei Mitgliedern der motorisierten kongolesischen Polizei angehalten. Von behelmten Männern mit Lederstiefeln, die sich zu dritt ein Motorrad teilen, eine chinesische Jialing-Maschine. Nach einem Blick auf das Ärzte-ohne-Grenzen-Emblem winken sie uns enttäuscht durch und suchen sich ein neues Opfer. Ein paar Dinge ändern sich scheinbar nie im Kongo.

Anfang Juli 2006 fanden im Kongo die ersten Wahlen seit 40 Jahren statt. Mehr als 20 Millionen Wähler zog es, unter dem Schutz der UN, zu den Wahlurnen, um dort über mehr als 9000 Parlamentskandidaten und 32 Präsidentschaftskandidaten abzustimmen. Es ereigneten sich kaum Zwischenfälle, und ausländische Beobachter berichteten, dass die Wahlen fair verlaufen waren. Nach Auszählung der Stimmen zeigte sich, dass eine zweite Wahl zwischen Joseph Kabila und Jean-Pierre Bemba notwendig wurde. Damit lebten die alten Ost-West-Differenzen des Kongo wieder auf. Joseph Kabila gewann die Stichwahl am 29. Oktober 2006 und wurde am 6. Dezember 2006 als neuer Staatspräsident vereidigt.

In dem Bericht über die ermordeten Männer in Mitwaba wurden einige Namen aus Sicherheitsgründen abgeändert.

Das berühmte Polizeikorps von Mitwaba.

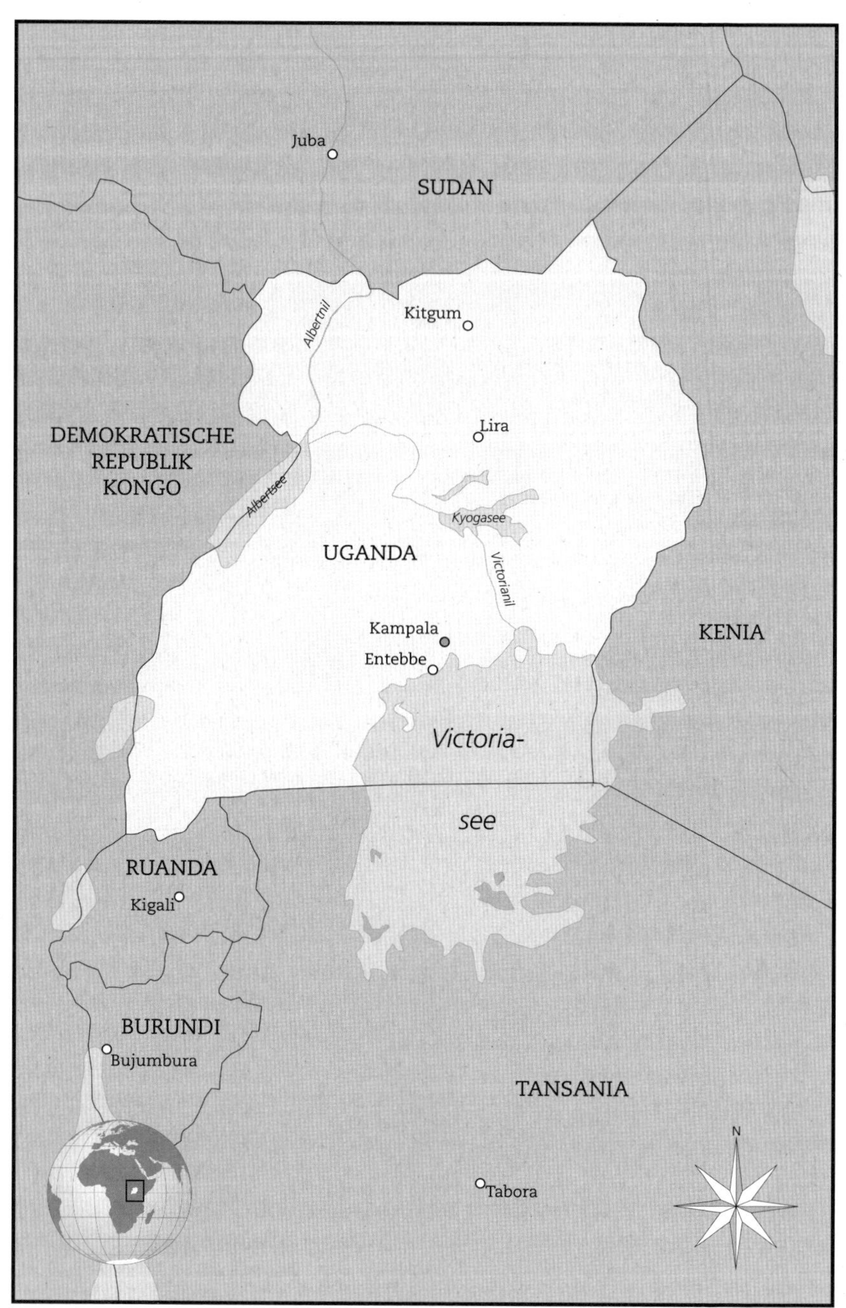

Juba
SUDAN
Kitgum
Albertnil
Lira
DEMOKRATISCHE
REPUBLIK
KONGO
Albertsee
Kyogasee
UGANDA
Victorianil
Kampala
Entebbe
KENIA
Victoria-
see
RUANDA
Kigali
BURUNDI
Bujumbura
TANSANIA
N
Tabora

UGANDA

»In Afrika stirbt man leicht.«

DER TAXIFAHRER, DER MICH AM FLUGHAFEN von Nairobi in Kenia aufliest, fragt: »Wie war's in Kinshasa?«

»Chaotisch, wie immer.«

Er lacht.

»Der Flughafen von Kinshasa ist der einzige Flughafen, den ich kenne, auf dem die Flugpassagiere mit ihrem gesamten Gepäck durch Löcher in einem Maschendrahtzaun kriechen müssen, um das Flughafengebäude zu erreichen«, sage ich.

Er wirft mir einen ungläubigen Blick zu, als ob ich mir das gerade erst zurechtfantasiert hätte.

»Reden Sie vom offiziellen Eingang?«, fragt er.

»Ich schwöre Ihnen«, sage ich, »ich bin da heute Mittag selbst durchgekrochen. Zusammen mit Dutzenden anderer Passagiere.

»Unglaublich«, findet nun auch der Taxifahrer.

»Im Kongo leben wunderbare Menschen, aber sie sind nicht dazu fähig, ihr Land zu regieren«, meine ich. »Es ist eine Katastrophe. In ökonomischer Hinsicht ist das Land ein Trümmerhaufen. Und solche Trümmer haben manchmal schreckliche Auswirkungen. Da ist dieser Zaun um den Flughafen noch das geringste Übel.«

»Dann scheint es hier in Kenia ja nicht einmal so schlimm zu sein«, sagt der Taxifahrer lächelnd. »Hier haben wir nur Probleme mit korrupten Polizisten, aber wenigstens herrscht hier kein Krieg.«

Wir fahren über eine breite, asphaltierte Allee in die Stadt. Viel zu schnell, aber das ist – wie mir klar wird – noch an kongolesischen Normen gemessen. Hier kann man ruhig 90 Stundenkilometer fahren, denn hier gibt es keine reifenzerfetzenden Schlaglöcher in den Straßen.

Von der Moi Avenue, die nach dem letzten kenianischen Präsidenten, Daniel Arap Moi, benannt wurde, starten unzählige Minibusse – sogenannte *matabus* – in Richtung Buru Buru, einer der bedeutendsten Vorstädte von Nairobi. Es ist ein fürchterliches Gehupe, jeder scheint es eilig zu haben und die Schaffner der Busse brüllen den Namen ihres Ankunftsziels, als hinge ihr Leben davon ab. Dabei weiß jeder, dass keiner dieser Busse abfährt, bevor er nicht proppenvoll ist. Die neuesten *matabus* haben Plasmafernseher an Bord, auf denen Videoclips mit kenianischem Hip-Hop und Rap gezeigt werden und aus denen das klassische Gemisch aus englischen, kreolischen und suahelischen Lehnworten dröhnt. Sie touren hupend und trötend durch die ganze Innenstadt, Musik plärrt aus mindestens sechs Lautsprechern.

Ich werde nur einen Tag und eine Nacht in Nairobi bleiben, es ist ein Zwischenstopp auf dem Weg nach Kampala in Uganda, meiner nächsten Station. Nach meinem Aufenthalt in Kinshasa genieße ich die Ordnung in der Stadt. Hier bin ich wieder in einer normalen Welt. In einer Stadt, in der ich tagsüber durch die Straßen gehen kann (was man den Mitarbeitern von Ärzte ohne Grenzen in Kinshasa beispielsweise verboten hat, weil es zu gefährlich ist).

Aber nicht bei Dunkelheit. Denn als ich den Taxifahrer vor der Tür meines Apartments frage, wo es in der näheren Umgebung eine nette Kneipe gibt, um ein paar *Tusker*-Bier zu kippen, sagt er: »Ich schlage Ihnen vor, dass ich Sie in einer Stunde, wenn Sie sich frisch gemacht haben, abhole. Wissen Sie, ich möchte nicht, dass Sie abends oder nachts hier allein durch die Straßen laufen. Dann verwandelt sich Nairobi nämlich in *Nairobbery*.«

Da ich weiß, dass er mir das nicht aus finanziellen Gründen vorschlägt, folge ich seinem guten Rat und besuche die Kneipen der Stadt später am Abend per Taxi.

AM NÄCHSTEN TAG SITZE ICH AUF DEM WEG von Nairobi nach Entebbe in Uganda eine gute Stunde lang in einem Flugzeug von Kenya Airways. Das Tempo, mit dem man im Flughafen von Entebbe die Formalitäten erledigt, spricht für Uganda. Die Straße von Entebbe in die Hauptstadt Kampala ist übersät mit Wahlplakaten. Yoweri Museveni, der zwei Wahlperioden lang Präsident war, möchte auch ein drittes Mal Ugandas »*Big Boss*« werden. Daher hat er – typisch afrikanisch – eine Grundgesetzänderung bewirkt und ist damit wieder voll im Rennen. Wie beim letzten Mal heißt sein Gegner Dr. Kizza Besigye (auch Oppositionskandidaten wechseln in Afrika scheinbar nie).*

* *Die Wahlen am 23. Februar 2006 gewann Yoweri Museveni mit fast 60 Prozent der Stimmen.*

Im Gegensatz zu Kinshasa besitzt Kampala eine Skyline. Große Bankgebäude dominieren das Stadtbild. Die Straßen sind sicher und man kann abends unbesorgt ausgehen und zu Fuß nach Hause oder ins Hotel zurückkehren. Alles kein Problem. Bevor Sie Uganda jedoch als afrikanisches Vorzeigeland ansehen, sollten Sie Folgendes nicht außer Acht lassen: Im Norden des Landes leben 1,7 Millionen Flüchtlinge in einer Reihe von Elendslagern. Seit 20 Jahren sind Krieg und Terror an der Tagesordnung. Das ist das Verdienst von *The Lord's Resistance Army*, der »Armee des Herrn« von Joseph Kony (und das Verdienst der ugandischen Politiker, die das Schicksal der Flüchtlinge ziemlich kaltlässt; schließlich geht es doch nur um den entlegensten Winkel des Landes an der sudanesischen Grenze).

Kony rekrutiert für seine Mordmaschinerie Kinder, die er aus den Lagern entführt und dazu zwingt, bestialische Grausamkeiten zu begehen, sodass sie nie mehr in ihr Dorf oder ihre Familie zurückkehren können.

Da ich eines der Lager besuchen will, mache ich mich in Kampala zunächst einmal auf die Suche nach dem *Media Council*, einer Organisation, die Journalisten akkreditiert. Christine Schmitz von der niederländischen Sektion von Ärzte ohne Grenzen hat mir ein Formular mit einer ganzen Liste von Bedingungen überreicht, die alle erfüllt sein müssen, bevor man sich als Berichterstatter bei *Media Council* vorstellen kann: Man braucht ein Schriftstück, in dem steht, was man als Pressediener in Uganda vorhat, ein Schreiben einer Zeitung oder Zeitschrift, das bestätigt, dass Herr XY wirklich seine mager belegten Brötchen als Reporter verdient usw.

Keinen dieser Nachweise kann ich vorlegen, da es mich gerade erst aus dem Kongo hierher verschlagen hat. Da ich aber davon ausgehe, dass sich in Uganda über solche Dinge reden lässt, stiefle ich am frühen Morgen zum Innenministerium in Kampala, um die Verhandlungen über die Aushändigung eines ugandischen Presseausweises beizeiten aufzunehmen.

Bei meiner Ankunft sind die Türen des *Media Council* noch fest verschlossen, aber schon bald taucht der Pressesekretär höchstpersönlich auf. Sein Name ist Paul Mukasa. Nachdem ich mich vorgestellt habe, erkundigt er sich nach dem Wetter in Belgien. Ich zeichne ein schauerliches Bild von Schnee und Eis, von Zügen, die darin feststecken, und verirrten Reisenden, die irgendwo auf der Strecke bleiben.

»Mein Gott, in so einem Land könnte ich nie leben«, sagt *Mister Paul*.

Ich komme auf den Grund meines Besuches zu sprechen. Nach meinen Erzählungen über Schneemänner und Ähnliches scheint es überhaupt keine formalen Schwierigkeiten mehr zu geben. Ein Bediensteter von *Mister Paul* händigt mir auf der Stelle meine ugandischen Pressedokumente aus, jedoch nicht ohne mir zuvor die nicht unbeträchtliche Summe von 100 Dollar abzuknöpfen. Das ist der Preis, den man zahlen muss, um in Uganda Journalist spielen zu dürfen.

»Bevor Sie in den Norden unseres Landes aufbrechen, müssen Sie noch zu einem Pressebriefing der Armee«, beschließt *Mister Paul*. »Dort wird man Sie über die militärische Lage und etwaige Gefahren aufklären.«

Ich unterdrücke einen tiefen Seufzer und mache mich im Zentrum von Kampala auf die Suche nach Major Kulayigye, dem Sprecher der ugandischen Streitkräfte. Wie durch ein Wunder treffe ich ihn im Verteidigungsministerium, gerade als er die Treppen zu seinem Büro hinaufsteigt. »Folgen Sie mir!«, befiehlt der Major.

Wir irren treppauf, treppab durch die langen Flure des Ministeriums, in dem unzählige Militärs Formulare zwischen den Büros hin und her tragen. Schließlich landen wir im Büro des Majors. Wir plaudern über Gott und die Welt – und sogar über Kindersoldaten. Unterdessen versichert mir der Major, dass die ugandische Armee die Lage in Norduganda vollkommen unter Kontrolle habe und die Zugangswege zu den Flüchtlingslagern sicher seien. Schließlich erhalte ich die Genehmigung zur Abreise.

LIRA – SECHS AUTOSTUNDEN VON KAMPALA ENTFERNT – ist ein beschauliches Städtchen mit einem weitläufigen Markt. Noch sind die Unannehmlichkeiten – und die Lager – eine Stunde von hier entfernt. Ich werde in einem kleinen Zimmer in den Unterkünften von Ärzte ohne Grenzen Niederlande einquartiert und lerne die nette Friesin Karla Bil, die den hiesigen Einsatz leitet, und die restlichen Mitarbeiter des Ärzte-ohne-Grenzen-Führungsteams kennen. Morgen, erklärt Karla, werden wir das Flüchtlingslager von Apala besuchen.

Aber am nächsten Morgen erreichen uns aus den Lagern beunruhigende Nachrichten. Im Norden des Flüchtlingslagers von Ayweng hat *The Lord's Resistance Army* in der vergangenen Nacht acht Menschen ermordet. Die Fahrt nach Apala wird abgeblasen und auf den kommenden Tag verschoben.

Da ich nun den Rest des Tages nichts zu tun zu habe, beschließe ich, mir das Ärzte-ohne-Grenzen-Zentrum für unterernährte Kinder in Lira anzuschauen. Hier bleiben die Kinder vier bis sechs Wochen, bis sie wieder kräftig genug sind, um in das Lagerleben zurückzukehren. Meistens werden sie von ihrer Mutter begleitet, die mit ihnen in diesem Zentrum – einem früheren Schulgebäude – wohnt.

Maria, eine österreichische Schwester, leitet das Zentrum. Ich frage sie, warum sie hier ist. »Ich liebe Afrika«, sagt sie ohne Umschweife.

Das ist eine Begründung, die ich von Ärzte-ohne-Grenzen-Mitarbeitern schon öfter zu hören bekommen habe. Es ist doch wohl undenkbar, dass sie wirklich das

Elend, den Hunger, die sterbenden Kinder, die Vergewaltigungen der Frauen und die Grausamkeiten der Kriege lieben? Aber schon bald begreife ich, dass sie in Afrika etwas suchen, was in der westlichen Welt viel schwerer zu entdecken ist: Solidarität, Humor, Überlebenswille, (viel) weniger Stress, Offenheit und einfache soziale Regeln. Die Widrigkeiten nehmen sie in Kauf, ihretwegen sind sie schließlich hier: Sie wollen dabei helfen, die Leiden, die durch Kriege, Epidemien und Armut verursacht werden, zu lindern.

Die niederländische Ärztin des Krankenhauses, Maartje van Frankenhuysen, erzählt mir, dass mindestens 50 Prozent aller Mütter und Kinder, die in das Krankenhaus kommen, Aids haben.

»Natürlich ist das eine spezielle Gruppe: Schließlich kommen sie hierher, weil sie krank sind«, sagt Maartje, »aber es sagt doch schon etwas aus.«

Sie hat auch die Prozentzahlen zur Aidssituation in den Flüchtlingslagern zur Hand: 25 Prozent der getesteten Kinder sind positiv.

»Wenn ich mir diese Zahlen anschaue, denke ich: Wo soll das mit dem Land nur hinführen?«, sagt sie.

Für die Aidspatienten gibt es keinerlei Behandlung. Nur schwangere Frauen bekommen ein Antibiotikum, damit die Krankheit nicht von der Mutter auf den Fötus übertragen wird. Vielleicht wird Ärzte ohne Grenzen später einmal auch alle anderen Patienten kostenlos mit Medikamenten versorgen können, aber heute ist das noch nicht möglich.

In einer Woche wird Maartje nach Hause fahren. Sie hat dann ein Jahr im Dienst von Ärzte ohne Grenzen hinter sich: zunächst war sie im Kongo, wo ihr Stützpunkt von bewaffneten Rebellen überfallen und ausgeraubt wurde, dann in einem Flüchtlingslager in Norduganda und nun beendet sie ihren Einsatz im Krankenhaus von Lira. Sie ist die Art von Ärztin, die ich mir in der Nähe wünschte, wenn ich selbst ernsthaft krank wäre. Sie strahlt Energie aus, zeigt häufig ein verschmitztes Lächeln und spielt sich nicht auf.

»Aber jetzt ist es genug«, sagt sie zu mir. Sie weiß nicht, ob sie noch einen weiteren Ärzte-ohne-Grenzen-Einsatz übernehmen würde: »Vielleicht fange ich wieder an zu studieren, oder ich mache ein paar Reisen durch Südamerika.«

In der Dezembernummer von *National Geographic* prangte ein Foto von ihr. Als Unterschrift stand dort: »Doktor Maartje van Frankenhuysen tröstet ein ugandisches Kind.«

»Und dabei habe ich das Kind einfach nur auf Meningitis untersucht!«, schimpft sie.

FÜR DEN VALENTINSTAG IST IN LIRA eine »große Bühnenshow« angekündigt. In einem geräumigen Schuppen haben sich etwa 200 Leute zu dem versprochenen Spektakel versammelt. Wie alle anderen Zuschauer habe ich erst einmal eine Zeit lang vor einer viereckigen Öffnung in einer Betonmauer angestanden, die als Ticketschalter dient. Die Öffnung ist nicht größer als 20 Quadratzentimeter, und links und rechts davon haben sich zwei Kerle mit einer Kalaschnikow postiert. Ab und zu sehe ich eine Hand, die eine Eintrittskarte oder ein wenig Wechselgeld herausreicht. Ein bisschen *security* kann nie schaden.

Drinnen angekommen investiere ich mein Kleingeld sofort in eine Flasche lauwarmes Bier (»Wir hatten leider einen Stromausfall«). *Nile* steht auf dem Etikett, und das ist nicht gelogen, denn die Brauerei, die diesen Gerstensaft produziert, bezieht ihr Wasser aus der Nilquelle am Victoriasee in Norduganda.

Während Musik aus den Lautsprechern dröhnt, sitzen alle Anwesenden brav auf Plastikstühlen und harren der Dinge, die kommen. Es gibt drei Produkte, die man überall auf der Welt findet: Maggisuppen, Coca-Cola und Plastikstühle. Erst wenn zwei von dieser Dreier-Liste fehlen, nähert man sich wirklich dem Ende der Welt.

Aber das liegt sicher nicht hier, in Lira.

Endlich bewegt sich etwas auf der Bühne. Gerade als ich vermute, dass nun irgendeine Gruppe ugandischer Musiker von heißen Tänzerinnen begleitet ein rauschendes Valentinskonzert zum Besten geben wird, erscheint der erste einer ganzen Reihe männlicher Playbacksänger auf der Bühne und beginnt damit, sich zu den Klängen westlicher Musik in seltsamen Verrenkungen zu winden.

»Karaoke in Uganda«, bemerkt eine Frau, die ebenfalls den Auftritt verfolgt. Sie macht ein skeptisches Gesicht und kaut auf ihrer Unterlippe. Doch aus dem Saal ertönt immer wieder lebhafter Applaus, wenn ein Auftritt geschafft ist. Die Frau trägt ein T-Shirt mit dem Slogan »*WHAZZUP?*«. Als Antwort dehnen sich die Buchstaben dieser Frage über ihrem üppigen Busen.

Für die Romantiker werden am Eingangstor unterdessen Rosen verkauft. Sie finden nur wenige Abnehmer. Vielleicht läuft das Geschäft später am Abend besser, denke ich bei mir, wenn – wie angekündigt – die Playbacksängerinnen ihren Auftritt haben. Aber wahrscheinlich wird das heute nichts mehr.

»*No girl?*«, fragt mich der Wachtposten am Eingangstor.

»*No, my girl is in Belgium.*«

»*Ya want Ugandan girl. Da best!*«, versichert er mir.

»*I don't think so.*«

»*Well, then tonite you mast sleep alone in ya bed, sah.*«

Und damit hat er recht.

Markt für Secondhand-Kleidung im Flüchtlingslager Omoro.

AM NÄCHSTEN MORGEN ERFAHRE ICH vom Ärzte-ohne-Grenzen-Team in Lira, dass wir nach Omoro in eines der vielen Flüchtlingslager aufbrechen werden. Gegen elf wird die Ankündigung widerrufen. In der vergangenen Nacht haben sich dort erneut Zwischenfälle ereignet. Auf dem Weg in eines der Lager ist ein junger Mann nach grässlichen Folterungen von der »Armee des Herrn« getötet worden. Auch in der Nähe eines anderen Lagers hat man eine Leiche gefunden, sehr wahrscheinlich ein weiteres Opfer der Bluthunde von Joseph Kony und seiner Helfershelfer. Nachfragen ergeben, dass es zu einer Konfrontation zwischen der ugandischen Armee und *The Lord's Resistance Army* gekommen war, bei der einer der Kommandanten der Miliz umkam.

In den folgenden Stunden wird unsere Abfahrt immer wieder verschoben. Um Viertel vor drei erhalten wir aber plötzlich doch noch die Nachricht, dass wir aufbrechen werden. In aller Eile verladen wir unser Gepäck in zwei Land Cruiser und fahren durch das Tor des Ärzte-ohne-Grenzen-Stützpunktes.

Unterwegs sehe ich Magnolien und Jakarandas, die mit ihren leuchtend roten und blauen Blüten den einfachen Hütten am Straßenrand etwas Idyllisches verleihen. Doch mir ist bewusst, dass dieser Schein trügt. Farben können Armut und Lethargie zwar überdecken, aber nicht wegzaubern. Außerdem werden die Dorfbewohner die Bäume früher oder später ohnehin fällen, um daraus Holz für ihre kleinen Feuerstellen zu gewinnen. Ich habe das in Afrika schon oft beobachtet: Selbst wenn in einem Dorf nur ein einziger Baum steht und das halbe Dorf in der glühenden Mittagshitze in seinem Schatten Schutz findet, wird er doch früher oder später zu 30 Säcken Holzkohle verarbeitet und dann auf dem Markt im nächsten Städtchen verkauft.

Dieses kurzfristige Handeln der Afrikaner erlebe ich als permanenten Angriff auf meine westliche Denkweise. Aber vielleicht ist in diesem Teil Afrikas auch keine langfristige Planung möglich. Vielleicht stirbt man im Kongo und in den elenden Flüchtlingslagern im Norden Ugandas viel zu schnell, um weit vorauszudenken. Menschen in Afrika denken heute vor allem daran, wie sie den nächsten Tag überleben können.

Deshalb werde ich auch überall, wo ich hinkomme, von Suaheli sprechenden Afrikanern als *mzee* angesprochen, als alter Mann. Das ist in Afrika kein Schimpfwort. Es ist die Bezeichnung für jeden, der graue Haare oder eine Glatze hat; es ist Ausdruck eines gewissen Respekts gegenüber einer Person, der es gelungen ist, den Widrigkeiten des Lebens so lange zu trotzen. Denn wer in der Nähe des Äquators um die fünfzig ist, steht schon mit einem Bein im Grab.

Berücksichtigt man die Faustregel, dass eine Generation im Westen einer Lebensspanne von zwei Generationen in Afrika entspricht, beginnt man zu begreifen, warum sich in Afrika ständig alles im Verfallszustand befindet. Gebäude werden so gut wie nie renoviert. Man benutzt sie, bis sie einstürzen oder von tropischen Pflanzen überwuchert werden wie die Tempel von Angkor in Kambodscha.

Die nächste Generation wird eher neu bauen, als die alten Häuser zu renovieren. Neubauten, die noch billiger sind als ihre Vorgänger und die darum noch schneller zu Ruinen verfallen. Denn wenn noch eine weitere Faustregel in Afrika gilt, dann wohl die, dass man nie etwas repariert. Etwas funktioniert so lange, bis es kaputtgeht und für immer den Geist aufgibt. Es gibt keine Ersatzteile, mit denen man es reparieren könnte, und niemanden, der weiß, wie man ein Gerät wartet. Und daher ist das Schicksal jeder Maschine, jedes Lasters, jedes Jeeps, jedes Bulldozers und jeder Lokomotive, die je aus dem Westen nach Afrika gebracht wird, vorherbestimmt: Sie alle werden – eher früher als später – den Geist aufgeben, an Ort und Stelle verrosten und im Laufe der Jahre von allen, die noch ein brauchbares Teil wegschleppen können, auseinandergenommen.

Ähnliches gilt auch für die westliche Nothilfe, und das ist den Mitarbeitern von Ärzte ohne Grenzen nur allzu bewusst. »Wenn wir hier morgen weggehen, bleibt von unserer Organisation – von den Krankenhäusern, der Geburtsklinik, dem Kampf gegen Malaria, den neu gebohrten Trinkwasserbrunnen – in kürzester Zeit nichts mehr«, sagen sie.

Das ist kein Kulturpessimismus, das ist Erfahrung.

JE WEITER WIR UNS VON LIRA ENTFERNEN, desto ärmlicher wirken die Häuser, und nach einer Weile sehen wir nur noch Hütten. In manchen Dörfern beobachte ich, dass die Sicht auf ältere Backsteinhäuser, die früher entlang der breiten Hauptstraße standen, heute von strohgedeckten Hütten versperrt wird, die die Bewohner einfach davorgesetzt haben. Es scheint so, als würden im afrikanischen Binnenland ganze Landstriche in einem primitiven Urzustand überdauern: mit Dörfern aus strohgedeckten Lehmhütten und Frauen, die zwischen den Hütten auf kleinen Feuerstellen kochen und Maniok stampfen.

Selbst große Städte kehren zu diesen Lebensformen zurück: Sie erhalten täglich Zuwachs von Neuankömmlingen, die sich am Stadtrand bestenfalls eine Lehmhütte bauen können. Wie Zehntausende vor ihnen schüren sie rauchige Feuerchen, um ihren Maniok zuzubereiten, während sie neben offenen Abwasserkanälen hausen, ohne den geringsten Schutz vor Malariamücken oder anderen Krankheitserregern, die sich hier tagtäglich ausbreiten. Nachdem die Kolonisatoren den Kontinent verlassen haben, ist Afrika stehen geblieben. Wie eine alte Uhr, deren Feder gebrochen ist.

IN OMORO WERDE ICH in einer der strohgedeckten Lehmhütten einquartiert, den gleichen, in denen die Lagerbewohner mit ganzen Familien leben. Die Hütte steht unter einem Mangobaum. Nirgendwo gibt es Elektrizität; Wasser wird mithilfe einer manuellen Pumpe aus der Tiefe gefördert.

Im Lager wohnen mehr als 20 000 Flüchtlinge. Es erstreckt sich, so weit das Auge reicht – bis hin zum Horizont. Wie zahllose Bewohner anderer Lager sind auch diese Menschen auf der Flucht vor den Grausamkeiten, die die »Armee des Herrn« im Namen irgendeines Dämons über das Land verbreitet.

Nach dem letzten Bericht der *International Crisis Group,* den ich gelesen habe, sind in Norduganda mindestens 1,7 Millionen Menschen auf der Flucht vor dem Terror von Joseph Kony und seiner Bande. Wie viele Soldaten diese Armee umfasst, kann niemand sagen. »Kaum noch 500«, erklären militärische Quellen in Kampala. »5000 vielleicht?«, schätzen ausländische Helfer. Niemand weiß es wirklich. Aber selbst wenn es ein paar Tausend wären, stünde das Grauen, das sie verbreiten, in keinem Verhältnis zu ihrer relativ geringen Zahl.

Immerhin dauert der Krieg nun schon 20 Jahre an, und es sieht nicht so aus, als ginge er bald zu Ende. Im Gegenteil. Obwohl Konys Armee weiterhin abstreitet, Mitglieder von Hilfsorganisationen zu überfallen, belegen eine Reihe von Zwischenfällen im Herbst 2005 genau das Gegenteil. Damals wurden an mehreren Orten insgesamt fünf Mitarbeiter von Hilfsorganisationen ermordet und fünf weitere verwundet. Außerdem überfielen die Rebellen auch einen Konvoi mit Blauhelmen aus Guatemala: Acht Soldaten kamen dabei ums Leben. Das alles kann nur eines bedeuten: Die LRA ist dazu in der Lage, Überfälle zu verüben, wann und wo sie will. In Norduganda zu reisen, kann also tödlich sein. Und dass die Mörder dabei keinen Unterschied zwischen ihren eigenen Mitbürgern, Familienmitgliedern und ausländischen Helfern machen, ist mir nach der Lektüre dieser grausigen Liste ebenfalls klar.

Genauso wie die Tatsache, dass es der ugandischen Armee nicht einmal im Ansatz gelingt, die Einwohner von Hunderten von Dörfern und Städtchen im Norden Ugandas vor einer Handvoll LRA-Rebellen zu schützen. Allein in Norduganda besitzt die Regierungsarmee mehr als die 20-fache Stärke der »Armee des Herrn«. Aber nach den Beobachtungen der *International Crisis Group* verhindern Korruption, geringe Moral, ungenügende Organisation, mangelhafte Ausrüstung und natürlich – wie überall in Afrika, wo die Armee in Aktion tritt – Übergriffe auf die einheimische Bevölkerung ein effektives Vorgehen.

Wer gehört denn eigentlich zu diesem ungeordneten Häufchen der »Armee des Herrn«? Wie Major Kulayigye aus Kampala berichtet, handelt es sich bei den Kämpfern – von denen die meisten noch Kinder sind – um Anhänger von Joseph Kony. Einem Wahnsinnigen, der sich auf den persönlich an ihn gerichteten Befehl Gottes beruft, wenn er Tod und Verderben sät. Er rekrutiert seine Kriegsbanden, indem er aus den Dörfern und Städtchen Nordugandas Kinder entführt und sie in den Sudan verschleppt. Dort werden sie unter unmenschlichen Umständen zu Kämpfern ausgebildet, die nur ein Ziel vor Augen haben: Angst und Schrecken unter ihren Landes-, Stammes- und Dorfgenossen zu verbreiten.

»Manchmal werden die entführten Kinder zuerst dazu gezwungen, einen oder mehrere Familienangehörige zu ermorden, sodass sie – selbst wenn sie einmal die Chance zur Flucht bekommen sollten – nie mehr zu ihrem Dorf oder ihrer Familie zurückkehren können«, hatte Major Kulayigye mir in Kampala erzählt. »Andere werden gezwungen, Gefangene zu erschlagen oder zu steinigen.«

Wie in Afrika üblich haben die Kräfte, die sich Propheten wie Joseph Kony andichten, magische Wurzeln. Vor ihm hatte schon Alice Lakwena, eine Hexenmeisterin, von sich behauptet, sie sei die Reinkarnation des Heiligen Geistes. Sie überzeugte junge Männer davon, dass sie unverwundbar seien – ein ebenfalls immer wiederkehrendes

Thema in Afrika – und dass der Kugelhagel der Armeesoldaten an ihrer Brust abprallen würde. Hunderte dieser Kämpfer fanden später auf dem Schlachtfeld heraus, dass AK-47-Munition sich von solchen Beschwörungen nicht abhalten lässt, und damit schwand der Glaube an Alice Lakwena. Aber keine Sorge, ihr Vater, der sich – ganz der biblischen Logik folgend – Gottvater nannte, trat ihre Nachfolge an. Und auch die Anhänger dieses regionalen Gottvaters fielen mit der Machete in der Hand, als sie jubelnd in das Sperrfeuer ihrer Gegner liefen.

Also nahm sein Neffe Joseph Kony die Sache in die Hand. Kony, der manchmal auf Abbildungen als Mann mit Dreadlocks, einem weißen Gewand und einer Ray-Ban-Sonnenbrille zu sehen ist, hat nicht einmal die Grundschule durchlaufen. Das hat ihn aber nicht davon abgehalten, ein höheres politisch-religiöses Ziel anzustreben: Er will Uganda von Yoweri Musevenis Regierung befreien und das Land nach den Regeln der Zehn Gebote regieren.

Es ist offensichtlich, dass Kony und seine Anhänger bei der Umsetzung dieser unausgegorenen Pläne von den sudanesischen Machthabern und ihrer Armee protegiert werden. Konys Stützpunkt, 100 Kilometer südlich von Juba im Sudan, dicht an der Grenze zu Uganda gelegen, ist ein deutlicher Hinweis darauf. Auch wenn die sudanesischen und ugandischen Staatsorgane in ihrem Bemühen, Kony das Handwerk zu legen, in letzter Zeit etwas besser zusammenarbeiten, liegt es dennoch auf der Hand, dass sowohl im Sudan wie auch in Uganda nicht jeder ein Interesse daran hat, den Krieg zu beenden: Das lässt sich schon daraus ersehen, dass der militärische Nachrichtendienst Konys Männer im Sudan im Vorfeld davon verständigt, wenn ein Überraschungsangriff auf ihre Stützpunkte vorbereitet oder verübt werden soll.

Außerdem – und das ist für die ugandische Bevölkerung mindestens genauso besorgniserregend – weisen letzte Berichte darauf hin, dass LRA-Kämpfer seit September 2005 auch in den Kongo ausweichen, wo sie, von der kongolesischen Armee unbehelligt, im Garamba-Nationalpark Schutz finden. Für die LRA bieten die Kongowälder, als rechtsfreier Raum, eine alternative und sichere Möglichkeit unterzutauchen. Überdies lässt sich auf diesem Wege auch der Waffen- und Munitionsnachschub weitgehend sicherstellen.

So dauern der Krieg, die Entführungen, die Vergewaltigungen von Frauen und Kindern und die Folter an. In den letzten 19 Jahren wurden nach Angaben internationaler Beobachter nicht weniger als 25 000 Kinder, unter ihnen 7500 Mädchen, von der LRA in Norduganda entführt. Diese Mädchen brachten während ihrer Gefangenschaft schon an die 1000 Kinder zur Welt, die ebenfalls ein Leben als Soldaten der LRA erwartet.

Eine der Frauen, die die LRA als Geisel genommen und verschleppt hatten, treffe ich auf dem Ärzte-ohne-Grenzen-Stützpunkt im Flüchtlingslager von Omoro.

»Zunächst kursierten Gerüchte«, erzählt Molly Akello, eine junge Frau von 26 Jahren, die seit drei Wochen für Ärzte ohne Grenzen arbeitet, »dass die Rebellen am Unabhängigkeitstag kommen und uns alle mitnehmen würden. Aber darüber lachten wir. Wie sollten sie denn alle Schülerinnen einer ganzen Mädchenschule entführen? Es sind nur Gerüchte, sagten wir zueinander.«

Aber in der Nacht vom 9. auf den 10. Oktober 1996, als alle Mädchen des Saint Mary College in Apuru in Norduganda in ihrem Schlafsaal in den Betten lagen und die italienischen Schwestern ihrer Missionsschule sich in ihren Konvent zurückgezogen hatten, hörten einige der Mädchen das Schlurfen von Füßen und gedämpfte Stimmen auf der Veranda ihrer Schule. Ungefähr um ein Uhr morgens kamen die Lichtkegel von Taschenlampen hinzu. Die Rebellen hatten Wort gehalten.

»Wir waren ratlos. Wir wussten nicht, was wir tun sollten, und aus Furcht krochen wir unter unsere Betten«, sagt Molly.

Währenddessen versuchten die Kämpfer der »Armee des Herrn« in den Schlafsaal einzudringen. Sie schlugen die Fensterscheiben ein, stießen dann aber auf Gitter, die sie nicht aufstemmen konnten.

»Sie baten uns, die Türen zu öffnen. ›Wir gehören zu euch‹, sagten sie, ›wir sind Teil desselben Volkes, wir haben dasselbe Blut.‹ Aber wir gaben nicht nach. Nach einer Weile versteckten wir uns alle hinter einer dicken Metalltür, von der wir annahmen, dass sie den Kugeln trotzen könne.«

Je länger die Nacht andauerte, desto frustrierter wurden die LRA-Mitglieder. »Sie schrien, wir würden alle sterben, wenn wir nicht öffneten, und sie würden Granaten in den Schlafsaal werfen. Schließlich sprengten sie ein Stück der Wand auf, sodass sie hineingelangen konnten«, berichtet Molly. Was dann passierte, war mehr als genug, um den Glauben an das Gute im Menschen zu verlieren.

»Sie zwangen uns, dunkle Kleidung anzuziehen, damit wir weniger gut erkennbar wären«, erzählt Molly, »und wir mussten unsere Segeltuchschuhe anziehen, denn wir hätten einen weiten Weg vor uns, sagten sie.«

Dann wurden alle Mädchen, insgesamt 139, gemeinsam mit den Kämpfern in eine Reihe gestellt: immer abwechselnd ein Rebell, ein Mädchen, ein Rebell, ein Mädchen usw. So verließen sie die Schule. Nur einem einzigen Mädchen gelang die Flucht. Die Schülerinnen marschierten in zwei Stunden nach Kitgum. Dort hörten sie Gewehrfeuer und sahen, wie viele der Einwohner des Städtchens erschossen wurden.

»Es war fürchterlich, die vielen Leichen mit den offenen Mündern und den offenen Augen.«

Gegen Morgen erreichten sie einen Fluss, und man befahl ihnen, sich zu waschen und etwas zu trinken. Wer nichts trank, wurde verprügelt. Dann marschierten sie 30 Meilen, ohne etwas zu essen.

»Später, ich glaube, nachdem wir 40 Meilen zurückgelegt hatten, sahen wir, wie die LRA-Mitglieder unter einem großen Baum beteten«, erzählt Molly. »Es war makaber.«

Dann geschah ein Wunder. Schwester Rachele, die stellvertretende Direktorin, war der Gruppe aus der Schule gefolgt. Sie hatte den Rebellen für die Freilassung der Mädchen zunächst eine große Summe geboten, aber die wurde abgelehnt. Trotzdem gelang es der Schwester, den Rebellenführer zu überreden, die Mädchen gehen zu lassen, wenn auch nicht alle.

An Ort und Stelle trafen die Rebellen eine Auswahl: 30 Mädchen – diejenigen, die am zähesten wirkten und am hübschesten aussahen – wurden ausgesondert. Von ihnen hörte man Jahre nichts mehr, denn sie wurden in den Sudan verschleppt. Die anderen 109, unter ihnen Molly, durften mit Schwester Rachele heimkehren. Einige von ihnen waren auf ihrem Marsch von den Rebellen vergewaltigt worden. Während dieses Teils ihrer Erzählung rollen Molly dicke Tränen über die Wangen.

»Wurdest du selbst auch vergewaltigt?«

»Ja, von einem der Anführer.«

Doch trotz ihrer Freilassung, die sie nur der Beharrlichkeit von Schwester Rachele zu verdanken hatten, war der Leidensweg der Gruppe noch nicht zu Ende. Irgendwann beschlossen die Rebellen, ihr Versprechen zu brechen und sich die 109 Mädchen zurückzuholen. Aber die Kinder versteckten sich alle gemeinsam in einem Haus. Auf diese Weise gelang es ihnen, unentdeckt zu bleiben. Schließlich zeigten ihnen die Dorfbewohner einen Fluchtweg, auf dem die angeschlagene Truppe die Rebellen abhängen konnte. Sie traten ihren langen Marsch nach Hause an.

»Ich war damals krank«, erzählt Molly, immer noch unter Tränen. »Ich hatte auch Asthmabeschwerden. Aber wir mussten weiter.«

Die Dörfer, durch die sie kamen, waren leer. Es gab weder Nahrung noch Wasser. Nur an einem schmutzigen Tümpel mit stehendem Wasser und Schlamm konnten die Mädchen ihren Durst löschen.

Am dritten Tag gelang es Schwester Rachele endlich, den geretteten Kindern etwas zu trinken zu besorgen und sie zu ihren Eltern zu bringen. Für die Eltern der 30 entführten Mädchen muss die Nachricht, dass ihre Töchter Joseph Kony und seinen Männern in die Klauen gefallen waren, umso bitterer gewesen sein.

»Wochenlang durchlebte ich seelische Folterqualen. Immer wieder dieselbe Szene«, schluchzt Molly.

»Aber das Schlimmste war die Ausgrenzung.«

Im reichen Westen hätte man ein Opfer wie Molly sicher in Watte gepackt, aber nicht in Afrika: »Jeder mied mich wie die Pest. Ich war eine Rebellenfrau. Sie wussten, dass ich vergewaltigt worden war, und sagten, ich hätte Aids. Ich war ein *outcast*. Ich musste mit einem Stigma leben. Ich konnte nicht in meinem Dorf bleiben.«

Zuletzt war es Schwester Rachele, die ihr riet: »Geh studieren und versuche so, deinen Seelenfrieden wiederzufinden.« Das tat sie. Sie erwarb das Diplom einer sozialen Fachrichtung und arbeitet heute für Ärzte ohne Grenzen.

»Was geschah mit den Mädchen, die in den Sudan entführt wurden?«

»Man zwang sie zu kämpfen und wies sie den Soldaten der LRA als Frauen zu. Zwei von ihnen sind tot, andere konnten nach Jahren während eines Feuergefechts zwischen der Armee und der LRA an der Grenze entkommen. Die meisten sind noch immer im Sudan.«

Ich frage Molly, was ihr Kraft gibt.

»Ich glaube an Gott«, antwortet sie.

Hat sie noch Alpträume?

»Ja, häufig.«

Kann sie den Rebellen je vergeben?

»Ja«, das könne sie, sagt Molly. »Sie werden selbst missbraucht. Sie wurden dazu gezwungen, uns diese Gräuel anzutun. Wenn ich manche sagen höre, man müsse alle Rebellen umbringen, dann fühle ich mich traurig, denn ich versuche, mich in sie hineinzuversetzen. Wenn ich mit in den Sudan gegangen wäre, würde ich heute auch morden.«

Vergeben kann Molly schon. Aber verstehen, das kann sie immer noch nicht.

»Warum tut die LRA das? Wegen der Macht oder wegen des Geldes? Aber sie beten Dämonen an. Das habe ich selbst gesehen. Wie kann man von sich behaupten, dass man die Menschen befreien will, wenn man sie tötet wie Tiere?«

VIERZEHN TAGE VOR MEINER ANKUNFT im Flüchtlingslager von Omoro hat ein Brand dort 406 Häuser verwüstet.

»Hier brennt es ständig«, sagt Charles Akoko, der Mann, der mich zwischen den schäbigen Hütten des Flüchtlingslagers herumführt. »Die Hütten im Lager stehen zu dicht beieinander, und mit den vielen Feuerstellen braucht es hier nicht viel dazu.

Im Flüchtlingslager Omoro schlagen Männer die Zeit mit Damespielen tot. Da um Geld gespielt wird, ist immer ein Aufpasser in der Nähe.

Diesmal hat es mit ein paar einheimischen Saufbolden angefangen, die an einem Feuerchen Bier brauten.«

»Gab es viele Verwundete?«

»Nein, nur ein Junge wurde von einer Kugel getroffen, als die Munition explodierte, die in einer der brennenden Hütten versteckt war.«

Charles erzählt davon, als sei es die normalste Sache der Welt. Ich versuche mir den Vorfall vorzustellen: Einer der Zecher steckt im Suff aus Ungeschick das Strohdach einer Hütte in Brand, und das Feuer rast sofort unaufhaltsam durch das Lager, während hier und da Kugeln aus versteckten Munitionsvorräten durch die Luft pfeifen. *»These things can happen«*, sagt Charles.

Es ist also nicht verwunderlich, dass die Bewohner des Lagers finstere, besorgte Mienen zeigen. Dazu tragen nicht nur Joseph Konys Heilspropheten bei, die unter den Kindern des Lagers gelegentlich mit Waffengewalt ihre Soldaten rekrutieren, sondern auch die Malariamücken, die in Wolken ständig über dem Lager schweben, die prekäre Nahrungssituation, da es kaum Ackerland gibt, und die unaufhaltsame Ausbreitung der Aidsepidemie. Nun kommen also – mit der Regelmäßigkeit eines Uhrwerks – noch auflodernde Brände hinzu, die immer wieder einmal ein Viertel des Lagers in Schutt und Asche legen. Das sind Gründe genug für eine sorgenvolle Miene.

Nirgendwo in der Umgebung sind Soldaten der ugandischen Armee zu sehen. Das Lager wird von einer mit Kalaschnikows bewaffneten Miliz bewacht, die sich selbst die *Amuka*, die Nashörner, nennen. Männer wie diesen würde ich weder meine Kinder noch meine Geldbörse anvertrauen. Selbst wenn ich sie anspreche oder grüße, lächeln sie nie. Ihre Waffen stammen von der ugandischen Armee, mit der sie einen Deal gemacht haben: Die Milizen übernehmen die Bewachung der Lager, die Armee geht dafür auf die Jagd nach der LRA, auch wenn sie dabei bisher ziemlich erfolglos war. Natürlich werden die kräftig gebauten Aufpasser nicht entlohnt – was wahrscheinlich erklärt, warum sie nie lächeln –, und das macht sie auch für die Flüchtlinge, die sie beschützen sollen, gefährlich. Denn wie jeder andere wollen auch sie essen, Bier trinken und Sex haben, aber anders als alle anderen haben sie Maschinengewehre, um ihren Forderungen Nachdruck zu verleihen.

Einer der Milizionäre ist ein 20-jähriger Mann, der schon vier Jahre an der Bewachung des Lagers von Omoro gegen LRA-Überfälle beteiligt ist. Im November 2003 hat er gegen die Rebellen gekämpft. Damals waren sie in das Lager eingedrungen, hatten eine Gruppe von Kindern entführt und sich bei ihrem Abzug selbst unter die Kinder gemischt, um sich zu schützen. Dennoch sei es ihm, Abdul Kasim, gelungen, einen von ihnen zu töten, erzählt er.

Fürchtet er sich vor der LRA?

Er zuckt mit den Schultern. Nein, er fürchte sich nicht. »Wenn Gott es will, werde ich sterben, wenn nicht, bleibe ich am Leben.« Er ist Moslem.

Dieser Miliz gehörten früher einmal ein paar Hundert Männer an, aber viele von ihnen hat inzwischen die ugandische Armee oder die Polizei rekrutiert. »Wir wissen wenigstens, wie wir mit einem Gewehr umzugehen haben«, sagt Abdul Kasim.

Letzteres steht ganz außer Zweifel, denn immer wieder erzählen mir die Lagerbewohner, dass die »Nashörner« sie besser beschützen als die ugandische Armee. »Sie fürchten sich nicht vor den Rebellen. Sie kämpfen für den Schutz ihrer eigenen Familien«, vertraut mir ein Mann mit einem missgebildeten Kiefer an. »Die ugandische Armee versagt. Statt hier mit den Rebellen zu kämpfen, sind sie in sicherer Entfernung stationiert.«

Der Mann heißt Anyep Palekele. Er stammt aus einem Dörfchen mit dem Namen Atuin Atino und ist wie alle der 20 250 Bewohner dieses Lagers vor der Gewalt der LRA geflohen. Bei dem Überfall auf sein Dorf wurden zwei Kinder entführt. »Jetzt sind sie im Sudan, aber sie werden als Soldaten zurückkommen und wieder andere Kinder entführen. Wenn sie dazu nicht bereit sind, werden sie erschlagen. Mit Knüppeln, um Munition zu sparen«, sagt der Mann.

Er zeigt auf seinen Kiefer: »Das waren die Rebellen. Mit einem Gewehrkolben.«

Der Bruch seines Kieferknochens ist verheilt, aber nicht so, wie er sollte. Auf seinem schiefen Unterkiefer prangt eine dicke Schwellung. Auf der Flucht vor der LRA ist er mit seiner Familie eine Woche im Busch geblieben und hat dabei Dutzende von Leichen gesehen, Menschen, die von den Soldaten Joseph Konys ermordet worden waren.

Ich frage ihn, ob er in sein Dorf zurückwill.

»Ja«, sagt er, »aber nicht jetzt. Es gibt immer wieder Gerüchte, dass die Rebellen im Anzug sind.«

»Und nicht nur Gerüchte!«, pflichtet ihm Charles Akoko bei. Er hebt seine Hände beschwörend zum Himmel, um seine Worte zu bekräftigen. »Am Weihnachtsabend überfielen sie den Bus, auf seiner Fahrt von Lira ins Lager. Acht der elf Passagiere wurden ermordet.«

Wie alle Neuankömmlinge im Lager muss er Land von anderen pachten, um darauf etwas Gemüse anbauen zu können. Die Stelle, an der er im Lager seine Hütte bauen durfte, wurde ihm von Mister David, dem Lagerleiter, zugewiesen.

»Die Zahl der Lagerbewohner wächst Woche um Woche«, sagt Mister David, der am Rand des Lagers einen kleinen Laden betreibt. Vor allem jetzt, da Wahlen anstehen, denn alle fürchten die Unsicherheit, die das mit sich bringt. Und wer weiß schon, was nach den Wahlen passiert?«

»Was glauben Sie denn, was passieren wird?«, frage ich.

»Das weiß Gott allein«, sagt Mister David. »Einerseits hoffen viele, dass Museveni verliert, damit es Veränderungen geben kann. Andererseits fürchten alle, dass er unterliegt, denn er wird sich nicht damit abfinden. Deshalb werden viele Wähler für ihn stimmen, weil sie die Instabilität fürchten, die ein Sieg seines Gegenkandidaten Kizza Besigye verursachen würde.«

»Demokratie in Afrika«, sage ich.

»Museveni hat Gutes getan«, antwortet Mister David. »Wir haben beispielsweise kostenlosen Unterricht und er führt Kampagnen gegen Aids durch. Aber in Afrika sind unsere Führer süchtig nach Macht. Wenn sie einmal von der Macht gekostet haben, werden sie herrschsüchtig und wollen ihr ganzes Leben lang Präsident bleiben.«

Tagtäglich bekomme ich von gewöhnlichen Menschen solche klugen Analysen zu hören. Sie legen fast immer den Finger in die Wunde. Wie kommt es, dass ich so etwas nie aus dem Mund der führenden Politiker höre?

Auf dem Weg zum Ärzte-ohne-Grenzen-Krankenhaus des Lagers kommen wir an einer Hütte vorbei, auf die jemand das Wort *Hotel* gepinselt hat. Ich stecke meinen Kopf in die Hütte und sehe zwei Holzbetten darin stehen. »500 Schilling pro Nacht!«, sagt der Besitzer. Das sind 25 Eurocent. Es ist das preiswerteste Hotel, das ich je gesehen habe.

»Sind Sie sicher, dass das Frühstück inklusive ist?«, frage ich.

Er lacht herzlich: »*Munu, bin icemi!*«

In der örtlichen Sprache, dem Lango, heißt das so viel wie: Weißer, komm und iss mit uns!

»Das ist unser Gruß«, erklärt Charles. »*Bin icemi,* komm und iss.«

Selbst das Letzte, was diese Menschen besitzen, wollen sie teilen – auch mit einem weißen Besucher, der bald wieder fortgeht und zum Luxus seiner Welt zurückkehrt.

DIE KLEINE KLINIK VON ÄRZTE OHNE GRENZEN in Omoro füllt sich nach Ankunft des Ärzte-ohne-Grenzen-Teams (dem ersten Besuch seit drei Monaten) rasch mit Patienten. Draußen laufe ich einem kleinen Jungen in die Arme, den die Begegnung mit dem *munu*, dem Weißen, völlig durcheinanderbringt. »Er, dessen Haut so weiß ist wie Milch«, lautet die übliche Beschreibung.

Milizionär der Amuka, der »Nashörner«, die das Flüchtlingslager Omoro gegen die mordlüsternen Rebellen von Joseph Kony schützen sollen.

Aber dieser Junge hat offenbar noch nie einen *munu* gesehen. Er reibt über meinen Arm, um zu sehen, ob die weiße Farbe nicht abgeht. Dann untersucht er ihn genauer, er kneift leicht hinein und streicht ganz vorsichtig mit seinen kleinen Fingern darüber. Dann schaut er mich besorgt an und sagt, auf meine Hautfarbe deutend: »Bist du krank?«

Die Umstehenden kommen aus dem Lachen nicht mehr heraus, aber das Kerlchen bleibt ganz ernst bei der Sache, denn er macht sich wirklich Sorgen um mich. Er hat offensichtlich ein großes Herz.

In der Klinik herrscht Hochbetrieb, weil die Ärzte-ohne-Grenzen-Schwestern endlich wieder da sind. Die Leute kommen auch, wenn ihnen nichts fehlt. Aus dem Briefing von Christine Schmitz in Kampala weiß ich allerdings, dass das Krankenhaus, in dem Ärzte ohne Grenzen eine kostenlose Gesundheitsversorgung anbietet, für die Ärmsten der Armen oft doch nur die zweite Wahl ist.

»Zuerst gehen sie mit ihren kranken Kindern zum Magier des Dorfes«, hatte Christine mir erzählt. »Dort werden ihnen gewöhnlich ein paar Zähne gezogen oder die Mandeln entfernt, um das Fieber zu senken. Das verursacht natürlich oft zusätzliche schwere Infektionen, und erst damit kommen sie zu uns. Dann ist es meist zu spät, und das Kind stirbt. Also glauben sie uns nicht, dass wir ihre Kinder effektiv behandeln können.«

Wir aus dem Westen machen uns einfach keine Vorstellung davon, wie weit verbreitet der Glaube an traditionelle Heiler und Magier in Afrika noch ist. Viele Afrikaner leben in der magischen Welt der Analphabeten – der *believers*, der Leute, denen man alles Mögliche weismachen kann und die sich auch selbst alles Mögliche weismachen: Leute wie der Götterbote Joseph Kony und die vermeintlich unsterblichen Soldaten seiner Kinderarmee.

Im Krankenhaus hat Karla Bil inzwischen festgestellt, dass ein Teil des Apothekenvorrats vermisst wird. Einige der einheimischen Schwestern sind nicht da, und es kommt das Gerücht auf, sie hätten die Medikamente vorsorglich mit nach Hause genommen. Man kann Karla ja einiges erzählen, aber das klingt doch zu unwahrscheinlich. Sie beginnt sofort mit einer Tour durch die örtlichen Apotheken, in denen Pillenverkäufer Medizin nach Farben sortiert verkaufen. Die Medikamente von Ärzte ohne Grenzen bleiben dennoch spurlos verschwunden. Wurden sie verkauft? An Verwandte weitergegeben? Als Drogen missbraucht? Das wird das Ärzte-ohne-Grenzen-Team in den nächsten Tagen herausfinden müssen.

Ich beginne einen Rundgang durch die Klinik. In einem der Zimmer beobachte ich eine ungewöhnliche Szene. Ich sehe, wie eine Schwester ein Päckchen Waschpulver öffnet und damit in einer kleinen Wasserschüssel ein Lauge anrührt. Da hinein taucht eine Patientin – eine junge Frau – ohne Zögern ihren Ellbogen, an dem sie eine tiefe, stark entzündete Schnittwunde hat. »Oh, das funktioniert wirklich ausgezeichnet«, erklärt die Krankenschwester, nachdem sie meinen kritischen Blick bemerkt hat. »Das haben wir von unseren niederländischen Kollegen gelernt. Axion, Biotex – prima als Entzündungshemmer!«

Ich gehe ins Lager zurück, diesmal begleitet mich Tom Okao, ein großer, schlanker Mann mit einer feinen Brille, der ein gewähltes Englisch spricht. Wir kommen an einer der 14 Wasserpumpen des Lagers vorbei. Einige von ihnen hat Ärzte ohne Grenzen installiert. Viele Frauen stehen davor Schlange. Als ich sie frage, ob ich ein Foto schießen darf, lachen sie und rufen: »Eh! Eh! *Take picture!* Mach ein Foto von uns und erzähl deinen Landsleuten, dass wir hier für 20 Liter Wasser zwei Stunden anstehen müssen!«

Unterwegs erzählt mir Tom, dass die »Armee des Herrn« in den letzten Monaten auch wegen der Nahrungsmittel ins Lager kam. »Wenn sie abziehen, nehmen sie als Schutz Geiseln mit. Wer nicht mitkommen kann, wird erschossen.«

Tom lebt schon lange im Lager. Ich frage ihn, wie er den Terror der LRA erlebt.

»Ich glaube nicht, dass ich das Grauen adäquat beschreiben kann«, sagt er in gepflegtem Englisch. »Ich werde dir ein Beispiel dafür geben: Bis vor einem Jahr konnte man ungefähr zweieinhalb Kilometer vor dem Lager einen großen Berg aus Skeletten und Schädeln sehen. An diesem Ort schlachteten die Rebellen Leute aus dem Lager ab. Anschließend warfen sie die Leichen auf einen Haufen, auf dem sie verwesten, bis nur noch ihre Knochen übrig blieben.«

Er erzählt, dass der Stapel inzwischen verschwunden sei, weil im letzten Jahr einige Leute dort ihre Angehörigen gesucht hätten, aber noch immer läge alles voller Knochen.

»Die Grausamkeit der LRA kennt keine Grenzen«, fährt er fort. »Ich habe gesehen, wie sie die Leichen ihrer Opfer vom Vortag ausgruben und am Straßenrand abermals zur Schau stellten. Nur um im Herzen der Menschen Todesangst zu schüren. Und das wirkte. Oh ja, das wirkte. Nach diesem Anblick wagte sich niemand mehr mit dem Bus nach Lira.«

Er schüttelt den Kopf und lacht. Afrikaner können einem lachend von den schlimmsten Grausamkeiten erzählen und anschließend wieder zur Tagesordnung übergehen. Aber ich habe begriffen, dass es das erleichterte Lachen derer ist, die überlebt haben.

Am Rande des Lagers Omoro betreibt Herr Bua den einzigen Laden für die 25 000 Lagerbewohner.

Schweigend gehen wir weiter durchs Lager, in dem trotz dieser ganzen Vorfälle das Leben weitergehen muss. An einer Ecke spielt ein Trupp Jungs Fußball, ihr Lumpenball wird nur von einer Schnur zusammengehalten. Sie lachen, schreien und kicken wie Fußball spielende Jungen überall auf der Welt. Es sind fröhliche Kinder, die in ihrem Spiel aufgehen.

Ein paar Schritte weiter sehe ich eine große Menschentraube, die sich um vier auf dem Boden sitzende Musiker drängt. Wie besessen spielen die Musiker auf unterschiedlich großen Holzkästen, an denen mehrere Metallstäbchen von unterschiedlicher Länge befestigt sind. Diese schlagen sie in rasender Geschwindigkeit mit dem Daumen an, während einer der Musiker mit verzerrtem, fast besessenem Gesichtsausdruck dazu singt. Allen Musikern rinnt der Schweiß vom Körper.

»Sie spielen auf ihren *okemes*«, erklärt Tom.

Sie erlauben mir sie zu fotografieren, aber keiner von ihnen zeigt ein Lächeln.

»Wovon handeln ihre Lieder?«

»Vom Leben im Lager«, sagt Tom, »von Männern, die zu viel trinken, und von Frauen und Soldaten.«

Die Texte ihrer Lieder kann ich nicht verstehen, aber in ihrem Gesang und ihrem

Kinder in Omoro: »Born to saffer«.

Spiel liegt eine Art wilde Wut. Auf die Mauer einer der Hütten hinter ihnen hat jemand *Born to saffer* gekritzelt.

100 Meter weiter komme ich mit einem Mann ins Gespräch: »Ich habe viele Tote gesehen«, sagt er.

»Wo?«, frage ich.

»Hier«, sagt er. »Ich habe letztes Jahr gehört und gesehen, wie einer der Rebellenführer den Befehl gab, Passanten auf der Straße nach Lira zu erschießen, weil die Regierung damals berichtet hatte, die LRA habe keine Munition mehr.«

Er lächelt nervös: »Ich war kurze Zeit eine ihrer Geiseln, ebenso wie mein Sohn.« Er ruft seinen etwa zwölfjährigen Jungen herbei und fährt fort: »Sie führten uns aus dem Dorf, zu einem Ort, zehn Kilometer von hier. Wir waren etwa 20. Einer ihrer Anführer sagte zu meinem Onkel: ‚Du lachst gern, oder?'

Mein Onkel antwortete zitternd vor Angst ‚Ja'. Daraufhin nahmen sie ihn mit und schnitten ihm die Lippen ab. ‚So wirst du immer lachen', sagten sie und ließen ihn laufen. Er wohnt jetzt in Lira. Er sieht aus wie eine wandelnde Leiche, mit seinem für alle Zeit erstarrten Lächeln. Wie ein Totenkopf.«

Ich frage den Jungen, ob er erzählen möchte, was er gesehen hat.

»Nur wenn Sie seinen Namen nicht aufschreiben«, sagt der Vater, »denn wenn die Rebellen erfahren, dass er hier ist, kommen sie her und töten ihn. Er ist ihnen entwischt.«

War er denn einer von Joseph Konys Kindersoldaten? Ja, nickt der Junge und senkt den Blick.

»Er war zwei Wochen bei ihnen«, sagt sein Vater. »Sie ließen ihn das Blut der Toten trinken. Damit würde er einer von ihnen, sagten sie.«

Der Junge wiegt seinen Körper angespannt vor und zurück.

»Wie konnte er entkommen?«, frage ich.

»Im Durcheinander während eines Schusswechsels zwischen der LRA und der Armee, ganz in der Nähe der sudanesischen Grenze«, antwortet der Junge plötzlich selbst. »Ein Hubschrauber hatte uns entdeckt.« Er erzählt, anschließend sei er nach Gulu geflohen und habe sich in der Radiosendung *Come back home* zu Wort gemeldet.

»Hier aus dem Lager kamen Leute zu mir und berichteten, dass sie im Radio gehört hätten, wie mein Sohn sagt, er lebe noch«, flüstert der Vater. »Da habe ich den ganzen Tag geweint.«

AM NÄCHSTEN MORGEN kommen 70 junge Männer in aller Frühe zu unserer Unterkunft im Lager von Omoro. Sie tragen alle blaue Overalls und Gummistiefel, die sie am Tag zuvor von Gabriele, dem italienischen Mitarbeiter von Ärzte ohne Grenzen, erhalten hatten. Nun bekommen sie noch einen Mund- und Gesichtsschutz, bevor sie mit einem Metallcontainer auf dem Rücken losziehen, um die Hütten des Lagers mit einem Insektizid gegen die Malariamücken zu besprühen. Viele Lagerbewohner mögen die Sprühaktion nicht. Einige verweigern der Sprühmannschaft sogar den Zutritt zu ihren Hütten.

»Das hat viele Gründe«, schmunzelt einer von ihnen, ein großer kräftiger Kerl namens Bob. Er lacht laut. »Manchmal verstecken sie ihre Liebhaber in ihrer Hütte. Ha! Ha! Und dann wollen sie natürlich nicht, dass wir reinkommen. Das würde man selbst ja auch nicht so toll finden.«

Für diese ablehnende Haltung gibt es noch andere, weniger frivole Gründe: Munition oder Waffen, die in den Hütten versteckt sind. Oder gestohlene Sachen, die dem Nachbarn gehören. Oder der Umstand, dass die Bewohner gerade mit Bierbrauen beschäftigt sind. Das Sprühen macht es nun mal erforderlich, dass der gesamte Hausrat nach draußen gebracht wird.

Nachdem ich mit der Sprühmannschaft auf Tour war, ist überall vor den Hütten Plunder aufgetürmt. Viel ist es nicht: ein Sack Mehl, ein paar zerschlissene Kleidungsstücke, hier und da ein hölzerner Bettrahmen und ein Mörser, in dem man Maniok stampft.

»Die Leute beklagen sich auch, weil sie nach der Sprühaktion noch mehr Mücken im Haus haben als vorher«, weiß Bob zu berichten.

»Wieso«, frage ich, »schmeckt denen denn das Zeug vielleicht?«

»Nein, das ist es nicht. Aber das Mittel verhindert, dass die Mücken auf den Wänden landen, und deshalb summen sie den Bewohnern die ganze Nacht um die Ohren. Das dauert zwar nur eine Nacht, aber deshalb glauben manche nicht, dass es hilft. Eher das Gegenteil!«

FRÜHMORGENS VERLASSE ICH DAS LAGER von Omoro und mache mich auf den Rückweg nach Lira. Als wir aus dem Lager herausfahren, sehe ich Flüchtlinge, die Holzkohle herstellen, um sie zu verkaufen. Für viele ist das derzeit ihre einzige Einkommensquelle. Ein mannshoher Sack kostet 6000 ugandische Schilling, also etwa drei Dollar. Ein großer Baum nach dem anderen fällt der Axt zum Opfer.

In den nächsten beiden Stunden fahren wir immer wieder an Flüchtlingslagern und kleinen Dörfern und Städten vorbei, in denen das Leben scheinbar seinen gewohnten Gang geht. Aber nichts ist hier so, wie es auf den ersten Blick scheint. Denn aus der ganzen Region zieht es täglich 30 000 Kinder aus ihren Dörfern und den Lagern in die Zentren der etwas größeren Städte in der Umgebung, wo sie die Nacht in großen Schlafsälen verbringen. In Gulu kommen beispielsweise jeden Tag 3000 dieser Kinder an. Hier fühlen sie sich vor den Überfällen der LRA besser geschützt als in ihren Dörfern und Lagern. Morgens gehen sie dann zu Fuß wieder zur Schule. *Nightcommuters* nennt man sie: Nachtpendler. Schon seit Jahren schlafen sie jede Nacht in einem anderen Bett. Denn sie wollen vermeiden, dass die LRA sie entführt, sobald deren Befehlshaber glauben, sie seien in der Lage, ein Gewehr zu bedienen, und sie zu einem Soldatenleben in der grausamsten Armee der Welt zwingt.

Wird dieser Alptraum in Norduganda je ein Ende haben?

»Um diese Frage zu beantworten, muss man sich vor Augen führen, wer alles ein Interesse daran hat, dass möglichst viele Hilfsorganisationen nach Uganda kommen«, erklären mir einige der älteren und daher auch zynischeren Mitarbeiter. »Hilfsorganisationen bringen nun mal eine Menge harter Devisen ins Land.«

Und sie nehmen dem Staat wichtige Aufgabenbereiche wie Gesundheitsvorsorge und Bildung ab. Wenn man dieser perversen Argumentation folgt, kann man leicht den Schluss ziehen, dass es die ugandische Regierung und die Armee völlig kaltlässt, was in Norduganda passiert. Umso mehr, als es dem Rest der Welt offensichtlich

Freiwillige aus dem Flüchtlingslager Omoro bereiten sich darauf vor, in einer Ausrüstung von Ärzte ohne Grenzen die Malariamücken in den Hütten zu bekämpfen.

auch völlig schnuppe ist. 100 000 Tote in 19 Jahren, 25 000 entführte und missbrauchte Kinder und 1,7 Millionen Menschen, die in Elendslagern hausen, sind offenbar noch kein Grund, drastische Maßnahmen in diesem vergessenen Teil Afrikas zu ergreifen.

Auf dem Weg nach Lira versuche ich mir vorzustellen, wie groß der Sturm der Entrüstung wäre, wenn in den Niederlanden oder in Belgien einige Kinder entführt und missbraucht würden. Das würde alle Grenzen sprengen. Die Regierung würde stürzen, wenn herauskäme, dass ihre Versäumnisse oder ihre mangelnde Vorsorge etwas damit zu tun hätten.

Aber für afrikanische Kinder gelten offenbar andere Regeln. Selbst 25 000 entführte und missbrauchte Kinder, die zudem noch gezwungen werden, andere Menschen zu ermorden, sind nicht genug, um die ugandische Regierung, oder irgendeine andere Regierung der Welt, dazu zu bewegen, Joseph Kony auszuschalten.

Vielleicht mangelt es der internationalen Gemeinschaft nicht einmal am guten Willen, denn am 23. Oktober 2005 erließ der Internationale Gerichtshof (ICC) immerhin einen Haftbefehl gegen die fünf Anführer der LRA, zu denen auch Kony gehört. Aber wer diesen Haftbefehl ausführen soll, das bleibt natürlich die Frage.

Allmählich glaube ich, dieser Mann ist vielleicht wirklich ein Gott. Unantastbar, unverwundbar und allmächtig. Ein Gott des Bösen, der über den Rest der Menschheit spottet, über eine Welt, die lieber wegschaut.

AUF MEINER RÜCKFAHRT IN DIE UGANDISCHE HAUPTSTADT begleitet mich Paul, ein freundlicher einheimischer Mitarbeiter von Ärzte ohne Grenzen. Ein paar Stunden rumpeln wir schweigend durch die Landschaft. Auf dem weiten Weg von Lira nach Kampala gibt es nur wenige Kurven. Es ist zwar eine einfache Straße aus roter Erde, aber sie ist ziemlich gut in Schuss. Auf einmal sehen wir eine große Menschenmenge, die sich um ein Auto drängt, das vom Weg abgekommen ist. Wir bitten unseren Fahrer anzuhalten, und als ich aussteige, sehe ich einen Mann der Länge nach im Gras am Straßenrand liegen. Es ist ein Radfahrer, der von dem Auto erfasst wurde. Jemand hat ihn auf die Seite gelegt, den Kopf seitlich gedreht und die Hände unter seinem Kopf verschränkt, wie es der Erste-Hilfe-Kurs vorschreibt.

Ich sehe, dass er tot ist. Die Umstehenden, die das Ärzte-ohne-Grenzen-Emblem auf unserem Auto bemerkt haben, halten mich fälschlicherweise für einen Arzt und bitten mich: »Doktor, untersuchen Sie ihn. Können Sie noch etwas für ihn tun?«

Es gibt nichts, was man für diesen Mann noch tun könnte. Da ich mich aber mit diesen hundert Menschen erst gar nicht auf eine sinnlose Diskussion darüber, ob ich nun Arzt bin oder nicht, einlassen will, packe ich seinen Arm und fühle seinen Puls.

»Er ist tot«, sage ich.

»Ja«, nicken die Umstehenden. »Er ist tot.«

Es ist seltsam, obwohl sie alle in ihrem Leben viel mehr Leichen gesehen haben als ich, legen sie doch Wert auf die Meinung des vermeintlichen weißen Arztes zum Tod des Radfahrers. Als wir uns nun alle darüber einig sind, scheint für die meisten der Moment des Aufbruchs gekommen zu sein. Ein Krankenwagen wird seine sterblichen Überreste bald abtransportieren.

Den Autofahrer hat man schon in das Krankenhaus von Lira gebracht. Nach den Angaben der Umstehenden handelt es sich um einen katholischen Priester. An dem Wrack seines kleinen Jeeps kann man erkennen, dass er nicht angeschnallt war. Denn nachdem er von der Straße abgekommen und mit dem Radfahrer zusammengestoßen war, hat er einen Termitenhügel gestreift und war dabei durch die Windschutzscheibe geflogen. Die Lenksäule seines Wagens ist völlig verbogen.

Wir steigen wieder ins Auto und fahren weiter.

»In Afrika stirbt man leicht«, sagt Paul.

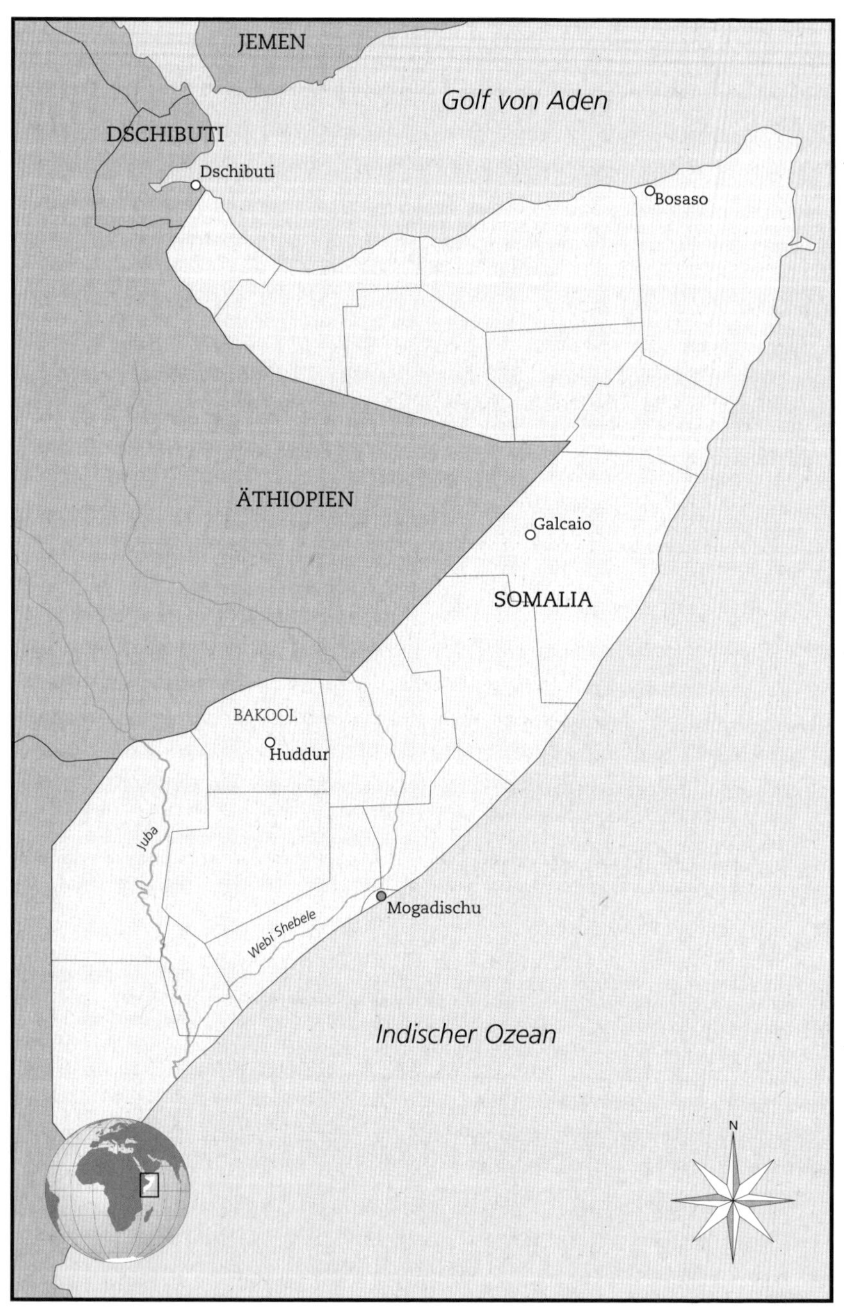

JEMEN
Golf von Aden
DSCHIBUTI
Dschibuti
Bosaso
ÄTHIOPIEN
Galcaio
SOMALIA
BAKOOL
Huddur
Juba
Mogadischu
Webi Shebele
Indischer Ozean
N

SOMALIA

»Somalia ist ein Eitergeschwür auf dem Antlitz der Erde.«
Kofi Annan, ehemaliger UN-Generalsekretär

NACHDEM ICH MIR AM FLUGHAFEN in Nairobi ein Taxi bei Princess Cap bestellt habe, holt mich derselbe Taxifahrer ab, der mich auch schon bei meinem letzten Zwischenstopp in der kenianischen Hauptstadt gefahren hat.

»*He! He! Welcome back!*«, ruft er.

Auf dem Weg in die City bitte ich ihn, an einer Bäckerei zu halten, damit ich in dem Apartment, in dem ich in den nächsten Tagen unterkomme, etwas zu essen habe. Er parkt vor einer Bäckerei, und als ich mit meinem Brot herauskomme, fragt er mich: »Ich vermute mal, Sie brauchen auch noch etwas Brotbelag?«

Ein wirklich umsichtiger Typ! Wir fahren also zu einem Supermarkt, wo ich eine knappe halbe Stunde lang die Regale durchforste und mich an der Kasse anstelle, bevor wir zu meiner Unterkunft in Nairobi weiterfahren.

»*Hakuna matata. No problem*«, sagt der Fahrer lässig. Der Extraservice ist im Preis inbegriffen. Also, wenn Sie je in Nairobi landen, dann wissen Sie jetzt, welche Taxigesellschaft Sie nehmen sollten.

Unter meinen Einkäufen befindet sich auch eine Zeitung: *The Standard*. Auf den ersten sechs Seiten berichtet sie ausschließlich über Korruption. Mehrere Spitzenpolitiker, unter ihnen der Vizepräsident, waren offenbar über einen groß angelegten Betrug informiert, in den die Nutznießer einer Leasinggesellschaft verwickelt waren – es ging um mehr als 200 Millionen US-Dollar. Sechs Seiten! »Es gibt doch wirklich Gauner hier in Kenia«, sage ich zum Taxifahrer. Er lacht und zeigt dabei sein perfektes Gebiss: »Typisch kenianische Politik«, lautet sein Urteil. »Wenn diese Schufte unser Land nicht ausrauben würden, ginge es den Leuten hier viel besser.«

Auf der letzten Seite berichtet die Zeitung darüber, dass der kenianische Präsident Kibaki – der wohlgemerkt im Rahmen einer Antikorruptionskampagne gewählt wurde – die Gläubigen während einer Messe in der Kirche der Heiligen Familie dazu aufgerufen hat, für ihn und seine Regierung zu beten. Der Artikel berichtet weiter, dass der Priester, der den Gottesdienst abhielt, *Father* Daniel Mwanzia, den Politikern, die die kenianische Wirtschaft ruiniert haben, geraten hat, um Vergebung zu bitten. Außerdem hat er die kenianische Bevölkerung dazu aufgerufen, für die Beendigung der Korruption zu beten.

»Denken Sie, es hilft was, für das Ende der Korruption zu beten?«, frage ich.

»Es lenkt die Leute ab, so können sie in der Zwischenzeit noch mehr einsacken«, antwortet der Taxifahrer grinsend.

Drei Tage danach schickt Präsident Kibaki die Polizei in die Redaktion des *Standard*. Die Beamten beschlagnahmen alle heiklen Dokumente und stecken sechs Redakteure ohne viel Federlesens ins Gefängnis. Trotzdem erscheint die Zeitung am nächsten Tag. »SCHANDE!«, lautet ihre Schlagzeile. Und eine Schande ist ein solches Vorgehen wirklich für ein Land, das sich als Demokratie versteht.

IM GÄSTEQUARTIER VON Ärzte ohne Grenzen, einem großen Apartment im dritten Stock, lerne ich Margaret kennen, die Putzfrau unserer Wohnung. Sie ist mollig, immer zum Lachen aufgelegt und trägt einen komischen kleinen Dutt auf dem Kopf. Es ist angenehm, zu Hause zu arbeiten, wenn Margaret da ist. Während ich schreibe, streift sie leise durch die Wohnung und summt dabei afrikanische Lieder.

Am zweiten Tag meines Nairobiaufenthalts frage ich sie, ob ich ihr meine Wäsche geben darf.

»Natürlich«, sagt sie, »dafür bin doch da.«

Sie macht sich gleich an die Arbeit. Nach einer Stunde hängt meine Wäsche an der Leine auf dem Balkon.

»Morgen werde ich alles bügeln«, sagt Margaret zum Abschied, bevor sie geht.

Am nächsten Morgen sehe ich, wie sie mit in die Hüfte gestemmten Händen in der Küche steht. Sie starrt die Wäscheleine auf dem Balkon an.

»*Good morning, Margaret!*«

»*Good mo'ning, Meestah Maak.*«

»Was ist los, Margaret?«

»Es fehlt ein Wäschestück, *Meestah Maak!*«

Erst da fällt mir wieder ein, dass ich am Vorabend eines meiner Taschentücher von der Wäscheleine genommen und eingesteckt habe. Es ist höchste Zeit, Margaret diesen Frevel zu beichten.

»Ähm, ich habe mir schon eines der Taschentücher genommen«, sage ich und zeige ihr schuldbewusst mein Schnupftuch.

»Na! Na! Sieh einer an, hab ich doch richtig gezählt«, schimpft Margaret, mit einem Finger neben ihrem Ohr herumwedelnd. »Ich dachte schon, es wäre gestohlen worden.«

»Wer klaut denn ein Taschentuch?«

»*Meestah Maak,* in Nairobi würde man Ihnen sogar ein schmutziges Taschentuch aus der Hosentasche klauen! Die Diebe klettern wie Affen an den Mauern hoch und kommen über den Balkon ins Haus. Deshalb haben wir hier doch so viele Gitter.«

Zum Schutz gegen Einbrecher und Diebe sind die Häuser und Apartmentblocks in Nairobi wirklich stark gesichert. Meistens sind sie von dicken Mauern und mehreren Rollen Stacheldraht eingefasst. Man kommt nur hinein, wenn man dem Wachposten am Tor bekannt ist und er die Tür öffnet. Auch Bürogebäude und Ladengalerien sind häufig nur durch eine bewachte Schranke zugänglich. Vor den einzelnen Läden stehen bewaffnete Posten, die jeden, der das Geschäft betritt oder verlässt, unauffällig, aber aufmerksam begutachten.

Im Allgemeinen hört man jedoch, dass sich die Sicherheitssituation in Nairobi im letzten Jahr verbessert hat. Dazu trug auch die Dezentralisierung des Polizeikorps einiges bei. Dennoch ist es immer noch nicht ratsam, nachts aufs Geratewohl durch die Straßen zu spazieren.

Der arbeitende Teil der kenianischen Bevölkerung rümpft die Nase über diese Zustände. Sie machen die Immigranten, die zu Hunderttausenden in den riesigen Bidonvilles am Stadtrand leben, für die hohe Kriminalitätsrate verantwortlich. In diesen Elendsvierteln hausen etwa eine Million Arbeitslose unter Bedingungen, wie sie auch in den zahllosen afrikanischen Flüchtlingslagern herrschen. Sie kommen mit der Hoffnung in die Hauptstadt, Brot und Arbeit zu finden. Aber niemand kümmert sich um sie. Am wenigsten die kenianischen Politiker, denn die sind zu sehr damit beschäftigt, die Staatskasse zu plündern.

Von allem, was mir in Afrika gegen den Strich geht, ärgert mich am meisten, dass sich die afrikanischen Politiker keinen Deut darum scheren, unter welchen Bedingungen die Ärmsten der Armen in ihrem Land leben müssen. Während ihrer mehr oder weniger langen Amtszeiten versuchen die Minister, nur möglichst erfolgreich in ihre eigene Tasche zu wirtschaften. In Afrika entstehen neue Flughäfen, prächtige Villen, Golfplätze und Bürogebäude für die Telekommunikationsfirmen, die wie Pilze aus dem Boden schießen. Aber nie saniert der Staat eines der Elendsviertel oder baut die hier dringend benötigten Krankenhäuser und Sozialeinrichtungen. Er tut genau das Gegenteil, wie ich einem Artikel in *The Daily National* entnehmen konnte: Obwohl Kenias Arme sterben wie die Fliegen und die Lebenserwartung im Land in den letzten zehn Jahren von 57 auf 47 Jahre gesunken ist (was größtenteils auf die

Ausbreitung von Aids zurückzuführen ist), erlaubte es sich die kenianische Regierung, am 18. November 2005 per Dekret nicht weniger als 1612 Krankenschwestern zu entlassen. Und das zu einer Zeit, in der in Kenia schon ein chronischer Mangel an Krankenhauspersonal und Ärzten bestand.

Mir wird immer klarer, dass man in Afrika die Krankenversorgung von vornherein ausländischen Hilfsorganisationen überlässt. Diese Gönner, die Jahr für Jahr aus der Ferne Geld nach Afrika in ein Fass ohne Boden pumpen, sind natürlich praktisch. Aber ich frage mich immer öfter, in welchem Maße ein solches System dazu beiträgt, die Schurken im Sattel zu halten, und inwiefern die großzügigen Spender das Leiden der armen Teufel auf dem Schwarzen Kontinent nur verlängern. Denn wenn mir eines nach meinen Reisen entlang der Elfenbeinküste, durch den Kongo und durch Uganda klar geworden ist, dann ist es die Tatsache, dass 40 Jahre ausländische Hilfe nicht dazu beigetragen haben, die Lage der Durchschnittsbürger zu verbessern. Im Gegenteil: Ihre Situation hat sich zunehmend verschlechtert.

Somalia ist vielleicht das eindrücklichste Beispiel dafür. Das Land existiert eigentlich nur noch auf der Landkarte. Nach dem Bürgerkrieg im Jahr 1991 ist es in unzählige, sich befehdende Clangebiete zerfallen. Es gibt keine Regierung, keinen Staat, keine Polizei, keine Armee. Weder Milliarden von Dollars an Hilfsgeldern und die darüber hinausgehenden Unterstützungszahlungen der im Ausland lebenden Somalier noch die Intervention von 22 000 amerikanischen Elitesoldaten im Jahr 1993 konnten daran das Geringste ändern. Im Gegenteil: Nachdem die Amerikaner das Land verlassen mussten, dreschen die Somalier seit Beginn des 21. Jahrhunderts heftiger aufeinander ein als je zuvor. Warum sollten wir uns also noch einmischen?

Diese Frage stelle ich Dave Michalski, dem Leiter des belgischen Ärzte-ohne-Grenzen-Programms in Somalia – meiner nächsten Reisestation. Dave, ein ernster Kanadier, hat sich darüber schon seine Gedanken gemacht.

»Jeder, der mit Hilfe für Afrika zu tun hat, stellt sich diese Frage manchmal«, antwortet er. »Ich kann nur für Ärzte ohne Grenzen sprechen, aber ich glaube, dass sich unser Einsatz in Somalia gut begründen lässt: Die Patienten kommen manchmal aus einer Entfernung von 700 Kilometern zu unseren Krankenhäusern. Es gibt in Somalia einfach kein Gesundheitswesen. Die Bevölkerung ist wieder im Mittelalter gelandet. Außerdem sind wir nicht in Somalia, um Schusswunden zu versorgen – auch wenn wir das natürlich tun –, sondern um Müttern bei schwierigen Geburten beizustehen und Kindern mit Tuberkulose und blutiger Diarrhö zu helfen. Ärzte ohne Grenzen bringt jährlich zehn bis elf Millionen Euro für seine Projekte in Somalia auf. Ein Großteil davon wird für die Flugtickets unserer Mitarbeiter und für Medikamente aufgewandt. Die Somalier, die im Ausland leben, schicken aber jährlich zwischen 700 Millionen und einer Milliarde amerikanische Dollar nach Somalia. Es ist also nicht das Geld von Ärzte ohne Grenzen, das den Konflikt in Somalia in Gang hält. Wir von Ärzte ohne Grenzen sind neutral. Wir helfen jedem. Außerdem sind wir eine der wenigen Hilfsorganisationen, die viele Einheimische in ihre Einsätze einbindet, sodass sie die Arbeit auch ohne Ärzte ohne Grenzen weiterführen können.«

Es wird Zeit, das alles vor Ort zu begutachten.

KAUM HABEN DIE RÄDER der Cessna, mit der ich von Nairobi zu einer staubigen Piste in Somalia aufgebrochen war, wieder den Boden berührt, als ein klappriger Land Cruiser die Landebahn schon mit einer Bravour und einem Tempo entlangrast, für das in Belgien nicht nur ein Strafzettel für eine Geschwindigkeitsübertretung, sondern auch für rücksichtsloses Fahren – vom Telefonieren ohne Freisprecheinrichtung ganz zu schweigen – fällig geworden wäre.

Das Auto hält neben dem Flugzeug und zwei Männer steigen aus. Einer hält noch sein Handy ans Ohr, der andere trägt lässig eine Knarre, eine AK-47, über seiner Schulter. Sie bilden die Eskorte, die mich in den Nordteil einer kleinen Stadt begleiten wird, in der Ärzte ohne Grenzen Niederlande ein Krankenhaus betreibt.

Die Männer werfen mein Gepäck ins Auto und schon starten wir, völlig eingehüllt in einer roten Staubwolke. Um Einreisevisum, Zoll oder sonstige Formalitäten brauchen wir uns nicht zu kümmern. Da Somalia keine Zentralverwaltung hat, gibt es auch keine Beamten und daher auch keine Kontrollen.

Schon bald darauf fahren wir durch eine Siedlung aus halb fertigen Häusern mit Wellblechdächern, deren Mauern mit Stacheldraht versehen sind. Das ist also Galcaio, denke ich, eine der absurdesten Städte auf dem Planeten Erde.

Galcaio ist in einen Nord- und einen Südteil gespalten. Der Norden unterliegt der höchst zweifelhaften Autorität eines Gebietes, das sich *Puntland* nennt. Der Süden gehört zu einem völlig gesetzlosen Gebiet Somalias, in dem sich feindliche Clans und Kriegsherren täglich nach dem Leben trachten.

Zwischen beiden Ortsteilen verläuft die somalische Variante der Berliner Mauer, die in Galcaio aus unerfindlichen Gründen »die Grüne Linie« genannt wird. Das Prinzip der Grünen Linie zwischen Nord- und Südgalcaio ist einfach: Jeder, der sich vom Norden in den Süden begibt oder die umgekehrte Richtung einschlägt und dabei die Grüne Linie passiert, wird erschossen.

Denn auf der Nordseite der Linie wohnen die Mitglieder des hochachtbaren Bacidyahan-Clans, auf der Südseite die Angehörigen des nicht weniger ehrbaren Marihaan-Clans. Beide Clans haben sich vor fast 100 Jahren zerstritten. Angeblich weil

ein Kamel der Marihaan ein Kleidungsstück eines Mitglieds des Bacidyahan-Clans gefressen hat. Und seither sind beide Clans nicht mehr gut aufeinander zu sprechen.

So etwas kommt in Somalia häufiger vor. Das ganze Land ist in Clans und Subclans unterteilt, und seit dem Sturz von Diktator Siad Barre im Jahr 1991 und der anschließenden Auflösung des somalischen Staatswesens sind die Clans die Einzigen, von denen sich der gewöhnliche Somalier Schutz erhofft.

Die Clans und Subclans sichern diesen Schutz mithilfe von Waffengewalt. Ihr Arsenal reicht von Kalaschnikows über die berühmten *technicals* – Pick-ups, auf deren Ladeflächen schwere Maschinengewehre montiert sind – bis hin zu Raketen und Flakgeschützen. Die Gewalt hat seit 1991 mindestens 300 000 Tote gefordert. Nirgendwo in der Welt werden Mao Tse-tungs Worte »Politik kommt aus dem Gewehrlauf« konsequenter in die Praxis umgesetzt als in Somalia.

IN DEN UNTERKÜNFTEN DES LEITUNGSTEAMS von Ärzte ohne Grenzen Niederlande begegne ich Salah Dongu'du, dem Koordinator des Ärzte-ohne-Grenzen-Projekts in Nordgalcaio. Salah – wie ihn hier alle nennen – ist Sudanese. Er hat einen festen Händedruck, ein ansteckendes Lachen und die Schulterbreite eines Ringkämpfers. Zu seinen ausländischen Mitarbeitern gehören Fieke und Marijke aus den Niederlanden, die Kanadierin Naomi und der nepalesische Arzt Doktor Rameshi. Letzterem werden nach erfolgreicher Behandlung unter Beschuss geratener somalischer Kämpfer öfter mal Kamele oder Frauen als Zeichen der Wertschätzung angeboten.

Ich beziehe ein Zimmer, in dem außer einem Bett auch der obligatorische Plastikstuhl steht und in dem die Wände die Hitze des Tages abstrahlen.

Während eines Sicherheitsbriefings vor dem Schlafengehen sagt Salah: »Marc, zögere nicht, dich sofort auf den Boden zu werfen, wenn du in direkter Umgebung einen Schuss hörst. Wir sind hier zweifach von Mauern umgeben, das ist schon ein guter Schutz. Eigentlich ist nur das Dach eine Schwachstelle. Aber das wären dann allenfalls Zufallstreffer.«

Nachdem ich mir über diese Zufallstreffer so meine Gedanken gemacht habe, gehe ich zu Bett. Den Rest der Nacht wälze ich mich in meinem warmen Bett, und als ich gegen fünf Uhr morgens endlich einnicke, weckt mich gleich der Ruf des Muezzins aus den Lautsprechern des Minaretts einer nahe gelegenen Moschee.

Frau aus dem Süden Somalias.

DER NEUE ARBEITSTAG BEGINNT mit einem Briefing. Auf irgendeinem abgelegenen Kampfgebiet an der Grenze zu Äthiopien hat es während eines Gefechts zwischen zwei Clans, das sich aus einem Streit um ein Stück Land entwickelt hatte, 113 Verwundete und neun Tote gegeben. Ein Teil der Kämpfenden wurde in Ärzte-ohne-Grenzen-Krankenhäusern in Nord- und Südgalcaio eingeliefert, alle anderen werden in Grenznähe versorgt.

Solche Auseinandersetzungen sind in Somalia an der Tagesordnung. Sie können sich aus jedem x-beliebigen Grund ergeben, angefangen von einer ungeklärten Frauengeschichte aus dem Jahr 1942 bis hin zu Differenzen über verliehenes Geld oder einer gewöhnlichen Marktstreiterei. Meist entwickelt sich daraus zunächst ein Wortgefecht, aber irgendwann hat es einer der Streithähne satt, schnappt sich sein automatisches Gewehr und knallt seinen Gegner über den Haufen. Dann schießen alle, die in der Gegend herumstehen, nach guter alter Sitte auf alle anderen, bis man irgendwann die Verwundeten abtransportiert und beide Parteien Zeit haben, Luft zu schnappen und auf Rache zu sinnen. Manchmal umzingeln einige der Kämpfer die Verwundeten im Krankenhaus und schießen ein zweites Mal auf sie, wenn diese die Klinik notdürftig zusammengeflickt wieder verlassen, denn schließlich will man auf Nummer sicher gehen.

Wie sich beim Morgenbriefing zeigt, hatte der Kampf an der Grenze noch ein typisch somalisches Nachspiel. Nachdem Ärzte ohne Grenzen die Verwundeten im nahe gelegenen Grenzkrankenhaus versorgt hatte, wurden alle Helfer bezahlt. Einer der einheimischen Mitarbeiter von Ärzte ohne Grenzen, der Verwandte im Grenzgebiet hat und deshalb noch etwas länger dort blieb, erzählt, was sich im Anschluss daran abspielte.

»Nachdem die Mitarbeiter von Ärzte ohne Grenzen abgezogen waren, kam es zu einer Diskussion über die Bezahlung. Denn obwohl Ärzte ohne Grenzen den Helfern nur wenig bezahlt hat, vermuteten alle, dass es dabei um sehr viel größere Summen gegangen sei.« Im Verlauf dieses Streits geriet ein Mann so in Rage, dass er einen anderen niederschoss. Im anschließenden Tumult versuchte ein Dritter, sich zwischen die beiden Streithähne zu drängen, und griff den Schützen mit einem Messer an. Der Stich war aber schlecht platziert und traf eine zufällige Passantin am Kopf. Daraufhin stach der Bruder dieser Frau auf den Mann mit dem Messer ein, woraufhin der Bruder des ersten Messerstechers mit einem weiteren Stich konterte usw.

»Solche Storys hören wir hier öfter«, sagt Salah und rollt mit den Augen. »Jeder hat Waffen, und eine Pistole zählt hier nicht mal mehr zu den Waffen. Es muss schon eine AK-47 sein. Es gibt keine Staatsmacht, also wird man von niemandem zur Verantwortung gezogen. Wenn man jemanden erschießen will, tut man es einfach. Anschließend ist es Sache des Clans, das Opfer zu rächen.«

Aufgrund dieser Situation ist Somalia auch das einzige Land der Welt, in dem Ärzte ohne Grenzen seinen Mitarbeitern eine bewaffnete Eskorte zugesteht: Männer mit Kalaschnikows, die den Ärzten, Krankenschwestern und logistischen Mitarbeitern wie Schatten folgen, sobald sie das Krankenhaus oder ihre Unterkünfte verlassen.

»Es ist traurig, aber hier geht es nun mal nicht anders«, sagt Salah.

In der nächsten halben Stunde gehen wir zusammen mein Programm in Galcaio durch. »Wir werden dich in den Südteil bringen«, sagt Salah. »Denn wir von Ärzte ohne Grenzen sind die Einzigen, die die Grüne Linie passieren dürfen.«

Dazu kam es folgendermaßen: 1997 hat Ärzte ohne Grenzen ein Krankenhaus in Nordgalcaio eingerichtet. Bald erkannten die Bewohner des Südteils, dass ein solide geführtes und zudem kostenloses Krankenhaus auch für sie von Vorteil wäre, und sie baten Ärzte ohne Grenzen, jenseits der Clanlinie ein weiteres Krankenhaus zu bauen. Dieses zweite Krankenhaus wurde 2002 errichtet und mit seinem Bau gelang es, die Neutralität von Ärzte ohne Grenzen auf beiden Seiten glaubhaft zu machen.

Aber noch immer ist das Wechseln von einer Seite zur anderen eine heikle Angelegenheit, bei der man nicht lange zögern darf, denn jeden Monat kommen einige Somalier an der Grünen Linie ums Leben.

Das Prozedere sieht so aus: Ärzte ohne Grenzen schickt ein Fahrzeug aus dem Südteil der Stadt zur Grünen Linie, gleichzeitig startet ein zweiter Ärzte-ohne-Grenzen-Wagen im Nordteil. Sie begegnen sich an der Linie, die Passagiere steigen aus und gehen, auf direktem Wege, zur anderen Seite, springen dort in ein bereitstehendes Auto und setzen ihren Weg zügig fort. Auf keinen Fall dürfen die Fahrer oder die bewaffneten Eskorten der beiden Wagen die Grenze passieren. Dieses Privileg wird nur den ausländischen Mitarbeitern von Ärzte ohne Grenzen eingeräumt.

Nun soll ich also dieses Experiment wagen. Ich werfe das nötigste Gepäck in den Land Cruiser und schon geht's los. In Galcaio gibt es keine asphaltierte Straße und eine Weile schlittern wir von einem Schlagloch ins nächste, wir umkurven Ziegen und Kamele, hupen wegen der Kinder auf der Straße, verweigern Typen mit Kalaschnikows die Mitfahrt und nähern uns so langsam der berühmten Grünen Linie.

Wer nicht zu einem der beiden Clans gehört, kann den Verlauf der Linie nicht genau erkennen. In ihrer Nähe bemerke ich nur etwas mehr Stacheldraht und ein paar ramponierte, offensichtlich schwer umkämpfte Häuser, sonst nichts.

Bis der Fahrer plötzlich sagt: »Hier ist es.«

Mitarbeiter von Ärzte ohne Grenzen werden sogar auf der täglichen Fahrt von ihrer Unterkunft zum nahe gelegenen Krankenhaus von zwei Männern mit Kalaschnikows begleitet.

Ich schieße zwei Fotos – und kein einziges mehr –, bevor ich über die imaginäre Grenze sprinte. Auf der anderen Seite hechte ich in einen bereitstehenden Wagen und kurz darauf fahren wir durch die Straßen von Südgalcaio. Sofort fällt mir auf, dass es hier lebhafter zugeht. Hier werden mehr Geschäfte gemacht.

Auch wenn es merkwürdig klingen mag: Das Fehlen einer Zentralverwaltung hat auch seine Vorteile. Ambitionierte *businessmen* brauchen hier nicht zu fürchten, dass man ihnen bei der Unternehmensgründung Steine in den Weg legt. Sie müssen nur genug Männer mit Kalaschnikows bezahlen können, die ihr Geschäft vor Widersachern schützen.

Das führt dazu, dass Galcaio zur Zeit von drei Mobilfunkanbietern versorgt wird: von Somcom, Som10 und Som30. Sie haben selbst für internationale Gespräche die weltweit günstigsten Tarife. Sogar aus entlegenen Dörfern, aus denen die Signale per Funk übertragen werden, kann man für 25 Eurocent pro Minute nach Europa telefonieren. Einen normalen Telefonanschluss bekommt man in Galcaio auf Anfrage schon innerhalb eines Tages.

Nicht schlecht für ein Land ohne Staat.

Zu guter Letzt kommen wir in der Unterkunft von Ärzte ohne Grenzen in Südgalcaio an, in der Megan Hunter, die Projektleiterin, mir ein Zimmer zuweist. Megan, eine Kanadierin mit einer sanften Stimme, hat 14 Monate im Sudan gearbeitet, bevor sie hierher kam. Wie all ihre Kollegen muss sie sich damit abfinden, die neun Monate, die sie für Somalia eingeplant hat, in einer Art Gefängnis zu verbringen. Denn das Leben der Ärzte-ohne-Grenzen-Mitarbeiter in Galcaio besteht aus einer morgendlichen Jeepfahrt zum Krankenhaus, in dem sie den ganzen Tag arbeiten, und der Rückfahrt zu ihrer Unterkunft am Abend. Auf ihren Fahrten werden sie ständig von bewaffneten Wachmännern begleitet. Sie können zwar in die Stadt fahren, aber nur mit einer Eskorte und einem triftigen Grund. Kein Ärzte-ohne-Grenzen-Mitarbeiter würde jemals einfach so durch die Straßen spazieren.

»Das ist nicht leicht«, meint Megan mit kanadischem Understatement.

Keine Ausflüge, keine Fahrradtouren, keine Möglichkeit zum Joggen, kein Bier, keine Cafés, der Widerhall von Schüssen in der Nacht, die ständige Bedrohung, die drückende Hitze und der Staub der somalischen Halbwüste. Für die Frauen kommt noch das dauernde Kopftuchtragen dazu, sowohl bei der Arbeit wie auch auf den Fahrten im Auto.

»Irgendwann habe ich mir dieses Kopftuch in meinem Büro im Krankenhaus in einer Art Panikanfall heruntergerissen«, gesteht Megan. »Mir war auf einmal alles zu viel.«

Eine positive Einstellung ist das Mindeste, was man braucht, um sich in Somalia durchzuschlagen. Nirgendwo sonst kündigen so viele Ärzte-ohne-Grenzen-Mitarbeiter ihre laufenden Verträge, weil sie nach einer Weile einfach nicht mehr wissen, wie sie weitermachen sollen. 2004 gaben 35 Prozent der ausländischen Helfer von Ärzte ohne Grenzen in Galcaio vorzeitig auf. In Makere, einem anderen somalischen Stützpunkt, stieg der Anteil sogar auf 52 Prozent.

»Es ist hier nicht wie in anderen Ländern, wo man am Wochenende Dampf ablassen kann«, erklärt Steve, ein Brite, der ebenfalls in Südgalcaio im Ärzte-ohne-Grenzen-Krankenhaus arbeitet. »Ich treibe gerne Sport, ich mag Laufen und so was. Aber das ist hier alles nicht möglich. Zum Glück haben wir einen Satellitenfernseher, sonst würde ich verrückt werden.«

Außerdem muss man immer damit rechnen, während der Arbeit evakuiert zu werden, weil wieder einmal Kugeln durchs Dorf pfeifen oder weil Ärzte-ohne-Grenzen-Mitarbeiter persönlich bedroht oder sogar getötet wurden. Dass Mitarbeiter getötet werden, ist in Somalia nicht nur eine hypothetische Möglichkeit, es ist Realität: Im Zeitraum zwischen 2002 und 2006 gab es unter den hiesigen Mitarbeitern sieben Tote. Die meisten starben, weil sie zur falschen Zeit am falschen Ort waren. Doch gelegentlich kommt es auch vor, dass Mitarbeiter von Ärzte ohne Grenzen direkt angegriffen werden.

»Somaliern zu kündigen, ist sehr riskant«, erklärt Salah Dongu'du. »Das lassen sie sich nicht so einfach gefallen. Es sei denn, man stellt zum Ausgleich ein Familienmitglied ein.«

Salah muss es wissen: Er erhielt Todesdrohungen, nachdem er einen Mitarbeiter entlassen hatte, der häufiger nicht zur Arbeit erschienen war. Der Vorfall spielte sich im Januar 2006 ab und endete damit, dass man ihm einen Stuhl über den Schädel schlug und er sich freiwillig zehn Tage Hausarrest auferlegte, weil er sich nicht mehr vor die Tür traute.

»Damals wäre ich beinahe erschossen worden«, sagt Salah. Seine Miene lässt erkennen, dass er keine besonders gute Erinnerung an diese Geschichte hat.

Trotzdem erging es ihm damit immer noch besser als einem niederländischen Arzt, der nach einer Kündigung um sein Leben rennen musste, weil der entlassene Mitarbeiter mit einer Handgranate hinter ihm her war. Der Arzt flüchtete schließlich in einen Laden, was seinen Verfolger jedoch nicht davon abhielt, ihm das Geschoss hinterherzuwerfen. Resultat: Eine dringende medizinische Evakuierung aus Galcaio, denn ein Bein des Niederländers musste amputiert werden.

»Es ist tödlich, hier jemanden zu beleidigen«, sagt Salah. »Und eine Kündigung wird auch dann als Beleidigung aufgefasst, wenn der Vertrag beispielsweise einfach ausläuft.«

In letzter Zeit versucht Ärzte ohne Grenzen, der Eskalation solcher Konflikte zuvorzukommen: Bei Entlassungen werden die Clanältesten mit hinzugezogen, jede Kündigung wird sehr sorgfältig begründet und erläutert und der entlassene Mitarbeiter muss unterschreiben, dass er nicht gegen Ärzte ohne Grenzen tätlich wird.

DER ERSTE MITARBEITER, dem ich im Ärzte-ohne-Grenzen-Krankenhaus in Südgalcaio in die Arme laufe, ist Doktor Mohammed Abdi Karim, genannt Amin. Seit zwei Jahren verbringt er fast seine gesamte Zeit in *seiner* Klinik. Gemeinsam mit seinem Namensvetter, dem Verwaltungschef des Krankenhauses, hat er der Klinik hier den Weg bereitet. Mohammed-der-Verwaltungschef hat höchstpersönlich den Grundstein zur Klinik gelegt. Er hat sich dem Krankenhaus so sehr verschrieben, dass er manchmal sogar in seinem Büro übernachtet.

Doktor Amin schüttelt den Kopf: Drei Nomaden, die nach Kämpfen an der äthiopischen Grenze mit Brüchen im Krankenhaus eingeliefert wurden, wollten nicht, dass sich jemand an ihnen zu schaffen macht. Konsequenterweise sind sie daher ohne Behandlung wieder in den Busch zurückgekehrt.

»Sie sind hart wie Stahl, aber auch dickköpfig wie Esel«, befindet Doktor Amin. Er zeigt mir das Krankenhaus. Hier und da entdecke ich noch mehr dieser harten Kämpfertypen: Männer mit straff über die Wangenknochen gespannter Haut und einem eiskalten Blick, der mich erschaudern lässt, wenn ich ihm begegne.

Einer von ihnen bittet mich von seinem Bett aus, ihn zu fotografieren. Er hat eine Kugel ins Knie abbekommen und sieht ein bisschen blass aus. Doch er lässt keinen Zweifel daran aufkommen, dass er, sobald er wieder auf den Beinen ist, mit dem Mistkerl, der sie ihm verpasst hat, abrechnen wird: »*Meestah, I wiel kiel hiem!*«

Danach besuchen wir die Entbindungsstation. Ich erinnere mich an Dave Michalskis Worte in Nairobi: »Wir sind nicht in Somalia, um Schusswunden zu behandeln. Das tun wir zwar, aber unsere Sorge gilt vor allem Müttern bei schweren Geburten.«

Doktor Amin erklärt mir, dass solche Geburten für die Frauen hierzulande eine schreckliche Tortur sein können. Die Ursache der Qualen liegt darin, dass 99 Prozent der Frauen beschnitten sind.

»Sie müssen sich vorstellen, dass eine Frau nach einer solchen Beschneidung wieder zugenäht wird. Es bleibt nur eine winzige Öffnung. Das hat zur Folge, dass diese Frauen ihre Kinder nicht gebären können, solange ihre Blase mit Urin gefüllt ist.«

Doktor Amin berichtet mir von einer Frau, die vor einer Woche ins Krankenhaus gekommen war, nachdem sie schon fünf Tage Wehen gehabt hatte. Ihr Kind lag tot in der Gebärmutter, aber sie konnte es nicht zur Welt bringen.

»Nur weil ihre Blase gefüllt war«, seufzte Doktor Amin. »In dem Fall ist einfach nicht genug Platz da, das Kind zur Welt zu bringen. Aber das wissen die Frauen nicht. Wir haben eine Sonde gelegt, und das Kind kam schließlich tot zur Welt.«

Die meisten Frauen werden einfach aufgeschnitten, wenn sie niederkommen. Ohne Betäubung, denn von Anästhesie kann man in Somalia nur träumen. Aber die sogenannte *pharaonische Beschneidung* – bei der Großmütter mit einem rostigen Messer sowohl die Klitoris als auch die Schamlippen ihrer Enkelinnen abtrennen – führt natürlich auch noch zu anderen Beschwerden: zu Infektionen der Harnleiter, Schmerzen beim Geschlechtsverkehr und Komplikationen während der Menstruation, um nur einige zu nennen.

»Ärzte ohne Grenzen startet vor Ort keine Kampagne gegen Frauenbeschneidungen«, sagt Megan Hunter. »Das ist einfach nicht möglich. Wenn wir dafür in Somalia auf die Barrikaden gingen, würde das als rein westliche Position wahrgenommen – und damit als Beleidigung. Deshalb herrscht großes Stillschweigen über dieses Thema. Es ist zu heikel.«

Und deshalb müssen viele dieser Frauen, die schon in jungen Jahren verstümmelt und traumatisiert wurden, nicht nur bei jeder Geburt zusätzliche Schmerzen erlei-

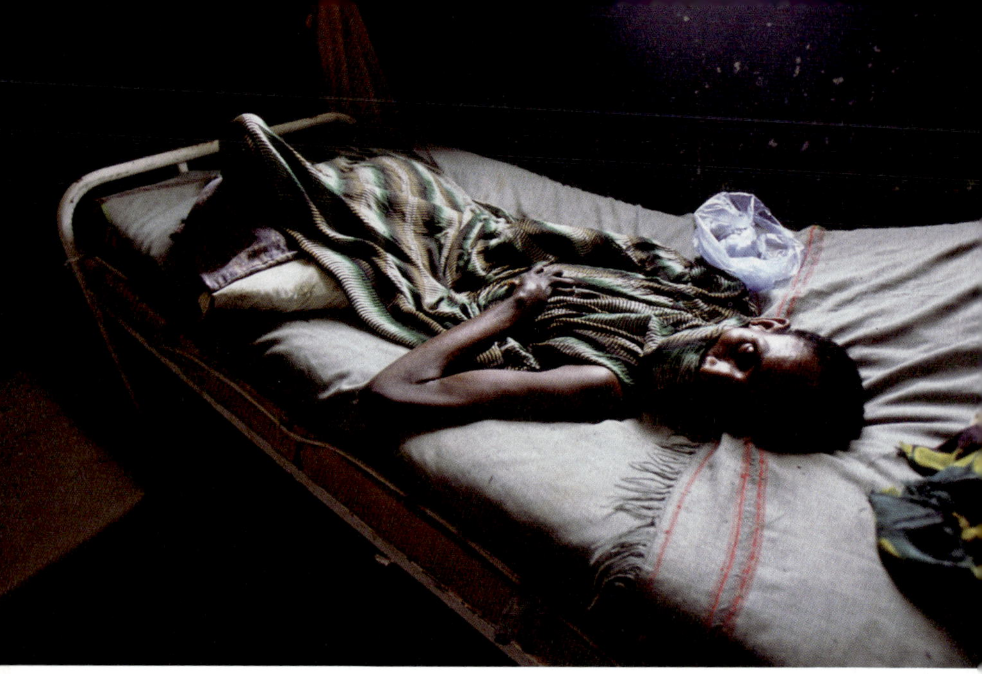

Im Ärzte-ohne-Grenzen-Krankenhaus in Galcaio wartet ein ausgemergelter Mann auf seinen Tod.

den, sondern auch jedes Mal wieder ihr Leben in die Waagschale werfen, denke ich bei mir. Denn Beschneidungen sind neben anderen Ursachen wie Blutarmut und völlig unzureichender Geburtshilfe ein Grund dafür, dass Somalia die weltweit höchste Sterblichkeitsrate von Müttern im Wochenbett aufweist: Von 100 000 Müttern, die ein lebendes Kind zur Welt bringen, sterben 1600.

Behält man im Hinterkopf, dass eine Frau in Somalia durchschnittlich sechs bis acht Kinder bekommt, kann man sich an den fünf Fingern ausrechnen, dass jede zehnte Frau, die mir in Galcaio begegnet, früher oder später im Wochenbett sterben wird. Ein erschreckender Gedanke. Glücklicherweise kommen immer mehr Frauen auch aus der weiteren Umgebung von Galcaio in die Entbindungsstation von Ärzte ohne Grenzen, um hier niederzukommen. »Zunächst waren es jeden Monat nur ein paar Frauen. Sie kamen erst, nachdem Komplikationen aufgetreten waren. Deshalb hatten wir in der Anfangszeit des Krankenhauses manchmal zehn Geburten pro Monat, aber von den Kindern starben dann acht. Das hat sich glücklicherweise geändert. Die Frauen haben nun den Weg ins Krankenhaus gefunden, auch ohne Komplikationen. Diese Woche hatten wir neun Geburten. Alle Mütter und Kinder – unter ihnen einige, die durch Kaiserschnitt zur Welt kamen – sind gesund und munter.«

Für jemanden aus der westlichen Welt wie mich ist es schwer vorstellbar, welche riesigen Ausmaße das Einzugsgebiet der beiden Ärzte-ohne-Grenzen-Krankenhäuser in Galcaio hat.

»Manchmal kommen Leute von der Nordküste zu uns«, sagt Doktor Amin. Diese Küste liegt 700 Kilometer entfernt. Die Patienten kommen auch aus weiten Teilen Äthiopiens, denn die Stammesgebiete erstrecken sich weit über die äthiopische Grenze hinaus. Beide Krankenhäuser sind jeweils für etwa 250 000 Menschen die einzige Anlaufstelle. Ohne Ärzte ohne Grenzen bliebe ihnen allen die elementarste medizinische Versorgung verwehrt. Trotzdem bleibt es eine erschütternde Tatsache, dass in Somalia ca. 70 Prozent der Bevölkerung keinen Zugang zu medizinischer Versorgung haben. Daher sind Zustände, die im Sudan – wo die Situation auch nicht gerade rosig ist – als Notlage angesehen werden, in Somalia die Regel.

IN BEGLEITUNG EINES SCHWEIGSAMEN WACHMANNES und eines Fahrers breche ich zum Markt in Südgalcaio auf. Auch ein Fremdenführer ist mit von der Partie: Abdullah.

Abdullah stammt aus Mogadischu, wo er sowohl die Kämpfe des Jahres 1991 miterlebt hat wie auch die militärische Intervention im Jahr 1993, mit der die Amerikaner das Chaos in Somalia mit einem Schlag beenden wollten.

Ich erinnere mich noch gut an die Fernsehbilder von der Landung der 28 000 amerikanischen Marinesoldaten: Bepackt wie Maulesel stolperten sie über die Ladeklappen ihrer Landungsboote – wobei einer der Ungeschicktesten ausglitt und ins Wasser fiel –, während ein paar spindeldürre Somalier in Hemdsärmeln ihnen interessiert zusahen.

Was dann geschah, ist allseits bekannt: Nachdem die Yankees zu der Einschätzung gelangt waren, dass Kriegsherr Mohamed Aidee, der Anführer der Habr Gedir, der schlimmste Berserker in Mogadischu sei, beschlossen sie, ihn auszuschalten. Aber im Kampf gegen eine ausländische Macht verbündeten sich die zerstrittenen Clans und stellten sich gemeinsam dem amerikanischen Feind entgegen.

Ich gegen meinen Bruder.
Mein Bruder und ich gegen den Clan.
Der Clan, mein Bruder und ich gegen den Fremden.

Die Schlacht zwischen den amerikanischen Marines und den somalischen Kriegsbanden am 3. Oktober 1993, die der Hollywoodfilm *Black Hawk Down* romantisiert, artete, wie in Somalia üblich, in einer wilden Schießerei aus.

»Für uns ist das immer noch ein schwarzer Tag«, erklärt Abdullah, der den Film natürlich gesehen hat. Kaum zehn Tage nachdem Hollywood ihn freigegeben hatte, konnte man in Mogadischu schon das Video kaufen. Letztendlich fielen bei der Konfrontation 1000 Kämpfer der somalischen Kriegsbanden. Die Amerikaner verzeichneten 18 Gefallene und 75 Verwundete.

»Ich bin mir sicher, dass es sehr viel mehr waren«, sagt Abdullah mit einem patriotischen Unterton in der Stimme.

Ich frage ihn, wie er heute die Lage in Mogadischu einschätzt.

»Ha!«, sagt Abdullah. »In Mogadischu gibt es 14 grüne Linien. 14! Sie haben die Scharia eingeführt, und wer Geschäfte macht, braucht eine Miliz. Der Typ, der in Mogadischu Coca-Cola vertreibt, hat drei *technicals* und Dutzende bewaffneter Aufpasser für sein Geschäft. Jeder kämpft gegen jeden. Es ist ein Irrenhaus.«

Auf dem Markt in Südgalcaio kann man alles kaufen, was in einem afrikanischen Land üblicherweise in den Läden liegt. Das ermöglicht die Straße zwischen Mogadischu und der nördlichen Hafenstadt Bosaso. Viele Waren kommen aus Dschibuti, den Vereinigten Arabischen Emiraten und dem Jemen, der Rest – wie etwa die gewaltigen Mengen an berauschenden Katblättern – aus Kenia.

Wir bummeln an Ständen mit Secondhand-Klamotten vorbei, an Töpfen und Pfannen, an Sandalenverkäufern und Schuhmachern, an Krügen voller Ziegenmilch, einer geschlachteten und zerlegten Kuh auf einer Schubkarre, an getrockneten Ziegenfellen und einer ganzen Straße voller Autowracks, die vor Ort Stück für Stück auseinandergenommen und als Ersatzteile verkauft werden.

Hier gibt es Teehäuser, kleine Restaurants und Friseure, Stoffgeschäfte und Lager voller Reis- und Mehlsäcke. Auf den Außenmauern jedes Ladens ist genau aufgelistet, was er im Innern anzubieten hat. Wer Geld hat, kann hier alles kaufen.

Riesige Summen kommen von Somaliern, die in Europa oder in den USA wohnen, ins Land.

»Das Geld kommt per Telefon«, sagt Abdullah.

»Wie bitte?«

»Oh ja«, sagt Abdullah, »wenn dir beispielsweise dein Onkel in Chicago Geld schicken will, dann ruft er einfach ein somalisches Büro in den USA an, und von dort nimmt dann jemand Kontakt zu einem Mittelsmann in Galcaio auf. Er erteilt ihm den Auftrag, Herrn XY eine bestimme Summe Bargeld auszuzahlen. Spätestens 24 Stunden nach einem solchen Anruf aus Europa oder den USA hat der Empfänger das Geld in Händen. Die Formalitäten zwischen dem Auftraggeber und dem Devisenbüro werden später geregelt. Das ganze System funktioniert nur auf Vertrauensbasis.«

Was nicht auf Vertrauensbasis funktioniert, ist der Druck von Falschgeld. Da es keine Zentralbank gibt, druckt jeder Kriegsherr, immer dann, wenn er es für nötig hält, Unsummen somalischer Schillinge. Das führt natürlich zu einer gewaltigen Inflation.

Abdullah zuckt mit den Achseln: »Falsches Geld, echtes Geld, was macht das schon für einen Unterschied. Es gibt keine Behörde, die das kontrolliert.«

MARC, MARC, MARC FOR SALAH!

»Go ahead, Salah.«

»Just a test to see if you copy, Marc, over.«

»Copy you loud and clear. Marc, over and out.«

Auf meinen Streifzügen außerhalb des Krankenhauses und der Unterkünfte von Ärzte ohne Grenzen muss ich immer ein Funkgerät bei mir tragen.

»Nur für den Fall, dass ...«, hatte Salah bei meinem Aufbruch nach Südgalcaio gesagt.

»Für den Fall, dass ... was?«

»Für den Fall, dass du in Schwierigkeiten gerätst.«

»In welche Schwierigkeiten?«

»Dass man zum Beispiel versucht, dich zu entführen.«

Das Funkgerät hängt schwer an meinem Gürtel. Manchmal knackt es und ich kann alle Gespräche zwischen den Ärzte-ohne-Grenzen-Mitarbeitern mithören: Ich erfahre, wohin sie unterwegs sind, ob Wagen oder Flugzeuge ankommen, welche Bitten und Fragen sie haben, einfach alles. In Galcaio weiß jeder immer, was alle anderen planen oder gerade erledigt haben.

»Komm, wir besuchen die Bantuflüchtlinge«, sagt Abdullah.

Die Bantus leben im Süden Somalias. Austrocknende Flüsse und akuter Wassermangel haben sie zu Heimatlosen werden lassen, die sich nun unter kläglichen Bedingungen in Galcaio zusammendrängen.

In Südgalcaio wohnen Gruppen von jeweils zehn bis 15 Familien in den Ruinen von Abrisshäusern und zahlen dafür den Hausbesitzern sogar noch Miete. Die sanitären Verhältnisse, in denen sie mit ihren Kindern hausen, sind erbärmlich. Toiletten gibt es nicht. Ich frage sie, warum sie keine Latrinen graben.

»Das erlaubt der Grundstücksbesitzer nicht«, erklären sie mir. »Wenn er beschließt, hier zu bauen, müssen wir verschwinden.«

Daher erleichtern sie sich auf der Straße.

»Sie sind anders als wir«, betont Abdullah, als wir durch die niedrige Tür einer ihrer Behausungen treten.

Um einen Hof sind Dutzende mannshoher Baracken aufgereiht. Verschläge aus Müll, Plastik, zusammengeflickten Lumpen und Karton: sie sind das Obdach der Menschen, die hier in bitterer Armut leben müssen.

Frauen mit schimmernd schwarzer Haut haben farbenfrohe Schals um ihren Kopf geschlungen. Sie lachen, als ich sie frage, ob ich sie fotografieren darf. Ja, ich darf. Sie zupfen ihre Kopftücher zurecht und blicken freimütig in die Linse.

Ein älterer Mann steht uns Rede und Antwort. Die Männer verdienen etwas Geld als Träger auf dem Markt, erzählt er uns. Sie schieben Karren oder helfen auf dem Bau. Das Geld reicht gerade für das Essen und die Miete, sodass sie in dieser Ruine eines verlassenen Abrisshauses ihre aus Müll zusammengeschusterte Hütte bauen konnten.

Überall kriechen Kinder herum, manche halb nackt, andere in schmutzigen Lumpen. Die Frauen kochen auf offenen Holzfeuern.

»Sie sind nicht wie wir«, wiederholt Abdullah, was so viel bedeutet wie: Wir, die echten Somalier, halten sie für *Untermenschen*.

In einer anderen Unterkunft entdecken wir 15 weitere Familien. Drei Männer mit blutunterlaufenen Augen ruhen, an eine Wand gelehnt, auf einer Matte. Neben ihnen liegt ein Sack grüner Katblätter, er soll ihnen dabei helfen, die Bedingungen, unter denen manche von ihnen nun schon zwölf Jahre leben, zu vergessen. Sie kauen die Katblätter langsam und reagieren fast teilnahmslos auf meine ausgestreckte Hand. Ich kann sie gut verstehen: Niemand hat je etwas für sie getan, und im gesetzlosen Somalia – das verblüffende Ähnlichkeiten mit dem amerikanischen Wilden Westen des 19. Jahrhunderts aufweist – kümmert es niemanden, was aus ihnen wird. Hier, in Südgalcaio, sind die Flüchtlingszahlen noch gering, und die Menschen haben immerhin die Möglichkeit, in der Stadt zu wohnen. Aber auf der anderen Seite der Grünen Linie leben die Flüchtlinge in großen Lagern. Sie werden nie in ihre Heimat zurückkehren und das ist ihnen sehr wohl bewusst.

WIE FREMDARTIG GALCAIO doch wirkt. Im chaotischen Südteil, in dem keine Spuren von einer Zentralverwaltung zu bemerken sind, entdecke ich zwar Internetcafés und Geländewagenvermieter, aber keine Schule. Stattdessen gibt es hier seit Kurzem zwei »Kommunalverwaltungen« und zwei Bürgermeister. Denn ein Teil der

Auch wenn sie in Hütten aus zusammengenähten Säcken wohnen, haben diese somalischen Bantu-Frauen ihren Stolz nicht verloren: Sie posieren in ihren besten Kleidern.

Einwohner war mit dem neu gewählten Gemeindevorstand nicht einverstanden. Daher setzten sie kurzerhand ihren eigenen Kandidaten ein, der über das schlagende Argument von 90 bewaffneten Männern verfügte. Seither zahlt jeder, der in Südgalcaio ein- und ausfährt, zweimal Gebühren: einmal an die alte und einmal an die neue Verwaltung, die natürlich überall Straßensperren errichtet, um Kasse zu machen.

Alles dreht sich hier um Geld und Wettbewerb – der Service der Mobilfunkanbieter überwindet dafür sogar Clangrenzen – und niemand glaubt, dass irgendjemand etwas umsonst tut. Daher wird der Dienst, den Ärzte ohne Grenzen im Krankenhaus leistet, auch als etwas Unglaubliches erlebt. Ärztliche Versorgung, kostenfreie Medikamente und obendrein noch kostenloses Essen! *Du jamais vu* in Somalia.

AN DIESEM ABEND ERZÄHLT mir Megan von einem Problem mit einem der Vermieter von Land Cruisers. Natürlich geht es um Geld. Für Autobesitzer ist das Vermieten von Land Cruisers an Hilfsorganisationen eine hervorragende Einkommensquelle. Den Vereinten Nationen berechnen diese Autovermieter 100 Dollar täglich. Ärzte ohne Grenzen mietet die Wagen für 40 Dollar am Tag. Dieser Mann wollte jedoch mehr, und als seine Forderung nicht auf offene Ohren stieß, drohte er, dass den Ärzte-ohne-Grenzen-Mitarbeitern etwas zustoßen würde, wenn sie die höhere Summe nicht zahlen. Daraufhin erhielten alle ausländischen Ärzte-ohne-Grenzen-Mitarbeiter die Order, am nächsten Morgen an ihrem aktuellen Aufenthaltsort zu bleiben: Bis nähere Anweisungen folgen, ist an einen Ortswechsel also nicht zu denken, und meine Rückkehr nach Nordgalcaio verschiebt sich. Ich ziehe mich zum Schreiben in mein Zimmer zurück, während Megan die Clanältesten zusammentrommelt, um diese Angelegenheit friedlich zu klären.

Als die ersten Sterne am Himmel erscheinen, gehe ich unter die Dusche. Aus dem Duschkopf rieselt Wasser, das nicht besonders frisch riecht. Es ist sehr salzig, sodass die Seife nicht schäumt und sich das Haar verfilzt. Das Wasser stammt aus tiefen Zisternen, die sich nur in der Regenzeit von April bis November füllen. Neben der Hitze und den Kopftüchern zehrt auch das brackige Duschwasser an den Nerven der Ärzte-ohne-Grenzen-Mitarbeiter. »Es wäre schon ganz hilfreich, sich abends genüßlich den Schweiß abzuspülen und dann frisch zu riechen, aber nicht einmal das ist einem vergönnt«, brummt Megan.

Am kommenden Mittag sind die Verhandlungen mit dem Autovermieter abgeschlossen, sodass ich aufbrechen kann. Doch kaum bin ich mit meiner bewaffneten Eskorte unterwegs zur Grünen Linie, als hinter uns eine anhaltende Salve aus einem automatischen Gewehr losgeht.

»*Marc, Marc, Marc for Mahmoud.*«

»*Come in, Mahmoud.*«

»Ich wollte nur sagen, du musst dir wegen der Schüsse keine Sorgen machen. Das war einer unserer Wachmänner, der da in die Luft geschossen hat, *over.*«

»Danke Mahmoud, das sollte wohl eine Art Abschiedssalut sein, *over.*«

»Haha, ein Abschiedssalut. Ja, vielleicht! Gute Reise, *over and out.*«

IM OPERATIONSTRAKT DES Ärzte-ohne-Grenzen-Krankenhauses im Norden von Galcaio liegt ein zugedeckter Leichnam auf dem Operationstisch. Unter ihm steht ein großes, blutgefülltes Glasgefäß. Auch auf dem Boden entdecke ich einen großen Blutfleck.

»Ein Sudanese«, sagt der diensthabende Pfleger, »mit einer Brustwunde. Wir konnten ihn nicht retten. Dieser Mann hat keine Familie.«

»Wer wird ihn dann begraben?«, frage ich.

Der Pfleger runzelt die Stirn: »Wir bringen ihn in die Leichenhalle und später wird sicher jemand Ärzte ohne Grenzen mitteilen, dass dort ein Toter liegt, um den sich niemand kümmert. Ärzte ohne Grenzen wird dann für das Begräbnis des Mannes sorgen.«

Hussein, ein großer, dünner Somalier, führt mich durch das Krankenhaus und stellt mich Doktor Abdi Semet Abdi Aden vor.

»Die Ambulanz ist ständig ausgelastet«, sagt Doktor Semet. »Täglich nehmen wir etwa 20 Patienten auf. Bei den meisten handelt es sich um Opfer von Schießereien und Autounfällen. Sie legen sehr weite Wege zurück, und einige verbluten, bevor sie hier ankommen. Wegen der Kämpfe an der äthiopischen Grenze haben wir zurzeit viel mehr Patienten als gewöhnlich.«

Überlebende dieser Kämpfe – Männer mit markanten Gesichtern und wildem Blick – finde ich draußen, in Krankenbetten, die unter einem Baum oder im Schatten der langen Krankenhausmauer stehen.

»Diese Männer sind Nomaden, sie lassen sich nicht gerne in geschlossenen Räumen verarzten«, erklärt mir Hussein. Ich frage einen der Kämpfer, einen Mann mit einem bandagierten Bein, das eine Schusswunde abbekommen hat, was passiert ist.

»Eine Kugel«, sagt er und macht dabei mit seiner Hand eine Geste, als wolle er etwas in Stücke hacken. Er meint sein Bein.

»Frag ihn doch mal, warum sie ständig kämpfen«, sage ich zu Hussein.

Der Verwundete hört die Frage mit großem Erstaunen. Er schaut erst Hussein, dann seinen ebenfalls angeschossenen Nebenmann und zu guter Letzt mich an, bevor er seine offenen Hände zum Himmel streckt und mir auf Somalisch antwortet: »Weil wir Somalier sind«, übersetzt Hussein.

Namenlose Leiche im Operationssaal in Galcaio. Ein Gefäß mit Blut unter dem Bett zeugt von den vergeblichen Bemühungen, das Leben des Patienten zu retten.

In der Abteilung für unterernährte Kinder gibt mir der Pfleger Hamza Atim Auskunft. Er ist Ugander und hat ein Herz für Kinder. Die Kindersterblichkeit in Somalia ist gigantisch. Nach einer UNICEF-Statistik, die ich mir vor meiner Abreise angesehen habe, sterben in Somalia 132 von 1000 Kindern, bevor sie das erste Lebensjahr vollendet haben. Von den Kindern unter fünf Jahren sind es 224 von 1000. Ich weiß nicht, ob die Sterblichkeitsrate irgendwo auf der Welt höher ist.

»Zu oft gehen die Mütter mit ihren Kindern erst einmal zu einem traditionellen Heiler«, kommentiert Hamza diese Zahlen. »Manchmal sind die Kinder, bis sie hier ankommen, von starker Diarrhö so ausgelaugt, dass ihr Körper auf die Therapie nicht mehr anspricht. Dann können wir nichts mehr machen.«

Im Vorbeigehen sehen wir eine Mutter mit einem kleinen Kind, dessen Köpfchen mit runden, weißen Narben übersät ist.

»Was ist denn mit dem Kind passiert?«, frage ich

»Jede Woche werden bei uns Kinder mit solchen Narben eingeliefert«, sagt Hamza. »Wenn die Mütter glauben, ihr Kind habe Kopfschmerzen, gehen sie mit ihm zu einem Heiler. Der hält dann in der Regel einen Nagel ins Feuer, bis er rot glühend ist, und drückt ihn anschließend gegen den Kopf des Kindes. Aber dieses Kind hat wirklich ungewöhnlich viele dieser Narben.«

Es ist diese Unwissenheit, die Afrika geißelt und einen Großteil seiner Bevölkerung im Mittelalter gefangen hält. Ich kann mich nicht dazu überwinden, den Kopf des misshandelten Kindes zu fotografieren: eines Kindes, das, weil es krank und unterernährt ist, auch noch von einem rückständigen Hexenmeister mit einem glühenden Nagel gefoltert wurde.

Ärzte ohne Grenzen gibt den Familien der unterernährten Kinder nach der Genesung ihrer Sprösslinge Rationen von 100 Kilo Reis, neun Kilo Bohnen und vier Liter Öl mit nach Hause.

»Denn sonst stehen sie in ein paar Wochen wieder hier«, sagt Hamza.

VOR DEM KRANKENHAUS IN NORDGALCAIO stehen Tag und Nacht bewaffnete Wachposten. Sie sollen verhindern, dass Waffen in die Klinik gelangen, und mögliche Angreifer abschrecken. In Galcaio kann man jedoch nie wissen, was im nächsten Moment passiert.

Eine Woche vor meiner Ankunft hat ein Polizist im Krankenhaus eine Frau niedergeschossen. »Es war ein Unfall!«, versichern mir die hiesigen Ärzte-ohne-Grenzen-Mitarbeiter rasch. Soviel ich verstanden habe, war im Krankenhaus Unruhe aufgekommen, und die Frau war erschossen worden, als sie versuchte, Ordnung zu schaffen.

»*Crowd control!*«, sagt Abdelkadir, der Leiter der Krankenhausapotheke, mit einem Lachen, das von einem Ohr zum anderen reicht.

Ich bin noch einmal ins Krankenhaus zurückgekehrt, weil Salah mir angeboten hat, mit ihm zusammen das riesige Flüchtlingslager Bulobale in Nordgalcaio zu besuchen. Auch auf dieser Seite der Grünen Linie leben Mitglieder des Bantustammes. Sie sind vor den Kämpfen im Süden des Landes geflüchtet und hausen nun schon 15 Jahre in ihren Baracken und Zelten aus zusammengenähten Plastiksäcken und Pappkartons.

Tagsüber hält dieses Flickwerk kaum die Sonne ab und in der Regenzeit bietet es keinerlei Regenschutz.

»Die Schwierigkeit besteht darin, dass diese Leute kein Land besitzen«, erklärt Salah. »Ich habe im Sudan auch viele Flüchtlinge und Vertriebene gesehen, aber dort kann man beobachten, dass die Leute nach zwei, drei Jahren wieder anfangen, Häuser zu bauen. Hier dürfen sie das nicht.«

Diese armen Teufel in ihren Lumpenzelten erzählen mir, dass sie für das Privileg, in den Ruinen eines zerschossenen Hauses an der Grünen Linie unter einem Dach aus Jutesäcken und Kartons zu hausen, 40 000 bis 50 000 somalische Schilling, also etwa drei Dollar Monatsmiete zahlen.

Der Lagerleiter – ein großer, hagerer Mann mit grauem Bart – führt uns herum. Ich entdecke eine Frau, die in einem Blechnapf einen Ziegenkopf auskocht. Ein paar Schritte weiter schürt jemand ein Feuerchen unter einer Konservendose, die ein wenig Gemüse enthält.

»Keines unserer Kinder geht zur Schule«, erzählt unser Begleiter. »Wir können uns weder das Schulgeld noch das Schulmaterial leisten.« Er macht eine wegwerfende Handbewegung.

Die Kommentare des Lagerleiters werden mir von Ochi Ahmed übersetzt, der früher in Mogadischu, in Somalias Hochburg der Gewalt, gewohnt hat. 1993 haben ihn Banditen überfallen. Als er zu fliehen versuchte, zerschossen sie sein linkes Bein und zertrümmerten dabei den Knochen. Sein Schienbein steht ganz schief.

»Vielleicht habe ich irgendwann einmal genug Geld zusammen, um mich in Europa operieren und mein Bein wieder richten zu lassen«, träumt er.

Ochi hat am Morgen unseres Besuchs im Flüchtlingslager interessante Nachrichten im somalischen Radio gehört. »In Garopuve, an der Grenze zwischen Puntland und Somaliland, ist es zu Kämpfen gekommen«, berichtet er.

Der Minister für Planung und internationale Kooperation hatte mit seiner Miliz eine Gruppe Politiker während einer Sitzung eingekesselt. Diese war anberaumt worden, um die Entlassung des Ministers vorzubereiten. Ein Vorgang, mit dem er sich offensichtlich ganz und gar nicht abfinden konnte, denn eine halbe Stunde lang kam es zu schweren Kämpfen mit Teilen der eilends zusammengetrommelten Armee von Puntland. An deren Ende drei Tote und zwei Verwundete zu beklagen waren.

»Eine interessante Art und Weise, Politik zu machen«, sage ich.

»Das ist die somalische Art«, sagt Ochi grinsend.

Wir gehen noch ein Stück durch das triste Lager. Überall liegen Exkremente, Plastiktüten, Ziegenfüße und Hühnerknochen.

»Gebt uns Geld und Essen!«, rufen die Armen, die von diesem unerwarteten Besuch auch etwas haben wollen.

ES GIBT NOCH EIN ANDERES FLÜCHTLINGSLAGER in Galcaio, das Lager Tawakal, das neun Kilometer vom Nordteil der Stadt entfernt liegt. Gemeinsam mit Salah, einem Dolmetscher und einem bewaffneten Bodyguard breche ich dorthin auf.

Direkt hinter Galcaio kommen wir an einer Tankstelle vorbei, auf der in Riesenlettern »*Here Batrol*« geschrieben steht. Auf der gegenüberliegenden Seite sitzen vier Kat kauende Männer vor einem Restaurant, das sich »*Bakistan*« nennt. Die merkwürdige Angewohnheit der Somalier, den Buchstaben P durch ein B zu ersetzen, wird bald darauf von einem Ladenbesitzer wieder aufgenommen, der über seinen Farbenladen die Inschrift »*Baint*« gepinselt hat.

Nach einem Kilometer kommen wir an eine Zahlstelle. Ein riesiger stählerner Schlagbaum versperrt allen Fahrzeugen den Weg, nur die Ärzte-ohne-Grenzen-Wagen dürfen ohne Bezahlung passieren. Um die Schranke zu öffnen, löst der Wachposten ein Seil von einem Ende der Sperre, sodass sich der Schlagbaum langsam und gravitätisch hebt. Das Ganze gerät in Bewegung, weil am anderen Ende der Schranke als Gegengewicht die klapprige Achse eines Lastwagens und dazu noch eine verbeulte Felge und ein abgewetzter Reifen befestigt sind. Darunter hat man ein zwei Meter tiefes Loch gegraben, in das sich der ganze Plunder absenken kann.

Hinter dem Schlagbaum wird die Szenerie vollends surreal. Wie eine Fata Morgana steigt das Lager Tawakal aus dem roten Wüstensand auf. So weit das Auge reicht, sehe ich nur aus einzelnen Ästen zusammengezimmerte Hütten, die mit Plastik und Müll abgedichtet sind. Kaum ist der Wagen zum Stehen gekommen, als uns auch schon eine Gruppe von etwa 15 Frauen mit ihren Kindern umringt. Sie starren uns nur an. Dann taucht ein Mann mit lederartigen Gesichtszügen auf und führt uns zum Lagerleiter. Die Bewohner dieses Lagers leben schon zwölf Monate hier. Fast alle sehen wie arabische Somalier aus, sie haben Hakennasen und scharf geschnittene, misstrauisch wirkende Züge. Ihre Frauen verbergen ihre Gesichter unter Kopftüchern, die manchmal nur die Augen frei lassen.

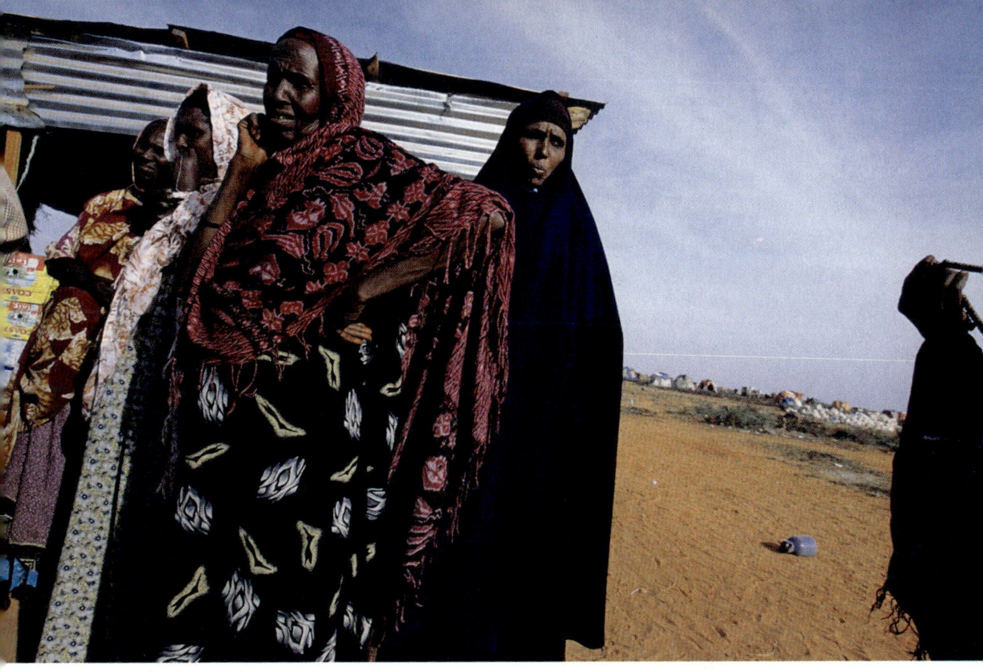

Traditionell gekleidete somalische Frauen im nicht ganz echten Flüchtlingslager Tawakal bei Galcaio.

Eine der Frauen wirkt sehr aggressiv: »Wir wollen Hilfe«, sagt sie zu Salah. »Wenn Sie nur gekommen sind, um zu gaffen, können Sie wieder verschwinden, denn dann machen Sie uns nur falsche Hoffnungen.«

Salah erklärt geduldig, dass Ärzte ohne Grenzen nur medizinische Hilfe leisten kann. Häuser zu bauen und Nahrungsmittel zu verteilen, gehört nicht zu den Aufgaben von Ärzte ohne Grenzen. »Ihr wisst, dass unsere Klinik kostenlos ist«, sagt er. Die Frauen antworten barsch, das Krankenhaus sei zu weit entfernt: neun Kilometer. Damit können sie Salah nicht beeindrucken, denn schließlich hat er im Ärzte-ohne-Grenzen-Krankenhaus von Südgalcaio schon manche Patienten gesehen, die einen Weg von fast 700 Kilometern zurückgelegt hatten. Er zeigt auf ein Auto im Lager: »Einige von euch haben Transportmöglichkeiten und es gibt hier auch Busse. Das Krankenhaus ist also erreichbar.«

Aber die Frauen jammern, die Busse würden Geld kosten und das hätten sie nicht.

»Und bei einem Notfall verlangen die Autobesitzer 40 000 Schilling«, ruft ein älterer Mann.

So ist das in Somalia: Wer etwas wirklich will, muss gut dafür bezahlen. Auch wenn es um das Leben der eigenen Frau oder des eigenen Kindes geht. Die von Mord und Totschlag erfüllten Kriegsjahre haben Großzügigkeit und Empathie aus dem kollektiven Gedächtnis verbannt. Niemand wird hier für irgendetwas zur Verantwortung gezogen.

Ich habe das Gefühl, dass mit diesem Lager etwas nicht stimmt. Zuerst weiß ich nicht, was, aber plötzlich fällt es mir auf: Die meisten Hütten stehen leer.

»Wir leben mit 1400 Familien in Tawakal«, sagt der Lagerleiter.

No way, denke ich.

Auch Salah hat seine Zweifel: »Früher habt ihr 1010 Familien angegeben«, wendete er ein. »Wo sind die denn alle?«

»Sie sind in Galcaio bei der Arbeit. Sie werden bald mit den Bussen zurückkommen«, sagt der Lagerleiter. Für den Hin- und Rückweg nach Galcaio haben die Lagerbewohner also doch Geld. Nur nicht für die Fahrt in ein kostenloses Krankenhaus. Das ist sehr seltsam.

Unvermittelt nimmt mich unsere bewaffnete Eskorte etwas zur Seite: »Ein Großteil dieses Lagers ist Schwindel«, sagt er. »Einige dieser Leute haben Häuser in Galcaio. Ich kenne ein paar von ihnen.«

Da in Somalia nichts ist, wie es scheint, bitte ich ihn, mich aufzuklären.

»Vor zwölf Monaten kamen wirklich Flüchtlinge hier an«, sagt der Bodyguard. »Die Stadtverwaltung hat sie hierher geschickt, damit sie nicht in der Stadt herumlungern. Aber dann kam die Nachricht, dass sie von einigen NGOs (Abkürzung für *Non-Governmental Organizations*) Hilfe bekommen würden. Daraufhin wuchs das Lager über Nacht auf das Fünffache an. Blitzschnell bauten viele Leute aus Galcaio hier eine Hütte, weil sie hofften, sie könnten so bei den NGOs abkassieren.«

Völlig regungslos, mit steinerner Miene erzählt er mir davon, und als Salah seine Geschichte kurz bestätigt, wird mir die Lage vollends deutlich. Das Lager Tawakal ist voller Raubtiere. Leute, die darauf hoffen, vom Leid anderer zu profitieren und etwas für sich selbst herauszuschinden. Keine der erhofften NGOs ist je aufgetaucht, daher war der ganze Plan umsonst. Aber die Hüttenbauer haben die Hoffnung noch nicht aufgegeben. Aus Salahs Äußerungen hören sie zwar rasch heraus, dass ihr Trick bei Ärzte ohne Grenzen nicht zieht, aber vielleicht gibt es ja andere, naivere NGOs?

AM TAG VOR MEINER ABREISE aus Nordgalcaio fahre ich zusammen mit Mohammed Abi, meiner bewaffneten Eskorte, zum Markt. Wir stellen das Auto in der Nähe des Marktes ab und tauchen in ein mittelalterliches Gewirr von Gässchen, Buden, düsteren Schuppen und verborgenen Lädchen ein.

Hier auf diesem Markt hat sich im April 2005 der letzte schwere Zwischenfall in Nordgalcaio ereignet. Damals waren ein Händler und ein Kunde in einem heftigen

Streit aneinandergeraten, bei dem der Händler seinen Kunden schließlich über den Haufen geschossen hatte.

Was dann geschah, war typisch für Somalia: Aus allen Winkeln und Stellungen schoss jeder auf jeden. Das ging anderthalb Stunden so. Als sich der Pulverdampf verzogen hatte, blieben 18 Tote und 27 Verwundete zurück.

Dieser Vorfall machte Somalias Ruf als dem Wilden Westen Afrikas natürlich wieder alle Ehre. Doch allmählich erkenne ich, dass die somalische Gesellschaft trotz aller Gewalt nicht total chaotisch ist. Es gibt hier durchaus Regeln. Und einige von ihnen habe ich schon gelernt:

- *Wenn Sie mich beleidigen (oder mir kündigen), dann bringe ich Sie um.*
- *Wenn Sie mir etwas stehlen, stehle ich Ihnen doppelt so viel.*
- *Wenn Sie ein Mitglied meines Clans töten, dann töte ich zwei Ihres Clans.*
- *Wenn ich so wütend werde, dass ich meine Waffe auf Sie richte, dann muss ich Sie auch niederschießen, sonst mache ich mich lächerlich.*

Den letzten Punkt nennt mir Abi mit todernstem Gesichtsausdruck, als ginge es um die normalste Sache der Welt. Erst als ich kopfschüttelnd darüber lache, bricht auch er in wieherndes Gelächter aus. »Wir haben manchmal wirklich nicht mehr alle Tassen im Schrank«, sagt er. Dann klatscht er seine Hand in meine und brüllt vor Lachen.

Der Markt von Galcaio, der wegen der endlosen Schießereien in Mogadischu heute einer der bedeutendsten Märkte des Landes ist, hat also einen gewissen Ruf. Doch während ich mit Abi über den Markt bummele, geht es dort ganz normal zu. Frauen bieten an ihren Ständen ihre Waren feil: Bohnen, Reis, Ziegenfleisch, Kleider, Kopftücher, Töpfe und Pfannen.

Irgendwann kommen wir zu einem riesigen düsteren, grob zusammengezimmerten Verschlag, in dem Kamelfleisch verkauft wird. Das Fleisch liegt getrennt von den großen glibberigen Fettklumpen, die in Somalia als Leckerbissen gelten. Die Kamelfleischhändler – allesamt Männer – reagieren verwundert auf meinen Besuch. Aber schon bald schwingen sie grinsend ihre langen Tranchiermesser durch die Luft und rufen Abi zu: »Sag ihm, dass er unser Fleisch kaufen soll!« Einige von ihnen wedeln mit schmuddeligen Geldscheinbündeln. Dabei kommt mir in den Sinn, dass der somalische Schilling sicher für den Preis als *Außergewöhnlichste Währung der Welt* in Betracht käme. Seit 1991 gibt es in Somalia keine Zentralbank mehr und seither wird nur noch Falschgeld gedruckt. Trotzdem bleibt der Schilling überall in diesem zersplitterten Land das gängige Zahlungsmittel. Als ob nichts passiert wäre.

Nach einer Weile spazieren wir durch einen düsteren Bau, in dem Frauen im Halbdunkel auf dem Boden Kartoffeln, Zwiebeln und Tomaten ausgebreitet haben. Als wir aus diesem finsteren Labyrinth wieder auftauchen, sehe ich Dutzende von Katverkäufern. Sie sind dabei, ihre Verkaufsstände vorzubereiten.

»Sie warten auf den Flug aus Nairobi«, erklärt mir Abi.

Aus der kenianischen Hauptstadt bringen schwer überladene Flugzeuge täglich einen großen Vorrat der berauschenden Katblätter ins Land. An den Ständen sehe ich bärtige Männer, die mit ihren Dealern telefonieren. In Galcaio lebt das 15. parallel zum 21. Jahrhundert.

Kurz darauf unterläuft mir ein grober Schnitzer. Am Stand eines Buchhändlers entdecke ich ein schönes altes Buch mit herrlichen arabischen Kalligrafien. Als ich es in die Hand nehme, höre ich Abi schon panisch rufen: »Nicht anfassen!«

Ich habe den heiligen Koran berührt, und das in Somalia, für mich, einen ungläubigen Hund aus dem Westen, ein schlimmer Fehler. Während ich das Buch mit angehaltenem Atem zurücklege, horche ich, ob nicht irgendwo das Entsichern einer Kalaschnikow zu hören ist – ich erinnere mich plötzlich sehr genau an den läppischen Vorfall, der das letzte Blutbad auf dem Markt ausgelöst hat.

Der Händler verzieht jedoch keine Miene, und Abi führt mich schnell in das Gewirr der Gassen zurück. Er lacht und entblößt dabei seine vorstehenden Zähne: »Das ist verboten«, sagt er. »Aber der Händler hat keine Schwierigkeiten gemacht.«

»Glück gehabt«, sage ich und schneide gleich das heikle Thema der dänischen Mohammed-Karikaturen an. »Hier in Somalia ist nichts passiert«, meint er. »Wir waren zu sehr damit beschäftigt, uns gegenseitig die Köpfe einzuschlagen, haha!«

ES GIBT NICHT VIELE FLUGHÄFEN auf der Welt, auf denen das Gepäck der ankommenden Passagiere mit Eselskarren abtransportiert wird, aber der von Huddur – oder Xuddur – ist einer davon. Nach einem anderthalbstündigen Flug über den tristen somalischen Busch bin ich hier mit derselben Cessna Caravan gelandet, die mich schon nach Galcaio gebracht hatte. Dromedarherden, Kühe und Ziegen säumen die Rollbahn. Am Ende des *runway* entdecke ich zwei ausgebrannte Panzerwagen, die hier nach irgendeinem Kampf für immer liegen geblieben sind. Das Dorf ist nicht weit von hier entfernt. Im Gegensatz zu Galcaio, das immerhin an der großen Straße von Mogadischu nach Bosaso liegt, gibt es in Huddur nur große, weiß gestrichene Rundhütten mit dicken, kegelförmigen Rieddächern.

In der Ärzte-ohne-Grenzen-Niederlassung im Zentrum des Dorfes werde ich in einer dieser Hütten einquartiert. Trotz der Hitze, die im Freien herrscht, ist es im Innern der Hütte überraschend kühl.

»*Tukul!*«, sagt die Frau, die mein Bettzeug bringt, und zeigt dabei auf die Hütte, um mir zu erklären, wie diese Behausungen hier genannt werden.

Ich werfe meine Sachen aufs Bett und mache mich mit dem Leitungsteam bekannt: mit Doktor Jacob Arhem aus Schweden, dessen hiesiger Einsatz jetzt nach sechs Monaten zu Ende geht, und mit Doktor Aslak Jossang, einem Norweger mit einem eindrucksvollen Bart und einer langen grauen Mähne, der sein Nachfolger werden wird. Außer ihnen gibt es hier noch Rita Vandemaelen, die belgische Managerin des Gesundheitszentrums, Christine, eine Kenianerin, die einige Gesundheitszentren außerhalb Huddurs betreut, und Jake McKnight, einen Schotten, der für die Logistik verantwortlich ist.

Erst später begegne ich Patrick Duplat, einem Franzosen, der im kanadischen Montreal aufgewachsen ist und den ganzen Laden hier koordiniert. Er ist schon sieben Monate in Huddur und sieht erschöpft aus. »Wir treffen uns in einer Stunde«, sagt er. »Ich muss erst mal meine Batterien aufladen.«

Auf diesem Ärzte-ohne-Grenzen-Stützpunkt – in dem rund 90 einheimische Mitarbeiter tätig sind – wird von sieben Uhr morgens bis zwei Uhr mittags im Gesundheitszentrum von Huddur gearbeitet. Nach dem Mittagessen werden dann die anfallenden Verwaltungsaufgaben erledigt. Der arbeitsreiche Vormittag bringt es mit sich, dass alle jeden Tag völlig erledigt in ihre Unterkünfte zurückkehren.

Ärzte ohne Grenzen ist in Huddur seit dem Jahr 2000 präsent. Doch im Dezember 2005 hatte man alle Ausländer zeitweilig evakuiert, weil einer der Kriegsherren mit drei *technicals* und 15 bewaffneten Milizionären eine deutsche Hilfsorganisation im Dorf ausgeraubt hatte. Die Mitarbeiter dieser NGO sind danach nicht mehr zurückgekommen.

Ganz im Gegensatz zu den ausländischen Mitarbeitern von Ärzte ohne Grenzen. Sie kehrten zurück und die Sicherheitslage hat sich seit der Zeit verbessert, denn im Dorf gibt es nun tatsächlich eine Polizeitruppe.

»Sie umfasst etwa 150 Mann«, erzählt mir Patrick, nachdem er sein Nickerchen beendet hat. »Seither geht das Geld, das an den Checkpoints des Dorfes bei der Ein- und Ausfahrt eingenommen wird, direkt an die Polizei.«

An diesem Abend werde ich in die angeregten Tischgespräche von sechs Menschen einbezogen, die ihre Entscheidung zusammengeführt hat, hier – in einem fremden, fernen Land, in dem noch vieles im Argen liegt – für Ärzte ohne Grenzen zu arbeiten.

Die wichtigsten Themen, die wir anschneiden, sind der Reihe nach:

- Arnold Schwarzeneggers *Encyclopedia of Modern Bodybuilding* (Versuchen Sie doch mal, an einem abgelegenen Ort zwei Leute unterschiedlicher

Nationalitäten zu finden, die überhaupt von der Existenz dieses Buches wissen. Hier in Huddur erweisen sich sowohl Jake als auch Doktor Jacob als wahre Spezialisten im Zitieren bizarrer Passagen dieser *Enzyklopädie*);
- Haarschnitte in Schweden (angeregt durch Doktor Jacobs Frisur),
- der Mord an Sharon Tate

  und
- die Frage, ob Eishockeyspieler während eines Wettkampfes in die Hose ihrer Ausrüstung pinkeln (weiß das vielleicht jemand?).

Nachdem diese Themen abgehakt sind, bleiben nur noch Doktor Aslak und ich am Tisch sitzen. Ich habe eine Schwäche für diesen hünenhaften Norweger, der, als ein schon etwas älterer Mann, mit mir die Leidenschaft für den Sternenhimmmel teilt. Doktor Aslak, dessen Leben in Norwegen vor Kurzem eine neue Wendung genommen hatte, hat sich mit 57 Jahren unversehens um eine Arbeit bei Ärzte ohne Grenzen bemüht. Er vertraut mir an, dass er während seines halben Jahres in Somalia Amateurastronom werden will.

»Die Nächte sind hier so hell, dass ich mir vorgenommen habe, die Planetenbahnen zu erkunden«, sagt er. »Bei meinem nächsten Besuch in Nairobi werde ich mir ein kleines Teleskop kaufen. Ich habe mir zum Ziel gesetzt, die Jupitermonde zu sehen!«

Das finde ich großartig und ich stelle mir vor, wie Doktor Aslak, mit seinem grauen, zum Zopf gebundenen Haar, mit der Hand durch seinen langen Bart streicht, während er oben auf dem flachen Dach seiner Unterkunft in Huddur hinter seinem Teleskop sitzt, durch das Okular nach den Jupitermonden Ausschau hält. Genau wie Galileo Galilei 400 Jahre vor ihm.

»Ich bin sicher, das wird mir einen anderen Blick auf die Welt eröffnen«, sagt er.

Ich wünsche ihm viel Erfolg bei seinen ersten Schritten auf dem Weg zur Erkundung des Weltalls und gehe zu Bett.

Huddur hat schätzungsweise 10 000 Einwohner, aber das einzige Geräusch, das ich in dieser Nacht höre, ist das gelegentliche heisere und traurige Schreien eines Esels. In dieser klaren, mondlosen Nacht kann ich durch das kleine Fenster meiner Hütte die Milchstraße sehen, die sich wie eine Wolke aus fluoreszierendem Dampf quer über das Himmelszelt zieht. Dazwischen beschreibt der rote Planet Mars wie ein einsamer Wanderer seine ewige Bahn am Himmelsäquator. Ich bin gespannt, wann Doktor Aslak ihn zum ersten Mal ins Visier nimmt.

AM FRÜHEN MORGEN FAHREN Jake, Christine und ich nach El Berde, einem drei Autostunden von Huddur entfernten Dorf, in dem Ärzte ohne Grenzen ein kleines Gesundheitszentrum betreibt. Christine wird dort die Krankenschwestern bezahlen und kontrollieren, ob die Einrichtung ordentlich geführt wird. Am Steuer unseres klapprigen Land Cruisers sitzt Mohammed; er versucht, die Schlaglöcher in der Straße, so gut es geht, zu umschiffen. Uns folgt ein zweiter Geländewagen mit vier bewaffneten Männern, die unsere Eskorte bilden.

Mohammed laviert geschickt um jedes Hindernis auf der Strecke und wirbelt dabei große Wolken des feinen roten Staubes auf, die dem nachfolgenden Wagen völlig die Sicht nehmen. Nach einer Stunde muss er auf die Bremse treten, denn vor einer Dorfeinfahrt ist die Straße gesperrt. Hier befindet sich ein Checkpoint, doch die Wagen von Ärzte ohne Grenzen dürfen ihn gratis passieren. Langsam schlendert ein Mann herbei. Er zieht gemächlich den quer über der Straße liegenden Baum zur Seite und lässt dabei lässig seine Waffe von der Schulter baumeln. Außer ihm ist hier niemand zu sehen.

»Was passiert, wenn ein Wagen die Sperre umfährt?«, frage ich.

»Dann schießt der Wachposten«, antwortet Mohammed, ohne seinen Blick von der Straße zu nehmen.

Während die Hitze ansteigt und der Staub alles und jeden rot färbt, fahren wir durch eine Landschaft, aus deren endlosen Dornbuschhecken sich nur hier und da ein dürrer Baum erhebt. Die äthiopische Grenze, die quer durch El Berde verläuft, ist schon ganz nah. Wir befinden uns hier in einer der abgelegensten Regionen der Welt.

Ich schrecke aus meiner Lethargie auf, als ich plötzlich, hinter einer Kurve, eine riesige Katze mit langem Schwanz entdecke: »*Lion!*«, schreit Mohammed.

Aber es ist ein somalischer Gepard *(Acinonyx jubatus soemmeringii)*, ein ausgewachsenes Tier mit weißgrauem Fell und schwarzen Punkten. Das schnellste Landtier der Welt, eine Subspezies des bekannteren rostbraunen Geparden, der sich in den Wildparks von Tansania und Kenia herumtreibt. Als er das Auto sieht, wendet er seinen Körper selbstbewusst und nicht einmal besonders rasch, bevor er wie der Wind die Straße hinab und um die nächste Biegung jagt, wo wir ihn noch einmal sehen, bevor er in den Dornbüschen verschwindet.

Man trifft sehr selten auf ihn, denn da sein Fell wertvoll ist und er als Feind der Nomaden gilt, ist der Gepard in Somalia fast ausgestorben. Aber genau aus diesem Grund beeindruckt mich diese Begegnung umso mehr. Sie macht diesen Tag zu etwas Besonderem. Auch Mohammed ist ganz aufgeregt: »Er ist auf der Suche nach Ziegen und Kamelen«, sagt er.

In der somalischen Wüste zwischen Huddur und El Berde erschrickt ein Kamel vor unserem Auto. Seine Führerin, die ein Baby auf dem Rücken trägt, hat alle Hände voll zu tun, um das Tier unter Kontrolle zu halten.

»Fällt er auch ausgewachsene Kamele an?«

»Ja, er springt sie manchmal an, um ihr Blut zu trinken. Die Dürre treibt ihn aus seinem Unterschlupf heraus.«

Wir haben diese unerwartete Begegnung kaum gebührend gewürdigt, als sich uns hinter der nächsten Biegung schon ein ähnlich faszinierendes Schauspiel bietet: Dutzende von Nomaden drängen sich mit ihren Kamelen und Ziegen um einen Tankwagen, der sie mit Wasser versorgt.

Die erste anhaltende Dürre seit Jahren hat sie empfindlich getroffen. Aus Äthiopien – wo dieselben somalischen Clans die Zügel in der Hand halten wie auf somalischer Seite – kommen zurzeit täglich zehn dieser Tankwagen nach El Berde, um das Dorf und die in der Wildnis lebenden Nomaden zu versorgen.

Der Fahrer des Tankwagens hat eine große Plastikplane über eine tiefe Kuhle in der Straße ausgebreitet und lässt nun Wasser in sie ab. Dass es hier um eine Frage von Leben oder Tod geht, lässt sich am rasenden Tempo ablesen, mit dem die Nomaden das Wasser in Kanister, Schüsseln, Tonkrüge und Töpfe schöpfen. Die Frauen sind mit dem Füllen ihrer Krüge viel zu beschäftigt, um sich daran zu stören, dass ich Fotos von ihnen mache. Ihre braunen Schultern sind unbedeckt und manchmal lassen sie lachend ihre perlweißen Zähne aufblitzen, wenn ich die Kameralinse auf sie richte. Doch keine von ihnen lässt sich auch nur einen Augenblick von der Wasserlache in der Mulde ablenken, die nun von Minute zu Minute schlammiger wird. Selbst der Schlamm wird ausgeschöpft: Die Kamele werden sicher noch etwas aus ihm heraus saugen.

Erst als die Plastikplane wieder ordentlich verstaut ist, kommen die Männer auf einen Schwatz vorbei. Sie sind offensichtlich unzufrieden: Einer von ihnen zeigt mir mehrere noch leere Kanister. Er deutet auf den Tankwagen und zieht ein enttäuschtes Gesicht. Offensichtlich gab es nicht genug Wasser, um all ihre Krüge zu füllen.

»Sag ihnen, dass ich einen Regentanz aufführen werde«, bitte ich Mohammed und mache mich für alle Zeiten lächerlich, als ich eine Kostprobe meiner Tanzkünste abliefere. Doch sobald sie kapieren, was dieser weiße Spinner da aufführt, zieht sich ein breites Grinsen über ihre windgegerbten Gesichter und sie klatschen ihre Hände fest in meine.

»*Inschallah! Inschallah!*«, sagen sie lachend. »So Gott will.«

El Berde ist ein ödes, staubiges Nest, direkt auf der Grenze zu Äthiopien. *El* bedeutet Brunnen, doch gegenwärtig ist der tiefe Brunnen am Rande des Dorfes ausgetrocknet, zum ersten Mal seit 55 Jahren. Männer mit sorgfältig um den Kopf drapierten Tüchern starren düster und wortlos in den Brunnen hinab. Bis zum Beginn der Regenzeit wird es sicher noch sechs Wochen dauern, und sie wissen, dass ihnen bis dahin eine harte Zeit bevorsteht. Den größten Teil ihrer Wasserversorgung bestreiten sie über Tankwagen, die sie täglich in Äthiopien mieten.

»Es gibt noch einen anderen Brunnen, der etwas weiter weg liegt«, sagt ein älterer Mann, »dort wird das Wasser mit einer Pumpe aus dem Boden geholt; aber der ist auch fast leer.«

Jake und ich wollen uns diesen Brunnen einmal ansehen. Schon von fern hören wir den Dieselmotor der Pumpe. Es handelt sich um einen britischen Lister Petter, den wir in einem kleinen Schuppen entdecken. Das Licht an der Pumpe leuchtet rot, was bedeutet, dass der Motor schon viel zu lange läuft und nicht genug gekühlt wird.

Zwei Männer aus einem benachbarten Haus erklären uns, dass sie normalerweise bis in eine Tiefe von 60 Metern pumpen, jetzt sind sie aber schon bei 80 Metern und trotz stundenlangem Pumpen fördern sie kaum noch Wasser. Die Dorfbewohner müssen stundenlang dafür anstehen, erzählt uns der ältere der beiden. Die Pumpe ist ein Geschenk der amerikanischen Entwicklungsorganisationen ADRA (einer Mormonenvereinigung) und USAID, aber beide haben ihre Programme mittlerweile in

Somalia eingestellt. Bald wird die Pumpe ihren Geist aufgeben und die Einwohner von El Berde werden wieder dort stehen, wo sie vor fünf Jahren angefangen haben, denke ich bei mir.

Man fragt sich wirklich, warum einige Organisationen eigentlich Entwicklungsarbeit leisten. Sie kommen hierher, machen ihren Job, geraten dann aber in Geld- und Personalnöte oder flüchten vor dem Krieg und kommen nie mehr zurück. Doch bis dahin haben sie die einheimische Bevölkerung oftmals schon von ihren großzügig gewährten Spenden abhängig gemacht. Diese Art der Hilfe führt aus meiner Sicht zu nichts.

ICH MACHE EINEN SPAZIERGANG durchs Dorf – ständig begleitet von einem Mann mit einer Kalaschnikow, der fünf Meter hinter mir hergeht. Auf dem kleinen Markt von El Berde verkaufen Männer und Frauen Kalebassen, in denen man Milch aufbewahrt, sowie Stoffe für Kopftücher und Kleider. Aber es gibt weder Päckchensuppen von Maggi noch Coca-Cola-Flaschen oder Plastikstühle, daher nehme ich dieses Dorf in meine kleine, aber feine Kollektion der Orte in *Entlegistan* auf.

Ich schlendere über die unsichtbare äthiopische Grenze und luge hier in andere windschiefe Hütten, in denen Männer an einem Ofen Messer schmieden, die sie in Scheiden aus Ziegenleder verpacken. In einer anderen Hütte drechselt ein Mann Holzglocken, die man hier Kamelen um den Hals hängt wie in der Schweiz den Kühen. Er hat einen roten Bart und dunkle wild funkelnde Augen. Als ich mir seine Arbeiten ansehe, zeigt er mir, welchem Zweck sie dienen. Er greift sich eine der Holzglocken, hält sie an seinen Hals und schüttelt dann den Kopf, sodass der Klöppel einen hohlen Klang erzeugt. Eine schöne Demonstration.

Später am Nachmittag werden Jake und ich vom Bezirksvorsteher eingeladen. Sein Name ist Wassane Dofan Degane. Bei einer Tasse Tee mit Kamelmilch frage ich ihn, ob er eine Vorstellung davon hat, wie viele Einwohner sein Bezirk hat.

»60 000«, antwortet er prompt.

»Wann war denn die letzte Zählung?«

»1991, im letzten Jahr, in dem wir eine Regierung hatten.«

Der Bezirksvorsteher versichert uns auch, dass gegenwärtig die gesamte Bakoolregion mit ihren ungefähr 225 000 Einwohnern sicher sei. Denn ein Abkommen zwischen zwei rivalisierenden Clans ermöglicht es den Nomaden jetzt, die alte, aus kolonialer Zeit stammende Ogadenlinie zu überqueren und auf der Suche nach den besten Weideplätzen für ihr Vieh zwischen Äthiopien und Somalia hin und her zu pendeln.

Das Abkommen über die Ogadenlinie ist nicht nur für die Kamele und ihre Besitzer von Vorteil, es sorgt auch für einen raschen Anstieg der Patientenzahlen im Ärzte-ohne-Grenzen-Gesundheitszentrum. Denn in der ganzen Bakoolregion gibt es nur eine einzige Anlaufstelle für Gesundheitsversorgung: das Zentrum von Ärzte ohne Grenzen.

Der Bezirksvorsteher dankt Ärzte ohne Grenzen weitschweifig für die medizinische Hilfe, aber er wäre kein Somalier, wenn er nicht die Gelegenheit nutzen würde, eine Bitte vorzubringen: Er hätte gerne einen Krankenwagen.

»Wenn ein Notfall eintritt, kommt es zu Todesfällen. Kinder sterben an Schlangenbissen«, sagt er zu Jake.

Ich frage ihn, warum man die Kranken nicht notfalls mit den Autos, die ich im Dorf gesehen habe, nach Huddur bringen kann?

»Das ist zu teuer.«

»Aber hilft denn niemand aus Gefälligkeit, wenn es um Leben und Tod geht?«

»In unserer finanziellen Situation können wir uns keine Gefälligkeiten erlauben«, lautet die Antwort des Bezirksvorstehers.

UM ELF UHR VORMITTAGS beginnt für die mehr als 80 Kinder in der Kala-Azar-Abteilung des Gesundheitszentrums von Huddur die Stunde des Grauens. Denn zu diesem Zeitpunkt müssen sie ihre tägliche Spritze gegen diese schreckliche Krankheit bekommen. An 30 aufeinanderfolgenden Tagen, andernfalls verliefe die Krankheit tödlich. Wenn die Mütter sich in die Schlange stellen, um sich und ihre Sprösslinge anzumelden, wissen die Kinder nur zu gut, was sie erwartet: eine schmerzhafte, mit einer dicken Flüssigkeit gefüllte Spritze in den Po. Daher gleicht das Geheul auf der Abteilung auch einem Anschlag auf jedes Trommelfell, und wüsste man nicht mit Sicherheit, dass die Kinder wieder gesund werden, wären ihre Schmerzensschreie herzzerreißend.

Drei Krankenschwestern bitten die Mütter – Frauen von umherziehenden Kameltreibern und Ziegenhirten, die nach dem Rauch ihrer Feuerstellen riechen –, ihre Kinder gut festzuhalten, während sie ihnen Natrium-Stibogluconat injizieren.

Kala-Azar oder Leishmaniose ist eine Krankheit, die von kleinen Mücken übertragen wird, die der Psychodidae-Familie angehören, den lateinischen Gattungsnamen *Phlebotomus lutzomyia* tragen und in Termitenhügeln leben. In Somalia werden vor allem Kinder von den Parasiten befallen, doch in anderen Gebieten Afrikas gehören auch Erwachsene zu ihren Opfern. Kala-Azar ist eine etwas mysteriöse Krankheit, denn sie tritt auch in Epidemien auf, obwohl niemand genau weiß, weshalb. Fieber und eine stark geschwollene Milz kennzeichnen das Krankheitsbild, und ihr

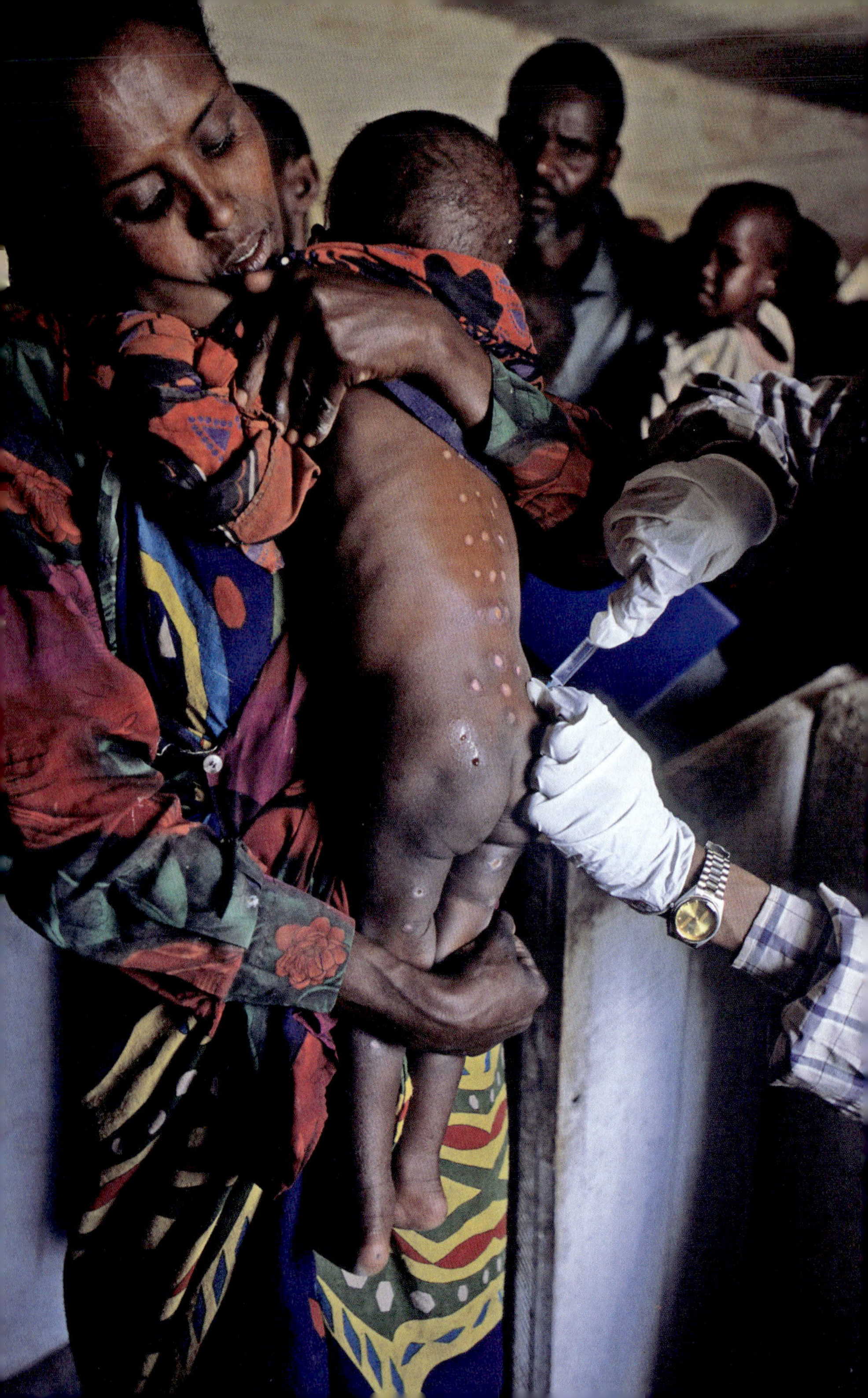

Verlauf ist fast immer tödlich, da das Immunsystem völlig zusammenbricht und somit viele andere lebensbedrohliche Krankheiten, wie etwa Masern, in den Körper des Patienten eindringen können.

»Daher treten Masern und Kala-Azar häufig zusammen auf«, erklärt Schwester Rita Vandemaelen (28). »Aber Kindern mit Kala-Azar kann eine Masernimpfung nicht mehr helfen, denn ihr Körper ist schon zu sehr geschwächt.«

Auch Rita hat mit den kleinen Unglücksraben zu tun. Wie in Afrika nicht unüblich, haben manche dieser Eltern ihre Kinder zunächst zu traditionellen Heilern gebracht, die sie brandmarkten und ihnen mit spitzen Messern Schnitte zufügten.

Als ich nach den Kindern schaue, die hier ihre schmerzvollen Spritzen bekommen, sehe ich mit eigenen Augen, wie die *Heiler* deren Wirbelsäulen von oben bis unten mit glühenden Nägeln malträtiert haben. Manche Kinder haben mehrere Schnitte im Bauch, die ihnen die Magier in der Hoffnung zufügten, die Schwellung der Milz zu mindern. Ich versuche mir das Entsetzen der Kinder vorzustellen, wenn ihr kleiner Bauch im Gesundheitszentrum erneut von einem fremden Erwachsenen untersucht wird.

»Manche machen aus purer Angst in die Hose«, sagt Rita.

Aber anders als in den Hütten der Folterknechte, wo man mittelalterliche Verfahren praktiziert und vom Vater zum Sohn weitergibt, werden die Kinder hier wirklich gesund.

Gesundheitsversorgung ist in Afrika ein unaufhörlicher Kampf gegen die Unwissenheit.

»In unserer Abteilung für unterernährte Kinder lehnen die Mütter manchmal eine Nährsonde durch die Nase für die schwächsten Kinder ab«, erzählt Rita. »Natürlich sind diese Kinder in besonderem Maß vom Tode bedroht, eben weil sie so schwach sind. Die Mütter assoziieren mit dieser Sonde jedoch den Tod und sträuben sich deshalb gegen ihre Anwendung.«

Es gibt auch noch einen weiteren Grund für dieses Verhalten: Wenn ein Kind am Rande des Todes schwebt, sind die Eltern manchmal der Meinung, der Arzt solle das Kind und die Entscheidung über Leben und Tod besser in die Hände Allahs legen und nicht bis zum Äußersten gehen, um das Kind am Leben zu erhalten. Fatalismus ist in Afrika tief verwurzelt. Vielleicht braucht man ihn hier, um die brutale Härte und die zahlreichen Rückschläge im Leben zu verkraften. Eine fatalistische Einstellung

Die schmerzhafte Spritze gegen die tödliche Krankheit Kala-Azar. Die Brandwunden entlang der Wirbelsäule stammen vom Heilungsversuch eines Magiers.

kann einem letztlich zu dem Schluss verhelfen, dass alles seine Richtigkeit hat, weil eine höhere Macht es so entschieden hat. Auf diese Weise wird die Ungerechtigkeit des Lebens durch den Willen Gottes abgemildert.

Ich frage Rita, ob man nicht doch ein wenig Idealismus braucht, um für Ärzte ohne Grenzen in Afrika zu arbeiten. »Auf jeden Fall«, antwortet sie, ohne nachzudenken, »wenn man glaubt, diese Art der Hilfe sei sinnlos, sollte man die Finger davon lassen. Dann wird man besser Reiseleiter.«

Während Rita weiter ihrer Arbeit im Gesundheitszentrum nachgeht, kehre ich zu unserer Unterkunft in Huddur zurück. Es scheint wieder einmal ein ganz normaler Tag in Somalia zu werden. Aber gerade als ich mit dem Schreiben beginnen will, erreicht uns über Funk eine dramatische Nachricht.

Christine, die kenianische Ärzte-ohne-Grenzen-Mitarbeiterin, meldet sich aus dem Ort El Garaz, wo sie einen kleinen Ärzte-ohne-Grenzen-Stützpunkt besucht hat (so wie wir es gestern gemeinsam getan hatten). Bei ihr wurde eine Frau mit Wehen eingeliefert, die sich in keinem allzu guten Zustand befindet.

»Blutarmut«, meldet Christine über Funk.

In Huddur beschließt Koordinator Patrick Duplat, dass Christine die Frau mit dem Land Cruiser ins Gesundheitszentrum bringen soll, wo Doktor Jacob ihr bei der Geburt helfen kann.

»Das sieht nicht gut aus«, sagt er zu mir.

Damit wird er recht behalten. Nach etwa einer Stunde berichtet Christine, dass sie mit dem Wagen am Straßenrand stehe und die Geburt begonnen habe. Aber mehr als das Köpfchen des Kindes konnte die Frau bisher nicht herauspressen. Die Patientin sei zu erschöpft und zu schwach, um auch nur noch ein einziges Mal zu pressen.

Patrick fordert per Funk eine Hebamme an und schickt sie mit einem andern Wagen los, um Christine und der mit dem Tode ringenden Mutter beizustehen. Eine Weile hören wir nichts. Dann kommt die Nachricht: »Mutter und Kind, beide verstorben.«

Es ist schon dunkel, als Christine in Huddur ankommt. Sie tut mir so leid: Sie war den ganzen Tag auf den Beinen und hat nun auch noch diese dramatische Geburt miterlebt, bei der sie nichts tun konnte, außer zuzusehen, wie zunächst das Kind und dann die Mutter starb. Ihr Blick ist trüb und ihre sonst so strahlende schwarze Haut wirkt matt und grau von Schweiß und Straßenstaub. Sie sagt: »Ich konnte nichts für sie tun. Als die Hebamme endlich bei uns war und dabei half, das Kind zur Welt zu bringen, ist die Mutter einfach verblutet.«

Sie schaut mich grübelnd an, dann sagt sie: »Es war ein Mädchen.«

Ich versuche, mir die Situation vorzustellen: die Mutter, die schon seit 24 Stunden

Wehen hatte und zum Gebären zu entkräftet war und die schließlich in sengender Hitze, acht Kilometer vom Gesundheitszentrum entfernt, am Straßenrand starb. Das alles ereignete sich ganz in der Nähe eines Dorfes, erzählt Christine, deshalb wollten die Frauen des Dorfes auf einmal allesamt Hebamme spielen.

»Sie beschlossen, sie mit Wasser zu übergießen. Ich musste sie wirklich von ihr fernhalten.«

Das ist Afrika. Ein anderes Afrika als das der Wildparks, der Kilimandscharo-Besteiger, der *Safari Lodges* und der Strände, an denen westliche Touristen sich von Deutsch sprechenden Kenianern massieren lassen. Es ist das alltägliche Afrika. Und das eines Großteils der Afrikaner.

Doktor Jacob, der kräftige Schwede mit der Bodybuilderfigur, ist der einzige, der Christine Mut zusprechen kann. Und das tut er auch.

»Auch bei uns im Gesundheitszentrum wäre sie gestorben«, höre ich ihn zu ihr sagen. »Wir haben kein Blut, also wäre sie sowieso verblutet. Es gab nichts, was du hättest tun können.«

In der somalischen Hauptstadt Mogadischu und in weiten Teilen des Südens von Somalia übernahm Mitte 2006, nach Monaten heftiger Kämpfe, die Union der Islamischen Gerichte die Macht und vertrieb die Warlords. Die islamische Gesetzgebung (Scharia) wurde eingeführt und die Gefechte beendet. Die Union setzte mit harter Hand das Verbot von Musik, Fernsehen und Tanz durch. So wurden während der Fußballweltmeisterschaft zwei Fans erschossen, weil sie heimlich ein Spiel im Fernsehen verfolgten. Es gab keine Kontrollposten mehr in der Stadt, an denen Milizionäre Geld eintrieben. Daher sanken die Preise für Nahrungsmittel und die Stadt wurde sicherer. Ende 2006 eskalierte die Situation: Eine äthiopische Militäraktion beendete die Herrschaft der Scharia-Gerichte, und die von Äthiopien unterstützte Übergangsregierung zog in Mogadischu ein. Die entmachteten Milizen der Union haben einen Guerillakrieg gegen die äthiopischen Truppen und die Übergangsregierung angekündigt. Die humanitäre Lage in Somalia ist nach wie vor katastrophal.

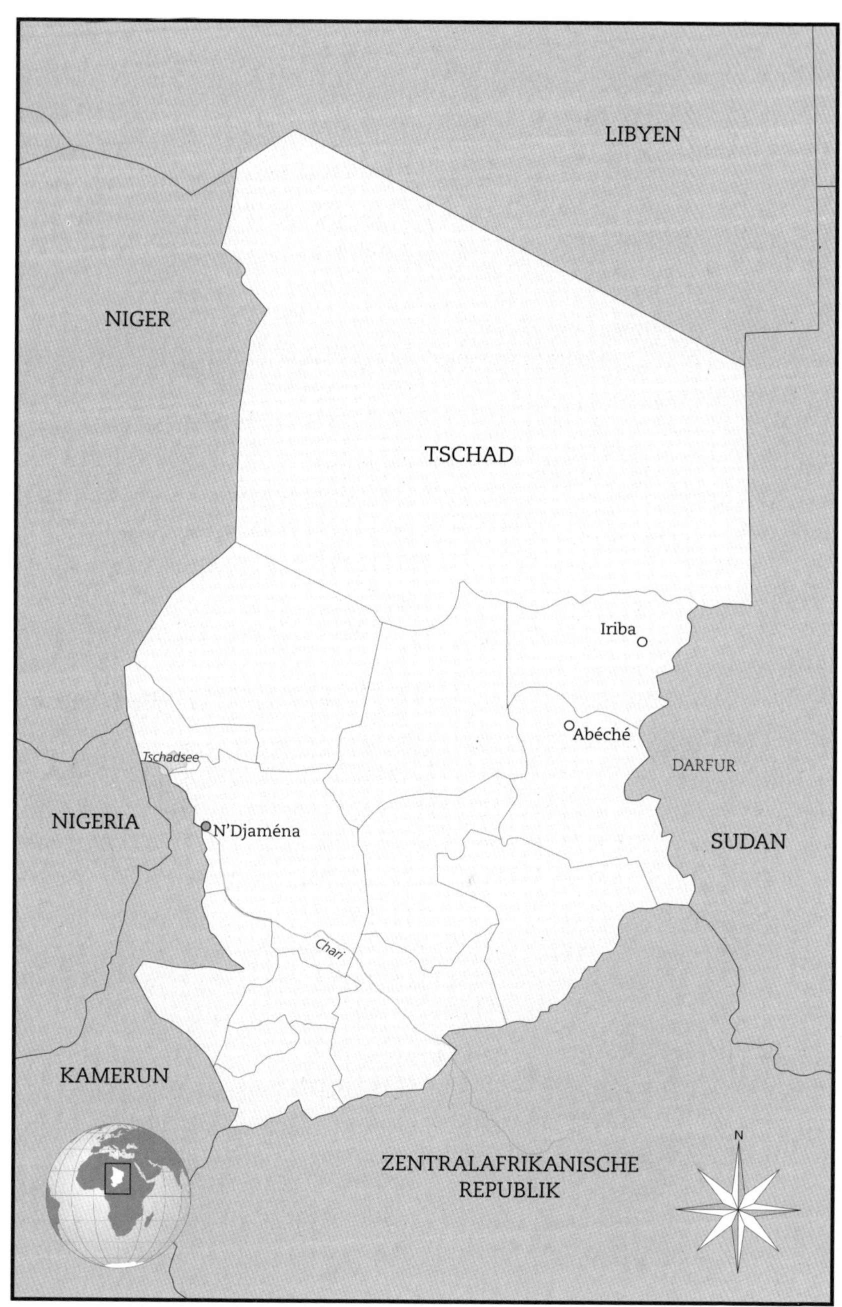
LIBYEN
NIGER
TSCHAD
Iriba
Abéché
DARFUR
Tschadsee
NIGERIA
N'Djaména
SUDAN
Chari
KAMERUN
ZENTRALAFRIKANISCHE
REPUBLIK
N

DER TSCHAD

»Jedes Abkommen wird gebrochen.«

DIE GANZE NACHT TOBT DER SANDSTURM über N'Djaména hinweg, die Hauptstadt des Tschad, die sich in einen entlegenen Winkel der Wüste verirrt hat. Schon bei klarem Wetter wirkt N'Djaména ein wenig bizarr, doch in eine riesige Staubwolke gehüllt, vermittelt die Stadt einen vollkommen surrealen Eindruck. Der Staub lässt alle Konturen verschwimmen und dämpft jegliches Geräusch. Die Menschen bleiben in ihren Häusern und die Straßenbeleuchtung – in Form billiger Leuchtstoffröhren – verstreut ihr diffuses bleiches Licht im alles verfinsternden Schleier des Sandsturms.

Selbst in meinem Zimmer in N'Djaména – bei geschlossenen Fenstern und Türen – spüre ich, wie der Sand mich einengt und mir die Luft nimmt. Er löst Reizhusten aus und macht meine Nase so trocken, dass sie bei meinem Versuch, den Staub herauszuschnäuzen, zu bluten beginnt. Schließlich lege ich mich splitternackt auf mein Bett und starre – einen feuchten Waschlappen auf der Stirn, als hätte ich Migräne – an die Decke. In dieser Nacht wird aus dem Schlaf nur ein Dämmern, und wenn ich doch manchmal einschlafe, habe ich sonderbare Träume.

Das erste Morgenlicht lässt eine halbe Stunde länger auf sich warten als gewöhnlich. Als ich schließlich aus meinem Fenster nach draußen blicke, entdecke ich im Osten, dort wo die Sonne aufgeht, ein merkwürdiges kupferfarbenes Licht. Überall sonst ist der Himmel mausgrau und fahl.

Am Tag zuvor war ich in N'Djaména angekommen, und mir wird plötzlich bewusst, dass ich von diesem Land nicht sonderlich viel weiß. Ich weiß nur, dass es in Afrika liegt, ein Nachbarland des kriegslüsternen Sudan und des Niger ist, dass seine Hauptstadt einen Namen trägt, der wie ein kräftiger Fluch in einem westflämischen Dialekt klingt, und dass man hier kürzlich auf Öl gestoßen ist, was in Afrika immer zu Problemen führt. Aber wer hier das Sagen hat und ob man hier Castel-Bier aus Kamerun bekommt, davon habe ich keine Ahnung.

In meinem kleinen Zimmer im Hauptquartier von Ärzte ohne Grenzen suche ich mein Gepäck zusammen. Gegen besseres Wissen fahre ich zum Flughafen, denn ich hoffe, mit der Maschine einer humanitären Organisation Richtung Osten, zur sudanesischen Grenze fliegen zu können. Am Schalter checkt mich eine offenherzige Tschaderin mit einem strahlenden Lächeln ein. Dann setze ich mich in die Bar und warte auf den Aufruf zum Abflug.

Momentan bleiben alle Maschinen am Boden. Das kann ich durch das Fenster der Bar erkennen, und von hier aus sehe ich auch meinen Rucksack, der ordentlich neben einem kleinen Propellerflugzeug liegt. Mit wachsender Besorgnis denke ich an den Schokoriegel, der sich in meinem Gepäck befindet. Und an meine Filme. Denn obwohl die Sonne nicht zu sehen ist, steigt die Temperatur doch auf einiges über 30 Grad an.

Sieben Stunden bleibe ich in der Bar in der Nähe der Plattform und betrachte meinen Rucksack samt seinem langsam dahinschmelzenden Inhalt. Glücklicherweise habe ich meine Finger vom Bier gelassen und höre deshalb die gut gekleidete Frau *loud and clear,* die am späten Nachmittag die Tür aufreißt und verkündet: »Der Flug wurde wegen des Sandsturms gestrichen.«

»Sitze in N'Djaména wegen eines Sandsturms fest«, schreibe ich in mein Notizbuch, hole meinen Rucksack ab und fahre in die Stadt zurück, um im Ärzte-ohne-Grenzen-Quartier noch einmal dasselbe staubige Zimmer zu beziehen.

»Im Kühlschrank aufbewahren«, lese ich auf der Verpackung des Zero-Schokoriegels, den ich aus meinem Gepäck fische. Das war keine gute Wahl, denke ich, denn die Schokolade hat sich in eine Art Kakao verwandelt. Doch noch bin ich nicht dazu bereit, sie aufzugeben, und werfe sie zusammen mit den zu warm gewordenen Filmen in die Tiefkühltruhe meines Quartiers.

Dann gehe ich mit Mario, einem Kanadier aus Quebec, und Carine, einer Französin, die in Brüssel wohnt, zu einem Libanesen *mezze* essen. Der Besitzer hat sich offenbar lange den Kopf über einen originellen Namen für seinen Laden zerbrochen, bevor er dann doch bei *Alibaba und die vierzig Gerechten* hängen geblieben ist.

Wenn Sie wie ich die eher unappetitlichen Teile von Säugetieren mögen, dann sind Sie in der Avenue Charles de Gaulle in N'Djaména genau richtig; denn der dortige Libanese serviert die leckerste Rinderzunge der Welt. In Senfsoße. Außerdem entdecke ich zu meinem großen Vergnügen, dass im Tschad auf Wunsch Castel-Bier aus Kamerun serviert wird, womit für mir auch eine der wichtigsten Fragen über den Tschad beantwortet wäre.

Später, beim Verlassen des Restaurants, bemerke ich, dass sogar die Avenue Charles de Gaulle im Herzen N'Djaménas von billigen Lampen gesäumt ist. Im trüben Wirbel des Sandsturms gleicht die Hauptstraße von N'Djaména damit dem von Leuchtstoffröhren markierten Vorfeld einer Landebahn. Zwei vornübergebeugte Männer in Dschellabas, der ortsüblichen Kleidung, sind die einzigen Einwohner, die ich an diesem Abend noch zu Gesicht bekomme.

AUCH AM NÄCHSTEN TAG verhält es sich mit dem Sand wie mit Gott im Katechismus von Mechelen: Er ist überall und durchdringt alles. Aber wenn ich zum Himmel aufblicke, kann ich einen blauen Schimmer ausmachen, der darauf schließen lässt, dass der Sturm an Kraft verliert. Dieser Meinung sind die Piloten auf dem Flughafen offenbar auch, denn sie starten in etwa zur vereinbarten Zeit. Wir fliegen mit einer Maschine des *Programme Alimentaire Mondial* (PAM) nach Abéché, einer strategisch günstig, mitten im Tschad gelegenen Stadt. Dort werde ich in ein anderes Flugzeug steigen, um nach Iriba zu gelangen, einem Dorf nahe der sudanesischen Grenze.

Kaum sind wir gestartet, verschwindet der Erdboden aus unserem Blickfeld und wir fliegen durch ein diffuses Gemisch aus Luft und Sand nach Süden. Das staubige Land unter uns ist nicht mehr auszumachen. Fast zwei Stunden nicht, bis sich der Pilot – der nur nach seinen Instrumenten fliegt – auf die Suche nach der Landebahn von Abéché macht. Dazu taucht er immer wieder in die Staubwolke ein, fliegt flach über dem Boden und dreht und wendet die Maschine, in der Hoffnung, so Abéché und dessen Rollbahn in den Blick zu bekommen. Es funktioniert. Und mit einer gewissen Erleichterung steige ich auf dem kleinen Flughafen von Abéché aus dem Flugzeug aus, um sogleich in eine zweite Maschine umzusteigen, eine klobige Kiste der Vereinten Nationen, die uns nach Iriba bringen wird.

Während dieses zweiten Fluges scheint sich der Sandsturm noch zu verstärken. Der Wind rüttelt an der Maschine. Mir fällt auf, dass der Pilot die Motoren aufdreht und die Flügelklappen einsetzt, um die Maschine auf Kurs zu halten. Beim Anflug auf die kleine Piste von Iriba bedient er sich derselben Methode wie der Pilot in Abéché: Er dreht und wendet in geringer Höhe. Mit einem Schlag setzt die Maschine auf, hüpft noch einmal in die Höhe und findet dann doch ihr Gleichgewicht auf der sandigen Rollbahn.

Beim Aussteigen gebe ich dem Piloten, einem älteren Amerikaner, der nach seiner eigentlichen beruflichen Laufbahn damit begonnen hat, in Afrika zu fliegen, die Hand und sage: »Gut, dass Ihr den *runway* gefunden habt.«

»Darüber sind wir selbst auch sehr froh«, antwortet er.

IRIBA IST EIN KLEINES DORF im Osten des Tschad, in dem Männer mit Turbanen, verschleierte Frauen und fast ebenso viele mit Holz und Wasserkrügen beladene

Empfangskomitee an der Piste des Flugplatzes von Iriba.

Eselchen über die sandige Hauptstraße laufen. Ärzte ohne Grenzen hat hier eine Zentrale eingerichtet, um von Iriba aus die nahe gelegenen Flüchtlingslager Touloum und Iridimi sowie das Krankenhaus im weiter weg gelegenen Tine zu betreuen. Die mehr als 20 000 Flüchtlinge in Touloum und die 16 000 Flüchtlinge in Iridimi gehören zu den Opfern eines der vielen gnadenlosen Kriege im Sudan. Dieses Mal wütet er in der Provinz Darfur und er hat in den vergangenen Jahren dazu geführt, dass 200 000 Menschen darin umkamen und etwa zwei Millionen ihr Hab und Gut verloren haben.

Die Situation in Darfur gesellt sich zu einem mörderischen Konflikt zwischen den arabischen Moslems im Norden des Sudan und den christlichen und animistischen schwarzen Bevölkerungsgruppen im Süden des Landes. Mehr als 20 Jahre währte ein blutiger Bürgerkrieg zwischen der sudanesischen Regierung und Rebelllengruppen im Süden. Erst 2004 kam es unter großem internationalem Druck endlich zu einem labilen Waffenstillstand, nachdem es etwa zwei Millionen Tote gegeben hatte.

Auch im sudanesischen Darfur, unmittelbar hinter der Grenze zum Tschad, herrscht seit kurzer Zeit Waffenstillstand. Die Situation ist jedoch – trotz der mehr oder weniger sicheren Waffenruhe – immer noch nicht so stabil, dass die Sudanesen, die in den Tschad geflohen sind, zurückkehren können. Denn in Darfur selbst drängen sich immer noch Hunderttausende von Kriegsflüchtlingen in Lagern, in denen eine drohende Hungersnot wie ein Damoklesschwert über den Häuptern der unglücklichen Bewohner hängt.

Im Tschad wiederum hausen über 200 000 Flüchtlinge aus dem Sudan, die vor den Gefechten in Darfur Hals über Kopf ins Nachbarland geflohen waren. Verteilt über zwölf Lager versuchen sie, ihr Schicksal zu meistern. Das gelingt ihnen nur mit der Unterstützung zahlreicher Hilfsorganisationen. Während des komplizierten Landemanövers in Iriba kann ich die wichtigsten von ihnen schon entdecken. Ihre Geländewagen stehen ordentlich aufgereiht neben der Landebahn, um die ausländischen Helfer abzuholen, die mit dem Sandsturm anreisen: UNICEF (stellt Sonnensegel, Impfstoffe und Lehrprogramme für Grundschulen bereit), CARE (verteilt Lebensmittel und Hilfsgüter in den Lagern, baut Latrinen, Schulen und soziale Zentren), ADESKA (liefert den Lagern Brennholz), UNHCR (bietet den Flüchtlingen Schutz und Unterstützung), IDR (verteilt Lebensmittel an die einheimische Bevölkerung und impft das Vieh), das Rote Kreuz usw.

Sie sind die Sachwalter des Elends. Ohne ihre Hilfe blieben die Flüchtlinge ihrem Schicksal überlassen und ihre Zukunft wäre kurz, elend und grausam.

»In den Lagern leben Zagawa«, erklärt Jeroen Beijnsberger, der aus Limburg stammende Einsatzleiter von Ärzte ohne Grenzen in Iriba. »Sie leben beiderseits der Grenze, sowohl im Sudan wie auch im Tschad, und sprechen ihre eigene Sprache.«

Als ich ihm begegne, ist Beijnsberger schon 17 Monate im Tschad. Er sieht todmüde aus, aber er versucht, seine Erschöpfung hinter Lässigkeit zu verbergen. Die Symptome sind mir vertraut.

»Um etwas zu bewirken, muss man lange bleiben«, erklärt mir Jeroen.

»Glaubst du, dass diese Wirkung nachhaltig ist? Was geschieht, wenn ihr morgen weggeht?«, frage ich, um zu testen, wie unerschütterlich seine Einstellung ist.

»Bei dem, was wir den Menschen hier beigebracht haben, verhält es sich wie mit Schwimmen und Fahrradfahren«, antwortet er selbstsicher. »Das verlernt man nicht. Was die Sudanesen in den Lagern im Bereich der Organisation und der medizinischen Versorgung gelernt haben, werden sie auch weiter anwenden.«

Fakt ist: Dank des Einsatzes internationaler Hilfsorganisationen ist die Ernährungslage in den Lagern unter Kontrolle und die medizinische Situation hat sich durch das Engagement von Ärzte ohne Grenzen in den vergangenen zwei Jahren erheblich verbessert. Aber viel Grund zum Jubeln gibt es immer noch nicht, das wird mir während meines Besuchs in den Lagern rasch deutlich.

Da er schon länger im Land ist, frage ich Jeroen, wie er die Entwicklung des Tschad in naher Zukunft einschätzt. Er ist wenig optimistisch.

»Der Tschad steht vor dem Bankrott«, sagt er.

Das ist, gelinde gesagt, merkwürdig, denn noch vor ein paar Jahren galt der Tschad als afrikanische Goldgrube. Denn im total verarmten Tschad war man auf Öl gestoßen. Doch offenbar führt die Entdeckung von Öl oder anderer wertvoller Bodenschätze in Afrika stets zu Gaunereien und Querelen. Ja mehr noch: Diese Funde haben zur Folge, dass die Ärmsten im Land in noch größeres Elend versinken als zuvor. Dabei sollte der Tschad doch eigentlich eine Ausnahme bilden und sich nicht unter die tragischen Länder einreihen, in denen die Erschließung von Ölfeldern letztendlich dazu führt, dass die Korruption unter den Potentaten des Landes zunimmt, die institutionellen Einrichtungen ausgehöhlt werden, die Entwicklung einer Mittelschicht unterminiert wird und es im ganzen Land zum Verlust von Arbeitsplätzen kommt. Kurz gesagt: Ölfunde führen in Entwicklungsländern zum Krieg.

»Gott, Allah, Buddha und Shiva mögen verhüten, dass in unserem Land je Öl gefunden wird!«

So müsste das Mantra der Armen lauten.

Im Jahr 2003 waren die Aussichten hier allerdings noch blendend. Denn in diesem Jahr stand der Tschad im Zentrum eines lobenswerten Experiments, mit dem man beweisen wollte, dass es auch anders gehen kann. Sollte es denn nicht möglich sein, die Ölgewinne in einem Land wie dem Tschad in den Bau von Krankenhäusern und Schulen zu stecken, statt es für teure Schlitten von Spitzenpolitikern und für neue Waffen für die Armee auszugeben? Bevor Sie jetzt darüber zu spekulieren beginnen, werde ich Ihnen kurz und bündig die Antwort geben, die sich für mich aus einem umfangreichen Bericht in *The Economist* ergibt: Nein. Das ist entmutigend, aber wahr. Und der Tschad tut in diesem Fall wirklich sein Möglichstes, um dies unter Beweis zu stellen.

Die Experten von *The Economist* berichten, dass die Weltbank 2003 mit Zustimmung der Machthaber des Tschad ein System entwickelte, das garantieren sollte, dass nur 15 Prozent vom Erlös der drei neu entdeckten Ölquellen in die Regierungsschatullen der Republik Tschad wanderten. Der Rest – 85 Prozent – sollte dazu dienen, die bittere Armut im Tschad zu bekämpfen und eine Rücklage für die Zeit zu bilden, in der die Ölquellen nicht mehr sprudeln würden. Nur unter diesen Bedingungen war die Weltbank dazu bereit, dem Tschad einen Kredit für eine mehr als 1000 Kilometer lange Pipeline durch Kamerun zu gewähren, die es dem Land ermöglichte, sein Öl zu exportieren.

»Eine gute Idee«, fanden auch Präsident Idriss Déby und seine Regierung. Ihre Zustimmung lockte ExxonMobil und andere Investoren an.

Drei Jahre später lassen die Ergebnisse des Deals nach Meinung von Beobachtern wenig Grund zur Hoffnung. Denn jeder, der gegenwärtig den Tschad bereist, kann selbst sehen, dass sich der Lebensstandard der Bürger kaum oder gar nicht verbessert hat. An Fortschritte im Schulsystem und in der Krankenversorgung ist gar nicht zu denken.

Außerdem gibt es eine Anzahl besorgniserregender Hinweise darauf, dass die Ölgelder in den Taschen der Regierung verschwinden. Präsident Déby scheint sogar Jeroen Beijnsbergers Meinung über die desolate Finanzlage des Landes zu teilen, denn mit der Feststellung, der Tschad stehe vor einem Bankrott, rechtfertigt er die Einsparungen im Gesundheits- und Bildungswesen. Er will den Prozentsatz der Ölgelder, der direkt in den Regierungssäckel fließt, auf 30 Prozent verdoppeln und die Rücklagen für die Jahre nach dem Ölboom auflösen. Denn dieses Geld müsse, nach Auffassung des Präsidenten, zusammen mit dem Geld, das für die Bekämpfung der Armut vorgesehen ist, dringend in die Sicherheit investiert werden. Also in den Ankauf von Waffen. Die Stabilität des Landes sei schließlich von der Lage an den Grenzen zum Sudan bedroht. Die Weltbank protestiert. Von ExxonMobil ist inzwischen nichts mehr zu hören.

DER SANDSTURM HAT SICH GELEGT, als ich von Iriba in das Flüchtlingslager Touloum aufbreche. Schon von fern sehe ich die übliche Ansammlung von Hütten, brüchigen Zelten und kleinen Lehmbauten, die Wasserpumpen, an denen die Frauen Schlange stehen, und die Kinder, die schwere Wasserkrüge nach Hause schleppen. Die meisten von ihnen kamen zwischen Februar und Juli 2004 in das Lager, als die sudanesische Luftwaffe damit begann, ihre Dörfer systematisch zu bombardieren, und von der sudanesischen Regierung unterstützte arabische Milizen – sogenannte *janjaweed* – auf Pferden und Kamelen anschließend die Siedlungen überfielen und die Bewohner gnadenlos ermordeten – wie in Filmen mit Omar Sharif.

Auf meiner Tour durch das Lager begleitet mich Tajedine Asudek als Dolmetscher. Wir sehen eine Gruppe von Kindern, die in einem großen Kreis im Sand sitzen. Es sind die Schüler der Lager-Grundschule. Auf Geheiß ihres Lehrers Mohammed Kalil schreiben sie für den Besucher ihre Namen in den Sand. Es ist rührend, sie so eifrig schreiben zu sehen, denn für mich hat es etwas Symbolisches. Welches dieser Kinder, das heute seinen Namen in den flüchtigen Wüstensand schreibt, wird wohl in zehn Jahren im Buch des Lebens noch seine Spuren hinterlassen?

»Bücher haben wir nicht«, erklärt Herr Kalil. »Ich bringe ihnen Rechnen und Arabisch bei. Dafür brauchen wir keine Tafel: Wir rechnen und schreiben im Sand.«

Er zeichnet mit seinem Finger einige arabische Arabesken auf den Boden und die Schüler zeichnen sie nach. Dann schreibt er Zeichen in den Sand, die auch ich lesen kann: 12 + 6 = 18 schreiben die Schüler.

Das erinnert mich daran, dass auch die Ägypter in den Zeiten der Pharaonen auf diese Weise gerechnet haben. So hat Euklid die Geometrie erfunden und Pythagoras seine Lehrsätze bewiesen – mit Ziffern im Sand.

»Ich unterrichte von sieben bis zehn Uhr«, sagt Herr Kalil, der auch aus dem Sudan geflohen ist, als wir uns verabschieden. »Danach kommt meist zu viel Wind auf!«

Der Wind ist auch einer der Gründe dafür, dass Herr Kalil den Unterricht im Freien abhält. Dazu kam es so: Nachdem die medizinische Versorgung der Flüchtlinge im Lager einigermaßen sichergestellt war, unternahm die Entwicklungshilfeorganisation CARE große Anstrengungen, in jedem Sektor des riesigen Lagers eine kleine Schule einzurichten, insgesamt waren es zehn. Dieses Projekt war jedoch nicht sehr erfolgreich. Ein hiesiger Bauunternehmer, dem man den Auftrag erteilt hatte, ließ die kleinen Schulen aus minderwertigen Materialien bauen und ihre Dächer zudem noch mit Wellblech decken, einem Material, das ein anständiger Tschader im Busch nie verwenden würde. Das Geld steckte sich der Gauner dann in die eigene Tasche. Der erste heftige Sandsturm, der über die Lager hinwegzog, blies nicht nur das Wellblech vom Dach, sondern zerlegte die mehr schlecht als recht zusammengezimmerten Schulen in ihre Bestandteile. So viel zum Schulprojekt von CARE.

Ich bedanke mich bei dem Freiluftlehrer und seiner Klasse und streife noch ein wenig durch das Lager. In einer der Lehmhütten, ein paar Schritte weiter, will mir eine Frau erzählen, wie sie in dieses Lager kam. Ihr Name ist Khadiga Adam und sie kommt aus Adar im Sudan. Sie lebt jetzt schon seit drei Jahren im Lager. Das Muster, nach dem sich die Überfälle auf ihre Dörfer abgespielt haben, ist bei fast allen Flüchtlingen das Gleiche: Zunächst wurden sie von der sudanesischen Luftmacht bombardiert, danach von den grausamen *janjaweed* überfallen.

Sie hält neun Finger hoch. »In ihrem Dorf hat es neun Tote gegeben«, übersetzt mir Herr Asudek. »Unter ihnen befand sich ihr Bruder und ihr Onkel. Sie hat alles verloren, die sudanesische Armee hat ihr Vieh gestohlen.«

Ich frage sie, wie lange sie aus dem Sudan hierher unterwegs war. »Neun Tage«, antwortet sie. »Wir liefen den ganzen Tag und bis in die Nacht hinein, so lang bis uns

»Häuschen bauen« im Flüchtlingslager von Iriba. Das Baumaterial mag einfacher sein als in den reichen Ländern des Westens, aber der Spaß ist der Gleiche.

die Schuhe von den Füßen fielen.« Sie erzählt mir auch, dass sie hier im Lager zwei Schafe besitzt, ihr Essen jedoch von den Nahrungsmittelzuteilungen der Hilfsorganisationen erhält. Denn hier gibt es keine Äcker, die man bestellen kann, und ihr Mann hat keine Arbeit. Sie ist 30 Jahre alt, ihr Mann 35 und sie haben fünf gemeinsame Kinder.

Zum Abschied bietet sie mir einen Becher Wasser an. Das ist eine großzügige Geste, denn im Lager herrscht ein ständiger Wassermangel, und ich weiß, dass sie für dieses Wasser an der Wasserpumpe anstehen musste. Sie hat es eigenhändig nach oben gepumpt und den Krug auf ihrem Rücken oder ihrem Kopf zu ihrer ärmlichen Behausung getragen.

Andere Frauen erzählen mir ähnliche Geschichten. Eine von ihnen, Bildila Karnoy, sagt mir, sie glaube nicht länger an einen Frieden im Sudan. »Jedes Abkommen wird gebrochen«, sagt sie bitter. »Wir werden den Rest unseres Lebens in Lagern verbringen müssen.«

Während dieser Begegnungen wird mir mit einem Mal bewusst, dass die Flüchtlingslager im Tschad vor allem von Frauen und Kindern bevölkert werden. Der Grund dafür liegt natürlich darin, dass viele ihren Mann verloren haben, andere Männer sind in Darfur geblieben, um mit den Rebellen gegen die sudanesische Armee zu kämpfen. Und natürlich haben die Männer im Sudan und im Tschad häufig auch mehrere Frauen. Wenn ein Mann, der vier Frauen hat, auf dem Schlachtfeld umkommt, hat er also gleich vier Witwen. In Touloum und Iridimi liegt das Verhältnis von Frauen zu Männern grob gerundet bei 60 zu 40 Prozent.

Weiter im Inneren des Lagers bittet man uns in das Zelt, das an die Lehmhütte von Herrn Haroon Khatir grenzt. Unter der Plane sitzen vier Männer mit Turbanen und scharf geschnittenen Gesichtszügen. Sie wollen nur eines: zurück in ihr Dorf im Sudan.

»Ich hoffe, dass Sie den Politikern Ihres Landes sagen, dass sie UN-Soldaten in den Sudan schicken sollen«, sagt Herr Khatir. »Ohne internationale Kontrolle können wir nie zurückkehren.«

Er erzählt mir, dass er im Sudan 84 Kühe sowie 105 Ziegen und Schafe besessen hat. In seinem Dorf muss er also ein ziemlich reicher Mann gewesen sein. »Aber die sudanesische Armee hat mir alles gestohlen«, erklärt er mit einem matten Lächeln auf den Lippen.

»Jetzt habe ich nur noch meine beiden Frauen und meine fünf Kinder, haha!«

Alle Männer unter der Zeltplane fallen in das Gelächter ein.

Da die sudanesischen Flüchtlinge ebenso wie die ortsansässige Bevölkerung diesseits der Grenze zu den Zawaga gehören, schlug ihnen zunächst eine Woge der Solidarität entgegen. Zehntausende überquerten die Grenze, um der Gewalt in Darfur zu entfliehen, und fanden in einem der Lager Zuflucht. Aber das Verhältnis zu den Einheimischen hat sich seit der Anfangszeit erheblich abgekühlt.

»Es geht vor allem um Holz und Wasser«, sagt Herr Khatir. »Die Hilfsorganisationen liefern monatlich zwei Wagenladungen Holz, aber die sind schon nach zwei Tagen aufgebraucht. Also müssen unsere Frauen außerhalb des Lagers nach dürrem Holz suchen. Vor zwei Jahren gab es noch genug davon, aber heute nicht mehr. Das führt zu Streitereien mit den Einheimischen. Unsere Frauen werden vergewaltigt, wenn sie auf Holzsuche gehen. Außerdem haben wir zu wenig Wasser.«

Da viele der Flüchtlingsfamilien zudem auf mehrere Lager verteilt wurden, sind sie häufig von einem Lager zum anderen unterwegs. So werden sie für Banditen, die wie in Filmen auf schnellen arabischen Pferden und Dromedaren heranpreschen, zu einer leichten Beute. Anders als in Hollywood schießen diese Gangster hier im Tschad nicht mit Platzpatronen.

IN DER WOCHE VOR MEINER ANKUNFT in Iriba hat man Ärzte ohne Grenzen einen Land Cruiser gestohlen. Das Fahrzeug war vom Grundstück des Ärzte-ohne-Grenzen-Büros in Iriba verschwunden. Nach ein paar Tagen tauchte es im Sudan wieder auf. Nicht weit von der im Jahr 2004 heftig bombardierten Grenzstadt Tine.

»Handelte es sich bei den Dieben bloß um gewöhnliche Banditen oder steckt mehr dahinter?«, frage ich Jeroen.

»Das weiß ich nicht«, sagt er. »Aber die Sicherheitslage hat sich verschlechtert. Präsident Idriss Déby spekuliert auf eine dritte Amtszeit, obwohl jeder weiß, dass er chronisch krank ist. Die Militärs sind beunruhigt, es gibt Differenzen mit der Weltbank über die finanziellen Belange des Ölprogramms und Streiks in der Verwaltung, in den Krankenhäusern und bei den Lehrern, weil die Staatsbediensteten kaum noch bezahlt werden. Das sieht alles nicht besonders rosig aus.«

»Glaubst du, dass die Mitarbeiter der internationalen Hilfsorganisationen gefährdet sind?«, frage ich.

»Vielleicht«, antwortet Jeroen, »denn oft sind wir unerwünschte Zeugen dessen, was sich hier in diesem abgelegenen Winkel des Tschad und der äußerst sensiblen Grenze zum Sudan abspielt.«

Ärzte ohne Grenzen hat seinen Mitarbeitern inzwischen Sicherheitsstufe II auferlegt, das heißt: Die Zahl der Touren wird beschränkt – Tine an der sudanesischen Grenze wird nicht mehr angefahren – und jeder erhält eine Liste mit Dingen, die für den Fall einer Evakuierung in einer fünf Kilo schweren Tasche untergebracht werden müssen.

Als ich darüber nachdenke, wie ein solcher Aufbruch vonstattengehen könnte, wird mir plötzlich bewusst, wie fernab Iriba eigentlich liegt. Wenn ich mit dem Wagen von Iriba nach N'Djaména fahren wollte, würde mich das mindestens drei Tage kosten. Aber nur wenn es keinen Sandsturm gibt und es in der Regenzeit nicht wie aus Kübeln gießt. Denn wenn das geschieht, sitzt man hier hoffnungslos fest.

Der einzige Schutzwall, der diesen so angreifbaren humanitären Außenposten umgibt, ist die Arbeit von ein paar unermüdlichen Entwicklungshelfern.

VIELE FRAUEN IN DEN FLÜCHTLINGSLAGERN des Tschad wurden auf der Flucht von Soldaten der sudanesischen Armee missbraucht. Aber in den Lagern sind sie auch nicht sicher. Bis zum heutigen Tag werden Frauen vergewaltigt, wenn sie außerhalb des Lagers dürres Holz für ihre Feuerstellen suchen.

Die Gewalttaten der Soldaten folgen einem Muster, auf das ich in allen Konfliktgebieten, die ich bisher bereist habe, gestoßen bin: Überall auf der Welt werden Frauen Opfer von Soldaten, die ihre Gene auf gewaltsame Weise weitergeben. Sei es unter Stress und Todesangst, aus Geringschätzung gegenüber den Frauen oder als bewusste Strategie, mit der sie den Besiegten die Kinder der Sieger aufzwingen. Die männliche Sexualität hat eine finstere Seite.

Ilse Casteels aus dem belgischen Mechelen arbeitet von Iriba aus schon mehr als ein Jahr als Psychologin für Ärzte ohne Grenzen. Sexuelle Gewalt zählt zu einem ihrer Arbeitsgebiete in den Lagern an der Ostgrenze des Tschad.

Ich frage Ilse, ob eine der vergewaltigten Frauen im Lager Touloum vielleicht dazu bereit wäre, mir zu schildern, was ihr zugestoßen ist. Wobei mir sehr wohl bewusst ist, wie belastend das sein würde. Nicht nur der Schande wegen, die in ganz Afrika einer solchen Sache anhaftet – und dem damit verbundenen Risiko, aus der Ehe oder sogar aus der ganzen Familie ausgestoßen zu werden, wenn die Vergewaltigung bekannt wird –, sondern auch, weil ich ein Mann bin. Würde eine der Frauen in dieser männerdominierten Kultur es wagen, mir ihre Geschichte zu erzählen?

Auf Ilses Suche hin findet sich eine Frau, die das Wagnis auf sich nimmt. Ich treffe sie im Gesundheitszentrum von Ärzte ohne Grenzen in Touloum. Ihre Schilderung wird mir immer im Gedächtnis bleiben. Denn in dem kleinen Zimmer, in dem wir uns verabredet haben, begegne ich einer Frau, die den Mut hat, über ihre tief verwurzelten, traditionellen Ansichten hinwegzugehen, weil sie anderen eine Vorstellung davon geben will, was es bedeutet, vergewaltigt zu werden.

Handtaschen flechtende Frauen und ihre Kinder in ihrer Notunterkunft in einem der Flüchtlingslager an der sudanesischen Grenze des Tschad.

Die Frau, mit der ich mich treffe – auf das Versprechen hin, ihre Anonymität zu wahren –, ist 25 Jahre alt; eingehüllt in ihren Schleier, sitzt sie auf dem Boden. Sie wendet ihr Gesicht ab und wirkt zusammengesunken, als fürchte sie die unmittelbaren Folgen ihrer Aussage. Neben ihr sitzt Marwa, eine zierliche, schlanke Frau in einem hellroten Kleid, die den Vergewaltigungsopfern in Ilses Hilfsprogramm als Begleiterin zur Seite gestellt ist und ihnen beisteht. Außer ihr ist noch mein Dolmetscher Zubeida im Raum.

Mit einer piepsigen Stimme, die sowohl Angst wie auch starke Beklemmung verrät, antwortet die Frau auf meine Fragen.

Mir ist bewusst, dass sie jede Frage wie ein Nadelstich treffen muss; denn alles, was ich frage, wird in ihrer Gesellschaft nicht – niemals – thematisiert. Dass sie trotzdem dazu bereit ist, mit mir zu reden, und hierbei in Kauf nimmt, die Seelenqualen der Vergewaltigung noch einmal zu durchleiden, erfüllt mich mit einer Mischung aus tiefem Mitleid und Respekt.

Drei Jahre ist es her, sagt sie. Bei der Flucht aus ihrem zerbombten Dorf wurde sie zunächst verprügelt und dann von drei sudanesischen Soldaten mit vorgehaltener Waffe festgehalten. Einer von ihnen vergewaltigte sie.

Ich zwinge mich selbst, die vielen indiskreten Fragen zu stellen, die ein Polizist nach der Tat stellen würde.

- Hat sie es jemandem erzählt?

»Ja, meiner Mutter.«

- Haben ihre Eltern ihr Vorwürfe gemacht?

»Nein, ich hab großes Glück gehabt, dass sie mich nicht verstoßen haben.«

- Ist sie nach der Vergewaltigung krank geworden?

»Ja, ich bekam eine Geschlechtskrankheit.«

- Ist sie jetzt wieder gesund?

»Ja.«

- Wer hat die Medikamente besorgt?

»Mein Vater.«

- Ist sie mittlerweile verheiratet und hat sie Kinder?

»Ja, wir haben ein Kind.«

- Ist es das Kind ihres Mannes oder ihres Vergewaltigers?

»Das des sudanesischen Soldaten.«

- Weiß ihr Mann davon?

»Ja, er hat das Kind anerkannt.«

- War es für sie schwer, einen Mann zu finden?

»Sehr schwer.«

- Liebt sie ihr Kind?

»Ja, sehr.«

- Würde sie ihren Vergewaltiger umbringen, wenn sie die Möglichkeit dazu hätte?

»Ich fürchte mich vor ihm. Ich habe nicht die Kraft, einen Mann umzubringen.«

- Wie schwer fällt es ihr, darüber zu reden?

»Es ist schwer, aber es tut nicht mehr so weh wie am Anfang. Reden hilft.«

Ich verabschiede mich von ihr und danke ihr, ohne dass wir einander anschauen. Während des ganzen Gesprächs habe ich nicht mehr als ihren vor Scham gebeugten Rücken zu Gesicht bekommen.

Unter den gegebenen Umständen war es eines der unangenehmsten Interviews meines Lebens. Ich schildere meine Eindrücke Mariam Bokait Ahamat, einer sudanesischen Flüchtlingsfrau aus dem Lager. Sie ist die Vorsitzende eines von ihr gegründeten Frauenkomitees, das die Vergewaltigungsopfer, von denen es Kenntnis erlangt, betreut und versucht, die Problematik zur Sprache zu bringen. Während ihrer Flucht in den Tschad hat sie gesehen, wie sudanesische Soldaten Frauen vor den Augen ihrer Ehemänner und Kinder vergewaltigten. Sie hat auch miterlebt, wie die *janjaweed* die Männer erschossen und sie dann zu fünft oder sechst in einem Grab beerdigt haben. »Kinder wurden entführt«, sagt Mariam. »Und wenn die Frauen sich dagegen wehrten, wurden sie zusammen mit den Kindern umgebracht.«

Ich frage sie, wie sie die Situation in den Lagern gegenwärtig einschätzt: Kommt es immer noch zu Vergewaltigungen? Und wer ist dafür verantwortlich?

»Die meisten Vergewaltigungen finden außerhalb des Lagers statt, wenn die Frauen Feuerholz suchen«, sagt Mariam.

»Warum?«

»Weil die Leute im Tschad der Meinung sind, das dürre Holz gehöre ihnen und nicht uns Sudanesen aus den Lagern. Sie vergewaltigen die Frauen und sagen zu ihnen, sie sollen in ihr eigenes Land zurückgehen.«

Können die Frauen sich nicht schützen, wenn sie in Gruppen gehen?

»Nein«, antwortet Mariam, »die Männer haben Waffen. Es ist ihnen egal, ob die Frauen allein sind oder zu mehreren. Sie bedrohen und schlagen sie.«

Da ich keine Ahnung habe, um wie viele Frauen es dabei geht, bitte ich sie, mir Zahlen zu nennen.

»Im Lager Iridimi handelt es sich um etwa 500 Frauen«, sagt sie.

Über diese Antwort bin ich erst einmal perplex. Aus den mir bekannten Zahlen geht hervor, dass in Iridimi ungefähr 8600 Frauen leben. Diese Zahl schließt sowohl weibliche Säuglinge wie auch Greisinnen mit ein. Wenn man von ihr ein Drittel für die Kinder und die Alten abzieht, sind es immer noch fast 5800 Frauen. Eine schnelle Überschlagsrechnung ergibt, dass – grob gesprochen – jede elfte Frau im fruchtbaren Alter schon einmal vergewaltigt wurde. Natürlich trifft es vorwiegend die ärmsten Frauen, die kein Holz kaufen können und gezwungen sind, trockenes Feuerholz sammeln zu gehen.

»Heißt das, einige Frauen im Lager wurden mehrmals vergewaltigt?«

»Ja. Aber fast keine von ihnen traut sich, das zuzugeben.«

»Frag sie, warum die Männer nicht Feuerholz sammeln gehen«, sage ich zu meinem Dolmetscher und kann nur mit Mühe meinen Zorn im Zaum halten.

»Im Sudan und im Tschad gehen Männer kein Feuerholz sammeln«, sagt Mariam.

»Aber können sie ihre Frauen denn nicht wenigstens begleiten?«

»Nein, denn das würden die Einheimischen als Provokation ansehen, und dann käme es zu Kämpfen, bei denen die Flüchtlinge keine Waffen hätten, ihre Gegner aber schon.«

»Wissen die Männer, dass ihre Frauen bei der Holzsuche das Risiko eingehen, vergewaltigt zu werden?«

»Ja, das wissen sie. Aber viele wissen nicht, dass ihre Frau schon vergewaltigt worden ist.«

»Wie lässt sich das Problem lösen?«, frage ich

»Es lässt sich nur dadurch lösen, dass wir in den Sudan zurückkehren.«

In einer solchen Situation versuchen viele Frauen selbst abzutreiben, wenn sie von ihrem Vergewaltiger schwanger werden. Die Ärzte im Ärzte-ohne-Grenzen-Krankenhaus bekommen manchmal die Folgen solcher Abtreibungen zu Gesicht. Oft werden sie gebeten, einen Schwangerschaftsabbruch vorzunehmen, doch diesem Wunsch kann Ärzte ohne Grenzen nicht entsprechen, denn Abtreibung ist im Tschad gesetzlich verboten. Allerdings ist die *Pille danach* bis zu drei Tagen nach der Vergewaltigung in den Ärzte-ohne-Grenzen-Gesundheitszentren auf Nachfrage erhältlich. Dazu aber müssten die Frauen ihre Not sofort eingestehen; doch für die meisten ist die Tabuschwelle hierfür zu hoch.

»Manche Frauen bekommen ihr Kind in der Wildnis und lassen es dort zurück«, sagt Mariam. »Manchmal finden wir sogar eine Babyleiche in einem Toilettenabfluss. In vielen Fällen müssen sich die Mütter dieser Kinder ihren Familien offenbaren, damit diese entscheiden können, ob sie das Kind als eigenes Kind annehmen. Wenn das Frauenkomitee von der Schwangerschaft erfährt, stehen unsere Mitglieder den werdenden Müttern bis nach der Geburt zur Seite.«

Welches Leben führt eine Frau, die hier geboren wird?, überlege ich mir im Laufe des Nachmittags. In den Lagern im Tschad kann ich beobachten, dass die Frauen alle Arbeiten verrichten: Sie holen Wasser, passen auf die Kinder auf, kochen Essen, bauen Hütten, flechten Seile, fegen das Haus, melken die Ziegen usw. Die Männer – jene, die nicht erschossen wurden und sich nicht den Rebellen im Sudan angeschlossen haben – sitzen im Schatten und besprechen die Lage.

Ilse Casteels hat nach ihrer Ankunft in Iriba ein Betreuungsprogramm für Frauen entwickelt, die von den Kriegsgeschehnissen traumatisiert oder sexueller bzw. häuslicher Gewalt ausgesetzt waren. In ihrer derzeitigen Situation sind die meisten Frauen in der Grenzregion zwischen dem Sudan und dem Tschad von all diesen Schrecknissen betroffen.

Denn Frauen müssen in diesem Teil der Welt eine ganze Menge ertragen. Ihrer Hochzeitsnacht sehen sie nicht gerade sehnsüchtig entgegen. Denn während es für

Kind mit Muschelschmuck im Haar in einem Flüchtlingslager bei Iriba.

die Männer eine Frage der Ehre ist, ihren Frauen in dieser Nacht beizuwohnen, wissen die Frauen, dass dieser Akt schmerzhaft sein wird, da ihre Vagina während des früheren barbarischen Beschneidungsrituals fast vollständig zugenäht wurde. Die Männer lassen sich davon jedoch keineswegs aufhalten.

»Es ist gang und gäbe, dass die Männer ihre Frauen in der Hochzeitsnacht festbinden oder ihre Brüder zu Hilfe rufen, damit diese sie während des Geschlechtsaktes festhalten«, erklärt Ilse. Auch Vergewaltigungen in der Ehe sind durchaus üblich. In den zahlreichen Gesprächen, die Ilse zu diesem Thema geführt hat, sind die Frauen vielfach der festen Überzeugung, dass sich an diesen Zuständen nichts ändern lässt.

Oder vielleicht doch: »Sorg dafür, dass dein Mann sich eine jüngere Frau nimmt, dann treibt er es mit ihr, und du bist ihn los«, riet eine Frau spontan während eines Gruppengespräches unter Ilses Leitung zur allgemeinen Erheiterung der anderen Frauen.

Außerdem gibt es Zwangsehen, die manche der Mädchen zu Selbstmordversuchen treiben, oder Fälle von häuslicher Gewalt. Arbeit genug für eine Psychologin.

Ich frage Ilse, wie die Frauen reagieren, wenn sie das Thema sexuelle Gewalt anschneidet.

»Das wird sehr gut angenommen«, sagt Ilse, »natürlich nur dann, wenn die Gespräche vertraulich bleiben.«

Sie erklärt mir, dass sie unentwegt darum bemüht ist, das Verhältnis der Frauen zu den schockierenden Erfahrungen, die sie machen mussten, zu *normalisieren*. »Damit den Frauen bewusst wird, dass es völlig normal ist, sich alles andere als gut zu fühlen – nach dem, was sie bei den Überfällen auf ihre Dörfer gesehen haben, und nach den Vergewaltigungen, die manche von ihnen danach noch über sich ergehen lassen mussten. Ich vermittle ihnen auch, dass Reden hilft.«

In den langen Jahren, die ich nun schon auf diesem Erdball herumvagabundiere, habe ich eines gelernt: Frauen darf man nicht unterschätzen – niemals. Das scheint offenbar auch auf die sudanesischen Frauen zuzutreffen.

»Auch Männer werden manchmal zu Opfern von Vergewaltigungen«, berichtet Ilse. »Es kommt zwar selten vor, aber manchmal werden junge Männer zum Sex mit einer Frau gezwungen. In den Lagern habe ich noch keinen derartigen Fall dokumentiert, aber zwei junge Männer haben mir von solchen Begebenheiten während ihrer Jugend in einem sudanesischen Dorf erzählt.«

In meinem Kopf produziert eine Maschinerie sofort Fantasien mit Sharon Stone und Christina Aguilera. Aber aus Ilses Erzählungen geht hervor, dass junge Männer im Sudan – vielleicht bedingt durch den Frauenüberschuss – manchmal von mehreren sexhungrigen Frauen überwältigt und von ihnen zum Geschlechtsverkehr gezwungen werden. Wenn man bedenkt, dass einige von ihnen anschließend in Ilses Praxis landen, kann das keine besonders angenehme Erfahrung gewesen sein.

IN DIE ENTBINDUNGSSTATION des Ärzte-ohne-Grenzen-Gesundheitszentrums im Lager Iridimi, etwa 20 Kilometer südlich von Iriba, werden die Frauen vor der Geburt auf Eselskarren gebracht.

»Das ist besser, als zu Fuß zu gehen«, sagt Sofie Scheffer (31), eine belgische Hebamme aus Mechelen.

Sofie versucht schon seit vier Monaten, den sudanesischen Frauen aus dem Flüchtlingslager die rudimentärsten Regeln der Geburts- und Säuglingspflege zu vermitteln. Nach ihren Berichten zu urteilen, hat sie sich mächtig viel vorgenommen. Das ist ihr auch bewusst und darum hat sie ihren Einsatz gerade von sechs auf zwölf Monate verlängert. »Nur wenn man länger bleibt, kann man raschere Fortschritte erzielen«, sagt Sofie.

Zusammen besuchen wir *ihre* Entbindungsstation. Das Erste, was mir ins Auge fällt, ist ein Haufen Decken. Solche Stapel hatte ich in den letzten Monaten des Öfteren gesehen und ich habe schon die Befürchtung, dass sich eine Leiche darunter verbirgt. Aber damit liege ich völlig falsch.

»Heute Nacht geboren«, sagt Sofie fröhlich, während sie die Decke anhebt. Unter ihr kommt eine Mutter mit ihrem Baby zum Vorschein.

»Nach der Geburt bleiben die Frauen hier sechs Stunden unter den Decken«, erklärt sie. Ein Vorgehen, das teils auf Tradition und teils auf medizinischer Erfahrung basiert. Denn solange die Frau nach der Niederkunft blutet, darf niemand sie sehen. Bevor ich einwerfen kann, dass ich diesen Brauch merkwürdig finde, fährt Sofie fort: »Und das ist auch gut so, denn es wäre unverantwortlich, eine blutende Frau nach Hause zu schicken.«

Danach erwarten mich auf der Entbindungsstation – einer zusammengewürfelten Mischung aus Zelten und Gebäuden aus getrocknetem braunem Lehm – noch überraschendere Begegnungen.

Zuerst besuchen wir eine Frau, die Zwillinge geboren hat, was in ganz Afrika als großer Segen gilt. Hier fällt dieser Segen besonders reich aus, denn beide Neugeborene, Hassan und Hissin Haroun, gehören zu den Herren der Schöpfung.

Ihre Mutter ist vollauf beschäftigt. Sie muss lernen, die Zwillinge gleichzeitig zu stillen und ihre Brüste zu kneten (sodass in den Milchdrüsen keine Verhärtungen auftreten, die zu großen Problemen führen können); außerdem erfährt sie, dass sie den Nabel der Kinder nach der Geburt nicht mit Schlamm oder Mist bedecken darf und dass sie die Temperatur ihrer Kinder ständig kontrollieren muss.

»Auch bei 40 Grad Außentemperatur muss man darauf achten, dass die Kinder keine Merkmale von Unterkühlung aufweisen«, belehrt mich Sofie. »Deshalb bringen wir den Müttern der Neugeborenen die Känguru-Methode bei.«

»Was?«

»Wir erklären ihnen, dass sie ihr Kind 24 Stunden am Tag direkt am Körper tragen sollen. Das ist die einzige Möglichkeit, dem Kind eine konstante Temperatur zu garantieren, wenn es keinen Brutkasten gibt.«

Unser nächster Besuch gilt einem medizinischen Wunderkind: Yakoub. Der Junge kam viel zu früh zur Welt und wog bei seiner Geburt weniger als ein Kilo. In den Lagern der Sahelzone erwartet ein solches Kind meist nur ein baldiger Tod. Aber dank der guten Pflege von Sofies Team und der Zuwendung seiner Mutter hat es der kleine Yakoub geschafft. Das hat im Lager für einigen Wirbel gesorgt und das Renommee der Entbindungsstation beträchtlich gesteigert.

Das war auch nötig, denn ein Jahr nach der Einweihung der Entbindungsstation haben die Ärzte-ohne-Grenzen-Mitarbeiter immer noch große Mühe, Frauen zu Geburten auf ihrer Station zu überreden, auch wenn sich im Moment eine deutliche Wende abzeichnet.

Natürlich haben sudanesische Frauen ihre Kinder jahrhundertelang zu Hause zur Welt gebracht, aber das hatte auch dementsprechende Folgen: tragische Komplikationen während der Geburt, die Mutter und Kind in Gefahr brachten, hygienische Missstände – traditionsgemäß werden die Babys nicht gewaschen –, die zu schweren Infektionen führten, usw. Wie in vielen afrikanischen Ländern wird die Geburt noch dadurch erschwert, dass die Frauen beschnitten sind und ihre Vagina nach der Beschneidung fast ganz zugenäht wurde.

»Die Beschneidungen und die damit einhergehenden Infektionen sind oft dafür verantwortlich, dass die Frauen steril werden«, erklärt Sofie, »und auch für die fatalen sozialen Folgen, die eine Unfruchtbarkeit mit sich bringt. Denn eine Frau, die keine Kinder bekommen kann, wird von ihrem Mann verstoßen.«

Zudem müssen die Frauen noch die gewöhnlich zu erwartenden Konsequenzen dieser rückständigen Praktik ertragen: Infektionen, Schmerzen, Verletzungen beim Geschlechtsverkehr aufgrund der Verengung der Vaginaöffnung und ein größeres Ansteckungsrisiko bei sexuell übertragbaren Krankheiten. Aber das ist noch nicht alles. Denn in diesem Teil der Welt sind viele Frauen bei der Geburt ihrer Kinder zusätzlichen Schmerzen und Gefahren ausgesetzt, weil ihr Becken zu schmal ist.

»Jedes weibliche Baby, das als Fötus oder im Zeitraum zwischen Geburt und fünftem Lebensjahr an Unterernährung leidet, wird sehr wahrscheinlich einen Beckenengstand bekommen«, erklärt Sofie.

Neben der Entbindungsstation in Iriba, in der Wüste des Tschad, wird eine Frau, die gerade entbunden hat, auf einen Eselskarren geladen. Ihre Mutter kümmert sich unterdessen um das gut eingepackte Baby.

»Können diese Frauen hier nicht mit Kaiserschnitt entbinden?«, frage ich.

»Doch«, sagt Sofie, »aber nur wenn sie zur Geburt zu uns kommen, und zwar rechtzeitig. Nicht erst wenn sie schon einen Tag oder länger Probleme haben.«

Auf der Entbindungsstation können zwar keine Kaiserschnitte durchgeführt werden, aber im 20 Kilometer entfernten Ärzte-ohne-Grenzen-Krankenhaus in Iriba. Es kommt also darauf an, diese Frauen rechtzeitig ins Krankenhaus zu bringen.

Das ist leichter gesagt als getan.

»Kaiserschnitte sind hier oft eine schwierige Angelegenheit«, sagt Sofie. »Der Ehemann muss seine Einwilligung dazu geben, und wenn wir ihn nicht finden können, suchen wir im Notfall einen Bruder oder den Vater der Frau. Auf jeden Fall muss ein *Mann* eine Erklärung unterzeichnen, mit der er dem Kaiserschnitt zustimmt. Außerdem muss die Familie die Frau in die Klinik begleiten und Blut spenden, falls es zu starken Blutungen kommt.«

Aber selbst dann läuft nicht immer alles nach Plan.

»Vor ein paar Wochen war ein junges Mädchen hier, dessen Kind sich in die Steißlage gedreht hatte. Ihr Mann gab sofort seine Einwilligung zu einem Eingriff im Krankenhaus, aber die Frau hatte eine Heidenangst davor. Sie sagte, lieber würde sie sterben, und lief davon.«

»Was geschah dann?«, frage ich zunehmend fassungslos.

»Erst konnten wir sie nicht finden, aber dann kam sie doch zurück und wir konnten den Eingriff noch vornehmen.«

Vor meinem geistigen Auge sehe ich die arme Frau weinend durch das staubige Lager rennen, verfolgt von Leuten, die nur ihr Bestes wollen, sie aber nicht davon überzeugen können. Wie es wohl ist, hier als Frau geboren zu werden? Eine junge Frau muss fürchten, dass sie mit einem hässlichen alten Kerl verheiratet wird, den sie nie zuvor gesehen hat, der sie in der Hochzeitsnacht vergewaltigt, während sie festgebunden ist oder – noch schlimmer – von den feixenden Brüdern des Ehemannes festgehalten wird, und dass sie von ihm immer wieder bis aufs Blut misshandelt wird, bis sie endlich schwanger wird.

Und damit ist über die Geburt selbst noch nichts gesagt.

Um das Schicksal der Frauen zu erleichtern, haben Sofie und ihre Vorgängerin bei Ärzte ohne Grenzen im Lager Iridimi eine Truppe von 20 sudanesischen Helferinnen aktiviert: *die Matronen*. Diese Frauen sind im Lager unterwegs und bemühen sich darum, schwangere Frauen davon zu überzeugen, ihre Kinder im Ärzte-ohne-Grenzen-Gesundheitszentrum zur Welt zu bringen. Außerdem arbeiten sie – manchmal auch an Sofies Seite – als Hilfshebammen, sowohl auf der Entbindungsstation des Ärzte-ohne-Grenzen-Gesundheitszentrums wie auch bei Frauen, die unter allen Umständen zu Hause entbinden wollen.

Die Matronen sind hoch motiviert und ihre Arbeit trägt bereits Früchte: Immer mehr Frauen melden sich, wenn die Wehen einsetzen, und die Matronen können sie während und nach der Geburt immer besser versorgen. Bei ihrer Ausbildung muss man jedoch bei null ansetzen. Denn die Matronen verstehen natürlich anfangs ebenso wenig von der Sache wie alle anderen Frauen.

Deshalb werden sie unterwiesen, zunächst einmal von der Hilfsorganisation CARE, dann – bei der Arbeit im Kreißsaal – von Sofie.

Dabei läuft nicht immer alles glatt. Manchmal ist Sofie nahe daran, den Mut zu verlieren, wie damals, als die Frauen – nach zwei Wochen Unterweisung – auf die Frage, was sie mit einer Mutter direkt nach der Geburt tun würden, prompt antworteten, sie würden mit ihr auf den Markt gehen!

»Aber langsam wird es besser. Ich schärfe ihnen alles auch immer und immer wieder ein«, sagt Sofie lächelnd und versucht bei diesen Worten optimistisch dreinzuschauen.

Bei einem kurz darauf stattfindenden Treffen der Matronen ist der gute Wille der Helferinnen unübersehbar. Sie sind so motiviert, dass sie manchmal sogar über ihr Ziel hinausschießen: Wenn sie Frauen bei Hausgeburten zur Seite stehen, verwenden sie das Rasiermesser, das die Ärzte-ohne-Grenzen-Mitarbeiter den schwangeren Frauen gegeben haben, um damit nach der Geburt die Nabelschnur durchzutrennen, schon einmal unbedacht dazu, die Vaginaöffnung um einiges zu erweitern. Was nicht nur einen höheren Blutverlust bei den Frauen, die meist sowieso schon unter Blutarmut leiden, zur Folge hat, sondern auch zu zusätzlichem Narbengewebe und ernsten Infektionen führt, da das Messer natürlich nicht steril ist. Die Mütter werden dadurch oft so krank, dass sie ihr Kind nicht stillen können.

»Wir weisen sie nun an, das Messer zusammen mit der Plazenta zu begraben und jedes Mal ein neues, steriles Messer zu nehmen«, sagt Sofie. »Manchmal muss man die Frauen natürlich aufschneiden, aber das ist nur im Gesundheitszentrum möglich. Nur hier können wir den Frauen Schmerzmittel und Antibiotika geben.«

Außerdem musste Sofie den Matronen ans Herz legen, ein neugeborenes Baby, das sich nicht selbstständig bewegt, nicht automatisch für tot zu halten. Der altmodische Klaps auf den Hintern oder ein kleines Zwicken in eines der Füßchen reicht oft schon aus, um es wieder zum Leben zu erwecken.

Am schwierigsten gestaltet sich jedoch die Aufklärung der Mütter selbst. Sofies Team muss ihnen beibringen, dass sie ihren Kindern nach der Geburt zu Hause kein Wasser mit Salz oder Zitrone geben dürfen. Und auch keine Ziegenmilch. Denn die ist natürlich nicht steril und kann zu tödlichem Durchfall oder zu Infektionen führen.

Nachdem mich Sofie den ganzen Vormittag auf ihrer Entbindungsstation herumgeführt hat, bin ich voller Bewunderung für sie: Was bringt eine 31 Jahre alte Frau dazu, in dieses gottverlassene Niemandsland Tschad zu kommen und hier ein Jahr lang ihren Not leidenden Schwestern beizustehen?

»Das wollte ich schon von klein auf«, sagt sie. »Schon als Kind wusste ich, dass ich als Arzt oder Hebamme nach Afrika gehen würde.«

Wird es ihr manchmal nicht zu schwer?

»Es ist nicht immer leicht«, sagt sie lächelnd. »Man braucht unbedingt jemanden im Team, bei dem man sein Herz ausschütten kann. Jemanden, bei dem man sich ganz sicher fühlt.«

Das gilt gewiss auch für die sudanesischen Frauen, die zur Entbindung zu ihr kommen.

»Am Anfang durfte ich nicht einmal ihre Vagina untersuchen«, lacht Sofie. »Aber jetzt heben sie ihre Röcke ohne Probleme!«

NACH UNSERER TOUR durch die Entbindungsstation treffe ich Herrn Abakhar, den Vorsteher des Flüchtlingslagers Iridimi.

Er begleitet mich auf einem Spaziergang durch das Lager. Schon nach zehn Minuten bin ich froh, dass ein paar Männer mit Turbanen und langen blauen Dschellabas uns in ihre Hütte bitten und uns einen Tee anbieten.

Es ist nicht nur glühend heiß, sondern es bläst auch ein staubtrockener Wind durch das Lager, in dem man schneller austrocknet als ein Hering auf einem heißen Backblech.

»*Salam aleikum!*«

»*Wa aleikum Salam!*«

Die Zagawa haben zwar eine eigene Sprache, sie grüßen jedoch auf Arabisch.

Die Männer erkundigen sich nach meinem eigenen Wohlergehen, dem meiner ersten und zweiten Frau, dem meiner Kinder, meines Vaters und meiner Mutter. Ich gebe ihnen die erwünschten Auskünfte, obwohl auf manche der Fragen eigentlich keine Antwort möglich ist.

Danach dreht sich das Gespräch um Kinder, und ich versuche – zum allgemeinen Erstaunen, auch zu meinem eigenen – zu erklären, wie die Ärzte heutzutage in dem Land, in dem ich lebe, mit einem komplizierten Apparat sehen können, was sich im Bauch einer schwangeren Frau abspielt.

»Mit einem Mikroskop«, murmelt einer unserer Gastgeber entsetzt.

»Nein«, widerspreche ich und komme nun erst so richtig in Fahrt, »mit einer Art Sonar.«

»*Sunar?*«

»Äh, das gleiche Prinzip, das Fledermäuse benutzen.«

»*???*«

Ich beschließe, das Thema zu wechseln.

»Wie steht es mit der Wasserversorgung im Lager?«, frage ich; denn das ist das erste Thema, das mir einfällt.

»Es gibt zu wenig!«, antworten die Männer im Chor. Denn mit Wasser kennen sie sich aus. Das ist hier auch notwendig, denn sonst könnten sie im Sudan und im Tschad nicht lange überleben.

»Jeden Tag 15 Liter pro Person«, sagt Abakhar. »Damit müssen unsere Frauen kochen, waschen und ihre Toilette verrichten.«

Zwillinge betrachtet man in Afrika als Geschenk Gottes. Vor allem wenn es sich um Jungen handelt. Im Lager Iridimi zeigt eine stolze Mutter ihre neugeborenen Sprösslinge.

Ich erinnere mich vage, dass der Durchschnittsverbrauch in Belgien bei täglich 300 Litern pro Person liegt.

»Sie müssen stundenlang vor der Pumpe anstehen«, pflichtet ein anderer Mann bei, »so lange, dass sie manchmal darüber in Streit geraten.« Das findet er offenbar sehr komisch, denn er lacht aus vollem Halse darüber.

Wir verabschieden uns von unseren freundlichen Gastgebern und werfen einen kurzen Blick auf die Pumpen. Niemand steht Schlange, denn das Wasser ist für die kommenden Stunden abgestellt. »Das müssen wir tun«, erklärt Abakhar, »damit wir das Grundwasser nicht zu schnell abpumpen.«

Nun bleibt ihnen nur, auf die Regenzeit im April zu warten, in der im Land eine wahre Explosion aus Chlorophyll und durchschimmerndem Blattgrün ausbricht. Im Sudan war Herr Abakhar Lehrer. Jetzt ist er arbeitslos; aber er bringt mich zu einem seiner Kollegen im Lager, einem jungen Mann mit einem blauen Gewand und einem schwarzen Bart. Sein Kollege fällt gleich mit der Tür ins Haus und erzählt mir, er verdiene im Monat 5000 CFA-Francs, was zehn Dollar entspricht.

Ich behalte wohlweislich für mich, dass zehn Dollar das Mindeste sind, was ich nach einem Arbeitstag in der Redaktion für ein paar Bier an der Theke lasse.

Wenn wir schon beim Geld sind: Sie fragen sich womöglich, was die Arbeit solcher Hilfsorganisationen kostet. Für die verschiedenen Projekte im Tschad brachte Ärzte ohne Grenzen im Jahr 2005 rund sechs Millionen Euro auf. Dieser Betrag enthält jedoch auch die Kosten für die beiden umfangreichen Impfkampagnen. Wenn keine Impfungen anstehen, ist die benötigte Summe nur halb so hoch. Der größte Teil des Geldes stammt aus den Entwicklungshilfeetats der Geberländer.

Wie jeder feststellen kann, der die Lager, das Krankenhaus und die Region um Iriba besucht, ist diese Summe notwendig, um in dieser abgelegenen Gegend ein Mindestmaß an rudimentärer, aber qualitativ hochwertiger medizinischer Hilfe zu gewährleisten. Natürlich wäre der Betrag niedriger, wenn ein Deus ex Machina die Regierung des Tschad dazu motivieren könnte, ihre Verantwortung gegenüber ihren Bürgern ernst zu nehmen. Aber auch dann gäbe es immer noch die sudanesischen Flüchtlinge, die vor den Gräueltaten fliehen, die sich in ihren Dörfern jenseits der Grenze abspielen. Ärzte ohne Grenzen und die anderen Hilfsorganisationen sind vor allem ihretwegen vor Ort. Denn von einem Entwicklungsland kann man nun mal nicht erwarten, dass es diese zusätzliche Last alleine trägt.

Wie bei allen Ärzte-ohne-Grenzen-Projekten achtet man auch hier darauf, dass die einheimische Bevölkerung ebenfalls von der Hilfe profitiert – getreu dem Ärzte-ohne-Grenzen-Motto: Jeder hat das Recht auf medizinische Versorgung. Käme die Hilfe nur den Flüchtlingen zugute, würde das mit der Zeit Spannungen zur einheimischen Bevölkerung hervorrufen, die sich von einer angemessenen medizinischen Versorgung ausgeschlossen sähe.

BEI STETIG ANSTEIGENDEN TEMPERATUREN fahre ich am nächsten Tag zum Flughafen von Iriba. Der ältere amerikanische Pilot ist wie besprochen vor Ort. »Ist Ihr Badeurlaub schon vorbei?«, fragt er und bringt mich, diesmal unter klimatisch angenehmeren Bedingungen, nach Abéché, einer Stadt ungefähr 750 Kilometer östlich der Hauptstadt N'Djaména. Dort will ich ein staatliches Krankenhaus besuchen, das ohne die Hilfe von Ärzte ohne Grenzen arbeitet.

Bei meiner Ankunft lässt sich Abéché wohl noch am ehesten mit einer heißen Herdplatte vergleichen, aber alle, mit denen ich über das Wetter rede, versichern mir, dass die heißesten Tage erst bevorstehen. Der Tschad, so erfahre ich, ist ein Land der Extreme, denn in manchen klaren Nächten kann der Wüstensand bis zu Temperaturen unter dem Gefrierpunkt abkühlen.

»Selbst das Wasser gefriert hier manchmal«, versichert mir der Wachposten meiner Unterkunft in Abéché. Da er offenbar kein Wort für »Eis« kennt, spricht er von *l'eau dur*, von »hartem Wasser«.

Ich habe mir Abéché mehr oder weniger als eine Ansammlung staubiger Straßen vorgestellt, in der Männer mit Turbanen herumspazieren, als seien sie einem Film über Lawrence von Arabien entsprungen. Und so finde ich es auch vor, einschließlich der Dromedare. Das Einzige, was hier fehlt, ist eine alte Festung der französischen Fremdenlegion.

Am ersten Abend esse ich in einem Restaurant, das mir Caroline Linard, eine belgische Architektin von Ärzte ohne Grenzen, empfohlen hat. Das Restaurant ist neu, und zu seinen Gästen zählen vorwiegend ausländische Mitarbeiter der Hilfsorganisationen, die hier sehr zahlreich vertreten sind. Ich komme auf 37 NGOs. Fast alle befinden sich hier, um die Auswirkungen der Darfurkrise im benachbarten Sudan einzudämmen.

Unter ihnen sind sogar japanische und israelische Organisationen. Die jüdischen Helfer kümmern sich dem Vernehmen nach um ein palästinensisches Flüchtlingslager im Tschad, um Flüchtlinge, die es nach der palästinensischen Diaspora während des Jom-Kippur-Krieges hierher verschlagen hat. Alle anderen befassen sich vornehmlich mit der Situation der 300 000 sudanesischen Flüchtlinge an der Grenze.

Hilfeleistungen sind ein *big business*, das ist mir bewusst, und vielleicht sind sie noch wesentlich mehr als das, denn diese Art der Hilfe beeinflusst auch die Politik eines Landes. In der vorsichtigen Formulierung von Gorik Ooms, dem Geschäftsfüh-

Flüchtlinge aus dem Lager von Iriba tragen neues Mobiliar – die Spende einer Hilfsorganisation – durch die Wüste zu ihren neuen Unterkünften.

rer der belgischen Sektion von Ärzte ohne Grenzen, lautet die entscheidende Frage: »In welchem Maß trägt unsere Hilfe in Darfur dazu bei, dass die internationale Gemeinschaft die verbrecherischen Intentionen der Regierung in Khartum toleriert?«

MEIN AUSFLUG INS KRANKENHAUS von Abéché wird zu einer denkwürdigen Visite, aber das kann ich noch nicht ahnen, als ich das weiträumige Krankenhausgelände betrete und mich zum Verwaltungschef des Krankenhauses bringen lasse. Er versucht zunächst herauszufinden, ob ich bei meinem Besuch nicht doch etwas Übles im Schilde führe – ich bin doch nicht etwa ein französischer Spion? –, aber letztendlich heißt er mich willkommen und stellt mir einen Begleiter zur Seite.

Das Krankenhaus ist scheinbar gut organisiert: Eine große Tafel führt die Abteilungen auf, die man auch in einem europäischen Krankenhaus erwarten würde, und überall sitzen Scharen von Patienten und warten auf ihre Behandlung.

Zunächst besuche ich die Krankenhausapotheke. »Willkommen«, begrüßt mich ein großer, kräftiger Mann mit einem eindrucksvollen Bauch. Er verwaltet den Medikamentenvorrat. Als ich ihn frage, ob es Probleme mit dem Medikamentennachschub gibt, blickt er zur Decke, als hätte ich ihn gefragt, ob der Papst in Rom wohne.

Dann zeigt er seine Handflächen in einer Geste, die wohl ausdrücken soll: »Das Ausmaß können Sie sich gar nicht vorstellen!«

Er wirft seinen Computer an und zaubert eine Medikamentenliste auf den Schirm, in der ich immer wieder die Meldung *Februar 2005* aufleuchten sehe.

»Seit dieser Zeit, also schon über ein Jahr, haben wir nichts mehr davon vorrätig«, sagt der Verwalter. Auf seiner Liste betrifft das fast alle mir bekannten Antibiotika wie auch Schmerzmittel und selbst einfache Medikamente wie Aspirin. Sie alle fehlen im großen Staatskrankenhaus von Abéché.

»Wir haben keine Spritzen«, sagt der Mann mit dem Bierbauch betrübt. »Die Zentralapotheke in N'Djaména liefert nichts mehr.«

(Später erfahre ich, dass es zu dieser Situation gekommen ist, weil die zum Ankauf von Medikamenten gedachten Hilfsgelder, die die Europäische Union der Regierung des Tschad gezahlt hat, in die Taschen einiger korrupter Gauner geflossen sind. Pikanterweise kursiert das Gerücht, der Präsident selbst habe sich von diesem Geld ein paar Luxuskarossen mit Allradantrieb gekauft.)

Auf die Frage, wie die Ärzte denn dann Spritzen geben, erklärt mir der Apotheker: »Dazu müssen die Verwandten des Patienten erst einmal in einer privaten Apotheke in Abéché eine Spritze kaufen.«

Dann zieht es mich in das Labor. An seinen Wänden hängen Plakate, die über 30 verschiedene Parasiten zeigen. Sie sind sicher ein nützliches Hilfsmittel für die beiden Laborassistenten, deren Blick ständig zwischen den Plakaten und den Tierchen in den Präparaten unter ihrem Mikroskop hin und her wechselt.

»Eine Blutbank haben wir nicht«, antwortet der Laborant, als ich ihn danach frage. »Blutspenden erhalten wir von den Verwandten, die die Kranken begleiten, außerdem sind auch viele der Krankenhausmitarbeiter Blutspender.«

In der Radiologie sieht es schon besser aus: Ich entdecke ein neues italienisches Röntgengerät. Aber als ich dem Mann, der es bedient, dazu gratuliere, zieht dieser ein Gesicht.

»Dieser Apparat ist drei Jahre alt, aber er funktioniert schon mehr als ein Jahr nicht mehr«, seufzt er. »Die Spule ist kaputt. Durchgebrannt bei einem Kurzschluss. Wissen Sie, unsere elektrischen Anlagen sind nun mal nicht so wie die bei Ihnen in Belgien.«

In der Radiologie behelfen sie sich daher mit einem 30 Jahre alten Gerät, das wahrscheinlich so viel Röntgenstrahlung abgibt, dass man mit ihm durch eine Wand schauen kann.

»Einen Moment«, sagt der Röntgenassistent, der dieses antike Sammlerstück bedient. Er macht eine Aufnahme von der Brust eines ausgemergelten Mütterchens, das von seiner Tochter zum Apparat geleitet wird. Ich höre kein »Tief einatmen, nicht bewegen« und ich frage mich, ob der Röntgenassistent, der das Gespräch mit mir gerne weiterführen will, in seinem Eifer nicht auch noch die Tochter mit aufs Foto bekommen hat.

Ich wünsche ihm alles Gute und denke, es ist an der Zeit zu gehen. Der Röntgenraum liegt ungeschützt im Zentrum des Krankenhauses. Jeder geht dort einfach ein und aus, und ich kann mir vorstellen, wie das Röntgengerät fröhlich durch das ganze Gebäude strahlt.

Zuletzt besuche ich die chirurgische Abteilung, in der ich zu meiner Überraschung von Veronica Chiesa begrüßt werde. Veronica ist eine italienische Krankenschwester, die hier gemeinsam mit einem italienischen Chirurgen für Ärzte ohne Grenzen Niederlande die letzten Tage eines zweimonatigen Projektes durchsteht, das nur ein Ziel hat: diese Abteilung wieder auf Vordermann zu bringen.

Ich frage sie, in welchem Zustand sie die Abteilung bei ihrer Ankunft vorfand.

In Veronicas Gesicht spiegelt sich reine Abscheu.

»Es war unvorstellbar«, sagt sie.

»Kannst du mir mal ein Beispiel geben?«, hake ich nach.

»Na ja«, sagt sie, während sie auf eine Reihe Toiletten zeigt, die nach dem Loch-im-Boden-Prinzip funktionieren und den Innenhof säumen, von dem alle Patientenzimmer und der Operationssaal abgehen, »da lief die Scheiße raus, als wir ankamen. Es war eine einzige große Sauerei. Alle Fenster der Patientenzimmer waren kaputt und die Zimmer selbst sahen aus wie Müllkippen.«

Das Team hat eigenhändig alles aufgeräumt. Vor seiner Ankunft waren einfache Operationen von einem Sanitäter durchgeführt worden. Wer damals mit einer schweren Wunde eingeliefert wurde, starb. Entweder wegen der Wunde oder wegen der schrecklichen Infektionen, die er sich in diesem Mülleimer, wie Veronica die Abteilung nennt, eingefangen hatte.

Den italienischen Chirurgen bekomme ich nicht zu Gesicht. Er ist – ganz allein – ständig am Operieren. Dass es für ihn hier genug Arbeit gibt, kann man der Abteilung ansehen.

Auf einem der Betten liegt ein Mann, dem man schon am Tag zuvor keine große Überlebenschancen mehr eingeräumt hatte. Er hat ein paar Bauchschüsse abbekommen, von denen einer eine große Schlagader hinter seinem Zwerchfell durchbohrt hat. Doch er lebt noch. Er ist sogar wach. Aber da Betäubungsmittel fehlen – es gibt nur Ketamin-Pillen –, fühlt er sich nicht besonders wohl, das erkenne ich an seiner flachen Atmung und daran, wie er sich in seinem Krankenbett ständig hin und her wälzt. Das sieht nicht gut aus.

In einem anderen Zimmer sitzt ein Junge mit einem infizierten Beinbruch aufrecht im Bett. Das ganze Zimmer stinkt nach seinem faulenden Bein, das schon so verrottet ist, dass sich darin eine interessante Madenkolonie angesiedelt hat. Sein Vater ist bei ihm, aber sie haben sich noch nicht zu einer Amputation durchringen können.

»Wenn sein Bein nicht entfernt wird, stirbt er«, sagt Veronica zum Vater des Jungen. Der darauf mit einem fatalistischen Kopfnicken antwortet und der Amputation des Beines zustimmt.

»Wie wird es hier weitergehen, wenn ihr übermorgen wieder weg seid?«, frage ich Veronica.

»Dann wird nach einem Monat die Scheiße wieder aus den Toiletten quellen, und schwere Brüche und ernste Traumata bleiben wieder unbehandelt«, sagt sie und schüttelt den Kopf. »Es fehlt nicht nur an Mitteln, das Personal ist auch nicht besonders motiviert, den Laden hier in Schuss zu halten.«

Nach dieser Feststellung, die ebenso gut auf die Regierung des Tschad zutreffen könnte, beschließe ich, das Krankenhaus möglichst schnell zu verlassen.

DIE SCHMALEN, VON VOLLEN SÄCKEN gesäumten Gassen des Marktes von Abéché wirken wie eine prachtvolle Mixtur aus einem gut sortierten arabischen Suk und einem chaotischen und farbenfrohen afrikanischen Markttreiben. Frauen verkaufen hier runde, geflochtene Getreideschwingen, mit denen man die Spreu vom Weizen trennt, und Schalen aus leichtem Schwarzholz. Koranverkäufer bieten ganze Bibliotheken ihres Werkes an, während in einem anderen Teil des Marktes Betten und Kleiderschränke zusammengezimmert werden. Das Angebot an Töpfen und Pfannen ist eines der größten, das ich in Afrika je gesehen habe. Die Händler bringen hier ziemlich wertlos wirkenden Plunder aus dem Tschad an den Mann, aber daneben auch emaillierte Tafelgeschirre aus Libyen. Am interessantesten finde ich die Parfümhändler, die seit Menschengedenken ihr Parfüm selbst zubereiten. Die Grundlage bildet oft ein arabisches Duftholz, das den Namen *doucan* trägt. Ein anderer Marktbereich hat sich wiederum ganz auf Kleidung spezialisiert. Hier rattern die Nähmaschinen den ganzen Tag. Und dann gibt es natürlich die Händler für Back- und Bratöle sowie Gemüse- und Obststände. An anderen Buden kann man Kamel- und Ziegenfleisch kaufen. In der Abteilung für Lederwaren beherrschen die Schuh- und Sandalenverkäufer das Bild. Sie sitzen auf dem Boden, strecken mir ihre Schuhe entgegen und rufen: »Kauf unsere Schuhe!«

Zur Gebetsstunde wenden sich Hunderte von Männern in den Gassen des Suk in Richtung Mekka, sie fallen auf die Knie und drücken ihren Kopf auf eine der langen

Matten, die zu diesem Zweck in den Gassen ausgebreitet wurden. Überall im Suk steigt das vertraute Gemurmel mit dem stets wiederkehrenden Ruf »*Allah-o-Akhbar!*« auf. Was für eine geniale Idee war es doch, das islamische Gebet mit einem physischen Ritual zu koppeln. Die obligatorischen Handlungen lassen die Gläubigen alle Mühsal vergessen, sodass sie sich auf die Anrufung Gottes konzentrieren können.

Bei einigen Männern kann ich das Zeichen des wahren Glaubens auf der Stirn sehen: eine Art Narbe, die verrät, dass sie mit ihrer Stirn schon zehntausendfach den Boden berührt haben. Sie gehören zu den frömmsten Gläubigen, die nie ein Gebet auslassen.

Nach dem Gebet schieben junge Männer mit Karren große Metallfässer durch die Gassen. Sie verkaufen ein erfrischendes rotes Getränk, einen Sud aus getrocknetem Hibiskus.

Dromedare bewegen sich wiegenden Schrittes, beladen mit dicht vernähten Ledersäcken voller Wasser, durch die breiteren, offenen Marktgassen. Für sie beginnt hier der Weg durch die unwirtliche Weite des nördlichen Tschad, die nach Hunderten von Kilometern nahtlos in die Libysche Wüste übergeht.

Anderenorts schieben Männer mit Ziegelsteinen beladene Karren. Ich entdecke auch Frauen, die auf Eseln das Stroh für das Dach ihrer Hütte transportieren. Dann lande ich wiederum in einer Gasse, in der man nur Schraubenschlüssel und Autoteile verkauft.

Zu guter Letzt komme ich zu einem Stand, an dem ein junger Mann Celtel-Telefonkarten verkauft. Abéché mag vielleicht in einem vergessenen Winkel der Welt liegen, aber von hier aus mobil zu telefonieren, ist mit diesen Karten kinderleicht. Sie kosten pro Stück einen Dollar und dafür kann man fünf Minuten nach Europa telefonieren.

Und hier nun die Preisfrage: Wo verzeichnet der Mobilfunkmarkt Ihrer Meinung nach die größte Wachstumsrate? In China? Indien? Russland oder Osteuropa?

Falsch gedacht, der afrikanische Markt wächst am schnellsten. Noch schneller als der asiatische. Untersuchungen belegen: In Afrika wuchs der Markt für Mobiltelefone in den Jahren von 1998 bis 2003 sage und schreibe um 5000 Prozent. Der Boss von Nokia konstatierte Hände reibend, dass dies ein ähnlicher Hype sei wie Mitte der Neunzigerjahre in China.

Nachdem ich mich lange auf dem Markt herumgetrieben habe, mache ich mich auf die Suche nach einem Frisör, um das, was von meiner fülligen Haarpracht noch übrig geblieben ist, in Form bringen zu lassen. Unter dem verblüffenden gemeinsamen Nenner *Discothèque-Coiffeur* kombiniert der gute Herr Saghar auf virtuose Weise

Am Rande des Suk von Abéché werden Kamele für einen entbehrungsreichen Karawanenzug durch die Wüste mit großen ledernen Wassersäcken beladen.

beide Genres. Was er gleich demonstriert, indem er mit einer Hand die passende Musik sucht, während er mit der anderen nach der Haarschneidemaschine greift, um mein Haar zu stutzen.

Wenn Sie sich jemals in diese Gegend verirren sollten, kann ich Ihnen dieses Etablissement nur ans Herz legen. Ein neuer Haarschnitt kostet 500 CFA-Francs, etwa einen Dollar.

Mit neuer Frisur (aber sonst ganz der Alte) spaziere ich wieder nach Hause. Vorbei an einer großen Moschee mit einem grün gestrichenen Minarett aus Beton und an einer windschiefen katholischen Kirche, die nur ein paar Schritte davon entfernt steht. Unterwegs begegnen mir eine ganze Reihe junger Soldaten, die offenbar hier ausgebildet werden, bevor man sie an die sudanesische Grenze schickt. Für den Fall, dass es zwischen dem Sudan und dem Tschad bald mal wieder zu heftigen Zusammenstößen kommen sollte (was sich in dieser Region zu einer alljährlich wiederkehrenden Gewohnheit entwickelt). Sie tragen neue Tarnuniformen und wirken zu Tode gelangweilt.

Während die Sonne gelb leuchtend wie ein gebackenes Eigelb hinter dem staubigen Horizont versinkt, beginnen die Hausfrauen in den Lehmhäusern von Abéché –

wie überall auf der Welt – mit ihren Kochtöpfen zu klappern. Das erinnert mich an zu Hause, und als ich in meinem Quartier ankomme, rufe ich meine Frau an, um mich nach der Lage am heimischen Herd zu erkundigen. Sie erzählt mir von einer Steuerforderung, deren Höhe sie mir jedoch verschweigt, weil sie befürchtet, dass ich sonst mit einem akuten Nervenzusammenbruch in einem der Krankenbetten von Ärzte ohne Grenzen landen würde.

Ich denke, es gibt zwei Dinge im Leben, mit denen man sich letztendlich abfinden muss: mit der Tatsache, dass der Fiskus einem das Fell über die Ohren zieht, und mit dem Umstand, dass man früher oder später sterben wird.

AN DIESEM ABEND ESSEN CAROLINE UND ICH in einem kleinen regionalen Restaurant, das sich auf Brathähnchen spezialisiert hat. Aus unerklärlichen Gründen sind in Abéché plötzlich alle Telefonverbindungen zur Außenwelt gekappt. Da sitzen wir nun: eine belgische Architektin und ein belgischer Journalist, die unter einem Baum in einem Restaurantgarten an angekokelten Hühnerschenkeln knabbern, unerreichbar für den Rest der Welt und völlig ahnungslos im Hinblick auf das, was sich sonstwo auf diesem Planeten abspielt. Ich finde es großartig.

Nach diesem denkwürdigen Mahl ziehe ich mich auf mein Zimmer zurück. Es ist glühend heiß wie in einem Backofen. Alles, was ich berühre, strahlt Wärme ab, vermutlich liegen die Temperaturen über meiner Körpertemperatur. In einer Informationsbroschüre über den Tschad habe ich gelesen, dass es im April durchschnittlich 42 Grad warm wird. Sie lesen richtig: durchschnittlich.

Ich verbringe daher auch keine besonders angenehme Nacht, denn die Feuchtigkeit, die ich verliere, kann ich durch Trinken kaum ersetzen. Selbst in meinem unruhigen Dämmerschlaf, zwischen Wachen und Schlummern, trinke ich noch einen Liter, um nicht als ausgetrocknete Mumie aufzuwachen. Außerdem schlafe ich auf einer Gummimatratze, die mir nach einer Stunde unruhigen Hin-und-Her-Wälzens schweißdurchtränkte Laken beschert.

Der Morgen bringt neben einer erfrischenden Dusche auch eine überraschende Nachricht, die uns Urbain, unser Fahrer, übermittelt.

»Gestern hat es in der Hauptstadt einen Putschversuch gegeben«, erklärt er seelenruhig. Und auf einmal verstehe ich, wieso plötzlich kein einziges Telefon mehr funktionierte: Sie waren einfach abgeschaltet worden. Die Schilderungen des genauen Ablaufs bleiben – wie meist im Tschad – zunächst sehr vage. Erst später stellt sich heraus, dass Präsident Idriss Déby nicht im Land weilte. Er war in Benin ein Glas Wein trinken.

Dieses Zusammentreffen ist nicht wirklich lustig; denn der Präsident des Tschad, der seine Karriere als großer Weinliebhaber begann, droht nun als gewohnheitsmäßiger Trinker zu enden. »Er ist ein regelrechter Alkoholiker!«, sagt Urbain grinsend. Dann enthüllt er mir die triviale Realität, die sich hinter der mysteriösen *chronischen Krankheit* des Präsidenten verbirgt: Er hat es an der Leber.

Noch am selben Morgen verabschiede ich mich von Caroline und breche wieder nach N'Djaména auf, in der Hoffnung, dass die Militärs zu sehr mit der Niederschlagung des Putsches beschäftigt sind, um Zeit für den Abschuss einer Maschine des *World Food Programme* zu erübrigen.

NACH MEINER RÜCKKEHR NACH N'DJAMÉNA gehe ich mit Christine aus, einer kenianischen Rechtsanwältin aus Nairobi, die schon einige Jahre für Ärzte ohne Grenzen arbeitet. Sie lädt mich ins *Le Carnivore* ein, ein Restaurant unter freiem Himmel, das selbst an Wochentagen brechend voll ist. Vom Putschversuch hört man wenig Neues, aber den ganzen Tag liegt das Dröhnen französischer Militärmaschinen in der Luft. Die Franzosen – die sich wahrscheinlich um des Präsidenten regelmäßige Bestellung ihrer besten Weine sorgen – eilen ihrem treuen Kunden zu Hilfe, indem sie ihre Mirages auf leicht Furcht einflößende Weise über die Hauptstadt donnern lassen. Dazu müssen sie nicht einmal weit fliegen, denn die Hauptstraße von N'Djaména, die Avenue Charles de Gaulle, liegt noch keinen Kilometer vom Flughafen entfernt.

Niemand weiß übrigens, wo sich der Präsident aufhält: Ist er in N'Djaména oder hat er sich nach Abéché abgesetzt, von wo ich gerade komme? Fakt ist, dass hier im sandigen Tschad die Franzosen immer noch ein Wörtchen mitzureden haben, wenn es um internationale Politik geht. Zugegebenermaßen ist es der französischen Unterstützung zu verdanken, dass Idriss Déby so lange im Sattel geblieben ist, und wie man es auch dreht und wendet, das hat jahrelang für Stabilität gesorgt. Aber nun, da die Wahlen anstehen, sieht es so aus, als würden die Messer von Neuem gewetzt. Das gilt umso mehr, als auch die Familie Déby zerstritten ist und sich die halbe Verwandtschaft gegen ihren Chef stellt. Wie wird es weitergehen?

Die Gäste des *Le Carnivore* kümmert das wenig. Während sie ein anständiges Steak genießen, schauen sie amüsiert dem Karaokewettbewerb zu, der schon bald von einem Wettstreit im Powackeln abgelöst wird. Einige nicht allzu warm bekleidete einheimische junge Damen treten als Limbotänzerinnen gegeneinander an und versuchen ihre Gegnerinnen auf spektakuläre Art und Weise auszustechen. Leider möchte Christine gerne über internationale Beziehungen sprechen, sodass ich dem Wettbewerb nicht meine volle Aufmerksamkeit widmen kann. Doch alles in allem ist es ein sehr angenehmer Abend, bei dem die Spannungen im Tschad dank meiner charmanten Gesprächspartnerin völlig in den Hintergrund treten.

MICH WECKEN SCHÜSSE, die aus der Richtung des Flughafens kommen. So etwas wirkt nicht gerade beruhigend, doch die Putzfrau meiner Unterkunft klärt mich auf: »Machen Sie sich keine Sorgen, *Monsieur Marc:* Sie schießen auf Vögel, die die Startbahn unsicher machen. Das passiert hier öfter.«

Den Nachrichten der Morgenzeitung ist zu entnehmen, dass der Präsident wieder nüchtern ist: Er ist eifrig mit Säuberungen innerhalb der Armee beschäftigt.

Im Hauptquartier von Ärzte ohne Grenzen herrscht ständiges Kommen und Gehen, Mitarbeiter brechen zu entlegenen Außenposten auf oder kehren von dort zurück. Der Tschad ist in gewisser Hinsicht ein interessantes Land: Ärzte ohne Grenzen Belgien ist hier schon seit 26 Jahren aktiv. Was natürlich die Frage aufwirft, ob ein Vierteljahrhundert gut gemeinter westlicher Hilfe wirklich etwas gebracht hat. Ein Thema, das bei Ärzte ohne Grenzen intern heftig diskutiert wird.

Für einen Außenstehenden wie mich ist es kaum zu übersehen, dass dieser Einsatz in all den Jahren Hunderttausende von Leben gerettet hat, allein schon durch die medizinische Nothilfe, die Impfungen und die Nahrungsprogramme für unterernährte Kinder. Andererseits sieht jedes Kind, dass sich die gesundheitliche Situation hier im Tschad nicht verbessert hat, ganz im Gegenteil. Es hat manchmal den Anschein, als wären die ausländischen Hilfsorganisationen zu einer Art Gesundheitsministerium geworden. Bei Ärzte ohne Grenzen hat man das nach einer gewissen Zeit wahrgenommen und sich wieder auf seine Kernaktivitäten besonnen: auf medizinische Hilfe für die Not leidende Bevölkerung.

AM NÄCHSTEN TAG IST ES noch heißer. Ich gehe in die Stadt ein Glas Bier trinken und fange an, den Präsidenten zu verstehen: Wer wie ich kein Mineralwasser mag, läuft hier wirklich Gefahr, zum Alkoholiker zu werden, denn die flirrende Hitze, die mit einem staubtrockenen Wind einhergeht, saugt einem regelrecht das Wasser aus den Knochen.

Doch selbst am heißesten Nachmittag geht das Leben in der Stadt seinen gewohnten Gang. Auf den verschiedenen Märkten in N'Djaména wimmelt es von Kunden, und an den Ufern des schlammigen Flusses, der durch die Stadt fließt, sehe ich Leute durch den Schlick waten, um in der glühend heißen Sonne Fischernetze auszuwerfen.

Aus den vielen Moscheen der Stadt erschallt der Ruf zum Gebet. Überall wenden die Gläubigen ihre Teppiche nach Mekka und unterwerfen sich dem Allmächtigen.

Welche Art von Rhetorik, frage ich mich, werden die Imame in den Moscheen wohl von ihren *minbars* – dem moslemischen Pendant zur Kanzel – herab über die Häupter des Volkes ergießen? Wenn man die Sprache nicht spricht, kann man das natürlich nie wissen, aber der katholische Chauffeur, der mich durch N'Djaména fährt, lässt darüber keinen Zweifel aufkommen: »Sie verbreiten Hass auf die Verderbtheit des Westens.«

Auf der Terrasse des *Taj Mahal*, eines indischen Restaurants, denke ich bei mir, dass N'Djaména auch als Hauptstadt des Tschad eigentlich nie den Charakter eines aus allen Nähten geplatzten Dorfes losgeworden ist. Nur wenige Autos fahren durch die Stadt und die meisten davon sind alte Peugeot-Taxis. Von der Nationalbank und dem pompösen Libya-Hotel einmal abgesehen gibt es kaum Hochhäuser.

Manchmal weht mir im Vorbeigehen, an einer Kreuzung oder einfach aus einer Baulücke, der Gestank von Fäulnis und Exkrementen entgegen. An solchen Stellen ist der Boden überall von Müll und Plastiksäcken übersät und nur gelegentlich zeugt ein glimmender, schwarz verkohlter Fleck von dem Versuch, den übelsten Dreck abzufackeln. In Abéché erzählte mir Caroline, dass sie anfange, diese Stadt zu lieben. Ich will nicht bleiben, bis es mir genauso geht, also gehe ich zu meinem Zimmer, packe meine Sachen und fliege nach Paris.

Präsident Idriss Déby hat inzwischen einen zweiten Staatsstreich überstanden, bei dem die rebellierenden Militärs bis auf die Stufen des Präsidentenpalastes vorgedrungen sind, bevor sie gestoppt werden konnten. Der Präsident beschuldigte den Sudan, seine Autorität zu untergraben und die Aufrührer zu unterstützen.

Im August 2006 wies der Tschad zwei ausländische Ölgesellschaften an, das Land zu verlassen: die amerikanische ChevronTexaco und die malaysische Petronas. Beobachter sind der Meinung, dass sie den Platz für ihre chinesische Konkurrenz räumen müssen. Präsident Déby vertritt immer noch die Ansicht, die Regierung solle mehr Zugriff auf die Ölproduktion und die daraus erwirtschafteten Gewinne erhalten.

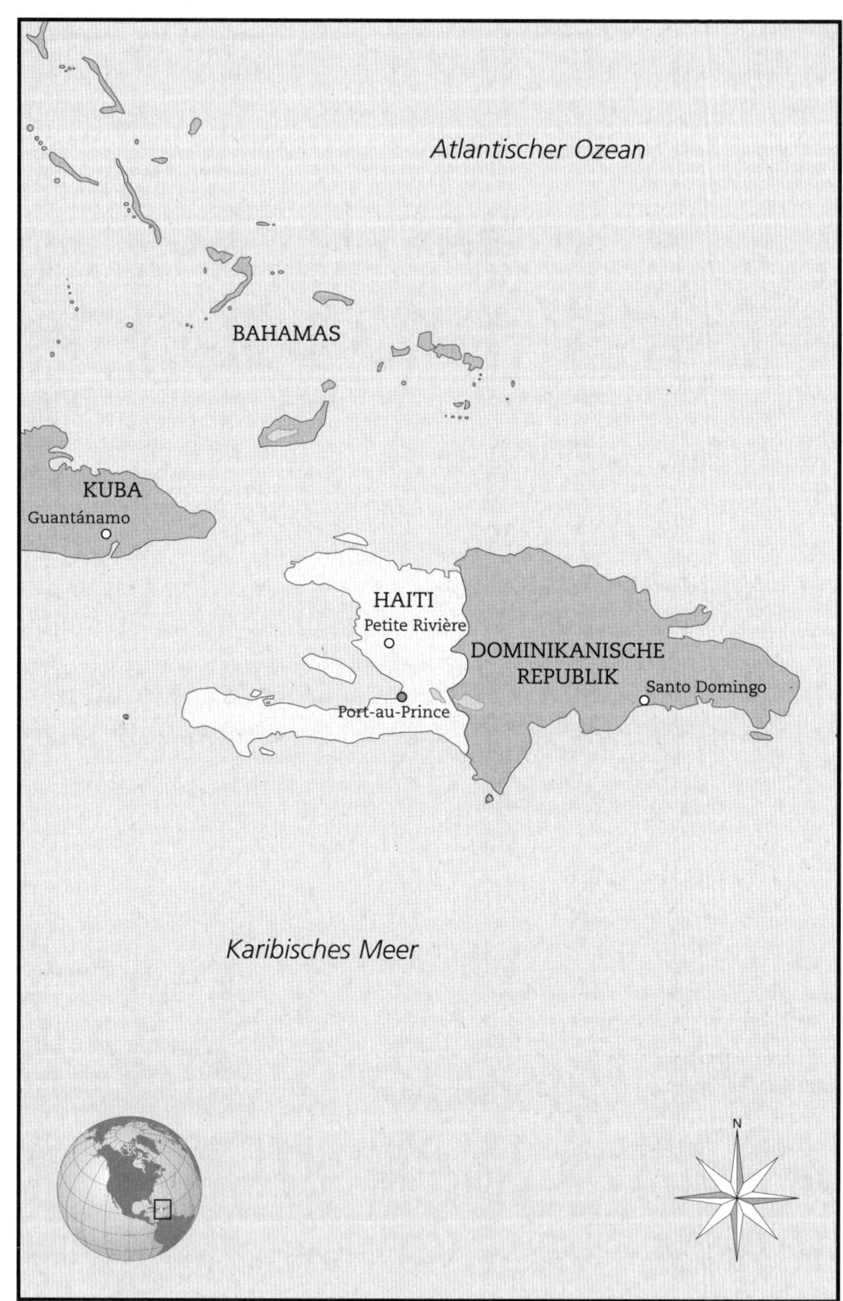
Atlantischer Ozean
BAHAMAS
KUBA
Guantánamo
HAITI
Petite Rivière
DOMINIKANISCHE
REPUBLIK
Santo Domingo
Port-au-Prince
Karibisches Meer
N

HAITI

Estragon: »*Charming spot. Inspiring prospects. Let's go.*«
Vladimir: »*We can't.*«
Estragon: »*Why not?*«
Vladimir: »*We're waiting for Godot.*«

Aus: *Waiting for Godot*, von Samuel Beckett

AUF DEM FLUGHAFEN CHARLES DE GAULLE werde ich gebeten, mein Reiseziel anzugeben und meinen Pass und mein Flugticket vorzuweisen. Als ich mich darauf netterweise einlasse, gestattet man mir, mich in die lange Schlange der Passagiere einzureihen, die ihr Gepäck der Fluggesellschaft anvertrauen möchten.

»Haben Sie dieses Gepäckstück selbst gepackt?«, schnauzt mich eine Air-France-Mitarbeiterin an.

»Leider steht mir dafür kein Personal zur Verfügung.«

»Haben Sie dieses Gepäckstück auf Ihrer Reise unbeaufsichtigt gelassen?«

»Das ist nicht meine Art.«

»Führen Sie in Ihrem Gepäck verbotene Gegenstände mit? Feuerzeuge, Campingkocher, Feuerwerkskörper, Spraydosen ...«

Ich unterbreche sie: »Außer einem Dutzend Böllern und zwei Dutzend Leuchtraketen, mit denen ich meine Ankunft in Haiti feiern will, habe ich nur zwei Handgranaten dabei«, sage ich. »Wissen Sie, in den früheren französischen Kolonien kann man einfach nicht vorsichtig genug sein!«

»Da gibt es nichts zu lachen, *Monsieur!*«

(Seufz.) Zurzeit muss man wirklich Nerven wie Drahtseile haben, wenn man es wagt, einen internationalen Flug zu nehmen! Nachdem ich das mürrische Verhör der Sicherheitsbeamtin überstanden habe, muss ich bei der Kontrolle meines Handgepäcks Jacke und Gürtel ablegen, die Hosentaschen umkrempeln, meinen Laptop auspacken und mich von einem französischen Grapscher befummeln lassen.

Wenn Sie zu der Generation gehören, die die Provodemonstrationen* in Amsterdam, die erste Mondlandung und den ersten Tour-de-France-Sieg von Eddy Merckx live im Fernsehen gesehen haben, werden Sie sich bestimmt ebenso leidenschaftlich wie ich nach den harmlosen Zeiten zurücksehnen, in denen man problemlos über die Startbahn spazieren konnte, die Gangway hinaufstieg, dem Piloten die Hand drückte und sich dann eine gute Zigarre gönnte, während man wartete, bis sich der eiserne Vogel in die Lüfte erhob und mit dem ganzen Plunder den großen Teich überquerte.

So, das musste ich wirklich einmal loswerden.

Bei meiner Ankunft in Miami ist es natürlich noch schlimmer. Anderthalb Stunden stehe ich in der Schlange (dabei dachte ich eigentlich, ich stünde ganz vorn), lasse mir Fingerabdrücke abnehmen und den Grenzbeamten einen Kamerascan meiner Iris machen, bevor ich dann seine bescheuerten Fragen beantworte.

Grenzbeamter: »Wo werden Sie in den USA wohnen?«

Mark Helsen: »In einem Hotel.«

Gb: »In welchem Hotel?«

MH: »Das weiß ich nicht.«

Gb: »Wieso nicht?«

MH: »Weil ich mir noch eins suchen muss.«

Gb: »Hmm. Suchen Sie hier auch Arbeit?«

MH: »Hahaha.«

Gb: »Welches Land haben Sie bereist, bevor Sie in die USA kamen?«

MH: »Den Tschad.«

Gb: »*What?*«

MH: »Den Tschad.«

Gb: »Wo liegt das denn?

MH: »In Afrika.«

Gb: »*Oh, really?*«

Nach dieser interessanten Konversation mit einem hochgebildeten Herrn aus Amerika wird mein Gepäck nochmals gescannt, und nachdem der Zoll dann erneut mit

** Die Provobewegung war eine anarchistisch orientierte, von Jugendlichen und Studenten getragene Protestbewegung in den Sechzigerjahren in den Niederlanden. Sie richtete sich gegen die Scheinheiligkeit der Wohlstandsgesellschaft und versuchte durch gewaltfreie Aktionen die Vertreter der etablierten Ordnung zu provozieren.*

dem Läusekamm durchgegangen ist, genieße ich endlich das Vorrecht, als freier Mann amerikanischen Boden zu betreten. Ich nehme mir ein Taxi und nenne dem Fahrer den Namen eines Hotels. Bei meiner Ankunft stehen vor dessen Eingang nicht weniger als drei Polizeiwagen. Drinnen, im Speisesaal des Hotels, entdecke ich einen blutüberströmten Mann. An einem Tisch etwas abseits wird der Besitzer des Ladens gerade zu der heftigen Schlägerei mit einem seiner Gäste verhört. Das sind ja heitere Aussichten für den Rest des Abends.

Wie ein Mehlsack falle ich auf mein Bett und zappe mich durch eine schier unendliche Zahl von Fernsehkanälen, bis plötzlich die Mitteilung auf dem Bildschirm erscheint: Pay-TV! Wählen Sie aus folgenden Filmen!

King Kong
Titanic
Geile Hausfrauen
Sex im Freien
Der Teufel in Frau Jones
Perverse Lüste
und – immer gut zu wissen –
Wie ficke ich die Frau meines Chefs?

King Kong und *Titanic* habe ich schon gesehen, ich überlege also kurz, ob ich zwölf Dollar in *Wie ficke ich die Frau meines Chefs?* investiere. Wobei mir die Information auf dem Bildschirm »*Der Titel des Films erscheint nicht auf Ihrer Rechnung!*« eine große Beruhigung ist.

Doch letztlich treibt mich eine Reklame vor dem Fenster »*Happy hour from 5 to 7!*« nach draußen. Und da es schon fünf vor sieben ist, zappe ich alle Frivolitäten vom Bildschirm, schlängle mich an einem Bügelbrett, einem Bügeleisen, einer Mikrowelle, einer Kaffeemaschine und einem Haartrockner vorbei – in Amerika denken sie wirklich an alles – und schaffe es gerade noch rechtzeitig auf ein paar stark verbilligte Budweiser in die Kneipe.

AM NÄCHSTEN MORGEN stoße ich auf dem Flughafen von Miami auf einen amüsanten Zeitvertreib. Zur Passagierkontrolle verwenden die Amerikaner ein neuartiges Prüfgerät: eine Art Scanner, der unter anderem mit Luftdruck arbeitet. Was dazu führt, dass sich Marilyn Monroes berühmte Luftschacht-Szene hier permanent wiederholt, denn die Luftstöße blasen die locker fallenden Blusen und T-Shirts der Frauen in die Höhe, was zu kleinen spitzen Schreien im Scanner und sardonischem männlichem Gelächter davor führt.

Dann muss ich meine Schuhe ausziehen und schließlich will eines der hiesigen Genies noch durch meine Kamera schauen. »Ich sehe nichts«, stellt er fest. Nachdem ich ihn vorsichtig darauf hingewiesen habe, dass es vielleicht gut wäre, den Deckel von der Kameralinse zu entfernen, sagt das Ass: »Oh!« Dann reibt er mit einem kleinen Tuch über meine Kamera, steckt es zur Kontrolle in ein geheimnisvolles Gerät und kommt letztendlich zu dem Schluss, dass alles »in Ordnung« ist.

Erst als ich nach ein paar Stunden in Haiti lande, normalisiert sich die Lage. Auf dem Weg über das Rollfeld begrüßt uns eine swingende karibische Band, die von einem über das ganze Gesicht strahlenden Banjospieler geleitet wird. Ein Programmpunkt, den man in das Begrüßungsszenario aller zivilisierten Länder aufnehmen sollte.

Die ersten Eindrücke von einem Land finde ich immer wichtig – und ich muss sagen: Haiti macht von Anfang an Punkte. In der Ankunftshalle stellen sich alle ordentlich in die Schlange, und die Grenzformalitäten werden zügig, korrekt und knapp abgewickelt.

Die Halle wird von mehreren Wandbildern geschmückt, die Szenen aus dem haitianischen Arbeitsalltag darstellen. Daneben hängt ein einzelnes Poster: Es zeigt einen japanischen Turm, der jedoch etwa 10 000 Kilometer von Port-au-Prince entfernt steht. Daraus lassen sich meiner Meinung nach zwei Dinge ableiten: Erstens haben die Haitianer kein besonders großes Selbstvertrauen und zweitens ist ihnen klar, dass es in ihrem Land kein einziges Monument gibt, das es auch nur im Entferntesten mit diesem japanischen Turm aufnehmen könnte. Diese Bescheidenheit hat etwas Rührendes.

Aber eine Sache hat mich in Haiti besonders beeindruckt: Neben der Schlange vor dem Schalter des Grenzbeamten gibt es noch eine zweite, die für VIPs vorgesehen ist. In Haiti zählen dazu folgende Personenkreise: Behinderte, Senioren, schwangere Frauen, Kinder und Babys. Damit ist das Land in meiner Achtung schlagartig um einen halben Meter gestiegen.

NICHTS KANN EINEN auf den Anblick von Cité Soleil, dem gigantischen Elendsviertel der haitianischen Großstadt Port-au-Prince, vorbereiten. Nicht die Flüchtlingslager in Uganda und im Tschad, nicht die Armenviertel am Rande von Kenias Hauptstadt Nairobi, weder die Favelas in Rio noch die Townships von Johannesburg. Cité Soleil (das mit seinen 250 000 Einwohnern an die Größe einer mittleren europäischen Stadt heranreicht) ist einzigartig. In seiner Armut, seiner Hässlichkeit, seiner Brutalität, seinem Gestank, seiner Fremdenfeindlichkeit, seinem Menschenhass und seiner Hoffnungslosigkeit.

Schon die Lage des Slums macht deutlich, dass Cité Soleil ein einziger Fehler ist. Wenn Sie sich Port-au-Prince als gewaltiges Hufeisen vorstellen, das, an Hängen gelegen, eine Bucht an der Westküste Haitis umschließt, dann müssen Sie sich dabei auch folgendes Prinzip vergegenwärtigen: Je reicher die Einwohner sind, desto höher wohnen sie auf den Hügeln und desto weiter entfernen sie sich vom Meer, der Hitze, dem Elend und dem Gestank miefiger Hütten. Ganz oben in den Bergen – auf 1000 bis 1200 Metern bei leichter kühler Brise in der Abendsonne – wohnen die reichsten Haitianer. Sie bleiben in ihren glitzernden pompösen Villen, von deren Pools aus sie auf die Unterwelt von Port-au-Prince herabblicken können, weit weg vom qualmenden Siedlungsstreifen an der Küste. Dort, mitten im haitianischen Hades – am Rande einer der Hufeisenarme – und weniger als einen halben Meter über dem Meeresspiegel, liegt Cité Soleil.

BEI MEINER TOUR DURCH DIE SCHMUTZIGSTEN Gebiete des Elendsviertels, durch gammeligen Müll und Schlammpfützen, folge ich Famosa, einem Faktotum des St.-Catherine-Krankenhauses im Herzen dieses Slums.

Famosa trägt seinen Namen zu Recht. Jeder in Cité Soleil kennt ihn. Denn er war früher ein angesehener Fußballer. Keiner von Haitis vielen Straßenfußballern, sondern einer, der es in die Nationalmannschaft geschafft hat. »Eine Knieverletzung war für mich das Aus!«, kommentiert Famosa seinen Weg vom Ruhm zurück in die stinkenden Gassen von Cité Soleil.

Aber selbst in Famosas Begleitung gelingt es mir nicht, in Cité Soleil Fotos zu schießen: Immer wieder erhalte ich ein »*Non!*« als schroffe Antwort, wenn ich dafür um Erlaubnis bitte. Es ist bekannt, dass die Leute hier Weiße nicht besonders mögen. Und das hat seine Gründe, auch wenn diese weit in die Vergangenheit zurückreichen, denn Haiti ist immerhin seit 200 Jahren unabhängig. Aber in den Armenvierteln herrscht immer noch eine gewisse Reserviertheit gegenüber Leuten mit heller Hautfarbe. Eine Haltung, die sich auch an der haitianischen Fahne ablesen lässt. Sie zeigt, wie die Flagge des früheren Besatzers Frankreich, Rot und Blau, aber das dazwischen liegende Weiß hat man wohlweislich herausgetrennt.

Alle raten mir davon ab, durch Cité Soleil zu gehen: »Es gibt dort Entführer! Räuber! Mörder!« Das ist kein leeres Geschwätz von Leuten, die gern dramatisieren, denn in den Monaten vor meinem Besuch in Cité Soleil wurden in den Slums acht bis zehn Menschen entführt – und zwar *täglich*. Damit stellen die haitianischen sogar die kolumbianischen Kidnapper in den Schatten. Es ist eine wahre Epidemie. Und wer sich wehrt, wird auf der Stelle erschossen, erzählt man mir.

Aber nach wilden Schießereien und Hunderten von Entführungen in den vergangenen Monaten ist in den Wochen vor meiner Ankunft wieder Ruhe eingekehrt. Deshalb beschließe ich, es doch zu versuchen, vor allem auch weil ich in Famosas Begleitung Kontakte knüpfen kann.

Und ein dritter Faktor spielt auch noch eine Rolle: der Umstand, dass Famosa in den Armenvierteln herumerzählt, ich gehörte zu Ärzte ohne Grenzen. Das ist zwar eine Notlüge, aber sie zeigt ihre Wirkung: Denn sobald die Leute das hören, darf ich auf einmal doch fotografieren.

Überall in Cité Soleil ist Ärzte ohne Grenzen hoch angesehen. Und zwar aus ganz einfachen Gründen: Ärzte ohne Grenzen bietet in einem Krankenhaus und einem Gesundheitszentrum kostenlose medizinische Grundversorgung an. Das wissen die Ärmsten der Armen in Cité Soleil sehr wohl zu schätzen. Aber der Respekt gegenüber Ärzte ohne Grenzen und ihr Renommee in den Elendsvierteln erreichten ungeahnte Ausmaße, als die Ärzte und Schwestern auch während der gewaltsamsten Tage im Januar 2006 in Cité Soleil blieben. Bei Zusammenstößen von Banden der Cité Soleil mit der UN-Friedensmacht wurden damals Hunderte von Menschen erschossen. Die Geschosse aus den schweren Maschinengewehren auf den Panzerwagen der jordanischen UN-Soldaten waren quer durch die Mauern der Entbindungsstation des St.-Catherine-Krankenhauses gesaust.

Während des Kreuzfeuers zwischen den Banden und der UN-Streitmacht saßen die Mediziner von Ärzte ohne Grenzen damals 48 Stunden im Krankenhaus fest, ständig darum bemüht, den gewaltigen Zustrom Verwundeter zu behandeln. An ein und demselben Tag operierten sie neben vielen anderen einen 77-jährigen Greis und ein Baby von 15 Monaten, die man beide mit schweren Schusswunden in das Krankenhaus gebracht hatte.

»Manchmal kam jemand in einer Schubkarre und einige wurden auf Türen gebracht, die man aus den Angeln gehoben hatte, um sie als Krankenbahre zu verwenden«, erzählte Loris de Filippi, der italienische Projektleiter von Ärzte ohne Grenzen in Haiti, als er mir diese unwirklich erscheinenden Geschehnisse kurz vor den Wahlen schilderte.

»Überall in Cité Soleil respektiert man seither die Mitarbeiter von Ärzte ohne Grenzen«, berichtet Famosa. Und damit meint er eine Art von Respekt, die man sich nur auf dem Schlachtfeld verdienen kann.

Holzkohlehändlerin in den Straßen des Elendsviertels Cité Soleil in der haitianischen Hauptstadt Port-au-Prince.

»Selbst die Bandenchefs zollen Ärzte ohne Grenzen Achtung«, sagt Famosa. Er selbst hat in den Elendsvierteln einiges gesehen, was ein Mensch besser nicht zu Gesicht bekommen sollte. Davon erfahre ich, als ich ihn frage, wie das Leben in Cité Soleil im letzten Jahr war.

»Hart. Und brutal.«

»Erzähl doch mal.«

»Vor einem halben Jahr habe ich gesehen, wie ein Mann – ein Dieb, den sie geschnappt hatten – vor meinen Augen lebendig verbrannte«, sagt Famosa. Seine Verfolger haben ihn mit Benzin übergossen. Obwohl der Dieb flehte – »Tut's nicht! Tut's nicht!« –, warfen sie ihm einen brennenden Lumpen zu und sahen dann dabei zu, wie er wimmernd und heulend starb. Es dauerte lange.«

Ich stelle keine Fragen mehr, aber Famosa erzählt weiter: »Und dann im Januar während der Kämpfe habe ich gesehen, wie ein Schwein an einer Leiche auf der Straße gefressen hat. Seither kann ich kein Schweinefleisch mehr essen. Ich habe Alpträume davon.«

Wir gehen an einer Schule vorbei, deren Fassade zahlreiche Einschusslöcher aufweist, und gelangen schließlich zum Hauptquartier der Blauhelme, einem mit Sandsäcken verstärkten zweigeschossigen Bau, der an einer Kreuzung auf die Hauptachse des Elendsviertels ausgerichtet ist. Von hier aus haben die Jordanier während der Kämpfe gegen die Gangsterbanden auf die Schule und das Krankenhaus gefeuert. In der Schule haben sie dabei zwei Kinder erschossen. Im Krankenhaus blieb es bei Löchern in den Mauern und zerschossenen Fenstern auf der Entbindungsstation.

»*Collateral damage*« nannte das der Sprecher der UN-Truppen lakonisch.

Während wir tiefer in das Elendsviertel vordringen, spüre ich, wie mir die funkelnden Augen seiner Bewohner folgen. Hier treffe ich nur noch auf finstere, misstrauische Blicke. Nur die Ältesten heben lächelnd die Hand, wenn ich sie grüße.

Andere sagen nur: »*He, blanc!*« Oder: »*He, you!*« Ich kann ihren versteckten Hass verstehen: Sie leben in so unerhörter Armut, dass es nicht auszuhalten ist.

Hinter einer Biegung stoßen wir plötzlich auf einen gewaltigen Mitsubishi mit einer ordentlichen Delle auf der rechten Seite.

»Das ist der Wagen des *chef du quartier*«, flüstert Famosa auf nicht gerade beruhigende Weise. Hier bin ich also ganz dicht davor, einem der beiden Bandenchefs, die in Cité Soleil das Sagen haben, zu begegnen, einem Mann, der sich Amara nennt. Der Wagen ist gestohlen und die Polizei sucht den Hehler schon seit Monaten, aber in diese Elendsviertel wagt sie sich nicht hinein. Hier genießt Amara unbegrenzte Bewegungsfreiheit. Er steht als allseits bekannter Drogendealer und Waffenschmuggler an der Spitze der berüchtigten *chimères*, der Mafiosi des Elendsviertels. Und er war auch einer derjenigen, die für die einzigartige Entführungswelle zwischen Dezember 2005 und Februar 2006 verantwortlich waren. Sie zielte natürlich darauf ab, im Chaos, das den Präsidentschaftswahlen vorausging, noch einmal richtig abzusahnen.

Auf der Rückbank des Wagens sitzen zwei bildhübsche Frauen, kurz darauf tritt auch der Besitzer des Autos aus einem windschiefen Schuppen heraus.

»Amara!«, murmelt Famosa. Um seine Position zu unterstreichen, trägt der Bandenchef einen weißen Bauarbeiterhelm. Er schaut uns interessiert hinterher. Ein einziges Wort von ihm würde genügen, um mich spurlos vom Erdboden verschwinden zu lassen. Aber *le grand chef* steigt mit seinem Fahrer in sein gestohlenes Fahrzeug und zuckelt gemächlich davon, von einem Schlagloch zum nächsten.

Ein paar Schritte weiter, an einem Kanal, durch den eine schwarze stinkende Brühe fließt, kommen vier junge Männer auf uns zu. Einer von ihnen hält eine Flasche mit billigem Fusel in der Hand, er ist betrunken. Sie wollen Geld von uns.

»Ärzte ohne Grenzen«, sagt Famosa zu ihnen.

Daraufhin ändern sie ihre Strategie und bitten mich, ein Foto von ihnen zu machen, für das sie sich in heroische Posen werfen.

Wir nähern uns nun dem schmutzigsten Teil von Cité Soleil, der dort liegt, wo das Viertel ans Meer grenzt. Hier sehe ich Hütten aus Wellblechplatten, die nur erreichbar sind, wenn man sich über schmale Pfade durch das stinkende Gemisch aus Brackwasser und Schlamm schlängelt. Über den fauligen Pfützen hängen ständig Mückenschwärme, die üble Krankheiten, wie Denguefieber, verbreiten. Nirgendwo sonst auf der Welt habe ich je einen Ort gesehen, an dem Menschen in ähnlichem Schmutz hausen.

Vor einer der Blechhütten begegne ich einem jungen Mann und einem Grüppchen Frauen, unter denen sich eine alte ausgemergelte Großmutter sowie zwei jüngere Frauen mit ihren Kindern befinden. Sie sitzen vor der Tür ihrer windschiefen Hütte und bitten von sich aus um ein Foto, als hätten sie gerne einen Schnappschuss von den Ferien am Strand.

»Ein paarmal im Jahr läuft die Brühe hier über«, sagt der Junge und zeigt dabei über seine Schulter aufs Meer. Die Wassermassen der Bucht haben die üble Angewohnheit, sich manchmal ein paar Hundert Meter landeinwärts zu bewegen. Womit sie zwar zunächst einen Teil des Schmutzes wegspülen, anschließend aber zusätzliches Elend verursachen, wenn das zurückweichende Wasser sich in Pfützen sammelt, die sich in pechschwarze, stinkende Tümpel voller Tierkadaver, Plastikmüll, Kot und Essensreste verwandeln.

Cité Soleil: Jugendliche des Viertels.

Wir kehren um und marschieren jetzt auf die andere Seite des Slums, zu einem Viertel, das Tihaiti heißt. Zu ihm gelangt man über Brücken, die über einen fürchterlich stinkenden Graben führen.

In Tihaiti ist es womöglich noch schlimmer als in dem schrecklichen Stadtteil, aus dem wir gerade kommen. In den ärmsten Teilen des Viertels wohnen Familien in der sengenden karibischen Hitze unter rostigen Wellblechdächern, die aussehen, als seien sie gerade bombardiert worden.

»Was essen die Leute hier eigentlich?«, frage ich Famosa.

»Ich werde es Ihnen zeigen, kommen Sie mal mit«, sagt er und führt mich zu einer dunklen Hütte, in der Nudeln hergestellt werden. Der Mann, der hier wohnt, besitzt eine Maschine, mit der er Pasta zu langen, handbreiten Bahnen auszuziehen kann, die er dann zerschneidet, um Spaghetti aus ihnen zu herzustellen. Für die Bewohner hier ist diese Pasta oft das Einzige, was sie über Wochen zwischen die Zähne kriegen, außer Brot oder gebackenen Bananen.

Eine Frau mit vier Kindern, die dem Nudelhersteller gegenüber wohnt, erzählt mir, dass sie höchstens einmal täglich etwas isst und häufig einen Tag lang nichts zu essen hat. Grau vor Armut haust sie in einer Baracke aus Beton, auf deren Dach ein kleines Fischerboot liegt. Das hat einmal ihrem Mann gehört, der aber während der

Krawalle im Januar 2006 erschossen wurde. »Von den UN-Soldaten«, sagt sie, aber Famosa berichtet mir später, dass er wahrscheinlich von einem Schuss aus dem Gewehr eines Bandenmitglieds getötet wurde. Er war auf der Flucht vor der Gewalt in Tihaitis Gassen ins Kreuzfeuer geraten.

Als wir weiter durch das Viertel gehen, kommen plötzlich drei stämmige junge Kerle auf uns zu. Einer von ihnen trägt eine Pistole im Hosenbund. Sie fragen, was wir hier wollen: »Was machst du hier, Weißer? Und was sollen die Fotos?«

Die Stimmung wird schnell bedrohlich, der Junge mit der Pistole spielt mit seiner Waffe. Aber als Famosa ihnen erklärt, dass ich ein Journalist aus Belgien sei, der sich ein Bild von den Lebensumständen der Bewohner von Cité Soleil machen will, ändert sich ihre Haltung. Sie schütteln mir die Hand und sagen: »Willkommen in Cité Soleil« und »*Good job!*«

Kurz darauf begegne ich einer schwangeren Frau, die mir die Narbe einer Schusswunde an ihrem Bein zeigt und mir verschämt zu verstehen gibt, dass sie Hunger hat. Um sie herum schwirrt ein Trupp nackter Kinder. Einige von ihnen sind noch im Krabbelalter, aber ich sehe auch Jungen und Mädchen von sieben oder acht Jahren ohne Hose. Hinter einer der nächsten Ecken hebt eine Frau ungeniert ihre Röcke und pinkelt mitten auf die Straße.

Hier ist Famosa also aufgewachsen, denke ich, während meine Bewunderung für ihn mehr und mehr steigt. Er selbst hat mir diese Tour durch das Elendsviertel vorgeschlagen, weil er der Meinung ist, dass die Welt sehen müsse, wie die Menschen hier leben. Er will dafür kein Geld von mir als Dank annehmen.

Dass der Streifzug mich beeindruckt hat, steht außer Frage, denn während wir das Armenviertel verlassen, kann ich nur eines denken: Gott, was habe ich für ein Glück, dass ich nicht hier geboren bin.

IN DEM DURCH EINSCHÜSSE BESCHÄDIGTEN St.-Catherine-Krankenhaus im Herzen von Cité Soleil hat man den Flur neben der Entbindungsstation, der den Blick auf das Elendsviertel freigibt, mit einer bunten Mischung aus sandgefüllten Metallfässern und Sandsäcken abgedichtet. Für den Fall, dass im Quartier um das Krankenhaus wieder Krieg ausbricht wie Mitte Januar 2006.

Die St.-Catherine-Klinik ist ein staatliches Krankenhaus, das 1981 mit ausländischen Geldern erbaut und im unerklärlichen Eifer, mit dem internationale Helfer einfache Namen in komplizierte abändern, in CHOSCAL-Krankenhaus umbenannt worden war. Ihr Name reiht sich damit in eine Vielzahl von Akronymen ein, die als Kürzel für alles Mögliche stehen und im Wortschatz der Expats (*Expatriates* – im Ausland Lebende) und NGOs große Bedeutung haben. Das Zentrum für medizinische Grundversorgung in Cité Soleil, in dem Ärzte ohne Grenzen ebenfalls aktiv ist, wird CHAPI genannt. Ein Kürzel, von dem niemand genau weiß, was es bedeutet. Aber darunter kann ich mir wenigstens noch etwas vorstellen, wenn auch nur Hundefutter.

Auch die UN teilt diese Vorliebe für schwer auszusprechende Akronyme. Die 9000 Mann starke UN-Friedenstruppe in Port-au-Prince heißt beispielsweise MINUSTAH. Aber Gott bewahre mich vor dem Versuch herauszufinden, für was das nun wieder steht. Ich nenne sie einfach die *Blauhelme* und dann weiß jeder, von wem ich rede.

Als ich mich in St. Catherine umsehe, laufe ich Doktor Sarah Depuyt aus dem belgischen Torhout in die Arme. Sie ist die Anästhesistin des Krankenhauses und kommt gerade aus dem Operationssaal. Sie entschuldigt sich dafür, dass sie meine Fragen jetzt nicht beantworten könne, da sie gemeinsam mit einem italienischen Chirurgen noch am Operieren sei. »Aber komm mich doch heute Abend besuchen, dann habe ich Nachtdienst«, sagt sie. »Du kannst auch im Krankenhaus schlafen.«

Als ich sie abends wieder treffe, stellt sich heraus, dass Doktor Sarah Depuyt die Nichte eines Missionars ist, bei dem ich irgendwann einmal in der Evenaarprovinz im Kongo zu Gast gewesen war. Während wir unsere Erinnerungen an diesen großartigen Mann auffrischen, erhalte ich Einblick in ihren Zeitplan. Der Nachtdienst beginnt um halb fünf am Nachmittag und endet um neun Uhr am nächsten Morgen. Aber bevor ein Arzt seinen Nachtdienst antritt, hat er schon einen normalen Arbeitstag hinter sich. In Sarahs Fall schließt das die Aufsicht über die Notaufnahme, das Durchführen von Kaiserschnitten auf der Entbindungsstation, falls kein Gynäkologe da ist, und die Anästhesie während der Operationen ein. Aber eigentlich hat Ärzte ohne Grenzen in der Entbindungsstation gar nicht das Sagen. Die Ärzte arbeiten nur mit der lokalen Krankenhausabteilung zusammen. Und das hat seine Konsequenzen, wie ich bald schon feststellen kann.

Während wir uns unterhalten, kommt aus der Entbindungsstation eine Krankenschwester zu uns. Auf ihren Händen trägt sie ein winzig kleines, in ein Handtuch gewickeltes Menschlein: ein Sechs-Monats-Frühchen.

Sie schließt das Baby auf einem Tisch im Operationssaal an ein Sauerstoffgerät an. »Die Mutter hat kein Geld, um für so ein Frühgeborenes zu sorgen«, sagt sie und bringt damit indirekt zum Ausdruck, dass das Kind die kommende Nacht wohl nicht überleben wird.

Während Doktor Sarah sich in der Notaufnahme an die Arbeit macht, zieht es mich zur Entbindungsstation, wo ich mich bei einem der hiesigen Ärzte, der für Geburten zuständig ist, kundig mache. »Hier gelten andere Regeln als in Europa«, sagt der Arzt. »Ein Kind, das drei Monate zu früh geboren wird, hat hier nahezu keine Überlebenschance, vor allem weil wir keinen Brutkasten haben. Außerdem ist die Mutter arm. Sie will das Kind nicht, weil sie sich nicht erlauben kann, wochenlang im Krankenhaus zu bleiben, und ihr klar ist, dass das Kind zu Hause bestimmt sterben wird.«

Die Mutter selbst liegt in einem der Betten, um sich von der Geburt zu erholen. Der Doktor scherzt mit ihr und sie lacht. »Das Leben ist hier hart«, sagt der Arzt. Ich weiß, was er damit meint: Das Baby wird zum Sterben allein gelassen.

Bis zwei Wochen vor meiner Ankunft hatte auf der Entbindungsstation des Krankenhauses noch eine flämische Hebamme gearbeitet, aber ihr Vertrag lief aus, und sie fuhr nach Hause. Ärzte ohne Grenzen versucht nun, die offene Stelle vor Ort zu besetzen, aber das ist nicht so einfach; denn es gibt keine Anwärterinnen dafür. Welche Konsequenzen das für die vielen Kinder hat, die zu früh geboren werden, kann ich mit eigenen Augen sehen: Es interessiert die abgebrühten haitianischen Schwestern nicht im Geringsten, ob diese Kinder leben oder sterben.

In der Notaufnahme ist inzwischen ein Mädchen mit Krämpfen eingeliefert worden. Ich schätze es auf zehn Jahre. Es ist ein hübsches Kind, das in seinen Zöpfen rote Schleifchen trägt. Doktor Sarah überprüft seine Reflexe, aber es reagiert nicht mehr. Seine Eltern weinen im Behandlungsraum. Sie wedeln mit einem Rosenkranz über dem Kind hin und her, bis Doktor Sarah sie aus dem Zimmer schickt und mit der Untersuchung beginnt. Das Kind hat kein Fieber, doch der Vater sagt, es habe schon seit Tagen heftige Kopfschmerzen.

»Ich glaube, mit ihrem Gehirn stimmt etwas nicht«, sagt Doktor Sarah. »Ich würde mich nicht wundern, wenn sie den Morgen nicht übersteht. Dann werden die Eltern sicher mir die Schuld geben, weil ich ihnen ihren Hokuspokus im Notaufnahmeraum verboten habe.«

Während Doktor Sarah und die Schwester mit dem Kind beschäftigt sind, kommt ein Mann mit einem dröhnenden Transistorradio in die Notaufnahme und spaziert kommentarlos auf der anderen Seite wieder nach draußen. Niemand vom Personal hebt auch nur für einen Moment den Blick. Auch nicht als kurz darauf ein mit einem Holzknüppel bewaffneter Polizist durch den Behandlungsraum läuft.

Unterdessen beginnen die Medikamente zu wirken und die Krämpfe des Mädchens lösen sich. Sie kommt langsam wieder zu Bewusstsein und wird zu Bett gebracht. Weiß der Teufel, was ihr wirklich fehlt, das Krankenhaus verfügt jedenfalls nicht über die notwendigen Apparate, um die medizinischen Tests durchzuführen, die für eine gründliche Diagnose notwendig wären.

In den nächsten Stunden gehen die Lichter nach und nach aus, und ich mache mit Doktor Sarah noch einmal einen Rundgang durch das Krankenhaus. In einigen Zimmern, in denen mehrere Patienten liegen, schlafen Familienangehörige auf dem Boden. Andere wachen am Krankenbett und lesen laut in der Bibel.

In einem Zimmer der Entbindungsstation sitzt eine Frau mit weit geöffnetem Mund aufrecht im Bett und ringt nach Atem. Ihre Plazenta hat sich gelöst und sie wäre fast verblutet. Außerdem hat sie Wasser in der Lunge. Das St.-Catherine-Krankenhaus hat Blut vom Rote-Kreuz-Zentrum erhalten, aber nun muss man sehen, ob das Herz der Frau mit einem so gravierenden Blutverlust und dem verringerten Lungenvolumen fertig wird.

Kurz darauf kommen wir zu einer jungen, frisch operierten Frau, der der italienische Chirurg eine Zyste aus dem Bauch entfernt hat.

»Ihr Leib war so angeschwollen, dass sie kaum noch atmen konnte«, sagt Doktor Sarah. »Aber Vincenzo ist es gelungen, die ganze Zyste in einem Stück herauszukriegen. Siebeneinhalb Kilo! Willst du sie sehen?«

Um zehn Uhr abends erscheint mir eine solche Frage in diesem Krankenhaus schon lange nicht mehr ungewöhnlich, und wir machen uns auf die Suche nach der Geschwulst. Im Labor finden wir sie nicht, aber schließlich entdecken wir sie in einem großen verschlossenen Eimer in der Nähe des Operationssaales.

»Ha! Da ist sie«, sagt Doktor Sarah begeistert. Sie schiebt den Deckel vom Eimer und dann starren wir beide im Halbdunkel auf seinen Inhalt: Auf eine riesige Blase, die in einer Art Formalinlösung herumschwimmt.

»Was ist in der Blase?«

»Wasser«, sagt Doktor Sarah, »aber manchmal findet man auch Zähne und Haare darin.«

»Wie bitte?«

»Ja, das kann vorkommen, wenn die Wucherung entstanden ist, weil während der Embryonalentwicklung etwas schiefging. Wenn sich irgendeine Zellschicht falsch nach innen gefaltet hat oder so ähnlich.«

»Hmm.«

Ich versuche die Vorstellung, wie in einem Bauch Zähne oder Haare wachsen können, zu verdrängen, aber im Laufe der Nacht kommt mir immer wieder die trüb im Eimer schwimmende Blase in den Sinn.

Armut und Hoffnungslosigkeit in Cité Soleil haben es nicht vermocht, diesen Mädchen ihr entwaffnendes Lächeln zu rauben.

Nach dieser seltsamen Exkursion bitte ich Doktor Sarah, mich zu wecken, wenn ein Notfall eingeliefert wird, der eine Operation nötig macht. Dann zieht sich jeder von uns in ein Zimmer zurück, um etwas zu schlafen. Aber kurz vor Mitternacht beschließe ich, noch eine Runde durch die Krankenhausgänge zu drehen. Alle Geräusche sind nun verstummt – das Gekreisch der gebärenden Frauen, das Weinen der Kinder, das Stöhnen der Kranken und frisch Operierten, all das ist verschwunden. Überall finde ich Schlafende. Patienten, Familienangehörige und Mütter mit Kindern, einige schlafen mit ihren Babys an der – rund um die Uhr geöffneten – Milchbar ihrer Brust.

Irgendwas treibt mich wieder in den Operationssaal. Ich kann nicht umhin, ich muss nach dem Neugeborenen sehen, das in diesem leeren Raum allein seinem Schicksal überlassen ist. Unter dem Handtuch, mit dem es zugedeckt ist, klopft noch immer ein Herz. Ich versuche zwar, billige Sentiments aus meinen Gedanken zu verbannen und die Dinge rational zu betrachten, doch in diesem Moment fühle ich mich ziemlich hilflos. In dem Land, aus dem ich komme, würde das halbe Krankenhaus zusammenlaufen und alles Mögliche unternehmen, um so ein Frühchen zu retten, aber hier gelten andere Regeln. Und Regel Nr. 1 ist die, dass ein unerwünschtes Baby in einem der schrecklichsten Elendsquartiere der Welt keine Überlebenschance hat.

Draußen auf dem großen Hof des Krankenhauses treffe ich Famosa. Er ist für den Generator zuständig, der das Krankenhaus unaufhörlich mit Elektrizität versorgt.

»Willst du ein Cola?«, fragt er.

»Um die Zeit noch?«, sage ich.

»*Pas de problème!*«

Er verschwindet durch das metallene Eingangstor in die Gassen und kehrt nach einer Viertelstunde mit zwei kalten Coca-Cola-Dosen zurück.

»Wie ist es, hier zu wohnen?«, frage ich vorsichtig.

»Hart«, antwortet Famosa. »Es gibt keine Arbeit, kein Geld, nichts zu essen. Aber viel Gewalt. Es ist aussichtslos.«

»Belgien«, träumt er. »Da würde ich gerne hingehen. Dort würde ich Arbeit finden.«

»Spielst du noch Fußball?«

»Nur mit dem Ärzte-ohne-Grenzen-Team.«

»Bleibst du die ganze Nacht auf?«

»Nein«, sagt Famosa. »Aber ich bewache den Generator. Wenn er ausfallen sollte, muss ich ihn wieder in Gang kriegen. Und ich passe auch auf, dass niemand Treibstoff klaut.«

»Kommt das vor?«

»Hier eigentlich kaum«, antwortet Famosa nachdenklich, »aber in einem Privatkrankenhaus außerhalb von Cité Soleil fiel letzte Woche der Strom während einer Operation aus. Als sie nachschauten, warum, entdeckten sie, dass der Treibstoff für den Generator geklaut worden war.«

Während ich mir vorzustellen versuche, welche Folgen das für den Patienten hatte, der in dem Moment unter dem Messer lag, wünscht mir Famosa eine gute Nacht und ich sehe ihm zu, wie er mit seinem geschmeidigen pantherartigen Fußballergang zu seiner Schlafstelle geht, einem Schuppen in der Nähe des laut dröhnenden Generators.

ICH STEHE UM SECHS UHR AUF. In den Krankenzimmern der Klinik sind längst alle wach. Auf dem Hof steht eine lange Schlange von Patienten. Ich gehe noch einmal in den Operationssaal und sehe dort das mir nun schon vertraute weiße Handtuch. Leicht beunruhigt betrachte ich mir das Bündel, denn ich fürchte, das Kind darunter tot vorzufinden. Doch das nun ausgetrocknete und unterkühlte Baby lebt noch immer.

In einer anderen Abteilung wälzt sich das Mädchen, das am Abend zuvor mit Krämpfen eingeliefert wurde, in seinem Bett. Durch das Fenster eines weiteren Krankenzimmers sehe ich eine zierliche Ordensschwester, die hier Patienten besucht. Sie begrüßt mich ausgesprochen freundlich und erzählt mir mit aufrichtiger Anteilnahme, welches Unglück die Patientinnen in diesem Zimmer jeweils erlitten haben. An ihrem Akzent bemerkt man, dass sie Portugiesin ist. Am Bett einer reglosen, ausgemergelten Aids-Patientin bleibt sie stehen und streichelt ihr sacht über das Haar.

»Sida«, sagt sie leise und flüstert dann in einem sehr sanften Ton mit der sterbenden Frau.

»Sie hat niemanden. Sie bekommt keinen Besuch von ihren Verwandten. Deshalb besuche ich sie.«

Ihr Mitgefühl rührt mich tief, und als sie mich einlädt, die Schule zu besuchen, die neben dem Krankenhaus liegt, nehme ich die Einladung sofort an. »Ich komme bald mal vorbei«, sage ich zu ihr.

Noch am selben Vormittag stirbt das separat gelegte Baby, und gegen Mittag macht das Mädchen mit den Zöpfen und den roten Schleifchen eine Krise durch. Sie bekommt einen heftigen Fieberanfall, erblindet und stirbt schließlich in ihrem Krankenhausbett. Die Ärzte vermuten, dass ihr eine Art Meningitis zum Verhängnis geworden ist. Durch die Flure des Krankenhauses hallen die Schmerzensschreie der Eltern, die ihre Tochter lauthals beweinen.

Haus und Lebensraum eines kleinen Knirpses in Cité Soleil.

Deprimiert verlasse ich St. Catherine, um die Nonnenschule in der Nähe zu besuchen. Sie ist von einer weiß getünchten Mauer umgeben und schon von Weitem sehe ich die Palmen und Bougainvilleen in ihrem Garten. Nach dem Tod der Kinder im Krankenhaus kann ich etwas Aufmunterung gebrauchen und ich freue mich deshalb schon auf ein Wiedersehen mit der freundlichen Ordensschwester, der ich am Bett der Aids-Patientin begegnet war.

Doch am Schultor tritt mir eine Nonne mit weniger sanftem Charakter in den Weg. Ich stelle mich vor, aber sie verzieht nur ihr Gesicht und sagt: »Nein, Journalisten können wir nicht einlassen.«

Diese dicke, grobschlächtige Nonne wäre mit ihrem Damenbart und der dicken Warze an der Nase als Hexe in einem Schneewittchen-Film sicher eine gute Besetzung, wenn ihr Bauchumfang ein erfolgreiches Casting nicht verhindern würde.

»*Non, non*. Keine Journalisten«, sagt sie noch einmal und entblößt dabei ein gelbes Gebiss, dessen Zähne so lang sind wie die eines 20 Jahre alten Gauls. Obwohl ich mich nicht von der Stelle rühre, versperrt sie mir breitbeinig den Weg zum Spielplatz der Schule.

Ich gehe meiner Wege und lobe den Herrn dafür, dass es Nonnen auf dieser Welt gibt. Erstens weil so verhindert wird, dass saure Tanten wie dieses Weib, das mir die

Tür gewiesen hat, je heiraten und einen unschuldigen Mann unglücklich machen. Und zweitens weil die Welt von der reinen Sanftmut, die von ihrer Mitschwester ausgeht, die ich im Krankenhaus getroffen habe, sicher mehr gebrauchen kann.

AUF DER PERSONALLISTE des Krankenhauses und des Gesundheitszentrums in Cité Soleil finden sich Namen, die sinnfällig machen, wie viel Fantasie Haitianer bei der Namensgebung ihrer Kinder entwickeln. Hier eine Auswahl: Hippolyte Pétrol, Aimable Lovely, Bernadette Délice, Innocent Caramelle. Und zu guter Letzt mein Lieblingsname: Théodore Praline.

Haiti ist wirklich ein bizarres Land. Dass es ein *Land* ist, ist sicher, aber es ist schwer zu glauben, dass es auch ein *Staat* ist. Eigentlich ist Haiti von Anfang an ein einziges Chaos.

Im Grunde fing der Ärger in Haiti schon an, als Christoph Kolumbus die Insel mit seinem Schiff fast rammte und der verirrte Italiener glaubte, er sei in Indien gelandet. 100 Jahre nachdem der erste Europäer in der Neuen Welt an Land gegangen war, war von den etwa 400 000 Ureinwohnern der Insel, auf deren westlichem Teil Haiti liegt, kein Einziger mehr übrig.

Dann kamen die Franzosen. Sie importierten 450 000 Sklaven aus Afrika und schickten aus *la douce France* noch 10 000 Mann hinterher, um sie besser ausbeuten zu können. Das funktionierte ausgezeichnet bis zur Französischen Revolution. Doch dann begannen sich die Haitianer allmählich zu fragen, warum die großen Ideale von Freiheit, Gleichheit und Brüderlichkeit nicht auch für sie gelten sollten. Und 1804, als das französische Militär gerade anderweitig beschäftigt war, erstritten sie ihre Unabhängigkeit.

Jüngeren Datums sind hingegen die Machenschaften des grausamen Diktatoren-Tandems François Duvalier (*Papa Doc* genannt, 1957–1971) und seines Sohns Jean-Claude (*Baby Doc*, 1971–1986), die uns noch frisch in Erinnerung sind. Es waren Jahre, in denen es in Haiti keinerlei Chance auf Fortschritt gab, und es dem Land erst recht nicht gelang, Investoren anzulocken. »Wir gingen bankrott«, fasst ein Arzt im St.-Catherine-Krankenhaus diese Periode zusammen. Unter den Duvaliers – fröhlich unterstützt von den USA und Frankreich – ging Haiti zum Teufel. Mehr als zwei Millionen Haitianer verließen das Land und machten sich auf die Suche nach einem besseren Ort zum Leben.

An diese Jahre schloss sich dann das Theater um Präsident Jean-Baptist Aristide (1991–2004) an, den korrupten Apostel der Armen, der die Armee abschaffte und sie durch seine Privatbanden in Cité Soleil ersetzte, woraufhin ihn die noch korrupteren Reichen Haitis aus dem Land warfen. Wenn man sich zu alldem noch eine amerikanische Invasion vorstellt – die Ordnung in das Ganze bringen will – sowie eine Armee von Heilspropheten aus mehr als 40 verschiedenen Kirchen und dazu noch Dutzende von NGOs, die bemüht sind, Haiti über Wasser zu halten, dann ergibt sich daraus 200 Jahre nach der Unabhängigkeit immer noch kein besonders ansprechendes Bild.

Wie man es auch dreht und wendet, vieles haben sich die Haitianer selbst zuzuschreiben, oder besser gesagt: ihren Machthabern. Denn wenn man nach 200 Jahren Unabhängigkeit immer noch auf die Kolonialherrschaft verweist, macht man es sich wohl ein bisschen zu einfach. Auch wenn der Straßensänger Manno Charlemagne Ende des letzten Jahrhunderts noch die tiefen Spuren besungen hat, die das Sklavenelend hinterlassen hat:

»Depuis ma naissance, je te rencontre dans mon pays
A cause de cela, je subis tant de misère (…)
Maudit soit le sexe de ta mère, blanc!«

»Seit meiner Geburt treffe ich dich in meinem Lande
und daher erleide ich so viel Elend (…)
verflucht sei der Schoß deiner Mutter, Weißer!«

Hass, Chaos und Gewalt sind die drei Begriffe, die den meisten von uns einfallen, wenn sie an Haiti denken. Außerdem kommt einem das menschenunwürdige Elendsviertel Cité Soleil in den Sinn, ein Stadtteil, den Baby Doc zum Ruhme seiner rechtmäßig angetrauten Gattin anlegte. Na ja, das war wohl auch kein voller Erfolg …

Ist Haiti ein einziges Fiasko? Wenn Sie mich fragen, schon. Wie soll man sonst ein Land beurteilen, das allein für 20 Prozent der Drogenimporte in die USA verantwortlich ist, in dem häusliche Gewalt und Voodoo-Praktiken furchtbare Formen annehmen und ein Politiker nie als Gegner, sondern immer als Feind angesehen wird? Ein Land, in dem die drei letzten Präsidenten und ihre Helfershelfer in großem Umfang Folter, Morde und Exekutionen verschuldet haben und in dem nach eigener Aussage des Polizeichefs ein Drittel seiner Mannschaft aus korrupten Gaunern besteht.

Und dann gibt's noch einen Grund dafür, warum in Haiti alles ein bisschen zäh läuft: Berichten der Weltbank zufolge dauert es in Haiti durchschnittlich 60 Tage, einen Handelsartikel zu importieren. Und ehe es gelingen kann, muss ein armer Geschäftsmann sage und schreibe 35 Unterschriften auf seinem Einfuhrformular zusammentragen! Ärzte ohne Grenzen kann ein Lied davon singen: »Wenn einer der Beamten in Urlaub ist, muss man einfach warten, bis er wiederkommt«, seufzt Loris de Filippi, der italienische Leiter des Ärzte-ohne-Grenzen-Einsatzes in Haiti. »Das mag lächerlich klingen, aber wenn man etwa darauf angewiesen ist, Morphium zu importieren, um eine ordentliche Anästhesie durchführen zu können, ist das nicht mehr lustig.«

Im Bericht der Weltbank nimmt Haiti im Hinblick auf Start-up-Bedingungen für Unternehmen auf einer Liste von 155 Ländern den 149. Rang ein. Am gründlichsten haben diesen Bericht offenbar die Haitianer selbst studiert. Im St.-Catherine-Krankenhaus erzählt mir Doktor Gary Jacquet, der in Port-au-Prince geboren und aufgewachsen ist: »Kein reicher Haitianer investiert im eigenen Land. Sie bauen sich hier zwar schöne Villen, das schon, aber ihr Geld legen sie in den USA und in der Schweiz an.«

Bei alldem hätten wir dann noch nicht erwähnt, dass die Hauptstadt ständig von brutalen, kriminellen Banden in Schach gehalten wird, aus denen immer wieder neue Kidnapper- und Mördergangs hervorgehen. Es ist diese unübertroffene Mischung unterschiedlicher Probleme, die Haiti zu einem der ärmsten und gewalttätigsten Länder der Welt macht und zu einem Ort, der wahrhaftig Depressionen hervorrufen kann.

Letzteres traf sicher auch auf den brasilianischen General zu, der die Blauhelme befehligte und den Auftrag erhielt, Cité Soleil von seinen Banden zu befreien. Zum entscheidenden Zusammenstoß kam es – zum Glück für die Bewohner von Cité Soleil – nie, denn im Januar 2006 beging der General Selbstmord.

Wenn Sie der Meinung sind, ich würde nun doch ein wenig übertreiben, dann richten Sie Ihre Aufmerksamkeit bitte auf Folgendes. An meinem dritten Tag in Haiti kaufte ich mir eine Zeitung. Und was las ich?

»KÖPFE VON 44 MENSCHEN IN MÜLLTONNE ENTDECKT.«

Lange Jahre in Zeitungsredaktionen haben mich zwar ziemlich immun gegenüber reißerischen Titeln gemacht, aber Sie müssen zugeben: Das lässt sich nur schwer überbieten. Die Köpfe wurden in einem Müllcontainer in Pétionville gefunden, in der Nähe meiner Unterkunft. Es kamen zwar eine Menge Neugieriger, die sich das ansehen wollten, aber auch wieder nicht übermäßig viele, denn in Port-au-Prince ist man einiges gewohnt. Daher fand sich dieser Bericht auch nicht auf dem Titelblatt, sondern nur auf Seite fünf. Auf Seite eins stand ein Artikel, der erläuterte, wie man in Haiti an einen Führerschein kommen kann, ohne dafür die Polizei zu schmieren.

Wo diese Schädel ohne die dazugehörenden Körper herkommen, ist in Port-au-Prince noch lange nicht geklärt. »Voodoo!«, raunen einige Haitianer nur beschwörend, wenn ich sie frage, wie sie sich das plötzliche Auftauchen der Schädel erklären.

Andere verweisen jedoch auf die *Operation Bagdad* und damit auf den ziemlich eindeutigen Namen einer 2004 gestarteten Offensive der Cité-Soleil-Banden gegen die Polizei von Port-au-Prince. Ihr Ziel war es, möglichst viele Polizisten im buchstäblichen Sinne einen Kopf kürzer zu machen. Vielleicht kommen die Resultate dieser erfolgreichen Initiative nun allmählich zum Vorschein?

Woher kommt diese Explosion von Gewalt?

»Im Krankenhaus habe ich erlebt, wie eine Frau während eines Streits eine andere bei den Ohren packte und ihr die Nase abbiss. Und eine andere Frau schlug ihrer Gegnerin mit einem Stein die Zähne aus, worauf diese zum Gegenangriff überging und ihre Widersacherin mit dem Messer skalpierte«, erzählt mir Doktor Jacquet im St.-Catherine-Krankenhaus. »Ich glaube, eine Ursache derartiger Wutausbrüche ist der enorme Stress, unter dem die Menschen in Cité Soleil leben.«

Dass die Hitze, der Gestank, der Hunger und die Hoffnungslosigkeit die Menschen in den Slums in die Raserei treiben können, davon bin ich nach meinem Besuch im Elendsviertel Cité Soleil überzeugt. In Haiti und mehr noch in Port-au-Prince kann man den trügerischen Eindruck gewinnen, man befinde sich in einem Teil Afrikas, obwohl das nicht der Fall ist. Die Zustände, die mir hier begegnen, erinnern mich zwar sehr stark an den afrikanischen Busch, aber hier mitten in der Großstadt liegt auch jeder erdenkliche Luxus in Reichweite. Diese Nähe macht Haiti zu einem schizophrenen Land, zu einem Niemandsland zwischen unvorstellbarem Reichtum und bitterster Armut.

Im St.-Catherine-Krankenhaus kann man sehen, welche Folgen das hat: Dort werden Frauen halb totgeschlagen eingeliefert, Männer, denen Bandenmitglieder aus Rache Hände und Füße durchschossen haben, und Waisenkinder, die zu Haussklaven degradiert wurden und die man hier *restez avec* (»Bleibt bei ihnen«) nennt. Es gibt hier niemanden, der sich um diese Missbräuche kümmert.

Doktor An Wauters aus Belgien, die medizinische Koordinatorin des Krankenhauses, erzählt mir: »Es ist nicht leicht, mit den Haitianern zu arbeiten. Sie sind sehr empfindlich gegenüber Kritik und können es nicht ausstehen, kommandiert zu werden. Man kann zu ihnen nicht einfach sagen: ›Gib diesem Patienten sofort eine neue Infusion.‹ Das funktioniert nicht. Man muss sie bitten, ob sie vielleicht diesem oder jenem Patienten eine neue Infusion geben könnten. Sonst wird man sofort als Rassist bezeichnet. Es ist manchmal wirklich ein rechter Eiertanz.«

Die Personalschwierigkeiten des Krankenhauses werden auch dadurch verstärkt, dass ein Großteil des Krankenhauspersonals vom Staat nur einen geringen Lohn er-

Ein Vater verkauft gemeinsam mit seiner Tochter Feuerholz und Kohlegrus auf dem Markt von Petite Rivière.

hält, dessen Höhe unabhängig davon ist, ob der Einzelne nun drei oder acht Stunden pro Tag arbeitet. Die Motivation der haitianischen Krankenschwestern ist daher auch nicht besonders hoch, wie mir bei dem schmerzlichen Vorfall mit dem Baby, das man einfach seinem Schicksal überlassen hat, schon klar geworden war. Sie zeigen kein Mitleid mit den Patienten, für die sie zuständig sind. Man sieht ihnen an, dass sie über die Ankunft von Ärzte ohne Grenzen nicht besonders erfreut waren. Denn Ärzte ohne Grenzen brachte zum Teil eigenes (und viel besser bezahltes) Personal mit und führte in der Klinik ein anderes Arbeitstempo und andere ethische Grundsätze ein.

»Man muss es mal so sehen«, sagt Doktor Sara Van Rompaey, die im Gesundheitszentrum Chapi arbeitet, »jetzt wo wir hier den Laden schmeißen, muss das staatliche Personal für den gleichen Lohn zehnmal so hart arbeiten.«

Diese Entwicklung lässt sich nicht auf eine Sklaventreibermentalität bei Ärzte ohne Grenzen zurückführen, sondern allein darauf, dass die Krankenversorgung im Gesundheitszentrum wegen des Ärzte-ohne-Grenzen-Einsatzes nun kostenlos ist und das medizinische Personal deshalb plötzlich mit einer steigenden Patientenflut zurechtkommen muss.

Die Krankheiten, die bei den hier behandelten Kindern am häufigsten vorkommen, sind Erkrankungen der Luftwege, Durchfall und Probleme mit Parasiten und Krätze. Und natürlich Unterernährung. »20 Prozent der eingelieferten Kinder sind unterernährt«, sagt Doktor Van Rompaey. Ein Bericht des World Food Programme der Vereinten Nationen zählt Haiti, neben Afghanistan und Somalia, zu den drei Ländern, in denen der größte Mangel bei der täglichen Kalorienversorgung herrscht.

Den Erwachsenen drohen andere Gefahren: Bluthochdruck, der durch Stress und den Genuss zu salzreicher Nahrung hervorgerufen wird, Gastritis und sexuell übertragbare Krankheiten. Nur um keine Missverständnisse aufkommen zu lassen: Unter einem hohen Blutdruck versteht man in Haiti nicht so etwas wie 150/110.»Wir haben hier Patienten mit einem Blutdruck von 250/200«, sagt Doktor Van Rompaey. »In dem Land, aus dem ich komme, ist man damit schon so gut wie tot.«

IN DEN STRASSEN VON PORT-AU-PRINCE frage ich einen Mann, wo ich Geld wechseln kann. In einem Kauderwelsch aus Kreolisch und Französisch beschreibt er mir den Weg zur Bank. Er trägt ein T-Shirt, das auf der Vorderseite Herrn Préval, den neuen Präsidenten von Haiti, zeigt, darunter steht der Slogan: *Preval Prezidan.* Auf der Rückseite ist zu lesen: *Lespwa,* was so viel bedeutet wie »L'espoir« (»Die Hoffnung«).

Kreolisch ist eine Sprache, die sich ziemlich leicht lesen lässt. Man kommt schon relativ weit, wenn man den Buchstaben R aus dem Wortschatz streicht, denn den können Haitianer nur schwer aussprechen. Daher ist es auch kaum möglich, jemandem hier zu vermitteln, dass ich Marc heiße.

»Mac?«

»Nein, Marc.«

»Ah, Mike!«

»*Non:* Marc!«

»*Oui, bien sûr,* Mac!«

Auf diese Weise wurde aus *laboratoire* einfach *laboratwa,* aus *contrôle* wurde *kontwole* und *profit* wurde zu *pwofite.* Und *protocole* ist *pote kole.*

Nach einer Weile gelingt es mir, die Beschriftungen im Krankenhaus zu lesen: *Konsiltasyon. Medikaman. An memmtan. Ansanne. Nou felisite tout moun ki respete dwa sa.*

Kreolisch ist die Sprache von Menschen, die weder schreiben noch lesen können und die versuchen, nach Gehör etwas von einer Sprache aufzuschnappen, die ursprünglich nicht ihre eigene war und von der Sprache ihrer Unterdrücker in ferner Vergangenheit abstammt. In dieser Hinsicht ist Kreolisch ein interessantes Beispiel dafür, wie sich eine Sprache innerhalb von 200 Jahren entwickelt.

In der Bank stehen alle Kunden in einer Reihe in der Mitte an. »Wohin muss ich, um Dollars zu wechseln?«, frage ich am Informationsschalter. »Zur Kasse«, lautet die Antwort. Also gehe ich suchend durch das Bankgebäude, bis ich zu einer Tür komme, auf der »*Caisse*« steht, aber sie scheint geschlossen zu sein.

»Dollars wechseln?«, sage ich zu einer Angestellten an einem der Schalter, die gerade einen Mann bedient.

»Äh, am mittleren Schalter«, antwortet sie, aber nachdem sie mich kurz gemustert hat, fügt sie hinzu: »Aber bleiben Sie ruhig hier stehen.«

Mir ist es ein bisschen peinlich, dass ich jetzt schneller drankomme als 20 anstehende Kunden. Daher schaue ich etwas verschämt nach hinten, aber niemand scheint es mir übel zu nehmen.

Schließlich fällt mein Blick auf ein Schild über dem Schalter der jungen Dame, darauf steht: *Vieillards et handicapés* (»Alte und Behinderte«).

AM NÄCHSTEN TAG FAHRE ICH mit dem Auto nach Petite Rivière, einer kleinen Stadt, 150 Kilometer von Port-au-Prince entfernt. Es kommt mir vor, als würden wir vier Stunden über einen Schuttplatz fahren: Eine Müllkippe reiht sich an die andere. Zwischen ihnen liegen kleine Ansiedlungen, in denen sich schiefe Holzhütten gegenseitig stützen. Irgendwann fahren wir auch für etwas mehr als eine Stunde am Meer mit seinem aquamarinblauen Wasser entlang, doch selbst hier ist Haiti nicht schön. Denn anders als in der Dominikanischen Republik, dem Nachbarland Haitis, fehlen hier Hotels und Sonnenschirme am Strand. Tourismus gibt es in Haiti so gut wie nicht.

Am Straßenrand werden Bananen und Holzkohlen verkauft, und einmal sehe ich sogar einen Mann mit einer Languste an der Straße stehen. Wenn ein Auto vorbeikommt, hält er sie an einer Antenne hoch und zeigt sie, bis die Staubwolke, die der Wagen hinterlässt, den Langustenverkäufer eingehüllt hat.

Überall – sowohl in den Dörfern wie auch am Straßenrand – entdecken wir zerlegte Autowracks. Autos, die liegen geblieben oder verunglückt sind und danach bis aufs Gestänge demontiert wurden. Manchmal erinnert der Anblick all dieser ausbrannten Wracks an eine Kriegsszenerie.

Als wir endlich in Petite Revière ankommen, überqueren wir einen Fluss – den Artibonite – und einen Kanal, in dem Männer und Frauen nackt baden. An den Flussufern sehe ich Reisfelder und zum ersten Mal gewinnt die Landschaft hier etwas, das über die Banalität von Armut, Schmutz und Bodenerosion hinausgeht.

Ich werde bei einer Gruppe Expats einquartiert, die für Ärzte ohne Grenzen arbeiten: Sie engagieren sich in einem Projekt, das aus drei Gesundheitszentren besteht. Diese werden dringend gebraucht. Schon deshalb, weil nirgendwo in Südamerika mehr Frauen im Kindbett sterben als in Haiti – mehr sogar als in Bolivien, das als das ärmste Land Südamerikas gilt.

Petite Rivière de l'Artibonite – wie die kleine Stadt mit vollständigem Namen heißt – ist ein staubiges Nest mit einer großen Kirche im Zentrum und einem Platz davor, auf dem man die Hälfte der Bäume gefällt hat. Auf dem Gipfel des Hügels, an dessen Hängen sich der Ort ausbreitet, stehen die Ruinen einer alten französischen Befestigungsanlage. Ansonsten stammt nur noch eine große verfallene *préfecture* mit dicken Mauern und 365 Türen – für jeden Tag des Jahres eine – aus der Kolonialzeit. *Le palais* nennen die Bewohner der Stadt das Bauwerk, aber ein Palast ist es sicher nie gewesen. Es war ein französisches Verwaltungsgebäude, wozu es jedoch genau diente, weiß niemand mehr. Auch Saggittaire nicht, die in Petite Rivière geboren ist.

Sie wird in Petite Rivière meine Fremdenführerin sein und sie will mir das Gericht, die Kirche und das Rathaus zeigen, aber ich frage sie stattdessen: »Glaubst du an Voodoo?«

Sie legt den Kopf schief, schaut mich an und sagt lächelnd: »Ein bisschen.«

»Kennst du keinen Voodoo-Priester, den wir besuchen können?«

Sie kenne da natürlich schon jemanden, sagt Saggittaire – ein deutliches Indiz für die Präsenz des Okkulten in der haitianischen Gesellschaft –, und wir vereinbaren, diesem Mann am kommenden Morgen einen Besuch abzustatten.

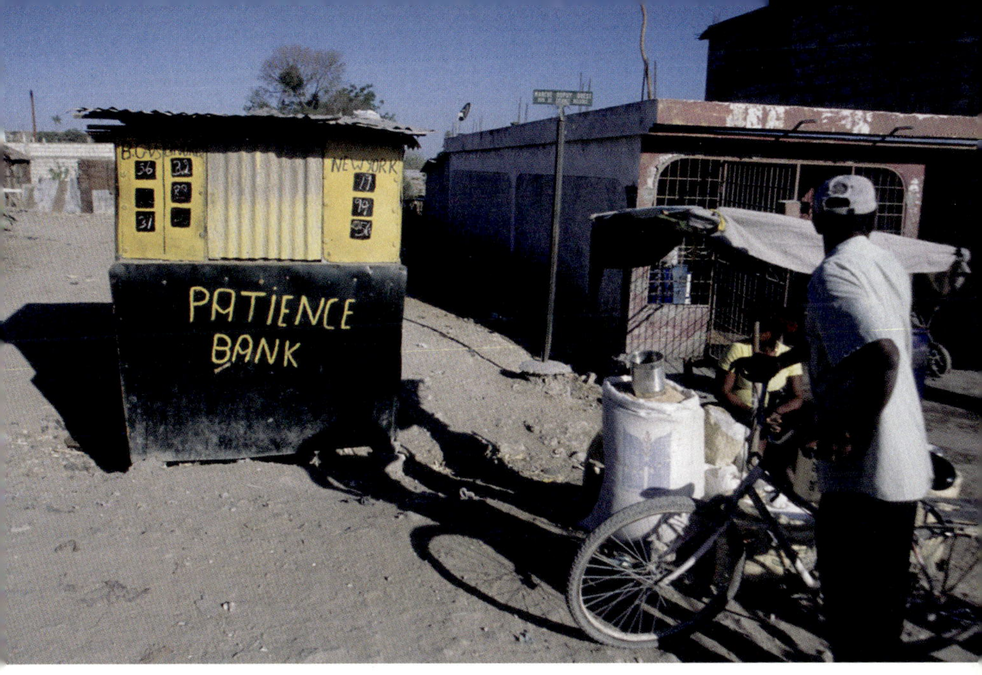

Die rätselhafte Patience Bank *in Petite Rivière.*

Dann trinke ich ein Gläschen im Café der Bäckerei von Petite Rivière. Während ich dort sitze, kommt ein Trauerzug vorbei. Hunderte folgen einem Sarg, der in einem amerikanischen Kombi zum Friedhof gefahren wird. Hinter dem Leichenwagen geht ein Orchester, das Tingeltangelmusik spielt. Die Frau, die hier zu Grabe getragen wird, heißt Mireille und an fast alle Hauswände am Straßenrand hat man mit Farbe *Adieu Mireille* gepinselt. Das finde ich rührend.

Ich beschließe, dem Trauerzug zu folgen, auch weil ich mir den Friedhof einmal ansehen will. Alle haben sich in Schale geworfen: Die Frauen sind in Schwarz oder Weiß gekleidet und tragen elegante Hüte. Die Männer haben schwarze Anzüge, weiße Hemden und Krawatten an. Dieser Trauerzug könnte ebenso gut auch durch Alabama (USA) ziehen, und mit einem Male kommt mir Haiti eher wie eine verlorene Provinz der USA vor und weniger wie ein abgedrifteter Teil Afrikas.

Die Prozession biegt um die Ecke und kurz darauf schon um die nächste. Je länger wir unterwegs sind, desto weniger kann ich erkennen, wohin wir gehen. Es kommt mir vor, als liefen wir hinter dem Sarg kreuz und quer durch die Stadt.

»Wir sind doch zum Friedhof unterwegs?«, frage ich einen Mann, der wie ich im hinteren Teil der Prozession mitläuft. Der alte Mann, der sich bei seiner Frau untergehakt hat, hat graues Haar und einen gestutzten weißen Bart. Mit seinem eleganten Filz wirkt er wie ein Bruder von Nelson Mandela.

»Ja«, nickt er freundlich, »gleich kommen wir zum Friedhof.«

Eine Viertelstunde später irren wir allerdings noch immer durch die Straßen von Petite Rivière. Ich verstehe es nicht: Mir scheint, als hätten wir uns verlaufen. Schließlich bitte ich denselben alten Mann um eine Erklärung. »Warum dauert es so lange, bis wir ankommen?«

Er lächelt: »Wir spazieren mit dem Sarg durch die Stadt – immer die Straßen auf und ab – damit der Geist der Toten sich verirrt und den Heimweg nicht mehr findet.«

Das geht mir nun doch ein bisschen zu weit: Ich lasse es sein und beschließe, in das Café zurückzukehren. Aber mittlerweile ist es den Sargträgern vorzüglich gelungen, auch den Geist eines Lebenden zu verwirren, denn ich habe nicht die geringste Ahnung, wo ich gerade bin. Als ich eine Frau, die an einem Stand Bonbons und Kaugummis verkauft, nach dem Weg frage, schickt sie mir – um mir als Fremdem wieder auf den rechten Weg zu helfen – ihren Sohn mit. Mit seiner Hilfe finde ich wieder dorthin zurück, wo ich mich dem Trauerzug angeschlossen hatte. Und eigentlich ist es direkt um die Ecke.

Auf der Terrasse des Cafés beobachte ich, wie sich die Nacht langsam über Petite Rivière senkt. Und als das Dunkel die kleine Stadt eingehüllt hat, zeigt sich, dass Strom hier Mangelware ist. Denn hier und da sehe ich Jugendliche und Kinder unter den Lampen vor den Häusern der reicheren Familien sitzen. Sie lernen und machen ihre Hausaufgaben. Im ärmsten Land der nördlichen Hemisphäre ist das für sie die einzige Möglichkeit, abends ihre Arbeiten für die Schule zu erledigen.

HEBAMME AGNES JACOBS VERRÄT MIR, dass sie zuweilen von Voodoo-Anhängern gefragt wird, ob sie ihnen Menschenblut besorgen kann. Das lehnt sie natürlich ab. Ein solches Ansinnen macht jedoch deutlich, wie sehr Haiti von Voodoo-Praktiken durchdrungen ist. Mir ist nicht so recht klar, was mich erwartet, als Saggittaire am nächsten Morgen wie abgesprochen auftaucht, um mich zu einem Voodoo-Priester zu begleiten.

Wir gehen eine Weile schweigend durch die Straßen, bevor wir über einen schmalen Pfad zu einem Haus hinabsteigen, über dem Fahnen flattern – als Zeichen dafür, dass an diesem Ort Geister angerufen werden. Wir klopfen an und ein junger Mann bittet uns herein. Er erklärt uns, der Voodoo-Priester – der *ougan* – sei nicht zu Hause. Doch er sei irgendwo in der Nähe und der junge Mann werde ihn für uns suchen.

Während wir auf ihn warten, sehe ich mich im Haus um. Mitten in einem Raum, der einen freien Ausblick auf den Fluss bietet, steckt ein großes Steinkreuz im Erdboden. An seinem Fuß liegen, halb in den Boden eingegraben, zwölf Totenköpfe.

Dahinter steht ein ausgebuddelter Kindersarg. An der Decke hängen durchlöcherte Fahnen, die Wände sind mit bizarren Szenerien bemalt: einem Walfisch mit Frauenkopf, der Trompete spielt, einem Kopf mit drei Gesichtern und einer schwarzen Madonna mit Kind. Ganz hinten im Raum befindet sich eine Art Kapelle, deren vergitterte Tür verschlossen ist. Neben der Tür steht eine ganze Reihe von Trommeln.

Plötzlich fliegt die Tür auf und der *ougan* erscheint. Er ist ein großer und kräftiger Mann in mittleren Jahren, der mir grinsend die Hand schüttelt und mir bedeutet, unter einem Wandbild, auf dem ein Mann mit einem Strick eine Prozession anführt, Platz zu nehmen.

Saggittaire fragt ihn auf Kreolisch, ob er mir ein Interview geben würde. Der Voodoo-Priester hat nichts dagegen. »Was möchten Sie wissen?«, fragt er mich.

Ich frage ihn, was er hier so treibt und wie er *ougan* geworden ist.

»Es ist eine Gabe«, sagt er und rollt dabei furchterregend mit den Augen. In seiner Familie hätte es schon drei *ougans* gegeben. Er selbst habe die Gabe von seinem Großvater geerbt, daher könne er auch wie dieser mit den Geistern, den *lwois,* reden.

»So kann ich alle, selbst mysteriöse Krankheiten heilen«, behauptet der *ougan,* der sich Estavien nennt. Ich frage ihn, wie ihm das möglich sei, woraufhin er Saggittaire und mich zu seiner Kapelle führt. Sie birgt Hunderte von leeren Schnapsflaschen, weitere Schädel und Knochen, ein Gemälde des Heiligen Herzens und fünf Porträts katholischer Heiliger. Mitten im Raum steht ein Sessel. Auf ihm nimmt der *ougan* Platz, wenn er, mit einem Kranken an seiner Seite, zu den Geistern spricht.

Wenn es dem Patienten sehr schlecht geht, assistieren ihm manchmal mehrere Helfer bei einem solchen Ritual. Und immer spielen eine Reihe magischer Kräuter eine Rolle, deren Namen Estavien uns der Reihe nach nennt: *zodevin, gatesco, corpelin, jarbeli* ... Aus ihnen bereitet er ein Gemisch, das ihn reinigt und auf die Ankunft der Geister vorbereitet. Dem Kranken flößt man derweil Tee ein.

Es gibt unterschiedliche Geister, die seltsame Namen wie Simbi, Boriso, Rada und Coci tragen, und jeder Geist besitzt einen anderen Charakter. Der *ougan* ist das Medium, durch das sie sprechen.

Nicht nur Kranke wenden sich an einen Voodoo-Priester, auch Leute, die in Geschäftsdingen oder wegen familiärer Probleme einen Rat suchen. Bei geschäftlichen Angelegenheiten – der teuersten Kategorie – kann sich die Rechnung für einen Rat der Geister schon mal auf 50 000 bis 100 000 Gourdes belaufen. Das entspricht etwa 2500 Dollar und ist ein wahres Vermögen in Haiti, wo der Großteil der Einwohner mit weniger als einem Dollar pro Tag auskommen muss. Ein- bis zweimal wöchentlich führt Estavien seine Zeremonie durch, der Voodoo-Priester muss also ein reicher Mann sein.

Voodoo-Priester Estavien in seinem Heiligtum in Petite Rivière.

»Von wem stammen die Schädel?«, frage ich und zeige dabei auf die Knochen, die unter dem Kreuz der Kapelle liegen.

»Sie stammen von Zombies!«, brüllt der *ougan,* als würde schon das Wort allein ihm große Angst einjagen. »Man muss von Zombies umgeben sein, die stärker sind als diejenigen, von denen der Kranke besessen ist. Sonst lassen sie sich nicht vertreiben. Wir *ougans* bekämpfen das Böse mit dem Bösen!«

Am großen Steinkreuz findet der Tanz der Geister statt, erklärt er weiter. Ein Ritual, bei dem auch Hühnerblut eingesetzt wird, das bei Séancen oft reichlich fließt.

»Sie müssen mich in der Zeit zwischen dem 12. und 23. Dezember besuchen«, sagt Estavien. »Dann steigen die Geister aus den Köpfen aller Menschen, die hierher kommen, und wir tanzen elf Tage lang, ohne Unterbrechung.«

Ich wünsche ihm alles Gute: Er ist ein netter Kerl und ein ausgezeichneter Schauspieler, der sein Fach beherrscht und mit seinem närrischen Humbug an der in Haiti allgegenwärtigen Angst vor dem Tod gutes Geld verdient.

AN MEINEM LETZTEN TAG IN Port-au-Prince schlendere ich noch einmal durch die haitianische Hauptstadt. Auf dem Weg hinab nach Cité Soleil staut sich der Verkehr zu einer langen qualmenden Autoschlange. Zwischen den Wagen zwängen sich Männer auf klapprigen, schwer mit Holz beladenen Gäulen aufwärts. Ich erkundige mich nach dem Weg zum nächsten Restaurant. Ein Mann gibt mir Auskunft, doch als er bemerkt, dass ich ihn nicht ganz verstehe, bietet er mir an, mich zu begleiten – einfach so, nur um einem Fremden einen Gefallen zu tun. Auf solche Reaktionen stoße ich in Haiti ständig. Hinter der Reserviertheit der Haitianer verbirgt sich oft ein freundliches Naturell. Und es gibt noch etwas, das ich an diesem Volk schätzen gelernt habe: Anders als in Afrika leiden die Haitianer nicht an kolonialen Komplexen. Hier ist ein Weißer kein »Chef« oder »Boss«, sondern einfach ein Mensch mit einer anderen Hautfarbe, von dem man meist zu Recht annimmt, dass er keinen blassen Schimmer davon hat, was in Haiti wirklich vorgeht, und dem man deshalb hilfreich unter die Arme greifen muss. Für solche Dienste erwartet hier niemand eine Gegenleistung, dafür sind die Haitianer zu freundlich und zu stolz.

Nachdem ich im Restaurant eine Portion Spaghetti verdrückt habe, stürze ich mich noch einmal in das Gewimmel und das Chaos der Innenstadt, um zu meiner Unterkunft zurückzukommen. Alle Taxis, Busse und Lastwagen in den Straßen tragen englischsprachige religiöse Aufschriften:

I love Jesus
God will hear me
Jesus is coming
Jesus loves you

Das letzte, vollgepfropfte Taxi, das ich sehe, trägt die Aufschrift *Waiting for God* auf der Windschutzscheibe. Vielleicht ist seinem Besitzer beim Bemalen seiner verbeulten Karre die Farbe ausgegangen und es sollte eigentlich *Waiting for Godot* heißen, überlege ich mir. Denn das würde das Schicksal des normalen Haitianers sicher besser beschreiben.

Nach der Wahl und der Vereidigung von Präsident René Préval (und der Rückkehr zur Demokratie) ging im Frühjahr 2006 die Zahl der Morde und Entführungen in den Elendsvierteln von Port-au-Prince zunächst zurück. Doch dann kam es allmählich wieder zu einem Anstieg von Gewalttaten: Allein im Juli 2006 wurden in Port-au-Prince 85 Menschen ermordet. Die Regierung hat den kriminellen Straßenbanden im Gegenzug zur Auslieferung ihrer Waffen eine Amnestie angeboten. Aber aus diesem Deal ist nichts geworden: Die (Drogen-)Gangs forderten zu viele Garantien.

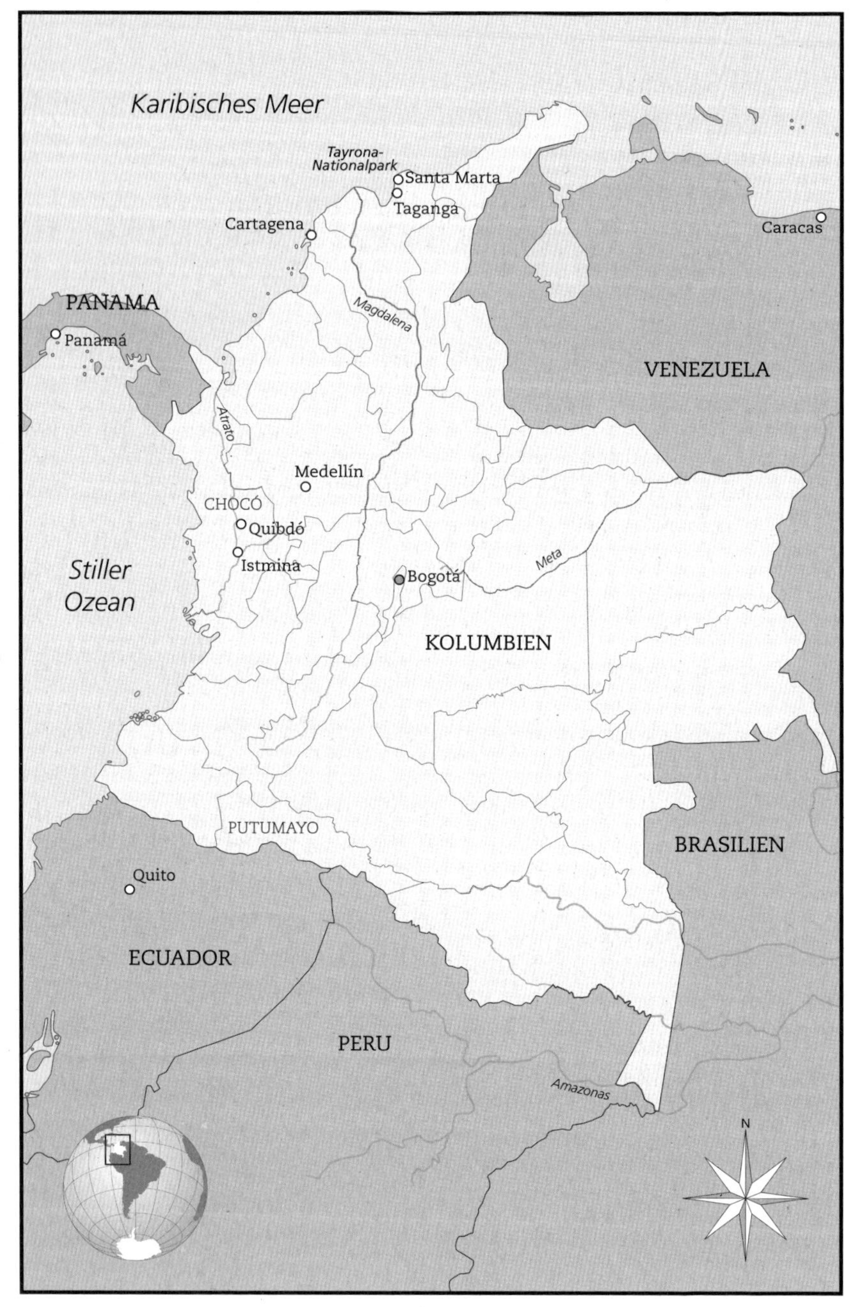
Karibisches Meer
Tayrona-Nationalpark
Santa Marta
Taganga
Cartagena
Caracas
PANAMA
Panamá
Magdalena
VENEZUELA
Atrato
Medellín
CHOCÓ
Quibdó
Istmina
Stiller Ozean
Meta
Bogotá
KOLUMBIEN
PUTUMAYO
BRASILIEN
Quito
ECUADOR
PERU
Amazonas
N

KOLUMBIEN

»Wer auf der Todesliste steht, stirbt.«

AM AUSGANG DES FLUGHAFENS der kolumbianischen Hauptstadt Bogotá sehe ich einen Mann, der sich eine lebensgroße Kopie meines Passfotos vor die Brust hält: William, den Ärzte ohne Grenzen geschickt hat, um mich abzuholen, will mich auf keinen Fall verpassen. Rasch führt er mich zu einem wartenden Taxi, denn offensichtlich kann er aus dem Flughafengebäude gar nicht schnell genug wieder herauskommen. »Wir müssen vorsichtig sein«, sagt er. Er setzt mich bei einem Apartment in der City ab, dessen Tür mit drei Schlössern und einer Kette vor finsteren Typen mit unlauteren Absichten gesichert ist. Es ist nicht zu übersehen – ich bin in Kolumbien gelandet.

Abgesehen davon, dass Drogenhunde mein Gepäck ausgiebig beschnüffelt haben, waren die Einreise- und Zollformalitäten am Flughafen von Bogotá ein Kinderspiel. Ich bin froh, dass ich gleich in das Apartment von Ärzte ohne Grenzen gebracht wurde, denn ich falle schnell – wieder einmal in einem fremden Bett – in einen abgrundtiefen Schlaf.

Schon am nächsten Morgen steige ich wieder in ein Flugzeug, das mich diesmal in den Westteil Kolumbiens, in die Provinz Chocó bringt, wo ich in der Stadt Quibdó erwartet werde. Hier hat Ärzte ohne Grenzen ein Projekt zu sexueller Gewalt, sexuell übertragbaren Krankheiten, Geburtenplanung und Schwangerschaftskontrolle ins Leben gerufen. Außerdem engagiert sich die Organisation hier auch für die Flüchtlinge des nun schon 14 Jahre andauernden Bürgerkrieges.

Dieser Krieg zwischen der Regierungsarmee, paramilitärischen Gruppierungen und bis zu den Zähnen bewaffneten Guerillas ist eine nicht enden wollende Tragödie. Und doch gehört er zu den Konflikten, denen die Welt am wenigsten Beachtung schenkt. Gewalt ist in Kolumbien die häufigste Todesursache. Bei Mord, Totschlag und Entführungen spielt Kolumbien in einer eigenen Liga. Die Statistiken sprechen für sich: Die Zahl der Entführungen ist seit Jahren höher als irgendwo sonst auf der

Welt – allein 800 Fälle gab es im Jahr 2005 – und die Zahl der Morde liegt 13-mal höher als in den USA, einem Land, das selbst eine der höchsten Gewaltraten auf diesem bluttriefenden Erdball hat. In Kolumbien kann man schon erschossen werden, wenn man als Fußballer ein Eigentor schießt – wie der Spieler Andrés Escobar, der während der WM von 1994 einen unglücklichen Treffer ins eigene Netz landete. Zehn Tage später wurde er in Kolumbien ermordet. Der Täter feuerte zwölfmal und bei jedem Schuss schrie er: »Tor!«

Diese ganze Gewalt hat dazu geführt, dass seit Ausbruch des Bürgerkrieges schon mehr als drei Millionen Kolumbianer aus ihren Dörfern geflohen sind. Damit belegt Kolumbien den kaum erstrebenswerten zweiten Platz auf der Vertriebenenliste. Nur ein Katastrophengebiet wie der Sudan steht noch schlechter da. Kolumbiens einziger Pluspunkt ist seine bekannteste Sängerin Shakira. Daher starte ich meine Tour durch das Land auch mit einem leicht mulmigen Gefühl.

ALS ICH IN QUIBDÓ aus dem Flugzeug steige, schlägt mir die Hitze wie ein nasses Handtuch ins Gesicht. In Bogotá (auf 2600 Meter Höhe) waren es noch 15 Grad, doch hier in Quibdó bin ich in den Tropen gelandet. Der Äquator ist nicht mehr weit.

Das Erste, was einem bei der Ankunft in Quibdó und in der gesamten Provinz Chocó ins Auge springt, ist die Tatsache, dass der Großteil der 450 000 Einwohner schwarz ist. Das hat seinen guten Grund: Ihre Vorfahren stammen aus Afrika und wurden als Sklaven in die Karibik verschleppt, bevor es sie, nach ihrer Freilassung, aus den verschiedensten Gründen nach Kolumbien verschlagen hat. Ihre Reise führte sie bis an die Ufer des Río Atrato, wo sie als Landarbeiter, Holzfäller und Fischer arbeiteten.

In Quibdó empfängt mich Thérèse Norgren, eine rothaarige Schwedin, die das hiesige Ärzte-ohne-Grenzen-Projekt koordiniert und mir von Anfang an das Gefühl gibt, sie schon jahrelang zu kennen. Sie teilt mir ein Zimmer in dem Haus zu, in dem sie selbst wohnt. Hier begegne ich auch ihrer Landsmännin Osa Nilsson, einer Hebamme, die genauso nett ist. Noch am selben Abend gehen die beiden jungen Damen mit mir essen. Wir entdecken ein Restaurant mit einer Terrasse und unterhalten uns den ganzen Abend bei ein paar Bier. Wer will da noch das Klischee von kühlen Schweden und warmherzigen Südländern aufrechterhalten?

Aber damit war meine Glückssträhne noch nicht zu Ende: Am nächsten Morgen stellt Thérèse mich Etty Parra vor, einer ebenholzschwarzen Schönheit, die eigentlich auf den Catwalk gehörte, hier jedoch zu den kolumbianischen Mitarbeiterinnen von Ärzte ohne Grenzen zählt. Sie wird mir in den kommenden Tagen die verschiedenen Programme von Ärzte ohne Grenzen vorstellen.

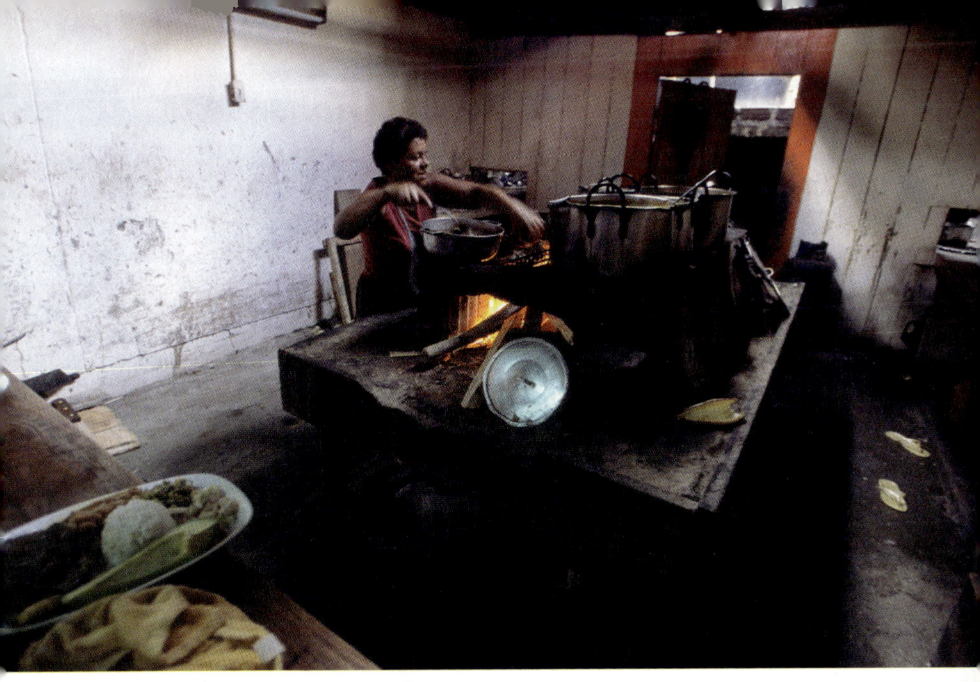

Küche eines kleinen Restaurants in Quibdó.

Bedeutend weniger Glück als ich haben die armen Teufel, die in den Dutzenden von *barrios* (Bezirken) rund um Quibdó hausen. Viele von ihnen sind Flüchtlinge, die ihre Dörfer südlich von Quibdó schon seit Jahren nicht mehr gesehen haben. Es handelt sich um etwa 1700 Menschen, und fast jede Woche kommen mehr dazu. Sie leben nicht in Lagern, sondern wohnen so lange bei Verwandten, bis sie irgendwo ein Stück Land gefunden haben, auf dem sie eine klapprige Holzhütte bauen können, in der sie dann häufig zu zehnt in einem einzigen Raum schlafen. Die von ihrem Land vertriebenen kolumbianischen Bauern verursachen so eine gewaltige, aber großteils unsichtbare Völkerwanderung.

Die treibenden Kräfte hinter diesem stetigen Flüchtlingsstrom aus dem Süden der Provinz Chocó sind zum einen die kommunistischen Guerilleros der *Fuerzas Armadas Revolucionarias de Colombia (FARC)*, Kolumbiens größter Guerillatruppe; zum andern die rechtsradikalen paramilitärischen Gruppierungen, die sich *Autodefensas Unidas de Colombia (AUC)* nennen und mit regelrechten Terrormethoden die Interessen der lokalen Grundbesitzer gegen die Guerilla verteidigen. Beide bewaffneten Gruppierungen streichen fette Gewinne aus dem Kokainhandel ein, und es zeichnet sich nicht ab, dass sich diese tödliche Verbindung in nächster Zeit auflösen könnte, auch wenn für die paramilitärischen Gruppierungen ein Demobilisierungsprogramm im Gange ist. Von 20 000 Mitgliedern sind etwa 11 000 darauf eingegangen. Doch der harte Kern der AUC weigert sich schon deshalb, seine Waffen abzugeben, weil die Anführer befürchten, als bekannte Drogenbosse an die USA ausgeliefert zu werden. Denn der Bürgerkrieg in Kolumbien ist ein Drogenkrieg.

Etty, die südlich von Quibdó geboren ist, musste mit ansehen, wie das Elend ihre Heimat erfasst hat: »Die Bevölkerung steht zwischen den Fronten«, erklärt sie mir. »Die Probleme begannen im Jahr 1995 und seit dieser Zeit ist es immer schlimmer geworden.«

»Wer sind eigentlich diese Paramilitärs?«, frage ich.

»Junge Leute, die die Interessen der Großgrundbesitzer verteidigen, und Veteranen, die für Ordnung sorgen, Guerillas bekämpfen und manchmal die Drecksarbeit für das Militär erledigen. Sie verstehen sich sehr gut darauf, Köpfe abzuschlagen und Arme abzuhacken.«

Das Problem sei Folgendes, erklärt Etty: Sobald eine der beiden Gruppen sich aus einem bestimmten Gebiet zurückzieht, ist die Einwohnerschaft dazu verdammt, ihr zu folgen, denn die Gegenpartei verübt gewöhnlich ein wahres Massaker unter den Zurückbleibenden.

Aber das ist noch nicht alles: In den vergangenen Jahren fackelten paramilitärische Milizen immer häufiger Dörfer ab, um den so geschaffenen Freiraum mit afrikanischen Dattelpalmen zu bepflanzen. Ihr Öl bringt gutes Geld. Die FARC und die andere Guerillabewegung Kolumbiens, die ELN *(Ejército de Liberación Nacional)*, vertreiben die Bauern systematisch von ihrem Grund und Boden, um den Drogenhandel auszubauen. Diese Landdiebstähle bilden den Kern des kolumbianischen Problems.

Südlich von Quibdó geriet die Lage 2002 vollends außer Kontrolle, als die FARC und die Paramilitärs in dem kleinen Dorf Bojayá aufeinandertrafen. Während des Kampfes flohen alle Dorfbewohner in die Kirche. Als die paramilitärischen Milizen ebenfalls in die Kirche flüchten wollten, verwehrte ihnen der Priester den Zugang. Daher versteckten sie sich hinter der Kirche. Die FARC schrieben daraufhin eines der finstersten Kapitel im Buch ihrer blutigen Geschichte. »Sie sägten eine leere Gasflasche durch und füllten sie mit Dynamit und Nägeln«, erzählt Etty, die in einem Dorf unweit von Bojayá geboren ist. »Das ist eine ihrer Spezialitäten. Sie verschlossen die Gasflasche und brachten sie Richtung Kirche in Stellung!«

Was dann geschah, liegt jenseits jeglicher Vorstellung: Die selbst gebastelte Bombe traf das Kirchengebäude. Die anschließende Explosion kostete 120 Menschen in der Kirche das Leben und noch einmal so viele wurden verwundet. Jeder, der noch laufen konnte, verließ in den folgenden Tagen die Gegend. Dieser Exodus war es, der Ärzte ohne Grenzen damals zu einer Intervention in Kolumbien bewogen hat.

IN QUIBDÓ SELBST IST ES sicher genug, um durch die Straßen zu schlendern. Allerdings sollte man seinen Spaziergang auf das Stadtzentrum beschränken. Denn in den Barrios herrschen Jugendbanden, kriminelle Rotzlöffel, die nichts als Rauben und Plündern im Kopf haben. Das ländliche Umland besteht aus einem Flickenteppich von Gebieten, die entweder von der FARC-Guerilla oder den Paramilitärs kontrolliert werden. Und dazwischen treiben die Drogenbarone ihr Unwesen. Sie sollten jedoch nicht den Eindruck gewinnen, Quibdós Innenstadt sei ein reines Idyll: In den beiden Wochen vor meiner Ankunft wurden dort immerhin fünf Menschen ermordet. Im Laufe des Monats waren es acht. Niemand weiß, warum.

Das Stadtzentrum ist in einem geordneten Raster aus *carreras* und *calles* angelegt, die den amerikanischen *avenues* und *streets* entsprechen. Aber in ihrem Dunstkreis liegen die Elendsviertel und die sind wesentlich chaotischer.

Noch verwirrender ist die Nachricht, die mich am Tag nach meiner Ankunft erreicht: »Auf dem Friedhof wurde ein Mann dabei ertappt, wie er Gräber öffnete, um seinen Hunger an den Leichen zu stillen«, sagt Etty.

»Willst du damit sagen, der Kerl hat wirklich das Fleisch von Toten gegessen?«, frage ich ziemlich verstört.

»Ja«, sagt Etty, »die Story steht in der Zeitung. Alle reden darüber.«

Auf der Straße kaufe ich die *Chocó 7 dias,* die Lokalzeitung, und darin finde ich neben einem Artikel auch ein Foto zu *El Comemuerto,* dem »Totenesser«, wie er hier genannt wird.

Dem Bericht der Zeitung zufolge ist bei dem Täter, dem 28jährigen Reinel Moreno Mosquera, mehr als *eine* Schraube locker, doch noch immer ist er auf freiem Fuß. Nachdem er schon die Leichen auf dem Friedhof ausgegraben und etliche Knochen abgenagt hatte, musste man ihn auch aus der Kathedrale San Francisco vertreiben, als er dort eines der Gräber öffnen wollte.

Selbst für Kolumbien ist das ziemlich starker Tobak.

WIE IN DEN MEISTEN NÄCHTEN in Quibdó gießt es auch in dieser Nacht in Strömen. Manchmal regnet es auch den ganzen Tag. An Feuchtigkeit mangelt es hier nicht, und alles, was die Bewohner an Wasser brauchen, kommt vom Himmel.

Eigentlich hatten wir an diesem Tag vor, weitere Barrios zu besuchen, doch in den grauen Stunden der Morgendämmerung hörten wir im Radio eine besorgniserregende Nachricht: In einem Dorf südlich der Stadt Istmina haben die FARC zwei Leute ermordet, einen indiostämmigen Lehrer und das Oberhaupt eines Indiodorfes. Außerdem werden drei Leute vermisst. Einer der ermordeten Indios soll gefoltert worden sein, und es geht das Gerücht, dass die FARC aufgrund seiner »Geständnisse« eine

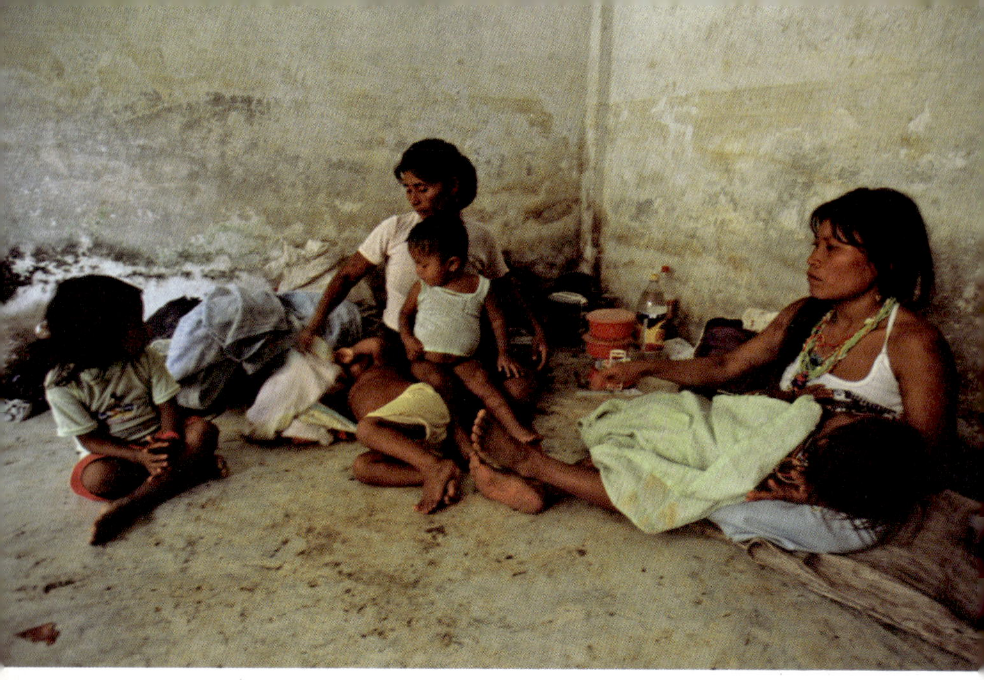

Auf der Flucht vor den Massakern der Drogenmilizen der FARC haben diese indianischen Dorfbewohner in einem verlassenen Haus in Istmina Unterschlupf gefunden.

Totenliste angelegt haben. Daher sind 1200 Dorfbewohner geflohen, denn sie fürchten, zu den nächsten Opfern zu gehören. Per Boot auf dem Fluss haben einige von ihnen die zwei Autostunden von Quibdó entfernte Stadt Istmina erreicht.

Keiner kennt die Gründe für die Morde, offensichtlich sind die FARC aber im Begriff, ihre terroristischen Aktivitäten auszuweiten. Schließlich finden in Kolumbien demnächst Präsidentschaftswahlen statt, und die Guerilleros hoffen, mit diesen Aktionen das Vertrauen der Bevölkerung in die Sicherheitspolitik der Regierung von Präsident Uribe zu untergraben. Außerdem dürfte in diesem Zusammenhang die Tatsache eine wichtige Rolle spielen, dass die FARC in der Gegend um San Juan – der betroffenen Region – große Kokaplantagen betreiben. Die Guerilla betrachtet das San-Juan-Tal daher auch als ein strategisch bedeutsames Gebiet auf ihrem Weg in Richtung Pazifik.

Im Hauptquartier von Ärzte ohne Grenzen in Quibdó hat man inzwischen beschlossen, in Istmina Erkundigungen einzuziehen. Was ist aus den Flüchtlingen geworden? Kümmert sich jemand um sie? Wo werden sie einquartiert, brauchen sie Wasser, Nahrungsmittel, Medikamente? Werden noch mehr Flüchtlinge erwartet? Es ist an der Zeit, ein Sondierungsteam loszuschicken.

Ungefähr um neun Uhr verlasse ich Quibdó in Begleitung von Thérèse, Claudia und Roberto. Am Steuer des Land Cruiser sitzt Guillermo, schwarz wie ein Mohr und mit einem Lachen, das alle ansteckt. Während der ersten Stunde fahren wir auf einer asphaltierten Straße durch das endlose Grün der kolumbianischen *selva*. Hin und wieder kommen wir durch ein Dorf mit einer Tankstelle und gelegentlich begegnen uns auf dem Weg patrouillierende Soldaten der kolumbianischen Armee. Dort, wo sich der Wald lichtet, sehen wir hier und da unter uns den Fluss, der langsam und gravitätisch seinen Weg durch den Dschungel sucht.

Auf halber Strecke nach Istmina endet plötzlich der Asphalt, und wir holpern weiter über pockennarbige Kieswege. Manchmal tauchen am Wegesrand Holzfäller auf. Ihre schwarze Haut glänzt vom Schweiß, wenn sie die zersägten Stämme aus dem Wald schleifen.

Istmina selbst ist eine recht ansehnliche Stadt, die sich zu beiden Ufern des Río Atrato erstreckt. Zunächst statten wir dem staatlichen Krankenhaus, einem langsam verfallenden Bau am Stadtrand, einen Besuch ab. Es ist offenkundig, dass die Klinik für die Aufnahme eines großen Flüchtlingsstroms nicht gerüstet ist. Kurz darauf begegnen uns am Flussufer, dort wo der Weg endet, Hunderte von Flüchtlingen, die hier in ein paar Häusern Unterschlupf gefunden haben.

Aber auch aus einem großen verfallenen Betonbau auf der gegenüberliegenden Straßenseite sehe ich blauen Rauch aus zerborstenen Fenstern hervorquellen. Als wir das Gebäude betreten, stoßen wir auf eine wenig erbauliche Szenerie: In diesem schmutzigen Haus befinden sich an die 200 Flüchtlinge, unter ihnen viele Kinder. Die meisten von ihnen schlafen auf Lumpen und Kartons auf dem Betonboden. Es ist ein trister Anblick. An der Rückseite dieser Bruchbude schüren Indiofrauen ein kräftiges Feuer unter ihren Kochtöpfen, sodass das Erdgeschoss des Gebäudes immer voller Qualm ist. Ein Umstand, der sich sicher nicht besonders günstig auf die Gesundheit der Kinder auswirkt.

Das Oberhaupt dieser gerade erst eingetroffenen Indioflüchtlinge berichtet mir, dass sie aus fünf stromabwärts gelegenen Dörfern gekommen sind: aus San Cristóbal, Macedonia, La Unión, Wounaan und Unión Chocó.

»In Wounaan ermordeten die Leute der FARC zunächst Arcelio Peña Guático, einen unserer Führer«, erzählt der Sprecher, der selbst aus diesem Dorf stammt. »Tags darauf liquidierten sie einen anderen Anführer, John Jairo, auf seinem Weg zu Guáticos Begräbnis.«

Die Panik, die nach diesen beiden Anschlägen ausbrach, führte bisher zu einer Flucht von 2700 Dorfbewohnern. »Wir haben erfahren, dass der *plan pistola* der FARC-Guerilla vorsieht, noch 20 von uns zu ermorden. Warum, wissen wir nicht«, sagt er,

»aber es war klar, dass wir hier nicht bleiben konnten: Wer auf der Todesliste der FARC steht, stirbt.«

Den Kindern in diesem abbruchreifen Haus geht es nicht besonders gut. Thérèse notiert die Fakten: 18 Kinder haben Durchfall, ebenso viele leiden an Lungeninfektionen, acht Kinder haben Fieber. Nach ihren Hungerbäuchen zu urteilen, sind viele von ihnen auch unterernährt. Alle trinken hier das Wasser des Río Atrato, das man, nachdem es durch die Stadt geflossen ist, kaum als sauber bezeichnen kann. Es ist offensichtlich, dass hier etwas geschehen muss, da sich sonst die Lage der Flüchtlinge noch weiter verschlechtern wird. Also beschließen Thérèse, Roberto und Claudia, mit dem Bürgermeister von Istmina zu reden.

Das Rathaus ist ein großer, rosa gestrichener, zweigeschossiger Bau im Stadtzentrum. Der Bürgermeister ist nicht im Haus, aber wir werden von der Leiterin des Gesundheitsamtes empfangen. Sie ist nicht sehr erbaut vom Besuch ausländischer Besserwisser und macht auch keinen Hehl daraus.

»Wir haben die Lage unter Kontrolle«, sagt sie verärgert. Hilfe von außen sei zur Zeit eigentlich nicht nötig. Sie hätten vor, ein Komitee einzurichten und einen Koordinator zu berufen.

»Bis Sie endlich in die Gänge kommen, sind einige der Kinder in dieser schmutzigen Betonburg sicher schon tot und begraben«, würde ich diesem Weib am liebsten entgegenschmettern; doch erinnere ich mich gerade noch rechtzeitig daran, dass ich bei Ärzte ohne Grenzen zu Gast bin und daher besser meinen Mund halte, auch wenn ich innerlich am Platzen bin.

Stattdessen erfinde ich spontan eine neue revolutionäre Interviewtechnik. Ich stelle mich an die Tür des Büros, lasse Thérèse die Fragen stellen und achte darauf, dass Claudia das Gespräch mitschreibt. Ich selbst beschränke mich darauf, die Frau hinter dem Schreibtisch zu beobachten. Sie seufzt und stöhnt und kann ihren Ärger kaum verbergen. Sie schlägt die Beine übereinander und ihr Fuß spielt mit ihren Slippers. Sie wendet ihre Blicke zum Himmel, schüttelt den Kopf und fuchtelt mit den Händen. Kurzum: Sie hofft, dass wir uns endlich verziehen.

Auf ihrem Schreibtisch entdecke ich unterdessen einen seltsamen Apparat: ein Pendel, das an einem Draht über einem runden, mit weißem Sand gefüllten Gefäß hängt. Gibt man ihm einen Schubs – was ich mir nicht nehmen lasse –, schwingt das Pendel über den Sand und zeichnet merkwürdige Muster hinein.

»In den kommenden Tagen werden wir über dieses Thema beraten. Wir werden ein Meeting ansetzen und eine Besprechung einberufen, wir werden uns zusammensetzen mit Blablablabla und Blablablablabla.«

Es wird ein bemerkenswertes Interview, und ich kann diese Technik nur allen Zeitungsredaktionen empfehlen. Sie gibt Journalisten die Chance, sich vom Geschwafel zu distanzieren und sich auf etwas sehr Wesentliches zu konzentrieren: auf die Körpersprache. Natürlich müssten die Redaktionen dafür um das Dreifache aufgestockt werden, aber die zusätzlichen Kräfte, die für diese tiefgehenden Interviews erforderlich wären, würden die Arbeitslosigkeit unter den verkrachten Studenten erheblich verringern!

Nach diesem Gespräch mit der Leiterin des Gesundheitsamtes sagt Roberto: »An diesem unnützen Sitzungszirkus werden wir uns nicht beteiligen. Ich schlage vor, wir kommen morgen mit dem notwendigen Material zurück, um die Leute hier mit anständigem Trinkwasser zu versorgen. Wir bringen einen unserer Ärzte und zwei Schwestern mit, die die Kinder untersuchen und behandeln können, und wir kümmern uns um Aufbaukost für die Jüngsten.«

Das ist Ärzte ohne Grenzen in Höchstform: nicht räsonieren, sondern zügig vorankommen!

Es stimmt schon, schnelles und effizientes Handeln ist ein Markenzeichen von Ärzte ohne Grenzen und hier machen sie ihrem Ruf alle Ehre. Roberto Pizzorni ist ein Mann, der das für mich verkörpert. Der kleine Italiener kommt aus Genua und er liebt es, etwas anzupacken – offenbar ein typischer Wesenszug der Genueser. Was schon der Blick auf einige der historischen Persönlichkeiten der Stadt am Ligurischen Meer verdeutlicht: etwa der auf Christoph Kolumbus – nach dem Kolumbien benannt ist.

Das Ärzte-ohne-Grenzen-Team in Kolumbien tritt in Aktion, und als wir wieder in Quibdó ankommen, ist die Maschinerie schon in vollem Gange. Eine angenehme Vorstellung, finde ich, als ich mich schlafen lege. Denn so ist es möglich, dass die stoischen und in sich gekehrten Indios, die mir ohne jeden Vorbehalt gestattet haben, ihr Elend zu fotografieren, morgen schon die dringend benötigte Hilfe erhalten. Ich weiß, dass sie darüber völlig aus dem Häuschen geraten werden, denn sie haben gelernt, mit leeren Versprechungen zu leben, oder bestenfalls mit endloser Warterei darauf, dass etwas passiert. Aber bei Ärzte ohne Grenzen läuft das anders.

NACHDEM DAS KRISENINTERVENTIONSTEAM von Ärzte ohne Grenzen am frühen Morgen wieder ausgerückt ist, um die Lage der Indioflüchtlinge in Istmina zu erleichtern, beschließe ich, mich bei den Mitarbeitern vor Ort über das Problem der vielfach illegal durchgeführten Abtreibungen und der dabei entstehenden Komplikationen zu informieren. Denn in Kolumbien gehen 13 Prozent der Todesfälle während einer Schwangerschaft auf Abbrüche zurück.

In Quibdó wird mir schnell verständlich, wieso. »In den vergangenen vier Monaten registrierten wir in unseren Gesundheitszentren in den ärmeren Vierteln in der Umgebung von Quibdó 270 unvollständige Abtreibungen«, sagt Thérèse Norgren, »mit allen Folgen, die sich daraus ergeben.«

Schwangerschaftsabbrüche sind in Kolumbien strikt verboten, und sowohl die katholische wie auch die evangelische Kirche ziehen aktiv dagegen zu Felde. Das ändert allerdings nichts an der Tatsache, dass die Frauen in den ärmsten Regionen des Landes, besonders in den Elendssiedlungen, Abtreibungen als Form der Geburtenregelung nutzen.

»Die Kirche finanziert hier zwar Gesundheitszentren, aber dass viele der ärmsten Frauen in den Barrios nach mangelhaft ausgeführten Abtreibungen sterben, spielt für sie offensichtlich keine Rolle«, sagt Rosiris, die als Krankenschwester im hiesigen Ärzte-ohne-Grenzen-Gesundheitszentrum arbeitet. »Davor verschließen sie lieber die Augen und lehnen weiterhin konsequent alle Verhütungsmittel ab.«

Die Zahl der selbst durchgeführten Abtreibungen ist jedoch nicht nur in den Armenvierteln ein Fluch. Doktor Lenis Urquijo, der Regierungsdirektor im Ministerium für öffentliche Gesundheit, stellt in einem Artikel in *El Tiempo* fest: »In Kolumbien stellen ungewollte Schwangerschaften ein ernsthaftes Problem dar. Wir gehen davon aus, dass die Hälfte aller Schwangerschaften in den Familien unerwünscht sind und dass von dieser Hälfte 24 Prozent mit einem Abbruch enden.«

Doktor Freya Rasschaert aus dem belgischen Gent, die das Ärzte-ohne-Grenzen-Projekt zur Familienplanung und sexuellen Gewalt in Quibdó von Bogotá aus betreut, schätzt, dass die meisten Frauen in den Barrios von Quibdó zwei oder drei Abtreibungen hinter sich haben.

»Einige Frauen kommen in ihrem Leben auf sechs oder sieben«, ergänzt ihr kolumbianischer Kollege Doktor Yurgunk Baron.

Die Frauen, die es sich leisten können, lassen den Abbruch in einer Privatklinik vornehmen, aber die meisten verabreichen sich selbst ein Kräutergemisch oder spritzen sich eine Mischung aus Zitrone, Alkohol und Salz in die Gebärmutter. Viele Frauen kaufen auch Cytotec-Pillen in einer Apotheke.

»Dieses Medikament führt einen *abortus provocatus* herbei, aber dazu muss man an vier aufeinanderfolgenden Tagen jeweils eine Tablette einnehmen«, erklärt Thérèse Norgren. »Cytotec kostet jedoch 5000 Pesos pro Tablette. Das sind zwei Euro. Da

Im Armenviertel Fuego Verde bei Quibó demonstrieren Mitarbeiter von Ärzte ohne Grenzen, wie Kondome bei der Familienplanung eingesetzt werden können.

die meisten Frauen in den Barrios zu wenig Geld haben, kaufen sie nur eine oder zwei Pillen, und damit beginnen dann die Probleme.«

Wenn der Abbruch zwar zu Blutungen führt, die Frucht aber nicht abgetrieben wird, müssen sich die Frauen einer Kürettage unterziehen. Im San-Francisco-Krankenhaus in Quibdó sind die Ärzte nur dann zu diesem Eingriff bereit, wenn sie die Gewissheit haben, dass der Fötus tot ist.

»Das lässt sich mithilfe einer Ultraschalluntersuchung feststellen«, erklärt Doktor. Rasschaert, »aber im San-Francisco-Krankenhaus haben wir kein Ultraschallgerät. Also müssen die Frauen zur Untersuchung in eine Privatklinik. Das kostet natürlich Geld, und dieses Geld hat ein Großteil der Frauen nicht.«

Ärzte ohne Grenzen geht es in Quibdó daher vor allem darum, Abtreibungen durch vernünftige Familienplanung zu vermeiden. Zu diesem Zweck ziehen mobile Ärzte-ohne-Grenzen-Teams von Barrio zu Barrio. Sie reden mit Frauen und Männern darüber, wie viele Kinder sie sich wünschen und wie sie die Zahl ihrer Nachkommenschaft selbst steuern können. Jede Frau kann in einem der beiden Gesundheitszentren in den Außenbezirken von Quibdó Schwangerschaftstests durchführen lassen und umsonst die Pille bekommen.

»Wir geben sie ihnen einen Monat auf Probe, und wenn keine unerwünschten Nebenwirkungen auftreten, können sie sich bei uns alle zwei Monate ihren Vorrat abholen«, sagt Doktor Baron.

Kondome und die *Pille danach* stehen ebenfalls gratis zur Verfügung. »Aber die Schwierigkeit ist die, dass vielen Frauen nicht klar ist, dass sie die Pille spätestens drei Tage, nachdem sie sexuellen Verkehr hatten, einnehmen müssen.«

Zu den größten Problemen gehören die Schwangerschaften sehr junger Mädchen. »Sie haben Sex mit zehn oder elf, und wenn sie dann schwanger werden, bringen sie Schande über die Familie. Natürlich bekommen sie auch Probleme in der Schule«, sagt Thérèse Norgren, »und dann müssen sie das Kind loswerden.«

ZUSAMMEN MIT ETTY SPAZIERE ich am nächsten Morgen durch das heruntergekommene Barrio Poblado. Wir kommen an der Schule vorbei (einer Spende der USAID, der US-amerikanischen Bundesanstalt für Entwicklungszusammenarbeit), in der alle Schüler ordentliche Schuluniformen und alle Mädchen Schleifchen im Haar tragen. Dann statten wir dem Sprecher der Flüchtlinge einen Besuch ab. Angél Antonio ist ein stämmiger Mann um die Fünfzig, mit einem flachen Bauch und einem steinernen Blick. Er ist nicht gerade begeistert von all unserem Interesse und es steht ihm ins Gesicht geschrieben, dass er das Leben in den Elendsvierteln am Rande von Quibdó hasst.

Das kann ich verstehen: Vor fünf Jahren haben ihn die Kämpfe zwischen der Guerilla und der Armee zusammen mit seinen drei Frauen und sieben Kindern zur Flucht gezwungen. Seither hat er sein Dorf am Fluss nicht wiedergesehen. »Damals waren wir alle Bauern, Holzfäller und Fischer«, sagt er bitter. »Wir waren mit unserem Leben zufrieden. Und was sind wir jetzt? Arme Schlucker am Rande einer lauten, schmutzigen Stadt. Ohne Arbeit und ohne Einkommen. Wir haben alles verloren, sogar unsere Lebensfreude.«

Aus verschiedenen Dörfern südlich von Quibdó hatte es zunächst 140 Familien in diese Barrios verschlagen. Doch nun sind es schon 200. »Und jede Woche werden es mehr«, sagt Angél Antonio.

Ich frage ihn, ob er glaubt, dass sich seine Lage je bessern wird.

»Nein«, sagt er, »sie wird sich nur verschlechtern. Denn die Regierung kümmert sich nur um die Reichen.«

Im Barrio Fuego Verde, einem anderen Stadtteil Bogotás, treffen sich drei Ärzte-ohne-Grenzen-Mitarbeiter mit den Einwohnern des Viertels zu einem Gespräch über Familienplanung. 14 Frauen und vier Männer sind der Einladung gefolgt. Die Runde wird in kleinere Diskussionsgruppen unterteilt. Eine der angesprochenen Fragen lautet: »Welchen Gefahren ist eine schwangere Frau ausgesetzt?«

Während es bei den Frauen lebhaft zugeht und sie angeregt diskutieren, albern die Männer – alles junge Kerle – nur herum. Gegen Ende zählen die Frauen acht Gründe für das mögliche Scheitern einer Schwangerschaft auf: hohen Blutdruck, Blutarmut, eine Fehlgeburt, Blutungen, sexuell übertragbare Krankheiten, Schwindelanfälle, Unterernährung und einen Sturz. Die Männer haben lediglich drei gefunden: Fehlgeburt, Infektion und einen schweren Sturz.

»Das sind Machos«, sagt Etty. »Sie haben wenig Ahnung von Frauen und nehmen die Familienplanung nicht wirklich ernst, auch wenn sich das glücklicherweise bei den jüngeren Leuten allmählich ändert.«

BEI MEINER RÜCKKEHR NACH BOGOTÁ komme ich bei Alberto Christina, dem Leiter des Kolumbieneinsatzes von Ärzte ohne Grenzen Belgien unter. Alberto stammt aus Turin und hat zuvor schon in Angola und Mosambik für Ärzte ohne Grenzen gearbeitet. Er bietet mir ein Zimmer in seiner Wohnung an. Das weiß ich sehr zu schätzen, denn Alberto ist eine hervorragende Quelle für Informationen über Kolumbien.

Als wir am ersten Abend bei ihm zu Hause über die Situation der Flüchtlinge sprechen, schildert er mir, dass Hunderttausende von ihnen in die Hauptstadt gekommen sind, weil sie unter Morddrohungen von ihrem Land vertrieben worden waren und sich keinen anderen Rat mehr wussten.

Diese Flüchtlinge stammen vom Land und die meisten von ihnen waren bisher noch nie aus ihrer Heimatregion herausgekommen. Jetzt leben sie plötzlich in einer Weltstadt und haben nicht die geringste Ahnung, wie es hier zugeht. Sie haben keinerlei Existenzgrundlage. Bessere Vorbedingungen für ein menschliches und soziales Katastrophenszenario kann man sich eigentlich kaum ausmalen.

»Die Barrios in den Hügeln um Bogotá sind voll von diesen Flüchtlingen«, sagt Alberto. »Einer dieser Familien haben meine Freundin und ich etwas Geld zugesteckt, weil ihre Situation so verzweifelt war, dass ihre Kinder Gefahr liefen, in die Prostitution abzugleiten.«

Sofort ist mein Interesse geweckt. »Würdest du mich zu dieser Familie mitnehmen?«, frage ich. »Natürlich«, sagt Alberto.

AM NÄCHSTEN MORGEN BRECHEN WIR BEIDE zum Barrio San Cristóbal auf. Das Viertel liegt an den steilen Hängen, die die Stadt umgeben, und wird von den dunklen Felsen eines Bergmassivs eingefasst, das Bogotá an der Ostseite umschließt.

Zweimal winken wir ein Taxi heran, doch sobald der Fahrer den Namen »San Cristóbal« hört, sagt er: »Dorthin fahre ich nicht. Das ist für Taxis zu gefährlich.«

Am Fuße des Hügels, der zum Barrio hinaufführt, finden wir schließlich doch noch ein Taxi. Aber es fährt erst los, als der Wagen voll ist – ähnlich wie ein Bus. Der Grund dafür ist einfach: So können keine Banditen ins Taxi springen.

Mit aufheulendem Motor fahren wir den Hügel hinauf. Nur die allerbesten Bergziegen der Tour de France würden auf diesem Anstieg eine Weile durchhalten, aber selbst sie würden bald schlappmachen, denn die steilsten Passagen haben eine Steigung von mehr als 30 Prozent. Im Nu befinden wir uns ein paar Hundert Meter über der Stadt. Als das Taxi endlich anhält, stinkt es im ganzen Auto nach Benzin, denn der Fahrer hat den Motor heftig malträtiert.

In diesem Barrio finde ich die mir schon vertraute Mischung aus krumm und schief stehenden Häusern, die sich mit ihren löchrigen Dächern und modrigen Mauern aneinanderlehnen, um nicht einzustürzen. In einem davon wohnen Jaïr José Sierra Acosta, seine Frau Anna Quatina Hernandez Rodriguez und ihre vier Kinder: Jessica, Juan, Diana und Jaïr. Jessica, die Älteste, ist 13.

Ihr Vater, der 26 Jahre alt ist, empfängt uns im heruntergekommenen Haus seiner Schwägerin, einem elenden Backsteinbau, dessen Wände vor Nässe glänzen und in dem alle Betten der Familie sich in einem Raum drängen. Das ganze Haus besteht

Hoch über Bogotá träumen junge Fußballer im Barrio San Cristóbal von einer internationalen Karriere.

nur aus zwei Räumen von je vier Quadratmetern und einer noch viel winzigeren Küche. In dieser Bude hausen sie zu siebt.

Jaïr, Anna und die Kinder freuen sich sehr über Albertos Besuch. Jaïr schüttelt uns herzlich die Hand und fragt: »*Un tinto, don Alberto. Un tinto, Marco?*« Womit in Kolumbien ein Kaffee gemeint ist.

Nach einer Tasse Nescafé bitte ich Jaïr, mir seine Geschichte zu erzählen. Eine Geschichte, die im Dörfchen Puerto Asís, im äußersten Süden Kolumbiens, in der Provinz Putumayo direkt an der Grenze zu Ecuador, beginnt.

»Der 4. August 2005«, sagt Jaïr düster, »war der Tag unserer Flucht. Am Tag zuvor waren 120 schwer bewaffnete Soldaten der FARC in das Dorf eingefallen. Sie gehörten zur 48. Brigade. Einige von ihnen klopften an meine Tür und stellten mich vor die Wahl: Ich sollte mich ihnen anschließen und gegen die kolumbianische Armee kämpfen oder verschwinden.«

»Hast du einen Moment daran gedacht, dich ihnen anzuschließen?«, frage ich.

»Eigentlich nicht«, antwortet Jaïr. »Ich wusste, wenn ich mich ihnen anschließen würde, könnte ich die Guerilla nie mehr verlassen. Denn dann würden sie mich kurzerhand töten.«

Also stopfte Jaïr am nächsten Morgen um fünf Uhr ein paar Plastiksäcke mit Kleidern voll, verriegelte die Tür seines kleinen Bauernhofes, brach zu einer dreitägigen Fahrt auf einem Fluss in Putumayo auf und verließ die Gegend, in der er geboren und aufgewachsen war. Putumayo gehört zu den Gebieten, in denen große Mengen Kokain angebaut werden. Deshalb legt die FARC-Guerilla größten Wert darauf, die Region auch in Zukunft unter Kontrolle zu behalten.

»Manchmal kamen Kämpfer der FARC zu uns und sagten: ›Wir haben Hunger.‹ Und ich antwortete: ›Natürlich, *Muchachos!* Was wollt ihr haben?‹ Dann nahmen sie eine Kuh oder ein paar Hühner mit«, seufzt Jaïr.

»Du konntest es ihnen nicht verwehren?«

»Nein, denn sonst hätten sie alle Kühe gestohlen und ich hätte riskiert, eine Kugel in den Kopf zu bekommen.«

Die Forderung, auf Seiten der FARC zu kämpfen, war daher nur der Schlussakkord einer Geschichte, die für Jaïr nur schlecht ausgehen konnte. *Wie* schlecht, das hing letztendlich von Jaïrs Findigkeit und einer ganzen Menge Glück ab.

»Als ich an diesem Morgen aufbrach, wusste ich, dass ich nicht von Puerto Asís aus auf dem Fluss fliehen durfte. Denn mir war klar, dass die Soldaten der FARC dort im Hinterhalt lagen und mich auf der Flucht töten würden. Also wanderte ich mit meiner Familie einen ganzen Tag über schmale Pfade durch den Dschungel, bis wir einen anderen Fluss erreichten. Eine Nacht schliefen wir unter freiem Himmel im Straßengraben. Am nächsten Morgen nahmen wir ein Boot, mit dem wir Mokwa erreichten, von wo uns ein Lastwagen mitnahm.«

»Hattet ihr Geld dabei?«

»Nichts. Wir hatten kein Geld.«

Nach drei Tagen erreichte die völlig erschöpfte Familie Bogotá, wo Jaïrs Schwiegermutter wohnte. »Es war eine Katastrophe: Wir hatten keinen Schimmer, wie das Leben in einer Großstadt funktioniert. Zu Anfang sahen wir uns in einem Flüchtlingszentrum Fernsehsendungen an, um mitzubekommen, wie es in Bogotá zugeht, aber ich habe nichts davon kapiert«, sagt Jaïr.

»Außerdem fanden wir es hier eiskalt!«, fügt Anna hinzu.

In die kleine Bude seiner Schwiegermutter konnten sie nicht einziehen, deshalb landete die Familie schließlich in einem schmuddeligen Hotel im Stadtteil Santa Fe, wo sie pro Tag 10 000 Pesos (etwa fünf Dollar) für das Zimmer zahlen mussten.

»Es stellte sich heraus, dass es ein Bordell war«, fährt Jaïr fort.

»In dem Hotel arbeitete eine 50-jährige Prostituierte mit ihrer 14-jährigen Tochter und einem weiteren Mädchen, zwei Transvestiten und vier Kindern von etwa 13 und 14 Jahren. Manchmal, wenn sehr viel Betrieb war, mussten wir sogar abends für eine

Weile unser Zimmer räumen, damit die Prostituierten dort ihre Kunden empfangen konnten.«

Um an Geld zu kommen, bettelte die Familie in den Straßen von Bogotá. Ich frage Jaïr, ob sie mit dem Geld, das sie sich so beschaffen konnten, über die Runden gekommen sind.

»Manchmal ja, manchmal nein«, meint er. »Meistens aßen wir nur eine Mahlzeit am Tag. Wenn dann noch etwas übrig blieb, bezahlten wir davon die Miete. Aber es blieb kaum mal etwas übrig und deshalb wuchs unser Mietrückstand nach einer gewissen Zeit auf 600 000 Pesos (300 Dollar) an. Der Hotelbesitzer war wütend, er hämmerte jeden Tag gegen die Tür und schrie: ›He, du Hurensohn! Bezahl endlich! Oder ich werfe dich mit deiner Schlampe und deinen Bälgern auf die Straße!‹«

Als der Hotelbesitzer ihnen wegen der aufgelaufenen Schulden nahelegte, Jessica als Prostituierte arbeiten zu lassen, wurde die Lage der Familie mit jedem Tag dramatischer.

»Eines Tages stürmte die Polizei das Hotel«, berichtet Jaïr. »Sie hielten mir eine Pistole an den Kopf, weil sie glaubten, ich sei der Zuhälter der Kinder, die sich dort prostituierten.«

Glücklicherweise klärte sich die Situation, und die Polizei ließ die Familie in Ruhe. Aber sie nahmen den Hotelbesitzer und einen seiner Komplizen mit und stellten seine Frau unter Hausarrest. Zwei seiner Handlanger konnten jedoch entkommen.

Wäre das nicht ein guter Moment gewesen, sich aus dem Staub zu machen?

»Nein«, seufzt Jaïr. »Dummerweise hatte ich ihnen erzählt, wo meine Schwiegermutter und die Schwester meiner Frau wohnen, und der Hotelbesitzer rief aus dem Knast regelmäßig seine Komplizen an, die für ihn die Miete eintrieben. Er drohte uns, dass uns etwas Schlimmes passieren würde, wenn wir nicht bezahlten.«

Es passierte in der Tat etwas, aber nichts Schlimmes, ganz im Gegenteil: Es war ein Wunder. Denn genau in dem Moment, in dem sich die Lage zuspitzte, trafen sich Jaïr und Anna, eine italienische Fotografin, die eine Fotodokumentation über kolumbianische Flüchtlinge machen wollte. Diese Fotografin war mit dem Mann befreundet, in dessen Apartment ich wohne: Es war Luisa, Alberto Christinas Freundin.

»Luisa und Alberto verhandelten mit dem Hotelbesitzer und zahlten schließlich einen Teil der ausstehenden Miete – 400 000 Pesos«, sagt Jaïr lächelnd.

Fast acht Monate nachdem sie Hals über Kopf aus ihrem tropischen Dorf geflohen waren, gab es also wieder ein Fünkchen Hoffnung für die Familie. Vor allem weil Alberto und Luisa ihnen auch noch 150 Dollar zusteckten. Mit diesem Geld sollte sich die Familie im Barrio San Cristóbal ein eigenes Häuschen bauen. Und gerade jetzt, wo wir sie besuchen, steht der Baubeginn unmittelbar bevor.

Jaïr José Sierra Acosta und seine Familie in ihrer ärmlichen Wohnung im Barrio San Cristóbal.

»Nächste Woche fange ich an zu bauen«, ruft Jaïr begeistert. Von dem geschenkten Geld hat er inzwischen Steine und Zement gekauft, und in den nächsten Tagen werden seine Frau und seine Schwiegermutter einen Vertrag unterzeichnen, in dem die Schwiegermutter ein kleines brachliegendes Grundstück neben ihrem eigenen Haus an ihre Tochter Anna überschreibt. Damit gehört der Boden offiziell Anna und Jaïr kann mit dem Bau beginnen.

»Wir sollten uns das Grundstück mal ansehen«, schlägt Jaïr vor. Also machen wir uns auf den Weg durch das Barrio, vorbei an verfallenen Bruchbuden und einer Kneipe voller lautstark herumkrakeelender Säufer.

Das Grundstück erweist sich als eine mit Unkraut übersäte Parzelle von sechs Meter Länge und vier Meter Breite. Hier soll es also entstehen: das kleine Haus der Familie, Wand an Wand mit dem Häuschen der Schwiegermutter.

Während wir herumstehen und uns alles ansehen, frage ich Jaïr, ob er glaubt, hier einmal glücklich zu werden.

Er schüttelt den Kopf. »Niemals«, sagt er. »Wir kommen vom Land. Wie sollen wir in der Stadt je glücklich werden? Wir werden hier niemals Arbeit finden.«

»Glaubst du, dass du irgendwann einmal zurückgehst?«

»Nein, das ist zu gefährlich. Ich würde mir das natürlich wünschen. Ich habe gehört, dass unser Haus noch steht, aber jetzt wohnen Huren und Soldaten darin.«

Dann spricht Jaïr über das Landleben und die Arbeit auf seinem Bauernhof und zum ersten Mal blitzt in seinen Augen ein Lächeln auf. »Ach, das war eine gute Zeit. Wir standen morgens um halb fünf auf. Noch vor Sonnenaufgang hatte ich meine Machete gewetzt. Ich trank eine Tasse Kaffee, zog meine Gummistiefel an und dann war es auch schon Zeit, aufs Feld zu gehen. Den ganzen Vormittag mähten wir mit der Machete, ohne müde zu werden. Wir aßen ausgiebig zu Mittag, danach arbeiteten wir weiter bis fünf. Dann gingen wir nach Hause. Jeden Tag lag ich um acht Uhr im Bett. So sah mein gutes Leben auf dem Land aus, Marco!«

AUF DEN ERSTEN BLICK WIRKT Santa Fe de Bogotá (wie die Stadt mit vollständigem Namen heißt) genauso abstoßend wie viele andere große Städte in den Anden. Es gibt Verkehrschaos, Armut, Scharen von Kriegsflüchtlingen, Smog, Gangster und Taschendiebe: Bogotá hat von alldem mehr als genug.

Aber als ich eines Sonntags von Albertos Apartment aufbreche, um eine Tour durch die Innenstadt zu unternehmen, entdecke ich, wie lebendig die Stadt ist. Die *Carrera 7,* eine der Hauptverkehrsadern der Stadt, ist an diesem Tag gesperrt und Tausende von Spaziergängern und Radfahrern machen sich diesen Umstand zunutze und genießen hier ihren freien Tag. Auf der Straße treffe ich auf Zauberkünstler, lebende Statuen, Akrobaten, Musiker und angehende Politiker, die auf einer improvisierten Bühne Reden halten, als ständen sie in *Speakers' Corner* im Londoner Hyde Park. Zudem gibt es viele Fahrradtouristen, die das Trikot der bekannten Radrennmannschaft *Café de Colombia* tragen.

Die Innenstadt ist voller Theater und Kinos. Die Bühnen zeigen Stücke von Shakespeare bis Beckett. Ich sehe Ankündigungen von Gedichtwettbewerben und eines Musikkapellen-Wettstreits. Bogotá ist eine kulturell reiche Stadt.

Kurz nach Mittag kehre ich in eines der vielen volkstümlichen Lokale an der *Carrera 7* ein und bestelle das *Menú del día:* Suppe, ein Hauptgericht mit einem ordentlichen Stück Fleisch, einer Kartoffel, Reis und einer gebackenen Banane sowie ein Salat und dazu ein Glas Ananassaft. Das alles kostet mich kaum zwei Dollar.

Während ich dort an meinem kleinen Tisch bei der Eingangstür sitze und die Zeitung lese, höre ich plötzlich Geschrei auf der Straße. Schnell wie ein Blitz rennt ein Mann vorbei, ein kleiner Trupp ist ihm dicht auf den Fersen. Es handelt sich um einen Dieb, der mit einer fremden Brieftasche türmen will. Durch die Türöffnung kann ich sehen, wie die Leute ihn umzingeln und ihm ein paar saftige Ohrfeigen verpassen. Sofort sind auch drei Polizisten zur Stelle, die den Kerl einbuchten. Besonders zimperlich gehen sie dabei nicht vor. Als sie ihn abführen, weint der Dieb und ruft nach seiner Mutter. Die Leute nicken zufrieden und gehen dann wieder ihren gewohnten Tätigkeiten nach: Sie kaufen ein, essen ein Eis, gehen spazieren. Noch einmal höre ich den Dieb aufheulen. Aber ich habe kein Mitleid mit ihm. Im Gegenteil: Er ist ein Glückspilz. Denn in Afrika wäre er auf der Straße erschlagen worden.

Das alles erinnert mich wieder daran, dass das Leben in Bogotá kein Zuckerschlecken ist. Abends leert sich die Altstadt – die *Candelaria* – um die Plaza de Bolívar. Tagsüber ist es hier einigermaßen sicher, dafür sorgen schon Hunderte von Polizisten. Aber abends kann es einem passieren, dass man ein Messer zwischen die Rippen bekommt, wenn man zu unbeschwert durch ihre Straßen schlendert. Die wohlhabenderen *chacacos,* wie sich die Einwohner von Bogotá selbst nennen, verlagern ihre Aktivitäten dann in die schicken Restaurants und Bars am äußersten Stadtrand.

Nach Einbruch der Dunkelheit fährt man nur noch mit dem Taxi. Und selbst dabei riskiert man, beraubt zu werden. Ich will die Dinge nicht dramatisieren, denn obwohl ich in Bogotá häufig mit dem Taxi unterwegs war, hatte ich nie Probleme. Aber die frühere Koordinatorin des Ärzte-ohne-Grenzen-Projektes in Chocó hat da ganz andere Erfahrungen gemacht. Kaum war sie in Kolumbien angekommen, wurde sie schon von zwei Männern in einem Taxi überfallen. Sie sprühten ihr ein chemisches Mittel in die Nase, das sie vollkommen willenlos machte, stahlen ihre Kreditkarte und fuhren mit ihr vier Stunden durch die Stadt, während sie dabei ihre Visakarte schröpften.

»So etwas passiert Ausländern häufiger«, warnt mich Alberto, als ich in die Innenstadt aufbreche. »Deshalb ist es nicht ratsam, allein in ein fremdes Taxi zu steigen, denn der Taxifahrer steckt vielleicht mit einer Diebesbande unter einer Decke. Dann kann es passieren, dass kurz nach der Abfahrt zwei oder drei Typen ins Taxi springen und einen ausrauben.«

In Bogotá hat man ein System entwickelt, mit dem man solchen Ärger vermeiden kann: Man ruft ein Funktaxi. Von der Zentrale erhält man eine Nummer und nur dann, wenn man sie dem Fahrer nennen kann, darf man mitfahren. So sind sowohl Fahrer als auch Fahrgast vor Überraschungen sicher.

Nimmt man also besser öffentliche Verkehrsmittel? Auch das ist nicht wirklich ein gute Idee. Im öffentlichen Leben von Bogotá gibt es kaum etwas, was man unbesorgt tun kann. Am Tag meiner Rückkehr von Quibdó warfen zwei junge Terroristen der städtischen FARC einen Molotowcocktail auf einen Stadtbus. Sie können wirklich stolz sein auf ihr Werk: Der ganze Bus brannte aus, und zwei zehn- und elfjährige Jungen starben am Tag darauf im Krankenhaus, in das sie mit mehr als 50-prozentigen Hautverbrennungen eingeliefert worden waren. Aus Protest fuhren alle Stadtbusse am nächsten Tag mit flatternden weißen Fahnen durch die Stadt.

»Brandbomben auf Stadtbusse zu werfen, ist eine Spezialität der FARC«, erklärt mir ein Mann, der wie ich in einem Café mit zunehmender Bestürzung den Artikel über den Anschlag in der überregionalen Zeitung *El Tiempo* liest. »Das ist wahrscheinlich schon der 100. Anschlag. Es ist völlig unbegreiflich, was in diesen jungen Leuten vorgeht. Was bringt sie in ihrem revolutionären Wahn nur dazu, unschuldige Kinder – ihre eigenen Landsleute! – zu ermorden? Gott soll sie verfluchen.«

Wir reden noch eine Weile über die Lage in Kolumbien. Mein Gesprächspartner heißt Argirio Ramírez und ist pensionierter Postbeamter.

»Ohne diesen verfluchten Krieg wäre Kolumbien eines der herrlichsten und reichsten Länder der Welt«, sagt er kopfschüttelnd. »Aber sehen Sie sich an, was wir aus diesem Land gemacht haben: Hier herrscht seit 40 Jahren Bürgerkrieg, wir haben 3,5 Millionen Flüchtlinge und weltweit den Ruf, ein Volk von Drogendealern und Banditen zu sein. Es ist zum Verzweifeln.«

Ich kann es ihm nachfühlen. Denn der Großteil der Kolumbianer sind hart arbeitende Menschen, die keineswegs dem Klischee des südamerikanischen Müßiggängers entsprechen. Kolumbien hat einfach alles: fantastische Strände, herrliche Gebirge mit rauchenden Vulkanen und schneebedeckten Gipfeln, die bis weit über 5000 Meter aufsteigen, unberührten Urwald voller exotischer Vögel und anderer seltener Tiere, reißende Flüsse, historische Städte und Einwohner, die zu den freundlichsten Südamerikas zählen.

Wie konnte in diesem Land so viel schieflaufen? Den Grund dafür kann man ebenfalls in *El Tiempo* nachlesen: Eine neue amerikanische Studie kam nach Auswertung aktueller Satellitenaufnahmen zu dem Resultat, dass der illegale Kokaanbau in Kolumbien allein im Jahr 2005 um 15 Prozent zugenommen hat. Und das trotz des mit großem Brimborium angekündigten *Plan Colombia*, der sich die Ausrottung des Kokaanbaus in Kolumbien zum Ziel gesetzt hat.

Wenn die Zahlen stimmen, kann das nur eines bedeuten: Der Plan ist gescheitert. Und zwar obwohl die Vereinigten Staaten in den vergangenen Jahren jährlich etwa 750 Millionen Dollar investiert haben, um die kolumbianische Armee in ihrem Kampf gegen die Drogenbarone von FARC, ELN und anderen Organisationen zu unterstützen. Seit dem Jahr 2000 haben die Amerikaner sicher vier Milliarden Dollar in diesen Kampf gepumpt. Aber trotzdem sind fast alle der Auffassung, dass die kolumbianische Armee noch immer über zu wenig Mittel verfüge, um die Drogenbosse der FARC von der Bildfläche verschwinden zu lassen. Dafür müsse man den Verteidigungsetat verdoppeln, war in den kolumbianischen Zeitungen zu lesen. Doch bisher hat noch keine einzige kolumbianische Regierung den Mut aufgebracht, den Kolumbianern reinen Wein darüber einzuschenken, wie viel Steuergelder diese Verdoppelung kosten würde.

Andererseits muss man anerkennen, dass die Regierung Uribe mit ihrer harten Gangart auch Erfolge zu verzeichnen hat: Der Drogenkrieg hat sich größtenteils in den Dschungel zurückgezogen. Die Zentren der kolumbianischen Großstädte sind sicherer geworden.

Bei einer Tasse kolumbianischen Kaffees mache ich mir so meine Gedanken über diese Drogengewalt: Natürlich entsteht das Kokainproblem nicht bei den Kokabauern in Kolumbien – denn sie schnupfen nicht eine einzige *line* –, sondern bei den verwöhnten reichen amerikanischen Partygängern, die offenbar Geld genug haben, um sich den Kauf eines Säckchens teuren Kokains leisten zu können. Solange die Amerikaner nicht damit aufhören, Kokain zu schnupfen – und die jüngsten Zahlen zeigen, dass der Kokainverbrauch in den Vereinigten Staaten 2005 noch gestiegen ist –, wird das Kokain weiter in die USA einsickern, egal ob die Regierung Bush nun ihre Bodentruppen nach Kolumbien schickt oder nicht.

Argirio Ramírez kann darüber nur herzlich lachen: »Ich glaube, unser Präsident Álvaro Uribe ist der einzige Freund, der George Bush in Südamerika noch geblieben ist. Bush und Uribe sind beide der Meinung, dass man sein Recht nur durch den Einsatz von Truppen bekommt.«

Das klingt vielleicht ganz witzig, aber in Quibdó, Istmina und Bogotá habe ich gesehen, wer die Opfer dieses schmutzigen Krieges in Kolumbien sind: einfache Bauern und Arbeiter und deren Frauen, die in ihren angestammten Gebieten ermordet, gefoltert und in die Flucht getrieben werden, sodass sie nun zu Hunderttausenden, ohne einen Cent in der Tasche, durch ihr eigenes Land irren. Allein in den letzten zehn Jahren sind dem Bürgerkrieg 35 000 Menschen zum Opfer gefallen.

WENN ES, ABGESEHEN VON BAGDAD, EINE STADT auf der Welt gibt, die es nötig hat, ihren Ruf aufzupolieren, dann ist es sicher Medellín. In den Achtziger- und Neunzigerjahren, als bewaffnete Teenager in Medellín den Ton angaben und die Rivalität zwischen den Drogenbanden ihren Höhepunkt erreicht hatte, kostete diese Gewalt in Kolumbiens zweitgrößter Stadt jährlich mehr als 5000 Einwohner das Leben. In jenen Tagen konnte man in der Stadt einen *sicario*, einen jungen Mörder, für 30 Dollar anheuern. Damit lief Medellín als *Hauptstadt der Mörder* allen Städten der Welt den Rang ab. Hier war die Gefahr, durch eine Kugel im Kopf umzukommen, achtmal so hoch wie in den gefährlichsten Städten der USA, wo man sich ja auch darauf versteht, jemanden um die Ecke zu bringen.

Außerdem wurde Medellíns Image vom Drogenkartell des Kokainkönigs Pablo Escobar gefördert, eines Mannes, der als *Pate* der Stadt auftrat. Damals wäre es niemandem, der noch alle Sinne beisammenhatte, eingefallen, nach Medellín zu reisen. Aber wie sieht es dort heute aus?

Um das herauszufinden, buche ich von Bogotá aus einen Platz in einer Maschine der nationalen Fluggesellschaft Avianca.

Medellíns futuristischer Flughafen José María Córdova liegt 28 Kilometer vor der Stadt. Nach der Landung steige ich in ein *collectivo*, ein Taxi, das mehrere Fahrgäste gemeinsam in die Stadt bringt. Wir fahren eine gute halbe Stunde durch eine hügelige Landschaft, bis wir endlich die Stadt erblicken, die sich tief unter uns in einem weiten Tal erstreckt.

Wenn etwas für Medellín spricht, dann wohl das Klima, denn hier herrscht immerwährender Frühling. Die durchschnittliche Jahrestemperatur liegt bei 24 Grad. Das Collectivo hält am Stadtrand, an dem andere Taxis darauf warten, die aussteigenden Passagiere weiterzubefördern. Ich bitte einen Fahrer, mich zum Hotel Plaza Rosa, meinem Quartier im Stadtteil Poblado, zu bringen. Dort werfe ich mein Gepäck ins Zimmer und starte einen Ausflug ins Stadtzentrum. Doch das ist gar nicht so einfach, denn Medellín ist eine Großstadt – mit immerhin zwei Millionen Einwohnern – und die ganze Stadt orientiert sich an einer Nord-Süd-Achse, die parallel zum Tal verläuft. Doch die Stadtväter haben sich etwas einfallen lassen: In Medellín gibt es die einzige S-Bahn Kolumbiens. Sie fährt oberirdisch, über den Köpfen ihrer Einwohner. Als ich mir eine Fahrkarte kaufe, entdecke ich, dass es eine der bestorganisierten und schönsten S-Bahnen der Welt ist.

In Bolívar, bei der Kathedrale im Stadtzentrum, steige ich aus. Hier herrscht Hochbetrieb. Man sieht viel weniger Polizisten auf der Straße als in Bogotá und offenbar ist es hier viel sicherer. Medellín hat seine tödliche Drogenvergangenheit in den letzten Jahren offenbar hinter sich gelassen (eine Entwicklung, die mit dem frühzeitigen Ableben Pablo Escobars einsetzte). Heute gehe ich durch eine äußerst lebendige Stadt, deren Bewohner die Freundlichkeit in Person sind.

Sie reißen sich förmlich darum, mir als fremdem Gast behilflich zu sein. Frauen, die ich nach dem Weg zu einer der Sehenswürdigkeiten frage, bekommen fast einen Schwächeanfall, als sie hören, dass ich aus Europa komme. Männer schütteln mir die Hand wie einem alten Freund und sagen: »Es ist mir eine große Freude!« Tourismus gibt es so gut wie keinen in Medellín.

Ich sehe wenig Schnorrer im Stadtzentrum, nur ein paar Bettler – Behinderte, die sich um die Backsteinkathedrale scharen und ihre Gebrechen gut sichtbar zu Markte tragen: Der Bucklige trägt kein Hemd und ein Mann mit verkrüppelten Beinen hat sich für eine kurze Hose entschieden, um Interessierten seine Missbildung besser präsentieren zu können.

Schön ist die Innenstadt nicht. Medellín fehlt es an historischen Bauten, denn der Großteil der Stadt entstand erst im Zusammenhang mit der Kaffeeproduktion, die zu Beginn des 20. Jahrhunderts ihren Höhepunkt erreicht hatte. Und eines muss gesagt sein: Die Architekten haben sich alle erdenkliche Mühe gegeben, den Wettstreit um das hässlichste Bauwerk zu gewinnen. Keiner von ihnen hat sich stilistisch an einem der anderen orientiert und man hat Unmengen Beton verbaut – ein probates Mittel, um die Innenstadt einer jeden Stadt zu verschandeln.

Doch den Charme Medellíns macht zum einen seine *easy-going*-Mentalität, zum anderen der arbeitsame Charakter seiner Bewohner aus. Die Einwohnerschaft Medellíns, die auf ihren Namen *paisas* stolz ist, war schon immer für ihren Arbeitseifer und die daraus resultierenden Erfolge bekannt. In den übrigen Teilen Kolumbiens werden sie dafür sogar ein wenig belächelt. Präsident Uribe ist ein *paisa*. Von ihm ist auch bekannt, dass er sein Kabinett regelmäßig um fünf Uhr morgens zusammentrommelt.

Zugegeben, in den letzten 25 Jahren haben die *paisas* sich vor allem im Kokainhandel hervorgetan, aber zurzeit sind sie eifrig darum bemüht, sich von diesem Image wieder zu befreien. Auf jeden Fall lässt es sich momentan in Medellín besser leben als in Bogotá. Und ich fühle mich in der Stadt sofort wohl. Hier und da besuche ich auch eine ihrer Kirchen. Vor den Beichtstühlen stehen die Gläubigen Schlange, um ihre Sünden zu bekennen. Ein großes Schild vor der Basilika *Nuestra Señora de la Candelaria* lockt die Sünder mit dem Slogan: »Um Gott zu beichten, brauchen Sie kein Handy!«

Im reicheren Stadtteil Poblado, in dem ich momentan wohne, könnte man glauben, in Barcelona zu sein. Es gibt dort nette Cafés und schicke Restaurants, in denen junge Leute bis tief in die Nacht unbekümmert ihre Partys feiern. Arm in Arm schlendern sie mit ihren Liebsten durch die Straßen und sind glücklich. Die Atmosphäre ist sehr entspannt und die Freundlichkeit der Einwohner von Medellín lässt nichts zu wünschen übrig: Als ich eines Nachmittags auf einer Terrasse einen Kaffee trinke, dreht sich der einzige andere Gast – ein Herr mit einer Zigarre – sofort zu meinem Tisch um und fragt: »Stört es Sie, wenn ich rauche?«

Nun, wenn man auf diese Weise aufeinander Rücksicht nimmt, gestaltet sich das Leben für alle doch gleich viel angenehmer, finden Sie nicht auch? »Ich bitte Sie, mein Herr, nicht im Geringsten«, antworte ich, »ganz im Gegenteil, Ihre Zigarre riecht herrlich. Ist es eine kubanische?«

Der Mann reagiert begeistert und pafft eine ordentliche Rauchwolke in die Luft. »Sie sind ein Kenner«, sagt er, womit er völlig in die Irre geht, »in der Tat, es ist eine Partagas. Letzte Woche war ich in Havanna.«

Wir tauschen noch weitere Höflichkeiten aus, doch plötzlich blicken wir beide zu den grünen Hügeln über Poblado auf, denn von dort hallt unverkennbar das Knallen von Gewehrschüssen herab.

»*Caramba!*«, sagt der Zigarrenraucher. »Die Hurensöhne in den Barrios legen wieder los.«

»Ich dachte, Medellín sei sicher?«, sage ich.

»Das ist es auch, *Señor*«, sagt der Mann, »aber nicht in den Barrios oberhalb der Stadt. Dort kämpfen Banden um die Macht. Aber machen Sie sich keine Sorgen: Hier unten im Tal ist alles okay. Hier schießt die Polizei sie über den Haufen, wenn sie sich aus den Hügeln herabtrauen.«

Das ist wirklich eine Beruhigung.

ICH LIEBE SÜDAMERIKANISCHE HOTELS. Man muss erst um 14 Uhr auschecken, sodass man lange ausschlafen und dann in aller Ruhe seine Sachen packen kann. Und ein Hotel, das sich um ein gewisses Niveau bemüht, bietet meist einen ausgezeichneten Service. Zu dem selbstverständlich eine druckfrische Zeitung gehört, die um sechs Uhr morgens schon unter der Tür durchgeschoben wird. Auch im

Hotel *Zona Rosa* in Poblado. Hier ein Tipp: Wenn Sie in den kolumbianischen Großstädten sicher und angenehm wohnen wollen, gehen Sie in die *zona rosa*. Anders als in Europa klingt diese Bezeichnung in Kolumbien keineswegs zwielichtig. Die Zona Rosa ist einfach ein Ausgehviertel. Und weil hier alle ungestört ein Glas trinken, etwas essen oder das Tanzbein schwingen wollen – Vergnügungen, die sich ohnehin nur die Reicheren erlauben können –, wird dafür gesorgt, dass die Zona Rosa ruhig und von Kriminellen unbehelligt bleibt. Es gibt hier weder schmuddelige Etablissements noch anrüchiges Straßenvergnügen.

Als ich im Hotel *Zona Rosa* ankam, fragte mich die Empfangsdame: »Dürfen wir Ihnen einen Willkommensdrink anbieten, *Señor?*«

So etwas schlage ich nie aus. Also setzte ich mich an die Bar, wenn auch mit nicht allzu hochgesteckten Erwartungen, denn Willkommensdrinks bestehen meist aus einem alkoholarmen Cocktail aus Fruchtsaft und einem billigen lokalen Fusel – aber nicht im Hotel *Zona Rosa*.

»Was möchten Sie gerne trinken, *Señor?*«, fragt der Barkeeper. »Was darf ich Ihnen anbieten?«

Ich bat um ein Glas Rotwein, und sofort griff er zu einer Flasche, öffnete sie und schenkte mir ein Glas ein, das man in vielen belgischen Restaurants nur dann als Beigabe erhielte, wenn man ein ganzes Menü dazu bestellen würde. Der (chilenische) Wein war von exzellenter Qualität. Der Service hat wirklich Klasse in Medellín!

Mein Zimmer verfügt über einen Fernseher, einen Kühlschrank und eine große Auswahl an Lebensmitteln: Mars und Snickers, Chips, Erdnüsse, Kaugummis, Kekse und Zigaretten. Sowie das gängige Sortiment an alkoholfreien Getränken, Bieren und Spirituosen. Dass sie in diesem Hotel auf Partygänger eingestellt sind, beweist auch das Angebot an *non-food:* zwei Sorten Kondome (mit Fruchtgeschmack und ohne), Alka-Seltzer gegen Kopfschmerzen für alle, die am Abend zuvor zu tief ins Glas geschaut haben, und ein Mittel gegen Verdauungsstörungen für diejenigen, die zu viel gegessen haben.

Was kann mir hier noch passieren?

CARTAGENA DE INDIAS IST ZWEIFELLOS eine der wärmsten und schönsten Städte der Karibik. Nach einem kurzen Flug von Medellín bin ich hier gelandet und nun schlendere ich frei von Kummer und Sorgen zwei Tage lang durch die Stadt, um mir das Leben in den Straßen anzusehen. Hier ist einiges los: Cartagena hat große Ähnlichkeiten mit Brügge, auch wenn die Kanäle fehlen und es statt flämischer Treppengiebel spanische Bauten mit eindrucksvollen blumengeschmückten Holzbalkonen zu bestaunen gibt. Die Stadt wurde 1532 von den Spaniern gegründet und galt lange Zeit als wichtigster Hafen für den Transport der geraubten Schätze aus dem Inneren Kolumbiens ins spanische Mutterland.

Der Tourismus hat die Einwohner Cartagenas jedoch ziemlich geldgierig werden lassen, sodass ich für die billigste Unterkunft, die ich finden kann, immer noch 25 Dollar bezahle. Für Kolumbien ist das ein kleines Vermögen. Meine Unterkunft heißt *Hotel Arthur.* Man gibt mir dort ein fensterloses, vollkommen weiß gestrichenes Zimmer, auf dessen gemauerter Bettstatt eine dünne Matratze liegt, die dem Besucher auch noch den letzten Hauch von Komfort vorenthält. Doch wenigstens verfügt das Zimmer über einen gleichfalls gemauerten Tisch und einen Plastikstuhl. Das Bad ist mit einer Toilette ohne Sitz und einer Dusche ohne Duschkopf ausgestattet. Von meinem eigenen Oberstübchen einmal abgesehen, ist es das kahlste Zimmer, das ich je gesehen habe. Aber nun gut, da ich nur darin schlafen will, nehme ich mir vor, den Prestigeverlust durch ein reichhaltiges Abendessen zu kompensieren.

Cartagena ist voller Kutschen mit kolumbianischen Touristen, die die zahlreichen Sehenswürdigkeiten der Stadt bestaunen. Tripp-tripp-tripp-tripp klacken die Hufeisen der klapprigen Gäule über die gepflasterten Straßen. Doch Cartagena ist keine künstlich herausgeputzte Stadt: Vielerorts hängt in den Straßen die Wäsche von den Holzbalkonen und aus den zahlreichen Kneipen erklingt laut die kolumbianische *cumbia,* zu der die Einheimischen hier und da ein paar schlurfende Tanzschritte aufs Parkett legen.

Doch nachdem ich so ziemlich jede Kirche und Kapelle besichtigt und im *Café del Mar* so viele *mojitos* geschlürft habe, dass es für den Rest des Sommers ausreichen dürfte, gehen mir die Touristenmassen langsam auf die Nerven. Ich beschließe, mich in ruhigere Gefilde zurückzuziehen, und steige unverzüglich in ein Collectivo, ein volkstümliches kolumbianisches Taxi, das mich vier Stunden nach Norden, nach Santa Marta bringt. Fünf Fahrgäste befinden sich in diesem Collectivo. Natürlich sitze ich auf dem Rücksitz neben einem Mann, der sicherlich 150 Kilo auf die Waage bringt. Unterwegs werden wir von einer Armeepatrouille angehalten, die unsere Pässe kontrolliert, aber ansonsten bleibt die Fahrt ereignislos, wenn man davon absieht, dass das Michelin-Männchen neben mir einschläft und sich dabei gefährlich zu mir herüberneigt. Mehr tot als lebendig erreiche ich Santa Marta, Kolumbiens älteste Stadt (1521), die von englischen und holländischen Piraten so sehr in Mitleidenschaft gezogen wurde, dass von ihr kaum noch etwas Sehenswertes erhalten geblieben ist.

Doch zehn Kilometer außerhalb der Stadt, hinter einem der nächsten Hügel, liegt das Fischerdorf Taganga mit seinem kleinen Strand. Ein passender Ort für einen kleinen Zwischenstopp. Daher lade ich mein Gepäck in ein normales Taxi und bitte den

Fahrer, mich in das kleine Strandhotel *La Ballena Azul* – »Der Blaue Wal« – zu bringen, in dem ich ein Zimmer reserviert habe.

Taganga hat 5000 Einwohner. Am Wochenende bevölkern kolumbianische Touristen den Strand, aber mitten in der Woche bin ich hier allein mit ein paar ausländischen Möchtegernhippies, von denen die Hälfte aus Israel kommt. Sie erholen sich hier von den Tumulten in ihrem eigenen Land und sind vor allem mit dem Versuch beschäftigt, ihr Hirn mit Hilfe großzügiger Mengen Marihuana und gelegentlicher bescheidener Dosen Kokain durchzulüften.

Von Anfang an teile ich meinen Tagesablauf gleichmäßig ein: Aguilla-Bier trinken, spazieren gehen, Zeitung lesen, Fisch essen und die Sonnenuntergänge am Meer betrachten. Viel mehr lässt sich hier auch nicht unternehmen. Nur an einem Tag mache ich einen Ausflug in den Tayrona-Nationalpark, die kolumbianische Variante eines Karibikparadieses. Ich steige in einen kleinen Bus voller Sonnenanbeter und nach kurzer Fahrt werde ich an einem weißen Sandstrand ausgesetzt, an dem nichts als eine kleine Strohhütte steht, an der man etwas zu trinken bekommen kann. Das Wasser der Bucht schillert in allen Blauschattierungen, die ein Aquarellmaler sich nur erträumen kann. Ich schnorchle hier einen halben Tag und halte unter Wasser nach allem möglichen Getier Ausschau, meistens stoße ich auf bunte Fische. *Playa Cristal* ist wirklich ein sehr passender Name für diesen Ort. Dicht hinter dem von Palmen gesäumten Strand erheben sich Hügel, die sich allmählich zum Massiv der Sierra Nevada de Santa Marta auftürmen, dessen höchster Gipfel, der schneebedeckte Cristóbal Colón, sich in kaum 45 Kilometer Entfernung auf 5775 Meter über dem Meeresspiegel erhebt. An einem klaren Tag kann man von der Küste aus den Schnee sehen. Tief im Innern dieser Berge liegt auch *Ciudad Perdida*, die »Verlorene Stadt« der Tairona, einer präkolumbischen Hochkultur. Aber wenn man sie besuchen will, muss man sich wohl sehr vorsehen, denn jeder, den ich nach der Stadt frage, hebt unweigerlich abwehrend die Hände und sagt: »*Zona roja!*«

Dieses Gebiet ist wirklich eine rote Zone, sowohl für Touristen wie auch für Kolumbianer, denn hier herrschen die FARC. Vor ein paar Jahren wurden die letzten acht ausländischen Touristen entführt, die es wagten, in die *Verlorene Stadt* hineinzustolpern. Seither ist der Großteil der dicht bewaldeten Sierra Nevada zu einer Art Niemandsland geworden, in dem nur noch Guerilleros herumgeistern. Man kann dieses Gebiet zwar betreten, aber man kommt niemals mehr zurück.

Also bleibe ich am Strand von Playa Cristal, an dem es seltsamerweise fast keine Touristen gibt – was ich sehr genieße.

Zum Sonnenuntergang bin ich wieder in Taganga. Im Liegestuhl am Wasser widme ich mich eine Stunde lang dem Naturschauspiel. Und als die Sonne endlich hinter dem Horizont abtaucht, färbt sie das Wasser so rot, als hätte man Blut ins Meer gegossen. Zu dieser Stunde kehren die letzten Boote von Tagangas altersschwacher Fischerflotte vom Meer zurück. Am Strand verkaufen die Fischer ihren Fang an die Dorfbewohner. Während ich am Himmel danach Ausschau halte, welche Sterne wohl als Erste am Firmament erscheinen, taucht neben meinem Beobachtungsposten ein Mann auf, der sich als Jorge Arias vorstellt. Er verdient sein Brot als Musiker und als Strandgitarrist des Ortes. Wir plaudern eine Weile, bevor Jorge fragt, ob er mir für ein paar Pesos ein Lied singen darf.

Warum nicht, denke ich, dann träller mal los.

»Das ist ein Lied für einen Reisenden«, sagt Jorge und stimmt die Melodie an.

Todo pasa y todo queda	Alles geht dahin und alles bleibt,
Pero lo nuestro es pasar	aber unser Los ist es dahinzugehen,
Pasar haciendo caminos	dahinzugehen und unserer Wege zu gehen,
Caminos sobre la mar.	Wege über das Meer.

»Es ist ein Gedicht von Antonio Machado, einem bekannten Dichter«, erklärt mir Jorge, »ich habe es selbst vertont.«

Ich bin ganz davon bezaubert. »*Caramba,* das will ich noch einmal hören«, sage ich und versuche, ihm den vollständigen Text abzuluchsen. Dann gebe ich ihm ein großzügiges Trinkgeld und ziehe mich melancholisch gestimmt auf die Terrasse meines Zimmers im Bauch des Blauen Wals zurück. Es ist mit einem kleinen Fernsehgerät ausgestattet, mit dem ich vier kolumbianische Sender empfange. Ich kann Ihnen versichern, lieber Leser, dass sich jeder, der es wagt, diese vier Sender nacheinander anzuschauen, irreversible Hirnschäden zuzieht.

Sender 1 berichtet den ganzen Tag direkt aus der Volkskammer des Parlaments, was so einschläfernd ist, dass ich diesen Sender immer dann einschalte, wenn ich ein Mittagsschläfchen halten will. Dann gibt es einen Musiksender, der Sänger und Sängerinnen scheinbar nur dann in sein Programm aufnimmt, wenn in ihren Liedern mindestens zweimal das Wort *corazón* (»Herz«) vorkommt. Der lokale Nachrichtensender strahlt den ganzen Tag Bilder von unrasierten Kerlen aus, die ihre Waffen abgeben und feierlich versprechen, ihr Brot fortan auf ehrliche Weise zu verdienen. Und zu guter Letzt huldigt eines der Programme auf patriotische Weise der Schönheit der unterschiedlichen kolumbianischen Landschaften. Es wird von einer Frau präsentiert, die geradewegs einem Bordell entlaufen zu sein scheint. Was meine Aufmerksamkeit zumindest für einige Augenblicke fesselt – bis ihre reizende Figur abgelöst wird von fesselnden Bildern von Kaffeeplantagen, heruntergekommenen Hin-

Kinder einer Familie, die mit Dutzenden anderer geflüchteter Indiofamilien in einer rauchgeschwärzten Bruchbude in Istmina Zuflucht gefunden haben.

terlassenschaften der Spanier, Leuten in Stiefeln und Cowboyhüten, die auf Kommando lachen, und eingeschüchtert wirkenden Indios mit eigenartigen Hüten aus irgendeiner Gebirgsgegend.

Ab und zu bringen diese Sender Nachrichten oder sogar Bilder aus der Copa Libertadores, dem südamerikanischen Gegenstück zur Champions League, was mich immer wieder dazu verleitet, den Fernseher anzuschalten. Aber meistens erscheint dann eine Frau, die sagt: »Und nun, verehrte Zuschauer, zeigen wir Ihnen, wie Sie den PIN-Code Ihres Mobiltelefons per Computer erfragen können.« Daraufhin zeigt man den Zuschauern 20 Minuten lang Bilder eines Computerprogramms, in das die Moderatorin allerlei Codes eingibt, während sie gleichzeitig die Bedienungsanleitung vorliest. Ich schwöre Ihnen: Eine bessere Art, sich vorzeitig Alzheimer einzuhandeln, gibt es nicht.

ES WIRD ZEIT, NACH BOGOTÁ zurückzukehren. Also bestelle ich von meinem Hauptquartier im Blauen Wal aus ein Taxi und fahre zum Flughafen Santa Marta. Er liegt ganz in der Nähe des Strandes, was mir einen unvergesslichen Start beschert: In weitem Bogen fliegt das Flugzeug über ein azurblaues Meer voller Fischerboote.

In Bogotá kehre ich wieder zu meinem Quartier bei Alberto Christina zurück. Alberto begrüßt mich herzlich. Es gebe Neuigkeiten, sagt er: Nicht weit von unserer Wohnung sei ein Haus in die Luft geflogen. Es gab sechs Tote und die Polizei meldete, dass Mitglieder der FARC und einige Studenten mit Sprengstoff hantiert hätten. Die Behörden sind besorgt über die Verbindung zwischen der FARC und den Universitätsstudenten, denn das Letzte, was sie hier in Bogotá gebrauchen könnten, ist eine Stadtguerilla.

Ich frage Alberto nach der Situation der Indioflüchtlinge in Istmina. Und auch hier gibt es Neuigkeiten: Letztendlich sind 756 Dorfbewohner nach Istmina geflohen; doch die Lage in der kleinen Stadt ist unter Kontrolle.

»Die Flüchtlinge haben inzwischen Material für den Bau von fünf neuen Häusern erhalten«, erzählt Alberto. »Die Hälfte davon kommt von der Kirche, die andere Hälfte von der Kommunalverwaltung. Nicht schlecht, oder?«

»Sie haben also doch was herausgerückt«, sage ich.

»Ja«, meint Alberto, »und auch das Krankenhaus arbeitet gut mit. Wir von Ärzte ohne Grenzen haben anfangs die Versorgungslücke überbrückt, aber inzwischen hat das Krankenhaus in Istmina die Behandlung der kranken Flüchtlinge selbst übernommen.«

Die Mediziner von Ärzte ohne Grenzen haben alles in allem doch 80 Patienten behandelt und sechs Wassertanks von je 750 Liter Fassungsvermögen installiert. Das Rote Kreuz versorgt die Flüchtlinge mit Nahrungsmitteln und auch die einheimische Bevölkerung steht ihnen bei.

Dadurch sind die Indioflüchtlinge zwar zunächst einmal ihre Sorgen los, doch das Problem der gefürchteten schwarzen Liste der FARC bleibt bestehen. Nach den Informationen, die Alberto vor Ort erhalten hat, stehen noch 16 Namen auf der Todesliste der Guerilla.

»Die FARC haben sich zu diesem Punkt sehr klar geäußert.«, sagt Alberto. »Entweder werden die 16 von ihren eigenen Leuten bestraft, oder die FARC werden sie umbringen. Mit allen anderen haben sie keine Probleme, sie dürfen zurückkehren, wann immer sie wollen.«

Nachfragen ergeben, dass niemand genau weiß, warum diese 16 Personen auf der Todesliste gelandet sind. Sind sie Informanten der Polizei? Haben sie der Armee einen Tipp gegeben? Hat es etwas mit Drogen zu tun? Fakt ist, dass diese 16 nicht in ihr Dorf zurückkehren können.

»Sie müssen auch aus Istmina verschwinden«, schließt Alberto, »denn dort hat die FARC-Guerilla natürlich ebenfalls ihre Männer, die nicht zögern, die Liste weiter abzuarbeiten.« Tatsache ist, dass damit zum ersten Mal Angehörige des Volkes der

Wounaan aus ihrem Gebiet fliehen müssen. Und es zeichnet sich deutlich ab, dass dieser Umstand direkt mit dem wachsenden Bemühen der FARC zusammenhängt, Kokaplantagen anzulegen.

AM NÄCHSTEN MORGEN zieht es mich ein letztes Mal in die Stadt. Ich kaufe eine Zeitung und trinke an der Ecke, an der sich *Libertadores* und *Carrera 7* kreuzen, zwischen Leuten, die auf dem Weg zur Arbeit sind, einen Becher Kaffee. *El Tiempo* berichtet, dass zwei große paramilitärische Gruppen im Zuge eines breit angelegten Programms noch in derselben Woche ihre Waffen abliefern werden. Das scheint zunächst ein Fortschritt zu sein, doch die Zeitung belegt in einer grafischen Darstellung, dass sich die Zahl der Paramilitärs in Kolumbien in den vergangenen zwei Jahren von 15 000 auf 30 000 verdoppelt hat. Das ist kein Zufall: Vor zwei Jahren begannen die Verhandlungen über die Abgabe der Waffen, für die im Gegenzug sechs Monate lang eine fette Prämie von 250 Dollar im Monat gezahlt wird. Für viele Kolumbianer ist die Sache klar: Die Demobilisierung ist ein Tauschgeschäft. Erst schließt man sich schnell noch der einen oder anderen Kampfgruppe an, dann gibt man brav seine Waffen ab und bekommt über ein halbes Jahr ein ordentliches Sümmchen von der Regierung. Viele Paramilitärs gibt es dem Artikel in *El Tiempo* zufolge nur auf dem Papier. Denn wenn ein befreundeter Kommandant der *Paramilitares* erklärt, man sei Mitglied seiner Gruppe, fließt das Geld: die Hälfte in die Taschen des Kommandanten, die andere in die des sogenannten Mitglieds.

Für die Opfer der brutalen Machenschaften dieser paramilitärischen Gruppen ist das eine bittere Pille. Jahrelang wurden sie von diesen Mördern terrorisiert, und nun gewährt man diesen Leuten nicht nur Amnestie, sie erhalten obendrein auch noch eine satte Abfindung. Die Opfer gehen leer aus. Und ob dieser ganze Kuhhandel wirklich dem Frieden dient, ist noch mehr als fraglich. Denn fast alle, die ich in den letzten Tagen auf dieses Thema angesprochen habe, sind sich darin einig, dass die Paramilitärs niemals ihre gesamten Waffenbestände abgeben werden.

Nach meiner Zeitungslektüre besuche ich die Bibliothek im Zentrum von Bogotá, in der eine Fotoausstellung zum Thema *Heimatlose* gezeigt wird. Von ihnen gibt es in Kolumbien genug.

Die Luis-Arango-Bibliothek ist die größte Bibliothek Südamerikas. Bei meinem Besuch nehme ich reges Treiben wahr. Studenten ziehen an Tischen mit kleinen Lampen wissenschaftliche Werke zu Rate, und Hunderte von Besuchern stöbern voller Lesehunger in den Regalen nach Literatur. Es herrscht eine sakrale Atmosphäre und alle sprechen nur im Flüsterton miteinander.

Die in der Presse groß angekündigte Ausstellung über *Heimatlose* wird in einem großen Saal präsentiert. Sie umfasst Werke von drei Fotografen: die des Kolumbianers Jesús Abad Colorado, der Niederländerin Dana Lixenberg und des Flamen Stephan Vanfleteren. Die Fotos des kolumbianischen Fotografen und die meines Landsmannes Stephan gehen mir sehr nah. Sie sind sehr beeindruckend, und ich bin stolz darauf, dass in den kommenden Wochen Hunderte von Menschen täglich die Arbeiten eines meiner Landsleute betrachten werden. Vor allem weil Stephans Schwarz-Weiß-Fotos von großer künstlerischer Qualität sind.

Im Ausstellungssaal kann man eine Stecknadel fallen hören. Niemandem ist beim Anblick dieser Fotos nach Reden zumute. Alle schleichen wie gebannt durch den Saal. Ich kann mir vorstellen, wie beschämend es für die kolumbianischen Besucher sein muss, so direkt mit dem Elend von Landsleuten konfrontiert zu werden, die in Gegenden leben, in denen sie ihr Schicksal nicht selbst bestimmen können, sondern sich offenbar nur vor die Entscheidung gestellt sehen: Bleibe ich oder gehe ich fort?

Ein Foto von Jesús Abad Colorado trifft mich besonders. Es zeigt eine von Kummer verzehrte Frau neben einem schlichten Holzkreuz im Dschungel. In der Bildlegende des Fotos steht, dass diese Frau gerade ihren Mann begraben hat, der von den Paramilitärs ermordet worden war. Acht Tage war sie auf der Suche nach seinem Leichnam. Immer wenn sie von einem Toten in den umliegenden Dörfern hörte, machte sie sich auf den Weg, um nachzusehen, ob es ihr Ehemann wäre. Aber es waren jedes Mal entweder alte Menschen oder Frauen, die ums Leben gekommen waren. Schließlich fand sie ihn. Sie brachte den Leichnam in ihr Dorf zurück und hob eigenhändig das Grab aus, in dem sie ihn beerdigt hat. Der Fotograf hat den Moment festgehalten, in dem sie ein Kreuz aus zwei zusammengeschnürten Stöcken auf seinem Grab errichtet. Wie herzzerreißend doch der Moment sein kann, den der Auslöser einer Kamera auf ewig ins Bild bannt!

Nach dem Ausstellungsbesuch setze ich mich in eines der vielen Kaffeehäuser von Bogotá und sinne über die Frage nach, wie gut es um Kolumbien bestellt sein könnte, wenn es den verdammten Drogenkrieg nicht gäbe. Eigentlich verhält es sich mit Kolumbien ganz ähnlich wie mit dem Kongo. Doch während in diesem reichen afrikanischen Land seit Jahren um Diamanten, Gold und Kobalt gekämpft und bis aufs Blut gestritten wird, geht es bei dem endlosen Krieg in Kolumbien um ein Produkt, das viel leichter zu gewinnen ist: um die Blätter einer Pflanze.

Ich bestelle mir noch ein großes Glas Aguila-Bier, schaue eine Weile lang einer Fliege zu, wie sie über die Scheibe krabbelt, und denke: *Fuck it!* Dann trete ich in dieser zwischen Gleichgültigkeit und Freundlichkeit schwankenden Stadt vor die Tür, winke vom Bordstein aus ein Taxi heran, schnappe mir in Albertos Wohnung mein Gepäck und fahre direkt zum El-Dorado-Flughafen, von wo ich noch am selben Abend, wenn die Sterne günstig stehen, in Richtung Moskau fliegen will.

Der amtierende Präsident Álvaro Uribe gewann die Wahlen mit großer Mehrheit. Die Kolumbianer begrüßen die zunehmende Sicherheit in den Städten und unterstützen sein Vorgehen gegen die Drogenguerilla.

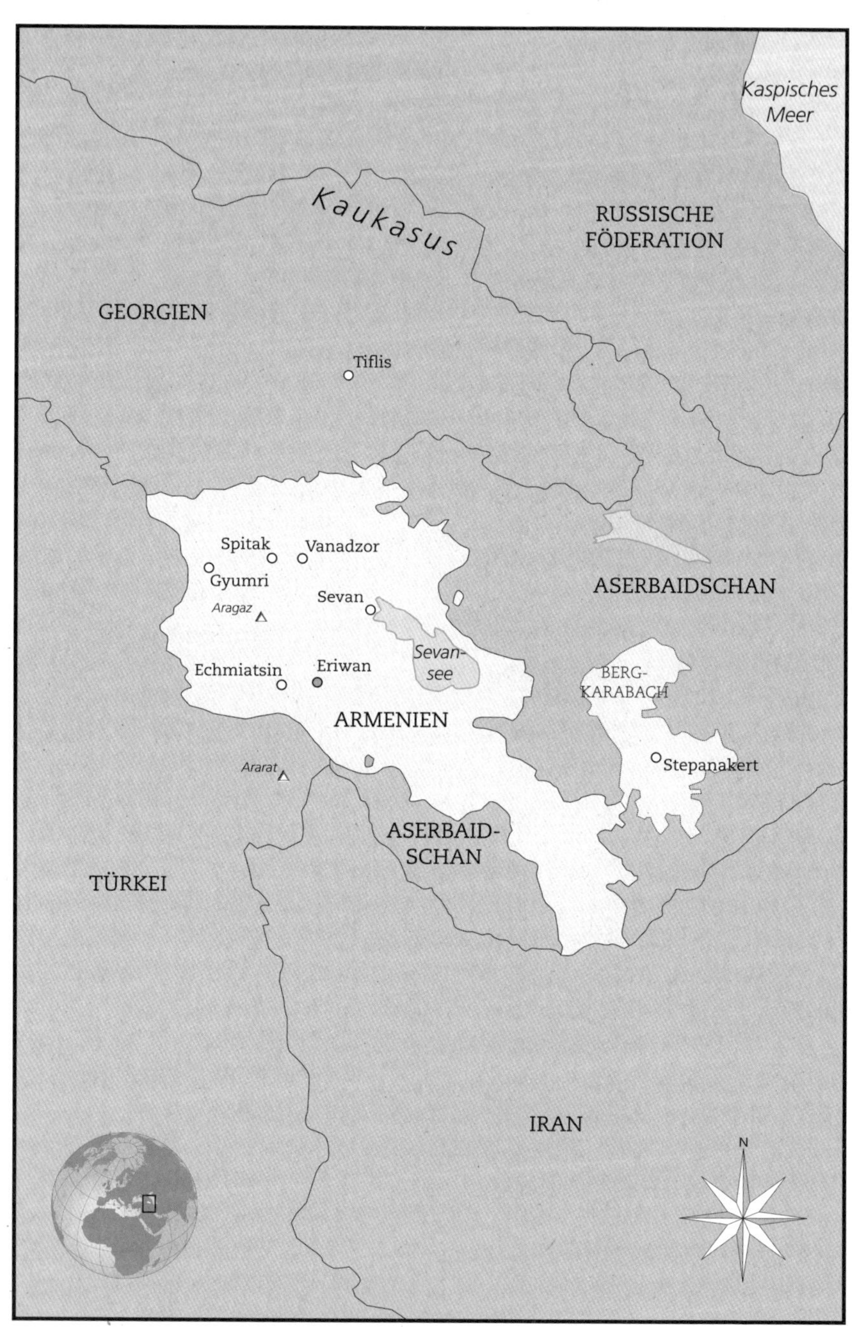
Kaspisches Meer
Kaukasus
RUSSISCHE FÖDERATION
GEORGIEN
Tiflis
Spitak
Vanadzor
Gyumri
Aragaz
Sevan
ASERBAIDSCHAN
Sevan-see
Echmiatsin
Eriwan
BERG-KARABACH
ARMENIEN
Ararat
Stepanakert
ASERBAID-SCHAN
TÜRKEI
IRAN
N

ARMENIEN

»Wir haben die andere Seite des Mondes schon gesehen.
Aber wann werden wir die andere Seite des Ararat sehen?«
Armenisches Gedicht

AUS MEINEM ZIMMER AM RANDE VON AIGUEDZOR in Eriwan kann ich den 5165 Meter hohen Ararat sehen. Ein gigantisches Dreieck aus silberweißem Schnee, flankiert von einem kleineren, viel spitzer zulaufenden Vulkan (3896 Meter) – dem Kleinen Ararat –, der sich wie ein Wachturm an seiner Seite erhebt. Der Ararat ist der Berg, an dem Noahs Arche gestrandet ist. Unter den Armeniern ist der Glaube verbreitet, sie seien die ersten Menschen, die nach der Sintflut – und den Abenteuern mit Noahs schwimmendem Zoo – die Welt von Neuem bevölkert haben.

Der Ararat ist ein fester Orientierungspunkt in der Seelenlandschaft der Armenier. Er ist auf Briefmarken, Fahnen und Postkarten abgebildet, und jedes zweite Gemälde, das in Armenien verkauft wird, um seinen Platz in einem gewöhnlichen Wohnzimmer zu finden, zeigt mit Sicherheit seine Silhouette. Dafür gibt es einen Grund: Der Ararat liegt in der Türkei.

Und so wird jeder, der von Eriwan und den umliegenden Ebenen den Blick zum südlichen Horizont richtet, immer wieder daran erinnert, dass das mythische Nationalsymbol unerreichbar im Land des Todfeindes liegt. In einer Region, die historisch zu Armenien gehört, nun aber auf der anderen Seite des Stacheldrahts liegt, der die Grenze zwischen beiden Ländern hermetisch abriegelt. In diesem alten Landesteil Armeniens deportierten die Türken 1915 mehr als eine Million Armenier aus ihren Dörfern und von ihrem Grund und Boden; sie wurden ausgehungert oder liquidiert. Seit jener Zeit erinnert die Armenier jeder Blick auf den Ararat an die vergangene Größe ihres Landes und an den von den Türken begangenen Völkermord.

BEI MEINER ANKUNFT IN ARMENIEN scheint mir das Land von unrasierten Kerlen in schwarzen Lederwesten mit lässig baumelnden Kippen im rechten Mundwinkel und ebenfalls schwarz gekleideten, schlecht geschminkten Frauen bevölkert zu sein. Allzu viel Farbe scheinen die Einwohner von Eriwan also nicht in das Straßenbild einzubringen.

Und die armenische Hauptstadt selbst wirkt ebenfalls nicht besonders fröhlich, auch wenn sich die Behörden in den letzten Jahren sehr ins Zeug gelegt haben, um die Metropole nicht länger wie eine Kopie der vielen trostlosen Industriestädte der ehemaligen Sowjetunion und ihrer Satellitenstaaten aussehen zu lassen. In der gegenwärtig herrschenden Bauwut werden ganze Stadtteile dem Erdboden gleichgemacht, um prestigeträchtige Hotels, Regierungsbauten und Hochhäuser zu errichten. Sie sollen die Pseudo-Barockgiebel und die hoffnungslose Tristesse alter Sowjetbauten ablösen. Daneben haben sich in der City jedoch auch viele neue, moderne Restaurants und Cafés eingenistet. Seite an Seite mit schicken Boutiquen, die Modelle von Lanvin, Versace und ähnlichen Größen verkaufen und die reichen Armenier mit der neuesten Mode versorgen. Doch all diesen Neuerungen ist es bisher nicht geglückt, Eriwan den Charakter eines verschlafenen Provinznestes und das Erscheinungsbild einer von den Landmassen Asiens und Europas eingeschlossenen Hauptstadt zu nehmen.

Mein Quartier liegt ganz in der Nähe einer dieser neu gestalteten Stadtviertel, neben der *Cascade,* einer riesigen weißen Treppe, die sich am Rande der Innenstadt einen Hügel hinaufwindet. Die Cascade ist das Projekt eines armenischen Oligarchen, der im vergangenen Jahr damit begonnen hat, die riesige Treppe mit modernen Skulpturen aus aller Welt zu bestücken. Vom oberen Ende der Cascade hat der Besucher dazu noch eine fantastische Aussicht auf den Ararat. Zurzeit lassen sich hier Armeniens neue Reiche ihre luxuriösen Villen und Apartments bauen. Die Grundstückspreise steigen täglich.

Bei der Ankunft in einer neuen Stadt gehe ich am ersten Tag gerne ziellos auf Erkundungstour, ich laufe kreuz und quer durch die Straßen, bis ich mich gründlich verirrt habe, und fahre dann mit einem Taxi zu meiner Unterkunft zurück. So halte ich es auch in Eriwan. *Matschutkas,* kleine Busse, die auf einen simplen Wink hin für jeden anhalten der mitfahren will, erleichtern mir die Tour. Eine Fahrt kostet 100 Dram, etwa 20 Cent. Will man aussteigen, ruft man dem Fahrer einfach das verabredete Kommando zu. Er tritt daraufhin unverzüglich auf die Bremse, sodass man wirklich aussteigen kann, wo man will. Sollten Sie je nach Eriwan kommen: Die Parole, die den Fahrer sofort dazu veranlasst, den Bus zu stoppen, heißt »Gänguruh!«. Sie lässt sich leicht merken, wenn Sie an ein allseits bekanntes australisches Beuteltier denken.

Und so zuckele ich meinen ganzen ersten Tag in Eriwan quer durch die Stadt. »Gänguruh!« hier und »Gänguruh!« da. Von der Oper bis zum Kino Moskau. Nach einem Besuch des Kunstmarktes in der Nähe des klotzigen Operngebäudes (auf dem es sicherlich 500 Gemälde des Ararat gibt) beschließe ich, dass es an der Zeit ist, etwas tiefer in die Psyche der Armenier vorzudringen. Ich winke ein Taxi heran, das mich zum Genozidmahnmal und -museum bringen soll. Hierzu eine Warnung: Wenn Sie leicht deprimiert sind oder schnell den Glauben an die Menschheit verlieren, lassen Sie dieses Museum links liegen und gehen Sie lieber in einer netten Bar etwas trinken. Wenn Sie aber partout wissen wollen, warum die Armenier immer von früher reden (vom Schicksalsjahr 1915), dann ist dieses Museum ein Muss.

Das Taxi setzt mich auf dem Museumsparkplatz ab, und als ich zum Eingang des Gebäudes gehe, bin ich mir darüber bewusst, dass ich hier mit ähnlichen Dingen konfrontiert werde wie bei meinem Besuch im Jerusalemer Holocaustmuseum Yad Vashem. Auch die in einen Hang gebettete armenische Gedenkstätte zur Erinnerung an den Völkermord liegt an einem abgelegenen Ort außerhalb der Stadt. Ihr Wahrzeichen ist eine 44 Meter hohe Nadel neben einer Reihe schräg aufgerichteter Basaltplatten, die zum Teil einen darunterliegenden Raum bedecken, in dem eine ewige Flamme brennt. Solche Bauten gab es in den früheren Warschauer-Pakt-Staaten zu Dutzenden: Düster, statisch und größtenteils an den Sieg im Zweiten Weltkrieg erinnernd. Doch diese Gedenkstätte ist anders: Hier wird die Erinnerung an einen Genozid lebendig gehalten, auch wenn das Wort erst Jahrzehnte später aufkam, nachdem die zivilisierte Welt der Untaten der Nazis in Auschwitz, Treblinka und Buchenwald gewahr geworden war.

Das Genozidmuseum am Rande von Eriwan zeigt in seiner Konzeption eine enge Verwandtschaft mit dem Jerusalemer Museum. In seinem Buch *Eastward to Tartary* schreibt Robert D. Kaplan: »Die Juden schufen sich auf dieselbe Weise eine Identität aus dem Holocaust, wie es die Armenier aus den, von den Türken verübten, Massenmorden taten.«

Im düsteren Bauch des Museums notiere ich mir die Namen der Regionen, in denen Pogrome stattgefunden haben: Erzurum, Van, Kharpert, Diyarbakir, Bitlis, Sivas, Trabzon usw. Neben ihren Namen ist jeweils die Anzahl der armenischen Dörfer, die Zahl der Einwohner, der armenischen Kirchen und der Schulen in diesem Gebiet verzeichnet. Im Museum ist auch der Brief eines hohen türkischen Beamten ausgestellt, in dem dieser die Ausrottung der Armenier im osmanischen Gebiet anordnete. »Koste es, was es wolle!« Eine abschließende Berechnung zeigt, dass nach der blutrünstigen türkischen Hysterie von 1915 von alldem nichts mehr übrig geblieben ist:

2925 Schulen wurden zerstört, 1996 armenische Kirchen dem Erdboden gleichgemacht und insgesamt 1 072 200 Armenier ermordet. Eine erschütternde Zahl: Das heutige Armenien hat kaum drei Millionen Einwohner.

Die meisten der oben erwähnten Orte habe ich auf einer meiner früheren Reisen besucht, aber nirgends, wirklich nirgendwo in dem riesigen Gebiet des heute türkischen Anatoliens, habe ich auch nur eine Spur dieser ausgerotteten armenischen Kultur entdeckt. Niemand ist in so kurzer Zeit so gründlich vorgegangen wie die Türken damals unter tätiger Mithilfe der Kurden.

Was sich damals abspielte, kann der Museumsbesucher im nächsten unterirdischen Saal sehen. Hier sind Fotos ausgestellt, die nichts der Fantasie überlassen. Abgehackte, auf Stangen aufgespießte Köpfe von Armeniern, zwei türkische Offiziere, die stolz mit ihrer Jagdbeute posieren: zwei Köpfen, die auf dem Tisch liegen; Soldaten, die neben einem Galgen, an dem ein erhängter Armenier baumelt, eine Pause einlegen; das Bild einer vor Hunger gestorbenen Frau mit ihren beiden Kindern – und vielleicht das schockierendste Foto von allen: das Bild einer total ausgemergelten Frau und ihres Kindes, die verzweifelt in die Linse des Fotografen blicken.

Schaudernd gehe ich durch dieses Kabinett des Grauens – und ich bin dabei nicht allein. Genau wie Yad Vashem, wird auch dieses Museum von Schülergruppen besucht, die sich diese Grausamkeiten ansehen. Ich frage mich, was diese schrecklichen Bilder in der Psyche der Kinder anrichten. Sicher sorgen sie dafür, dass sie niemals wieder einem Türken vertrauen, und bei Lichte besehen ist das auch der Sinn des Ganzen.

Der armenische Genozid und die damit verbundene Diaspora der Armenier schürten einen tief empfundenen Nationalismus. Einen Nationalismus, der auf »Niederlagen und Masochismus« gründet, wie einige armenische Intellektuelle es formulieren. Schafft man so ein Volk, das ganz in seiner Opferrolle aufgeht?

Wie dem auch sei, ich verlasse das Museum tief betrübt, auch deshalb, weil mir bewusst geworden ist, dass die Vernichtung der Juden während des Zweiten Weltkrieges auch vom Völkermord der Armenier angeregt worden ist. »Wer erinnert sich an die Ausrottung der Armenier im Ersten Weltkrieg?«, entfuhr es Hitler 1939.

Gewiss nicht die Türken. Bis zum heutigen Tag weigert sich die Türkei, den armenischen Genozid anzuerkennen. Im Gegenteil: Im Sommer 2005 musste der türkische Schriftsteller Orhan Pamuk noch vor den Richter treten, weil er es gewagt hatte, die Leugnung des Völkermordes in einer türkischen Zeitung als Schande zu bezeichnen. »Beleidigung des Türkentums«, lautete die Anklage.

AM NÄCHSTEN TAG FAHRE ICH mit einem Taxi nach Echmiatsin, einem weiteren Ort, den jeder, der eine Vorstellung vom Seelenleben der Armenier bekommen will, aufsuchen sollte. Denn in Echmiatsin befindet sich der armenische Vatikan: Hier residiert das Oberhaupt der apostolischen Kirche Armeniens – armenisch-gregorianisch-orthodoxe Kirche lautet offiziell der Name dieser Glaubensgemeinschaft, die eng mit dem Katholizismus verwandt ist, aber dennoch ihren eigenen Charakter und ihren eigenen Boss hat.

Das ist nicht verwunderlich, waren die Armenier doch die ersten, die das Christentum zur Staatsreligion erklärt hatten. Das ging natürlich nicht ohne Hauen und Stechen ab: Blut floss in Strömen und nach guter alter armenischer Tradition mussten dafür Opfer gebracht werden.

Wie groß ein solches Opfer war, kann ich in der ebenso beeindruckenden wie düsteren Kirche der Hripsime, auf halbem Weg zwischen Eriwan und Echmiatsin, sehen. Hripsime war eine junge Frau mit Prinzipien. Zunächst wollte sie der römische Kaiser Diokletian zur Gemahlin nehmen, nachdem er sie in einer Sammlung von Porträts schöner Jungfrauen seines Reiches gesehen und erwählt hatte. Aber die fromme Schöne war gänzlich abgeneigt und floh mit ihrem Gefolge nach Armenien. Wo sie erst recht in Schwierigkeiten geriet, denn Hripsime entsprach ganz dem Geschmack König Trdats III., der sie ebenfalls zur Frau nehmen wollte. »Kommt überhaupt nicht Frage«, meinte Hripsime. Aber so leicht ließ sich Trdat III. nicht abweisen und sandte einen Trupp Soldaten zum Wohnsitz der widerspenstigen Jungfrau. Diese Handlanger des Königs fackelten nicht lange: Hripsime wurde gesteinigt. Der schwere Stein, der sie schließlich dahinraffte, ist in einer der Kirchen Echmiatsins bis zum heutigen Tag in der schummrig beleuchteten Nische einer Krypta zu sehen.

Ein derart ungebührliches Betragen gegenüber keuschen Jungfrauen konnte natürlich nicht geduldet werden: Durch göttliches Zutun verformten sich die edlen Züge des armenischen Königs – ganz zu Recht – zu einem Schweinskopf, inklusive Schlappohren. Seine Schwester war es schließlich, die dem König erzählte, er könne nur vom heiligen Gregor gerettet werden, einem vorbildlichen Christen, den der König einige Jahre zuvor in einen tiefen Brunnen hatte werfen lassen. Trdat III. blieb nun also nichts anderes übrig, als den heiligen Gregor aus seinem düsteren Kerker hieven zu lassen, wenn er seine Schweinsfratze wieder loswerden wollte. Das scheint ihm wohl gelungen zu sein, denn Trdat III. wurde nun seinerseits zum Christentum bekehrt und befahl seinen Untertanen, seinem Vorbild zu folgen. Daher wurde Armenien 301 n. Chr. zur ersten christlichen Nation der Welt, wie jeder rechtschaffene Armenier einem stolz erzählt, denn in diesem Jahr haben sich all diese ziemlich aufregenden Geschehnisse zugetragen.

In der Hripsime-Kirche wird gerade eine Messe abgehalten. Gottesdienste der apostolischen Kirche Armeniens sind auch für Heiden ein eindrucksvolles Erlebnis. In dem Moment, in dem ich die Kirche betrete, öffnet sich ein gewaltiger Vorhang, der den höher stehenden Altar vom Rest der Kirche trennt. Dieser theatralische Akt öffnet den Blick auf nicht weniger als vier Priester, die in goldbestickten Messgewändern am Altar zugange sind. Ein Kirchenchor begleitet ihr Tun aus einer Nische der Kirche heraus: mit volltönenden, klangfesten Männerstimmen, über denen wie Lerchengesang die kristallklaren Stimmen der Frauen in ihren spitzenbesetzten Kopftüchern aufsteigen. Sie singen gregorianische Choräle.

Die ganze Kulisse ist umso eindrucksvoller, als die Kirche sich jeglichen Schmucks enthält. Hier finden sich keine süßlichen Gipsfiguren von verdienstvollen Heiligen, an denen die katholische Kirche so reich ist, sondern nur die kahlen, vom Kerzenruß über die Jahrhunderte geschwärzten Kirchenwände. Es stehen keine Stühle in der Kirche. Die Menge der Gläubigen versammelt sich im Mittelschiff, einzelne zünden Kerzen an, um sie dann in einen Haufen aus feinem Sand zu stecken, den man zu diesem Zweck in einem Metallgefäß aufgeschüttet hat.

Nach Ablauf der Feierlichkeiten steigt der *catholicos* persönlich von seiner Altarbühne herab, um das Volk zu segnen. Er ist das Oberhaupt der armenischen Kirche, daher ist seine Position der des römischen Papstes vergleichbar. Seine Heiligkeit Karekin II. ist seit 1999 der 132. Nachfolger des heiligen Gregors »des Erleuchters«, des besagten Heiligen, den der schweinsköpfige Trdat III. in einen Brunnen werfen ließ, um ihn später wieder herauszufischen.

Mit seiner rechten Hand berührt der Catholicos feierlich die ehrfürchtig vor ihm gebeugten Häupter der Kirchgänger. Es ist ein schönes Segensritual. Danach verlassen alle – aus Respekt vor dem Allmächtigen rückwärts – die Kirche, während sie ein Kreuz schlagen. Einer der Priester erzählt mir später, dass die Fundamente dieser Kirche aus dem Jahr 340 n. Chr. stammen, wodurch mir bewusst wird, dass in Armenien alles 700 Jahre älter ist als in den übrigen Teilen des christlichen Europa. In Armenien ist Geschichte noch lebendig.

Dann fahre ich nach Echmiatsin, wo ich in einer der vielen Kirchen Zeuge einer Hochzeit werde, bei der das frisch vermählte Paar nach Ablauf der Feierlichkeiten zwei weiße Tauben fliegen lässt. In dieser Kirche folgt eine Trauung auf die andere. »Vor allem im Frühling herrscht hier Andrang. Alle wollen vor dem 1. Mai heiraten, da man sich davon größere Fruchtbarkeit verspricht«, erzählt einer der Festgäste.

Ein Priester vollzieht eine Trauung in der Kirche von Echmiatsin.

Nach einer ganzen Reihe von Trauungen kehre ich nach Eriwan zurück, wo ich hinter dem riesigen Kongressplatz mit seinen klosterartigen Regierungsgebäuden einen neuen Flohmarkt entdecke, der noch größer ist als der neben der Oper. Ich finde diese *vernissage,* wie die Armenier ihren Kunst- und Trödelmarkt nennen, interessant, weil man nicht nur auf Leute trifft, die hier wie überall auf solchen Märkten das Geschirr und die silberne Tortenschaufel ihrer Großmutter verkaufen, sondern weil man hier auch ganze Kollektionen Zangen zum Zähneziehen kaufen kann. An nicht weniger als fünf Ständen werden diese Folterwerkzeuge verkauft. Es gibt auch einen Stand mit gebrauchten Mikroskopen – unter denen sich auch sehr schöne Exemplare aus Kupfer befinden – sowie zahlreiche Stände, an denen kaum handgroße Miniaturgrabsteine aus Marmor verkauft werden, in die das Bild des Toten eingraviert wird. »So kann man es auf den Kaminsims oder auf den Schreibtisch stellen«, erklärt einer der Händler, der französisch spricht. Natürlich gibt es auch die üblichen Stände mit Uhrenimitaten, russischen Vorkriegskameras und Gemälden, die den verschneiten Ararat zeigen. An einem Stand entdecke ich eine Reihe SS-Dolche und einen deutschen Helm mit einem Loch darin.

Nachdem ich viermal über den Markt spaziert bin, beschließe ich, nach guter alter Tradition den Tag mit einem landestypischen Gebräu ausklingen zu lassen. Hier heißt es Eribuni und schmeckt gar nicht mal so schlecht.

DAS ALTE ARMENIEN – Hayastan, wie es die stets nostalgischen Armenier nennen – war einst ein gewaltiges Reich. Im 1. Jahrhundert n. Chr. unter Tigran dem Großen erstreckte es sich vom Kaspischen Meer im Osten bis in die Zentraltürkei im Westen. Es schloss große Teile des Kaukasus, Gebiete des Iran und ganz Syrien ein. Die Armenier haben seit 405 v. Chr. ein eigenes Alphabet, das heute noch gebräuchlich ist. Es geht auf eine Erfindung des Gelehrten Mesrop Mashtots zurück und die Armenier sind heute noch stolz darauf.

Ein in Armenien gerne erzählter Witz macht sich über das Alphabet der benachbarten Georgier lustig, von denen sich die Armenier nur ungern sagen lassen, dass es ihrem eigenen nicht unähnlich sei. Die Legende besagt, dass die Georgier sich ebenfalls an den großen Mashtots gewandt hatten, um ihn um eine eigene Schrift zu bitten. Daraufhin warf der Gelehrte eine Schüssel Makkaroni, die er sich gerade zu Gemüte führen wollte, gegen die Wand und sagte: »Da habt ihr euer Alphabet.« Die Flecken, die auf der Wand zurückblieben, bildeten nach Aussage der Armenier die Grundlage für die georgischen Schriftzeichen.

Nationalstolz ist den Bewohnern dieser Kaukasusregion alles andere als fremd. Während sich ihre historischen Gegner, wie die Hethiter und die Meder, nur noch auf den Seiten von Geschichtsbüchern finden, sind die Armenier nach wie vor präsent. Was sich nirgends deutlicher zeigt als in Bergkarabach (Nagorno-Karabach). In dieser Enklave focht die armenische Armee nach dem Fall der Sowjetunion mit ihren Erzfeinden – den ebenfalls in diesem Gebiet ansässigen Aseris – einen brutalen Krieg aus. Bis es 1994 gelang, die gewaltsamen Auseinandersetzungen durch einen vorläufigen Waffenstillstand zu beenden, hatte es bereits 35 000 Tote gegeben und alle Aseris waren aus Karabach vertrieben oder dort ermordet worden. Zugleich hatten die Armenier einen Korridor erobert, der Karabach mit dem übrigen Armenien verband. Nach all den Niederlagen der Vergangenheit war das endlich ein Sieg, auf den die Armenier stolz sein konnten. Nicht umsonst sind armenische Soldaten, die während des Krieges in Karabach gefallen sind, in der Nähe der Völkermordgedenkstätte begraben. Auf diese Weise verbindet Armenien die Vergangenheit mit der Gegenwart, und so wirken auch die schrecklichen Ereignisse aus dem Jahre 1915 nach bis zur blutigen Vergeltung im Krieg von 1991–1994.

Bergkarabach versteht sich heute als unabhängiger Staat, als *Republik von Bergkarabach*. Um in die Republik einzureisen, muss man im Konsulat von Eriwan (für 35 Dollar) ein Visum erstehen. Doch letztendlich wird das Land von keiner Nation der Welt anerkannt, sodass sein Status als Republik eigentlich haltlos erscheint, denn es ist allgemein bekannt, dass Karabach von Armenien aus regiert wird.

Da solche Orte eine unwiderstehliche Anziehungskraft auf mich ausüben, will ich unbedingt dorthin. Reisegefährten sind schnell gefunden: Davit Davtyan, ein Dolmetscher, den mir Ärzte ohne Grenzen vermittelt, und Hrachik, der Fahrer unseres Wagens.

»Da wir mit dem Auto einer internationalen Hilfsorganisation fahren, brauchen wir kein Visum«, sagt Davit. Wir verabreden, am kommenden Tag von Eriwan nach Stepanakert, der »Hauptstadt« von Bergkarabach, zu fahren.

WIR SIND SCHON FRÜH UNTERWEGS. Eine Weile fahren wir durch stahlgraue Gebirgslandschaften und tiefe baumlose Schluchten, aber schon bald gewinnt das Erdreich eine dunklere Färbung. Links und rechts erheben sich die eindrucksvolleren Granitformationen des unteren Kaukasus, runde Bergrücken, deren Gipfel von mächtigen Schneefeldern bedeckt sind. Irgendwann gabelt sich der Weg: Links geht es nach Karabach, rechts in Richtung Iran.

»Iran«, murmelt Davit, »wenn es je zu einem amerikanischen Krieg im Iran kommt, dann sitzen die Armenier ganz schön in der Klemme!«

Damit hat er zweifelsohne recht. Armenien verfügt nur über zwei offene Grenzen: die zum Iran und die zu Georgien. Denn die Türkei hält ihre Grenze hermetisch ge-

In den armenischen Bergen, unweit der Grenze zu Aserbaidschan, versucht ein Mann sein liegen gebliebenes russisches Motorrad wieder in Gang zu bekommen.

schlossen, und wer versuchen sollte, die aserbaidschanische Grenze zu überqueren, wird erschossen.

Dennoch fahren wir eine Stunde später auf einer sich endlos durch die Berge windenden, aber gut befahrbaren Straße durch ein Gebiet, das früher zu Aserbaidschan gehörte: den Lachin-Korridor, der im Frühjahr 1992 von armenischen Truppen erobert wurde, um Bergkarabach mit dem Rest Armeniens zu verbinden. Besonders rücksichtsvoll gingen die Armenier dabei nicht vor: Plündernd und mordend haben sie die in dieser Region lebenden Aseris vor sich hergetrieben, bis im Lachin-Korridor kein einziger mehr übrig blieb. Nirgendwo sehe ich ein Schild, einen Schlagbaum oder ein anderes Zeichen, das anzeigen würde, dass wir von einem Land in ein anderes fahren. Auch als wir in die umkämpfte neue Stadt hineinfahren, gibt es keinerlei Grenzkontrollen. So viel zur »Unabhängigkeit« von Bergkarabach.

Die Straße führt an Goris, einer wenig interessanten Stadt in einem weiten Talkessel, vorbei, bevor sie sich weiter durch die Berge bis nach Stepanakert, der Hauptstadt von Karabach, schlängelt. Überall sonst sind die Straßen in Armenien voller Schlaglöcher, aber diese Straße durch das eroberte Gebiet ist so glatt wie ein Billardtisch. Solche Straßen legen Sieger in eroberten Gebieten an, um ihren Anspruch auf die Region zu verdeutlichen und ihre Kontrolle darüber zu erweitern. Erneut drängt sich mir der Vergleich mit Israel auf, denn auch am westlichen Jordanufer bin ich schon über eine solche gut befahrbare Straße gefahren, die die Israelis quer durch das Gebiet der Palästinenser angelegt hatten. Für schnelle Truppenbewegungen und Panzermanöver sind sie außerordentlich praktisch.

Auf dem Weg nach Stepanakert machen wir in der Bergstadt Shushi Station, von der aus die Artillerie der Aseris seinerzeit Stepanakert bekämpfen konnte. Shushi hat während des Krieges einige Male die Seiten gewechselt, und als wir durch die Straßen fahren, sehe ich, dass die Stadt den Krieg nie wirklich überwunden hat. Nach wie vor prägen zerschossene Ruinen das Stadtbild. Der dichte Nebel, der sich während unseres Besuches über die Stadt legt, lässt ihren Anblick noch gespenstiger erscheinen – als sei der Krieg erst gestern zu Ende gegangen.

Nur die Kirche wurde ausgebessert. Als wir dort eintreten, sprechen uns drei zerlumpte Bettler an: ein alter, geistig verwirrter Mann, seine Frau und die Tochter der beiden. Ihre Kleider sind grau vor Schmutz und ihre Hände schwarz. Sie zeigen auf ihren Mund. Ich gebe ihnen ein paar Münzen und sie gehen ihrer Wege.

Ein paar Straßen weiter sehe ich in den Ruinen der Häuser ausgehungerte Kinder in zerlumpten Kleidern, die in den maroden Trümmern auf kleinem Feuer Pappkartons verbrennen. Bis auf sie scheint Shushi verlassen zu sein. In vielen Wohnungen in den Betonburgen an den Straßenrändern fehlen die Fenster und Türen. »Viele Bewohner von Shushi sind nach dem Krieg nach Stepanakert gezogen«, erklärt uns Davit die entvölkerten Straßen.

Mit der endgültigen Einnahme von Shushi hatten die Armenier den Krieg gewonnen, aber für die Stadt selbst hatte der Sieg keine große Bedeutung mehr: Der Krieg war für sie eine Katastrophe.

An dem alten Friedhof am Stadtrand vorbei fahren wir weiter nach Stepanakert, einer Stadt mit 35 000 Einwohnern, die plötzlich tief unter uns aus den Nebelschwaden auftaucht. Nach einer kurzen Suche finden wir ein Quartier für die Nacht bei einer armenischen Familie. Mir tritt der Sohn des Hauses sein Zimmer ab, Davit und Hrachik schlafen zusammen in einem Doppelbett in einem der anderen Zimmer. Unser Gastgeber heißt Vladik, seine Frau Lida. Sie sind sehr nett und verlangen für das Zimmer, inklusive Mittagessen und Frühstück, zehn Euro pro Person. Direkt nach unserer Ankunft zaubert die Gastgeberin eine Mahlzeit auf den Tisch, die aus kleinen fleischgefüllten Teigröllchen, Brot, Walnüssen, Salz, einem mir unbekannten gekochten Gemüse und frischen Gartenkräutern, deren Geschmack zwischen Petersilie und Koriander liegt, besteht und natürlich gibt es dazu Wodka. Nach einigen Trinksprüchen brechen Davit und ich in die Stadt auf.

Von Stepanakert aus versucht das Rote Kreuz, die Leichen kriegsvermisster Aseris und Armenier ausfindig zu machen. »Wir suchen noch nach den sterblichen Überresten von etwa 4000 Menschen«, sagt Djordje Drndarski, ein Schweizer, der sich hier ein Büro im Obergeschoss eines Hauses an der Hauptstraße eingerichtet hat. »Wenn wir menschliche Überreste finden, bergen wir sie. Wir sammeln auch die Ante-Mortem-Daten der Vermissten: Wie sahen sie aus? Welche Haarfarbe hatten sie? Wir fragen auch nach dem Zustand des Gebisses, danach, ob sie verwundet worden waren, welchen Schmuck sie trugen und wo sie zum letzten Mal gesehen wurden. All diese Daten tragen zur Identifizierung der geborgenen Leichname bei.«

Das Rote Kreuz versucht, beide Seiten dazu zu bewegen, die Kriegsschauplätze und Gräber genauer zu benennen, aber bisher erhalten sie in diesem Punkt keine Unterstützung: »Das ist noch zu heikel«, sagt Drndarski.

Außerdem nimmt das Rote Kreuz auch beim Austausch von Kriegsgefangenen eine Vermittlerrolle ein. »An der Grenze finden regelmäßig Schießereien statt, bei denen beide Parteien Soldaten gefangen nehmen. Wir versuchen eine Übergabe der Gefangenen zu erreichen.«

Ich frage den Sprecher des Roten Kreuzes, wie er die Gefahrenlage in der Region einschätzt.

»Jenseits begangener Pfade muss man mit Minen rechnen und man sollte sich nicht der Grenze nähern«, sagt er. »Auch wir meiden dieses Gebiet. Die Sicherheitszone an der Grenze ist verwaist. Dort wohnt niemand mehr. Und die Kontaktzone zwischen den Armeniern und den Aseris besteht aus einer Reihe befestigter Schützengräben. Dort kommt es regelmäßig zu Zwischenfällen, denen immer noch Soldaten zum Opfer fallen.«

Davit und ich verabschieden uns und kehren wieder in die Stadt zurück. Hier suchen wir einen Laden, in dem wir etwas zum Abendessen einkaufen können. Wir finden einen kleinen, gut sortierten Supermarkt und kaufen zwei Hühner, Kartoffeln, Gemüse, Tomaten, saure Gurken, Brot und einen Liter Wodka. Bei Einbruch der Dunkelheit liefern wir unsere Einkäufe bei Lida ab. Sofort macht sie sich in ihrer Küche an die Arbeit.

Ihr Mann Vladik hat ihr Haus 1984 eigenhändig erbaut. Es ist ein solides Haus, doch wegen des Krieges konnten sie es nicht modern einrichten. Möbel sind rar und die Ausstattung der Wohnung lässt erkennen, dass sie es nicht gerade üppig haben. Die Toilette ist auf dem Hof, was einem vor allem während der eisigen Winter einiges an Abhärtung abverlangt.

»Es gibt keine Arbeit in Stepanakert«, sagt Vladik.

»Wie kommen die Leute dann über die Runden?«

»Zum Glück haben wir hier fruchtbaren Boden, auf dem alles gut gedeiht. Gemüse und Obst ziehen wir selber, und die Frauen wecken es ein. Die jungen Männer gehen nach Russland arbeiten. Manchmal sind sie monatelang nicht zu Hause, und wenn sie dann zurückkommen, ist ihnen ihre Frau davongelaufen.«

Er lacht. Aus der Küche hört man das Klappern von Töpfen und Pfannen. »Zu Tisch!«, ruft Lida.

Vor dem Essen hebt Vladik das Glas und spricht einen Trinkspruch. Auf die Gäste, auf den Fremden, der aus der Ferne gekommen ist, auf Armenien und auf Karabach. Danach essen wir eine Weile schweigend, bis Hrachik, unser Fahrer, sagt: »In Shushi gibt es eine Felswand. Sie ist vielleicht 500 Meter hoch. Dort warfen die Aseris unsere Frauen und Kinder hinab. Vor ein paar Jahren bin ich einmal dort hingegangen. Ich fühlte mich ganz elend. Ich frage mich heute noch, warum ich mir das angesehen habe.«

»Bevor die Kämpfe hier einsetzten, wussten wir nicht, was Krieg ist«, pflichtet Lida ihm bei. »Jetzt wissen wir es. Es ist schrecklich.«

Als Folge des Krieges hat die gerade mal 40-jährige Lida schon Herzprobleme. »Es ist der Stress«, sagt sie. »Viele leiden daran oder haben Diabetes wegen der extrem lang andauernden Belastung. Jeder hat Angst, dass der Krieg wieder zurückkehrt.

In der vom Krieg zerstörten Stadt Shushi haben drei Kinder eine leere Fabrikhalle zu ihrem Spielplatz erklärt.

Es gibt zu viele Provokationen an den früheren Frontlinien, und die Aseris erheben Ansprüche auf das Land.«

Aram, der Sohn von Lida und Vladik, muss bald zur Armee. »Am Tag nach seinem 18. Geburtstag wird er – wie es in Armenien üblich ist – zur Armee eingezogen«, erklärt Hrachik. »Für zwei Jahre. Aram wird seinen Dienst in Karabach versehen.«

»Aserbaidschanische Flugzeuge haben über Stepanakert Streubomben abgeworfen. Deshalb findet man hier überall noch Blindgänger«, wechselt Vladik das Thema. Seine riesigen Hände spielen mit seinem Wodkaglas. Er schenkt jedem noch einmal ein und schlägt dann einen Toast auf den Frieden vor.

»Eh«, sagen die Armenier, wenn sie bei solchen Trinksprüchen ein Glas Wodka kippen. Nach dem Buchstaben E, der im Armenischen Gott symbolisiert.

Wir trinken auf die Freundschaft.

»Eh!«

Auf meinen Vater und meine Mutter.

»Eh!«

Auf mich selbst.

»Eh!«

Auf die Gastfreundschaft von Vladik und Lida Ghazaryan.

»Eh!«

Auf unseren Fahrer.

»Eh!«

Auf die ganze Welt.

»Eh!«

Auf Kogarno Barakagh.

»Eh!«

FRÜH NEHMEN WIR AM NÄCHSTEN MORGEN von Vladik und Lida Abschied und fahren über die endlosen Serpentinen zurück nach Armenien. Im Lachin-Korridor entdecke ich mit meinem Fernglas einzelne Stellungen der aserbaidschanischen Armee.

»In dieser Gegend ist schon auf einen Wagen von Ärzte ohne Grenzen geschossen worden«, sagt Hrachik. »Ich habe ihn gefahren. Die Ausländer, die damals im Auto saßen, hatten solche Angst, dass sie es nicht schafften, ihre Sicherheitsgurte zu lösen. Zum Glück haben die Aseris damals schlecht gezielt.« Er steckt sich beim Fahren eine Zigarette an. Alle Armenier rauchen wie die Türken, aber mir ist schon klar, dass es nicht besonders geschickt wäre, dazu eine Bemerkung zu machen.

Schweigend setzen wir unsere Fahrt durchs Hochland fort. Irgendwann taucht vor uns ein Hinweisschild mit dem Namen *Carahunge* auf. »Diesen Ort muss man gesehen haben!«, sagt Davit. Also folgen wir kurz darauf einem unbefestigten Weg hinauf zu einem Bergkamm, von dem sich der Blick nach beiden Seiten in tiefe Täler öffnet, die ihrerseits wieder von baumlosen Höhenzügen begrenzt werden. Von hier hat man wirklich eine großartige Aussicht, und sicherlich hat dieses Panorama schon die Menschen der Megalithkultur zur Gestaltung dieser erstaunlichen Formation inspiriert, die sich nun direkt vor mir aufbaut: Ich stehe hier mitten in einem zweiten Stonehenge.

Cara ist das armenische Wort für Stein. Und das ist wirklich der passende Name für diesen Ort. Mitten auf dem weiten Höhenzug, auf dem wir drei gerade stehen, befindet sich großer Kreis aus Megalithen. In seinem Zentrum liegt, halb verschüttet, die Ruine eines Bauwerks: Massive Steinplatten deuten darauf hin, dass sich hier die Decke eines Tempels befunden haben muss. Links und rechts von diesem riesigen Steinkreis ziehen sich zwei Reihen aufrecht stehender Megalithe bis zum Horizont. Ich zähle mehr als 130. Sie folgen in gerader Linie der Richtung des Bergkamms.

Im Auto haben wir einen Kompass, und ich bitte Hrachik, ihn zu holen. Als wir uns mit dessen Hilfe orientieren, erkenne ich, dass der Bergrücken mit den Megalithen die Nord-Süd-Achse der Konstruktion bildet. Osten und Westen liegen senkrecht auf der Achse, auf der wir gerade stehen, und sowohl auf einem der Berge im Osten wie auch auf einem im Westen kann ich Orientierungspunkte ausmachen. Es ist offensichtlich, dass der Steinkreis und die von ihm ausgehenden geraden Felslinien ein astronomisches Observatorium waren, das unter anderem zur Beobachtung von Sonnenaufgang und Sonnenuntergang diente.

In mehrere der aufrecht stehenden Steine haben die Erbauer dieses Ensembles oben runde Löcher gebohrt. Ich frage mich, wozu sie wohl dienten. Konnte man durch diese Löcher bestimmte Punkte am Sternenhimmel ausmachen? Oder waren sie als Auflagepunkte für stabilisierende Holzbalken gedacht? Es gibt niemanden mehr, den wir danach fragen könnten. Wir bleiben völlig allein mit diesem vergessenen Wunderwerk der Steinzeit. Nirgendwo finde ich auch nur die geringste Notiz dazu, und auch in den armenischen Reiseführern gibt es keinerlei wissenschaftliche Beschreibung dieses Komplexes. Er könnte eine touristische Attraktion sein, denke ich, aber leider liegt dieses steinerne Observatorium nicht in Europa oder in den USA, sondern in einem vergessenen Niemandsland am Rande von Armenien.

Nachdem wir uns eine gute Stunde an diesem magischen Ort aufgehalten haben, steigen wir wieder ins Auto. Bergauf und bergab windet sich unser kurvenreicher Weg durch die Berge, bis wir den Fuß eines Passes erreichen, an dem ich schon von Weitem eine Karawanserei entdecke, ein »Motel« aus mittelalterlicher Zeit, wie es sie einst zu Tausenden an den alten Karawanenwegen der Seidenstraße gegeben hat. Die meisten von ihnen liegen vor oder hinter einem Pass, häufig sind sie nicht mehr als 45 Kilometer voneinander entfernt, denn das entsprach in etwa der Distanz, die ein bepacktes Kamel an einem Tag zurücklegen konnte. Die Karawansereien boten Schutz vor Räubern. Hier übernachteten die Kaufleute der Karawanen und hier tränkten sie ihre Tiere. Häufig wechselten an diesen Orten auch Handelsgüter ihre Besitzer.

Über dem Eingang dieser Karawanserei befindet sich ein großer Stein mit einer persischen Inschrift, denn Persisch galt als Handelssprache der Seidenstraße. Innerhalb des Gebäudekomplexes finden wir recht gut erhaltene Ställe und Futtertröge für die Tiere sowie den Schlafplatz der Händler. Nachdem ich den Bau aus jedem Winkel fotografiert habe, machen wir uns wieder aus dem Staub, überqueren den Pass und von da an geht es nur noch bergab, bis zur Hochebene des Sevansees, der sich tief unter uns – reglos und grau wie geschmolzenes Blei – ausdehnt. Nach geraumer Zeit kommen wir in der Nähe des Sees wieder einmal durch Dörfer. Am Straßenrand stehen finster blickende Kartoffelhändler und nicht weit von ihnen entfernt auch Männer und Jungen mit weit ausgebreiteten Armen.

»Was hat das zu bedeuten?«, frage ich Davit.

»Das sind Fischer, die ihre Ware anpreisen«, sagt er lächelnd, »sie zeigen, wie groß ihre Fische sind.«

Fischerlatein ist doch überall in der Welt gleich.

ELEKTROSCHOCKS VERABREICHEN wir nur noch Patienten, die tiefe Depressionen haben«, sagt Doktor Aram Alexanyan. Wir sitzen an einem großen Konferenztisch im Büro seines Chefs: des bärbeißigen Direktors des staatlichen Krankenhauses, der mir den Besuch in der psychiatrischen Abteilung seines Krankenhauses gerade schroff untersagt hat.

Nach und nach dämmert mir, warum. Das psychiatrische Krankenhaus in Sevan an der Nordseite des gleichnamigen Sees atmet noch ganz den Geist der alten Sowjetunion. In Europa werden Elektroschocks schon seit den Siebzigerjahren nicht mehr angewendet und zudem gehören depressive Patienten nicht in eine psychiatrische Klinik.

»Wir sind mit einem Umbau beschäftigt«, hatte der Direktor mich angeherrscht. »Deshalb haben wir keine Zeit für Führungen.«

Für die Patienten hat die Umbauphase zur Folge, dass sie sich in dieser Zeit ein Bett zu zweit teilen müssen, erfahre ich später. Immerhin gesteht mir der Klinikchef zu, mit Doktor Alexanyan zu sprechen, einem Psychiater des Krankenhauses, der sich als viel freundlicher erweist.

»Wir haben natürlich mit finanziellen Problemen zu kämpfen«, sagt er, »aber das Fehlen von Rehabilitationszentren ist für die Psychiatrie in Armenien das größte Problem. Manchmal können unsere Patienten nicht nach Hause zurückkehren, weil keine sozialen Bezugspersonen mehr da sind. Also behalten wir sie hier.«

Das bedeutet: Diese Gesunden verbringen den Rest ihres Lebens unter psychiatrischen Patienten.

Ärzte ohne Grenzen ist nach Sevan gekommen, um diesen tragischen Kreislauf zu durchbrechen. »Mithilfe eines Teams aus Psychologen und Sozialpflegern organisieren wir die heimische Pflege der Patienten«, sagt Doktor Knarik Hydinyan. »In Armenien ist das revolutionär.«

Ärzte ohne Grenzen besucht mit mobilen Teams täglich die Dörfer, um dem gewaltigen Stigma, mit dem Schizophrenie in Armenien (und in weiten Teilen der sowjetischen Welt) behaftet ist, entgegenzuwirken.

Eine traditionelle Mahlzeit bei unserer Gastfamilie in Stepanakert.

»Die Armenier glauben, dass man Geisteskranke am besten wegsperrt, um sie so vor den anderen zu verstecken«, sagt Doktor Hydinyan. »Zu Zeiten der Sowjetunion haben alle die Augen davor verschlossen. Die Leute schämten sich, wenn man sie mit solchen Fällen konfrontierte. Psychische Probleme zu haben, war hier einfach eine Katastrophe. So etwas musste man geheim halten. Verrückte muss man in den Keller sperren, das war damals die gängige Auffassung.«

Doktor Hydinyan hat unter anderem in Paris studiert. Sie ist zierlich und wirkt energisch. Vor fast vier Jahren war sie eine der Initiatorinnen dieses Ärzte-ohne-Grenzen-Projekts in Sevan, doch nun hat sie genug und will wieder weg aus der Stadt. Sie sucht nach einem jüngeren Nachfolger, aber bisher hat sie noch niemanden gefunden.

»Es gibt keine jungen Ärzte, die sich für ein paar Jahre in einem Bauernkaff wie Sevan begraben lassen wollen«, sagt sie bitter. »Die bleiben viel lieber in Eriwan, wo sie auch noch eine ganze Menge mehr verdienen können. Wissen Sie, dass jährlich 800 Ärzte in Eriwan ihr Studium beenden? Bei einer Bevölkerung von drei Millionen nenne ich das einen *overkill*, aber hier sieht man keinen von ihnen. Hier bleiben ganze Landstriche ohne Ärzte oder Psychiater.«

Seitdem die neue Behandlungsmethode von Ärzte ohne Grenzen langsam Fuß fasst, haben Doktor Hydinyan und ihr Kollege Doktor Ashtot in ihrem Zentrum in Sevan 2512 Patienten aus der ganzen Provinz unter ihrer Obhut.

Auch das staatliche Krankenhaus überweist ihnen Patienten, sogar immer öfter, auch wenn die Psychiater untereinander kein gutes Verhältnis haben: »Jeder Patient, den wir zu Hause behandeln, ist natürlich einer weniger in ihrem Krankenhaus«, erklärt Doktor Hydinyan.

Außerdem sind es Psychiater in Armenien absolut nicht gewohnt, mit Psychologen und Sozialpflegern zusammenzuarbeiten. Diese Berufe existierten in Armenien bis vor Kurzem nicht einmal und viele Psychiater blicken auf die Psychologen und Sozialpfleger herab. In ihren Augen ist alles, was sie tun, nur Humbug.

Doch in den letzten Jahren ändert sich diese Einstellung allmählich. Im staatlichen Krankenhaus bezeichnet Doktor Alexanyan die Methode von Ärzte ohne Grenzen als *effektiv* und er fügt hinzu, er hoffe, dass auch sie selbst in Zukunft auf diese Weise arbeiten werden. Denn auch Doktor Alexanyan ist sich im Klaren darüber, dass es hier vor allem um Tabus geht: »Früher konnten wir mit unseren Patienten nicht rausgehen, aber heute gehen wir mit einer Gruppe ins Kino und die Leute akzeptieren das«, sagt er. »Vor ein paar Jahren hätten sie uns nicht einmal hineingelassen.«

Ich frage Doktor Hydinyan, ob ich mit einigen ihrer Patienten sprechen kann. »Selbstverständlich«, sagt sie. »Ich werde Ihnen einen Psychologen mitgeben, wenn

Sie sie zu Hause in ihren Dörfern besuchen. Momentan sind auch zwei Patienten hier. Soll ich sie fragen, ob sie sich ein bisschen mit Ihnen unterhalten wollen?«

Lida und Papag sind gerne bereit, mit mir zu reden. Papag erzählt, dass er vor drei Jahren krankhaft eifersüchtig war. »Ich vertraute niemandem mehr und ich wurde gewalttätig«, sagt er.

Seine Nachbarn wiesen das Ärzte-ohne-Grenzen-Team, das gerade im Dorf war, auf das Problem hin. Sie fürchteten, Papag würde seine Frau umbringen. Für 24 Tage verschwand der Vater dreier Kinder daraufhin in der psychiatrischen Klinik von Eriwan. Aber seitdem wird er, dank der Behandlungsmöglichkeiten von Ärzte ohne Grenzen, zu Hause versorgt.

»Ich möchte Ärzte ohne Grenzen danken«, sagt Lida, die es begreiflicherweise ein wenig nervös macht, ihre Geschichte so einfach einem Fremden anzuvertrauen. Aber sie hält sich tapfer. »Sie haben unsere Familie gerettet«, sagt sie. »Wir haben die richtige Hilfe erhalten, und Doktor Ashtot vom hiesigen Zentrum ist wie ein Vater zu uns. Alle Arztbesuche sind kostenlos und man sorgt sich rührend um uns.«

»Als ich krank wurde, wollte ich zu meinem Messer greifen«, sagt Papag. »Aber jetzt fühle ich mich viel besser. Wir lieben uns. Nirgends bekommt man eine so gute Behandlung wie hier.«

In regelmäßigen Abständen kommen sie mit dem Bus aus ihrem Dorf nach Sevan, denn Papag leidet an Schlaflosigkeit. »Zum Glück sind die Medikamente, die Papag braucht, kostenlos, denn wir könnten sie nicht bezahlen«, sagt Lida.

Ich frage sie, wie die Leute in ihrem Dorf reagieren.

»Sie sind überrascht, dass die Behandlung zu Hause funktioniert«, erwidert Lida. »Wir schämen uns auch nicht für das, was mit Papag los ist. Dank Ärzte ohne Grenzen ist die quälende Zeit vorbei.«

Anschließend fahre ich zusammen mit dem Psychologen Nanoesj ins zehn Kilometer von Sevan entfernte Greghamavan, ein Bauerndorf, in dem Karren tiefe Furchen in das lockere Erdreich der Wege gegraben haben. Später halten wir noch in einem anderen Dorf in der Nähe von Sevan, vor einer Reihe düsterer Wohnblocks. Wir besuchen Sergeï, der hier zusammen mit seiner Schwester und seinen Eltern ein paar kleine Zimmer bewohnt. Vier Stühle und ein Tisch bilden ihr einziges Mobiliar.

Schon mehr als 15 Jahre hört Sergeï (39) Stimmen, die ihm alles Mögliche erzählen. »Die Stimmen sind immer da«, versichert er mir. Um seine Schizophrenie unter Kontrolle zu halten, kam er früher regelmäßig in das psychiatrische Krankenhaus in Sevan. Dort wurde er festgebunden und von Zeit zu Zeit verprügelt. »Sie schlugen

Ein Heuwagen aus der Vorkriegszeit vor der Kirche von Sevan.

mir auf den Mund, um mich zur Einnahme von Tabletten zu zwingen«, erzählt Sergeï. Nach seiner Miene zu urteilen, hat er an seine Begegnungen mit dem psychiatrischen Pflegepersonal des staatlichen Krankenhauses keine besonders guten Erinnerungen.

Doch all das gehört nun der Vergangenheit an. Seit vier Jahren sorgt ein Ärzte-ohne-Grenzen-Team aus Psychologen und Sozialpflegern dafür, dass Hunderte von psychiatrischen Patienten wie Sergeï zu Hause bei ihren Familien behandelt werden können.

»Wenn ich Halluzinationen hatte, sagten sie mir im Krankenhaus, dass ich den Mund halten sollte«, sagt Sergeï. Seine obere Zahnreihe ist vollkommen aus Gold. »Sie gaben mir Tabletten, aber sie hatten zu wenige davon. Und dann das Schlagen! Es war eher ein Gefängnis als ein Krankenhaus.«

Ich frage ihn, was ihm die Stimmen erzählen.

»Früher waren es immer negative Dinge«, antwortet Sergeï. »Sie sagten mir zum Beispiel, dass ich jemanden umbringen soll. Sie machten mir wirklich Angst. Aber seit ich von Ärzte ohne Grenzen Hilfe bekomme, hat sich ihr Ton geändert. Jetzt sind sie freundlich und positiv. Eine Männer- und eine Frauenstimme erzählen mir, dass ich gesund werde.«

Ohne Medikamente fühlt Sergeï sich ganz elend, deshalb kommt er alle drei Wochen nach Sevan in das Ärzte-ohne-Grenzen-Zentrum für psychiatrische Hilfe, um sich dort kostenlos eine neue Ration abzuholen. Auf diese Weise fühle er sich sehr viel besser, erklärt er. Außerdem unterstützt er seine Mutter beim Verkauf von Sonnenblumenkernen. »Das hilft uns zu überleben«, sagt er und zeigt lachend sein glänzendes Gebiss.

ARMENIEN IST BEI AUSLÄNDISCHEN GELDGEBERN POPULÄR. In den nächsten Jahren werden sie Hunderte Millionen Euro in das Land pumpen. Dieses Geld lockt Dutzende kleiner NGOs an, die damit alle möglichen Projekte zu realisieren versuchen. Daneben wirbt auch das Außenministerium Spenden von Armeniern ein, die in der Diaspora im Ausland (vor allem in den USA) leben, und das ist für Armenien vielleicht die wichtigste Einnahmequelle.

Hierbei handelt es sich keineswegs um *peanuts*. Die endlose kurvenreiche Straße zwischen Eriwan und Stepanakert in Karabach, über die ich mit Davit und Hrachik gefahren bin, wurde nach einer Spendenaktion, die armenische Amerikaner in Los Angeles organisiert hatten, angelegt. Baukosten: zehn Millionen Dollar. Die armenischen Emigranten pumpen zurzeit auch Geld in die Entwicklung von 159 abgelegenen Gemeinden an der Grenze zu Aserbaidschan. Diese Geldspritzen machen mehr als 20 Prozent der armenischen Gesamteinnahmen aus und bis zum heutigen Tage ist Armenien nach Israel das Land, das die meisten amerikanischen Entwicklungsgelder erhält.

Der unablässige ausländische Geldzufluss und das auch daraus resultierende starke ökonomische Wachstum Armeniens in den letzten zehn Jahren ändern nichts daran, dass nach UNICEF-Berichten bis zum heutigen Tage immer noch fast die Hälfte der Bevölkerung mit weniger als zwei Dollar am Tag auskommen muss. 13 Prozent der Einwohner steht sogar weniger als ein Dollar am Tag zur Verfügung. Das gilt vor allem für die Bewohner der Regionen, die 1988 von einem zerstörerischen Erdbeben heimgesucht wurden.

Junge Leute mit Universitätsdiplom und Englischkenntnissen versuchen daher auch, Armenien zu verlassen und in den Vereinigten Staaten oder in Russland Arbeit zu finden. Ein Phänomen, das zusammen mit der niedrigen Geburtenrate (durchschnittlich 1,1 Kind pro Familie) dazu beiträgt, dass sich die Einwohnerzahl von kaum mehr als drei Millionen noch weiter verringert. Einige Studien gehen davon aus, dass die Abwanderungsrate in Armenien seit der Unabhängigkeit über 25 Prozent liegt. Seit Kurzem zeichnet sich allerdings auch eine andere Entwicklung ab, wohlhabende Armenier kehren aus dem Ausland zurück, um in ihrem Heimatland zu investieren.

In Vardenis am See von Sevan ist von diesem ökonomischen Wachstum und den damit verbundenen Investitionen kaum etwas zu spüren. Ich wohne in einem großen Haus, das Ärzte ohne Grenzen als Quartier für die Mitarbeiter seines psychiatrischen Projektes angemietet hat. Die Stadt selbst hat etwa 15 000 Einwohner, und viele von ihnen sehe ich auf meinen abendlichen Spaziergängen auf der Straße herumhängen. Es gibt keine Arbeit. Außer für die Fischer, die die größten Flusskrebse aus dem See ziehen, die ich je gesehen habe. Aber sie haben andere Sorgen: Der Sevansee hat sich in den vergangenen Jahren um mindestens ein Drittel verkleinert, weil der unüberlegte Einsatz von Bewässerungsanlagen – genau wie am Aralsee in Usbekistan bzw. Kasachstan – dazu geführt hat, dass nicht mehr genug Wasser in den See fließt. Durch die Verlegung eines Flusslaufes versucht die armenische Regierung nun zu retten, was noch zu retten ist. Hydrologen setzen allerdings wenig Hoffnung in dieses Projekt.

Nachdem ich zwei Tage zwischen Vardenis und Sevan gependelt bin, wird es Zeit aufzubrechen. Unter einem bedrohlich düsteren Himmel verlassen Davit und ich die Stadt mit ihren langsam zu Ruinen zerfallenden Industriebauten aus der Sowjetzeit und nehmen Kurs auf Spitak, die Stadt, die 1988 zum großen Teil von einer Erdbebenkatastrophe zerstört worden war. Unser neuer Fahrer Vatan löst Hrachik, der uns nach Karabach gefahren hatte, ab. Mit ihm passieren wir außerhalb von Sevan einen 20 Kilometer langen, nagelneuen Tunnel durch einen der Berghänge.

»Dieser Tunnel ist ein Geschenk von Kirkurian, einem steinreichen armenischen Amerikaner«, sagt Davit, »ein von ihm gegründeter Fonds finanziert gemeinsam mit Geldern der USAID den Straßenbau in Armenien. Beide übernehmen jeweils die Hälfte der Kosten.«

Jenseits der Berge sieht Armenien plötzlich völlig anders aus. Die kahlen Berge um den Sevansee sind verschwunden. Hier sind wir in einer der schönsten Landschaften des Kaukasus angekommen: mit Tälern voller Laubbäume und Wildbäche, die schäumend ihren Weg in die Tiefe suchen. Über ihr erhebt sich der 4090 Meter hohe Aragaz, Armeniens höchster Berggipfel.

Unterwegs machen wir in Fioletovo, einem Dorf mit ungewöhnlichen Bauwerken, Station. Die Obergeschosse und Balkone der hiesigen Häuser sind aus Holz. Sie sind von den Malakanen, einer russischen Minderheit, die Zar Nikolaus I. vor knapp 200 Jahren aus Russland nach Armenien verbannt hatte, errichtet worden.

Auf den unbefestigten Dorfstraßen sehe ich russisch wirkende Babuschkas: Großmütterchen mit Kopftüchern und bunten Schürzen. Die Männer tragen imposante Bärte. Davit erzählt mir, dass viele dieser Malakanen-Gemeinschaften jedem modernen Komfort abschwören.

Mit Davit als Dolmetscher komme ich mit zwei russisch sprechenden alten Frauen ins Gespräch. Sie erzählen mir, dass sie wegen des Schmelzwassers, das in Fluten von den Bergen herabströmt, besorgt seien. Der Fluss stehe hoch, und es bestehe die Gefahr, dass Brücken weggespült würden.

»Sind Sie russischer Abstammung?«, fragt Davit. Das hören die Frauen gar nicht gerne. »Wir sind Malakanen!«, sagen sie bestimmt. »Zar Nikolaus, dieser alte Idiot, hat uns aus unserem Land verbannt. Mit den Russen haben wir nichts zu schaffen. Wir sprechen bloß dieselbe Sprache.«

Nachdem wir uns zwischen den Misthaufen vor den Bauernhöfen des Dorfes hindurchgeschlängelt haben, setzen wir unseren Weg nach Spitak fort. Auf unserer Route halten wir ein weiteres Mal in Vanadzor, einer Stadt, die ebenfalls schwer unter dem Erdbeben von 1988 gelitten hat. Wir gehen auf ein paar schmuddelige Baracken am Straßenrand zu, und beim Näherkommen sehe ich zu meiner Überraschung, dass die Leute hier noch immer in den verrosteten Metallcontainern wohnen, die die Russen 1988 als Notunterkünfte errichtet hatten. Ich kann mir kaum vorstellen, wie man in solchen Blechbüchsen den endlosen Winter in dieser Gegend überstehen kann.

3-89944-322-5 19,90

Total: 1 19,90 EUR

EC: 19,90 EUR
Zurück: 0,00 EUR

Betrag enthält 1,30 EUR MWSt:
1: 7,00% = 1,30 Netto: 18,60
Steuernummer: 614/24904
12.03.2008 13:49:18 185-1-1071
333

Vielen Dank für Ihren Einkauf!
USt-Identnr. DE130499587

Tankstelle im Zentrum von Sevan.

»Wir leben hier wie die Hunde«, sagt ein älterer Mann mit schlohweißem Haar, der auf uns zugeht und uns die Hand schüttelt. Er trommelt seine Familie zusammen: drei Frauen, jede von ihnen mit einem Kind auf dem Arm. »Im Winter läuft in den Containern das Wasser an den Wänden herunter«, klagen die Frauen.

»Einige dieser Container sind so verrostet, dass sie auseinanderfallen. Und in diesen Schweineställen müssen wir leben.«

»Haben die Behörden euch denn nie neue Häuser angeboten?«

»Ha!«, schnauben sie. »Die Behörden! Die Scheißkerle haben nach dem Erdbeben doch nur ihre eigenen Taschen vollgestopft. Die Wohnungen, die die ausländischen Hilfsorganisationen und die Russen gebaut haben, haben sie ihren Freunden zugeschanzt. Wenn man gute Kontakte zu den hohen Herren von der Stadtverwaltung hat, kann man eine Wohnung bekommen. Aber wir haben nichts.«

Aus ihren Äußerungen spricht unverhohlene Wut über die korrupten Schurken, die sie zu solch einem Leben verurteilt haben.

Ich frage sie, ob wenigstens das Land, auf dem sie in diesen Metallbaracken wohnen, ihnen gehört.

»Nein. Sogar den Grund und Boden, auf dem wir wohnen, haben sie uns schon unter dem Hintern wegverkauft. Bald müssen wir hier weg, denn demnächst baut hier die Frau des Bürgermeisters. Als wir sie fragten, wo wir dann hinsollen, sagte sie: ›Ihr gehört auf den Friedhof!‹«

Das ist eine andere Realität, die wenig mit den Erfolgsmeldungen der armenischen Wirtschaft und den schicken Läden und Boutiquen in der armenischen Hauptstadt zu tun hat.

»Eigentlich konzentriert sich der ganze neue Luxus in Eriwan«, sagt Davit, als wir zurück zu unserem Auto gehen. »Dort wohnt fast die Hälfte aller Armenier und dort konzentriert sich auch alle Macht. Hier auf dem Land unternehmen die Behörden schrecklich wenig.«

Zum Mittagessen kaufen wir uns in einer Bäckerei in der Innenstadt von Vanadzor ein paar Piroschkis: in Öl gebackene Teigtaschen, die mit Kartoffeln oder Fleisch gefüllt sind. Die Art von Essen, die einem auch nach einem halben Tag noch schwer im Magen liegt. Während wir die Piroschkis im Auto aufessen, sehen wir zwei städtischen Straßenarbeitern zu, wie sie mit Spaten das Wasser aus den Schlaglöchern in der Hauptstraße entfernen.

Eine Stunde später erreichen wir endlich Spitak, wo im Dezember 1988 ein Erdbeben mit einem Ausschlag von 6,9 auf der Richterskala die schlecht gebauten Sowjetwohnhäuser wie Kartenhäuschen in sich zusammenfallen ließ. Damals starben mehr als 16 000 Menschen. Viele von ihnen wurden in der riesigen Zuckerfabrik lebendig begraben, als diese durch das Beben zu einem gigantischen Berg aus geborstenem Beton und geronnenem Zucker verschmolz.

Ich lasse meinen Blick über diesen verwüsteten Teil der Stadt schweifen. Ein Großteil der Trümmer, die das Beben zurückließ, sind weggeräumt. Auf einem Hügel bemerke ich eine ganz neue Siedlung aus niedrigen Wohnhäusern mit roten Dächern, die mit internationaler Unterstützung errichtet worden ist

In der alten Innenstadt sehe ich jedoch unrasierte Männer, die ziellos herumhängen, als sei das Erdbeben erst ein oder zwei Jahre her. In einem der am stärksten betroffenen Stadtteile kommen wir mit den Brüdern Otaryan ins Gespräch. Serzhik Otaryan, ein athletischer Mann Anfang 50, lädt uns in sein Haus ein, das teilweise vom Erdbeben verwüstet worden war und seither feuchte Wände hat. Es riecht muffig. Serzhik erzählt, dass er das Gas, das durch ein überirdisches Rohr ins Haus geleitet wird, nur dazu verwendet, getrocknete Kuhfladen zum Brennen zu bringen.

»Seit dem Erdbeben habe ich keine Arbeit mehr. Ich kann es mir nicht leisten, mein Haus mit Gas zu heizen«, sagt er bitter. »Darum heize ich mit Dung.«

Sein Bruder Aramais ist ein Veteran aus dem Krieg in Karabach. Er ist stämmiger als sein Bruder und hat einen kräftigen Unterkiefer. Stolz zeigt er mir seine Orden und ein Foto seiner Einheit, der auch der heutige Außenminister angehörte.

Ich frage sie, ob sie nach der Katastrophe von den Behörden Unterstützung erhalten hätten. »Nein«, sagt Serzhik, dessen Frau – eine Krankenschwester – während des Bebens beim Einsturz des Krankenhauses umgekommen ist. »Zu guter Letzt versprach uns die Versicherung 30 000 Rubel, aber kurz darauf wurden alle Konten gesperrt. Als wir endlich wieder an unser Geld kamen, hatte sich die Sowjetunion aufgelöst und der Rubel war wertlos. So haben sie uns auch noch um die Entschädigung der Versicherung betrogen.«

Während wir zusammensitzen und uns unterhalten, stellt Aramais' Frau Aprikosensaft und Tee auf den Tisch. »Wir bekommen einfach keine neue Wohnung«, brummt Serzhik, »alle Wohnungen wurden an Leute mit Beziehungen vergeben. Als ich mich darüber beschwert habe und man mich einfach abfertigen wollte, bin ich rasend vor Wut mit den Fäusten auf sie losgegangen. Dadurch habe ich mir eine sechsmonatige Gefängnisstrafe eingehandelt. Der Bürgermeister, der Richter: die sind doch alle miteinander verwandt. Korrupte Schufte sind das.« Er lacht, als hätte er gerade einen guten Witz erzählt.

Ich frage ihn, wie er seine Zukunft sieht. Was soll aus seinem Leben werden?

»Leben?«, sagt Serzhik Otaryan. »Hier gibt es kein Leben.«

DAVIT DAVTYAN IST NICHT NUR EIN ausgezeichneter Erzähler, er erweist sich auch als wandelndes Geschichtsbuch. Als Vollblutarmenier liebt er sein Land von ganzem Herzen, wie es für Einwohner kleinerer Länder typisch ist. Als er hört, dass ich vom Sevansee nicht auf direktem Wege nach Eriwan zurückfahren will, sondern mich für eine Route durch die Berge ausspreche, schlägt er mir einen Abstecher nach Gyumri, seiner Heimatstadt, vor, in der heute noch seine Mutter wohnt. Sein Vorschlag stößt bei mir auf offene Ohren: Das bietet mir eine weitere Gelegenheit, Einblick in das alltägliche Leben der Armenier zu bekommen.

Nach einer Stunde Fahrt erreichen wir Gyumri. Das Erste, was ich am Stadtrand sehe, ist ein riesiger Friedhof.

»Nach dem Erdbeben gab es in der Stadt so viele Tote, dass niemand wusste, wohin mit ihnen«, sagt Davit. »Also legte man außerhalb der Stadt diesen neuen Friedhof an. Hier liegen nur Erdbebenopfer. Auf dem Friedhof gibt es fast 8000 Gräber.«

Davits Mutter, eine kräftige Frau von 57 Jahren, hat uns erwartet – das ist nicht zu übersehen. Der Tisch ist schon gedeckt und nach einer herzlichen Begrüßung werden Davit, Vatan und ich gebeten, daran Platz zu nehmen. Auf den Tisch kommen regionale Spezialitäten: Aprikosensaft, Joghurt mit Lauch, das typische armenische Fladenbrot und ein Wein aus der Gegend, der hier *Schwiegermutter* genannt wird und wie alter Portwein schmeckt. Davits Mutter hat extra für uns Berge von Fleisch- und

Fußball spielende Kinder auf einem deutschen Massengrab aus dem Zweiten Weltkrieg in Gyumri.

Reisröllchen gemacht, die in Blätter eingerollt werden und wirklich köstlich schmecken. Natürlich heben wir auch die Wodkagläser, um uns und unseren Ländern das Beste für die Zukunft zu wünschen.

Die Wohnung, in der wir tafeln, ist klein und schäbig. Sie besteht neben dem Esszimmer aus einer kleinen Küche, einem Bad und zwei Schlafzimmern. Sie liegt in einem trostlos wirkenden Hochhaus, und wenn man die graue Betontreppe zu ihr hinaufsteigt, sieht man achtlos über Putz gelegte Stromleitungen herabhängen. Wasser gibt es nur von acht bis zehn Uhr. »Aber meistens reicht es nur von acht bis neun Uhr«, sagt Davit. Darum lässt seine Mutter jeden Tag die Badewanne volllaufen.

Nach einem starken türkischen Kaffee, den Armenier grundsätzlich *armenischen* Kaffee nennen, nehmen wir Abschied von Davits Bruder, seinem Neffen, seiner Mutter und seinem alten, verschrumpelten, 80-jährigen Großmütterchen.

Auf unserer Fahrt ins Stadtzentrum kommen wir an Fabrikruinen vorbei, in denen Männer versuchen den Betonstahl der Dächer wiederzuverwerten. Gyumri wird von einer runden russischen Festung auf einem Hügel überragt, die einst Zar Nikolaus I. errichtete. Von diesem erhöhten Aussichtspunkt können wir bis in die Türkei sehen, die auf der gegenüberliegenden Seite des mausgrauen Sees liegt. Der ganze westliche Horizont wird von dem Aragazmassiv bestimmt. Zu unseren Füßen liegt die nach dem Erdbeben nur zum Teil wieder aufgebaute Stadt. Das Beben scheint den Verfall von Gyumri lediglich beschleunigt zu haben.

Im Herzen der Stadt entdecke ich zwei beschädigte, eingerüstete Kirchen. Die ältere der beiden Kirchen aus dem 17. Jahrhundert hat die Katastrophe vom 7. Dezember 1988 noch einigermaßen überstanden. Die Turmspitzen liegen zwar auf dem Boden vor dem Kirchenportal, und die Mauern der Kirche weisen Risse auf, aber alles in allem hat das Gebäude dem Beben getrotzt. Doch auf der gegenüberliegenden Seite des Platzes, der ganz im monumentalen Sowjetstil angelegt ist, sehe ich die Ruinen einer völlig eingestürzten Kirche: Sie stellte früher eine exakte Kopie der Kirche von Karsk dar, die die Türken während des armenischen Genozids zerstört hatten. Ehrenamtliche Helfer bemühen sich heute darum, die Kirche wieder aufzubauen, aber wegen Geldmangels kommen die Arbeiten nur mit gletscherartiger Langsamkeit voran, sodass man den Eindruck gewinnen kann, das Gebäude werde für immer eingerüstet bleiben.

Den großen Platz säumen auch einige Regierungsbauten und ein altmodisches, halb restauriertes, halb verfallenes Hotel. Einen Anziehungspunkt bildet das alte Kino, das das Beben unbeschadet überstanden hat. Die großen Schwarz-Weiß-Fotos armenischer Filme an seiner Fassade katapultieren den Besucher schlagartig in die Fünfzigerjahre zurück.

In der Altstadt von Gyumri widerstehen noch einige nostalgische Fassaden dem Zahn der Zeit. Auch eine alte russische Kirche hat der Katastrophe getrotzt. Da ihre Tür offen steht, gehe ich hinein. Die Kirche ist leer, aber ich werde von einer alten obdachlosen Frau begrüßt, die sich hier häuslich eingerichtet hat, und von einem Russen, der es sich zur Aufgabe gemacht hat, die Kirche instand zu halten. »Sie ist ein Haus Gottes. Ich muss dafür sorgen, dass sie nicht zu einem Stall verkommt«, sagt er mit seiner Mütze in der Hand. Er erzählt mir von seinen Plänen, den Innenraum der allmählich verwahrlosenden Kirche wieder zu streichen.

»Aber dabei gibt es ein Problem«, seufzt er.

»Was für ein Problem?«

»Das Problem ist das Geld. Wissen Sie, ich habe ein Spendenkonto eingerichtet, aber niemand zahlt etwas darauf ein.«

Inzwischen hat sich auch die alte, in Lumpen gehüllte Frau zu uns gesellt.

»Willkommen«, murmelt sie.

»Sprechen Sie deutsch?«, frage ich perplex.

»Ja, ich war auf der Deutschen Schule.«

In Gyumri haben sich nach dem Zweiten Weltkrieg viele deutsche Kriegsgefangene angesiedelt, und diese Frau ist die Tochter eines deutschen Soldaten und einer Armenierin aus Gyumri.

»Deutsche Kriegsgefangene haben die Gebäude an der Leninstraße in Gyumri gebaut«, erklärt mir Davit. »Es sind so ziemlich die einzigen Bauten, die das Erdbeben unbeschadet überstanden haben. Meine Eltern haben auch einen deutschen Arzt konsultiert, wenn sie ernsthaft krank waren.«

Die alte Frau zieht sich zurück und kramt eine Weile in ihren wenigen Habseligkeiten. Sie hat Holz gesammelt, um auf einem Feuerchen an der Innenwand der Kirche Tee zu kochen. Sie verbringt auch die eisigen Winter in dieser kahlen russisch-orthodoxen Kirche, und ich frage mich, wie sie sich bei minus 30 Grad warm hält.

Als wir die Kirche verlassen, will ich ihr einen 1000-Dram-Schein, umgerechnet zwei Euro, geben. Sie lehnt ihn ab. Als ich darauf dringe, nimmt sie ihn schließlich unter Tränen an und sagt: »Das ist zu viel. Aber ich werde dafür eine Kerze kaufen und sie für Sie anzünden.«

Ich verlasse die Kirche und bitte unseren Fahrer Vatan, jemanden nach dem Weg zu dem Friedhof zu fragen, auf dem die deutschen Kriegsgefangenen liegen. Die jüngeren Bewohner der Stadt können uns nicht weiterhelfen, aber die älteren erklären uns genau, wo er liegt: Wir sollten nur am Stadtrand ein Stückchen bergauf fahren, dann kämen wir schon hin. Die deutsche Botschaft in Eriwan hat erst 2003 von der Existenz dieses Friedhofs erfahren. Es zeigte sich, dass ein Mann aus Gyumri sich die

Seit dem Erdbeben des Jahres 1988 lebt ein Teil der Bewohner von Vanadzor nach wie vor in rostigen Metallcontainern (rechts im Hintergrund).

ganze Zeit ein wenig um die Instandhaltung des Friedhofes gekümmert hatte. Die Botschaft hat damals dafür gesorgt, dass hier ein Ehrenmal und fünf Reihen schlichter Basaltkreuze aufgestellt wurden. Sie tragen keine Namen, denn niemand weiß, wie viele Deutsche hier begraben sind. Auf dem Ehrenmal steht nur: »Hier liegen deutsche Kriegsgefangene aus dem Zweiten Weltkrieg begraben.«

Auf dem Friedhof spielen sechs Kinder Fußball. Eine Reihe der Kreuze haben sie zum Tor erklärt und sie lassen sich durch unseren Besuch nicht im Geringsten stören. Vergnügt kicken sie den Ball über diesen Berg deutscher Knochen.

NOCH AM SELBEN ABEND KEHREN WIR nach Eriwan zurück. Am Stadtrand sehe ich das alte Kernkraftwerk aus Sowjetzeiten, das die Armenier 1994 völlig verzweifelt wieder anschalten mussten, weil die Stromversorgung des Landes, ein paar Jahre nach Abzug der Russen, zusammenzubrechen drohte. »Selbst Benzin gab es damals nicht mehr«, sagt Vatan. »Kein Auto war mehr auf der Straße, und nachts war es stockdunkel.« In dieser chaotischen Zeit nach dem Auseinanderbrechen der UdSSR hatten etwa eine Million Armenier das Land verlassen. Das entsprach 25 Prozent der Bevölkerung. Wie so oft in Zeiten der Diaspora wurden einige dieser Armenier im Ausland zu führenden Persönlichkeiten in der Geschäftswelt, in Wissenschaft und Kunst.

Diese finsteren Jahre hat Armenien nun jedoch hinter sich gelassen. Jetzt, da die armenische Wirtschaft wieder in Gang kommt, sich die Lebensbedingungen im Land für einen Großteil der Bevölkerung allmählich verbessern und Armenien wieder eine Zukunft hat, kehren langsam auch wieder die früheren Flüchtlinge zurück. Im Schatten des Ararat werden auch sie dazu beitragen, dass Armenien wieder einmal aus seinen Ruinen aufersteht, wie es das Land und seine Bewohner schon seit 3000 Jahren tun.

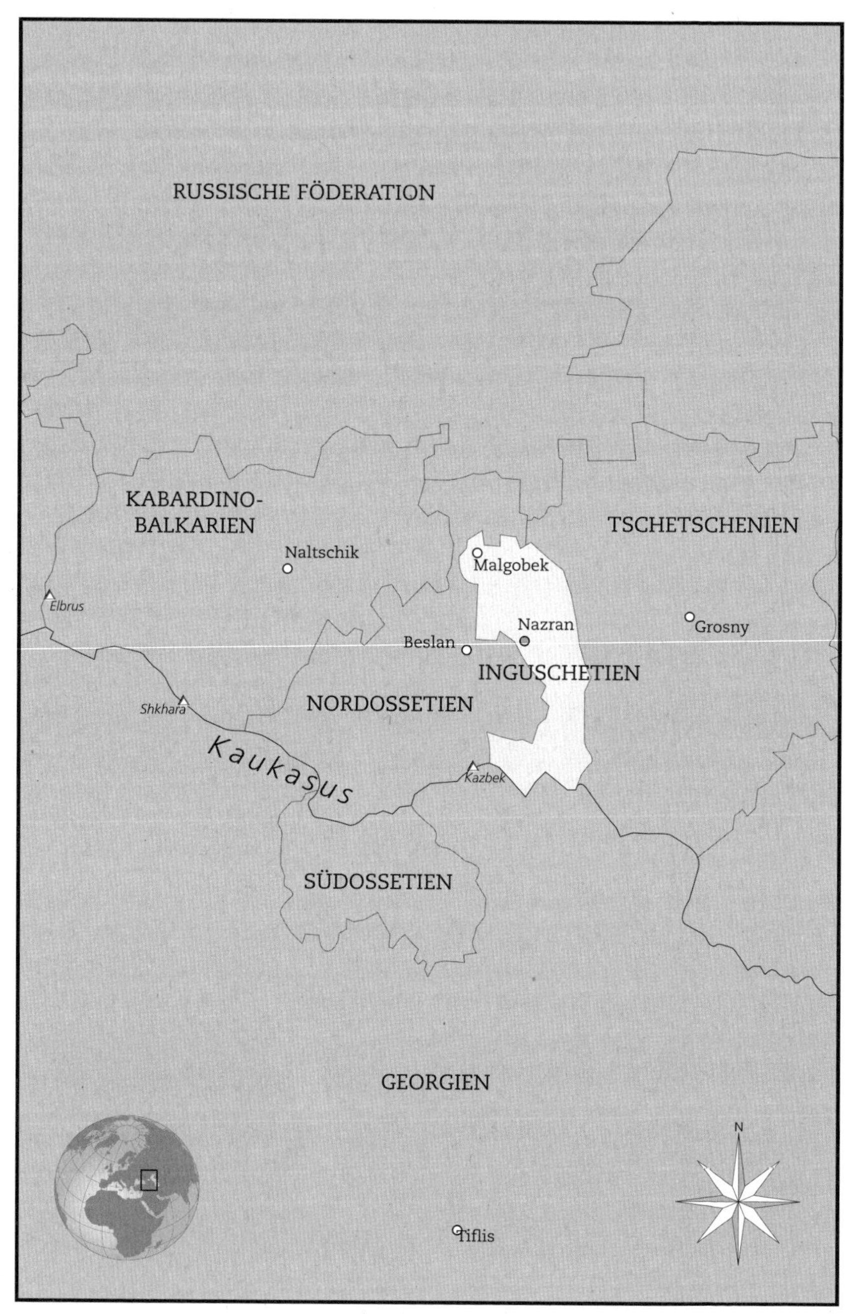
RUSSISCHE FÖDERATION
KABARDINO-
BALKARIEN
Naltschik
Elbrus
Malgobek
TSCHETSCHENIEN
Nazran
Grosny
Beslan
INGUSCHETIEN
NORDOSSETIEN
Shkhara
Kaukasus
Kazbek
SÜDOSSETIEN
GEORGIEN
N
Tiflis

INGUSCHETIEN

»Danke, dass ihr uns nicht vergesst.«

BIS NÄCHSTE WOCHE. ICH FREUE MICH wirklich auf unseren Besuch in Inguschetien«, sage ich zu Emma Bell, der Pressereferentin von Ärzte ohne Grenzen in Moskau, als ich von Eriwan aus mit ihr telefoniere.

»Diesen Namen nennen wir nicht am Telefon«, antwortet Emma.

»Oh?«

»Aus Sicherheitsgründen. Wenn du in Moskau bist, erkläre ich dir mal, warum.«

Ein Blick auf die Karte des Kaukasus führt mir schnell vor Augen, dass ich über diese Region nicht besonders viel weiß. Inguschetien, Abchasien, Kabardino-Balkarien, Nord- und Südossetien, Dagestan – das sind nicht gerade Namen, die man tagtäglich in den Nachrichten hört. Doch alle diese Länder verfügen über eine Hauptstadt und einige von ihnen wollen unabhängige Staaten werden, auch wenn sie nur schmale Handtücher sind und manche nur ein paar Hunderttausend Einwohner haben. Die Teilrepubliken Inguschetien, Kabardino-Balkarien und Nordossetien gehören ebenso wie Tschetschenien – ein weiteres Pulverfass im Kaukasus – zur Russischen Föderation.

Seit zu Beginn dieses Jahrhunderts zwei Mitarbeiter von Ärzte ohne Grenzen in dem unruhigen Flickenteppich kleinerer Republiken, die das unbeugsame Tschetschenien umgeben, entführt wurden – Kenny Gluck im Jahr 2001 und Adjan Erkel im Jahr 2002 –, lässt die Organisation offensichtlich nichts unversucht, unglückselige Zwischenfälle dieser Art zu vermeiden. Schließlich ist Erkel fast anderthalb Jahre von seinen Entführern festgehalten worden, und die Rechtsstreitigkeiten zwischen dem niederländischen Staat und Ärzte ohne Grenzen über die Rückzahlung des Lösegeldes dauern bis zum heutigen Tage an.

»Amateure im Kaukasus«, titelte eine Zeitung damals nach der Entführung von Erkel und damit waren sicherlich nicht diejenigen gemeint, die den Niederländer auf der Straße aufgegriffen haben.

Mitarbeiter von Ärzte ohne Grenzen, die in das tschetschenische Nachbarland Inguschetien reisen, erhalten daher auch strikte Anweisungen. Nicht Hinz und Kunz zu erzählen, dass sie bald nach Inguschetien aufbrechen, ist nur eine davon.

In Moskau wissen daher auch nur ein paar Schlüsselpersonen von meiner Reise. Zu ihnen zählen der Leiter des Russlandeinsatzes Göran Svedin und die Pressereferentin Emma Bell, mit denen ich unterwegs sein werde. Zu dritt nehmen wir auf dem Kiewer Bahnhof den Zug zum Vnukovo-Flughafen, um von dort mit einem Inlandflug nach Naltschik, der Hauptstadt von Kabardino-Balkarien, zu fliegen.

Der Zug ist funkelnagelneu und geräumig. Gemächlich, ohne einen einzigen Zwischenhalt einzulegen, fährt er zum Flughafen. Eine Stunde geht es durch ausgedehnte Wälder, vorbei an zahlreichen Datschen, den Wochenendhäuschen jedes anständigen Russen. Diese Datschen sind heute jedoch keine besseren Gartenhäuschen mehr, sondern halbe (oder komplette) Villen neureicher Moskauer.

Auch der Vnukovo-Flughafen ist neu. Überall gilt hier Rauchverbot. In Russland geht man damit aber auf sehr spezielle Weise um: Eine Toilettenfrau ist für ein kleines Trinkgeld gerne dazu bereit, den Rauchdetektor auf dem WC eine Weile außer Betrieb zu setzen.

Das Einchecken auf dem Flughafen läuft routinemäßig ab, nur die Passkontrollen sind streng, denn die Russen achten besonders darauf, wer in diesem Teil des Kaukasus unterwegs ist. Dafür haben sie so ihre Gründe. Zwei Kriege in Tschetschenien beispielsweise, von denen der Letzte in seiner Grausamkeit alle Vorstellungen überstieg. Oder die Geiselnahme und der Massenmord an den Schülern von Beslan in Nordossetien. Wie sich bei dieser Schandtat im Nachhinein herausstellte, kamen einige der Geiselnehmer aus Inguschetien.

Ein ähnlich blutiges Massaker ereignete sich auch in Inguschetien selbst: Im Juli 2004 kamen, nach offiziellen Quellen, in der Stadt Nazran 100 Menschen bei einem Rebellenangriff auf die Sicherheitskräfte der Stadt ums Leben. Beobachter vor Ort gehen von mehr als 200 Toten aus. Im Oktober des darauffolgenden Jahres brach in der Hauptstadt von Kabardino-Balkarien, in Naltschik, die Hölle aus: Hunderte, unter ihnen viele Polizisten und Sicherheitskräfte, wurden von Aufständischen ermordet. Es hat stark den Anschein, als wollten die Rebellen den tschetschenischen Aufstand auch in andere Republiken tragen und damit einen Flächenbrand im ganzen Kaukasus entfachen.

DIE YAKOVLEV-MASCHINE, DIE UNS VON MOSKAU nach Kabardino-Balkarien bringt, landet zwischen Wohnhäusern im Zentrum von Naltschik. Wir fahren zu einem Haus in der Stadt, in dem die Mitarbeiter von Ärzte ohne Grenzen wohnen.

Tschetschenische Flüchtlinge in ihrer Notunterkunft in einem Flüchtlingslager in Inguschetien, direkt hinter der Grenze zu Tschetschenien.

Dort gehen wir den geplanten Ablauf für den kommenden Morgen durch, an dem wir zu den Flüchtlingslagern an der tschetschenischen Grenze fahren wollen.

Anschließend informiert man mich über eine lange Liste von Sicherheitsmaßnahmen – die meisten beziehen sich auf Gefahren beim Reisen. »Für Ausländer, die in Naltschik arbeiten, kommt noch ein Verbot hinzu: Sie dürfen sich nicht auf romantische Verabredungen mit den lokalen Schönheiten einlassen«, erklärt mir einer der hiesigen Mitarbeiter. Ein Verbot, an dem sich Adjan Erkel wohl nicht gestört hat, was möglicherweise einer der Gründe für seine Entführung war.

DER HIMMEL IST GRAU IN GRAU, als wir die Stadt am nächsten Morgen verlassen. Unser Weg führt uns an einem Spielplatz vorbei, auf dem ich Spielgeräte meiner Jugendzeit wiederentdecke: zusammengeschweißte Schrottkisten, die in den westlichen Ländern heute vermutlich als lebensgefährlich angesehen würden, die aber immer für ein altmodisches Vergnügen gut waren: Fliegende Holländer, Schwungräder, Schiffschaukeln aus Metall, auf denen man sich zu zweit durch die Lüfte schwingen kann, usw. Außer einem Besuch in einer neu eröffneten Pizzeria ist das sicher das Aufregendste, was Naltschik an einem freien Tag zu bieten hat.

Das Kaukasusgebiet bietet einen grünen Anblick, vor allem wenn man es wie ich im Frühjahr bereist, doch der bleierne Himmel und der Nieselregen lassen nicht gerade Frühlingsgefühle aufkommen. Nach einstündiger Fahrt passieren wir einen Checkpoint, der die Grenze zu Nordossetien markiert. Danach geht es eine viertel Stunde lang durch einen merkwürdigen Korridor, der offenbar eine Art Trennzone zwischen Inguschetien und Kabardino-Balkarien darstellt. So etwas wie ein Niemandsland zwischen den beiden russischen Republiken. Hier gibt es weder Häuser noch Vieh. Nur eine gerade Asphaltstraße und graugrüne Hügel. Im Norden dieses seltsamen Landstrichs liegt die russische Armeebasis Mosdok, von deren Militärflugplatz aus die Russen halb Tschetschenien dem Erdboden gleichgemacht haben. Nachdem wir den Korridor passiert haben, kommen wir an die Grenze zu Inguschetien.

»Dokumenti!«

Grenzposten mit Käppis, die wie Miniaturflugzeugträger aussehen, inspizieren unsere Pässe und schauen argwöhnisch nach den Insassen unseres Wagens. Schließlich winken die mürrischen Beamten uns durch.

Wir sind unterwegs zu den letzten tschetschenischen Kriegsflüchtlingen in Inguschetien. Während des Zweiten Tschetschenienkrieges (1999), in dem die Russen ganze Dörfer auslöschten und Bombenteppiche über die Gebirgstäler legten, kam es zu einem so gewaltigen Massenexodus, dass Mitarbeiter von Hilfsorganisationen im Januar 2000 in Inguschetien von mindestens 240 000 tschetschenischen Flüchtlingen ausgingen. Inguschetien selbst hat kaum 300 000 Einwohner. Die meisten tschetschenischen Flüchtlinge hatten auf der Flucht ihr Hab und Gut verloren und mussten nun versuchen, den unbarmherzigen Winter der folgenden Monate in Zelten zu überstehen.

300 dieser Zelte standen 1999 in Aki-Yurt, neben einer alten Fabrikhalle unweit der Stadt Malgobek. Heute leben hier noch 35 Familien, alle anderen sind wieder in ihr Heimatland zurückgekehrt.

Einen Großteil der Verbliebenen treffe ich in der Halle der alten Betonfabrik, in der sie sich Hütten aus Pappkarton zurechtgezimmert haben. Sie haben kein Geld und meist auch keine Papiere, um in die – nur 50 Kilometer entfernte – zerstörte tschetschenische Hauptstadt Grosny zurückzukehren. In Inguschetien verzeichneten die internationalen Hilfsorganisationen im Mai 2006 noch insgesamt 26 000 solcher Flüchtlinge. Ein Großteil von ihnen hat offenbar alle Hoffnung auf eine Rückkehr in ihr Heimatland verloren. Was sich unmittelbar auf die von den russischen Behörden ausgearbeiteten Entschädigungsregelungen für die Flüchtlinge zurückführen lässt. Zunächst sahen sie ganz vernünftig aus: Jeder, der sein Haus durch russische Bombenangriffe verloren hatte, sollte 10 000 Dollar bekommen. Diese Entschädigung sollte den Flüchtlingen die Möglichkeit geben, zurückzukehren, sich eine neue Behausung zu bauen und ihr altes Leben wiederaufzunehmen. Dabei hatte man jedoch die gewaltige Korruption in Russland außer Acht gelassen. Zunächst einmal braucht man gültige Papiere, um einen Antrag auf Entschädigungsgelder zu stellen. Viele Flüchtlinge besitzen jedoch keine mehr. Um sie wiederzubeschaffen, muss man korrupte Beamte bestechen; was für diese armen Teufel natürlich unmöglich ist, da sie kein Geld haben. Aber selbst wenn ihnen das alles gelänge – obwohl man auf einen neuen Pass schon mal drei Jahre warten muss –, würden sie die Entschädigungszahlungen nur erhalten, wenn sie mit den Gaunern, die diese auszahlen sollen, halbe-halbe machten – das ist hier gängige Praxis.

»Was dann noch übrig bleibt, reicht in Grosny kaum noch für einen halben Lada«, sagt Frau Zvarinovsky, die zusammen mit ihrem Mann und ihren beiden Kindern in einem der zurechtgezimmerten Buden in der schmutzigen Fabrikhalle wohnt. Sie glaubt nicht mehr, dass sie noch irgendetwas von dem versprochenen Geld zu sehen bekommt. »Ich habe nicht mal die 80 Rubel (zwei Euro), um mir die Hin- und Rückfahrt mit dem Bus nach Grosny zu leisten«, seufzt sie. Sie ist am 1. Oktober 1999, nach dem ersten russischen Bombenangriff hier angekommen. Sechs elende Winter sind seither vergangen. Während unseres Gesprächs liegt ihr Mann schweigend auf seinem Bett, wie ein ausgezählter Boxer, der jegliches Interesse am Leben verloren hat.

Bei meinem Abschied von der Familie sagt Frau Zvarinovsky: »Danke, dass ihr uns nicht vergesst.«

200 Meter hinter der allmählich vergammelnden Fabrikhalle entdecke ich eine Hütte, die direkt aus einem karibischen Elendsviertel zu stammen scheint. Was ich darin zu sehen bekomme, ist äußerst deprimierend. Hier teilt ein Paar sein einziges Zimmer mit seinem 19-jährigen geistig behinderten Sohn, der an epileptischen Anfällen leidet. Mit einem Seil ist er an einem Metallbett festgebunden. Die Familie kommt aus der Umgebung von Schatoi in den tschetschenischen Bergen, wo der Vater als Fahrer gearbeitet hat. Am 21. September 1999 sind sie über die Grenze nach Inguschetien geflohen. Die Russen hatten ihr Haus zerbombt, und schon vor drei Jahren haben sie einen Antrag auf Entschädigungszahlungen eingereicht. Doch bisher haben sie nichts mehr davon gehört. Ihr Sohn Arbi erhält von einer dänischen Hilfsorganisation Beruhigungsmittel und Medikamente gegen seine Epilepsie.

»Wir können ihn nicht nach draußen lassen, denn dann läuft er weg«, sagt seine Mutter, eine vorzeitig gealterte Frau, in deren Zügen sich etwas von ihrer früheren Schönheit widerspiegelt. »Arbi ist stark wie ein Bär«, fährt sie fort. »Aber er redet nicht und manchmal wird er aggressiv. Wir hatten die Hoffnung, eine Betreuungseinrichtung für ihn zu finden, aber unsere Situation kümmert hier niemanden.«

Ihr Ehemann, ein kleiner drahtiger Mann mit einem grauen Schnurrbart, hört meinen Fragen aufmerksam zu und formuliert klare Antworten.

»Schon 19 Jahre lebe ich so mit ihm. Manchmal heult er wie ein Wolf«, sagt er und zeigt auf seinen festgebundenen Sohn. Er seufzt: »Ich glaube, es ist Allahs Wille.«

Den ganzen Tag verbringen wir damit, vereinzelte Überbleibsel tschetschenischer Flüchtlingslager zu besuchen. Überall begegne ich hoffnungslosen Menschen, die vergebens auf das Geld warten, das man ihnen versprochen hat, damit sie in ihrem Vaterland wieder ein neues Leben beginnen können. Alle wollen nach Tschetschenien zurück, aber ihr Wille, sich zur Wehr zu setzen, scheint gebrochen. Fast immer führen die Frauen in diesen Gesprächen das Wort. Die Männer hocken nur noch mutlos auf ihren Stühlen – wenn sie nicht überhaupt spurlos verschwunden sind: im Krieg oder in der Zeit danach getötet oder entführt wurden.

In einem der vielen Lager begegne ich einer Frau mit neun Kindern. Die ganze Familie lebt in einem hölzernen Verschlag von der Größe einer mittelgroßen Garage, in die eine Familienkutsche gerade mal so hineinpassen würde. Ihre Holzhütte steht unter einem tristen und langsam verrottenden Betondach einer verlassenen Fabrik.

»Ich habe keine Pläne mehr«, antwortet die Mutter der Kinder, Frau Saidova, auf meine Frage. »Mein Mann starb vor ein paar Jahren hier in diesem Raum. Seither ist das Einzige, was ich noch vom Leben erwarte, ein Ort, an dem ich anständig mit meiner Familie leben kann.« Sie kommen aus Grosny und alles, was sie besaßen, als sie nach Inguschetien kamen, waren die Kleider, die sie am Leibe trugen.

So vergehen die Stunden des Tages, während wir von einem Lager zum anderen fahren. Zu Orten mit fremdartig klingenden Namen, in denen Menschen wohnen, die die Welt vergessen hat. Und während ich mir die Namen dieser Orte notiere – Aki-Yurt, 36 Punt, Urs, Yukun –, versuche ich, mir die Gesichter ihrer Bewohner einzuprägen, und fotografiere sie. Damit wenigstens einer sich an diese verlorenen Seelen erinnert.

EMMA UND GÖRAN SIND ANGENEHME WEGGEFÄHRTEN auf meiner Reise durch Inguschetien. Emma, die Russisch spricht, hilft mir mit Übersetzungen bei meinen Interviews. Göran, der schwedische Einsatzleiter von Ärzte ohne Grenzen in Russland, ist ein pragmatischer Mensch. Er trinkt gerne mal ein Gläschen, und man erwischt ihn selten ohne Zigarette. Obwohl er schon seit 13 Jahren für Ärzte ohne Grenzen arbeitet, spricht er noch immer voller Enthusiasmus über seine Arbeit, was ich sehr an ihm bewundere. Er ist ein gutes Beispiel dafür, dass Ärzte ohne Grenzen Menschen Möglichkeiten eröffnet, in ihrem Leben Dinge zu tun, die sie sonst niemals tun würden. Göran hatte eine Ausbildung zum Klempner begonnen. Aber mit

In Inguschetien leben die tschetschenischen Flüchtlinge unter erbärmlichen Bedingungen. Eine Notunterkunft aus Pappkarton in einer verlassenen Fabrikhalle.

15 hatte er bereits genug davon und ließ die Schule sausen. Dennoch brachte er es zum ersten Vorsitzenden von Ärzte ohne Grenzen Schweden. Aus seinen Einschätzungen politischer und menschlicher Situationen sprichen Menschenkenntnis und Differenzierungsvermögen. Er gehört zu der Sorte von Chefs, für die man gerne arbeiten würde.

Am ersten Tag unserer Reise durch Inguschetien begleitet uns auch Khamzat, ein Tschetschene, der mir auf unserer Runde durch die tschetschenischen Flüchtlingslager als Dolmetscher zur Seite steht. Khamzat war früher Französischprofessor an der Universität von Grosny. Doch wie das Leben aller Tschetschenen wurde auch das dieses stämmigen Mannes vom Krieg heftig durcheinandergewirbelt. Sein Bruder und sein Schwager waren bei ihrem Versuch, mit dem Wagen aus Grosny wegzukommen, von einem Geschoss aus einem russischen Hubschrauber getötet worden. Khamzat, der ihnen mit seiner Mutter in einem anderen Auto hinterherfuhr, hat dieses Massaker mit ansehen müssen. Seine schwangere Schwägerin überlebte den Angriff, kam aber an Ort und Stelle nieder. Das ist nur eine von vielen Horrorgeschichten, die man täglich im Gespräch mit Tschetschenen zu hören bekommt. Es scheint unvorstellbar, dass Menschen solche Traumata überstehen und die Kraft finden, ihr Leben wieder in die Hand zu nehmen und neu anzufangen. Letzteres gilt auch für Khamzat: Nicht lange nach den geschilderten Ereignissen, als der Krieg noch in vollem Gange war, begann er für Ärzte ohne Grenzen im Krankenhaus von Grosny zu arbeiten – als Dolmetscher und Assistent im Operationssaal. »Das Schlimmste waren die verstümmelten Kinder, die eingeliefert wurden«, erzählt er mir eines Abends. »Die Geräusche, die zu hören waren, wenn ihnen im Operationssaal Gliedmaßen entfernt wurden, dröhnen mir noch immer in den Ohren.«

Sind die Tschetschenen denn aus Eisen und Stahl?

»Sicher nicht«, sagt Marietta, eine Psychologin, die für Ärzte ohne Grenzen arbeitet. Sie ist zwar Bürgerin von Inguschetien, aber in Tschetschenien geboren. Zusammen mit ihrer Kollegin besucht sie die Flüchtlingslager mit der Regelmäßigkeit eines Uhrwerks, um psychische Notlagen aufzuspüren. Und die sind hier nicht gerade knapp.

»In Inguschetien und Tschetschenien darf man keine Schwäche zeigen«, erzählt sie. »Daher bittet man andere nie um Hilfe, wenn man in Schwierigkeiten gerät. Das ist Teil unserer Kultur.« Dieser Wesenszug führt in extremen Stresssituationen, wie sie ein Großteil der Tschetschenen durchlebt hat und noch immer durchlebt, zu Problemen: zu hohem Blutdruck, Herzproblemen, Magengeschwüren, Angst – und vermehrt zu Selbstmorden. Auch nach Ende des Krieges haben sich diese Probleme nicht aufgelöst. Ganz im Gegenteil: Die Welle von Entführungen in Inguschetien und Tschetschenien – bei der Menschen auf Nimmerwiedersehen verschwinden – sät Angst in die Herzen. Tag und Nacht muss man darauf gefasst sein, dass Todesschwadronen auftauchen und einen bei einer sogenannten *zachistka,* einer »Säuberungsaktion«, einfach mitnehmen.

»Fast jede Woche verschwinden hier Leute nach Blitzaktionen maskierter Milizen. Sie werden verdächtigt, mit den tschetschenischen Rebellen gemeinsame Sache zu machen, manchmal sind es auch reine Rachefeldzüge. Aber nur selten tauchen ihre Leichen wieder auf. Niemand weiß, wo diese Menschen geblieben sind«, vertraut mir Marietta an.

In den Flüchtlingslagern kursieren darüber Unmengen von Gerüchten. Es herrscht noch der gleiche Terror wie im Krieg, doch nun wütet er im Verborgenen. Die Entführungen sind einer der Gründe, warum tschetschenische Mütter mit heranwachsenden Söhnen in den Lagern Inguschetiens bleiben. »Ich habe Angst, dass sie ihn verhaften, wenn wir wieder nach Tschetschenien zurückkehren, und ich ihn dann nie wiedersehe«, vertraut mir eine Frau in einem der Lager an und zeigt dabei auf ihren 15-jährigen Sohn.

MIT MARIETTA ALS DOLMETSCHERIN BRECHE ICH am nächsten Tag zu einer weiteren Tour durch die tschetschenischen Lager auf. Wie bitter die Lage der Flüchtlinge oft ist, wird uns schon bei unserer ersten Begegnung deutlich. Man führt uns zu einer alten Frau, die in einem kahlen Raum reglos auf dem Bett liegt. Acht Monate nach einer russischen Bombardierung, bei der ihre Tochter ums Leben gekommen war, ist diese Frau vor Kummer erblindet. Sie heißt Kulash und hat bis zum Krieg in einer Werkskantine gearbeitet. »Das waren gute Zeiten. Die Menschen waren froh und dankbar«, sagt sie, als sie an die glückliche Zeit ihres Lebens zurückdenkt.

Aber nun habe sie kein Leben mehr, sagt sie. Ihr Haus in Grosny hat man dem Erdboden gleichgemacht, und sie hat all ihre Papiere verloren. Eine Operation könnte ihr das Augenlicht zurückgeben, haben die Ärzte ihr versichert, aber dazu muss sie nach Moskau. Das Geld für diese Reise hat sie nicht. Deshalb bleibt sie, was und wo sie ist: blind in einem gammeligen Schuppen in einem fremden Land. Nur die Anwesenheit ihrer Enkeltochter zaubert ein Lächeln auf ihre Lippen.

Wir verabschieden uns von der blinden Frau und gehen zu einem Lager, in dem ich mit einem jungen Tschetschenen sprechen will, der kürzlich von einer Polizeieinheit festgenommen worden war. Zunächst sagten er und seine Familie, sie hätten Angst, ihre Geschichte zu erzählen. Als ich ihnen aber zusichere, ihre Namen nicht zu nennen, empfangen sie mich freundlich in ihrem kleinen Haus.

»Vor einer Woche haben sie mich mitgenommen«, sagt der Junge. Er erzählt, die Polizei habe ihn angeraunzt: »Wenn du nichts angestellt hättest, wärst du doch schon lange wieder in Tschetschenien.«

Aber zum Glück lief es diesmal glimpflich ab: Nach ein paar Stunden ließen sie ihn frei. »Und dieses Mal sogar ohne die übliche Tracht Prügel«, bemerkt er. Sie hatten ihm Fotos von tschetschenischen Rebellen gezeigt und ihn gefragt, ob er sie kenne und wo er sie getroffen habe.

Es war schon das vierte Mal in diesem Jahr, dass er zu einem derartigen Verhör festgenommen wurde. 2005 hat man ihn zusammen mit ein paar Freunden morgens auf der Straße verhaftet. Einen dieser Jungen hat er seitdem nicht mehr wiedergesehen.

Für die Flüchtlinge in den Lagern ist vielleicht das Aufreibendste an dieser Situation, dass solche blitzartigen Überfälle von allen Seiten und zu jeder Tages- und Nachtzeit kommen können: von Truppen der Russischen Föderation, der inguschetischen Polizei, von inguschetischen Milizen und von tschetschenischen Milizen, die für den russischen Geheimdienst arbeiten.

Eine Gruppe ist brutaler und mordgieriger als die andere.

»Diese Blitzaktionen sind für die Polizei Routine. Sie wollen uns vor allem einen Schrecken einjagen«, sagt der Vater des Jungen. »Sie nehmen Leute fest, um zu de-

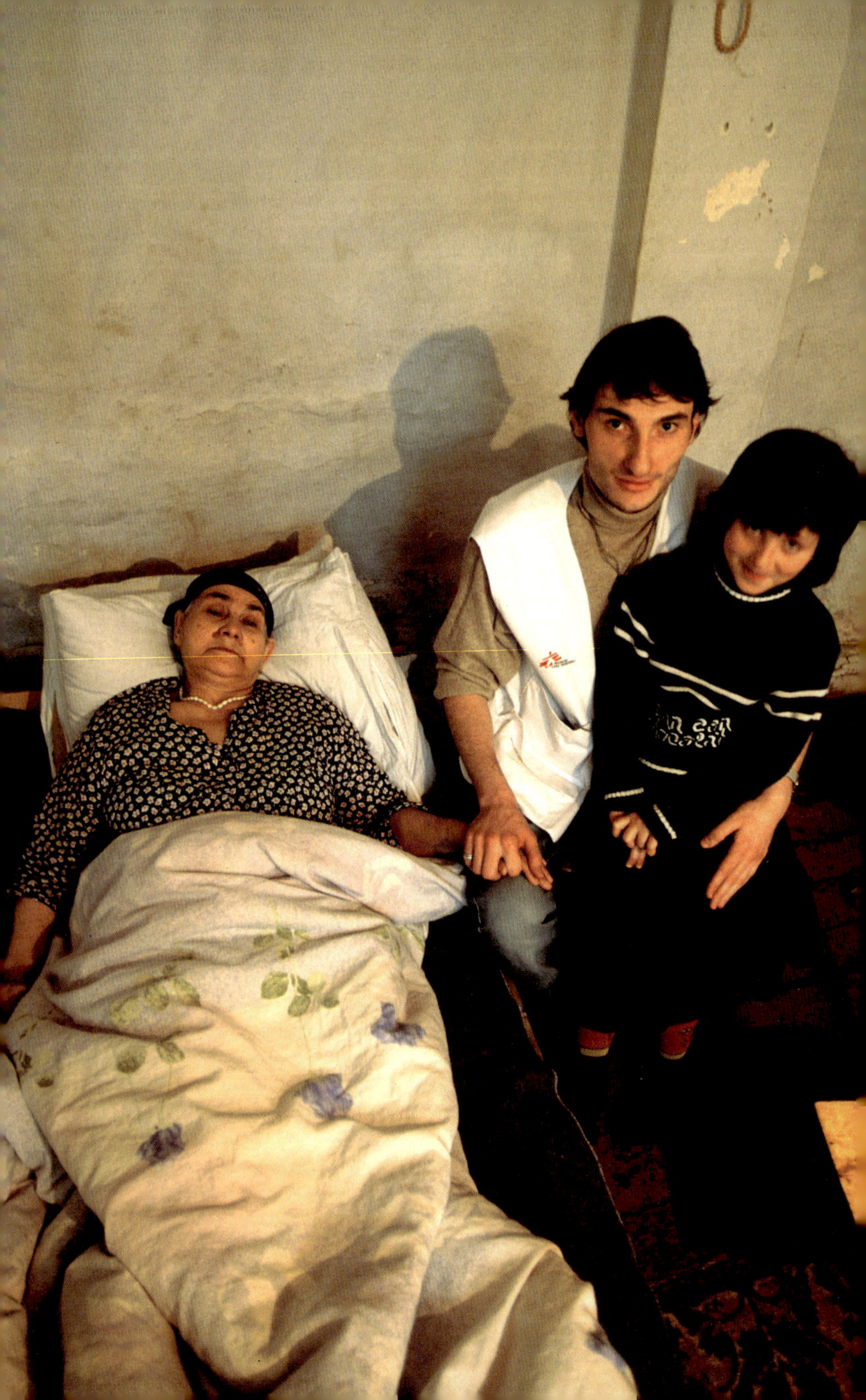

monstrieren, dass sie tun und lassen können, was sie wollen.« Er hat sechs Söhne und eine Tochter, die alle im Teenageralter sind. Unter den gegebenen Umständen will er nicht nach Tschetschenien zurück. »Dort würden die Soldaten meine Söhne festnehmen und ihnen vorwerfen, militant zu sein.«

Später erzählt eine dünne Frau mit rabenschwarzem Haar und kariertem Kopftuch, wie ihr kleiner Neffe nach dem Angriff auf Nazran festgenommen und stundenlang gefoltert wurde. »Nun ist er nicht mehr ganz richtig im Kopf«, sagt sie. »Seither gerate ich immer in Panik und bekomme Herzklopfen, wenn ich einen Wagen auf unser Grundstück fahren höre.«

Wir fahren weiter. Vorbei an baumlosen Hügeln, auf denen ab und zu eine Schafherde grast, und an kleinen Dörfern, in denen Männer unschlüssig auf der Straße herumstehen. Wieder einmal kommen wir zu einem Checkpoint. »Die Soldaten an diesen Kontrollpunkten bestechen ihre Offiziere, wenn ihr Dienst ausläuft und sie versetzt werden sollen«, sagt unser Fahrer. »So können sie länger hierbleiben und Schmiergelder kassieren. Die Arbeit an den Checkpoints ist einer der begehrtesten Jobs in Inguschetien.«

Was für ein Land, denke ich. Hier muss man für alles tief in die Tasche greifen, dafür, einen Job zu kriegen, dafür, Unterstützung für einen behinderten Sohn zu erhalten, dafür, die Entschädigungszahlungen für ein zerbombtes Haus zu bekommen, und dafür, dass einem die notwendigen Papiere ausgestellt werden, mit denen man die Entschädigungssumme beantragen kann. Wird sich die russische Staatengemeinschaft je von der Korruption, die sie durchzieht – und den damit verbundenen Mafiapraktiken –, erholen?

Während ich darüber nachdenke, erreichen wir das letzte tschetschenische Lager, das ich mir ansehen will. Es heißt Maslazavod, was auf Russisch »Ölfabrik« bedeutet. Dort treffe ich eine Frau, die mich in ihr kleines Haus einlädt. Sie heißt Fatima und hat fünf Kinder, darunter auch einen geistig behinderten 20 Jahre alten Sohn. Da ihr Mann krank ist, ruht die gesamte Haushaltsführung und die Sorge um ihren Sohn auf ihren Schultern. Sie ist 49, sieht aber 15 Jahre älter aus.

»Er hängt sehr an mir und weicht keinen Meter von meiner Seite«, sagt sie, auf ihren behinderten Sohn deutend. Sie berichtet von Blitzaktionen der Polizei, die im vergangenen Jahr im Lager nach Aufständischen, nach *boyevik*, suchte. »Sie wollten mir meinen Sohn wegnehmen, und als ihnen das nicht gelang, schlugen sie ihn«,

Kulash verlor ihre Tochter bei einem Bombenangriff auf Grosny und wurde vor Kummer blind. Sie kann nicht genug Geld für eine Augenoperation in Moskau aufbringen.

sagt sie. Sie schüttelt den Kopf. Zu viel ist ihr unbegreiflich. Vielleicht, sagt sie, sei ihr ganzes Leben ja ein einziger Irrtum.

Gemeinsam mit den übrigen Flüchtlingen musste sie am 27. Januar 2006 mit ansehen, wie die russische Armee einen tschetschenischen Rebellen zwischen den armseligen Hütten ihres Lagers erschoss.

»Sie schossen ihn tot, als er zu fliehen versuchte. Wir wussten nicht, warum er hier war, und niemand hatte ihn je gesehen. Nach den Schüssen forderte uns die Armee per Lautsprecher auf, nach draußen zu kommen, und da sahen wir ihn liegen. Sofort wurden die Frauen von den Männern getrennt. Sie drängten uns bei minus 25 Grad in das unbeheizte Badehaus hier im Lager. Dort blieben wir fünf Stunden lang. Über Megafone riefen sie, dass sie jeden erschießen würden, der das Badehaus verließe.«

»Was geschah während dieser fünf Stunden?«, frage ich.

»Die Soldaten schossen auf unsere Häuser, traten die Türen ein und nahmen alles mit, was nicht niet- und nagelfest war«, antwortet Fatima. »Videogeräte, Geld, Juwelen, Fotoalben, goldene Ringe, Fotoapparate. Dann musste ein russischer Soldat die Leiche entsorgen. Aber als er sie anfasste, merkte er, dass der Tote eine Granate mit gezogenem Stift in der Hand hielt. Also fuhren sie mit einem ihrer Panzerfahrzeuge an die Leiche heran, befestigten vorsichtig eine Kette an seinem Bein und zogen ihn dann durch die Gassen zwischen den Häusern, bis die Granate explodierte.«

So ist das Leben in Inguschetien – russische Soldaten, Rebellen, Leichen. Und das üble Spektakel, das die Konfrontation der beiden Widersacher immer wieder entfacht.

Fatima kommt aus Bamut, einem Bergdorf in Tschetschenien, das schon im ersten Krieg zerstört worden war. Sie floh aber erst 1999, nachdem die Tiefflieger der russischen Luftwaffe das Dorf bombardiert hatten. Mit 45 Einwohnern des Dorfes hat sie diese qualvolle Nacht in einem Keller der Nachbarn zugebracht. Ihr Schwiegervater kam bei dem Bombenangriff ums Leben. »Selbst meinem ärgsten Feind würde ich nicht wünschen, was ich durchgemacht habe«, sagt sie.

Diese Erlebnisse haben bei Fatima Herzprobleme verursacht: »Immer wenn ich nachts ein Auto höre, gerate ich in Todesangst.«

Ein anderer Lagerbewohner, ein dunkler athletischer Mann mit einem eindrucksvollen Schnurrbart und Muskeln, die sich wie einzelne Kabelstränge über seinen Oberarm spannen, hat sich in der Zwischenzeit zu uns gesellt. Sein Name ist Omar. »In Maslazavod wohnen nur noch 185 Flüchtlinge«, sagt er. »Letztes Jahr waren es noch 344, aber alle, die noch Häuser in Tschetschenien haben, sind zurückgekehrt.«

Ich frage ihn, wie es ist, Tschetschene zu sein.

Er bricht in Tiraden aus: »Allein die Bezeichnung Tschetschene genügt schon, um all seine Rechte loszuwerden! Ein Hund hat mehr Rechte als wir!«

»Hättest du je erwartet, dass das Ganze so endet?«

Er presst seine gewaltigen Kiefer aufeinander. »Der erste Krieg war mehr ein Spiel«, sagt er. »Damals habe ich nicht im Entferntesten geahnt, in was für ein Elend wir geraten würden. Aber für das, was im zweiten Krieg geschah, habe ich keine Worte.«

»Was passierte damals in deinem Dorf?«, frage ich.

»Selbst die Faschisten waren nicht so niederträchtig wie die Russen!«, brüllt er. »Die Deutschen ließen wenigstens Frauen und Kinder am Leben. Aber die Russen brachten alle um. Am ersten Kriegstag wurden wir zwölf Stunden lang bombardiert. Allein an diesem Tag kamen 85 Zivilisten ums Leben: Frauen, Kinder, Babys mit abgerissenen Beinen. Zuerst schossen sie das Dorf mitsamt seinen Einwohnern zu einem Trümmerhaufen, und erst dann wurde es von den Soldaten gestürmt. Kein Wunder, dass sich manche den Rebellen anschlossen.«

Er steckt sich eine Zigarette an und inhaliert tief. Es scheint fast, als hätte er den Rauch verschluckt, so lange dauert es, bis er ihn in einem Schwall wieder ausatmet.

»Hier im Lager wohnt eine Frau mit ihren drei Söhnen«, fährt er fort. »Sie haben mit angesehen, wie ihr Vater von den Russen ermordet wurde. Der Mann arbeitete mit seinem Traktor auf dem Feld in seinem Dorf Komsomolskoje, als sie ihn erwischten. Sie schnitten ihm den Kopf ab, während seine Kinder dabeistanden. Seither spricht eines der Kinder nicht mehr, und ein zweites hat psychische Probleme.«

Fatima fällt es während des Gesprächs zunehmend schwer, sich den Erinnerungen an diese Geschehnisse zu stellen: »Wenn ich russische Soldaten sehe, wird mir schlecht«, schluchzt sie.

»Alle 50 Jahre wiederholt sich für uns Tschetschenen die Geschichte«, brummt Omar. »1944 ließ Stalin alle Tschetschenen nach Kasachstan deportieren, weil wir angeblich mit den Deutschen kollaboriert hatten, und jetzt wollen sie uns wieder von der Bildfläche verschwinden lassen.«

Der behinderte Junge zieht an meinem Ärmel. Er will, dass ich ein Foto von ihm mache, und das tue ich auch. Er lacht und gibt ein tiefes Brummen von sich. Als ich ihm bedeute, dass er nun auch von mir ein Foto machen soll, bricht er in schallendes Gelächter aus. Vorsichtig packt er mit seinen riesigen Händen meinen Apparat, und nachdem ich ihm gezeigt habe, wo er draufdrücken soll, schießt er ein Foto von mir. Und danach noch eins, und danach noch welche von jedem der Anwesenden. Es ist das erste Mal, dass Fatima und ihr Nachbar lachen.

Ich frage sie, wie sie das Morgen sieht.

»Die Zukunft? Wir wissen nicht einmal, was der nächste Tag bringt«, sagt Fatima. »Das weiß Gott allein. Ich wünsche mir nur, dass meine Kinder nicht sehen müssen, was ich gesehen habe.«

»Ich lebe nur noch für meine drei Kinder«, brummt Omar. »Ich bin 51, für mich ist der Zug abgefahren.«

DIE SCHILDERUNGEN DER VERBLIEBENEN tschetschenischen Flüchtlinge und die oft tragischen Lebensumstände, zu denen sie verurteilt sind, gehen mir noch lange nach. Als wir gegen Abend mit dem Auto aus dem inguschetischen Malgobek wieder nach Naltschik zurückkehren, kann ich mich des Gedankens nicht erwehren, dass der Kampf im Kaukasus noch nicht zu Ende ist. Noch immer wurde nicht genug gemordet. Hunderttausend Tote in zwei tschetschenischen Kriegen sind noch zu wenig. Den Göttern des Hasses und der Rache muss noch mehr Blut geopfert werden, bis alle Widersacher von den Massakern und dem Foltern so erschöpft sind, dass sie freiwillig die Waffen strecken.

Wann das sein wird, weiß niemand so genau. Aber dass es bis dahin noch eine Weile dauert, wird mir auch auf unserer Fahrt nach Beslan bewusst. Etwas außerhalb der Stadt halten wir an einem Friedhof, auf dem die 329 Opfer der schrecklichen Zwischenfälle in der Schule von Beslan in Nordossetien begraben liegen. Ich steige aus dem Wagen und gehe auf das bedrückende Monument in der Nähe des Friedhofs zu: auf eine Mutter, aus deren erhobenen, weit geöffneten Armen Dutzende von Kindern zum Himmel emporsteigen. Fast alle Gräber auf dem Friedhof sind mit Blumen geschmückt, und neben vielen Grabsteinen stehen Flaschen mit Wasser. Denn wenn eines das Leiden der Kinder von Beslan vor ihrem Tod noch verschlimmert hat, dann war es ihr unerträglicher Durst. Da die Terroristen ihnen während ihrer tagelangen Geiselhaft jegliches Wasser verwehrten, waren die Kinder am Ende gar gezwungen, ihren eigenen Urin zu trinken. In Inguschetien werde ich noch einmal daran erinnert, dass menschliche Grausamkeit und Rachsucht keinerlei Grenzen kennt.

Schweigend fahren wir weiter. Der Tag ist klar und sonnig, und durch das Autofenster lasse ich meinen Blick weit über das mächtige Kaukasusgebirge schweifen, das sich im Süden wie eine glänzend weiße Wand am Horizont erhebt. Einige der Gipfel ragen weit über die anderen hinaus, und ich versuche auf der Landkarte ihre Namen ausfindig zu machen: Kasbek (5033 Meter), Shkhara (5201 Meter), Elbrus (5642 Meter). Über 700 Kilometer vom Schwarzen bis zum Kaspischen Meer erstreckt sich diese großartige Felsbarriere und die Berge scheinen zum Greifen nah.

Doch was aussieht wie ein Paradies, ist zugleich das Land von Blutrache und Jahrhunderte währenden Clanbünden, die sich jedoch auch von einem Moment zum anderen ändern können. Gastfreundschaft und Traditionsbewusstsein gehen hier Hand in Hand mit ausgeprägtem Nationalismus und zunehmendem religiösen Fanatismus und bilden mit ihnen ein explosives Gemisch. Im Auto erzählt Göran eine

Geschichte, die illustriert, wie fest verankert die Familientraditionen in dieser Kaukasusregion sind. Sie handelt von Emin, unserem Fahrer, einem netten jungen Mann von schweigsamer Wesensart.

»Ich war einmal bei Emin zu Hause eingeladen«, sagt Göran. »Traditionsgemäß hatte Emins Mutter den Tisch schon vor der Ankunft des Gastes gedeckt. Als ich eintrat, hatten sie alles aufgefahren, was die Speisekammer zu bieten hatte. Emins Vater bekam ich jedoch nicht zu Gesicht. Denn normalerweise empfängt der Vater die Gäste und macht die Honneurs, diese Ehre kann jedoch auch auf den ältesten Sohn übergehen. In diesem Fall dürfen sich Vater und Sohn allerdings nicht im selben Raum aufhalten. Wenn es dennoch einmal vorkam, dass das Familienoberhaupt das Esszimmer betrat, stand Emin sofort vom Tisch auf, ging in eine Ecke des Raumes und stellte sich dort mit gesenktem Kopf an die Wand, als wolle er sich unsichtbar machen.«

Im Kaukasus gibt es viele solcher in jahrhundertealten Traditionen verwurzelten Bräuche, an deren Nutzen und Ursprung sich weder Außenstehende noch Einheimische erinnern, denen man aber entsprechen muss, weil sie Teil des Nationalcharakters sind – und der Nationalcharakter darf nicht verleugnet werden. Von niemandem und zu keiner Zeit.

Eine andere seltsame Sitte besagt, dass ein junger Mann, der heiratet, niemals seine Schwiegermutter sehen darf. Und mit niemals ist in diesem Fall wirklich nie im Leben gemeint. »Es ergab sich einmal, dass sich Emin zur gleichen Zeit bei uns in Moskau aufhielt, zu der zufälligerweise auch die Familie seiner Frau die Hauptstadt besuchte«, erzählt Göran. »Sie wussten voneinander, und natürlich rief die Familie seiner Frau ihn an, um ihn zu treffen. Aber die Tradition verlangte von ihm, dass er das ablehnte. Und das tat er auch.«

Während sich der Abend langsam über den Kaukasus senkt, ziehen sich um die Berge bedrohliche Wolken zusammen. Sie wirken wie ein Vorzeichen dessen, was den Menschen hier noch bevorsteht. Es hängt eine seltsame Spannung in der Luft, als könne jeden Moment etwas Furchtbares passieren. Die russische Armee will den Anschein erwecken, gut gerüstet zu sein. Immer wieder sind uns an diesem Tag mit der Regelmäßigkeit eines Uhrwerks Panzerwagen und Lkws voller Soldaten begegnet. Und ab und zu sahen wir Soldaten das Gebiet mit Minendetektoren absuchen, während Raupenfahrzeuge langsam hinter ihnen herzuckelten.

Irgendwo in diesen Bergen hält sich der berüchtigte tschetschenische Rebellenführer Schamil Bassajew versteckt, denke ich, während ich mir das glutrote Leuchten betrachte, das die untergehende Sonne auf die Berge malt. Präsident Putin hat einen Preis von zehn Millionen Dollar auf seinen Kopf ausgesetzt, was Bassajew jedoch nicht daran hindert, von einer kaukasischen Republik in die nächste zu ziehen. Dem Vernehmen nach ist es ihm 2003 noch gelungen, für zwei Monate in Kabardino-Balkarien unterzutauchen, der kleinen Republik, in deren Hauptstadt Naltschik ich heute Abend wieder übernachten werde. Allzu schwierig kann es eigentlich nicht sein, Bassajew in einem Café zu erkennen: Er trägt den Bart eines Propheten und hat ein Holzbein. Aber den finsteren Bruderschaften des Kaukasus gelingt es mühelos, ihn vor den Russen zu verstecken.

Auf dem Weg nach Hause kommen wir etwa 40 Kilometer hinter Beslan an einem weiteren Ehrenmal vorbei. Es erinnert an Heldentaten des Zweiten Weltkriegs: »Im September 1942 hielten die ruhmreichen Soldaten der Roten Armee an diesem Ort den Nazitruppen stand«, steht darauf.

Wir befinden uns am äußersten Punkt, den die Wehrmacht bei ihrem Vormarsch in Russland erreicht hat. Immer von der Hoffnung getrieben, zu den Ölfeldern von Baku vorzudringen, die eigenen Panzerbrigaden und die Luftwaffe mit unbegrenzten Mengen an Treibstoff zu versorgen und damit das Blatt noch zu wenden, ließ Hitler seine Truppen nach Südosten marschieren. An diesem Ehrenmal kommt es mir unglaublich vor, wie weit die Deutschen damals gekommen sind.

Junge, Junge, und dann wieder den ganzen Weg zu Fuß zurück nach Hause, denke ich bei mir.

ICH KANN ES KAUM FASSEN, WIE SEHR Moskau sich seit meinem letzten Besuch (im Dezember 1990) verändert hat. Die Stadt ist bunter geworden und gleicht überhaupt nicht mehr dem früheren tristen Gemisch aus grauen Bauten und trostlosen Straßenzügen. Die Ursache für diese unwahrscheinliche Metamorphose hat einen Namen: *business*. Überall in der Stadt stößt man heute auf die farbenreichen Verlockungen des Kapitalismus. Die halbe Stadt scheint aus neuen Geschäften, Restaurants, Bars, Hotels, Supermärkten, CD-Läden, Boutiquen, Cafés, Autosalons, Bekleidungshäusern und Ladengalerien zu bestehen. Und es gibt eine Menge Kasinos, die es den Mafiosi möglich machen, ihr Geld zu waschen.

In Moskaus breiten Straßen haben sich viele neue Läden einfach auf den breiten Bürgersteigen zwischen Fahrbahn und Häusern angesiedelt. Neue Familienkutschen haben vielfach die Schrottkarossen abgelöst, die bisher die Straßen der Stadt unsicher machten. Der Verkehr ist mit blitzenden BMWs, Mercedes-Modellen und einigen Ferraris, Bentleys und Lamborghinis gespickt, deren Fahrer hinter dunklen Scheiben mit wahnsinniger Geschwindigkeit durch die Stadt rasen. Ein Lada wird in Moskau allmählich zur Seltenheit. Überall schießen neue Apartmenthäuser aus dem Boden, ihnen gegenüber wirken die grauen Hochhäuser der Sowjetzeit wie Dinosaurier aus einer fernen Vergangenheit. Die Bauarbeiterkolonnen arbeiten hier sieben Tage die Woche und übernachten in Wohncontainern auf der Baustelle.

In Moskau entwickelt sich gerade im Rekordtempo eine neue Mittelklasse, und während meines Besuches summt es nur so in der Stadt vor Betriebsamkeit. Aufgrund der hohen Ölpreise kann der Staat ein Prestigeobjekt nach dem anderen aus dem Boden stampfen. Daher steht zu befürchten, dass die Tresore der Nationalbank für die russischen Goldreserven bald zu klein sein werden.

Natürlich sind die neuen Wohnungen für normale Bewohner der Stadt unbezahlbar, genau wie in New York, London, Schanghai und Hongkong. Moskau ist nicht länger das billige, unterentwickelte Schlusslicht der europäischen Hauptstädte: Es ist die zweitteuerste Hauptstadt des Kontinents. Eine Wohnung kostet hier 3000 Dollar pro Quadratmeter und wenn man in einem der neuen Hochhäuser wohnen will, muss man mindestens eine Million Dollar auf den Tisch legen. Bereits in der ersten Hälfte des Jahres 2006 stiegen die Preise für Wohnungen in Moskau um 15 bis 20 Prozent. Natürlich möchten Sie auch wissen, was hier ein Bier kostet. Okay, das kann ich Ihnen sagen: Für einen halben Liter zahlen Sie fünf Euro. Wenn Sie jedoch eine Tour durch die heißesten Bars der Stadt vorhaben, gehen Sie lieber vorher noch mal bei der Bank vorbei. Aber nicht dass Sie mich verdächtigen, die Preise dort persönlich unter die Lupe genommen zu haben: Mir würde allein schon das nötige Kleingeld für den Eintritt fehlen.

Nach meiner Rückkehr aus Inguschetien wohne ich als Logiergast in der Wohnung von Tine Van Valckenborgh in der Nähe des Kiewer Bahnhofs. Tine spricht ausgezeichnet Russisch und macht mich nicht nur auf die Sehenswürdigkeiten der Stadt, sondern auch auf interessante Orte jenseits der Touristenströme aufmerksam. Sie ist eine sehr nette Gastgeberin, und man kann sehen, dass sie an ihrem ersten Einsatz für Ärzte ohne Grenzen viel Freude hat.

Mit ihren Tipps im Gepäck kurve ich zwei Tage mit der Metro durch den Untergrund der Stadt. Die Moskauer Metro ist eine der effizientesten U-Bahnen der Welt, selten muss man länger als drei Minuten auf den nächsten Zug warten. Und unzweifelhaft ist sie die schönste. Mosaiken, Wandmalereien, Halbreliefs, Glasfenster, Art-nouveau-Lampen und Kronleuchter gehören zu ihrer Ausstattung. In Moskau fährt man zum Vergnügen mit der Untergrundbahn.

Der Bau der Metro begann Anfang der Dreißigerjahre. Stalin persönlich sollte die U-Bahn am 1. Mai 1935 einweihen. Doch bei diesem Ereignis blieb der Zug stecken, sodass Stalin 30 Minuten lang festsaß und vor sich hin stierte. Die Ingenieure, die ihre Deportation in das ferne Sibirien schon für eine beschlossene Sache hielten, konnten ihr Glück kaum fassen, als der große Diktator einfach nur lakonisch be-

Am 61. Jahrestag des russischen Sieges im Zweiten Weltkrieg geht ein kleiner Junge an der Hand seines Großvaters, eines vielfach dekorierten Kriegsveterans, in der Nähe des Roten Platzes spazieren.

merkte, es sei vielleicht doch besser, zunächst alle Mängel zu beseitigen und die offizielle Eröffnung auf den 15. Mai zu verschieben.

1941 und 1942, während des deutschen Einmarschs in Russland, diente sie Hunderttausenden von Moskauern als Luftschutzkeller. Die Männer schliefen auf Holzpodesten, die man allabendlich in die Schächte schob, Frauen und Kinder in Feldbetten auf den Bahnsteigen.

Es gibt auch eine *geheime* U-Bahn, die 1967 fertiggestellt wurde und den Sowjetführern im Falle eines Nuklearangriffes zur Flucht aus Moskau dienen sollte. Sie verläuft auf einer 30 Kilometer langen Strecke vom ehemaligen Hauptquartier der Kommunistischen Partei am Starayaplatz in der Nähe der U-Bahn-Station Kitai-Gorod bis zu einem unterirdischen Bunker in Ramenki und dann weiter bis zum Vnukovo-Flughafen. Angeblich soll sie immer noch in Betrieb sein.

Während meines Aufenthalts in der Stadt lese ich in *The Moskou Times*, dass ein zweiter U-Bahn-Ring unter der Stadt in Planung ist.

Wenn ich an einem Ort fremd bin, gehe ich dort gewöhnlich auch auf einen Friedhof. Friedhöfe sagen viel über eine Kultur aus. In Moskau lässt sich das nirgendwo besser feststellen als auf dem »Heldenfriedhof« hinter dem herrlichen Novodevichy-Kloster (dem Neuen Kloster der Jungfrauen). Zu Sowjetzeiten wurde hier begraben, wer in der UdSSR Rang und Namen hatte. Der Friedhof wirkt wie ein Skulpturenpark. Auf vielen der Gräber prunkt auf einer Säule aus Marmor oder Quaderstein eine Statue des Verstorbenen. Manchmal als Standbild, ein anderes Mal als Halbfigur. Es ist kaum zu übersehen, dass die Skulpturen von Künstlern geschaffen wurden, die ihr Handwerk verstanden. Und so starre ich bei den meisten Gräbern auf die gewichtigen Häupter von Männern mit markanten Nasen, Hornbrillen und zurückweichendem Haaransatz. Es ist augenfällig, dass in der Sowjetunion in den Sechziger- und Siebzigerjahren (diesen Teil des Friedhofs betrachte ich genauer) offenbar keine besonders gesunden Lebensbedingungen geherrscht haben. Denn den verdienstvollen Sowjetbürgern jener Zeit gelang es nur selten, das Rentenalter von 60 Jahren zu erreichen. Die üble Mischung aus Wodka und Zigaretten hat an den Kräften des *homo sovjeticus* gezehrt. Nicht dass die Russen seither viel gesünder lebten: Auch heute liegt die durchschnittliche Lebenserwartung für Männer in Russland immer noch bei 59 Jahren, was die Vermutung aufkommen lässt, die Russen setzten alles daran, möglichst schnell den Löffel abzugeben. Ein Vorhaben, bei dem sie sich folgender Hilfsmittel bedienen können: saufen, rauchen wie die Schlote und rasen wie die Irren.

Der Friedhof gleicht einer Parkanlage. Ich halte mich länger dort auf, als ich vorhatte. Ärzte werden auf ihrer letzten Ruhestätte mit Schlange und Äskulapstab, Ingenieure mit ihren Staudämmen, ein Admiral mit seinen Schiffen und Generäle mit ihren Sternen abgebildet. Ab und zu stoße ich auch auf das Grab eines Piloten, für den einer seiner Düsenjägerflüge wohl nicht ganz nach Plan verlaufen ist, und alle paar Reihen entdecke ich auch den ein oder anderen Kosmonauten. In vielen Gräbern wurde später auch die Frau des berühmten Sowjetbürgers beigesetzt. Ihr Name und manchmal auch ihr Foto finden sich dann ganz klein unten am Grabstein, buchstäblich zu Füßen ihres Mannes, so wie es den Russen noch immer am liebsten ist.

Ich mache mich auf die Suche nach Chruschtschows Grab und nach einer Weile entdecke ich in einiger Entfernung auf einem der Gräber einen kugelrunden Kopf mit seinem Konterfei. Eigentlich hatte ich auch erwartet, hier den Schuh zu sehen, mit dem er bei einer der UN-Versammlungen auf den Tisch gehauen hat, aber da werde ich enttäuscht.

Im neuesten Teil des Friedhofs finden sich auch orthodoxe Kreuze auf den Gräbern, denn die Religionsausübung ist wieder gestattet. Auf vielen Gräbern liegen frische Blumen, und allenthalben sind stämmige Frauen damit beschäftigt, die Grabsteine zu schrubben. Viele Russen besuchen diesen ruhigen, musealen Friedhof auch, um sich auf einer der Parkbänke eine Pause zu gönnen.

Nachdem ich zweimal durch alle Friedhofsbereiche geschlendert bin und sowohl die Gräber von Anton Tschechow und Nikolai Gogol wie auch das von Ilja Ehrenburg gefunden habe, bekomme ich Durst und beschließe, auf der Stelle etwas trinken zu gehen. Und wo kann man das wohl besser als in der altmodischen Bar im obersten Stockwerk des Hotels *Ukraine,* eines Kolosses aus guten alten Sowjetzeiten, der aussieht wie das Innenministerium. Die Aussicht ist großartig. Aber es ist fraglich, wie lange man hier noch ein und aus spazieren und den Blick auf Moskau genießen kann, denn das Hotel wurde – wie so vieles in Moskau – von irgendeinem Magnaten aufgekauft, der es nun von Grund auf renovieren will.

Meinen letzten Stadtbesuch habe ich für einen Spaziergang durch ein riesiges Ausstellungsgelände am Fernsehturm reserviert. Sein Eingangsgebäude sieht aus wie eine stalinistische Hochzeitstorte. Seine extreme Hässlichkeit verleiht dem Bau schon wieder einen besonderen Charme. Entsprechend der Zahl der Sowjetrepubliken reihen sich 16 Pavillons dahinter. Doch heute hat eine Flut kapitalistischer Läden viele der triumphalen Präsentationen in diesen Prunkbauten abgelöst. In ihrer Gesamtheit bietet die Ausstellung eine derart surrealistische Kombination, wie ich sie noch nie gesehen habe. Hier steht eine alte Vostok-Rakete neben einem ehemaligen Musterhof für Schweinezucht. Und in manchen Pavillons – die allerdings aus einer Zeit lange vor Tschernobyl stammen – wird ein Loblied auf die Kernenergieproduktion der UdSSR gesungen. Doch all diese Pracht verfällt allmählich, während der ganze Ausstellungspark ironischerweise von Bier- und Wurstverkäufern, Rollerskate-Verleihern und allen möglichen Ladenbesitzern okkupiert wird. Hier wimmelt es nur so von Besuchern: Sie schlecken ein Eis, setzen sich an die gewaltige Fontäne des Parks, um anderen dabei zuzusehen, wie sie auf Rollerskates vorbeiflitzen oder verliebt Hand in Hand spazieren gehen und Dosenbier trinken. Sie wirken auf jeden Fall glücklicher als bei meinem letzten Besuch in Moskau und das liegt sicher nicht nur am schönen Wetter: Im letzten Jahr verzeichneten drei Viertel der russischen Bevölkerung eine Einkommenssteigerung. Das Land scheint mit großen Schritten auf dem Weg in eine neue Zukunft zu sein, was sich auch in den Zeitungen widerspiegelt: Eine groß angelegte Umfrage unter jungen Russen (zwischen 21 und 25 Jahren, also der Generation, die als Soldaten in Tschetschenien im Einsatz war) ergab, dass 57 Prozent den Kurs von Präsident Putin unterstützen. Das sind Zahlen, von denen Georg W. Bush nur träumen kann.

Natürlich ist in Russland nicht alles eitel Sonnenschein. Über Menschenrechte sollte man sich hier noch immer nicht weitschweifig auslassen, und die allgegenwärtige Korruption scheint weiter zuzunehmen, von den Mafiapraktiken ganz zu schweigen. Und dann ist da noch ein anderes Thema, über das die russischen Zeitungen immer häufiger berichten, weil der gute Herr Putin sich allmählich ernste Sorgen darüber macht: Es gibt zwar 143 Millionen Russen, aber jedes Jahr werden es 700 000 weniger. Nach dem Moskauer Nachtleben zu urteilen, liegt das bestimmt nicht daran, dass die Russen keinen Sex mehr haben, sondern vielmehr daran, dass aus dem hastigen Gefummel keine Kinder mehr hervorgehen. Es sterben einfach mehr Russen, als geboren werden. Aus diesem Grund richtet der Präsident während meines Moskauaufenthalts auch einen merkwürdigen Appell an die russischen Mütter: Er fordert sie auf: »Tun Sie Ihre Pflicht!« und stellt ihnen zugleich für das zweite Kind eine saftige Geldprämie in Aussicht.

Diese Prämien sind vielleicht der beste Beweis für die Wiedergeburt Russlands. Auch Stalin hat die russischen Frauen damals dazu aufgerufen, die durch den Krieg dezimierte Bevölkerung wieder auf das erforderliche Niveau zu bringen. Aber zu seiner Zeit gab es für die Frauen, die ein Kind bekamen, nur eine Mutterschaftsmedaille. Damit lockt man in Russland heute keine Frau mehr ins Wochenbett.

Und Inguschetien? Am Tag, an dem ich Moskau verlasse, stirbt der stellvertretende Innenminister der Republik, Herr Kostojew, durch eine Autobombe. Dabei kommen sieben Menschen ums Leben, unter ihnen zwei seiner Leibwächter sowie vier Insassen eines Wagens, der zufällig am Ort des Anschlags vorbeifährt. Schon im August 2005 hatte man versucht, den Mann zu liquidieren: indem man eine Landmine mittels Fernzündung zur Explosion brachte, als sein Auto vorbeifuhr. Damals war er, wenn auch verwundet, dem Anschlag entkommen. Doch diesmal haben sie es geschafft.

Das bringt mich etwas ins Grübeln: »Der vorbeifahrende Wagen hätte unserer sein können.«

Der tschetschenische Rebellenführer Schamil Bassajew kam am 10. Juli 2006 in Inguschetien ums Leben. Während er bei den Vorbereitungen zu einem Anschlag mit einigen seiner Kumpane einen Lastwagen mit Sprengstoff belud, flog ihnen die Ladung um die Ohren.

Einige Namen tschetschenischer Flüchtlinge wurden aus Sicherheitsgründen abgeändert.

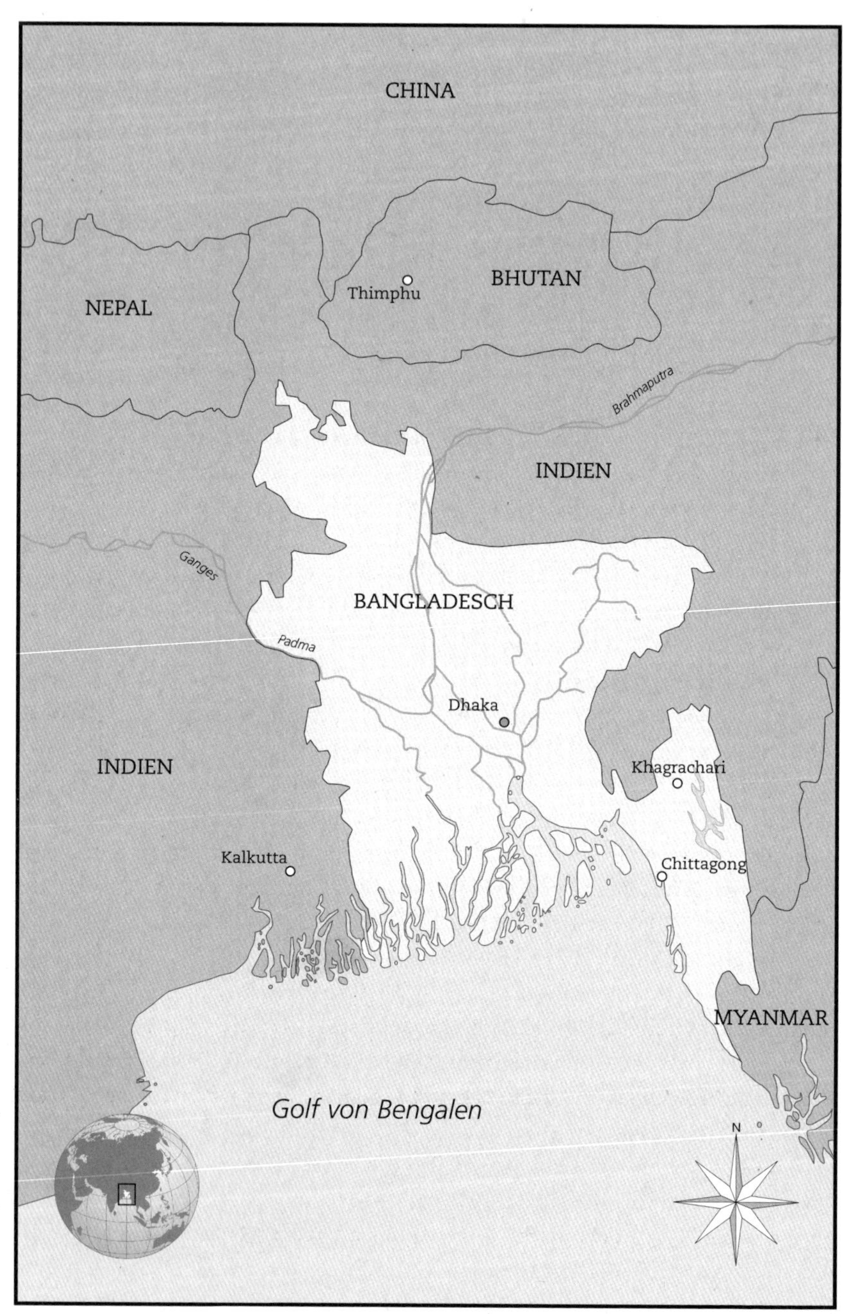
CHINA
BHUTAN
Thimphu
NEPAL
Brahmaputra
INDIEN
Ganges
BANGLADESCH
Padma
Dhaka
INDIEN
Khagrachari
Kalkutta
Chittagong
MYANMAR
Golf von Bengalen
N

BANGLADESCH

»Wir sind so arm, dass niemand mit uns sprechen will.«

AM TAG MEINER ANKUNFT in Dhaka durchbrechen die Regengüsse des Monsuns endlich die bleierne Hitze über der Stadt. Straßen und Flussufer werden überspült, und das faulige Brackwasser der offenen Abwasserkanäle weicht einem Strom frischen fließenden Wassers. Das Land und seine Bewohner atmen auf, aber mit dem Regen nehmen auch die Stromausfälle zu, die die Hauptstadt des Landes so oft in Finsternis versinken lassen. Dem Vernehmen nach treten sie auf dem Land noch häufiger auf.

Als mich in Dhaka das erste Mal ein Stromausfall überrascht, stehe ich gerade in einem Supermarkt. Einige Minuten lang wage ich mich kaum zu bewegen, denn ich befürchte, gleich einen ganzen Stapel Dosen umzuwerfen. Als der Generator wieder anspringt, blicke ich um mich herum in die lachenden Gesichter der Kunden, die wie ich selbst erleichtert sind, nirgendwo angeeckt zu sein.

An der Kasse werden meine Einkäufe in eine grau-weiße Jutetasche gepackt. Das finde ich großartig, denn Bangladesch ist der größte Juteproduzent der Welt. Die größte Jutefabrik des Landes macht sogar damit Werbung, dass sie jede Woche so viel Jutegarn produziert, dass man es bis zum Mond und wieder zurück spannen könnte. Das nenne ich noch eine Reklame! Es ist jammerschade, dass dieses Naturprodukt überall von dem umweltschädlichen Plastik verdrängt wird.

Ich fahre mit einer Rikscha zu meiner Unterkunft zurück. Der Mann, der auf dem Fahrradtaxi in die Pedale tritt, heißt Rahman. Er stammt vom Land und ist nach Dhaka gekommen, weil eine Überschwemmung seinen ganzen Besitz mit sich gerissen hat.

»14 Jahre wohnten wir in unserem Schilfhaus auf einer Insel mitten auf dem Fluss«, erzählt er mir. »Aber 1986 war der Monsun so gewaltig, dass er für alle zu einer einzigen Katastrophe wurde. Schon nach kurzer Zeit sah der Fluss aus, als würde er brodeln. Vom Ufer aus mussten wir zusehen, wie er unaufhaltsam unsere Insel vernichtete.« Innerhalb von zwei Tagen hatte der Ganges (in Bangladesch besser bekannt als Padma) jedes Sandkorn der Insel, auf der Rahmans Dorf gestanden hatte, fortgeschwemmt.

Menschen wie Rahman gehören in Bangladesch zu den Ärmsten der Armen. Sie sind dazu verurteilt, in den Flüssen auf Sandbänken zu wohnen, die früher oder später dem Wasser zu Opfer fallen. Bei 140 Millionen Einwohnern auf einer verfügbaren Bodenfläche von 144 000 Quadratkilometern bedarf es keiner höheren Mathematik, um sich darüber im Klaren zu sein, dass jeder Quadratmeter in Bangladesch Gold wert ist. Das gilt umso mehr, als das Wasser dem Land jährlich etwa 2400 Kilometer Schwemmland an den Flussufern abringt. Ein Phänomen, das Jahr für Jahr sechs Millionen Menschen – das entspricht etwa der Einwohnerzahl der Schweiz – dazu zwingt, ihre Häuser zu verlassen und in die großen Städte zu ziehen. Rikscha zu fahren, ist das Einzige, was ihnen in ihrem Kampf ums tägliche Überleben bleibt. In einem Land, in dem beinahe die Hälfte der Einwohner mit weniger als einem Dollar pro Tag auskommen muss, kann man sich seine Arbeit nicht aussuchen.

»Ich mag diesen Job nicht besonders, aber er bietet mir wenigstens ein mehr oder weniger festes Einkommen«, sagt Rahman, »auch wenn es nur ein Hungerlohn ist.« Er lächelt, aber sein Lächeln kommt nicht von Herzen. Während wir durch die Straßen von Dhaka fahren, halte ich meinen Schirm über seinen Kopf, damit er nicht völlig durchnässt wird, wie viele seiner Kollegen, denen wir unterwegs begegnen.

Wie Rahman schwärmen heute etwa 500 000 Rikschafahrer in der Stadt aus, die Konkurrenz ist gnadenlos. Schweißgetränkt oder tropfnass befördern sie ganze Familien in ihren Zweisitzern. Ihre Rikschas sind immer fröhlich bemalt. Auf manchen sieht man Bilder von Tigern, Filmstars, berühmten islamischen Bauten oder Elefanten, aber die meisten zeigen idyllische Szenen eines Landlebens, die die Rikschafahrer an ihre frühere Heimat erinnern. An die Zeit, bevor der Fluss die Ufer verschlang, auf denen ihre ärmlichen Häuser standen.

Aber in Dhaka ziehen dunkle Wolken über den Häuptern der Rikschafahrer auf, erzählt Rahman. Und diese Wolken haben mit dem Monsun nichts zu tun. Hunderttausende von langsamen Rikschas sorgen immer häufiger für Staus im stetig steigenden Autoverkehr der Stadt. Geschäftsleute klagen, dass sie wegen des von Rikschafahrern verursachten Verkehrschaos jährlich Millionen Dollar einbüßen. Deshalb ergriff die Regierung drastische Maßnahmen. Zum Glück beschlossen sie nicht, alle Fahrradtaxis aus der Innenstadt zu verbannen, aber nach Meinung der Regierung muss ihre Anzahl deutlich verringert werden. Zusammen mit der Weltbank wurde ein »Antistauplan« für Dhaka erstellt, der vorsieht, die Hauptverkehrsachsen der Stadt für Rikschas zu sperren. Der Verkehrsminister kündigte bereits an, dass er die Zahl der Fahrradtaxis in der Stadt auf 150 000 senken will.

Dieser Plan verursacht Rahman großes Kopfzerbrechen. »Ich arbeite mindestens zwölf Stunden täglich, an sieben Tagen in der Woche, und ich verdiene 80 bis 120 Taka (ein bis anderthalb Euro) am Tag«, sagt er, als wir an unserem Ziel ankommen. Sein verhärmtes Gesicht verzieht sich zur Grimasse: »Das ist das, was mir nach Abzug von 50 Taka, die ich dem Eigentümer der Rikscha als Miete bezahlen muss, bleibt.«

Aber nicht an diesem Tag. Denn da er mir erlaubt, seine spindeldürre Gestalt und seine farbenfrohe Rikscha zu fotografieren, gebe ich ihm ein Trinkgeld, das ihn gut über die Woche bringen wird. Er nickt mir verlegen zu und sagt: »Danke sehr.« Aber sein Dank gilt nicht dem Geld, das er von mir bekommen hat. Bevor er wegfährt, nestelt er eine Weile an seinem Lenkrad herum und sagt dann: »Das war sehr nett. Denn wir Rikschafahrer sind so arm, dass niemand mit uns sprechen will.«

Mir bleibt nicht mehr viel Zeit, um mir das übrige Dhaka anzusehen, denn schon am nächsten Morgen steige ich in ein Flugzeug nach Chittagong. Die Hafenstadt im Osten des Landes ist die zweitgrößte Stadt Bangladeschs. Beim Aussteigen steckt man jedem Reisenden einen Schirm zu, denn es gießt in Strömen. Am Ausgang nimmt mich Risbi in Empfang. Ärzte ohne Grenzen hat ihn mit einem Land Cruiser zum Flughafen geschickt, um mich nach Khagrachari zu bringen, einer Stadt drei Autostunden nördlich von Chittagong, in der die Organisation einen Stützpunkt für den Kampf gegen Malaria aufgebaut hat. Dieses Gebiet hieß in der britischen Kolonialzeit *Hill Tracts* und so wird es noch immer genannt.

Am Straßenrand sehen wir gelegentlich einen Bus oder einen Lastwagen, der auf den nassen, spiegelglatten Straßen verunglückt ist und nun mit zersplitterten Fenstern in einem der tiefen Straßengräben liegt. Die Jackfrucht hat Erntesaison. In allen Dörfern schleppen Träger Körbe voller dicker grüner Früchte. Sie hängen die Körbe seitlich an biegsame Bambusstäbe, die sie auf der Schulter tragen, oder beladen Rikschas und Handkarren damit. Sie stapeln die Früchte auf den Lastwagen weit über das Steuerhaus hinauf, sodass man fast sicher sein kann, dass sie in der ersten scharfen Kurve wieder herabfallen.

In Khagrachari wohne ich bei den Mitarbeitern von Ärzte ohne Grenzen. Bei Ray Kelly, einem Engländer aus Newcastle, der für die Logistik zuständig ist, Sonja Eck, der deutschen Hebamme, und den beiden Ärzten Stefan Weirauch, der aus dem Ruhrgebiet stammt, und Gabriela Popescu aus Rumänien, die hier Doktor »Gabi« genannt wird. Gemeinsam besprechen wir die Pläne für den nächsten Tag. Dabei steht eine Flasche Trinkwasser mit der Aufschrift »Garantiert arsenfrei« auf dem Tisch. Nun ja, das ist äußerst beruhigend!

Unter einem Schirm Schutz zu suchen, gehört in der Regenzeit für diese beiden Chakma-Jungs zum Alltag.

»Große Mengen des Wassers in Bangladesch sind mit Arsen verunreinigt«, erklärt mir Ray, ein Muskelpaket von 1,85 Metern, der nach seiner 15-jährigen Laufbahn in der britischen Armee zur Hilfsorganisation gewechselt ist. Ein Missstand, der sich offenbar auf die Brunnen zurückführen lässt, die in den Siebziger- und Achtzigerjahren im Süden des Landes gebohrt wurden. Ironischerweise haben ausländische Entwicklungshilfeorganisationen sie damals gebaut, um die Dorfbewohner vom verschmutzten Oberflächenwasser in Bangladesch unabhängig zu machen. Später zeigte sich, dass durch die Bohrungen Wasser aus arsenreichen Bodenschichten angesaugt wurde. Die Weltgesundheitsorganisation meldete, dass Arsenverunreinigungen in mindestens 100 000 Fällen für Hautkrankheiten verantwortlich sind, und sie prognostiziert, dass in Bangladesch in den nächsten zehn Jahren sehr wahrscheinlich mit einer stark zunehmenden Zahl von Krebsfällen zu rechnen ist.

IN BANGLADESCH HERRSCHT ZWAR KEIN KRIEG, doch es gehört zu den Ländern mit dem höchsten Malariarisiko. Für alle, die nun denken *So what?*, nenne ich ein paar Zahlen:

- Auf der ganzen Welt fordert Malaria Anfang des 21. Jahrhunderts jährlich mehr Opfer als alle Kriege auf diesem Erdball.
- Jedes Jahr sterben zwischen einer und drei Millionen Menschen – meistens die Ärmsten der Armen – an den Folgen von Malaria.
- In den Gebieten, in denen Malaria ganzjährig auftritt, stirbt alle 30 Sekunden ein Kind an der Krankheit.
- 40 Prozent der Weltbevölkerung leben mit dem Risiko einer Malariaerkrankung.
- Die Zahl der tödlich verlaufenden Malariafälle hat sich in den vergangenen 20 Jahren durch Resistenzen der Malariamücken gegen Medikamente und durch die Bevölkerungszunahme verdoppelt.

So viel zu einer Krankheit, die im Grunde vermeidbar ist und die sich heute gut behandeln lässt.

Bangladesch ist mit seinem Wasserreichtum und seinen tropischen Temperaturen natürlich ein Malarialand par excellence. Frühere Programme zur Ausrottung der Krankheit haben zwar das Malariarisiko in großen Teilen des Landes erheblich verringert, doch in den Grenzgebieten, in der Nähe von Indien und Myanmar (Birma), ist die Krankheit noch weit verbreitet. Deshalb springen ausländische Hilfsorganisationen wie Ärzte ohne Grenzen hier in die Bresche, um in den am stärksten betroffenen Gebieten das zu leisten, was eigentlich Aufgabe des Gesundheitsministeriums wäre: der Bevölkerung zu vermitteln, wie sie sich besser gegen die Malariamücken schützen kann, und diejenigen mit Medikamenten zu versorgen, die von der Krankheit bereits befallen sind.

In der kleinen Ärzte-ohne-Grenzen-Klinik von Dighinala, eine gute Autostunde von Khagrachari entfernt, wird mir schnell klar, dass der Kampf gegen Malaria hier absolute Priorität hat. Im Durchschnitt werden täglich etwa 220 Patienten in das Gesundheitszentrum eingeliefert. Die Hälfte von ihnen hat Malaria. Gewöhnlich in ihrer übelsten Form: *Plasmodium falciparum* ist der bedrohlichste Erreger, und ohne Behandlung verläuft die Krankheit tödlich.

Lassen Sie mich die Gelegenheit nutzen, einige Gerüchte über Malaria aus der Welt zu schaffen. Im Gegensatz zur weit verbreiteten Meinung sind alle Arten von Malaria vollkommen heilbar, ohne dass die Krankheit »im Körper zurückbleibt« und man »das Fieber früher oder später wieder bekommt, sogar wenn man nie mehr in ein Malariagebiet reist«. Wiederkehrende Malariaanfälle kommen ausschließlich bei den weniger gefährlichen Erregern *Plasmodium vivax*, *Plasmodium malariae* und *Plas-*

modium ovale vor, bei denen der Parasit sich »schlafend« in der Leber versteckt, um von dort aus gelegentlich – manchmal sogar nach einem kleinen Nickerchen von 30 Jahren, wie etwa bei *Plasmodium malariae* – wieder auszurücken und dann rote Blutkörperchen anzufallen. Wenn sie nicht behandelt wird, kann man eine solche »schlafende Malaria« ein Leben lang in sich tragen, aber mit der richtigen Medikation können diese Malariaformen definitiv unschädlich gemacht werden. Bei der gefährlichsten Form der Krankheit *Malaria tropica,* die durch den Erreger *Plasmodium falciparum* verursacht wird, entwickeln sich alle Schizonten (eine Zwischenstufe des Parasiten) in den Leberzellen zu reifen Zellen, bleiben also nicht in der Leber eingebettet. Sie gelangen dann ins Blut und befallen die roten Blutkörperchen. Aber auch diese Form der Malaria lässt sich mithilfe der bekannten Medikamente Lariam und Malarone vollständig heilen.

UM DIE MITTAGSZEIT GEHEN mein Dolmetscher Ronel Chakma und ich im Regen – der nun schon seit drei Tagen auf uns niederprasselt – zu einem Dorf nahe der Klinik. Ronel gehört zu einer der zahlreichen ethnischen Minderheiten in diesem Teil Bangladeschs, zu den Chakma, deren chinesisch-tibetischer Gesichtsschnitt dem der Gebirgsbewohner in Myanmar und Thailand verwandt ist. Die Chakma leben schon seit Jahrhunderten im Norden von Chittagong und der beste Beweis dafür ist ihr König Barrister Debashish Roy, er ist der 51. Nachfahre einer alten Dynastie.

Aber in einem überbevölkerten Land wie Bangladesch stehen die Chakma unter Druck. Hunderttausende von Bengalen haben sich in den vergangenen 50 Jahren im Gebiet der Chakma niedergelassen. Sie kamen meist dann, wenn Zyklone und Überschwemmungen sie von ihrem eigenen Land spülten. Dazu muss man wissen, dass 70 Prozent von Bangladesch jährlich überschwemmt werden. Können Sie sich vorstellen, was passiert, wenn alle paar Jahre die Überschwemmungen das *gewöhnliche* Maß übersteigen und die Lage völlig außer Kontrolle gerät?

»Für die Bengalen waren die Hügel unseres Landes schon immer die letzte Rettung, zumal die Böden hier sehr fruchtbar sind«, sagt Ronel. Letzteres ist wohl wahr: Je nach Lage bringen es die Reisfelder in Bangladesch auf bis zu drei Ernten pro Jahr.

Hinter der groß angelegten Ansiedlung von Bengalen im Gebiet der Chakma, der Marma, der Tripura, der Tongshonya, der Chak, der Lusay, der Mrung und anderer Minderheiten verbirgt sich jedoch auch ein politisches Ziel. Die Misere der Bergvölker begann 1960, als 100 000 Menschen wegen des Baus eines Stausees ihr Land verlassen mussten. Danach entwickelte sich die Migration der Bengalen immer rascher. Da die ethnischen Minderheiten keinen Rechtsstatus besaßen, konnten sie rechtlich nichts gegen die Völkerwanderung unternehmen. Also griffen sie zu den Waffen. Von

1973 bis 1997 wütete ein Guerillakrieg. Um ihn einzudämmen, begannen die Behörden 1979 damit, das Land der Chakma und das anderer Bergvölker – komplett mit notarieller Eintragung – an landlose Bengalen zu verschenken. Nicht weniger als 400 000 Bengalen nahmen dieses Geschenk an. Erst nach dem halbherzig akzeptierten Friedensschluss von 1997 kehrte mehr oder weniger Ruhe in das Gebiet ein. Aber es war den mehrheitlich buddhistischen Chakma nicht entgangen, dass die Regierung auch danach noch Zehntausende von Überschwemmungsopfern in die Gegend oberhalb von Chittagong schickte, um das alte Aufbegehren im Keim zu ersticken und das Land weiter zu islamisieren. Die Chakma und andere ethnische Minderheiten wurden dabei ohne viel Federlesen von ihrem Grund und Boden vertrieben und so zu Flüchtlingen im eigenen Land gemacht. 1947, als die Briten sich aus Indien zurückzogen, lebten 2,5 Prozent der Bengalen in den Chittagong Hill Tracts. Heute hat sich ihr Anteil auf mehr als 50 Prozent gesteigert. Unter den gegebenen Umständen verwundert es nicht, dass hier noch immer ein Konflikt schwelt: Ein Teil der Aufständischen hat das Friedensabkommen daher auch niemals akzeptiert.

»Nach der Friedensvereinbarung mit den Aufständischen hatte die Regierung zugesagt, uns für den Verlust unseres Landes zu entschädigen, aber von diesem Geld haben wir natürlich nie etwas gesehen«, erzählt Ronel, dessen Familie ihr Haus und ihr Land an die Kolonisten verloren hat. »Im Gegenteil, die landlosen Bengalen erhielten staatliche Kredite, um damit Läden zu eröffnen. In den Basaren sieht man nur selten ein Geschäft, das von Chakma betrieben wird.«

Daher ist es auch nicht erstaunlich, dass die Spannungen zwischen der ansässigen Bevölkerung und den bengalischen Siedlern zunehmen. Um die Gemüter zu beruhigen, blieben große Teile der Armee auch nach dem Aufstand in den Hill Tracts.

»100 000 Soldaten«, sagt Ronel bitter, während es anfängt immer stärker zu regnen. »Der Zustrom immer neuer bengalischer Moslems ist natürlich ein guter Grund für sie, hierzubleiben. Aber in den Augen der Chakma sind sie Unterdrücker, die ganz auf der Seite der Bengalen stehen.«

Der Monsunregen trommelt nun so heftig auf unsere Schirme, dass wir einander kaum noch verstehen können, und wir suchen Schutz in einem Lehmhaus am Rand der Straße, in dem uns ein kleiner drahtiger Mann willkommen heißt, der an einer ein Meter langen Wasserpfeife aus Bambus zieht. Wie Ronel gehört er zu den Chakma, und das hat seine Auswirkungen für uns als Besucher.

»Fremde werden hier sehr geschätzt«, sagt Ronel. »Die Chakma glauben, dass der Besuch eines Fremden ihnen Glück bringt.«

Seine Worte sind noch nicht verklungen, als aus der Küche die Frau des Hauses mit einer Schüssel frischer Mango anrückt und die Tochter durch den prasselnden

Regen zu einem Teestand in der Nachbarschaft geschickt wird, um zwei Tassen Tee zu holen. Wir reden über Kinder und darüber, dass hier viele von ihnen keine Schule besuchen, während im Hintergrund die Frösche ihrer Begeisterung über den Ausbruch des Monsuns durch ein bemerkenswertes Konzert Ausdruck verleihen.

»Wir Chakma haben ein Sprichwort, in dem es um Frösche geht«, sagt unser Gastgeber, als er meine Überraschung über das laute Gequake – es gleicht noch am ehesten dem Klang von Nebelhörnern – bemerkt.

»Wie lautet es?«

»Wir sagen: Es ist gefährlich, wie ein Frosch zu quaken.«

Ronel erklärt mir die Bedeutung der Wendung: »Diese Frösche sind riesig groß. Für uns sind sie eine Delikatesse. Aber erst, wenn sie anfangen zu quaken, kann man sie aufspüren. Die Chakma glauben also, man sollte besser nicht zu viel reden, denn das kann einen den Kopf kosten. Wer das noch nicht begriffen hatte, hat es sicher während des Krieges gelernt.«

Den letzten Satz spricht Ronel voller Empörung aus. Er ist ein sehr liebenswürdiger Mensch, aber seine Augen können Feuer speien, wenn es um die Bevormundung und Unterdrückung seines Volkes durch die Bengalen und ihre Regierung in Dhaka geht. Dann senkt sich seine Stimme und ich kann die versteckte Wut spüren, die ihn Dinge sagen lässt wie: »Demokratie funktioniert nicht in Bangladesch.«

Es ist Zeit zum Aufbruch. Alle jungen Frauen des Hauses – drei Töchter – beugen sich rasch nach vorn, um meine Füße zu berühren.

»Das ist ein Zeichen für Respekt vor dem Alter«, erklärt Ronel, der meine leichte Überraschung bemerkt.

»Es ist ein Kompliment!«, versichert er mir, als er sieht, dass meine hochgezogenen Augenbrauen sich noch immer nicht senken. Wir bedanken uns bei den freundlichen Dorfbewohnern für ihre Gastfreundschaft, und während wir zum Krankenhaus zurückschlendern, geht mir die Frage durch den Kopf, wie viele Belgier wohl einem hergelaufenen Fremden, der an ihre Tür klopft, um sich vor dem Regen zu schützen und ein Schwätzchen zu halten, so vorbehaltlos ihre Tür geöffnet hätten.

FÜR DOKTOR BABUL KANTI CHAKMA, der im Krankenhaus von Dighinala täglich eine wahre Flut von Patienten untersucht, stellt sich die Lage ganz einfach dar: »Wenn Ärzte ohne Grenzen hier im nächsten Jahr das Malariaprogramm stop-

Das Schicksal der Chakma, einer unterdrückten Minderheit aus dem Osten Bangladeschs, ist von Vertreibungen und Landverlusten überschattet.

pen würde und nach Hause ginge, würde das jedes Jahr Tausende von Menschen das Leben kosten. Denn hier bekommt jeder früher oder später zerebrale Malaria (»Gehirnmalaria«). Bei uns werden Leute eingeliefert, die sich zwei- oder dreimal jährlich infizieren.«

Seine Befürchtung hat ihren Grund. Die Organisation spielt wirklich mit dem Gedanken, ihre Zelte in den Hill Tracts abzubrechen. Denn es ist nicht von der Hand zu weisen, dass es Malaria im regelmäßig überschwemmten Bangladesch auch in 100 Jahren noch geben wird. Daher kann man die Arbeit, die Ärzte ohne Grenzen hier leistet, nur schwerlich als Krisenintervention bezeichnen. Doch eigentlich ist dieses Kriterium dafür maßgebend ist, ob Ärzte ohne Grenzen sich in einem Land engagiert oder nicht. Wenn man sich bei einem Einsatz allerdings sicher ist, dass es für viele Menschen den Tod bedeutet, wenn man wieder verschwindet, handelt es sich dann nicht doch um einen Notfall?

Das ist nur eines der Dilemmas, mit denen Ärzte ohne Grenzen während meines Besuches konfrontiert ist. Ein weiteres steckt in der Frage: Muss man strukturelle (und damit also dauerhafte) Lösungen finden, wenn die Behörden eines Landes wie Bangladesch selbst keinen Cent in den Gesundheitsschutz ihrer Bürger stecken? »Hier, in den Hill Tracts, gibt es gar nichts«, sagt Doktor Babul. »Die Leute haben hier weder Zugang zur elementarsten ärztlichen Versorgung noch Geld, sich auch nur die billigsten Medikamente zu kaufen. Meiner Meinung nach ist das ein Notfall.«

Doktor Babul spricht leise, aber man spürt sein Engagement. Er ist sehr ruhig, nur sein pechschwarzes Haar wippt ein wenig auf der Stirn auf und ab, wenn er etwas erklärt. Ich kann sein Plädoyer nur allzu gut verstehen, aber Notfälle gibt es viele auf der Welt. »Gibt es in Khagrachari denn kein staatliches Krankenhaus?«, frage ich.

»Oh doch«, antwortet Doktor Babul, »aber dort arbeiten nur zwei Ärzte. Und die sind nicht einmal in der Lage, eine ordentliche Diagnose zu stellen.« Er schnaubt und wirft den Kopf in den Nacken, als könne er es selbst kaum glauben.

»Was kostet eine Malariabehandlung?«

»Mit den Medikamenten, die hier erhältlich sind, 450 Taka (sechs Euro). Aber so viel Geld haben die Leute nicht. Außerdem kann man die Qualität der Medikamente aus den hiesigen Apotheken nicht kontrollieren, vor allem weil sie kaum die Möglichkeit haben, die Medikamente ordentlich zu lagern.«

Deshalb importiert Ärzte ohne Grenzen alle Mittel gegen Malaria aus den Niederlanden. In den drei Gesundheitszentren der Organisation in den Hill Tracts und den vier »mobilen Stationen« bezahlen die Patienten fünf Taka für die Behandlung.

»Wenn sie so viel aufbringen können. Viele zahlen gar nichts, in ihrer Not«, sagt Doktor Babul.

IN BANGLADESCH GIBT ES jede Menge Zeitungen, unter ihnen auch ziemlich viele englischsprachige: *The Bangladesh Observer, The Independent, The Daily Star* ... Das Erste, was mir bei ihrer Lektüre auffällt, sind die Qualität ihrer Berichterstattung und der kritische Ton, den die meisten von ihnen gegenüber der unglaublich korrupten Regierung anschlagen. Und das mit gutem Grund, denn Bangladesch steht schon seit Jahren auf der Liste der korruptesten Länder der Welt an vorderster Stelle. Nur den Schurken aus Nigeria und dem Tschad gelingt es gelegentlich, ihnen den Spitzenplatz streitig zu machen.

Ein Reisender hört gewöhnlich schon zehn Minuten nach seiner Ankunft die erste Korruptionsstory. Denn die Einheimischen und die internationale Gruppe der Expats versuchen sich im Erzählen der heftigsten Geschichten zu übertrumpfen.

Es gibt beispielsweise Krankenhäuser, in denen Ärzte zwar auf der Lohnliste stehen, dort aber nie gesichtet werden, weil sie ihr Einkommen mit dem korrupten Verwaltungschef des Krankenhauses teilen und so »während ihrer Dienstzeit« Sprechstunden in einer Privatpraxis abhalten können. Oder die Armee, die mit fast jedem – vom Rodungs- bis zum Straßenbauunternehmer – unter einer Decke steckt. Es gibt Politiker, die bei allem tricksen, was sie in die Finger bekommen, seien es Wahlunterlagen oder Stromzuteilungen. Am schlimmsten aber treibt es die Polizei.

Um die Bullen in Bangladesch macht man am besten einen großen Bogen. Selbst wenn überhaupt nichts passiert ist, kann die Polizei aus heiterem Himmel auftauchen und Geld dafür verlangen, dass sie *keine* Ermittlungen anstellt. Eine wirkungsvollere Methode, um an Geld zu kommen, kann man sich kaum vorstellen. Denn jedem in Bangladesch ist klar: Wenn sich die Gesetzeshüter erst einmal einmischen, sitzt man richtig in der Patsche. Denn dreist erfinden sie Anschuldigungen aus dem Nichts heraus, und um diese falschen Anklagen wieder loszuwerden, muss man dann noch mehr Geld lockermachen.

In Khagrachari kursierte während meines Besuchs die neueste Version eines solchen Auftritts. Ein Mann, dessen Haus ein Blitzschlag getroffen hatte, war unter Lebensgefahr noch einmal in sein brennendes Haus gestürzt, um seine Frau aus den Flammen zu retten. Ein paar Tage darauf kam die Polizei und beschuldigte ihn, dass er sein Haus selbst angezündet habe, um seine Frau umzubringen, und nannte ihm dann gleich den Betrag, den er zu zahlen hätte, damit sie von dieser schwerwiegenden Anschuldigung absehen würden: 10 000 Taka (ungefähr 125 Euro).

Es ist keinesfalls so, dass die Zeitungen nicht den Mut aufbrächten, über diese Praktiken zu berichten, ganz im Gegenteil, aber niemand schert sich darum. Die Anschuldigungen in der Presse haben lediglich zur Folge, dass ab und an ein paar Journalisten zusammengeschlagen werden.

In den Zeitungen finden sich auch immer wieder Berichte über höchst eigenartige Zwischenfälle:

»Fünf Verwundete in einem Streit zwischen Ärzten im Universitätskrankenhaus in Dhaka«, lautet die Schlagzeile des *Bangladesh Observer*. Aus dem Artikel geht hervor, dass zwei Ärztegruppen im Krankenhaus miteinander in eine Schlägerei geraten waren, weil sie sich nicht über die Neubildung eines Beirats einigen konnten. Wer anschließend die Verwundeten versorgte, wird nicht erwähnt.

Außerdem berichten die Zeitungen natürlich täglich über Busfahrer, die wie die Wahnsinnigen fahren und ihre Mitmenschen in Tod und Verderben stürzen.

»Bus fährt drei Rikscha-Insassen zu Tode« *(The Daily Star)*, »Durchgeknallter Busfahrer rast in Wartehäuschen – zwei Tote« *(The Daily Star)*, »Bus schneidet Kurve und rammt Lastwagen: drei Tote« *(The Independent)*.

Die unglaublichste Geschichte bleibt jedoch *The Bangladesh Observer* vorbehalten, dessen findiger Korrespondent in Khagrachari (also wohlgemerkt in der Stadt, in der ich mich gerade aufhalte) aufgedeckt hat, dass die Regenfälle der letzten Tage eine halb verweste Leiche an die Oberfläche gespült haben. War es Mord? Totschlag? Oder Rache?

Wie aus der für Bangladesch so typischen Story hervorgeht, war es nichts von alledem: Das Opfer war ein bettelarmer Epilepsiepatient, der während eines Anfalls an Herzversagen gestorben war. Da der Mann offensichtlich von Geistern besessen war und man ihn daher nicht einäschern durfte, begrub man ihn. Als das einem Anatomieprofessor der medizinischen Fakultät in Dhaka zu Ohren kam, schlug er vor, das Gerippe des Mannes nach seiner Verwesung gegen ein geringes Entgelt wieder ausgraben zu lassen. Denn das hätte dem Professor die Möglichkeit verschafft, das Skelett des Unglücklichen zum Nutzen der Wissenschaft zu verwenden. Gesagt, getan. Allzu geldgierig gruben die Totengräber den Leichnam schon nach einem halben Jahr aus, wobei sich jedoch zeigte, dass der arme Tropf noch zu viel Fleisch auf den Rippen hatte. Daher gruben sie ihn hastig wieder ein. Offenbar nicht allzu tief, denn der erste heftige Regenguss schwemmte die Erdschicht von der Leiche, sodass sie ein zweites Mal vorzeitig an die Oberfläche gelangte.

Sie werden verstehen, dass ich in Bangladesch täglich aufs Neue höchst gespannt auf die Zeitungen warte.

Im gebirgigen Osten Bangladeschs wird fast alles auf den Flüssen transportiert.

AM NÄCHSTEN MORGEN, während der Nebel noch wie eine reglose Wolke still zwischen den Bäumen des Waldes hängt, fahren wir mit einem motorisierten Holzkahn über den Kachalongfluss zum Dorf Machalong. Bis zum letzten Augenblick schien der Aufbruch ungewiss, denn die Armee hatte uns untersagt, zum Fluss zu fahren – unter dem Vorwand, dass unser Wagen in der Regenzeit Straßenschäden verursachen würde. Schließlich erhielten wir aber doch noch die Genehmigung.

»Das sind die alltäglichen Schikanen, denen wir hier ausgesetzt sind«, sagt Doktor Susanto, während ich mich zusammen mit seinem Kollegen Doktor Mong und meinem Dolmetscher Ronel auf dem Holzdach des Kahns einrichte. Außer uns sind noch drei weitere Ärzte-ohne-Grenzen-Mitarbeiter mit von der Partie. Sie gehören einem *outreach team* an, das zu Fuß die entlegensten Dörfer besucht, um die Einheimischen mit der Malariaprävention vertraut zu machen und ihnen die Grundprinzipien elementarer Gesundheitspflege und Familienplanung nahezubringen.

Der Fluss ist nicht breit. An seinen steilen Ufern lässt sich jedoch ablesen, wie hoch das Wasser während der Regenzeit steigen kann: auf eindrucksvolle zehn Meter. Hin und wieder fahren wir an einem Bambushaus vorbei. Alles in allem ist die Fahrt auf diesem Fluss kaum von einer Fahrt auf den Oberläufen des Mekong oder des Amazonas zu unterscheiden. Mit dem Unterschied, dass der Urwald hier entlang des Flusses auf der gesamten Strecke abgeholzt wurde.

»Die Befehlshaber der Armee, die hier nach dem Ende des Krieges stationiert waren, haben sich mit dem Forstwirtschaftsministerium arrangiert«, erklärt Herr Ranim, der Kapitän unseres Kahns. »Sie rodeten den ganzen Regenwald. Nur die für den Holzhandel wertlosen Bäume ließen sie stehen.« Vom Boot aus kann ich das Zerstörungswerk in Augenschein nehmen. Es ist wirklich ein herber Schlag.

»Sicher haben diese korrupten Schurken daran gut verdient. In Bangladesch ist die Demokratie eine Kleptokratie«, sagt Herr Ranim bitter. Er gehört zu den Marma, einer der vielen ethnischen Minderheiten in diesem Teil Bangladeschs, und ist offenbar nicht gewillt, ein Blatt vor den Mund zu nehmen.

Der Staat bedient sich schon seit Jahren mit Vorliebe dieses Kahlschlagsystems zur Erschließung der Region mit neu angelegten Straßen, um weitere bengalische Siedler in traditionelle Stammesgebiete zu schleusen. Es scheint, als sei eine große Verschwörung gegen die ursprünglichen Bewohner der wogenden Hügellandschaft der Hill Tracts im Gange.

Nach einer anderthalbstündigen Fahrt, an Wasserfällen und zahllosen Bambusflößen vorbei, die flussabwärts den Papiermühlen entgegentreiben, erreichen wir Machalong, ein Dorf, das am matschigen linken Flussufer liegt. Direkt hinter einem quirligen Basar sehe ich das kleine Ärzte-ohne-Grenzen-Gesundheitszentrum. Drei

Tage die Woche behandeln Doktor Mong und Doktor Susanto mit ihren Mitarbeitern hier durchschnittlich 50 Patienten am Tag. Um die 60 Prozent von ihnen haben Malaria. Während sie sich an die Arbeit machen, bereiten Ronel und ich uns darauf vor, dem *outreach team* zu folgen, das zu einem einstündigen Fußmarsch in ein kleines Dorf aufbricht. Der Regen hat die Pfade glitschig werden lassen und hier und da müssen wir über Bäche springen, die das Regenwasser pfeilschnell ins Tal des Kachalongflusses leiten. Ab und an kommen wir an Hütten vorbei, deren Bewohner uns stumpf beäugen. Nur selten wird ein Gruß erwidert.

»Alle diese Leute hat man aus ihren angestammten Dörfern vertrieben. Das hat sie hart werden lassen«, erklärt Ronel ihre Reserviertheit. Langsam werden mir die gewaltigen Ausmaße dieser Deportation deutlich.

Unter dem Vordach seines Schilfhauses erzählt mir ein Mann, wie er mitsamt seiner Familie aus Dongpatong vertrieben worden war, nachdem die Behörden beschlossen hatten, dort einen Stausee anzulegen. Eine Entschädigung für sein überflutetes Land hat er nie gesehen. Aber seine Odyssee hatte damit erst begonnen. Er nennt mir die Namen der Orte, an denen er seither gewohnt hat: Rupokari Chara, Dolya, Muro, Aghada Chara. Immer wieder musste er weiterziehen, denn nirgendwo ist es ihm gelungen, genug zu verdienen, um den Lebensunterhalt für sich und seine Familie zu sichern. Bis sie vor ein paar Jahren schließlich in Machalong ankamen.

»Dieses Land war unbewohnt, deshalb habe ich hier ein kleines Haus gebaut«, sagt mein Gesprächspartner Amor Jibon Chakma. Erst später habe er erfahren, dass das Land im Besitz des Forstwirtschaftsministerium ist, erzählt er, daher bestehe auch hier die große Gefahr, nur vorübergehend bleiben zu können. »Jeden Moment können sie mich von hier verjagen.« Er lächelt nervös und sagt: »Dann müssen wir uns einen noch abgelegeneren Ort suchen.«

Ich frage ihn, wie er seine Zukunft sieht.

»Schwarz«, sagt er und zeigt auf die Regenwolken, die über unseren Köpfen hinwegziehen. »Vor zehn Jahren wohnte hier niemand, doch nun ist es hier voll. Wir haben ein hartes Leben. Ich kann weder lesen noch schreiben und habe chronische Rückenschmerzen. Wie soll ich noch eine Arbeit finden?«

»Macht die Armee Ihnen Schwierigkeiten?«

»Ständig«, antwortet Herr Chakma. »Sie kontrollieren unsere Häuser und beschuldigen uns, Terroristen zu sein. Sie fragen uns nach den Verstecken der Aufständischen und manchmal verprügeln sie die Leute im Dschungel.«

Ich wünsche ihm alles Gute und begebe mich dann mit den Frauen des Dorfes und einigen Männern zum düsteren Haus des Dorfoberhauptes. Hier startet das Ärzte-ohne-Grenzen-Team seine Aufklärungskampagne. Plakate zeigen die Symptome der schrecklichen Krankheiten, die sich Kinder hier zuziehen können: Diphtherie, Polio, Tetanus, Masern, Röteln und Tuberkulose. Die Frauen hören aufmerksam zu und nicken voller Verständnis, denn die meisten Krankheiten, auf die sie hingewiesen werden, können sie benennen. Das Team kündigt daraufhin für den kommenden Sonntag einen Impftag an und erläutert, dass sich die Kinder, wenn sie sich dem gesamten Impfzyklus unterziehen, mit diesen fürchterlichen Krankheiten nicht mehr anstecken können.

»Hmmm! Hmmm!«, summen die Frauen und machen damit auf ihre Art deutlich, dass sie verstanden haben, worum es geht. Sie werden mit all ihren Sprösslingen zur Stelle sein.

Auf diese Weise erreichen die verschiedenen *outreach teams* mehr als 100 Dörfer, von denen einige so entlegen und so weit vom Ärzte-ohne-Grenzen-Stützpunkt entfernt liegen, dass die Mitarbeiter dort übernachten müssen, weil sie es am gleichen Tag nicht mehr zurückschaffen. In der trockenen Zeit marschieren sie durch die feuchte Hitze der Tropen, in der Regenzeit müssen sie Flüsse überqueren und durch Schlamm waten. Rasch habe ich großen Respekt vor ihnen entwickelt.

Bei immer stärker werdendem Regen kehren wir nach Machalong zurück. Dort treffe ich Doktor Mong, der mir verschwörerisch zuraunt: »Ich habe eine Flasche Reiswein für Sie organisiert!«

Bald darauf sitze ich mit der Flasche im Haus von Herrn Nirod – nachdem Doktor Mong kurz verkündet hat: »Ich trinke nicht!« und sich danach schnell aus dem Staub gemacht und mich mit dem Zeug allein gelassen hat.

Die Flasche, zum Glück nur ein halber Liter, enthält den regionalen selbst gebrannten Schnaps. Doch zu meiner großen Erleichterung ist er nicht allzu stark und gar nicht mal so übel, vor allem wenn man ihn mit Limonade oder Kokosmilch verdünnt.

Herr Nirod beginnt das Gespräch. Er erzählt, dass seine Frau schon seit acht Jahren in der Textilindustrie in Chittagong arbeitet. »Sie kommt nur alle zwei bis drei Monate einmal nach Hause«, sagt er.

Ich frage ihn, ob ich eine indiskrete Frage stellen darf, worauf er antwortet, ich dürfe ihn alles fragen, was ich möchte.

»Wie viel verdient Ihre Frau?«

»5000 Taka im Monat«, antwortet er, ohne zu zögern, und fügt dann hinzu, dass sie dafür sechs Tage die Woche und zehn Stunden am Tag arbeiten müsse: Die acht üblichen Stunden und dazu noch zwei Überstunden. Dafür erhält sie den Gegenwert von 60 Euro, einen Betrag, von dem noch die Monatsmiete für ein Zimmer abgeht, das sie mit zwei weiteren Frauen teilt.

Amor hat schon dreimal sein Haus verloren: weil ein Staudamm gebaut wurde oder weil er bengalischen Siedlern weichen musste. Eine Entschädigung hat er nie erhalten.

»So geht das jetzt schon ganze acht Jahre«, sagt Herr Nirod. »Ich vermisse sie, und wir haben auch keine Kinder, aber es gibt keinen anderen Weg.« Er selbst ist so etwas wie ein Faktotum für Ärzte ohne Grenzen. Ihr doppelter Verdienst geht wohl zulasten ihres Familienlebens, aber es ermöglicht ihnen ein relativ komfortables Leben verglichen mit vielen ihrer bettelarmen Dorfgenossen.

Wohlhabenden Bürgern stehen natürlich andere Wege offen. »Für eine Anstellung beim Staat muss man 400 000 Taka (ungefähr 5000 Euro) hinlegen«, schimpft Ronel empört. »Das bedeutet, dass das Gehalt der ersten vier Jahre allein für die Rückzahlung des Schmiergeldes draufgeht!« Er weiß, wovon er redet.

Ihm wurde auch schon ein gering dotierter Posten als Lehrer angeboten, wenn er dazu bereit gewesen wäre, 200 000 Taka in die hohle Hand zu legen.

Ronels Stimme senkt sich zu einem zynischen Gemurmel: »Die Leute leihen sich sogar Geld, um diese Verbrecher zu bestechen. Denn wenn man eine Beamtenstelle bekommt, hat man für den Rest seines Lebens ausgesorgt und braucht keinen Finger mehr zu rühren. Wenn das keine gute Investition ist!«

»Kein Wunder, dass Bangladesch unter den korruptesten Ländern der Welt einsame Spitze bleibt«, sage ich.

IN MEINER LETZTEN NACHT IN BANGLADESCH veranstalten die dicken Frösche unter dem Fenster meines Zimmers erneut ein lautes Konzert. Sie sind zu dritt und jeder von ihnen bringt einen völlig anderen Laut hervor, da sie in verschieden Tonlagen quaken. Es dauert immer genau vier Sekunden, bis einer von ihnen seinen Kehlsack aufbläst. Streng im Takt halten sie die immer gleiche Abfolge ein. Sie produzieren wirklich einen erstaunlich lauten Ton. Er klingt wie eine kräftig geblasene Blechtröte oder wie das Signal, das früher manchmal im Wartezimmer eines Zahnarztes zu hören war, wenn das nächste Opfer an die Reihe kam: PÖÖT!

Einer der grünen Hüpfer hat offensichtlich einen Frosch im Hals, denn seine Stimme klingt etwas gebrochen: PEWÖÖT! Dabei liegt die erste Silbe um einen Halbton höher als die zweite. Der Dritte dieser rhythmischen Combo bringt den klangvollsten Laut hervor: PUIT!

In den vergangenen Tagen habe ich ihre Gesellschaft beim Schreiben schätzen gelernt und ich ertappe mich dabei, wie ich die Ohren spitze, wenn sie aus dem Rhythmus geraten und einer von ihnen eine Zeit lang die Klappe hält. Aber meistens bleiben sie gut im Takt.

»PÖÖT!«

»PEWÖÖT!«

»PUIT!«

Es hat endlich aufgehört zu regnen und damit erhält das Froschorchester Verstärkung von einem Streichensemble aus Tausenden von Zikaden und Heuschrecken. Die Heuschrecken klingen, als schüttele man eine halb volle Streichholzschachtel, während der Chor der Zikaden eine Kreissäge imitiert, die in einem Sägewerk einen Baum durchtrennt. Ergänzt vom Pfeifen und Piepen Dutzender Insektenarten, von denen ich nicht einmal den Namen kenne, verschmilzt dieser Klang allabendlich zu dem für die lauen Tropennächte so charakteristischen triumphalen Wirbel aus Lockrufen und Paarungsschreien. Die Liebessymphonie, die das Nachtgetier unter meinem Balkon immer wieder zur Aufführung bringt, wird feengleich von Hunderten von Feuerfliegen erhellt, die mit lichtgrünen »Morsesignalen« versuchen, ihre andersgeschlechtlichen Artgenossen zum Flug auf ihre schwebenden Lichtchen zu verlocken. Wie ein Spiegelbild des Funken sprühenden Feuerfliegengeglitzers über dem Froschteich erscheint zuweilen am Nachthimmel ein Schimmer, in dem sich Myriaden von Sternen zu Schwärmen zusammendrängen wie ferne Wolken fluoreszierenden Dampfes.

Manche dieser nächtlichen Aufführungen werden zudem vom stakkatoartigen Ruf eines Geckos bereichert, der auf der Jagd nach Eintagsfliegen, Mücken und Motten über die Wände meines Zimmers patrouilliert: »GEKGEKGEKGEKGEK!«

Warum, um Himmels willen, sollte man hier einen Fernseher vermissen, frage ich mich, mache das Licht aus und lausche von meinem Bett aus noch eine ganze Weile dem beruhigenden Quaken der Frösche.

»PÖÖT!«

»PEWÖÖT!«

...

Und schließlich:

»PUIT!«

JE LÄNGER ICH MICH IN BANGLADESCH aufhalte, desto mehr beginnt mich das Land zu faszinieren. Trotz aller Probleme hört man wenig Klagen. Das Leben ist nun mal so, wie es ist, und man kann nur versuchen, das Beste daraus zu machen, denken hier die allermeisten. Wie es diese 140 Millionen Menschen schaffen, in einem Land zu überleben, in dem manchmal sogar der nationale Flughafen wegen Überschwemmung geschlossen werden muss (wie etwa im Jahr 1996), ist mir ein Rätsel, aber es gelingt ihnen. Ebenso wie die Familienplanung, die hier allen sehr am Herzen liegt. Anders als in vielen Problemländern Afrikas bringt eine Frau in Bangladesch gegenwärtig durchschnittlich zwei Kinder zur Welt. Eine erstaunliche Entwicklung, die die Bevölkerung, angestoßen durch eine international unterstützte Regierungskampagne, innerhalb von kaum zehn Jahren zustande gebracht hat.

Auch ökonomisch geht es in Bangladesch aufwärts: Das Wirtschaftswachstum beträgt seit Jahren durchschnittlich 5,5 Prozent. Für ein so armes Land ist das jedoch noch zu wenig, und die erzielten Profite kommen bei den Ärmsten nicht an. Dass sich Bangladesch nicht rascher entwickelt, hängt mit der verbreiteten Korruption zusammen, die viele ausländische Investoren abschreckt. Und das ist sehr bedauerlich, denn sowohl die stoischen, doch gastfreundlichen Bergstämme der Hill Tracts als auch die freundlichen Bengalen haben wirklich Besseres verdient, als ihr Leben in dieser Mühsal fristen zu müssen. Ende 2006 stehen zwar wieder Wahlen an, in denen das dritte Mal seit 1996 zwei Kandidatinnen erbittert um den Premierministerposten kämpfen: Khaleda Zia von der *Bangladesh Nationalist Party (BNP)* und Sheikh Hasina Wajed von der *Awami League*. Aber ob sich durch diese Wahl für die normale Bevölkerung viel ändern wird?

Am meisten begeistert mich, dass die Einwohner von Bangladesch sich die ganze Situation nicht allzu sehr zu Herzen nehmen. Eine Studie der Universität von Bath belegt, dass 79 Prozent der Einwohner Bangladeschs – eines Landes, in dem mehr als die Hälfte der Bevölkerung weniger als einen Dollar pro Tag verdient – sich selbst als »glücklich« beschreiben. Ja 38 Prozent behaupten von sich, »sehr glücklich« zu sein.

Diese Ergebnisse stehen ganz im Gegensatz zu dem, was die Universitäten von den Jammerlappen in Europa an Einschätzungen erhalten. Natürlich lässt es sich nicht vermeiden, bei den schier unendlichen Möglichkeiten, die westliche Konsumgesellschaften bieten, sich beispielsweise den Kopf darüber zu zerbrechen, ob man besser einen PC oder einen Laptop kaufen sollte oder ob ein Handy mit Kamerafunktion eine Notwendigkeit oder einen Luxus darstellt. Ist es denn daher wirklich verwunderlich, wenn in Bangladesch, wo sich derartige Fragen nicht stellen, der Pfad zum Glück leichter zu beschreiten ist?

Forscher der *Research Group on Wellbeing in Developing Countries (WeD)* an der Universität von Bath befragten hierzu 1000 Haushalte in ländlichen Gebieten in Bangladesch und noch einmal 500 in den Städten. Die große Mehrheit der Befragten nannte die Familie und soziale Kontakte als Schlüssel zum Glück.

Diese Beobachtung habe auch ich in armen Ländern sehr häufig gemacht. Die Leute gehen hier offenbar davon aus, dass weder Geld noch Gut einem das Familienglück ersetzen können, unabhängig davon, welche Ziele man sich im Leben sonst noch gesteckt hat. Sie sind der Auffassung, die Liebe eines guten Mannes oder einer guten Frau sei nicht nur unbezahlbar, sondern könne auch die widrigsten Lebensumstände ausgleichen.

Die Armen von Bangladesch erteilen der westlichen Welt hier vielleicht die wichtigste Lehre fürs Leben. Aber hört ihnen jemand zu?

Seit Mitte 2006 hat die Armee wiederholt Aktionen gegen die Mitglieder der United People's Democratic Front durchgeführt, einer Partei, der überwiegend Chakma angehören. Bei Festnahmen wurden mehrere Menschen erschlagen. Bei derlei Zwischenfällen beschuldigt die Armee die Festgenommenen zumeist, »Terroristen« zu sein.

Die von Khaleda Zia geführte BNP-Regierung übergab im Oktober 2006 mit Ablauf der Legislaturperiode die Regierungsgeschäfte an eine Übergangsregierung, die die Voraussetzungen für Neuwahlen schaffen sollte. Wegen der Parteilichkeit der Übergangsregierung und Versäumnissen beim Wählerverzeichnis kam es zu schweren Unruhen, in deren Folge der Staatspräsident am 11. 01. 2007 den Ausnahmezustand ausrief und als Chef der Übergangsregierung zurücktrat. Seit 12. 01. 2007 ist der Ökonom Fakhruddin Ahmed Chef der Übergangsregierung. Ein neuer Wahltermin wurde noch nicht festgesetzt.

Im Ärzte-ohne-Grenzen-Gesundheitszentrum in Machalong wartet eine junge Mutter in einem Zelt, das als Wartezimmer dient, bis sie an die Reihe kommt.

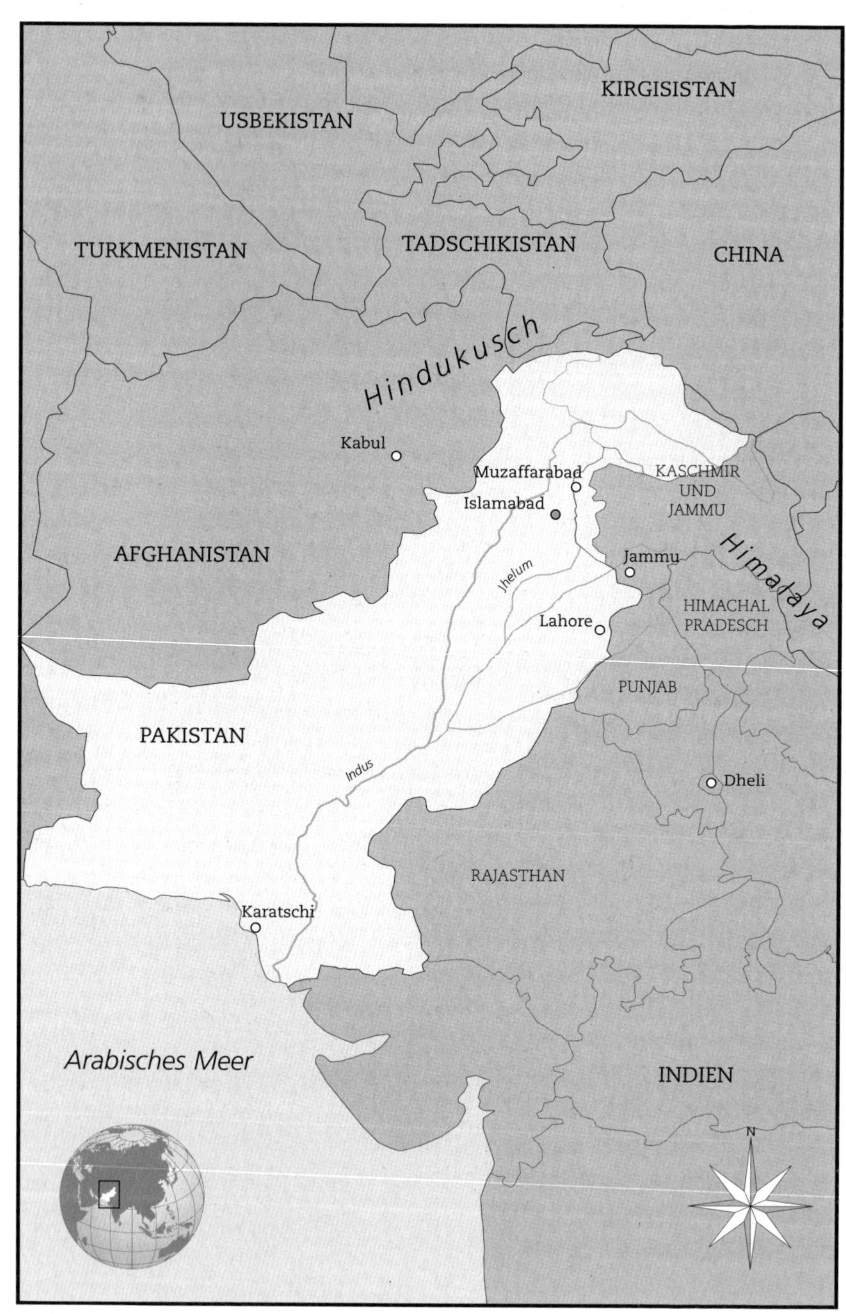
USBEKISTAN
KIRGISISTAN
TURKMENISTAN
TADSCHIKISTAN
CHINA
Hindukusch
Kabul
Muzaffarabad
Islamabad
KASCHMIR UND JAMMU
AFGHANISTAN
Jammu
Himalaya
Jhelum
HIMACHAL PRADESCH
Lahore
PUNJAB
PAKISTAN
Indus
Dheli
RAJASTHAN
Karatschi
Arabisches Meer
INDIEN
N

PAKISTAN

»Willkommen im Tal des Todes.«

IN BAGH, IM PAKISTANISCHEN TEIL KASCHMIRS, empfangen mich Hamid Msaddaq und Latifa Ayada, zwei aus Marokko stammende Belgier. Hamid, ein Bär von einem Mann, mit einem Brustkasten breit wie ein Kleiderschrank, strahlt sowohl Autorität als auch eine gewisse Spitzbübischkeit aus und stellt mich gleich Latifa, seiner Frau, vor. Wenn Hamid und Latifa nicht gerade irgendwo auf der Welt in humanitärem Einsatz sind, wohnen sie in Brüssel.

»Wir sind seit zwei Monaten hier«, erklärt Hamid. Genau wie ich ist er nach seiner Ankunft in der pakistanischen Hauptstadt Islamabad sofort in dieses vergessene Bergland südöstlich der Stadt Muzaffarabad weitergereist.

Nach dem schrecklichen Erdbeben, das Kaschmir am 8. Oktober 2005 heimgesucht hatte und 87 000 Menschen das Leben gekostet hatte, hat Ärzte ohne Grenzen in Bagh ein Zeltkrankenhaus eingerichtet. Jetzt, acht Monate nach dem Beben, laufen die Vorbereitungen dazu, die Zelte abzubrechen und die Ausrüstung des Krankenhauses in eine neue Klinik zu transferieren, die aus Containern besteht. Ärzte ohne Grenzen will dieses Krankenhaus im März 2007 der pakistanischen Regierung übergeben und damit seinen Einsatz in diesem Teil Pakistans beenden.

Auf dem Weg zur Containerklinik gehen Hamid und ich zunächst am Zeltkrankenhaus vorbei, zwischen dessen Zelten die wilden Marihuanapflanzen einen halben Meter hoch wachsen. Hier sind die Vorbereitungen für den Umzug in vollem Gange. Ich treffe auf Doktor Zahid Abassi, einen pakistanischen Anästhesisten, der in Bagh geboren ist.

»Als das Erdbeben einsetzte, war ich zusammen mit einem Gynäkologen gerade dabei, einen Kaiserschnitt durchzuführen«, sagt er. Ein Lächeln huscht über sein Gesicht: »Selbst während des Bebens arbeiteten wir weiter. Und Allahs Gnade sei Dank, wir haben es beide überlebt. Auch Mutter und Kind sind wohlauf.«

Durch die Zeltöffnung kann ich sehen, wo Doktor Zahid operierte, als das Erdbeben (mit einer Stärke von 7,6 auf der Richterskala) die Region erschütterte: In dem etwas niedriger gelegenen, halb verfallenen staatlichen Krankenhaus direkt unterhalb des Zeltes, in dem wir gerade stehen. Von ihm ist nur noch eine Ruine übrig geblieben.

»Die Pakistani sind gut organisiert. Mithilfe der Armee haben sie hier im Nu den Schutt beseitigt und in vielen Dingen rasch zur Normalität zurückgefunden«, sagt Hamid voller Bewunderung. »Manchmal fragt man sich schon, ob Ärzte ohne Grenzen hier wirklich noch gebraucht wird. Schließlich reden wir von einem Land, das Atombomben besitzt.« Es ist die alte Diskussion: Liegt hier noch eine Notsituation vor oder nicht?

»Auf jeden Fall«, meint Hamid, »sind die Pakistani anders als die Schwarzafrikaner. In Afrika wird ausländische Hilfe überaus hoch geschätzt. Hier schätzt man sie zwar auch, aber nicht im gleichen Maße. Man sieht in allem das Wirken Allahs. Im Erdbeben ebenso wie in der anschließenden Unterstützung. Wir ausländischen Helfer sind dabei nur das Bindeglied zwischen dem Willen Gottes und seinem Wirken in der Welt.«

Hamid und Latifa sind nur zwei aus der bunten Völkerschar, der ich hier in Bagh begegne: Bosnier, Engländer, Franzosen, Belgier, Kongolesen, Afghanen, Schweden, Indonesier, Thailänder ... Viele französischsprachige Mitarbeiter sprechen bei ihrer Ankunft kaum ein Wort Englisch. Was angesichts ihrer Aufgaben innerhalb dieses Landes, dessen verbindende Sprache Englisch ist, seltsam erscheint. Es macht jedoch deutlich, wie intensiv Ärzte ohne Grenzen seine Personalbestände durchforsten musste, um seinen hiesigen Mitarbeiterstab auf den erforderlichen Stand zu bringen. Diese Operation war von Anfang an aufwendig. Schon in den Wochen direkt nach der Katastrophe, von Oktober bis Dezember 2005, hat Ärzte ohne Grenzen sechs Millionen Euro verbraucht. Und acht Monate nach dem Beben sind immer noch monatlich 40 ausländische Helfer als Ablösung für ihre heimkehrenden Kollegen über Islamabad hier angekommen. Je mehr Zeit nach dem Erdbeben verstrich, desto schwieriger wurde es für Ärzte ohne Grenzen, Mitarbeiter zu finden. »Anfangs galt es noch als sexy, hierher zu kommen, bei all dem Medienrummel, und es gab ja auch wirklich eine Menge zu tun. Aber jetzt sind schon viel weniger dazu bereit«, beschreiben einige Ärzte-ohne-Grenzen-Mitarbeiter die Lage in Bagh. Daher können

Kriegerische Pose eines Einwohners in Motan Wali, dem »Tal des Todes«.

7056

die Stellen der heimkehrenden Mitarbeiter, deren Vertrag ausgelaufen ist, häufig nicht direkt neu besetzt werden. Viele Helfer gehen auf dem Zahnfleisch, weil sie zur Überbrückung dieser Engpässe zeitweise für zwei arbeiten müssen. Es ist kein Wunder, dass daraus Frustrationen und Spannungen zwischen den Teammitgliedern entstehen. Für Ärzte ohne Grenzen zu arbeiten, ist alles andere als ein exotisches Picknick.

Außerdem habe sich das Mitarbeiterprofil mit den Jahren gewandelt, erklärte mir der altgediente Ärzte-ohne-Grenzen-Mitarbeiter Tarek in Islamabad. Tarek ist Libanese und im Senegal aufgewachsen, heute besitzt er ein Haus in Brüssel. »Vor 20 Jahren schrieb man einen Brief nach Hause und war schon froh, wenn man nach drei Monaten eine Antwort bekam«, sagt Tarek. »Heutzutage ist das Gejammer schon groß, wenn es vor Ort keine Internetverbindung gibt, um den Kontakt mit der Heimatfront zu halten.«

Offensichtlich entscheiden sich immer mehr Ärzte-ohne-Grenzen-Mitarbeiter für kürzere Einsätze: drei Monate, an die höchstens noch eine zweimonatige Verlängerung anhängt wird. Vor allem im Juli und August, den europäischen Ferienmonaten, ist es schwieriger, motivierte Helfer zu finden.

NOCH BEVOR DIE SONNE über den Bergen um Bagh aufgeht, sitze ich auf dem Beifahrersitz eines Jeeps, um den weiten Weg bis zur Demarkationslinie anzutreten. Das Erdbeben hat bei den Bergbewohnern großes Elend verursacht, andererseits hat es auch dem kriegsähnlichen Zustand zwischen Pakistan und Indien ein vorläufiges Ende gesetzt. Zum ersten Mal seit vielen Jahren fallen in diesem Niemandsland zwischen den beiden Teilen Kaschmirs weder Schüsse noch gehen Bomben hoch.

Je höher wir ins Gebirge hinauffahren, desto näher rückt die *Line of Control,* die beide Staaten trennt. Aus dem Radio hören wir chinesische Stimmen, die von fern über den Hindukusch hinweg zu uns dringen. Nach rechts hin schweift mein Blick von der unendlich langen, gewundenen Bergstraße hin zu den grünen Hügeln von Jammu, die bereits in Indien liegen.

»Hindustan!«, sagt mein Fahrer und zeigt dabei nach Osten. An seinem Armaturenbrett hängt das Funkalphabet. Als Code für I ist hier nicht das überall auf der Welt gebräuchlich *India,* sondern *Italy* verzeichnet. Wir müssen beide darüber lachen. Selbst den Namen des Erzfeindes auszusprechen, ist für Pakistani schon ein Ding der Unmöglichkeit.

Unterwegs kommen wir des Öfteren an einem Bergrutsch vorbei und mancherorts kann ich sehen, dass die herabgestürzten Erdmassen Dutzende von Häusern mit in die Tiefe gerissen haben. Nachdem wir unzählige Pässe hinter uns gelassen haben, taucht unter uns endlich die silberne Linie des Flusses Jhelum auf, der südlich von hier im Punjab in den Indus mündet. Wenig später überqueren wir ihn auf einer großen Eisenbrücke. So gelangen wir in eine Händlersiedlung, nach Farwat Kauta, dem letzten Basar vor Pakistans wildem Hinterland, dessen Höhenzüge sich am Horizont wie ein auf und ab wogendes endloses Band auf die mächtigen Gipfel des Himalaya zu bewegen.

Mitten im Dorf geraten wir in einen gigantischen Verkehrsstau, aus dem uns selbst unsere Geheimwaffe, die Krankenwagensirene, nicht heraushilft. Erst nach einer Stunde, in der wir in einer Wolke bläulicher Auspuffgase feststecken, löst sich der Knoten, und wir können endlich weiterfahren, immer höher in die Berge hinauf. Bald sucht sich nur noch unser Wagen einen Weg durch die zunehmend seltener werdenden Dörfer.

Bis zu einer Höhe von 1500 Metern sind die Berghänge von Häusern übersät. Die meisten von ihnen bestehen aus Holz. Eifrig sind ihre Bewohner damit beschäftigt, die Erdbebenschäden wieder auszubessern. Die Wälder an diesen Hängen wurden bis dicht an die Gipfel abgeholzt. Etwa die Hälfte der hiesigen Dorfbewohner ist nach dem verheerenden Erdbeben zu Fuß nach Bagh geflohen. Wie es ihnen dort gelungen ist, in einem Zeltlager die sechs Wintermonate zu überstehen, ist mir ein Rätsel.

Nach einer turbulenten Fahrt durch Kauta führt uns unser Weg nun zwei Stunden lang bergauf durch Wälder, die größtenteils aus riesigen Nadelbäumen bestehen. Je näher wir der *Line of Control* kommen, desto häufiger entdecke ich Artilleriestellungen, aus deren Geschützständen Kanonenläufe hervorlugen. Von ihrer hohen Warte aus beherrschen sie das ganze Tal. Pakistan und Indien haben seit dem Jahre 1947 dreimal um Kaschmir Krieg geführt (und dreimal haben die Inder den Kürzeren gezogen). Unzählige Artillerieduelle wurden um diese Täler ausgefochten.

Schließlich sind wir oberhalb der Baumgrenze. Hier und da hat das Erdbeben gewaltige Löcher in die Straßen gerissen, durch die man geradewegs bis auf den Grund des Tales hinabblicken kann. Hoch über uns, auf fast unerreichbarer Position, markiert ein Kontrollposten der pakistanischen Armee die Passhöhe.

Die Formalitäten zur Überquerung des Passes sind schnell erledigt: Der wachhabende Unteroffizier schreibt sich meinen Namen und meine Adresse aus dem Pass ab, und der Befehlshaber dieser exponierten Stellung nimmt uns in Augenschein. Als er das Ärzte-ohne-Grenzen-Emblem auf dem Auto sieht, winkt er uns durch.

Die Straße führt nun hinab in ein schroffes Tal. Eine Stunde fahren wir an Schluchten entlang, die so steil sind, dass jeder Lenkfehler unwiderruflich unseren Tod bedeuten würde. Der Weg ist kaum mehr als eine Karrenspur, durchzogen von tiefen Furchen, glitschig von den ersten Regengüssen des Monsuns. Mir kommt es vor, als seien wir unterwegs ans Ende der Welt.

Unten in diesem gottverlassenen Tal überqueren wir den Fluss, und schon bald darauf tauchen die ersten Häuser eines kleinen Dorfes auf, das wie ein Vogelnest am Berghang klebt. Auf den flachen Lehmdächern der Häuser stehen hier und da noch Zelte. In ihnen verbringen die Dorfbewohner die Nacht, solange sie noch mit dem Wiederaufbau ihrer eingestürzten Behausungen beschäftigt sind. An der Dorfeinfahrt fällt eine kleine Ansiedlung besonders auf: eine Reihe blauer Zelte, über denen die Fahne von Ärzte ohne Grenzen weht.

Aus einem der Zelte kommt ein bärtiger Mann mit einem Pferdeschwanz auf uns zu. Flink steigt er zur Straße hinab, um uns herzlich zu begrüßen. »Willkommen in Motan Wali«, sagt Stéphane Hauser, der französische Leiter des kleinen Ärzte-ohne-Grenzen-Gesundheitszentrums. Anschließend lerne ich zwei Ärzte des Zeltlagers kennen: Doktor Naeem Mhhammad Kahn, einen einheimischen Arzt, der hier seit zehn Tagen arbeitet, und Doktor Hilde Declercq aus dem belgischen Mechelen, die sich schon zwei Monate in diesem Adlernest aufhält und noch eine doppelt so lange Zeit vor sich hat.

Außerdem begegne ich Attik, dem pakistanischen Assistenten von Stéphane, einem Mann mit einem kräftigen schwarzen Bart und tief liegenden Augen. Er spricht ausgezeichnet Englisch und wird mich bei meinen Erkundungszügen durch das Dorf als Dolmetscher begleiten. Schon bald darauf machen wir uns auf den Weg.

»Willkommen im Tal des Todes«, sagt Attik zu Beginn unserer Tour. Als er meinen überraschten Blick auffängt, erklärt er: »Motan Wali heißt Tal des Todes.« Es wird nicht lange dauern, bis mir klar wird, worauf dieser düstere Name anspielt.

Motan Wali ist eines von 14 Dörfern im Bezirk Bagh, die unter dem Namen Bedi zusammengefasst werden. Die *Line of Control* verläuft hier ganz in der Nähe. Von Motan Walis ramponierter Moschee aus können wir Indien sehen. Es liegt so nah, dass man es in einer Stunde zu Fuß dorthin schaffen könnte.

Auch die Hälfte der hiesigen Dorfbewohner hat den Winter in Bagh verbracht. Nun sind sie wieder zurückgekehrt, um sich auf den kommenden Winter vorzubereiten. Es gibt keine Elektrizität in diesem Tal, und jedes Jahr muss man mit zwei bis drei Meter hohem Schnee rechnen. Flussabwärts versperren das indische Hoheitsgebiet und der Verlauf der Demarkationslinie den Ausgang aus dem Tal, flussaufwärts ist es abgeriegelt durch den 2698 Meter hohen Haji-Pir-Pass, der sich 1000 Meter über die Talsohle erhebt. Es ist eine Falle. Wenn in den Wintermonaten hier jemandem etwas zustößt, ist er gefangen wie ein Fisch in der Reuse.

Im Teehaus von Motan Wali, neben dem zentralen Einkaufsladen des Dorfes, begegne ich einigen Dorfbewohnern. Sie erheben sich alle, um mir Tee anzubieten. Je-

Dorfbewohner im Teehaus in Motan Wali.

der möchte diesem Fremden die Hand schütteln und ihn in dieser Höhle des Pluto persönlich willkommen heißen.

»Die Regierung hat nach dem Erdbeben nichts für uns getan«, sagt ein dünner Mann mit einem wilden Bart und einer braunen Wollmütze auf dem Kopf. »Nur Ärzte ohne Grenzen hat uns geholfen, gelobt sei Allah!« Sie alle warten auf die versprochenen Entschädigungszahlungen, um ihre Häuser wieder aufbauen und ihr Leben wiederaufnehmen zu können. In diesen zerklüfteten Bergtälern haben drei Viertel der Familien nach dem Erdbeben einen Toten zu beklagen. Insgesamt kamen hier 1000 Menschen ums Leben.

Vor dem Herannahen des kommenden Winters beschäftigt die Leute im Dorf vor allem die Befürchtung, Ärzte ohne Grenzen könne gegen Ende des Sommers seine Zelte abbrechen und sie ohne jegliche medizinische Versorgung zurücklassen.

»Wie haben sie das denn früher geschafft?«, frage ich Attik, der meine Frage weitergibt.

Ein alter Mann mit einem silbernen Bart und einem wie in Stein gemeißelten prophetischen Haupt räuspert sich umständlich und ergreift dann das Wort. »Wenn hier im Winter jemand schwer krank wird oder eine unserer Frauen bei der Geburt Schwierigkeiten bekommt, müssen wir mit 20 Männern ausrücken und zu Fuß nach

Bagh gehen«, sagt er. »Vier braucht man, um die Krankenbahre zu tragen, noch einmal so viel, um sie abzulösen, und die restlichen, um einen Weg durch den Schnee frei zu schaufeln. Es kann passieren, dass die Männer unterwegs selbst umkommen, entweder weil sie erfrieren oder vom Schnee verschüttet werden.«

Ich versuche, mir diese Karawane vor Augen zu führen: verzweifelt kämpfende Menschen auf ihrem Weg hinauf zum Pass, hinunter ins Tal und bis in das weit entfernte Bagh, ein Marsch über zwei Pässe, für die selbst unser Geländewagen sieben Stunden gebraucht hat.

»Günstigstenfalls schaffen wir es in zwei Tagen«, sagt der Prophet, der sich während des Erzählens ständig über seinen Bart streicht und ihm so die Form eines persischen Vasenhalses verleiht.

So viel zu den im Westen noch immer weit verbreiteten Vorstellungen von romantisch eingeschneiten Bergstämmen in den weiten Tälern am Fuße des Himalayas, denke ich. Ohne angemessene medizinische Hilfe kann sich eine einfache Erkältung nach ein paar Tagen zu einer fatalen Lungenentzündung auswachsen und jede Geburt entwickelt sich zu einer Art russischem Roulette.

»Daher beten wir täglich zu Allah, dass Ärzte ohne Grenzen bei uns bleibt«, sagt der alte Mann.

Ich verabschiede mich von den Männern im Teehaus, um mit Attik als Führer weiter durch das Dorf zu ziehen. Das gestaltet sich schwierig, denn jeder, den wir ansprechen, lädt uns sofort zu einem Tee ein, den wir unmöglich ablehnen können, sodass bald zehn Tassen pakistanischen Milchtees in meinem Magen herumschwappen. Sicher werde ich in der kommenden Nacht kein Auge zutun. Weiter unten im Dorf, dort wo die Häuser wie Treppenstufen übereinandergeschichtet sind, stoßen wir auf das Haus eines uralten Mannes in zerschlissenen Kleidern, der auf einer schmutzigen Matratze ein Nickerchen macht.

Als er aufwacht, entschuldigt er sich für seine Unachtsamkeit und lädt uns in sein ärmliches Heim ein. Ich sehe, wie hinter seinem Rücken die Mäuse über die Matratze jagen. Der Mann erzählt uns, er sei 95 Jahre alt, aber sicher können es auch zehn Jahre mehr oder weniger sein. In jedem Fall ist er steinalt. Was man an seinem zerfurchten Gesicht, seinen großen Ohren, aus denen weiße Haarbüschel sprießen, und seinen vom grauen Star befallenen Augen ablesen kann. Auch seine Frau lebt noch und entgegen jeder Tradition zeigt sie sich dem Fremden. Ihr Mund ist zahnlos und ihr Gesicht ist runzlig wie eine vertrocknete Apfelsine. Enkel und Urenkel, die von dem Besuch eines verirrten Reisenden gehört haben, stürmen ins Haus und wollen mit auf das Foto, das ich von ihnen machen darf.

Der alte Mann ist schwerhörig, aber auf meine Frage, was er vom Leben noch erwarte, sagt er: »Ich hoffe, dass meinen Enkeln ein besseres Leben vergönnt ist als mir.«

Die Freundlichkeit, mit der er trotz des Elends, in dem er seine letzten Lebensjahre verbringen muss, meine Fragen beantwortet, rührt mich und ich stecke ihm etwas Geld zu. Nachdem er mir lange die Hand geschüttelt hat, ruft er den Allmächtigen an. »Er dankt Allah, dass er diesen Wohltäter aus einem fernen Land zu ihm gesandt hat«, übersetzt mir Attik das Gemurmel des Urdu sprechenden Greises. Verlegen nehme ich Abschied, aber der alte Mann hält mich noch einmal fest und umarmt mich. »Er sagt, er werde für dich beten«, erklärt Attik.

»Sag ihm, dass ich es brauchen kann«, bitte ich Attik, bevor wir endgültig die baufällige Bude verlassen, um erneut unseren Weg durch das Labyrinth kleiner, von Haus zu Haus führender Pfade zu suchen.

Im nächsten Haus treffen wir auf sieben Familien, die hier zusammenwohnen, seit das Erdbeben ihre Wohnungen wie Kartenhäuschen durcheinandergewirbelt hat. Während die Männer ihre Büffel auf höher gelegenen Weiden grasen lassen und oben in den Bergen in Sommerhütten aus Holz übernachten, wohnen ihre Frauen und Kinder hier zusammen unter einem Dach. Bis zum Winter hoffen sie, drei der Häuser wieder aufgebaut zu haben, sagen sie.

»Ohne Hilfe von außen haben die 14 Dörfer in diesen Tälern keine Zukunft«, sagt Attik, als wir später am Abend, bei heftigem Regen, in das Ärzte-ohne-Grenzen-Lager zurückkehren. Es ist klar, dass für die pakistanische Regierung diese abgelegenen Täler keine Priorität haben. Zudem verhindert die strategische Lage der Täler ihre Erschließung. Denn diese würde ein Vordringen der indischen Truppen nach Pakistan erleichtern.

Auf unserer Suche nach dem Rückweg hält uns ein schäbig gekleideter Mann an, dessen Augen unterschiedlich groß sind. Er trägt einen weißen *shalwar kameez,* die traditionelle Kleidung pakistanischer Männer, und bietet uns, wie schon viele vor ihm, eine Tasse Tee an. Hafiz Bashir ist der Imam der kleinen Moschee des Dorfes. Er geht vor uns her zur Tür der Moschee und bittet mich hinein. »Möchten Sie beten?«, fragt er und zeigt dabei auf eine Reihe von Gebetsteppichen, die in Richtung Mekka ausgelegt sind.

»Ehm, ich will schon, aber ich kenne die Regeln nicht so gut«, raune ich Attik zu. »Gerade hinstellen, die Hände vor der Brust kreuzen und sich dann fünfmal hinknien, zweimal nacheinander mit der Stirn den Boden berühren und dabei die Gebete sprechen«, belehrt er mich.

Ein steinalter Mann posiert mit seinen Urenkeln vor seinem Haus in Motan Wali.

Nun ja, ich gehöre zwar nicht zu diesem Verein, aber ich will den freundlichen Imam nicht vor den Kopf stoßen. Außerdem habe ich das Gefühl, als könne es nichts schaden, den Allmächtigen bei seiner Hilfe für diese schwer betroffenen Menschen ein wenig zur Eile anzuhalten. Das Beten fällt mir leicht und hier in Gesellschaft dieser beiden frommen Männer empfinde ich es als etwas ganz Natürliches.

»Er ist ein Freund des Islam!«, sagt der Imam nach meinem kurzen Gebet strahlend.

»Sag ihm, dass ich Allah darum gebeten habe, dem Tal Glück und Frieden zu schenken«, erkläre ich Attik. Dann frage ich den Imam, was er den Menschen im Dorf nach dem Erdbeben geraten hat.

»Ich habe zu ihnen gesagt, Gott habe ihnen eine Prüfung auferlegt«, antwortet der Iman. »Daher müssten sie geduldig und mutig sein und fünfmal am Tag ihre Gebete sprechen«.

Es dauerte zwölf Tage, bis die ersten Rettungskräfte das Tal des Todes erreicht hatten. Während dieser ganzen Zeit sprach der Imam bei den Begräbnissen die Gebete für die Verstorbenen. »Es waren viele«, sagt er. »So viele, dass ich irgendwann aufgehört habe, die Toten zu zählen.«

Während die Sonne sich wie loderndes Feuer auf die Bergkämme herabsenkt, wünsche ich ihm viel Glück. Ich sehe, wie er das Megafon vorbereitet, mit dem er gleich den Ruf zum Gebet über den Häuptern der Gläubigen erschallen lassen wird. Für seine zierliche Gestalt hat er eine überraschend kräftige Stimme. Rasch füllt sie das ganze Tal mit den lang gezogenen Klängen seines Rufs zum Abendgebet. Sie hallen durch die Berge, als wollten sie alle gemahnen, vor dem Herannahen der Nacht eine Zuflucht zu finden. Ganz von fern sind plötzlich über und unter uns auch die Stimmen anderer Imame zu vernehmen. Sie tragen Gottes Größe in ihrem Lobgesang weit über die wilden Täler hinaus.

Allah-o-Akhbar, (4x)	Gott ist groß,
Ash'hadu an la illaha ill'allah (2x)	Ich bezeuge: Es gibt keinen anderen Gott als Gott
Ash'hadu anna Mohammad al-rasul Allah. (2x)	Und Mohammed ist sein Prophet.
Haya al salah, Haya al salah,	Komm zum Gebet,
Haya al falah, Haya al falah.	Komm zum Heil.
Allah-o-Akhbar, Allah-o-Akhbar,	Gott ist groß,
La illaha ill'allah.	Es gibt keinen anderen Gott als Gott allein.

(Mit Dank an Attik, der die ganze Litanei für mich aufgeschrieben und übersetzt hat.)

WÄHREND AUF DER INDISCHEN SEITE der Demarkationslinie die ersten Lichter angehen (dort gibt es also Elektrizität), klettern Stéphane und ich den Berghang hinter dem Dorf hinauf, um auf halber Höhe eine Pumpe zu inspizieren, die Ärzte ohne Grenzen an einer Quelle installiert hat, um das Dorf mit sauberem Wasser zu versorgen. Wir kommen an Holzhäusern mit ihren flachen Dächern vorbei, deren Balkone von neuen schweren Balken aus den höher gelegenen Wäldern gestützt werden. Dann gehen wir oberhalb der Quelle auf dem Pfad weiter, bis wir zu einem abschüssigen Platz in der Nähe des nächsten Dorfes gelangen. Hier stoßen wir auf eine kostbare Hinterlassenschaft des britischen Empires: auf Kricket. Die Jugend des Dorfes spurtet mit einer Begeisterung über das Feld, die uns mitreißt. Sie haben den Schlagmann so geschickt auf dem Hang platziert, dass sie fehlgeschlagene Bälle wieder abfangen können, bevor sie in die Schlucht kullern.

Nachdem das ganze Dorf zu unserer Begrüßung zusammengelaufen ist, steigen wir bei einsetzender Dämmerung wieder den Berg hinab, sodass wir gerade rechtzeitig zum Abendessen im Zeltlager ankommen.

Ärzte ohne Grenzen hat in diesen Bergdörfern sehr an Ansehen gewonnen, weil die Mitarbeiter der Organisation auch den Winter über auf ihrem Posten geblieben sind. Und das ist wirklich eine reife Leistung. »Die Gasflaschen für unsere Küche schafften 40 Träger auf dem Rücken hierherauf«, erzählt Stéphane. Man muss schon aus dem richtigen Holz geschnitzt sein, um hier durchzuhalten.

Letzteres gilt offensichtlich für Doktor Hilde, die gerade mit der Ausbildung von zwei einheimischen Krankenschwestern begonnen hat. Sie gehört zu den Menschen, die schon von klein auf wissen, was sie einmal tun wollen, und ihre Träume später auch in die Tat umsetzen. Die Krankenschwestern und das medizinische Personal, die jetzt von ihr ausgebildet werden, sollen das Gesundheitszentrum weiterführen, wenn Ärzte ohne Grenzen abgezogen sein wird. Dass die hiesigen Mitarbeiter engagiert sind, daran kann kein Zweifel bestehen: Vor einigen Monaten waren alle eine Nacht lang auf den Beinen, um ein kleines Mädchen, das an einer schweren Lungenentzündung litt, zu beatmen. Das Kind konnte einfach nicht mehr genug Kraft für seine hechelnden Atemzüge aufbringen. Deshalb unterstützten damals Ärzte und Schwestern ihre Atmung die ganze Nacht über durch Mund-zu-Mund-Beatmung, da ihnen nicht einmal das einfachste Beatmungsgerät zur Verfügung stand. Schließlich gelang es ihnen, einen Hubschrauber der pakistanischen Armee zu organisieren, der das Mädchen abholte – und wunderbarerweise überlebte es.

Wenn Ärzte ohne Grenzen hier zusammenpackt, wird die medizinische Grundversorgung für die Bewohner des Tales wieder auf dem vorherigen Stand sein.

Das ist eines der Dilemmas, denen sich die ausländischen Helfer stellen müssen: Wo endet die Hilfe, die von Ärzte ohne Grenzen als Nothilfe verstanden wird? Und selbst wenn man diese Grenze eindeutig ziehen könnte, wie vernünftig ist es dann, erst mit voller Ausrüstung hier anzurücken und ein Jahr später die Leute mit leeren Händen zurückzulassen? Mir drängt sich darüber hinaus noch die Frage auf: Was tut eigentlich der pakistanische Staat, außer hoch oben über dem Tal einen militärischen Stützpunkt zu errichten und ab und zu ein paar Granaten über den Köpfen der Dorfbewohner Richtung Indien abzufeuern?

»Warum gibt es hier nicht mehr pakistanische Ärzte?«, frage ich Doktor Naeem, während ich über diese Fragen nachgrübele.

»Sie halten es hier nicht aus. Außerdem können sie in ihren Privatpraxen in Karatschi, Islamabad und Lahore viel mehr Geld verdienen«, wiederholt er die alte Leier.

Hilde, Stéphane und Naeem hoffen, dass die zwölfmonatige Präsenz von Ärzte ohne Grenzen die Gebirgsbewohner wenigstens dazu bewegt, ein paar einfache hygienische Regeln stärker zu beachten. Sich öfter mal die Hände zu waschen beispielsweise.

»Das machen sie hier einfach nicht«, konstatiert Doktor Hilde. »Deshalb treten (Haut-)Infektionen und häufig auch Wurmbefall oder Krätze auf.«

Draußen ist es inzwischen stockfinster. Die glänzende Mondsichel hängt über dem Pass und eine mittelalterliche Nachtruhe senkt sich über das Bergland. Von meinem Zelt aus lausche ich noch eine Weile der reglosen Stille, bevor ich schließlich in einen unendlich tiefen Schlaf falle.

EIN PAAR TAGE SPÄTER, an einem Tisch im Küchenzelt von Bagh, erzählt mir Martin Dood, ein englischer Pfleger, wie schwierig es ist, Frauen zu untersuchen.

Natürlich müssen Frauen bei einem Besuch im Krankenhaus, egal ob sie nun todkrank sind oder nicht, immer von ihrem Mann begleitet werden, selbst im Operationssaal, erklärt Martin. Doch damit ist das Problem der eigentlichen Untersuchung noch nicht gelöst. Denn nur eine Ärztin darf die Patientin behandeln. Oft ist dies nicht möglich, weil es nicht genug Ärztinnen gibt. Es kommt auch vor, dass ultrareligiöse Männer Bluttransfusionen oder bestimmte, für ihre Frauen lebensnotwendige Behandlungen ablehnen. Was tun die Mediziner und Krankenschwestern von Ärzte ohne Grenzen in so einem Fall?

»Es ist schon vorgekommen, dass einheimisches Krankenhauspersonal die Patientin in einem solchen Fall sterben ließ«, sagt Martin. »Aber darauf würde ich mich nie einlassen. Not bricht Gebot. Das Menschenleben ist dann das Einzige, was zählt. Das verlangt meine Berufsethik von mir.«

In den allermeisten Fällen sind die Männer jedoch mit der Behandlung einverstanden, erzählt Martin. »Überall auf der Welt stützen Menschen ihre Entscheidungen auf den gleichen gesunden Menschenverstand. Wenn hiervon ausnahmsweise jemand wirklich mal abweicht, weigere ich mich, derartigen Vorstellungen nachzugeben.«

Ich gehe ins Dorf und mache mich dort auf die Suche nach einem Friseur, um mich rasieren zu lassen. Bei meinem Eintreten lässt die Verblüffung jedes Gespräch im Friseursalon verstummen. Aber als ich erkläre, warum ich gekommen bin, erheben sich die Männer und schütteln mir lachend die Hand. Ja, trotz meiner Proteste bestehen sie sogar darauf, mich vorzulassen, ich darf als Erster unters Messer.

Abdul, der Friseur, wetzt extra noch einmal sein Rasiermesser, bevor er loslegt. Er spricht ziemlich gut Englisch, und als er hört, dass ich im Zeltlager von Ärzte ohne Grenzen Belgien zu Gast bin, stimmt er ein Loblied über deren Mitarbeiter an. Sie haben nach dem Erdbeben das gebrochene Bein seiner Frau geschient und ihre zahlreichen Wunden versorgt.

Hier im Friseursalon wird deutlich, dass der Zustrom ausländischer Helfer nach der Katastrophe neben der Hilfe für die Opfer auch noch andere Effekte hatte.

»Für mich war es überraschend zu sehen, was die Frauen aus dem Westen alles konnten«, sagt Abdul. »Sie haben die gleiche Arbeit geleistet wie die Männer. Sie waren gute Ärzte, die etwas von ihrem Beruf verstanden. Sie kletterten die Berge hoch und runter und fuhren sogar Auto!«

Diese Beobachtung bleibt nicht ohne Konsequenzen: Abduls Töchter, die beide auf eine weiterführende Schule gehen, haben die Arbeit der ausländischen Frauen ebenfalls wahrgenommen und wollen nun beide Ärztinnen werden. Ihr Vater hat nichts dagegen einzuwenden: »Sie sind intelligent. Ich hoffe, dass sie bald auf die Universität gehen können«, gesteht er mir. »Pakistan muss sich modernisieren. Weibliche Ärzte werden gebraucht. Davon konnte ich mich nach dem Erdbeben nur allzu gut überzeugen.«

Am nächsten Tag nehme ich Abschied vom Team in Bagh und mache mich auf die fünfstündige Fahrt zurück nach Islamabad. Nach meiner Ankunft in der Hauptstadt bleibt mir nur noch eines zu tun: mich auf meine Reise in ein weiter westlich gelegenes Land vorzubereiten, das ich schon seit meiner frühesten Jugendzeit besuchen will. Mittlerweile habe ich alle seine Nachbarländer bereist: China, Pakistan, Usbekistan, Tadschikistan, Turkmenistan und den Iran. Aber in das wilde, grausame Herz Zentralasiens bin ich noch nie vorgedrungen. Das wird sich nun ändern: Ich fahre nach Afghanistan.

Nach dem Erdbeben schwiegen die Waffen an der Demarkationslinie in Kaschmir für geraume Zeit. Aber mit dieser Ruhe ist es nun vorbei, die Spannungen zwischen Indien und Pakistan und die Zahl der Zwischenfälle nehmen wieder zu. Bei Auseinandersetzungen im Juli und August 2006 verloren erneut Dutzende von Menschen ihr Leben.

In der Nähe ihres neu aufgebauten Hauses hoch über dem Tal des Todes blicken Vater und Sohn in die Kamera.

Masar-i-Scharif
Herat
Kabul
Kandahar
Aimaq
Belutschen
Hazara
Kirgisen
Nuristani
Usbeken
Paschtunen
Tadschiken
Turkmenen

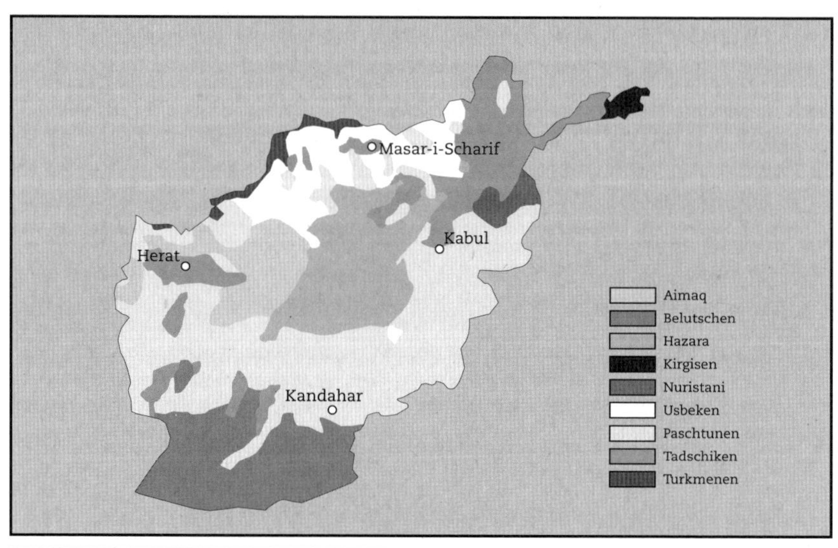

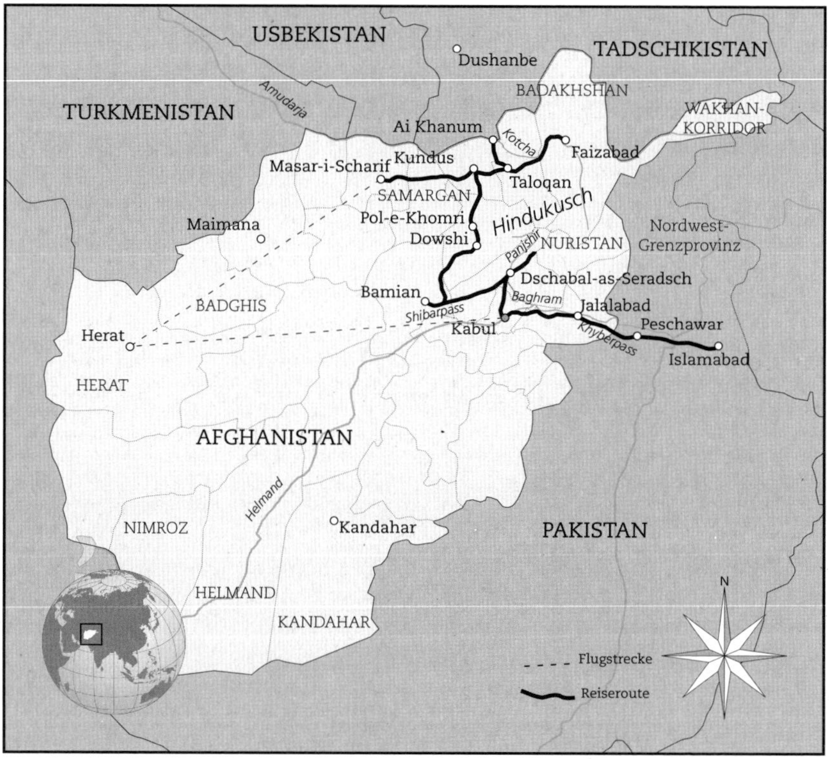

USBEKISTAN
Dushanbe
TADSCHIKISTAN
BADAKHSHAN
TURKMENISTAN
Amudarja
WAKHAN-KORRIDOR
Ai Khanum
Kotcha
Faizabad
Masar-i-Scharif
Kundus
Taloqan
SAMARGAN
Pol-e-Khomri
Hindukusch
Maimana
Dowshi
Panjshir
NURISTAN
Nordwest-Grenzprovinz
Dschabal-as-Seradsch
Bamian
Baghram
Jalalabad
BADGHIS
Shibarpass
Kabul
Peschawar
Herat
Khyberpass
Islamabad
HERAT
AFGHANISTAN
Helmand
NIMROZ
Kandahar
PAKISTAN
HELMAND
KANDAHAR
N
Flugstrecke
Reiseroute

AFGHANISTAN

»Man kann einen Krieg beginnen, aber niemals beenden, wenn man will.«
Niccolò Machiavelli (1469–1527), Geschichte von Florenz

»Religion kann in den meisten ihrer Formen als der Glaube daran definiert werden, dass die Götter aufseiten der Regierenden stehen.«
Bertrand Russell (1872–1970)

IN KEIN LAND DER WELT zieht mich meine Sehnsucht stärker als nach Afghanistan. Das war schon immer so. Alexander der Große, Dschingis Khan, Marco Polo, Timur der Lahme, Babur ... alle sind sie hier durchgezogen. Ich werde mich also in guter historischer Gesellschaft befinden. Aber neben der Geschichte fasziniert mich auch anderes an Afghanistan. Seit der Hippiezeit habe ich von niemandem – wirklich von keinem Menschen – etwas Positives über dieses Land gehört. Mudschahedin! Taliban! Krieg gegen die Russen! Krieg gegen die Amerikaner! Opium! Heroinhandel! Kalaschnikows! Dschihad! Osama bin Laden! Tora Bora! Mullah Omar! Unterdrückung der Frauen! Exekutionen! Religiöse Polizeigewalt! Scharia! Al-Qaida! Fatwa! KaBUM!

All diese Ausrufezeichen verstärken jedoch nur meinen Wunsch, nach Afghanistan zu fahren.

Sobald ich mich zu der Reise entschlossen hatte, wurden in mir zwei Stimmen laut. Die erste, die jedem Individualreisenden vertraut ist, sagte: Fahr nicht! Allein in dieses Land zu reisen, ist gefährlich. Sie werden dich für einen Amerikaner halten. Sie werden dich als ungläubigen Libertin demaskieren. Sie werden dir genüsslich die Kehle durchschneiden. Oder du wirst auf eine Mine treten. Lass gut sein. Geh nach Hause.

Aber es gibt auch eine andere Stimme. Die flüstert: Herat. Masar-i-Scharif. Das Panjshirtal. Der Hindukusch. Faizabad. Balkh. Die gesprengten Buddhastatuen von

Bamian. Blauäugige Nachfahren Alexanders des Großen. Roxane. Versunkene griechische Städte. Geh jetzt! Bevor das Land wieder in Flammen steht. Bevor du ein alter Knacker bist. Geh, bevor die Angst die Neugier besiegt, bevor die erste Stimme die zweite übertönt.

Nur zu gerne schenke ich dieser zweiten Stimme Gehör. Kaum bin ich aus dem Gebirge zurück in Islamabad, beginne ich auch schon meine Fahrt nach Peschawar zu organisieren, dieser berüchtigten, nahezu gesetzlosen Stadt an der afghanischen Grenze, am Fuße des weltberühmten Khyberpasses. Als Nächstes statte ich der belgischen Botschaft einen Besuch ab, wo mich der Erste Sekretär Christophe Payot empfängt. Er versichert mir, er werde den Konsul um ein Empfehlungsschreiben für mich bitten, damit mein Visumantrag bei der afghanischen Botschaft bevorzugt behandelt wird. Er gibt mir auch die Telefonnummer des belgischen Bevollmächtigten in Kabul, von dem ich zweifellos einige Sicherheitshinweise für meine Afghanistanreise bekommen kann. »Ich rate Ihnen, nicht über Land nach Kabul zu reisen«, sagt Payot. »Nehmen Sie das Flugzeug.«

Schon im Vorfeld hatte ich unter den Mitarbeitern von Ärzte ohne Grenzen jemanden mit Inlandserfahrung in Afghanistan gesucht. Bis ich im pakistanischen Distrikt Bagh auf Din Mohammed gestoßen bin, einen Afghanen, der seit Langem für Ärzte ohne Grenzen arbeitet. Gemeinsam haben wir einen Abend lang die Karte studiert und schließlich versprach mir Din: »Ich werde dich mit einem meiner Freunde in Kabul in Kontakt bringen. Er wird dir helfen.« Dann machte er mich auf eine Reihe sicherer und auch auf ein paar äußerst gefährliche Routen aufmerksam und beschwor mich: »Nimm bitte nicht den Weg von Kabul nach Herat. 50 Kilometer außerhalb von Kabul hat die Regierung nichts mehr zu melden. Es wimmelt dort nur so von Taliban und Al-Qaida-Kämpfern. Jeden Tag begehen sie Morde und Überfälle auf Konvois.«

»Ist der Khyberpass sicher?«, frage ich.

»Der Pass schon«, kichert Din. »Aber auf halber Strecke nach Kabul in Jalalabad und direkt vor Kabul musst du aufpassen. An der Grenze steigst du besser in den Bus um. Es ist günstiger, mit vielen als mit wenigen Leuten unterwegs zu sein.«

UNTER DEN LETZTEN VORBEREITUNGEN für die Fahrt nach Kabul gibt es einiges, was ich schnell hinter mich bringen will. Ich lasse meine vollen Filmrollen bei Axelle Vandoornick von Ärzte ohne Grenzen in Islamabad und gebe ihr auch eine Diskette mit allem, was ich auf dieser Reise bisher geschrieben habe.

»Man weiß ja nie …«, sage ich und merke gleich, wie pathetisch das klingt; aber ich spüre auch, dass jenseits der Westgrenze Pakistans ein Land beginnt, in dem der

Zufall eine weitaus größere Rolle spielt als in allen anderen Ländern, die ich auf dieser Reise besucht habe: der Zufall, vielleicht zum falschen Zeitpunkt am falschen Ort zu sein.

Die nächsten beiden Tage verbringe ich damit, immer wieder zur afghanischen Botschaft zu fahren, wo mein Visumsantrag bearbeitet wird. Nun gilt es, keine Zeit mehr zu verlieren. Kaum eine Stunde nach der Aushändigung des Visums rufe ich ein Taxi und fahre zum Busbahnhof, um mir ein Ticket für den nächsten Bus nach Peschawar zu kaufen. Die Reise nach Kabul hat begonnen.

Für eine Reise durch Pakistan sind die Sommermonate Juni und Juli die heißeste Zeit. Die Temperatur in Islamabad und Peschawar kann in diesen Monaten bis auf 47 Grad Celsius ansteigen. Um die ärgste Hitze abzuhalten, bleiben deshalb die Gardinen im Bus zugezogen. Die Fahrt dauert vier Stunden. Bei der Ankunft in Peschawar sehe ich als Erstes die gewaltige Festung von Bala Hisar, deren gewaltiges Mauerwerk sich stets den Windungen des Khyberpasses angleicht. Die Festung wurde 1526 von Babur, dem Gründer des Mogulreiches in Indien, erbaut und dient heute als Hauptquartier der pakistanischen Grenztruppen.

In Peschawar logiere ich in einem Gebäude, das Ärzte ohne Grenzen noch als Büro benutzt, in dem aber sonst niemand wohnt.

Soll ich das Flugzeug nach Kabul nehmen? Fasil Tesera, der Einsatzleiter von Ärzte ohne Grenzen Pakistan, hat mir ebenso dazu geraten wie einige andere Expats. Aber was wissen in Pakistan lebende Ausländer schon über die Lage in Afghanistan?

Nicht viel, denke ich und beschließe, dem Urteil Einheimischer zu vertrauen. Denn zwischen Peschawar und Kabul sind täglich Hunderte von Reisenden unterwegs. Sie sind wohl bereit, ihr Schicksal in die Hände Allahs zu legen, doch nur bis zu einem gewissen Maß. Niemand ist so verrückt, wegen einer Reise russisches Roulette zu spielen. Daher komme ich letztendlich zu folgendem Schluss: Wenn mir die Afghanen in Pakistan abraten, auf dem Landweg nach Kabul zu reisen, lasse ich die Finger davon, sosehr mir auch der Sinn danach steht, denn natürlich führt die einzige ruhmreiche Reiseroute nach Afghanistan über den legendären Khyberpass.

»Es ist eine lange und anstrengende Reise, aber ich denke nicht, dass es Probleme geben wird«, meint Shoaib Paracha. Shoaib, ein großer, schöner Mann mit ernsten Augen, arbeitet in Peschawar für Ärzte ohne Grenzen. Er hat einen afghanischen Vater und eine pakistanische Mutter. Ein Teil seiner Familie wohnt in Afghanistan. Seiner Meinung schließen sich auch fünf afghanische Händler an, die ich im nahe gelegenen Saddar-Basar um Rat frage. Einer von ihnen heißt Omar Khan und hat hier einen Stoffladen. Bei der sechsten Tasse grünen Tees legt er mir seine Ansichten zu derartigen Unternehmungen dar. »Sie müssen auf Allah vertrauen«, rät Herr Khan, »nur er kennt die Stunde Ihres Todes.«

»Ja, aber ich will den Allmächtigen nicht herausfordern«, halte ich ihm entgegen.

»Das brauchen Sie auch nicht«, sagt Omar Khan. »Allah hat den Menschen auch Verstand gegeben. Diesen Verstand müssen sie gebrauchen, wenn sie darüber nachdenken, was sie tun und lassen sollen. Aber in Ihrem Fall glaube ich, dass Ihr Verstand Ihnen nicht dazu raten sollte, Angst zu haben«.

Dieser kleine Anstoß war genau das, was ich brauchte. Noch am selben Tag beginne ich mit den organisatorischen Vorbereitungen für meine Fahrt an die Grenze. Zunächst lasse ich ein paar Fotokopien meines Passes anfertigen. Mit ihnen gehe ich zum *Khyber Political Agent Office,* um dort eine Genehmigung für die Durchreise durch das Stammesgebiet der *Khyber Agency* zu erbitten. Sie ist eine der sieben *Agencies* von Pakistans Nordwest-Grenzprovinz. Die *Agencies* unterliegen zwar pakistanischer Hoheitsgewalt, doch die nationalen Behörden haben in diesen Regionen nicht viel zu melden. Denn hier regeln die lokalen *maliks* (die Chefs) die Dinge. Die *Agencies* sind für Fremde unzugänglich, mit Ausnahme einiger Straßen, zu denen auch die über den Khyberpass gehört. Aber ein paar hundert Meter links und rechts von dieser Straße gelten nur noch die Stammesregeln der Einheimischen.

Der Papierkram für meine Durchreise durch die *Khyber Agency* ist in kaum einer Viertelstunde erledigt. Ich erkläre den Beamten, dass ich am kommenden Morgen abreisen will.

»In dem Fall müssen Sie morgen früh um sieben Uhr im Polizeibüro ihre bewaffnete Eskorte abholen«, sagt der Mann hinter dem Schreibtisch. Er ist um die fünfzig und trägt eine beeindruckende Hornbrille und ein Ziegenbärtchen. Ohne zu zögern, knallt er einen Stempel unter das Formular für die Grenzpolizei und erklärt, dass meiner Abreise »in die Wiege des Terrorismus« nun nichts mehr im Wege stehe. Bei seiner letzten Bemerkung spielt ein leichtes Lächeln um seine Lippen, sodass mir Zweifel kommen, ob er das wirklich ernst meinte oder nur im Scherz gesagt hat.

Den Rest des Tages verbringe ich in der Altstadt von Peschawar mit ihrem mittelalterlich wirkenden Basar um den Chowk Yadgar. Es ist schwer zu glauben, dass das 21. Jahrhundert auch hier schon Einzug gehalten hat. In den Sträßchen um den Juwelenbasar Ander Shahar in der Nähe der Mahabat-Khan-Moschee und im Labyrinth des Meena-Basars, in dem vor allem Waren für Frauen angeboten werden, sind die Gassen so schmal, dass ein voll bepackter Esel sich kaum hindurchzwängen kann. Nur im Meena-Basar sehe ich Frauen auf der Straße. Sie gleiten in Burkas aus blauer oder safranfarbener Seide an mir vorbei, allein und in Zweier- oder Dreiergruppen.

Die engen Gässchen bieten Schutz gegen die glühende Hitze, und ich weiß, dass viel heißer Tee das Einzige ist, was den Durst löschen kann. Um ihn muss ich mich gar nicht erst bemühen, denn fortwährend lädt mich ein Ladenbesitzer nach dem anderen zu einer Tasse grünen Tee, dem typischen Getränk dieser Grenzregion, ein. Er wird in riesigen kupfernen Samowars gebrüht, die in den Eingängen der rauchgeschwärzten Teehäuser große Dampfwolken bilden.

Nie begegne ich anderen Ausländern. Seit dem Streit um die Mohammed-Karikaturen scheinen alle Fremden Peschawar zu meiden. Damals kam es in der Stadt zu schweren Krawallen. Das Kentucky-Fried-Chicken-Restaurant auf der Jamrood Road ist gerade erst wieder instand gesetzt worden: Eine große Menschenmenge hatte dort auf dem Höhepunkt der ganzen Auseinandersetzung ihre Wut an den amerikanischen *chicken* ausgelassen.

Aber von dieser Animosität ist nun schon lange keine Rede mehr. Die Zahl der *Hello*-Rufe in Peschawar ist wieder hoch, und nicht selten werde ich von Männern angesprochen, die sich erkundigen, ob sie etwas für mich tun können. Ich mag diese pakistanische Höflichkeit, halte hier und dort ein Schwätzchen und lande schließlich nach einem mehrstündigen Streifzug im Laden eines Mannes, der Bügeleisen verkauft. Er bietet mir einen Platz neben dem Ventilator an und sagt: »Die Amerikaner haben al-Sarkawi getötet.« Er zeigt auf den Fernsehapparat in der Ecke seines Ladens: »Es kam in den Nachrichten.« Dann liefert er mir die ganze Story: Sarkawi hat zwei 500 Pfund schwere Bomben abgekriegt, was ihm offenbar nicht allzu gut bekommen ist.

»*Very good!*«, sage ich, denn von der Eliminierung eines verbrecherischen Kriegstreibers bin ich immer begeistert.

»*Yes veeery good!*«, stimmen alle Anwesenden im Laden zu. »*Sarkawi, him very bad man. Him drink many blood. Now dead. Good for Iraq, good for Pakistan!*«

Das stimmt, denke ich, aber ist es auch gut für meine Reise nach Afghanistan?

DER SOLDAT, DEN MEIN TAXIFAHRER und ich am kommenden Morgen um sieben Uhr beim Büro der *Political Agency* einladen, sagt freundlich »Guten Morgen«, kontrolliert dann, ob das Magazin seiner AK-47 geladen ist, und meldet schließlich, dass wir aufbrechen können. Ich verspüre eine seltsame Erregung, als wir Peschawar in Richtung der sandfarbenen Berge der *Suleiman Range* im Westen der Stadt verlassen. Bald darauf erreichen wir die Khyberpforte und die Kaserne des berühmten *Khyber-Rifles*-Regiments und beginnen unsere Fahrt hinauf zur Passhöhe.

Der Khyberpass übt eine magnetische Anziehungskraft auf mich aus. Er bildet eine natürliche Grenze zwischen Zentralasien und dem alten indischen Subkontinent.

Früher musste jeder, der in einem dieser beiden riesigen Gebiete etwas auf die Beine stellen wollte, den Pass überqueren. Skythische Krieger, buddhistische Mönche und natürlich auch das griechische Heer des großen Makedoniers auf seinem Weg zum Indus. Andere Pässe nach Afghanistan mögen vielleicht wichtiger sein, aber es gibt keinen, der stärker die Fantasie beflügelt als der Khyberpass.

Kaum dass wir die Berge erreicht haben, wird mir deutlich, dass Islamabads Einflussbereich hier zu Ende ist. Wir fahren an einem Pick-up-Truck vorbei, auf dem ein schweres Maschinengewehr montiert ist. Um die Waffe herum sitzen Männer mit Hakennasen und grimmigen Gesichtern. Ihre Turbane sind so beachtlich, dass ich sie eine ganze Weile anstarre, während sie im weißen Staub, den unser Auto aufwirbelt, ebenfalls den Pass hinaufkurven.

Im Basar von Landi Kotal auf 1200 Meter Höhe wimmelt es nur so von bewaffneten Männern, und es ist nicht schwer herausfinden, wieso: Hier im Herzen des sogenannten *Schmugglerbasars* haben mehrere Waffengeschäfte Kalaschnikows im Angebot, die in unmittelbarer Nähe von Peschawar in Darra Adam Khel hergestellt wurden. Die dortigen Waffenproduzenten haben bei den Bergstämmen in der unruhigen Region zwischen Pakistan und Afghanistan einen legendären Ruf und immer gut zu tun. Ein Waffenhändler fragt mich freundlich, ob ich am Kauf einer Waffe interessiert bin. »Sie können sie gerne in meinem Laden ausprobieren. Ich werde ihnen für die Munition nichts berechnen«, sagt er.

Nachdem ich sein Angebot freundlich abgelehnt und im Basar eine letzte Tasse Tee getrunken habe, fahren wir weiter, parallel zu der alten Bahnstrecke, die durch viele Tunnels den Pass hinaufführt. Kurz darauf kreuzen wir die alte, noch immer umkämpfte *Durand Line,* die von den Briten 1892 willkürlich gezogene Grenze, zwischen Afghanistan und dem britischen Teil Indiens. Sie trennt noch immer die Paschtu sprechenden Stämme Afghanistans von den Urdu sprechenden in Pakistan.

Schließlich erreichen wir im Gefolge zahlreicher qualmender Lastwagen den Michni-Checkpoint. Ich habe kaum Zeit, aus dem Taxi zu steigen, als mich schon ein halbes Dutzend Träger umringt, die alle mein Gepäck in ihren Handkarren über die Grenze bringen wollen. Ich picke mir den Ältesten heraus, einen zahnlosen Greis mit stoppeligen Barthaaren und einem bemerkenswerten weißen Schnurrbart, entlasse

Moscheen sind ideale Orte, um der glühenden Sommerhitze zu entfliehen und in aller Ruhe ein Nickerchen zu machen, wie es hier in der Mahabat-Khan-Moschee in Peschawar zu sehen ist.

meinen Taxifahrer und meine Eskorte aus dem Dienst und trete mit meinem Träger den Marsch zur Grenze an. Die Pakistani geben meine Passdaten gewissenhaft in einen modernen Computer ein, registrieren mein edles Konterfei mit einer Webkamera und verpassen mir schließlich einen Ausreisestempel. Auf afghanischer Seite verläuft die Prozedur etwas anders.

»*What are YOU?*«, fragt der Einreisebeamte in holprigem Englisch, während er erstaunt über seine Brille blickt.

»*I am Belgium*«, antworte ich ihm ebenso schief.

»*Belgium good, Afghanistan bad*«, lautet seine Antwort. Ziemlich vielversprechend für einen Mann von der Einwanderungsbehörde!

Danach muss ich noch meinen Namen und meine Passdaten in ein Buch eintragen, dann kann ich gehen. Als ich das kleine Büro verlasse und meinen Weg durch einen halben Kilometer breiten Streifen Niemandsland antrete, sehe ich links von mir, hoch oben in den Bergen, eine imposante Festung, auf der in meterhohen Lettern AFGHANISTAN steht.

Endlich bin ich dort, wo ich so gerne sein wollte.

Auf meinem Weg zum Ausgangspunkt für sämtlichen Verkehr nach Jalalabad und Kabul sprechen mich alle fünf Meter Fahrer an, die ihre guten Dienste mit den Worten »Kabul Corolla?« anpreisen.

Einige haben sogar noch mehr Informationen zu bieten: »Kabul Corolla A/C?«

Ich beschließe jedoch, die Toyota Corollas – *air-conditioned* oder nicht – links liegen zu lassen, weil ich auf der siebenstündigen Fahrt nach Kabul so anonym wie möglich bleiben will. Außerdem habe ich mir sagen lassen, dass die Fahrer dieser Wagen durch das afghanische Hochland brettern, als sei der Teufel hinter ihnen her. Daher folge ich wortlos meinem alten Träger, der direkt auf einen bestimmten Toyota-Minibus zusteuert und mir dort mit unverständlichen Worten, aber dennoch eindeutig zu verstehen gibt: »Das ist Ihr Wagen nach Kabul.«

In dem kleinen Bus entdecke ich einen altehrwürdigen Greis auf dem Beifahrersitz und vier Frauen in blauen Burkas dahinter. Außer ihnen haben noch drei Männer und vier Kinder darin Platz gefunden. Ich zögere nicht einen Augenblick: Dieser Familie auf dem Weg nach Kabul will ich mich anschließen. Denn wo wäre mein Inkognito besser gewahrt als hinter vier Burkas auf einem Rücksitz. Der Fahrer nennt seinen Preis: acht Dollar für eine Strecke von 250 Kilometern. Dann heben alle Fahrgäste die Hände, und während der Fahrer den ersten Gang einlegt, bitten sie Gott um eine glückliche Reise. Ein Ritual, dessen Notwendigkeit mir nur zu rasch verständlich werden soll.

Offenbar befinde ich mich in Gesellschaft einer pakistanischen Familie aus Peschawar und dreier afghanischer Männer. Die Pakistani erzählen mir, sie reisten mit ihren Kindern nach Kabul, um in der dortigen Kühle der Backofenhitze des sommerlichen Peschawar zu entfliehen. Wir sitzen so dicht gedrängt, dass jedes Mal, wenn einer der Fahrgäste seine Position ändern will, sich ihm alle Mitreisenden auf derselben Sitzbank anschließen müssen. Dieses »dachziegelartige« Reisen ist in dieser Gegend offenbar völlig normal. Etwa im Stundenrhythmus ändern alle zusammen brav ihre Haltung.

Die Fahrt verläuft reibungslos, bis uns 20 Kilometer vor Jalalabad ein amerikanischer Militärkonvoi in voller Fahrt fast von der Straße drängt. Abdul Gyios, unser Fahrer, der schon bei früheren Gelegenheiten unter Beweis gestellt hat, dass er zu Selbstüberschätzung neigt, hält es für eine gute Idee, im Windschatten der Amerikaner zu fahren. Er klemmt sich so lange an deren Hinterrad, bis ein nervöser Soldat im letzten Wagen sein M-16-Gewehr auf uns richtet und dem Idioten am Steuer unseres kleinen Busses signalisiert, Abstand zu halten, wenn er sich keinen Ärger einhandeln will. Kichernd nimmt unser Fahrer nach dieser demonstrativen Einschüchterungsgeste den Fuß vom Gas. Aber nicht lange. Denn kaum sind die Amerikaner außer Sicht, rasen wir schon wieder in einem Tempo an den tiefen Schluchten vorbei, das sich renommierte Rennfahrer eigentlich für die anspruchsvollen Kurven der Rennstrecke von Francorchamps vorbehalten. Offenbar hat keiner der Fahrgäste auch nur das Geringste dagegen einzuwenden. Auch dann nicht, als wir rumpelnd von der Fahrbahn abkommen, weil der Fahrer die Kurve zu scharf geschnitten hat. Als ich mit Horrorvisionen vor Augen in die schäumenden Stromschnellen des Kabulflusses tief unter uns starre, kommen mir Omar Khans Worte, dass allein Allah die Stunde meines Todes kenne, wieder in den Sinn.

Doch als Abdul Gyios keine fünf Minuten später auf einem Wegstück, das gerade mal breit genug für ein Auto ist, mit Vollgas auf einen überladenen Lastwagen losbraust, bin ich sicher, dass mein letztes Stündlein geschlagen hat. Obwohl der Truck heftig aufblinkt, verringert unser Bus sein Tempo nicht, sondern legt noch zu. Ich will gerade meinen Todesschrei ausstoßen, da steigt Abdul Gyios voll in die Bremsen und bringt den Bus am äußersten Straßenrand in einer Staubwolke und dem Gestank verbrannten Gummis in dem Moment zum Stehen, als der Lastwagen wütend hupend an uns vorbeidonnert. Seltsamerweise lässt keiner meiner Mitreisenden auch nur das geringste Zeichen von Unruhe erkennen. Die Frauen in den Burkas schweigen sowieso, der alte Mann auf dem Beifahrersitz starrt unbeirrt durch die Windschutzscheibe und die drei Männer neben mir unterhalten sich angeregt in Farsi, der afghanischen Form des Persischen. Alle gehen scheinbar davon aus, dass Allah den

Ein unablässiger Strom von Lastwagen fließt über den legendären Khyberpass in Richtung afghanischer Grenze.

Verlauf dieser Reise vorausbestimmt hat und dass nichts, aber auch wirklich gar nichts, daran etwas ändern kann. Es war schlichtweg Allahs Wille, dass wir diesen Vollidioten von Fahrer erwischt haben.

Auf einem hohen Gebirgspass, der nach Norden hin die Aussicht auf die glänzend weißen Gipfel des Hindukusch bietet, bekommt unser Fahrer mit seinem Handy plötzlich Verbindung nach Kabul. Von nun an meistert er die Talfahrt mit einer Hand, eine wahre Meisterleistung. Die Fahrt gerät erst wieder in ruhigere Bahnen (wenn man es wirklich so nennen kann ...), als wir wegen einer Polizeikontrolle an einer Weggabelung halten müssen. Die Polizei gewährt nur einer begrenzten Zahl von Fahrzeugen das Privileg, über eine neu angelegte Asphaltstraße nach Kabul zu fahren. Mir ist nicht klar, wie die Wahl der Auserkorenen vonstattengeht, aber eines von Abdul Gyios wilden Manövern sorgt dafür, dass wir auf keinen Fall zu diesem Kreis gehören: Ein Polizist, den er fast umgefahren hätte, haut mit seinem hölzernen Schlagstock eine Delle in unseren Bus und scheint es nicht bei dieser einen belassen zu wollen. In seiner Hast und um größeren Schaden von seiner Karre abzuwenden, fährt Abdul Gyios einem Mann mit einer paschtunische Kappe und einem wilden schwarzen Bart über den Fuß, der eigentlich nur ruhig auf seinem Moped saß, um sich das Chaos zu betrachten. Er brüllt so laut, dass selbst der Alte auf dem Beifahrersitz kurz aufblickt. Während ich zusehe, wie der Mopedfahrer umkippt, gibt Abdul Gyios Vollgas, rast breit grinsend davon und kurvt schon bald darauf über die alte Route nach Kabul.

Hier ist die Straße nicht mehr asphaltiert und ein Schlagloch reiht sich an das andere. Doch auch wenn sich Staub und Schweiß auf unserer Stirn mischen, bin ich dennoch froh, dass wir uns auf einer so schlechten Straße befinden, denn hier *kann* unser Kutscher einfach nicht schnell fahren, wenn er seinen Bus heil über die Berge bringen will.

Ich bin heilfroh, als wir endlich lebend das Kabultal erreichen.

Das Erste, was mir auffällt, ist die große Ausdehnung der Stadt. In den vergangenen zehn Jahren sind Hunderttausende vom Land nach Kabul gekommen, um hier Arbeit zu finden. Zur gleichen Zeit kehrten Millionen afghanischer Kriegsflüchtlinge zurück und viele von ihnen blieben in der Stadt hängen. Das alles hat die Einwohnerzahl Kabuls von einer Million auf mehr als vier Millionen erhöht. Niemand kann genau sagen, wie viele Menschen in der afghanischen Hauptstadt wohnen, aber die Berge um die Stadt sind dicht übersät von den ärmlichen Lehmhäusern der Neuankömmlinge – die hier häufig unter viel schlechteren Bedingungen als auf dem Land leben, ohne Strom und ohne fließend Wasser.

Als wir endlich die Endstation für Wagen aus Jalalabad erreichen, wartet bereits eine Horde verbeulter Taxis auf die Fahrgäste. Ich bezahle unseren Teufelsfahrer und verabschiede mich von meinen Mitreisenden, wobei ich ihr freundliches Angebot, in ihrem Haus zu wohnen, ablehne, denn vor meiner Reise in den Norden habe ich noch zu viele Dinge zu regeln. Aber ihre Geste ist für die Gastfreundschaft dieser Region bezeichnend.

Der Taxifahrer, den ich chartere, erweist sich als unglückliche Wahl: Er versteht kein einziges Wort Englisch und kann weder lesen noch schreiben. Was ich feststellen kann, als ich ihm einen Zettel mit dem in Dari geschriebenen Namen einer günstigen Unterkunft in Kabul unter die Nase halte, denn damit kann er ebenso wenig anfangen wie mit Werner von Brauns Formel zum Abschuss einer Mondrakete. Er betrachtet ihn mit tiefem Stirnrunzeln und hält zweimal, um ihn Männern am Straßenrand zu zeigen, die ihn jedoch ebenso wenig lesen können wie er selbst. Schließlich laden wir einen Soldaten ins Auto, der behauptet, er kenne unser Ziel, und mich zu guter Letzt bei einer Pension mit dem Namen *New White Light House* abliefert.

»100 Dollar!«, pokert der Pensionsbesitzer zunächst.

Doch nach einer Viertelstunde, in der wir uns nach der Gesundheit unserer jeweiligen Väter erkundigt, die Lage in Kabul im Vergleich zu den übrigen Teilen der Welt erörtert und den Preis eines Toyota Corolla in Afghanistan diskutiert haben, senkt er den Preis auf 30 Dollar. Das ist immer noch sündhaft teuer für ein dunkles kleines Kabuff, aber ich begreife rasch, dass in Kabul alles, woran Ausländer interessiert sind, seinen Preis hat.

MEIN NÄCHSTER AKT in der afghanischen Hauptstadt ist der Kauf eines Handys, mit dem ich vor Ort erreichbar bin und billig telefonieren kann. Dann verabrede ich mich mit Pieter Leenknegt, dem Chef der belgischen Vertretung in Afghanistan, und telefoniere schließlich mit Daoud, dessen Telefonnummer mir Shoaib in Peschawar gegeben hatte. Wir verabreden uns im nagelneuen *Safi Landmark Hotel*, dem einzigen modernen Hotel westlichen Zuschnitts in Kabul neben dem sündhaft teuren und wie eine Festung gesicherten *Serena Hotel*. In der ersten Etage des Hotels befinden sich Dutzende von Läden und Büros und ein herrliches Café. Ich finde es besonders befremdlich, vom Chaos der Straße – mit seinen Bettlern, Straßenkindern, den Frauen in blauen Burkas und den Läden, vor denen rund um die Uhr ein Mann mit einem automatischen Gewehr postiert ist – plötzlich in die seriösen, kühlen Räumlichkeiten des hoteleigenen Geschäftszentrums zu treten.

Daoud kommt pünktlich zu unserer Verabredung. Er ist mit einem hellblauen *schalwar kameez* bekleidet, über dem er ein Jackett trägt. Ich schätze ihn auf Mitte dreißig. Er wohnt in Masar-i-Scharif und ist nach Kabul gekommen, um Arbeit zu suchen, erzählt er mir. Aber trotz seiner Qualifikationen und seiner guten Englischkenntnisse hat er nach zwei Wochen immer noch keinen Job gefunden. »Entweder man hat hier Verwandte oder Freunde, die einen einstellen, oder man muss ein ordentliches Sümmchen springen lassen«, seufzt er. Im Moment sieht es so aus, als müsse er unverrichteter Dinge wieder nach Masar zurückkehren.

Ich erzähle Daoud, dass ich ein Auto und einen englischsprachigen Fahrer suche, der auf meiner Reise durch Afghanistan für mich dolmetschen kann. Er verspricht mir, bis zum nächsten Tag etwas in Erfahrung zu bringen. Einer seiner Freunde in Masar besitzt ein Auto. Er wird ihn anrufen und fragen, ob er Zeit hat, wenn ja, werden wir über den Preis verhandeln.

BEI MEINEN TÄGLICHEN SPAZIERGÄNGEN in Kabul lande ich irgendwann am Mausoleum von Timur Shah am Ufer des Kabulflusses, ganz in der Nähe des »Titanic-Basars« (der so genannt wird, weil der Markt bei jedem heftigen Regenguss unter Wasser steht). Dieses schöne achteckige Gebäude hat den Krieg überstanden, weil man es mit Schiffscontainern umstellt hatte. Es stammt vom Anfang des 19. Jahrhunderts. Ich mache ein paar Fotos davon und spaziere dann die ganze Strecke bis nach Wazir Akbar Khan zurück, dem Stadtteil, in dem mein Hotel liegt. Hier befinden sich sowohl das Hauptquartier der Vereinten Nationen wie auch die Botschaften der Länder, die zu Afghanistan diplomatische Beziehungen unterhalten. Was dazu führt, dass die Umgebung eher einer Festung als einem Stadtteil gleicht. Stacheldrahtrollen säumen hohe Betonmauern, schwere Straßensperren und Blockaden riegeln die Straßen ab. Überall patrouillieren bewaffnete Wachposten. Ich hasse es, hier zu wohnen, aber die Unterkunft, die ich gefunden habe, entspricht meinem Budget. Abends sitze ich mit den übrigen Gästen – vier Pakistani, einem Afghanen und einem Türken – zum üblichen Abendessen am Tisch.

Pünktlich um sieben Uhr erscheint Najibullah, der Hausdiener, und verkündigt mit einem gewissen Sinn für Dramatik: »*Gentlemen, dinner tonight will be: bread, pilaff* (Reis mit Lammfleisch) *and beans. Thank you!*« Das Menü, im Preis des Zimmers inbegriffen, ist jeden Tag das Gleiche.

Die meiste Zeit streife ich durch andere, »normalere« Stadtteile, wobei diese Bezeichnung in Kabul, wo bis zu den Zähnen bewaffnete Soldaten der ISAF *(International Security Assistance Force)* in ihren gepanzerten Jeeps durch die Straßen patrouillieren und vor jedem Laden ein Mann mit einem Maschinengewehr postiert ist, nur relativ zu verstehen ist. Einbeinige, Straßenkinder und Kriegswitwen in ihren hellblauen Burkas – von denen es zwei Millionen in Afghanistan gibt – betteln auf den Straßen. Aber das Leben hat nach dem Sturz der Taliban wieder seinen gewohnten Lauf genommen. Kabul bemüht sich sehr darum, eine ganz normale Landeshauptstadt zu werden: Musik dröhnt aus den DVD-Läden, Restaurants und Cafés ohne Bierausschank sind bis in den späten Abend hinein geöffnet, und kleine Jungen lassen wieder Papierflieger steigen, was unter den Taliban verboten war.

Unter den Taliban war seinerzeit eine ganze Menge nicht erlaubt. Dazu hier eine Liste, die ich im Frauenministerium im Stadtzentrum aufgefischt habe:

- Es ist Frauen verboten, sich an Politik zu beteiligen.
- Es ist Frauen verboten, für ausländische Hilfsorganisationen zu arbeiten.
- Es ist Mädchen verboten, Schulen zu besuchen.
- Es ist Frauen verboten, irgendeinen Teil ihres Körpers zu zeigen (nicht einmal ihre Knöchel).
- Es ist jungen Frauen verboten, ihre Kleidung am Fluss zu waschen.
- Es ist Männern verboten, sich zu rasieren oder ihren Bart zu stutzen.
- Es ist Männern verboten, Frauenkleider zu schneidern.

- Es ist verboten, in Häusern oder Fahrzeugen Musik zu machen oder zu trommeln.
- Es ist verboten, auf Hochzeiten Musik zu machen oder zu tanzen.
- Es ist verboten, das menschliche Antlitz abzubilden.
- Es ist verboten, während der Gebetszeit einzukaufen.
- Es ist verboten, Tauben zu halten.
- Es ist verboten, Glücksspiele zu betreiben.
- Es ist verboten, Drogen einzunehmen oder damit zu handeln.
- Es ist verboten, der Hexerei nachzugehen.
- Es ist verboten, Homosexualität zu praktizieren.
- Es ist verboten, Zinsen auf Kredite zu erheben und mit Geld zu handeln.

Dass die religiösen Fanatiker, die diese Liste erdacht hatten, sich selbst auch jegliches Mitleid verbaten, beweisen die bis vor kurzem in Afghanistan noch üblichen Strafen: Peitschenhiebe (oder Verprügeln mit einer Fahrradkette) und Einzelhaft für kleinere Verstöße, die Amputation der Hände für Diebstahl, bei lebendigem Leibe begraben werden für Homosexualität, Steinigung für Ehebruch oder »Geschlechtsverkehr mit häufig wechselnden Partnern« – worunter zu verstehen ist, dass eine Frau innerhalb eines Monats mit zwei verschiedenen Männern geschlafen hat und es dafür vier Zeugen gibt. Zur allgemeinen Belehrung und Erbauung wurden die Exekutionen in Kabuls Fußballstadion durchgeführt.

Dank George W. Bush und der amerikanischen Armee hat diese Schreckensherrschaft nun ein Ende, aber allzu viel Dankbarkeit dürfen die Amerikaner dafür nicht erwarten. Fast alle, die ich darauf anspreche, wollen die amerikanischen Soldaten wieder loswerden. Doch sie sind sich sehr wohl im Klaren darüber, dass damit die Rückkehr der Taliban verbunden wäre – und das sind nicht gerade verlockende Aussichten. Deshalb werden die ausländischen Truppen halbherzig geduldet, bis sie – wie zuvor schon die Briten und Russen – abgekämpft aus diesem unregierbaren Land abziehen, in dem sie nichts als ihre Toten zurücklassen. Nichts illustriert die Tragödie Afghanistans besser als die sich ständig wiederholende Geschichte ausländischer Militärinterventionen und des darauf folgenden Rückfalls ins finsterste Mittelalter. Afghanistan ist leicht zu erobern, aber unmöglich zu halten.

BEI MEINEN SPAZIERGÄNGEN DURCH KABUL fällt mir auf, dass es in der Stadt von weißen Land Cruisers der Vereinten Nationen und der vielen finanziell gut gestellten NGOs nur so wimmelt, ausgestattet mit Aircondition, Schnorcheln und allem Drum und Dran. Ihre Passagiere sehe ich nie auf der Straße. Ich bin scheinbar

Taubenfutterhändler bringen ihre Ware bei der Shah-Do-Shamshira-Moschee, der besterhaltenen Gebetsstätte Kabuls, an den Mann.

der einzige westliche Ausländer, der unbeschwert, mit den Händen in den Hosentaschen, durch die Straßen schlendert. Daoud hat mir bereits von der Klage der Afghanen erzählt, dass die Ausländer viel zu wenig Kontakt mit der hiesigen Bevölkerung aufnähmen, und darin kann ich ihnen nur zustimmen. Ich verstehe natürlich, dass für Hilfsorganisationen, die mitten in der Wüste oder in abgelegenen Bergregionen arbeiten, solche Geländefahrzeuge einfach ein Muss sind, schon allein deshalb, weil sie einen Vierradantrieb haben und man mit ihnen viele Personen und eine Menge Gepäck transportieren kann. Aber muss man mit ihnen durch Kabul fahren?

Das alles ist Teil einer Kultur der Angst: Alle möglichen Sicherheitsgurus raten den Mitarbeitern von NGOs, nicht nach draußen zu gehen und vor allem nicht allein durch die Straßen zu spazieren. Denn hin und wieder wird die trügerische Ruhe in Kabul von brutalen und spektakulären Zwischenfällen gestört: Auch nach dem Ende des Talibanterrors kamen noch Soldaten und NGO-Mitglieder bei Anschlägen ums Leben. Vereinzelt kam es in Kabul zu Bombenattentaten. 2003 wurden 26 Menschen von einer Autobombe getötet, die man vor einem von westlichen Ausländern häufig besuchten Kommunikationsunternehmen installiert hatte. Kurz darauf wurden vier Soldaten zu Opfern einer Autobombe, und seit 2005 läuft Afghanistan wieder Gefahr, in einen Bürgerkrieg zu geraten. Dafür sprechen die vermehrten Talibanangriffe und Anschläge, die vornehmlich im Süden des Landes und rund um Kandahar stattfinden. Aber nicht nur dort: Im ganzen Land kam es in den Jahren 2005 und 2006 erneut zu Überfällen auf Schulen. In der Nähe von Kundus wurden im Frühjahr 2006 vier Mitarbeiter einer Hilfsorganisation erschossen. Und dann gab es natürlich noch den spektakulären Unfall, bei dem fünf Menschen starben, weil ein amerikanisches Panzerfahrzeug – angeblich weil die Bremsen versagten – einige afghanische Autos rammte. Der Vorfall führte sofort zu einem gefährlichen Aufflackern antiamerikanischen Ressentiments. Der amerikanische Konvoi wurde mit Steinen beworfen, und in den darauf folgenden Tumulten kam es zu Schüssen, denen noch einmal fünf Menschen zum Opfer fielen. Als eine antiamerikanische Kundgebung in Kabul aus dem Ruder lief, brachen daraufhin auch dort Krawalle aus. Das *Safi Landmark Hotel*, in dem ich meistens meinen Kaffee trinke, wurde überfallen und ein Teil der schmucken Läden wurde zerstört. Auch die Büros des afghanischen Fernsehsenders ARIANA wurden in Brand gesteckt und ausgeraubt.

»Es war beängstigend«, erzählt Daoud. »In ganz Kabul war kein Hund mehr auf der Straße. Ich konnte kein Taxi finden und musste eine Stunde bis nach Hause laufen. Alle Geschäfte waren geschlossen und die gesamte Bevölkerung blieb in den Häusern.«

»Hattest du Angst?«

»Was denkst du denn?«, antwortet Daoud. »Am meisten Sorgen machte mir, dass die Polizei sich den Demonstranten anschloss und bei den Krawallen mitmischte. Ich habe mit eigenen Augen gesehen, wie ein paar von den Kerlen ihre Uniform auszogen und Schaufensterscheiben einschlugen.«

Das alles spielte sich eine Woche vor meiner Ankunft in Kabul ab. Daouds Geschichte macht mir bewusst, wie schnell sich die derzeit ruhige Hauptstadt in einen Hexenkessel verwandeln kann. Aber das ändert nichts an der Tatsache, dass ich mich hier ohne Weiteres auf die Straße traue. Entsprechend dem alten Sprichwort: »Wenn du in Rom bist, verhalte dich wie die Römer«, verhalte ich mich hier in Afghanistan wie die Afghanen. Wenn sie seelenruhig durch die Straßen spazieren, gehe ich davon aus, dass ich es riskieren kann, es ihnen gleichzutun. Wie soll man sonst eine Vorstellung davon bekommen, wie es in Kabul wirklich zugeht?

»Ich glaube, Kabul ist sicher genug«, sagt Pieter Leenknegt im Salon der Villa, in der die belgische Vertretung in Afghanistan residiert. Er ist ein schlanker Mann mit einem jungenhaften Charme, der seinen Besuchern Gebäck und Tee anbietet. Es schien mir ratsam, ihm vor meiner Abfahrt meine Reisepläne vorzulegen.

»Reisen Sie mit einem gepanzerten Wagen?«, fragt er.

Nachdem ich darauf verdutzt »Nein« geantwortet habe, fährt er unbeirrt fort: »In der Nordhälfte des Landes kommt es gelegentlich zu Zwischenfällen, aber es herrscht dort kein Krieg wie im Süden in der Gegend um Kandahar. Und was Kabul angeht: Diese Stadt durchläuft momentan gewaltige Veränderungen. Viele fortschrittliche Afghanen kehren wieder in die Stadt zurück, um dort Geschäfte zu machen.«

Nachdem wir Telefonnummern ausgetauscht und ich noch ein paar von den köstlichen Schokoladenkeksen der belgischen Vertretung in Afghanistan in mich hineingestopft habe, beschließe ich, dass es nun höchste Zeit ist, meine ungepanzerte Reise durch Afghanistan anzutreten.

IM DURCHEINANDER DER PENSION, in der ich derzeit wohne, erreicht mich am nächsten Morgen ein Anruf von Daoud mit der erfreulichen Mitteilung, dass sein Freund Zeit habe, mich auf meiner Afghanistanreise zu begleiten. Er ist mit dem Auto bereits von Masar-i-Scharif nach Kabul unterwegs – befindet sich also auf einer siebenstündigen Fahrt, auf deren Strecke auch der berüchtigte Salang-Tunnel liegt – und kann mit mir schon am nächsten Tag aufbrechen.

Ich treffe Arif Rahimi noch am selben Abend in einem türkischen Restaurant in Kabul, in dem wir zusammen Pizza essen. Er ist ein großer, vornehmer Mann mit pechschwarzem Haar, das an den Schläfen schon anfängt grau zu werden. Vor zwei Tagen hat er seinen Vater begraben, und ich bin sehr berührt davon, dass er sich trotz dieses Trauerfalls dazu entschlossen hat, mich auf meiner Reise zu begleiten. In diesem Entschluss liegt auch etwas von einem tief verwurzelten Wesenszug dieses Volkes: Ein Fremder, ein Bekannter von Freunden, hat um etwas gebeten und dieser Bitte muss man nachkommen.

»Das ist sicher auch eine gute Gelegenheit, auf andere Gedanken zu kommen«, erklärt Arif.

Wir legen unsere Route fest, werden uns über den Preis einig und wünschen uns eine gute Nacht. Am nächsten Morgen wollen wir, wie vereinbart, von Kabul ins Panjshirtal, unser erstes Reiseziel, aufbrechen.

In dieser Nacht schlafe ich unruhig. Was werden die nächsten Wochen bringen? Was werden die Afghanen in den einsamen Bergregionen, durch die ich reise, von dem Besuch eines westlichen Ausländers halten?

Letztendlich gibt es wohl nur einen Weg, die Antwort darauf zu finden: Ich muss sie selbst danach fragen. Zu diesem Schluss komme ich im Laufe einer langen Nacht, in der ich mich vergebens darum bemühe, in Morpheus' Arme zu sinken. Daher brauche ich erst gar nicht wach zu werden, als etwa um sechs Uhr ein kurzes Hupen

Panoramablick über Kabul von einem der zerschossenen Berggipfel im Südwesten der Stadt.

von der Straße Arifs Ankunft ankündigt. Schläfrig gebe ich ihm die Hand und werfe mein Gepäck ins Auto. Kurz darauf verlassen wir Kabul.

Schon in den Außenbezirken spüre ich, dass wir in eine andere Welt mit anderen Regeln, Sitten und Gebräuchen unterwegs sind, und mir wird klar, dass Kabul inmitten des wild wogenden Meeres aus Bergen und Wüsten, das sich Afghanistan nennt, wie eine Insel liegt.

Von Kabul aus führt eine neue befestigte vierspurige Straße durch die Schomaliebene bis zum Luftwaffenstützpunkt in Baghram. Danach verengt sie sich zu einem immer noch gut befahrbaren schnurgeraden Asphaltweg, auf dem wir das Dorf Tajukan erreichen. Hier halten Arif und ich an, um Tee zu trinken und Kebab von grob geschmiedeten Spießen zu essen. Dann führt uns unser Weg weiter in Richtung Dschabal-as-Seradsch zum Rande des Flachlandes und zum Beginn des Panjshirtals. Schon auf diesem Weg hinab zum Tal stoßen wir auf erste Panzerwracks, von denen wir in den nächsten Tagen noch Dutzende sehen werden.

Als ich 25 Jahre jünger war, habe ich in den Zeitungen Artikel über den verbissenen sowjetischen Kampf um das Panjshirtal und die Heldentaten des legendären Mudschahedin-Kommandanten Ahmed Shah Massud gelesen. Dieser Kampf zog sich

Jahre hin, aber erst als wir ins Panjshirtal hineinfahren, wird mir bewusst, welche Ausmaße dieser Krieg hatte. Nicht weniger als zehnmal haben die Russen versucht, das Panjshirtal mit brutaler Gewalt den Händen Massuds und seiner Männer zu entreißen. Es waren die aufwendigsten und blutigsten Angriffe der Roten Armee nach dem Zweiten Weltkrieg. Große Panzerkolonnen fielen immer wieder in das Tal ein und wurden ebenso oft von den Mudschahedin und ihrem ungreifbaren Führer zurückgeschlagen, dem man wegen seiner Siege gegen die russische Übermacht den Namen »Löwe des Panjshir« verliehen hat.

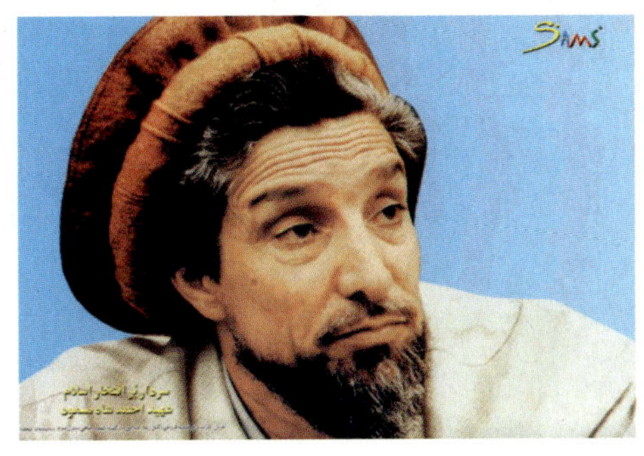

Ahmed Shah Massud (1953–2001) alias »Der Löwe des Panjshir«.

1980 startete die erste Sowjetoffensive in diesem Tal. Die russischen Generäle hatten dem Kreml selbstsicher mitgeteilt, damit sei das Ende der *basmatschi*, der »Banditen«, die sich im unzugänglichen afghanischen Bergland versteckt hielten, besiegelt. Aber der Angriff, dem ein schweres Bombardement vorausgegangen war, wurde zum Fiasko. Die russischen Kriegsstrategien, die für einen Sturm durch die europäischen Ebenen konzipiert waren, ließen sich im engen Panjshirtal nicht realisieren. Massuds Mudschahedin machten mit ihren Raketengranaten und Panzerminen immer wieder Hackfleisch aus der Panzertruppe, wenn diese einen Versuch unternahm, gleich einer mordlüsternen stählernen Raupe in das Tal einzufallen.

Noch neunmal versuchten die Russen, das Panjshirtal zu erobern. Genauso oft wurden sie mit schweren Verlusten wieder aus dem Tal vertrieben. Dabei gingen die Sowjets keineswegs halbherzig vor: Schwere Luftangriffe eröffneten jeden Vorstoß und vor der Sturmspitze der Panzertruppe fuhren militärische Räumfahrzeuge, um die Felsbrocken zu beseitigen, die Massuds Kämpfer nachts herbeigeschafft hatten. Vor den Räumfahrzeugen arbeiteten Minensucher und über der Angriffstruppe flogen Gefechtshubschrauber, die ihre Raketen auf jedes erdenkliche Versteck im Tal abfeuerten.

Aber die Bombenangriffe konnten den Mudschahedin offenbar kaum etwas anhaben. Sie versteckten sich in Höhlen tief in den Bergen, aus denen sie nach dem Angriff wie Ameisen wieder hervorkrochen, um die Russen erneut anzugreifen. Massud gab der Zivilbevölkerung des Panjshirtales manchmal den Befehl, ihre Dörfer zu räumen, damit er besser mit den Sowjets abrechnen konnte. Beschämt mussten die Russen sich eingestehen, dass selbst die weltgrößte Armee den starrsinnigen Rebellen des Panjshir und den in den restlichen Teilen Afghanistans kämpfenden Mudschahedin machtlos gegenüberstand. In einer für sie typischen Realitätsverleugnung meldeten offizielle Quellen der Sowjets, in Afghanistan seien in den fünf Jahren seit Beginn des Krieges 20 Soldaten gefallen. Erst lange Zeit danach räumte der Kreml eine Zahl von 14 000 Gefallenen ein. Aber auch sie scheint maßlos untertrieben: Westliche Historiker gehen von etwa 45 000 Toten auf russischer Seite aus. Letztendlich waren es Massuds Männer, die Kabul nach dem definitiven Abzug der Russen von der afghanischen Armee erobern sollten.

Auch den Taliban gelang es später nicht, Massud das Tal abzuringen. In den Massengräbern am Rande des Panjshirtales liegen noch immer die sterblichen Überreste hunderter Talibankrieger, die bei einem der vielen Versuche, das Tal gewaltsam zu erobern, ums Leben kamen.

Das Panjshirtal beginnt eigentlich erst bei dem Dorf Gulbahar, von wo es sich nach Osten ausdehnt. Hier treffen wir zum ersten Mal auf einen Trupp türkischer Straßenarbeiter, der mit schwerem Gerät im Rekordtempo an einer neuen Straße baut. Diese Straße dient nicht nur der Erschließung des Tales: Wenn sich die Pläne, wie gedacht, verwirklichen lassen, soll hier eine legendäre Route bis nach China entstehen. Die afghanische Regierung hat mit der Türkei vertraglich vereinbart, diese Straße quer durch das Panjshirtal – und über den hohen Andjomanpass – bis in das wilde Badakhshan zu führen. Von dort wird sie durch den schmalen Wakhankorridor bis nach China verlaufen. Wenn diese Pläne wirklich umgesetzt werden, wird die mehr als 1000 Kilometer lange Straße der Landschaft des Panjshirtals und dem Leben seiner Bewohner eine völlig neue Wendung geben.

Dass es den Türken mit dem Bau der Straße ernst ist, kann ich auf den ersten 40 Kilometern im Panjshirtal erkennen. Einige Straßenabschnitte sind schon asphaltiert, über andere rollen die Walzen zwischen den Dörfern hin und her. Die steilen Berghänge links und rechts der Straße leuchten in der Abendröte, als seien sie von einer besonderen Aura umfangen. 30 Meter unter uns wirft der Panjshirfluss weiße Schaumkronen auf, die über Stromschnellen tanzen und hier und da rücklings liegende Panzergerippe umspülen. Wie Jason Elliot es in seinem Buch »Unerwartetes Licht« beschreibt, gleichen sie mit den großen Löchern, die Panzerminen in ihre Bäuche gerissen haben, »ausgeweideten Schildkröten«.

Während ich mir vorzustellen versuche, wie es den jungen russischen Soldaten, die in diesen Panzern saßen, ergangen ist, wenn die Mudschahedin sie lebendig in die Finger bekamen, weitet sich das Tal, und wir fahren plötzlich durch grüne Felder, auf denen Bauern mit der Sichel Getreide ernten, das sie mit Eseln den Hang hinaufschaffen. Das Panjshirtal ist überall berühmt für seinen fruchtbaren Boden, und offenbar ist gerade Erntezeit.

Immer tiefer dringen wir in das Tal vor, vorbei an den rostigen Wracks russischer Panzer mit aufgeschlitzten Bäuchen und an ausgebrannten Truppentransportern, die in wahnwitzigen Verdrehungen am Straßenrand liegen. Alles, was an ihnen brauchbar war, hat man weggeschleppt. In einem namenlosen Dorf, in dem wir anhalten, um Tee zu trinken, erzählt uns ein älterer Mann, dass die Dorfbewohner einen Dieselmotor aus einem russischen Lastwagen abends immer noch als Stromgenerator gebrauchen. So haben die Russen also doch noch etwas zur Entwicklung Afghanistans beigetragen.

Als die Sonne die Gipfel streift, erreichen wir »Panjshir City«, ein etwas großspuriger Name für eine kleine Siedlung am Straßenrand. Wir beschließen, hier zu übernachten. Auf der Terrasse eines der Häuser sehen wir ein paar Männer sitzen. Wir stellen uns vor, und sie sagen: »Willkommen, trinkt Tee mit uns.«

Dann fragen sie Arif: »Ist er Amerikaner?«

»Nein«, sagt Arif, »er ist aus *Belgikistan*.«

»Hmm«, fragt ein bedächtiger Mann mit einem langen weißen Bart, »ist das ein Teil von *Inglistan?*«

Schließlich einigen wir uns auf Deutschland – *Alleman,* wie es in Dari heißt –, weil das der Sache noch am nächsten kommt.

Die Männer meinen, die Lage im Tal sei jetzt besser als während des Krieges, aber nun müsse man sehen, was man von der amerikanischen Unterstützung zu erwarten habe. Nach dem »Autounfall« in Kabul sind sie sich da nicht mehr so ganz sicher. In diesem entlegenen Winkel sind die Informationen über den Vorgang in Kabul natürlich nicht mehr besonders differenziert. Hier kursiert das Gerücht, die Amerikaner hätten nach dem Autounfall eiskalt eine große Zahl Afghanen erschossen. Dass es eigentlich afghanische Polizisten waren, die in Panik geraten waren und nach dem Unfall auf die Steine werfende Menge geschossen hatten, tut dabei nichts zur Sache. Die Frage lautet: Warum haben die Amerikaner das getan?

Ich versuche, die Diskussion von der Affäre um die amerikanischen Raser von Kabul abzulenken, was mir auch gelingt, als ich auf Massud zu sprechen komme. Inzwischen hat sich ein alter Mann mit einer ungewöhnlichen Brille zu uns gesellt. Er stand als Arzt in Massuds Diensten und erinnert sich noch genau an dessen Reisen nach Paris und Brüssel kurz vor seinem Tod. »Frankreich und Belgien unterstützen

In den wilden Tälern zwischen Bamian und Pol-e-Khomri ermöglichen ausgeklügelte Bewässerungssysteme mehrere Reisernten im Jahr.

die Mudschahedin«, sagt er mehr zu den übrigen Anwesenden als zu mir. »Daher heiße ich Sie von Herzen willkommen im Panjshirtal.«

Das bricht nun gänzlich das Eis, und wir reden sicher noch eine Stunde über die Probleme, mit denen die Bergbewohner gegenwärtig zu kämpfen haben. »Es ist ganz simpel«, fasst der Arzt seine Ausführungen zusammen, »ein Lehrer bekommt einen Monatslohn von 50 Dollar, ein Soldat erhält 70 Dollar sowie Kost und Logis. Wofür, glauben Sie, entscheidet sich die arbeitslose Jugend?«

»Das ganze Geld geht nach Kabul«, ergänzt ein anderer. »Aber wo bleiben die Entwicklungsprojekte für die Bergregionen?«

Wir verabschieden uns. Mit Arif komme ich überein, dass es sicher nicht schlecht wäre, sich bei der örtlichen Polizei anzumelden. Also machen wir uns auf die Suche nach ihrer Dienststelle. Dort verweist man uns hinab zum Flussufer, wo der Kommandant im wahrsten Sinne des Wortes seine Zelte aufgeschlagen hat. Der Befehlshaber, ein dicker Mann mit einem steifen Bein, einem Hängebauch und einem Gesicht, das man in meiner Muttersprache als »Visage« bezeichnen würde, hat durchaus einen lyrischen Wesenszug, denn er begrüßt mich mit den Worten: »Ihr Besuch lässt Blumen in unseren Herzen erblühen« und lädt uns ein, uns zu ihm ans Flussufer zu gesellen.

Während der Begrüßung sehe ich aus dem Augenwinkel, wie eine Kuh in aller Ruhe aus dem grünen Armeezelt des Kommandanten herausspaziert.

»!!@ # !! Schafft das dumme Rindvieh aus meinem Zelt!«, brüllt der Kommandant. Den genauen Wortlaut kann ich zwar nicht wiedergeben, aber Obiges kommt ihm mit Sicherheit ziemlich nah, denn wie der Blitz schießen zwei seiner Männer in das Zelt, aus dem sie nach einigem Gerangel eine zweite Kuh hervorzerren. Ich höre den Kommandanten leise fluchen. Bald hat er sich jedoch wieder gefangen und bietet uns äußerst höflich Tee und Rosinen an. Mittlerweile hat sich auch ein dünner Mann mit einer Halbglatze zu uns gesetzt. Während sich der Kommandant über die schleppende Entwicklung der Hilfeleistungen für seine Heimatregion auslässt, lädt der später hinzugestoßene Mann Arif und mich ein, bei ihm zu übernachten. Er heißt Walliwullak Zardat und ist der Verwaltungschef des Dorfes.

Walliwullak Zardats Haus ist zugleich die Amtsstube, in der neben Herrn Zardat drei weitere Beamte wohnen. Sie bleiben die ganze Woche im Ort und kehren erst am Donnerstagabend zu Fuß in ihr Heimatdorf zurück, da der Weg dorthin zu weit ist, um ihn täglich zurückzulegen. In ihrem Büro darf ich an einem Schreibtisch Platz nehmen, um gemeinsam mit ihnen ihre restliche Arbeitszeit zu verbringen. Das ermöglicht mir einen guten Einblick in die Arbeitsweise der afghanischen Verwaltung. Im Büro gibt es fünf Schreibtische, aber nur auf einem davon liegt ein Stapel Papiere, auf den einer von Herrn Zardats Kollegen gelegentlich einen besorgten Blick wirft, bevor er, wie zuvor, wieder ruhig vor sich hin starrt. Herr Zardat sei während des Krieges ein Mudschahed gewesen und habe unter Massud gegen die Russen gekämpft, erzählen seine Kollegen.

Nachdem wir eine Weile im Büro gesessen haben, erscheint ein Bediensteter, der uns alle zum Abendessen bittet. Dazu nehmen wir auf blutroten Matten Platz und warten, bis der *tjokidar* wieder erscheint. Er breitet eine Plastiktischdecke auf den Matten aus und wirft dann mit Schwung sechs Fladenbrote darauf. Extra für mich legt er einen Löffel auf das Tuch. Er trägt einen wilden schwarzen Bart und hat dunkle funkelnde Augen. Seine flache Stirn ist halb unter einer weißen muslimischen Mütze verborgen. Mit ihren langen Bärten, markanten Nasen und dichten Augenbrauen wirken diese Männer nach unseren westlich geprägten Vorstellungen Furcht erregend. »Als seien sie dazu in der Lage, die schrecklichsten Untaten zu begehen und sich im nächsten Augenblick genüsslich einer herzhaften Mahlzeit zuzuwenden«, wie es Eric Newby in seiner klassischen Reiseerzählung »A Short Walk in the Hindu Kush« beschreibt. Auch die westliche Berichterstattung über Afghanistan hat nicht gerade dazu beigetragen, dass den Einwohnern des Landes der Nimbus hoch entwickelter Zivilisation anhaftet. Der religiöse und ethnische Beiklang der Kriege in Afghanistan war einer differenzierten Berichterstattung alles andere als förderlich. Mudschahedin oder Taliban, das macht doch alles kaum einen Unterschied: Das im Westen vorherrschende Bild von den Afghanen zeichnet sie als Bande heruntergekommener Rohlinge, als Höhlenbewohner, die sich in den Felshöhlen von Tora Bora herumtreiben und andere mit Vergnügen einen Kopf kürzer machen, bevor sie sich zum Gebet in die Moschee begeben.

Aber hier im abgelegenen Panjshirtal machte ich die Erfahrung, dass diese Furcht erregend wirkenden Männer die Freundlichkeit selbst sind, wenn es darum geht, jemandem eine Gefälligkeit zu erweisen. Wie etwa der Mann, der das Essen zubereitet hat und der uns nun aufträgt. Jeder erhält eine Schüssel Suppe, in die wir Brotstücke hineinwerfen. Dazu gibt es einen großen Brocken gekochtes Schaffleisch, von dem wir kleine Stücke abreißen und unter den Brei mischen. Zur Abrundung der Mahlzeit werden Melonenscheiben serviert, auf die alle Salz streuen – eine wirklich köstliche Kombination.

Alle essen im Schneidersitz, aber irgendwann fällt dem *tjokidar* auf, dass ich wegen meiner engen Hose dafür eine ziemlich unbequeme Haltung einnehmen muss. Deshalb verschwindet er plötzlich und erscheint kurz darauf mit einem ordentlich gebügelten *shalwar kameez*, der es mir – wie er lachend versichert – gewiss leichter machen würde, an dem Mahl teilzunehmen. Sich zu sträuben, hat keinen Sinn: Die bärtigen Männer stehen alle auf und nicken zustimmend, als der Diener mich zu einem Verschlag führt, wo ich mich umziehen kann. Gekleidet wie ein Einheimischer trete ich kurz darauf wieder ins Zimmer und erneut stehen die Männer auf und murmeln ein gutmütiges *salam*. Dann geht jeder wieder zur Tagesordnung über. Die afghanische Etikette verlangt, dass alle jedes Mal aufstehen und einen Gruß sprechen, wenn ein älterer Mann oder ein Gast das Zimmer verlässt, und sei es auch nur für kurze Zeit.

Ein *shalwar kameez* ist ein ausgezeichnetes Kleidungsstück zum Entspannen. Er besteht aus einer Hose und einem Hemd aus leichtem Baumwollstoff, dessen lange Zipfel vorne und hinten über der Hose getragen werden. Die Hose ist so weit geschnitten, dass der Hintern eines 400 Kilo schweren Mannes leicht hineinpasst. Es ist eine Beutelhose, deren Stoffgürtel am Saum zugezogen und verschnürt werden muss, sodass den edlen Teilen eines Mannes viel Raum gegönnt wird und man sehr bequem darin sitzen kann.

Nach dem Mahl wenden alle ihre Handflächen nach oben, danken Allah für die Speisen, die wir genossen haben, und streichen mit beiden Händen über das Gesicht – ein Gebet, das so natürlich ist, dass es mir vollkommen logisch vorkommt, die Geste ebenfalls auszuführen.

Dann unterhalten wir uns noch eine Weile über die Misslichkeiten des Lebens, die schweren Zeiten, die für Afghanistan noch nicht vorbei sind, und die seltsamen Sitten im Land des Fremden, zu denen nicht zuletzt die eigenartige Praxis gehört, Frauen Auto fahren zu lassen.

»Das kann doch nur zu Schrott führen?«, sagt der Verwalter und er wirkt erleichtert, als ich ihm versichere, dass die meisten Männer in meinem Heimatland ihm da zweifellos zustimmen würden, dass wir aber auch gelernt hätten, mit dieser Gefahr zu leben.

»Wann will der Gast schlafen gehen?«, fragt er schließlich. Was ich als Wink deute, sodass ich erkläre, sie nicht länger aufhalten zu wollen, da der morgige Tag für alle zeitig begänne, worauf alle zustimmend nicken und sagen, es sei wirklich Zeit, sich hinzulegen. Als Gast müsse ich in einem Bett schlafen, bedeutet mir der Verwalter. Einer der Männer wird mir sein Bett abtreten und auf einer Matte auf dem Boden schlafen. Protest ist völlig zwecklos. Doch nun stellt sich mir die Frage, wie diese Männer zu Bett gehen. Behalten sie ihren *shalwar kameez* an? Da sie von mir erwar-

An Kriegsschrott mangelt es nicht im Panjshirtal. Die russischen Invasoren ließen Hunderte beschädigter Tanks und Panzerwagen zurück.

ten, als Erster unter die Decke zu schlüpfen, kann ich es mir von ihnen nicht einfach abgucken, ich muss raten und krieche auf Verdacht angezogen zwischen die Laken. Es war die richtige Entscheidung, denn sofort folgen alle meinem Beispiel. Dann löscht der Hausdiener das Licht.

Durch das offene Fenster kann ich das Sternenmeer über dem Panjshirtal sehen. Nach der islamischen Überlieferung leuchteten einst die Sterne unter den Hufen von Darpul auf, dem Pferd des Propheten, als dieser mit ihm über das Himmelszelt galoppierte. In Gesellschaft der frommen Männer, die mich in ihr Haus aufgenommen haben, gefällt es mir, mit diesem schönen Gedanken den Tag zu beschließen.

AM NÄCHSTEN MORGEN dringen wir tiefer in das Tal vor. Unweit von Basarak führt uns unser Weg an Massuds Mausoleum und einer im Bau befindlichen Moschee zu seinem Gedenken vorbei. Das Gebäude steht auf einem strategisch wichtigen Hügel, der einen herrlichen Blick über das Tal bietet. Im Inneren des Mausoleums erweisen wir Massuds Grab, über dem eine mit Koransprüchen bestickte Decke liegt, unsere Reverenz. Dabei begegnen wir zwei seiner früheren Kommandanten, die ganz in der Nähe des Schreins wohnen und die Bauwerke beaufsichtigen. Es sind zwei außergewöhnliche Männer mit ernsten Gesichtern. Man kann sich sofort vorstellen, dass ihre Männer für sie durchs Feuer gingen.

Von der Moschee aus fahren wir auf einer alten Straße den Fluss entlang. In den Dörfern am Wegesrand sehen wir Greise, die ihren Söhnen bei der Aprikosenernte Anweisungen erteilen. Dort, wo sich das Tal weitet, pflügen Männer mit Ochsengespannen den fruchtbaren Boden. Die Einheimischen hausen hier nur noch in armseligen Lehmhütten. Hier und da sehe ich Ruinen zerschossener Häuser, die Wind und Wetter so abgeschliffen haben, dass sie dem Stumpf einer geschmolzenen Kerze gleichen.

Nach einem Mittagessen aus Reis und Schaffleisch, das eigentlich hauptsächlich aus Knorpel besteht, beschließen wir umzukehren. Mit ziemlicher Sicherheit würden wir auf unserer Fahrt durch Panjshir auf dem Pass hinauf zu den von Eis bedeckten wilden Höhen des Mir Samir, die sich westlich des Panjshirtales vor uns im urzeitlichen Nuristan erheben, stecken bleiben.

Noch einmal verbringen wir die Nacht bei den gastfreundlichen Staatsdienern in Panjshir City (ein neuer, frisch gebügelter *shalwar kameez* liegt schon für mich bereit) und wiederholen das gesamte Ritual. Da meine Gastgeber mich nun schon besser kennen, wagen sie, mich mehr über meine Lebensgewohnheiten in Belgien auszufragen, außerdem klären sie mich über eine der neuerlichen Gefahren auf, die dem Panjshirtal drohen: »Der Sohn von Ahmed Shah Massuds Schwester ist in die Berge gezogen«, sagt der Verwalter besorgt, »denn er ist mit der Politik der Regierung nicht einverstanden. Seiner Meinung nach geht es in Panjshir nicht schnell genug voran. Du musst wissen, Massuds Bruder ist zum Sonderberater des Präsidenten ernannt worden, aber viele seiner Vorschläge finden kein Gehör.«

In dem durch ethnische Fragen gespaltenen Afghanistan kommt es ständig zu Streitigkeiten, wenn die Interessen einer Bevölkerungsgruppe außer Acht gelassen oder auch nur unvollständig berücksichtigt werden. »In die Berge ziehen« bedeutet hier: sich auf einen bewaffneten Konflikt vorbereiten.

»Aus vertrauenswürdigen Quellen ist mir bekannt, dass nachts Waffen an die jungen Männer der Dörfer im Tal verteilt werden«, sagt der Verwalter, dessen trauriger Blick bei dieser Mitteilung noch intensiver zu werden scheint. Er seufzt: »Ihr Auftrag lautet: Kämpft gegen die Regierung.«

Und so bleibt abzuwarten, ob die schwer erkämpfte Freiheit in Panjshir und die neue Straße durch das herrliche Tal ein Garant für Frieden sein werden. Waffen werden hier nicht nur rasch verteilt, von ihnen wird auch schnell Gebrauch gemacht.

ALS WIR IN GULBAHAR DAS PANJSHIRTAL VERLASSEN, sehen wir, wie sich der Weg nach Bamian durch die endlos scheinenden Schluchten des Koh-i-Baba-Gebirges schlängelt. Das Gebirge umschließt mit seinen 5000 Meter hohen Gipfeln große Teile der Hazarajat-Region, eines der abgelegensten und ärmsten Gebiete Afghanistans. Hazarajat wird in erster Linie von der afghanischen Minderheit der Hazara bevölkert. Sie sind Nachfahren eines Teils der kriegerischen Legionen Dschingis Khans und widersetzen sich traditionsgemäß jeglicher zentralen Verwaltung aus Kabul. In den Jahren der Talibanherrschaft wurde diese Region zum Schauplatz einer der grausamsten Episoden in dem scheinbar unendlichen afghanischen Krieg mit seinen ständig wiederkehrenden Massenmorden und Exekutionen.

Nachdem wir uns vergewissert haben, dass die Strecke sicher ist, brechen wir früh am Morgen auf, denn die Fahrt nach Bamian wird gewiss sieben Stunden dauern. Als wir Gulbahar verlassen, bieten wir vier Frauen in weißen Burkas, die zu einer alten Brücke am Rande des nächsten Tales wollen, eine Mitfahrgelegenheit an. Umständlich nehmen sie auf der Rückbank Platz, um sich dann den Rest der Fahrt in Schweigen zu ergehen. Nachdem wir sie abgesetzt haben, halten wir an einer Bude am Straßenrand auf eine Tasse glühend heißen grünen Tee und lenken danach den Wagen in Richtung Gebirge. Unser Ziel ist Bamian, eine Stadt, die im März 2001 mit einem Schlage aus der Vergessenheit ins Licht der Weltöffentlichkeit gezerrt wurde, als die Taliban dort zwei riesige, fast 1700 Jahre alte Buddhastatuen in die Luft sprengten.

Es verspricht, ein heißer Tag zu werden. Anfangs schützt uns die Enge der Schluchten noch vor der unbarmherzigen Sonne, aber je weiter die Zeit im rüttelnden Geländewagen vorwärtskriecht und je mehr sich die Täler von jeglicher Form der Zivilisation zu entfernen scheinen, desto heißer wird es.

Um zwölf Uhr hält Arif bei ein paar Kartoffelfeldern an, um das Mittagsgebet zu sprechen. Nach einigen Reisetagen in Afghanistan kommt mir das wie selbstverständlich vor und ich sinne darüber nach, wie nahtlos sich die fünf Gebete eines frommen Muslim (bei Sonnenaufgang, um die Mittagsstunde, am Nachmittag, bei Sonnenuntergang und vor dem Schlafengehen) doch in den gewöhnlichen Tageslauf einfügen. Sie sind so innig mit dem täglichen Leben verwoben, dass sie als Unterbrechungen so wenig bewusst werden wie Essen und Trinken. Doch genauso kann man beobachten, dass ein Mann wie selbstverständlich sein Gebet unterbricht, um einen Anruf auf seinem Handy entgegenzunehmen.

Zu Beginn fühlte ich mich etwas befangen, wenn Arif zu gewissen Zeiten seinen Gebetsteppich ausbreitete und sein Ritual aufnahm. Doch fünf Minuten später knüpften wir in unserem Gespräch dort wieder an, wo wir es unterbrochen hatten, und gingen wieder zur Tagesordnung über, sodass die Prozedur schnell zu etwas sehr Vertrautem wurde.

Gebetet werden kann überall und um die vorgeschriebenen Zeiten wird kein großes Aufheben gemacht. Manchmal halten wir bei einer Teebude am Straßenrand, wo der Eigentümer Arif kommentarlos zeigt, in welcher Richtung Mekka liegt und ihm gleichzeitig ein *dismal* reicht, ein viereckiges Tuch, das häufig als Kopftuch verwendet wird und Arif erspart, im Gepäck nach seinem Gebetsteppich zu kramen.

Auf dem Weg nach Bamian spricht Arif sein Mittagsgebet in der Nähe eines Flusses, in dem ein paar Jungen Abkühlung suchen. Höflich weisen sie Arif Richtung Mekka, bevor sie mir am Flussufer Gesellschaft leisten. Sie sind sehr schüchtern, und in ihrem Verhalten erkenne ich nichts von dem dreisten Selbstbewusstsein, das westliche Jugendliche manchmal an den Tag legen, wenn Fremde in ihr Spielterrain eindringen. Nach einer Weile bringt mir einer der Jungen mit einem breiten Lächeln zwei Hände voll Pfirsiche. Dann gehen sie wieder zu ihrer Lieblingsbeschäftigung an diesem heißen Tag über: Sie planschen im Fluss. Sie winken uns lange nach, als wir weiterfahren und den Windungen des braunen Flusses folgend immer tiefer in das wilde Herz des Gebirges vordringen.

Es ist erstaunlich, wie schnell man sich an Dinge gewöhnt, die man beim ersten Anblick nicht gerade als »normal« bezeichnen kann. Während mich im Panjshirtal noch jedes zerschossene Wrack eines russischen T-54- und T-62-Panzers verwundert auf-

Hotelwerbung in Afghanistan: »Afghan Tourism Organization. Bamyan Hotel. Bamyan Centre«. Durch die vordere Radachse des Panzerwracks verläuft ein kleiner Bewässerungskanal.

schauen ließ, habe ich jetzt in den Tälern vor Bamian das Gefühl, als gehörten die ausgebombten Panzer zur Landschaft. Neben russischem Kriegsmaterial stoßen wir hier auch auf Tanks, die Markierungen des berüchtigten Kriegsherrn Abdul Rashid Dostum tragen. Ihre Zahl nimmt zu, als wir uns dem Shibarpass (2987 m) nähern, einer baumlosen Wüste mit safranfarbenen Bergen, die an die einsamen schottischen Highlands erinnern. Der Pass bildet die Wasserscheide zwischen Indus und Amudarja.

Als wir auf unserer Fahrt hinauf zur Passhöhe noch einmal anhalten, um an einer Quelle unsere Trinkflaschen aufzufüllen, begrüßt uns ein Junge, der hier an einem Stand Aprikosen verkauft. Als ich ihm ein paar abkaufen will, schüttelt er lächelnd den Kopf und schenkt mir eine Handvoll. »Als Kostprobe«, übersetzt Arif.

Wir erreichen das Tal von Bamian, als die Sonne schon an Kraft verliert. Das Städtchen, das so schwer unter dem Regime der Taliban gelitten hat, beginnt nun langsam mit dem Wiederaufbau. Der Basar, den die Taliban dem Erdboden gleichgemacht hatten, wurde wieder aufgebaut, und die Vereinten Nationen und eine Handvoll

NGOs versuchen, etwas zur Linderung der katastrophalen medizinischen Situation der Bevölkerung beizutragen. An der Hauptstraße entdecke ich kleine Hotels, die wieder ihre Pforten geöffnet haben, und hier und da hängt ein Schild mit *»change money«* oder *»antique shop«*.

Unsere Wahl fällt auf das *Mama Javal Hotel*, ein heruntergekommenes Gebäude mit einer Brüstung im Westernstil. Dass in der Gegend um Bamian noch immer nicht alles zum Besten bestellt ist, zeigt sich, als wir den Besitzer kennenlernen. »Friede sei mit Ihnen«, sagt er. »Ich bin froh, Sie bei guter Gesundheit begrüßen zu dürfen. Gestern sind auf der Bergstraße zwischen Bamian und Kabul drei Fahrgäste eines Minibusses erschossen worden.« Er spuckt in die Abwasserrinne, die vor seinem Laden entlangläuft. »Wissen Sie, es wird immer gefährlicher auf den Bergstraßen. Fahren Sie bald nach Kabul zurück?«

»Nein«, antwortet ihm Arif, »wir fahren in den Norden nach Baghlan und Pol-e-Khomri.«

Der Hotelbesitzer nickt bedächtig: »Dann rate ich Ihnen, sehr früh aufzubrechen, denn auf dieser Straße sind Räuberbanden unterwegs. Ausgeraubt zu werden, ist dabei noch die geringste Gefahr, denn sie fackeln auch nicht lange, einem die Kehle durchzuschneiden.«

Nach diesen nicht gerade ermutigenden Worten lädt er uns zu einem Tee ein und bittet uns, die Zimmer in Augenschein zu nehmen. Dann weist er uns auf das Badehaus, den Hamam, in einer Straße gegenüber dem Hotel hin. Das lassen wir uns nicht zweimal sagen. Nach der langen Fahrt über schlechte Straßen sind wir völlig erschöpft und im Badehaus können wir wieder zu Kräften kommen. Der Hamam besteht aus einer Reihe kleiner Zellen, in denen eine Waschschüssel, ein Becher und eine kleine hölzerne Sitzbank stehen. Zwei Wasserhähne versorgen die Badegäste mit warmem und kaltem Wasser und ich bringe mindestens eine halbe Stunde damit zu, warmes Wasser über meinen Körper zu gießen, hin und wieder im Wechsel mit einem kalten Guss. Es ist der reinste Genuss.

Der Sonnenuntergang hat die Hitze des Tages etwas gelindert. Arif und ich ziehen uns in unser Zimmer zurück, wo einer der Hausdiener Reis und Lammfleisch auftischt. Dann breiten wir unsere Matten aus und nach Arifs Abendgebet schlafen wir sofort ein.

AM NÄCHSTEN MORGEN, ALS DIE SONNE noch tief steht, blicke ich auf die Überreste einer der schlimmsten kulturellen Barbareien der Neuzeit: der Zerstörung der beiden riesigen Buddhastatuen in den roten Sandsteinfelsen am Bamianfluss. Von den kolossalen Buddhafiguren (die größere war 55 Meter, die kleinere 38 Meter hoch) sind heute nur noch die leeren Nischen erhalten, aus denen sie jahrhundertelang das Tal von Bamian überblickten.

Die Buddhastatuen aus dem 3. bzw. 5./6. nachchristlichen Jahrhundert standen für die Hochblüte von Wohlstand und buddhistischer Inspiration, die Bamian als eine bedeutende Station für die Karawanen der Seidenstraße seinerzeit erlebt hat. Auf ihrem weiten Weg nach Rom führten die Karawanen Seide mit sich, deren Geheimnis damals nur in China bekannt war. Hier entstanden in der sogenannten Gandhara-Kultur im 1.–2. Jahrhundert die ersten figürlichen Darstellungen Buddhas. Bis dahin war er nur symbolisch – als Bodhibaum, Stupa oder »Rad der Lehre« – dargestellt worden. Doch inspiriert von der griechischen und hellenistischen Kultur, die ganz allmählich über die Seidenstraße nach Zentralasien einsickerte, wurden Buddhastatuen in griechischen Gewändern geschaffen, in Bamian dann auch in monumentaler Form.

Solche buddhistischen Kulturgüter waren den Taliban ein Dorn im Auge, daher fasste ein Talibankommandant aus Kandahar im Frühjahr 2001 den Plan, die Statuen zu zerstören. Schon früher hatten Allahs Bluthunde ihre automatischen Waffen auf die Buddhastatuen abgefeuert und sie mit Raketen und Artilleriegeschossen bearbeitet. Doch Anfang März befahlen sie ein paar armen Teufeln, die in den Hunderten in den Fels gehauenen Mönchszellen auf der Rückseite der Figuren hausten, an den Statuen emporzuklettern und Löcher für Sprengstoff in die Felswand zu hacken. Dann sprengten sie die Standbilder in Scherben.

Was davon übrig blieb, ruht jetzt zu meinen Füßen: Hunderte großer Gesteinsbrocken lagern unter provisorisch aufgestellten Planen des UNHCR. Ein Dutzend Arbeiter sucht den Boden vor den Nischen noch immer nach erkennbaren Bruchstücken ab, die von einem Team afghanischer und ausländischer Archäologen sorgfältig nummeriert werden.

Mit der Frage, ob wir die Buddhanische besichtigen und die Treppe hinaufsteigen dürfen, die die ursprünglichen Schöpfer der Statue an der Rückseite des »kleineren« Buddhas in den Fels gemeißelt haben, mache ich mich auf die Suche nach dem Projektleiter. Mahdi Mohammed Adi empfängt uns in seinem kleinen Büro in der Nähe des größeren Buddhas. Ich habe gelesen, dass eine Debatte über eine mögliche Restaurierung der Buddhas im Gange sei und die Japaner angeboten hätten, den größten Teil der (auf 50 Millionen Dollar veranschlagten) Kosten zu übernehmen. Der Projektleiter erklärt uns jedoch, warum dieses Angebot verworfen wurde: »Wir wollen die Ausgrabungsstätte so erhalten, wie sie ist«, sagt er mit einem müden Lächeln auf den Lippen. »Die Zerstörung der Buddhastatuen ist auch Teil unserer Geschichte. Außerdem besagen die Richtlinien der UNESCO, die diesen Ort zum Weltkulturerbe erhoben hat, dass Kulturdenkmäler nicht restauriert werden, wenn weniger als 60 Prozent von ihnen erhalten sind. Ich persönlich denke auch, dass das Geld anderswo besser eingesetzt werden kann.«

Dass der Schaden an den geschundenen Buddhastatuen von Bamian sicher weit über 40 Prozent liegt, kann ein Blinder sehen. Sie wurden einfach aus der Felswand gesprengt.

Um sich vorzustellen, wie sie in ihren Glanzzeiten aussahen, genügt es, die Reisebeschreibungen früherer Besucher zurate zu ziehen. Der große chinesische Reisende Huan Tsang schrieb im 7. Jahrhundert beim Anblick der Buddhas: »An allen Seiten glänzen ihre goldenen Ornamente und der prächtige Zierrat der Statuen ist eine wahre Augenweide.«

Während er uns zur Nische der kleineren Statue lotst, erklärt uns Mahdi Mohammed Adi, man habe die Buddhas zunächst in groben Zügen aus der Felswand herausgehauen und ihre Form erst dann mit Ton ausmodelliert. »Dabei wurde ein Verfahren angewandt, das uns auch heute noch geläufig ist«, sagt Herr Adi, während er am Fuße der zerstörten Statuen ein paar Scherben aus einem Kübel der Arbeiter nimmt, an denen ich sehen kann, dass der Ton mit Stroh, Pferdehaaren und Schafwolle vermischt ist.

»Das ist sehr stabil«, sagt Herr Adi. Doch für Dynamit nicht stabil genug.

»Diese Mischung wurde mit feinem Gips bestrichen«, fährt unserer Führer fort, »den man anschließend bemalt und vergoldet hat.«

So war es also früher hier gewesen: Zwei monumentale Kolosse mit von Blattgold überzogenen Antlitzen, der größere in ein rotes, der kleinere in ein blaues Gewand gehüllt, hatten viele Jahrhunderte lang über Bamian gewacht.

Nicht jeder war gleichermaßen von ihnen beeindruckt. In seinem Klassiker »Der Weg nach Oxiana« schrieb der exzentrische, aber geniale englische Reiseschriftsteller Robert Byron, der das Tal 1934 besucht hat: »Keine der Monumentalfiguren ist künstlerisch wertvoll. Aber das könnte man noch ertragen; abstoßend ist ihre Leere und ihre stumme Kraftlosigkeit.« Auch Bruce Chatwin betrachtete die Buddhas mit einer gewissen britischen Reserviertheit: »Aufrecht in seiner Nische, wie ein Walfisch auf dem Trockendock«, beschrieb er die Haltung des größeren Buddhas.

Ein Archäologe sammelt Bruchstücke der Buddhastatuen, die von den Taliban zerstört wurden. Von den monumentalen Statuen im Tal von Bamian sind nur noch die Nischen erhalten geblieben.

Aber nun ist ähnlich einem leeren Sarkophag nur noch das Dock übrig geblieben. Und selbst das droht verloren zu gehen. »Die Explosion hat die Felswände und die Nischen schwer beschädigt«, sagt Herr Adi. »Es wurden an die 20 Meter tiefe Risse festgestellt.«

Neben anderen versuchen nun Deutsche, Franzosen und Japaner zu retten, was noch zu retten ist. Die Wände der kleinen Buddhanische wurden zwar provisorisch abgestützt, doch es zeichnet sich ab, dass noch weitaus umfangreichere Erhaltungsmaßnahmen nötig sein werden. Bei meinem Aufstieg über die vor 1700 Jahren in den Fels gehauene Treppe in der kleineren Buddhanische kann ich mir selbst ein Bild davon machen. Ganz geheuer ist mir bei dieser Kletterpartie nicht. In Europa dürfte man sich einer solchen Ausgrabungsstätte nicht einmal auf 100 Meter nähern, doch hier in Afghanistan geht man grundsätzlich davon aus, dass jeder für sein eigenes Handeln selbst Verantwortung trägt, daher bestehen hier keinerlei Verbote.

An mehreren Stellen kann ich die Treppe verlassen und in den Fels gehauene Gebetsstätten oder ehemalige Mönchszellen betreten. All diese Alkoven wurden geplündert. In ihren Wänden klaffen leere Nischen, in denen früher kleinformatige Buddhastatuen standen. Doch an der Decke kann ich noch die Spuren der Meißel erkennen, mit denen die Steinmetze die Höhlen aus dem Stein gehauen haben, und am oberen Teil der Wände ist noch etwas von der kräftigen Farbigkeit und den geometrischen Mustern des ursprünglichen Putzes bewahrt geblieben. Schließlich erreiche ich die Höhe, auf der sich früher der Kopf der Buddhafigur befunden hat. Hier kann man über ein schmales Gesims hinten an der Nischenwand entlanglaufen. Tief unter mir sehe ich Herrn Adi, der sich mit einigen Arbeitern unterhält, und plötzlich wird mir bewusst, dass der geringste Erdstoß – oder was auch immer die labile Statik der stark angeschlagenen Nische aus dem Gleichgewicht bringen könnte – genügen würde, mich zu Tode zu stürzen. Ein Gedanke, der meiner Buddhabesteigung ein jähes Ende bereitet, und ich bin ziemlich froh, als ich wieder festen Boden unter meinen Füßen spüre.

Herr Adi schätzt, dass es noch mindestens zehn Jahre dauert, die Nischen so weit zu restaurieren, dass ihr Erhalt gesichert ist. »Aber dazu fehlt das Geld«, sagt er mit einem betrübten Blick.

Pläne gibt es genug: Ein Museum soll entstehen und um die wie Schweizer Käse durchlöcherte Felswand von Bamian soll ein Park angelegt werden. »Dann werden die Touristen zurückkommen«, hofft Herr Adi. Doch mit dem gleichen traurigen Blick fährt er fort: »Aber dafür müsste die Regierung erst einmal eine anständige Straße zwischen Kabul und Bamian anlegen und dafür sorgen, dass auf dem Weg hierher niemand mehr umgebracht wird.«

Als wir zu den Trümmern am Fuße der kleineren Buddhanische zurückkehren, fallen mir Minensucher auf, die mit ihren Detektoren in der Umgebung der Nischen den Boden absuchen.

Auf einem schmalen, durch weiß und rot bemalte Steine markierten Pfad gelange ich zu Afiz Raman, dem Kommandanten der Truppe, der mir freundlich Auskunft gibt.

»Noch vor einigen Tagen haben wir hier sechs Minen gefunden«, sagt er. »Problematisch ist das Minenfeld auf dem Berggipfel oberhalb der Buddhastatuen. Im Frühjahr spült das Tauwetter immer wieder Minen an die Oberfläche und dann können wir immer wieder von vorn anfangen.«

Die Minensuche verläuft quälend langsam. Jeder Nagel, jedes Stück Metall lässt die Detektoren aufheulen. Afiz Ramans Mannschaft besteht aus 30 Mann. »Wir werden hier noch lange zu tun haben«, meint er.

Nach meiner Rückkehr in das windschiefe *Mama Javal Hotel* werde ich zufällig Zeuge einer Diskussion zwischen einem jungen Engländer und einem Afghanen über eine Dienstleistung. Es geht ums Geld. Der junge Rucksackreisende ist offenbar der Meinung, in den ärmsten und geplagtesten Weltregionen sollten die Einheimischen für westliche Touristen eigentlich fast umsonst arbeiten. Soweit ich es mitbekommen habe, hat ihm der Afghane für einen ganzen Tag ein Auto samt Chauffeur zu dem sehr fairen Preis von 40 Dollar angeboten.

Der Engländer darauf entrüstet: »Sie begreifen es nicht. Ich habe wirklich kein Geld.« Der Afghane, erstaunt: »Warum reisen Sie dann?«

Der Engländer, romantisch: »Ich liebe das Reisen.«

Der Afghane, realistisch: »Und ich liebe es, anständig für meine Arbeit bezahlt zu werden.«

OBERHALB DER STRASSEN des heutigen Bamian erhebt sich eine imposante Festung. Hier befand sich in früherer Zeit – im 12. Jahrhundert – das Zentrum der islamischen Shansabani-Dynastie. Aber heute ist von der befestigten Stadt Shar-i-Gholghola nur ein bleicher Trümmerhaufen übrig geblieben. Vom Gipfel des Hügels blickt nur noch ein halb verfallener Wachturm ins Tal hinab.

Gemeinsam mit Arif steige ich den Hügel hinauf. Auf halber Strecke begegnen wir einem Soldaten, der uns eindringlich ermahnt, den Weg nicht zu verlassen, denn der Berg sei noch von Minen übersät. Der Ausblick von der Festung ist fantastisch. Die Abendsonne sprenkelt Schatten auf die Berge ringsumher und das Dunkel bildet einen starken Kontrast zu den glänzenden Schneegipfeln der alten dahinter liegenden

Bergriesen. Oben auf der Anhöhe stoßen wir auf eine schäbige Baracke der afghanischen Armee und verrostete russische Luftabwehrgeschütze. Die Soldaten freuen sich riesig, ihre Unterkunft für eine Weile verlassen zu können, um mit uns ein wenig zu schwatzen. Sie klagen über ihren Sold: »70 Dollar verdienen wir im Monat«, sagt einer der Rekruten, »und davon müssen wir 20 Dollar abgeben: zehn an unseren direkten Vorgesetzten und zehn an den Hauptmann im Dorf.« Sie sind sehr empört über diese korrupten Machenschaften. Ich kann sie gut verstehen, denn der Militärdienst in Afghanistan dauert mindestens ein Jahr, kann sich aber auch bis zu drei Jahren hinziehen. Ich frage die Soldaten, wie sie den Winter auf diesem stürmischen Berggipfel überstehen. Sie schlagen die Arme um ihre mageren Körper und sagen: »Es ist schrecklich. Das ganze Wasser muss mit Eseln aus dem Tal heraufgeschafft werden. Aber im Winter ist es schon gefroren, bevor die Esel oben ankommen.«

Wir steigen wieder ins Tal hinab, immer darauf bedacht, nicht vom Weg abzukommen. Die Begegnung mit den Soldaten erinnert Arif an seinen eigenen Militärdienst. Die Gedanken daran sind nicht gerade angenehm: Drei Jahre kämpfte er in der afghanischen Armee gegen die Mudschahedin. Er hatte kaum eine andere Wahl: Ein Offizier hat ihn eines Tages auf der Straße aufgelesen und rekrutiert.

»400 meiner Kameraden fielen während meiner Armeezeit«, sagt er bitter. »Männer, mit denen ich in einem Raum geschlafen und gebetet habe. Jeden Tag wurden wir von den Mudschahedin überfallen. Meist hielt ich meine AK-47 einfach über den Kopf und schoss in ihre Richtung. Ich versuchte einfach mit dem Leben davonzukommen. Während meiner dreijährigen Dienstzeit gestattete mir mein Kommandant nur zweimal, ins Dorf hinabzugehen, um ein paar Lebensmittel einzukaufen, denn er befürchtete, dass ich zu den Mudschahedin überlaufen würde. Die Russen, die mit uns kämpften, wurden wöchentlich per Hubschrauber abgelöst, aber wir mussten bleiben. Drei Jahre lang. Es war eine schreckliche Zeit.«

Ich frage ihn, ob er nach dem Sieg der Mudschahedin keine Schwierigkeiten bekam. »Ich nicht«, sagt Arif, »aber andere schon. Manchmal fragten die Mudschahedin junge Männer, auf welcher Seite sie während des Krieges gestanden hätten, und wenn ihnen ihre Antwort nicht gefiel, konnte es vorkommen, dass sie an Ort und Stelle erschossen wurden.«

Er erzählt mir dazu auch die Geschichte seines Onkels mütterlicherseits, der als General in der afghanischen Armee gedient hatte. Nach dem Krieg wurde er auf

Ein Hazara-Mädchen in Bamian.

offener Straße von Mudschahedin angehalten und nach einem kurzen Geplänkel erschossen.

»Das war noch nicht alles«, zischt Arif mit finsterer Miene. »Sie schnitten ihm auch den Kopf ab und weigerten sich, ihn herauszugeben. Als die Familie darum bat, spotteten sie, ›sein Kopf sei wohl in Russland‹.«

Wir lassen das Thema ruhen. Die Erinnerungen, die es heraufbeschwört, sind zu schmerzlich.

Am Fuß der Zitadelle schaue ich noch einmal nach oben. Wie vielem in Afghanistan war auch Shar-i-Gholghola ein schlechtes Ende beschieden. Nicht ohne Grund sind von der einst so stolzen und mächtigen Stadt nur die Ruinen einiger Wehrgänge und von ihren Häusern nichts als tiefe Löcher übrig geblieben. Ihre totale Zerstörung trägt die Handschrift Dschingis Khans.

Der große *Khan* der Mongolen kam im Jahr 1221 in das Tal von Bamian. Dabei hatte er offenbar keinen Höflichkeitsbesuch im Sinn. Einer regionalen Legende nach besiegelte die Tochter des hiesigen Herrschers das Schicksal der Festungsstadt. Aus tiefem Gram darüber, dass ihr Vater sich mit einer viel jüngeren Prinzessin wieder vermählen wollte, schoss sie einen Pfeil in das mongolische Lager, an dem ein Schreiben befestigt war. Darin gab sie den feindlichen Truppen den Rat, einen geheimen unterirdischen Brunnen auszutrocknen und so die Wasserversorgung der Zitadelle zu sabotieren.

Der Plan funktionierte. Nach dem Fall der Festung massakrierten die Mongolen alle Einwohner der Stadt bis auf den letzten Mann. Dschingis Khans Krieger wüteten so schrecklich, dass die alte Stadt bis zum heutigen Tag den Namen Shar-i-Gholghola, »Stadt der Schreie«, trägt.

Der Überlieferung nach erwartete die Königstochter den großen Khan nach dem Gemetzel in vollem Ornat, um ihre Belohnung in Empfang zu nehmen. Der blutrünstige Mongole ließ sie steinigen.

DA MAN UNS GERATEN HATTE, Bamian wegen der Überfälle von Räuberbanden besser frühmorgens zu verlassen, brechen Arif und ich im Morgengrauen auf. Wir sind nicht die Einzigen: Auch die Minibusse nach Kabul starten morgens um vier Uhr. Unser Weg führt uns aus dem Tal der Buddhas direkt in ein Gewirr wüster Schluchten, die alle zum schokoladenbraunen Fluss Dowshi hinabführen, dessen Lauf wir stundenlang folgen. Unsere Route verläuft durch die wildesten Berggegenden, die ich je gesehen habe. Nach anderthalb Stunden kommen wir noch einmal an der eindrucksvollen Ruine einer verfallenen Festung vorbei, danach fahren wir mutterseelenallein durch die Einöde. Selbst zu vorgerückter Stunde dringt in die tiefsten dieser Täler kein Sonnenstrahl. Wir durchqueren eine urzeitliche Wildnis, ein Paradies für jeden Geologen. Manchmal kommen wir an Sandsteinfelsen oder Bergen aus bröckeligem Konglomeratgestein vorbei, dann wieder durch Schluchten, in denen die Felsschichten die Farbe geronnenen Blutes haben.

Nach drei Stunden erreichen wir das Dorf Atchar, wo uns ein Mann des Hazara-Volkes anhält, der bemerkt, dass ich hier fremd bin. Die üblichen Höflichkeitsfloskeln werden ausgetauscht.

»*Khub hasti? Jur hasti?*« »Geht's Ihnen gut? Ist alles zu Ihrer Zufriedenheit?«

»*Mandeh nabashi. Zendeh bahsi*«, antwortet Arif. »Mögen Sie nie müde werden. Mögen Sie ewig leben.«

Als der Mann hört, dass ich Journalist bin, bringt er die Probleme des Dorfes zur Sprache. »In dieser Gegend leben 4000 Menschen«, sagt er. »Wir haben kein Krankenhaus, und die Schule unseres Dorfes besteht aus einem Zelt, das uns die Vereinten Nationen gespendet haben. Viele unserer Frauen, die kurz vor der Geburt stehen, sterben auf dem Weg nach Bamian. Denn mit dem Esel braucht man einen ganzen Tag für diese Strecke. Wer wird uns helfen?«

Ich weiß, dass er die Wahrheit sagt. Berichten von Hilfsorganisationen zufolge sterben 16 von 1000 afghanischen Frauen an den Folgen von Geburtskomplikationen. Abgesehen von Somalia ist das die höchste Sterblichkeitsrate der Welt. Erschütternde 40 Prozent aller Todesfälle von Frauen im fruchtbaren Alter lassen sich auf die Geburt ihrer Kinder zurückführen. Und damit nicht genug des Elends: Drei Viertel der Kinder, deren Mutter das Wochenbett nicht überlebt, sterben im ersten Lebensjahr.

Ich verspreche dem Hazara, über die Probleme seines Dorfes zu berichten, und er schüttelt mir herzlich die Hand. Direkt hinter dem Dorf nehmen wir einen Anhalter mit: einen alten Paschtunen, der zu Fuß in das drei Tagesreisen entfernte Pol-e-Khomri unterwegs ist. Als Dank für die Mitfahrgelegenheit kramt er aus seinem großen Reisesack zwei faustgroße Kugeln harten, stinkenden Ziegenkäse hervor, den er uns mit einem breiten Grinsen überreicht. Sie sind als Frühstück nicht zu verachten.

Im Lauf der Zeit tauchen wir immer tiefer in die Geschichte ein. Fuhren wir zunächst noch durch das Mittelalter und die ruhmreichen Zeiten Marco Polos, führt uns unsere Zeitreise schon bald durch die Äonen zurück in alttestamentarische Zeiten, in denen weißbärtige Männer mit Frau und Kind auf Eseln in die Berge ziehen und die Frauen der Hazara ihr Haar mit funkelndem Lapislazuligeschmeide schmücken. Sie tragen keine Burkas. So kann ich hin und wieder im Vorbeifahren einen Blick auf die

Eine Eselskarawane bringt kostbares Brennholz in ein gottverlassenes Bergdorf im Hindukusch.

wilde erhabene Schönheit unter ihren Kopftüchern und persischen Mützen erhaschen, während sie ihre Kleider am Fluss waschen.

Tief im Inneren dieses Labyrinths aus namenlosen Bergen und Tälern entwickelt sich ein wüstenartiges Klima, und es ist so heiß, dass man manchmal glaubt, durch einen riesigen Backofen zu fahren. Aber dort, wo sich das Tal öffnet, bietet sich mir der Anblick eines grünen Flickenteppichs aus Reisfeldern. Die Straßen in den umliegenden Dörfern sind von Bäumen gesäumt. Der Fluss führt genug Wasser, um mithilfe weitverzweigter Bewässerungssysteme den Obst- und Reisanbau zu ermöglichen. Männer mit Turbanen auf dem Kopf arbeiten tief gebückt im knöcheltiefen Wasser der Reisfelder.

Wir halten in einem Dorf namens Wadu, setzen uns zu den Männern unter eine riesige Platane, die sie *chinar* nennen, und essen einen Kebab aus Schafsleber. Sie legen großen Wert darauf, von mir fotografiert zu werden. Danach fahren wir weiter durch die endlosen Berge des Hindukusch. Manchmal braust der Fluss 100 Meter unter uns, dann fahren wir wieder an seinem Ufer entlang.

Unterwegs versucht Arif, mir ein paar Worte Dari beizubringen.

»*Mistar Maark, storesti?*« (Herr Marc, wie geht es Ihnen?)

Ich muss dann *khub hashtun* (Es geht mir gut) antworten, aber ich vergesse die Worte immer wieder oder spreche sie falsch aus. Schließlich einigen wir uns darauf, dass ich jedes Mal zwei Pepsi springen lasse, wenn ich falsch liege.

Um die Mittagszeit fahren wir an einer Stelle vorbei, an der – wie unser alter Mitfahrer erzählt – 33 Dorfbewohner begraben liegen, die von den Taliban exekutiert wurden. Die grünen Fahnen des Islam wehen über ihrer letzten Ruhestätte.

Nach elf Stunden holpriger Fahrt über eine der abgelegensten Bergstraßen der Welt erreichen wir schließlich die Straße von Masar-i-Scharif nach Kabul. Es herrscht eine brütende Hitze. Arif und ich sind völlig erschöpft. Zum Glück liegt nun eine befestigte Straße vor uns. Kurz vor unserer Ankunft in Pol-e-Khomri fahren wir an drei Jeeps der niederländischen ISAF-Truppen vorbei. Selbst in dieser bleiernen Hitze tragen sie ihre Kampfausrüstung – einschließlich kugelsicherer Westen und Helme.

Bald darauf kreuzen wir den Weg einer Kolonne mit fünf pakistanischen Lastwagen voller Kriegsschrott: Panzerdrehtürme, Raupenketten, ausgebrannte Gehäuse gepanzerter Truppentransporter, Fahrgestelle und Kabinen zerschossener Lastwagen. Sie schleppen ihre Beute nach Peschawar in Pakistan.

Schließlich kommen wir halb gar gekocht in Kundus an. Wir verabschieden uns von unserem Anhalter und machen uns auf die Suche nach einem Hotel. Es gibt drei davon in der Stadt, aber das erste Hotel weist uns ab, weil ich Ausländer bin: »Ich habe leider nicht die Genehmigung des Gouverneurs, Sie zu beherbergen«, sagt der Besitzer. Das zweite Hotel ist voll, doch das dritte hat ein Zimmer für uns. Erschöpft fallen wir auf unsere Betten. Die Hitze scheint von den Mauern abzustrahlen. Auf meinem Thermometer kann ich sehen, dass die Zimmertemperatur 46 Grad beträgt.

»Mistaar Maark, storesti?«

»Kobastan.«

»Two more Pepsi for you, haha!«

Im Laufe des Abends spüren wir, dass mit dem Zimmer etwas nicht stimmt, denn die Temperatur sinkt überhaupt nicht, ganz im Gegenteil! Wir kommen schnell dahinter, woran das liegt: Man hat uns das Zimmer über der Küche gegeben, in der sechs Mann eifrig das Feuer unter großen Töpfen und Pfannen schüren. Denn heute Abend soll, wie sie uns berichten, eine Hochzeit stattfinden (und der Festsaal liegt direkt gegenüber unserer Tür).

»Das bedeutet Musik bis ein Uhr nachts«, seufzt Arif, dessen Ringe unter den Augen allmählich anatomisch bedenkliche Proportionen annehmen.

Auf der Suche nach einem kühleren Ort flüchten wir in die Stadt, wo wir einen Eissalon entdecken, in dem das Eis noch selbst hergestellt wird: Dazu zerschlägt ein Mann mit einem kleineren Topf Eisbrocken in einer Trommel und fügt in einem Wasserbad Milch und Zucker hinzu.

Uns ist schon lange völlig egal, ob wir uns damit vielleicht Cholera einhandeln. Wir bestellen zwei große Portionen in der Hoffnung, unseren überhitzten Körpern von innen her Kühlung zu verschaffen.

Anschließend schlendern wir zum *Kundus Hotel* zurück, in dem sich inzwischen die ersten Gäste einfinden. Ich mache es mir auf einem Stuhl auf der Terrasse bequem, um ihre Ankunft zu beobachten, und registriere sofort, dass Männer und Frauen getrennt ankommen und durch unterschiedliche Eingänge hineinkomplimentiert werden.

Bei ihrer Ankunft legen die Frauen in ihren schneeweißen oder himmelblauen Burkas das Gehabe wahrer Diven an den Tag. Jedes Mal, wenn ein Wagen mit einer Frau am Eingang vorfährt, blicke ich unversehens auf einen Fuß oder gar einen Teil des Beines, der sich auf eine Weise aus der Wagentür schwingt, die einem Hollywood-Star alle Ehre machen würde. Die Raffinesse ihrer hochhackigen Pantöffelchen und ihrer glitzernden Abendkleider, die unter ihren gerafften Burkas herausblitzen, lässt darauf schließen, dass sie einer höheren Schicht angehören. Einige haben ihr Haar elegant hochgesteckt, was sich an den Wölbungen unter ihren geheimnisvollen Verhüllungen erkennen lässt. Eifrig plaudernd trippeln sie herein und lassen den Beobachter auf der Terrasse, was ihr Äußeres angeht, mit großen Fragezeichen zurück. Denn natürlich stellt sich mir wie jedermann die Frage: Wer versteckt sich unter diesen bauschigen seidenen Zeltgewändern? Sind es alte Hutzelweibchen oder blühende junge Frauen? Hässliche Hexen oder zauberhafte tadschikische Schönheiten? Nur Schuhe und Füße lassen etwas von ihrer Gestalt erahnen und geben ihnen die Möglichkeit, ihre Reize spielen zu lassen. Und angesichts ihrer blutrot lackierten Zehennägel würde ich darauf wetten, dass diese Frauen sich dessen sehr wohl bewusst sind.

»Männer und Frauen feiern in getrennten Räumen«, erklärt Arif. »In ihrem eigenen Festsaal legen die Frauen die Burkas ab und tanzen miteinander. Die Männer dürfen sie nicht sehen. Das Brautpaar bleibt im Saal der Frauen, daher ist der Bräutigam der einzige Mann, der diese Frauen zu Gesicht bekommt.«

Ich frage ihn, ob früher die Hochzeitsfeste gemeinsam gefeiert wurden. »Oh ja«, sagt Arif, »in der Zeit vor den Mudschahedin feierten wir alle Hochzeitsfeste zusammen. Es wurde getanzt und Whisky getrunken. Aber heute traut sich das niemand mehr, denn alle fürchten sich vor möglichen Folgen bei einer Rückkehr der Taliban.«

Als die Ankunftsshow der Frauen vorüber ist, kehren wir notgedrungen wieder in unser Backofenzimmer zurück. Doch hier ist es wirklich unerträglich, deshalb stromern wir eine halbe Stunde später schon wieder durch die Hotelgänge. Dabei werfe ich durch einen Türspalt einen Blick in den Festsaal, in dem sich die Damen amüsieren. Es ist ein wahres Defilee glitzernder roter, blauer und grüner Abendkleider.

»Damit kannst du dir Schwierigkeiten einhandeln«, tadelt Arif mein voyeuristisches Verhalten.

»Mein Gott, wie gerne würde ich wieder einmal einen Abend mit Frauen verbringen«, sage ich. »Habt ihr es denn nie satt, nur unter Männern zu sein?«

Arif ignoriert meine Frage und schlägt stattdessen vor: »Komm, wir setzen uns aufs Dach, dort ist es sicher kühl.«

Oben auf dem Hoteldach entdecken wir zu unserer großen Überraschung eine ganze Reihe bezogener Betten. In einigen von ihnen schlafen Männer, aber die meisten sind noch frei, daher dauert es auch keine fünf Minuten, bis wir es uns unter dem funkelnden Sternenhimmel von Kundus bequem gemacht haben.

DAS ERSTE, WAS WIR am nächsten Tag auf unserem Weg aus der glühend heißen Kundusebene nach Taloqan sehen, sind die verrosteten Überreste eines ausgebrannten und völlig zerschossenen Reisebusses.

»Taliban«, sagt Arif und macht ein besorgtes Gesicht.

Zwischen Kundus und Taloqan im Norden Afghanistans verlief zeitweilig die Front zwischen den Taliban und der Nördlichen Allianz unter dem Befehl Ahmed Shah Massuds. Diesem Kampf waren wohl auch die mehr als 50 Passagiere des Busses zum Opfer gefallen.

Hier in Kundus sangen die Taliban ihren Schwanengesang. Nach den Ereignissen des 11. September 2001 (und dem vorangegangenen Mord an Massud) erhielt die Nördliche Allianz die volle Unterstützung der USA. Damit gelang es dem Bündnis endlich, die Taliban sowohl in Kabul wie auch in Masar-i-Scharif zu Fall zu bringen. Auf ihrer Flucht zurück nach Pakistan sammelten sich die Taliban in Kundus. Um der pakistanischen Regierung eine peinliche Lage zu ersparen, gaben die USA in einer geheimen Absprache mit Pakistan ihre Zustimmung, dass die pakistanischen Soldaten, die die Taliban und die al-Qaida unterstützt hatten, auf dem Luftweg zurückkehren durften.

Mit den restlichen Taliban wurde ein Waffenstillstand geschlossen. Sie kamen in Kundus hinter Schloss und Riegel, wo die meisten von ihnen wohl dem Hungertod überlassen oder ermordet worden wären, wenn das Rote Kreuz nicht eingegriffen hätte. Schließlich landeten Tausende von Talibankämpfern im Hochsicherheitsgefängnis von Masar-i-Scharif. Als einige von ihnen versuchten, eine Gefängnisrevolte anzuzetteln, veranstalteten die Wächter ein Massaker und die USA setzten sogar zu einem Luftangriff auf das Gefängnis an. Dabei kamen 3000 Menschen ums Leben – viele Taliban starben mit auf dem Rücken gefesselten Händen.

WIE ALLE STRASSEN IN AFGHANISTAN ist auch die nach Taloqan von unmarkierten Verkehrsschwellen übersät. Oft werden dazu die Ketten ausgebombter Panzer benutzt, manchmal bestehen sie jedoch auch aus kleinen festgestampften Erdwällen, die das Auto einen halben Meter in die Höhe katapultieren, wie wir zu unserem eigenen Leidwesen feststellen mussten, als wir einmal einen von ihnen übersahen.

»Mistaar Maark, storesti?«

»Khub hastun!«

»Ooooh ... no more Pepsi!«

Taloqan, eine der früheren Stationen auf der Seidenstraße, war schon von jeher ein Rastplatz für Reisende. Marco Polo übernachtete hier auf dem Weg nach China. Bei seinem Aufbruch aus Balkh schrieb er:

> *»Am zwölften Tag erreicht man die befestigte Ortschaft Taican (Taloqan), das ist ein wichtiger Getreideumschlagplatz. Das Land selbst ist sehr schön; im Süden erheben sich riesige Salzgebirge. Von überall her, aus Entfernungen von 30 Tagesreisen, holen sich die Leute das Salz; denn es ist das beste der Welt.«*

Auf unserer Fahrt in die Berge konnte ich den Glanz dieses Salzes sehen, das die Hänge wie weiße Leinenstreifen durchzieht. An einigen Stellen wird es auch jetzt noch von den Einheimischen abgebaut.

Bis heute hat Taloqan sich etwas von seinem Charme bewahrt. Ich erlebe es als eine wasserreiche Stadt, in deren Straßen die Bäume genügend Schatten spenden, um Schutz vor der Hitze zu bieten. Die Stadt macht auf mich einen angenehmeren Eindruck als das düstere, staubige Kundus, das bei meinem Aufenthalt eher bedrohlich wirkte.

Durch die Straßen Taloqans fahren Pferdekarren, die man schon von fern hört, denn die Pferde tragen kleine Kupferglocken am Hals. Die Kutscher befördern mürrisch aussehende paschtunische Händler mit großen Turbanen und in Burkas gehüllte Frauen zum Basar. Allem Anschein nach bin ich der einzige westliche Ausländer, der sich hier aufhält. Einmal werde ich während eines Spazierganges mit Arif von einem Mann ganz erstaunt angesprochen und gefragt, ob ich Amerikaner und Arif mein Bodyguard sei.

Wir finden Unterkunft in einem schmutzigen kleinen Hotel, in dem als Frühstück immer das Gleiche serviert wird: Kebab aus Schafsleber. (Laden Sie mich NIE wieder zu einem Barbecue ein!) Bei den Verhandlungen über den Zimmerpreis sind wir schnell bereit einzulenken, als uns der Besitzer verspricht, neue Laken und Decken auf die Betten zu legen, »um lästige Läuse zu vermeiden«.

Im Obergeschoss des Hotels gibt es neben einem Flur, von dem alle Zimmer abgehen, auch ein großes Restaurant, mit einem Fernsehapparat, in dem fortwährend indische Filme (mit Frauen!) und manchmal sogar pakistanische Machwerke laufen. Ich schwöre Ihnen: Der Konsum solcher Filme kann ernste gesundheitliche Schäden nach sich ziehen! Ich versuche, mich ihnen zu entziehen, aber eine ganze Horde afghanischer Männer mit langen Prophetenbärten starrt wie gebannt auf den Bildschirm, als der leidgeprüfte Held des Films die sirenengleichen Verführungskünste der Hauptdarstellerin, wie es die Tradition verlangt, zurückweist und sich grimmig ins Gebirge zurückzieht, um ihren Verlockungen zu entfliehen und über sein Schicksal nachzudenken. Um dann doch nach einer Weile immer wieder in die Zivilisation zurückzukehren, voll wilder Begierde nach seiner Geliebten zu suchen und beherzt mit seinen Rivalen abzurechnen. Wenn es ihm dann nach zahllosen Abenteuern endlich gelingt, sie zu finden, wirft er sich die Frau über die Schulter und bringt sie nach einigen zusätzlichen Verwicklungen schließlich doch noch heim zu Haus und Herd.

Erlauben Sie mir zu dieser Art von Unterhaltung eine gut gemeinte Warnung: Betreten Sie niemals ein Restaurant, an dessen Außenseite zwei Parabolantennen angebracht sind! Das erhöht Ihr Risiko, psychische Schäden davonzutragen, um ein Vielfaches: Denn im Speisesaal sieht sich der arglose Gast hier zwei vor sich hin plärrenden Fernsehgeräten ausgesetzt. In einem laufen ständig indische Schmachtfetzen, während gleichzeitig im anderen zornig wirkende Prediger aus Saudi-Arabien die Gläubigen dazu anhalten, ein besseres Leben zu führen und sich keine unmoralischen indischen Filme mehr anzusehen.

VON TALOQAN BIS ZUR TADSCHIKISCHEN GRENZE sind es kaum 100 Kilometer, aber mit unserem Vehikel brauchen wir fünf Stunden für diese Strecke. Kaum haben wir das Stadtzentrum hinter uns gelassen, als wir uns in dem scheinbar zeitlosen Afghanistan wiederfinden, dem wir schon in den Bergen zwischen Bamian und Dowshi begegnet waren. Auch hier sind die Straßen in einem miserablen Zustand. Nach einer Stunde voller Holpern und Rütteln kommen wir durch ein Dorf, dessen Häuser aussehen, als seien sie aus getrocknetem Schlamm gebaut. Überrascht winken die Kinder am Straßenrand unserem Auto zu, aber als wir anhalten, laufen sie davon. Ein anderes Mal begegnen wir einer Familie, die auf zwei Eseln unterwegs ist. Der Mann, ein Paschtune mit einem schweren Turban und einer Haut wie Leder, reitet voran. Dicht dahinter folgt seine Frau in weißer Burka mit einem kleinen Kind auf dem Arm.

Wir halten an, denn ich möchte den Mann gerne fragen, ob ich seine Familie fotografieren darf. Mit einem breiten Lächeln gestattet er es mir – Afghanen stehen mit Begeisterung für ein Foto Modell. Als wir uns danach kurz unterhalten, erzählt er mir, dass sie mit ihrem kranken Kind auf dem Weg zu einem Mullah in Taloqan seien. Mit dem Esel ein vierstündiger Ritt durch die sengende Hitze! Ich frage ihn, warum er keinen Arzt aufsucht. Darauf antwortet er mir, es liege in Gottes Hand, ob das Kind gesund werde, und für diese Dinge sei der Mullah zuständig. Ich gebe ihm etwas Geld und lege ihm ans Herz, nach dem Besuch beim Mullah noch einen Arzt zu konsultieren. Er verspricht mir lächelnd, darüber nachzudenken. Dann dankt er uns überschwänglich und reitet weiter.

Wir sind zu einem Ort unterwegs, an dem sich in alten Zeiten die am östlichsten gelegene und dazu noch größte griechische Stadt außerhalb Griechenlands befunden hat. Die Einheimischen kennen sie unter dem rätselhaften Namen Ai Khanum. Arif erklärt mir, *Khanum* bedeute in Dari »Frau«, und *Ai* sei das usbekische Wort für »Mond«. Mit großer Sicherheit handelt es sich dabei um die Stadt, die Alexander der Große unter dem Namen Alexandria am Oxus gegründet hatte.

Auf dem Weg zur archäologischen Fundstelle kommen wir an einem Flugplatz vorbei, auf dem das russische Modell einer alten viermotorigen Frachtmaschine steht, die offensichtlich abgeschossen worden war und eine ziemlich unsanfte Notlandung hinter sich hat: Ihr Schwanz ist abgebrochen und hinter dem Cockpit ragt ein Teil des Rumpfes senkrecht in die Höhe. Was irgendwie brauchbar war, wurde aus dem Flugzeug entfernt. Sein Gestänge ist alles, was auf der Landebahn zurückgeblieben ist – es erinnert an das abgezehrte Gerippe einer prähistorischen Bestie.

Kaum haben wir den einsamen Flugplatz mit seinen zerschossenen Gebäuden hinter uns gelassen, als wir uns schon verfahren. Die wenigen Einheimischen, denen wir unterwegs begegnen, weisen immer wieder auf die Berge am Horizont, wenn wir sie nach dem Weg fragen. Doch weil sie nicht bedenken, dass wir anders als sie mit dem Auto unterwegs sind, bleiben wir mehrmals auf staubigen Fußwegen oder tief ausgewaschenen Hohlwegen stecken. Das ist kein ungefährliches Spiel, denn in Afghanistan kann man nie so genau wissen, ob man einen Meter neben der Fahrbahn durch ein Minenfeld fährt oder nicht. Schließlich taucht in der Ferne ein festungsartiger Bau auf, in dem ich spontan einen Teil der alten Stadt vermute, aber zu unserem Erstaunen handelt es sich um eine Polizeistation.

Der Kommandant empfängt uns überaus freundlich und ich bitte ihn, die Ausgrabungsstätte besuchen zu dürfen.

»Beim Barte des Propheten«, sagt er, »in all meinen Dienstjahren ist hier noch nie ein Journalist aufgekreuzt und erst recht kein Tourist.« Er freut sich offenkundig sehr über unseren Besuch und bietet uns die Begleitung eines seiner Unteroffiziere an. Ai Khanum sei zwei Kilometer entfernt, sagt er und weist mit seinem Kinn in die Richtung, in der die alte Stadt liegt.

Was ich dort zu sehen bekomme, trifft mich unvorbereitet. Ich hatte erwartet, hier ähnlich wie in Griechenland die zerfallenen Ruinen eines Amphitheaters und die ein oder andere geborstene, halb im Boden versunkene korinthische Säule vorzufinden. Doch als wir uns endlich dem ursprünglichen Standort der Stadt nähern, bietet sich mir der Anblick einer von Löchern durchsiebten Mondlandschaft. Ich bin von ihrer großen Ausdehnung überrascht. Hier muss sich einstmals eine reiche Stadt befunden haben.

Ich bitte Arif zweimal anzuhalten, damit ich diese seltsame Ansicht fotografieren kann, doch merkwürdigerweise entschuldigt er sich jedes Mal mit dem Hinweis, der Polizist habe ihm befohlen weiterzufahren. Was das wohl zu bedeuten hat?

Noch einmal überwindet unser Jeep einen Hügel, dann eröffnet sich uns ein fantastischer Blick: Wir stehen am Zusammenfluss zweier Wasserläufe, was die Lage der Stadt unmittelbar erklärt. Zu meiner Rechten zieht sich der dunkle Strom des Amudarja (des antiken Oxus) an den finsteren Berghängen entlang, zu meiner Linken fließt ihm der kleinere Fluss Kotcha zu. Genau auf der Landspitze, an der beide Flüsse ineinanderfließen, hält unser Jeep.

»Der Polizist möchte uns etwas erzählen«, sagt Arif, und langsam dämmert mir, warum wir hier stehen: Hier im Schutz der Hügel kann uns niemand beobachten.

»Kommen Sie!« Der Polizist winkt mich hinauf auf den Hügel, von wo ich einen freien Blick auf die einstige Stadt habe. Was ich hier sehe, trifft mich wie ein Hammerschlag. Mein Blick fällt auf dieselbe pockennarbige Landschaft, die ich schon während der Fahrt an uns vorbeiziehen sah. Doch nun erkenne ich, dass die Löcher, die ich in meiner Naivität für Überbleibsel der ursprünglichen Häuser hielt, erst aus jüngster Zeit stammen können, denn sie haben scharf geschnittene Kanten, die von Schaufeln herrühren. Es sind unzählige: Tausende Gruben und Löcher. Das kann nur eines bedeuten: Ai Khanum wurde geplündert.

»Das ist alles zwischen 1997 und 2001 passiert«, sagt der Polizist und zeigt dabei mit weiter Geste über das trostlose leer geräumte Grabungsfeld.

Pferdetaxi in Taloqan. Rechts eine Frau in blauer Burka. Da sie nicht gut sieht, gebraucht sie einen Stock, um die Löcher in der Straße ertasten zu können.

Ich bin zu schockiert, um ihn viel zu fragen, denn einer Plünderung von solchen Ausmaßen bin ich noch nie begegnet. In wenigen Jahren wurden hier die verbliebenen Kulturgüter einer 2000 Jahre alten historischen Stätte ausgegraben und verkauft. Aber eigentlich brauche ich meinem Gesprächspartner gar nicht viele Fragen zu stellen, denn er kommt nun richtig in Fahrt. Man sieht ihm an, wie wütend ihn diese Plünderung macht.

»Das ist das Werk von Mammur H.* und seinem Handlanger Hadji S.*«, sagt er. »Sie rückten mit Hunderten von Helfern hier an. Alle ausgegrabenen Schätze – die Münzen, der Marmor, die Vasen, Teile eines Springbrunnens mit Wasserspeiern, die aussahen wie Hundeköpfe, Füchse oder Löwen, und vieles andere – wurden an pakistanische Händler verkauft. Die schmuggelten sie später mit Zustimmung der Taliban in Badakhshan über die Grenze.« Ich beginne, mir einige Notizen zu machen.

»Das wertvollste Stück, das sie fanden, war eine vergoldete, 280 Kilo schwere Statue von Iskander Makedonia«, schnaubt der Polizist. »Alles wurde gestohlen!«

»Von Alexander?«, entfährt es mir mit zunehmendem Erstaunen.

* *Aus Sicherheitsgründen wurden die Namen der Hauptakteure abgekürzt.*

»Dem Gehörnten!«, sagt der Polizist nun fast beschwörend. »Der Kopf dieser Statue hat kurze Hörner wie ein junger Bock. Und er trägt zum Schutz eine Kobra um seinen Hals.«

»Haben Sie das selbst gesehen?«

»Ja«, seufzte der Polizist. »Aber damals gab es hier noch keinen Polizeiposten. Ich versah meinen Dienst in einem Dorf, zehn Kilometer von hier entfernt. Ich habe die Schätze gesehen, nachdem sie ihre Ausgrabungen abgeschlossen hatten. Aber ich konnte nichts tun. Sie drohten damit, mir eine Kugel in den Kopf zu jagen, falls ich reden würde. Mit diesen Kerlen war nicht zu spaßen.«

Der kleine drahtige Mann, unter dessen krummer Nase ein gerader schwarzer Schnurrbart prangt, ist über die Geschehnisse offensichtlich sehr bekümmert.

»Später, nachdem die Taliban in die Flucht geschlagen worden waren, haben wir herausgefunden, dass ein pakistanischer Antiquitätenhändler namens Hadji Rani die Statue erworben hat«, fährt er fort. »Sehr wahrscheinlich hat er sie einem französischen Kunstliebhaber verkauft.«

Am gegenüberliegenden Ufer des Amudarja liegt Tadschikistan. Während ich über das Wasser blicke, sagt der Polizist: »Als ich noch Student war, kam ich öfter zum Picknicken hierher. Wenn ich diesen Ort jetzt sehe, kommen mir die Tränen.«

Ich spüre instinktiv, dass er noch mehr erzählen will. Deshalb sage ich: »Wenn die Taliban wussten, was hier passierte, floss dann nicht auch das Geld aus diesem Schmuggel in ihre eigene Kasse?«

Auf diese Frage hatte der Polizist offenbar nur gewartet: »Natürlich!«, bricht es aus ihm heraus. »Und auch in die der al-Qaida! Mammur H. – möge Gott ihn verfluchen! – steckt mit Gulbuddin Hekmatyar unter einer Decke. Aus zuverlässigen Quellen weiß ich, dass die beiden sich vergangene Woche noch in Argu getroffen haben, in den Bergen von Badakhshan.«

Badakhshan ist mein nächstes Ziel und auch Hekmatyar ist mir ein Begriff: Denn er steht auf der amerikanischen Liste weltweit gesuchter Terroristen. Der bekannte und gefürchtete afghanische Kriegsherr landete auf dieser Liste, als er die al-Qaida zu unterstützen begann. Männer wie er gedeihen prächtig in der Gesetzlosigkeit Afghanistans und haben daher ein lebhaftes Interesse daran, die bestehende Anarchie aufrechtzuerhalten.

Früher war Hekmatyar der Anführer der Hezb-i-Islami, einer der sieben Mudschahedingruppen mit Stützpunkt in Peschawar. Aber das ist lange her. Nun steht er unter Verdacht, die Regierung Karzai destabilisieren zu wollen. Die USA glauben, dass er hinter einer Anzahl von Bombenanschlägen steht. Unter anderem hinter dem mörderischen Anschlag, bei dem am 5. September 2002 in Kabul eine Autobombe in der Nähe eines von Ausländern häufig frequentierten Telekommunikationsbüros 26 Zivilisten in den Tod riss.

»Es ist zum Kotzen«, sagt der Polizist plötzlich. »Manchmal schäme ich mich dafür, diese Polizeiuniform zu tragen.«

»Warum?«, frage ich.

»Mammur H. ist auch in einen groß angelegten Heroinschmuggel verwickelt«, antwortet er.

»Mithilfe seiner Mittelsmänner schickt er wöchentlich mindestens 60 Kilo Heroin über die Grenze nach Tadschikistan. Vergangene Woche sogar 120 Kilo.«

»Wo spielt sich das ab?«

»Hier«, sagt der Polizist, »direkt vor meiner Nase. Die Grenze zu Tadschikistan ist 1200 Kilometer lang, aber auf der anderen Uferseite verläuft hier eine Straße. Daher wird diese Stelle als Schmuggelroute genutzt.«

»Warum nehmen Sie diese Kerle nicht fest?«

Mit einem gequälten Blick in seinem verwitterten Gesicht sagt er: »Das würde ich zwar gerne, aber dann wäre ich innerhalb einer Woche tot. Wenn Mammur H. wüsste, dass ich hier mit Ihnen rede, könnte mich das mein Leben kosten. Ich habe drei Kinder.«

Ich bitte ihn darum, mir den Ablauf einer Schmuggelaktion genau zu erläutern.

»Der befehlshabende General der Armee und einer seiner Hauptmänner sind an dem Komplott beteiligt. Sie sind schon 15 Jahre im Geschäft. Das Heroin wird mit einem Boot über den Fluss gebracht. Bis vor einigen Jahren nahmen sie einfach ein Motorboot, aber nun sind sie vorsichtiger geworden und rudern das Zeug auf die andere Seite. Sie haben Kontakt zur Geheimpolizei in Tadschikistan, die das Heroin am anderen Ufer in Empfang nimmt. Niemand bewacht die Grenze. Und das wissen die Schufte ganz genau.«

»Und jede Woche schauen Sie dabei zu«, sage ich.

»Ja«, seufzt er. »Sie signalisieren ihren Kontaktmännern bei der Polizei sogar, wann sie auftauchen werden, sodass unsere Grenzposten zu diesem Zeitpunkt in etwas größerer Entfernung voneinander patrouillieren, und schon ist die Sache geritzt. Sie setzen in nur drei bis fünf Kilometer Entfernung von dem Checkpoint, an dem ich Sie getroffen habe, über den Fluss.«

»Reizt es Sie nie einzugreifen?«

Bei dieser Frage lebt er förmlich auf: »Einmal habe ich sechs dieser Schurken festgenommen«, zischt er, »aber nach einer Woche kam Mammur H. höchstpersönlich. Er riss mir die Epauletten von der Uniform und sagte: ›Geh nach Hause. Nächstes Mal bist du dran.‹«

Jetzt ist er nicht mehr zu bremsen: »Ich bekomme hier fast täglich Herointransporte zu sehen, aber was soll ich machen«, fragt er, »wenn sogar einige Regierungsmitglieder mit von der Partie sind!«

»Wie das?«, frage ich. Das wird ja immer interessanter.

»Mit einem Teil des Geldes aus dem Heroinschmuggel werden auch Polizisten bezahlt. Diejenigen, die mitspielen, bekommen einen guten Job, damit sie den Mund halten. Vor ein paar Wochen fuhr hier ein Polizist der städtischen Polizei mit einem Polizeiwagen vor, um den Schmugglern 80 Kilo Heroin abzukaufen. Mit einem Polizeiwagen! Handlanger von Regierungsmitgliedern verkauften das Zeug. Eine Woche später zahlten sie dem Polizisten 5000 Dollar aus und sagten ihm: ›Dein Job ist erledigt, fahr nach Hause.‹ Und wir von der Grenzpolizei dürfen kein Wort darüber verlieren. Ich bin jetzt 20 Jahre bei der Polizei und besitze lediglich ein Moped. Diese Männer von der *security*« – er spuckt das Wort voller Verachtung aus – »fahren mit Toyota Corollas durch die Gegend.«

»Aber haben Sie denn darüber nie Berichte an Ihre Vorgesetzten oder direkt an die Regierung geschrieben?«, halte ich ihm entgegen.

»Dutzende«, antwortet er wütend. »Ich habe nie mehr was davon gehört. Aber schauen Sie: Ich habe das hier.«

Er holt ein Notizbuch aus seiner Tasche.

»Hier in diesem Buch stehen die Namen aller Beteiligten mit Daten, Uhrzeit und der Art ihres Vergehens. Wenn ich tot bin, werden sie es finden und sie werden erkennen, dass ich ein rechtschaffener Mann war.«

AUF DER RÜCKFAHRT nach Taloqan hüllt sich Arif in Schweigen. Doch irgendwann bricht es aus ihm heraus: »Mister Maark, jetzt sehen Sie, wie es in meinem Land zugeht. Alles wird gestohlen. Und die größten Schurken sitzen in der Regierung!« Er steht sichtlich noch unter dem Eindruck der verzagten Beichte des Polizeioffiziers. Während er das Auto an den Schlaglöchern vorbeibugsiert, brummt er: »Sie müssen das der CIA berichten, damit sie die Drogenmafia ausschaltet. Hekmatyar setzt das Heroingeld zur Finanzierung der al-Qaida ein.«

Noch während wir darüber debattieren, kommen wir wieder einmal vom rechten Weg ab. Nach einer Weile gelangen wir über einen Ziegenpfad in ein Dorf, dessen Einwohner uns wie Außerirdische anstarren. Sie blicken so verdutzt drein, als hätten sie noch nie zuvor ein Auto gesehen.

Ich habe Angst vor den Minen. In dieser Gegend kann man leicht in eine äußerst problematische Lage geraten, wenn man über eine Straße fährt, auf der keine Reifenspuren eines anderen Wagens zu sehen sind. Nirgends auf der Welt liegen mehr

Ein Hirtenjunge bei seiner Eselherde in der unmittelbaren Umgebung der geplünderten Ausgrabungsstätte von Ai Khanum.

Minen, und nirgends explodieren mehr Blindgänger als in Afghanistan. Die Schätzung über die Zahl der noch vorhandenen Minen variieren zwischen einer und zehn Millionen. Die recht zuverlässigen Angaben des Roten Kreuzes gehen davon aus, dass seit 1979 mehr als 200 000 Afghanen durch Landminen ums Leben gekommen oder verwundet worden sind. Nach Berechnungen der Vereinten Nationen kommen zu diesen Opfern monatlich noch etwa 150 dazu.

Daher sind wir ziemlich erleichtert, als einer der Dorfbewohner schließlich mit uns fährt, um uns wieder auf den rechten Weg zu bringen.

Die Hitze im Auto und der braune Staub, der an uns klebt wie Gips, machen uns langsam, aber sicher mürbe. Als wir es kaum noch aushalten, hält Arif in einem Dorf namens Desjt Kala bei einem Badehaus an. Der Badeaufseher wirft uns einen mitleidigen Blick zu und macht sich sofort ans Werk. Zunächst lotst er uns zum erlösenden Wasser, dann verspricht er, uns frischen Joghurt zu besorgen, wenn wir uns abgekühlt haben.

Im Badehaus gieße ich mir eine halbe Stunde lang mit einer Schale Wasser über die Birne. Und nach den Geräuschen aus der Nachbarzelle zu urteilen, tut Arif genau das Gleiche. Als wir schließlich wieder im Eingangsbereich auftauchen, ist der Wächter schon eifrig dabei, den frischen Joghurt, den er aus dem Dorf geholt hat, zuzubereiten. Zunächst mischt er ihn mit zerstoßenem Eis, dann gibt er noch einen ordentlichen Löffel Salz hinzu. Zusammen mit dem typisch afghanischen Fladenbrot und mehreren Tassen grünem Tee bildet er eine Mahlzeit, die uns wieder zu Kräften bringt. Der ganze Service kostet jeden von uns einen Dollar.

Als wir Taloqan erreichen, ist es bereits dunkel. Wir beziehen abermals ein Zimmer in demselben alten Hotel. Der Hotelbesitzer begrüßt uns wie vertraute Freunde und erkundigt sich ausgiebig, wie es uns an der tadschikischen Grenze ergangen ist. Dann verschlingen wir hungrig einen Kebab und ziehen uns mit vollem Bauch in unser überhitztes Zimmer zurück.

Kurz darauf erhalten wir dort Besuch von einem Mann, der im Erdgeschoss einen Kiosk betreibt. Um seinen Hals trägt er einen gewaltigen Verband. Er erzählt, wie er vor acht Tagen zusammen mit seinen Mitreisenden in einem Minibus von Räubern überfallen wurde. Der Zwischenfall ereignete sich auf der Straße von Kabul nach Taloqan.

»Kurz nach Einbruch der Dunkelheit wurden wir von drei bewaffneten Kerlen gestoppt. Weil unser Busfahrer nicht schnell genug anhielt, eröffneten sie das Feuer.« Eine Kugel hat seinen Hals direkt oberhalb des Schlüsselbeins durchbohrt. Nach Auskunft des Arztes, der ihn zusammengeflickt hat, kann er von Glück sagen, dass seine

Halsschlagader nicht verletzt wurde. »Ich bin gekommen, um Sie davor zu warnen, bei Dunkelheit zu fahren«, sagt er.

Genau um solche Zwischenfälle zu vermeiden, behalten wir auf unserer weiteren Reise den gleichen Rhythmus bei und brechen immer um vier Uhr in der Frühe auf. So auch zu unserer Fahrt nach Badakhshan, Afghanistans größter Provinz, die wie das benachbarte Nuristan sicher zu den entlegensten Regionen auf diesem Planeten gehört.

Die Tour beginnt vielversprechend, denn wir verlassen Taloqan in zügigem Tempo auf einer neu asphaltierten Straße. Nach genau zwölf Kilometern ist es mit unserem Glück vorbei. Denn nun geht es wieder über Stock und Stein und wir müssen mehrfach nach dem Weg fragen. Auch das geht eine Zeit lang gut, bis uns unser Weg durch ein ausgetrocknetes Flussbett führt. Das ist in Afghanistan nicht ungewöhnlich, doch als die Strecke immer schlechter wird, verfluchen wir den Lastwagenfahrer, der uns eine halbe Stunde zuvor in diese Richtung geschickt hat. Immer wieder durchqueren wir Wasserrinnen und Arif schickt im Flüsterton bereits Stoßgebete zu Allah, als plötzlich 100 Meter über uns die Straße auftaucht. Wie eine Brüstung klebt sie am Berghang.

Ich kann einen herzhaften Fluch nicht unterdrücken, denn unsere Situation sieht nicht gerade rosig aus. Natürlich käme niemand auf die Idee, einen Fluss zu verminen, aber auch ohne Minenexperte zu sein, bin ich mir darüber im Klaren, dass jedes Tauwetter Minen und Blindgänger in das Flussbett spült.

Wir schauen uns an. Wenden und zurückfahren? Während wir überlegen, sehen wir ein paar Hundert Meter vor uns eine Spur auf der steilen Böschung, die offenbar zur Straße hinaufführt. Arif nimmt Kurs Richtung Berghang. Wie gebannt starrt er auf die Strecke vor uns, als wolle er jeden Stein und jeden Felsbrocken einzeln in Augenschein nehmen. Ich rutsche unruhig auf meinem Sitz hin und her. Es dauert eine Ewigkeit, bis wir die Böschung erreichen. Dann setzt Arif den Vierradantrieb des Land Cruisers ein, und wir gewinnen langsam an Höhe, bis wir schließlich den Straßenrand erreichen und zur Überwindung der Straßenkante ansetzten. In diesem Moment bleibt mein Herz fast stehen. Denn als wir dieses letzte Hindernis nehmen, sehe ich, dass der Straßenrand mit rot bemalten Ziegeln markiert ist. Das hat in diesen Breiten nur eines zu bedeuten: Wir sind gerade durch ein nicht geräumtes Minenfeld gefahren.

Auch nachdem wir die Hinterräder unseres Wagens schon wohlbehalten auf die Straße gehievt haben, bringe ich kein einziges Wort heraus. Wie gebannt starre ich auf die Böschung und kann an nichts anderes denken als an die Dutzende explodier-

An den Ufern des Kotcha in der Berglandschaft zwischen Taloqan und Faizabad stehen vier Jungen dem Fotografen Modell.

ter und umgekippter Tanks und Panzerwagen, die wir in den vergangenen Tagen gesehen haben und die seinerzeit sicher weniger Glück hatten als wir mit unserer idiotischen Flusstour.

»*Storesti, Mister Maark?*«

Verdammt, vor blankem Entsetzen komme ich nicht mehr auf das Wort!

»*Aha! Two Pepsi!*«

BEI EINER KANNE TEE gehen wir den Vorfall noch einmal durch. Nein, was wir getan haben, war sicher alles andere als clever. Bestimmt hat es Allah gut mit uns gemeint und in seiner Freundlichkeit und Güte beschlossen, uns trotz unserer Torheit noch einmal davonkommen zu lassen. Aber eins steht von nun an felsenfest: Wegbeschreibungen der Einheimischen werden wir in Zukunft nur noch mit Vorsicht genießen. Zu guter Letzt und nachdem es Arif gelungen war, die Wendung *very dangerous* dreimal in einen einzigen Satz einzubauen, einigen wir uns darauf, nie wieder etwas auf eigene Faust außerhalb der markierten Wege zu unternehmen.

Die Straße nach Badakhshan führt uns schnell hinauf in die Berge. Wie riesige Wellen eines grünen Meeres scheinen sie bis ans Ende der Welt zu wogen. Der Himmel ist klar und blau, hin und wieder sehe ich einen Wiedehopf vorbeiflattern. Bevor wir die lange, kontinuierlich ansteigende Straße nach Faizabad, der Hauptstadt von Badakhshan, hinauffahren, halten wir zum Tee in Ketchum. Noch immer liegen fünf Stunden Fahrt vor uns. Tief unter uns braust ein lehmfarbener Fluss. Jeder entgegenkommende Laster verursacht nervöse Ausweichmanöver, denn schon ein einziger Lenkfehler kann hier fatale Folgen haben. Immer wieder sehen wir an den Berghängen am Wegesrand rot gekennzeichnete Steine, die vor Minenfeldern warnen. Oder blaue, die anzeigen, dass die Minen hier schon geräumt wurden. Jedes Mal, wenn wir an roten Steinen vorbeifahren, schauen wir uns vielsagend an, verlieren aber wohlweislich nie ein Wort darüber.

Am frühen Nachmittag erreichen wir Faizabad. Die Amerikaner haben hier eine neue Brücke über den Fluss errichtet. Faizabad hat eine »Neustadt«, in der ich eine Rote-Kreuz-Station entdecke, und einen älteren Teil mit einem Basar, in dem chinesisches Kochgeschirr, pakistanische Radios, blutrote Teppiche aus Usbekistan und alle möglichen Gebrauchsgegenstände feilgeboten werden. Hier bieten die Metzger schlachtfrische Ziegen an, aus deren Hälsen noch das Blut heraustropft. In den Gold- und Silberschmuck der hiesigen Juweliere ist Lapislazuli eingearbeitet. Er stammt aus den 6000 Jahre alten Minen aus den Bergen um Badakhshan, das über den Andjomanpass auch mit dem Panjshirtal verbunden ist. Schon Marco Polo schrieb in seinem Buch, dass hier der beste und feinste Lapislazuli der Welt zu finden sei.

In einem anderen Teil des Basars – er fällt zum Fluss hin ab, der den Verlauf der Straße ins pakistanische Chitral markiert – fallen mir Männer mit Kopftüchern auf, die ihre Kampfvögel anpreisen. Es sind Rebhühner in geflochtenen Weidenkäfigen. Vogelkämpfe ziehen in den Bergdörfern um Faizabad viele Zuschauer an, und wie mir die Händler bei meinem Gang über den Basar versichern, werden bei diesen Spektakeln hohe Summen verwettet.

Irgendwann landen Arif und ich bei einem Fotografen, dessen Kamera offenbar noch aus der Stummfilmzeit stammt. Wir lassen uns von ihm porträtieren, was sich als mühsames Unterfangen erweist: Zunächst erstellt der Fotograf mit einer hölzernen Kamerabox von der Größe einer Apfelsinenkiste ein Negativ von unseren verstaubten Gesichtern. Anschließend retouchiert er es, indem er die dunkleren Partien (Arifs Gesicht) noch etwas stärker abdunkelt, um dann von diesem Negativ ein neues Foto anzufertigen. So halten wir schließlich ein Positiv in altmodischem Schwarz-Weiß in Händen.

Danach betrachtet sich der Fotograf mit großem Vergnügen meine Kamera, aber als ich ihm Geld für seine Arbeit geben will, lehnt er es ab: Es sei ihm eine Freude gewesen, uns vor der Linse zu haben, sagt er.

Kurz danach geraten wir im Basar in eine merkwürdige Situation. Zwei Männer mit langen schwarzen Bärten gehen an uns vorbei. Arif hört sie urdisch sprechen, was darauf schließen lässt, dass sie Pakistani sind.

»Taliban!«, sagt Arif, aber er spricht das Wort so laut aus, dass die beiden ihn hören können. Wie auf Kommando drehen sie sich daraufhin zehn Meter vor uns mitten im Gewühle des Basars um, blicken uns fassungslos an und machen sich hastig aus dem Staub. Damit ist über ihre Identität alles gesagt.

»Ha! Die glauben sicher, dass du ein amerikanischer Geheimagent bist!«, lacht Arif.

Während ich mich noch frage, ob ich das nun amüsant oder beunruhigend finden soll, machen wir uns auf die Suche nach einer Bleibe für die Nacht. In der Altstadt entdecken wir ein Hotel in einem Holzhaus, das aussieht, als könnte auf seinem Balkon im ersten Stock jederzeit John Wayne erscheinen. Wir schlafen auf einfachen Bodenmatten und essen abends bei Kerzenlicht schweigend Reis mit gegrilltem Hammelfleisch. Dieses Hotel hat die schmutzigste Toilette, die ich in Afghanistan bisher gesehen habe. Sie besteht aus einem Loch im Boden einer dunklen Lehmhütte und liefert den definitiven Beweis dafür, dass Afghanen nur mit der Waffe in der Hand gut zielen können.

An diesem Abend besucht uns Mirwais Omeri, einer von Arifs Freunden, in unserem Zimmer. Mirwais erzählt von seiner Arbeit in Faizabad als Sicherheitsberater für die *International Organization for Migration* – eine NGO, die sich unter anderem für Millionen Afghanen engagiert, die vor dem Krieg geflohen sind. In seiner Funktion als Sicherheitsexperte ist er gut über die Lage in der Region informiert. Daher frage ich ihn nach der Situation in Badakhshan.

»Im vergangenen Jahr hat sich die Sicherheitslage in dieser Provinz verbessert«, sagt Mirwais. »In den letzten Monaten kamen einige Kommandanten aus Kabul zu Gesprächen hierher. Das war hilfreich. Aber völlig ruhig ist es hier natürlich nicht. Die Leute, die uns über die Lage in den Bergdörfern an der pakistanischen Grenze auf dem Laufenden halten, haben uns berichtet, dass vor zehn Tagen 20 Taliban über die Straße von Chitral nach Afghanistan gekommen sind, um den Dschihad gegen die Koalitionstruppen zu führen.«

»Zu ihnen gehören sicher auch die beiden, die wir im Basar gesehen haben!«, scherzt Arif und erzählt von unserer Begegnung mit den beiden wild um sich blickenden, urdisch sprechenden Männern.

»Aber was uns mehr Sorgen macht«, fährt Mirwais fort, »ist die Ankunft eines islamistischen Predigers aus Pakistan. Er predigt Hass und hetzt die Leute gegen die Regierung auf.«

Ich frage ihn, wie er die Sicherheitslage für einen durchs Land reisenden Ausländer einschätzt. Er sieht kein besonderes Problem, doch er hält es für empfehlenswert, wie wir einen unauffälligen Wagen zu fahren. »Weiße Geländewagen erregen eher die Aufmerksamkeit der Banditen und der Taliban, denn die meisten davon gehören den NGOs. Die picken sie sich mit Vorliebe heraus.«

So steht es also in Afghanistan: Die eigene Sicherheit kann mitunter von der Farbe des Wagens abhängen.

UM 3.30 UHR IN DER FRÜHE weckt uns der Korridorwächter des Hotels, damit wir zu unserer Rückfahrt aufbrechen können. Das Morgenlicht kämpft sich durch das schwindende Halbdunkel der Nacht über Faizabad. Irgendwo in der Stadt ruft der Muezzin zum Morgengebet und nachdem Arif seinem Ruf gefolgt ist, brechen wir zu unserer langen Rückreise auf. Mehrere Stunden fahren wir durch ein ödes Niemandsland ohne Felder und Dörfer. Hier gibt es nur den Fluss, die Felsen und die Straße. Und einen Fuchs. »Der wird uns heute Glück bringen«, sagt Arif begeistert.

In Ketchum essen wir auf einem Rastplatz für Lastwagenfahrer wieder einmal einen Kebab, den uns hier ein einäugiger Mann mit einem weißen Bart serviert. Als wir die Rechnung begleichen, sagt der Zyklop: »Allah möge euch behüten. Seid vorsichtig, denn in den Bergen sind Banditen gesichtet worden.«

Hinter Ketchum weiten sich die Täler, und in der Nähe des kleinen Dorfes Tentar fahren wir durch ausgedehnte Mohnfelder. Ich bitte Arif anzuhalten, weil ich den Mohn und die Jungen, die auf den Feldern arbeiten, fotografieren will. Doch sie laufen völlig verschreckt davon. Schließlich erscheint ein Mann in der Tür eines abgelegenen Hauses. Er trägt einen flachen *pakul,* eine typische Kopfbedeckung, wie sie auch Ahmed Shah Massud oft getragen hat. Auf Arifs Wink hin kommt er zu uns, wenn auch vorsorglich mit einem dicken Knüppel bewaffnet. Doch als wir uns vorstellen, legt sich ein breites Lächeln über sein faltiges Antlitz und er ist nur allzu gerne dazu bereit, uns genau zu zeigen, wie der Saft der Mohnkapsel, das Ausgangsprodukt für Opium und Heroin, geerntet wird. Mit einem Holzkamm ritzt er drei Kratzer in die Kapsel, sodass die klebrig-braune Flüssigkeit herausquillt und er sie mit einem Metalllöffel abschaben kann. Nachdem ich ihm für seine Demonstration gedankt habe, setzen wir unsere Fahrt fort. Aber schon nach 100 Metern hält uns ein großer, älterer Mann mit edlen Gesichtszügen, der einen grauen *shalwar kameez* trägt, an und entbietet uns seinen freundlichen Gruß. Er bittet uns, ihm in einen Obstgarten zu folgen, in dem, wie er sagt, die köstlichsten Früchte wachsen. Hier wolle er uns gerne erklären, was es genau mit der Mohnernte auf sich habe.

Das lassen wir uns nicht zweimal sagen. Wir folgen ihm, klettern über eine Steinmauer und gelangen schließlich in den kleinen, schattigen Obstgarten, in dem er ein Lager aufgeschlagen hat, das mich an die Lagerstätten erinnert, die ich mir als Kind im Wald gebaut habe: Sie besteht aus einem von Stöcken gestützten Seil mit einer Decke darüber und einem Liegeplätzchen aus Holz darunter.

Der Mann, der sich uns als Aji Albdul Basjir vorstellt, ist über unseren unerwarteten Besuch hocherfreut. Er rüttelt kräftig an einem Baum und bietet uns eine große Schüssel mit frisch geernteten weißen Aprikosen an. Dann schickt er seinen flinken Enkel nach Tee und Mandeln.

»Ich habe gesehen, dass Sie sich für den Mohn interessieren«, sagt er freundlich. »Für uns hier im Tal ist die Ernte sehr wichtig. Wir haben nichts außer dem Mohn.«

Ich frage ihn, welchen Ertrag er einbringt. Nachdem er es rasch überschlagen hat, antwortet er: »Für sieben Kilo Getreide (in Afghanistan offenbar ein gängiges Maß) bekommen wir 50 Afghani (1 Dollar), für ein halbes Kilo Mohnpaste 100 Dollar.«

Bei einem solchen Preisunterschied ist die Rechnung schnell gemacht. »Alle Kinder des Dorfes arbeiten mittags als Schaber auf den Mohnfeldern«, erklärt unser Gastgeber.

»Wer kauft die Paste?«, frage ich.

»Tadschikische und pakistanische Händler«, sagt Herr Aji. Er krabbelt unter sein Lager und bringt eine Plastiktüte mit einem Pfund Mohnpaste – Rohopium – zum Vorschein: sämig, würzig und frisch geerntet.

»Das ist für Sie«, sagt Herr Aji. »Nehmen Sie es bitte mit.«

Er überreicht mir, als handele sich um einen Obstkorb, ein halbes Kilo des reinsten Grundstoffs zur Herstellung von Heroin, Morphium oder Opium.

»Wenn man mich damit an der Grenze meines Landes erwischt, wandere ich ins Gefängnis«, lehne ich das Geschenk dankend ab. Der alte Mann nimmt es lächelnd wieder an sich.

»Belgikistan, liegt das bei Australien?«, fragt er.

Wie aus dem Nichts tauchen plötzlich zwei Kinder auf, eines mit Tee, das andere mit einer Schüssel warmem, in Milch und Honig gekochtem Reis.

»Bitte, greifen Sie zu«, sagt Herr Aji. »Es freut mich, Sie hier als Gäste empfangen zu dürfen. Wissen Sie, ich habe sehr gerne Gäste. Vor allem, wenn sie ohne Gewehr kommen, ha, ha, ha!«

In Faizabad schaut ein Fotograf
in seine altmodische hölzerne Kamera.

Obwohl ich diese Art von Gastfreundschaft nun schon seit Tagen erlebe, macht sie mich noch immer sprachlos: Man entdeckt einen Fremden, der neugierig am Straßenrand herumsteht, lädt ihn zum Essen ein und überreicht ihm ein kostbares Geschenk, als sei es die normalste Sache der Welt. Wie ist dieses Afghanistan mit dem Land zu vereinbaren, dessen barbarische Kriege ich tagtäglich am Fernsehbildschirm verfolgen konnte?

Ich begreife, dass Gastfreundschaft in Afghanistan heilig ist: Jedem, der um Hilfe oder Schutz bittet, muss geholfen werden. Ob er nun von der al-Qaida oder aus dem Laden um die Ecke kommt.

Vollgestopft mit Aprikosen, Milch, Reis und Honig nehmen wir Abschied. »Ich hoffe, Sie kommen wieder«, sagt Herr Aji mit der rechten Hand auf seinem Herzen, als er uns zum Auto begleitet. »Nächstes Jahr ist mein bester Hammel fett gemästet, dann werde ich ihn für Sie schlachten und wir feiern ein Fest!« Er gibt mir die Hand und drückt mich in einer echt afghanischen Umarmung an sich.

Gerührt von dieser kurzen Plauderei mit einem Unbekannten, den ich in meinem Leben wohl nie wieder zu Gesicht bekommen werde, winken wir zum Abschied. Im Wagen verharre ich noch lange in Gedanken an unsere Begegnung im Aprikosengarten. Eines steht fest: In meinem ganzen Leben bin ich wohl noch keinem freundlicheren und vornehmeren Drogenproduzenten begegnet.

Über den Mohnanbau in Afghanistan will ich mich nicht im Detail ergehen, denn darüber ließe sich ein eigenes Buch schreiben. Hier nur einige Zahlen: In den vergangenen Jahren lag der Rohopiumertrag in Afghanistan bei etwa 3600 Tonnen. Die jährlich steigende Produktion sagt eigentlich schon genug über den Erfolg des Versuchs aus, Mohnfelder zu zerstören und die Bauern für ihre dadurch entstehenden Verluste zu entschädigen. Der internationale Währungsfonds hat den Wert der jährlichen Opiumproduktion in Afghanistan auf 2,5 bis 3 Milliarden Dollar beziffert. Die Hälfte dieser Summe fließt in die Taschen der hiesigen Bauern, die andere Hälfte an die örtlichen Händler. Auf der nächsthöheren Ebene kommen dann natürlich die internationalen Drogendealer ins Spiel. Die Vereinten Nationen gehen davon aus, dass im internationalen Handel mit Opium und seinen Derivaten Heroin und Morphium jährlich mindestens 30 Milliarden Dollar umgesetzt werden.

Diese Zahlen stammen aus dem hervorragenden Handbuch »Afghanistan« von Edward Girardet und Jonathan Walter. Die Autoren weisen darauf hin, dass zwischen 70 und 90 Prozent des gesamten in Europa beschlagnahmten Heroins aus Afghanistan stammen. Viele Millionen Süchtiger in Europa und den USA sorgen auf diese Weise für das Einkommen von etwa 1,7 Millionen Männern, Frauen und Kindern in den bettelarmen ländlichen Gebieten Afghanistans. Für das vom Krieg gebeutelte Afghanistan wird die Opiumernte also zweifellos noch lange eine wichtige Lebensader bleiben. Das größte Problem liegt jedoch darin, dass alle – angefangen von den Kriegsherren über die Lokalpolitiker bis hin zu den internationalen Terroristen – von dieser scheinbar nie versiegenden Einkommensquelle gierig profitieren wollen. Und je länger ihnen das so trefflich gelingt, desto weniger werden sie dazu bereit sein, auf diesen Goldesel zu verzichten, das Gesetz zu respektieren und die *normale* Wirtschaft zu fördern.

Zehn Kilometer von dem Ort entfernt, an dem wir unsere Lektion über die Produktion und den Verkauf von Rohopium erhalten haben, sehen wir rechts von der Straße auf einer Brache, die zum Fluss hinabführt, einen Trupp Minensucher mit ihren Spürhunden. Arif entdeckt unter den Umstehenden seinen Onkel. Er ist Busfahrer und hat die Minensucher hergebracht. Nachdem sich die beiden herzlich begrüßt haben, stellt mich der Onkel dem Leiter der Gruppe und dem begleitenden Arzt vor.

Der Kommandant ordert Tee. Während seine Männer mit schützenden Gesichtsmasken und Schürzen systematisch weiterarbeiten, erklärt uns der Arzt: »Das ist Afghanistans größtes Problem, und es wird uns noch über Generationen begleiten.«

Auf meine Bitte hin schildert er mir, was passiert, wenn jemand auf eine Antipersonenmine tritt.

»Meistens zerschmettert die Explosion den Fuß und zerreißt Gewebe und Knochen bis zum Knie«, beginnt der Arzt seine Darstellung des Schreckensszenarios. »Die Genitalien, das andere Bein, das Gesäß und die Arme werden von kleinen Metall- oder Plastikteilen durchbohrt. Letztere sind natürlich auf Röntgenaufnahmen viel schwerer zu erkennen. Es gibt auch noch andere Minen, die bei Berührung eines Drahtes explodieren.«

»Und die Zeiten des Zweiten Weltkrieges, in denen Minen erst dann explodierten, wenn der Unglückliche, der darauf getreten war, wieder den Fuß hob, sind lange vorbei«, ergänzt der Kommandant. »Es ist unglaublich, was für gemeine Minen heute auf dem Markt sind.«

»Können Sie mir ein paar nennen?«, frage ich.

Der Kommandant rattert eine Liste herunter: »Antipanzerminen wie die TC-6-Mine, *made in Italy,* können einen ganzen Panzer umwerfen. Dann gibt es natürlich Antipersonenminen, die allein die Funktion haben, Menschen in die Luft zu jagen. Einige von ihnen springen vor der Explosion bis auf die Höhe des Rückgrats, sie sind zu 100 Prozent tödlich. Aber die meisten Antipersonenminen haben keine tödliche Wirkung. Sie enthalten gerade genug Sprengstoff, um einen Fuß oder ein Bein abzu-

MY BAG

reißen. Die Hersteller gehen davon aus, dass die Versorgung schwer verwundeter Soldaten für eine Armee viel mühsamer ist als die Bergung ihrer Toten. Der Transport und der Anblick Schwerverwundeter tragen außerdem dazu bei, die Moral der Truppe zu schwächen.«

»Daneben gibt es noch massenhaft PFM-1, sogenannte Schmetterlingsminen. Sie sind klein, haben eine hübsche Form und wurden in rauen Mengen von russischen Hubschraubern abgeworfen. Sie sind größtenteils aus Plastik und werden gerne von Kindern aufgesammelt.«

Es geht jedoch nicht nur um Minen: Womöglich stellen Blindgänger ein noch größeres Problem dar. Die *unexploded ordnance,* abgekürzt UXO, reicht von Mörsergranaten bis hin zur Katjuscha-Rakete. UXO ist nicht schwer zu finden, denn Blindgänger liegen gewöhnlich nicht versteckt. Viele stammen aus den jüngsten amerikanischen Bombenangriffen auf Taliban-Stellungen, bei denen die US-Bomber Streubomben abgeworfen hatten: metallene Bombenhülsen, die sich ein paar Hundert Meter über dem Boden öffnen und ihren tödlichen Inhalt verstreuen – an die 200 Granaten in der Größe von Tennisbällen, die oftmals auch noch eine schöne Farbe haben.

»Etwa zehn Prozent dieser Granaten aus Streubomben kommen beim Auftreffen nicht zur Explosion«, erklärt uns der Kommandant. »Sie sind so empfindlich, dass sie selbst bei geringster Erschütterung explodieren können. Vor allem Landarbeiter und Kinder fallen ihnen zum Opfer.«

Über unseren Häuptern kreist ein Adler. Er nutzt die Aufwinde über dem Tal, um höher und höher zu steigen, bis er nur noch als kleiner Punkt am Himmel zu sehen ist. Dieses Land ist nicht nach menschlichem Maß gemacht.

NACH EINER WEITEREN NACHT IN TALOQAN, in der wir in unseren Betten wieder fast dahingeschmolzen sind, und nach dem üblichen fetten Kebab zum Frühstück machen wir uns auf den Weg nach Masar-i-Scharif. Im finsteren Kundus begegnen wir einer Kolonne deutscher Jeeps, die bis an die Zähne bewaffnet sind. Auf einem Panzerfahrzeug in ihrer Mitte prangt groß das Emblem des Roten Kreuzes. Die Jungs in den gepanzerten Aufklärungsfahrzeugen winken uns zu und heben auch für die Einheimischen grüßend die Hand. Wie man es von deutschen Soldaten erwarten darf, versehen sie ihren Dienst sehr diszipliniert und dennoch ohne die Großspurigkeit der Amerikaner.

Ein Scherenschleifer bei seiner Arbeit im Basar von Faizabad.
Ein Helfer versetzt den Wetzstein mithilfe eines Lederriemens in Schwung.

Auf der langen geraden Straße von Kundus nach Masar-i-Scharif, die von den Überresten verrosteter Panzerfahrzeuge gesäumt wird, passieren wir das 1900 Jahre alte archäologische Grabungsfeld von Surkh Kotal. Auch hier hat man offensichtlich alles, was nicht niet- und nagelfest war, gestohlen und verkauft. Wir fahren zum Hügel hinauf, auf dem die Stadt einst lag. Doch alles, was wir an seinen Hängen noch sehen, sind fünf riesige Terrassen, die einst über gewaltige Marmortreppen miteinander verbunden waren. Die letzte Treppe wurde wohl irgendwann Ende der Siebzigerjahre zerschossen. Der ganze Hügel ist mit Granatsplittern übersät.

Bei der Ausgrabungsstätte nähert sich uns ein Mann in Zivil, der sich als Soldat zu erkennen gibt. Er behauptet frech, für die Besichtigung von Surkh Kotal brauche man ein Ticket, doch um es zu erstehen, müssten wir 40 Kilometer in Richtung Taloqan bis nach Pol-e-Komri zurückfahren.

»Was kostet ein Ticket?«

»20 Dollar.«

Und nach einer kurzen Pause fährt er fort: »Sie können die 20 Dollar aber auch mir geben, dann lasse ich Sie ohne Ticket ein.«

Ich denke gar nicht daran, ihm Schmiergeld zu bezahlen. »Sag ihm, der Schlag soll ihn treffen«, bitte ich Arif verärgert, während ich wütend den Hügel hinabgehe.

Auf halbem Wege höre ich ihn noch »Zehn Dollar!« rufen. Aber ohne uns umzusehen, lassen wir ihn in seiner Gier schmoren und empfinden sein verzweifeltes Rufen als halben Sieg.

40 Kilometer weiter westlich in Samargan finde ich Trost. Denn hier wurde, hinter Hügeln versteckt, der uralte riesige Stupa von Takht-i-Rustam in den Felsboden gehauen. Noch immer kann man im Uhrzeigersinn in ihm herumgehen. In einem englischen Reisebericht des 19. Jahrhunderts wird er als ein buddhistischer Gebetsort beschrieben, der zu Beginn unserer Zeitrechnung entstanden sei. Andere Quellen bezeichnen ihn als ein Heiligtum der Feueranbeter. Die Historiker sind sich nur über eines einig, dass sich hier einst Rostum, der sagenumwobene Fürst des Kushana-Reiches, vermählt hat.

Das Monument besteht aus einem einzigen massiven Steinblock. Die Taliban vermuteten einen verborgenen Schatz in seinem Inneren. Da der Koran das Sprengen historischer Bauwerke nicht untersagt, befestigten sie ein Pfund Sprengstoff an dem Stupa und verpassten damit seiner Wand eine gewaltige Delle. Doch von einem Schatz fehlte nach wie vor jede Spur.

In den Höhlen, die dieses seltsame Heiligtum umgeben, treffen wir auf zwei Wächter – Soldaten mit flachen usbekischen Gesichtern, mit denen ich mich nicht gerne anlegen würde. In ihrer Gesellschaft befindet sich auch ein alter Mann, der uns zum Tee einlädt und jedes Mal »*America good!*« ruft, wenn ich ihn ansehe. Von diesem magischen Ort sind es noch zwei Stunden Fahrt bis nach Masar-i-Scharif, der Hauptstadt des Nordens.

EINEN TAG NACHDEM WIR SICHER und wohlbehalten in Masar-i-Scharif eingetroffen sind, jagt ein Selbstmordattentäter im Zentrum von Kundus eine Autobombe in die Luft. Sie galt den deutschen Soldaten, die mir zugewinkt haben. Die Soldaten kamen zwar mit heiler Haut davon, aber außer dem Terroristen, der sich mit dieser Aktion eine Eintrittskarte in die islamische Himmelssphäre zu sichern glaubte, kamen noch zwei afghanische Passanten ums Leben. Acht weitere Personen wurden verwundet.

»Das ist die erste Autobombe, die im Norden des Landes gezündet wurde«, erklärt mir Ahmed Farhad Balki, ein Journalist des nationalen Fernsehsenders Tolo, den ich in seinem Büro aufsuchte, um mich über den Anschlag zu informieren. »Letztes Jahr behängte sich in Masar ein Mann mit Sprengstoff und machte sich damit auf den Weg zur Blauen Moschee, aber die Ladung ging zum Glück schon im Park vor dem Eingang in die Luft.«

Niemand hat für den Anschlag die Verantwortung übernommen. »In der Gegend um Kandahar stehen die wichtigsten Talibanführer mit der Presse in Kontakt, aber hier ist das anders«, sagt Farhad. »Hier muss man selbst seine Schlüsse ziehen.«

Der Vorfall markiert eine besorgniserregende Entwicklung in Afghanistan. Bisher ist die Nordhälfte des Landes weitgehend sicher, davon konnte ich mich auf meiner Reise auch selbst überzeugen. Denn im Norden sind die Taliban nicht zu militärischen Operationen in der Lage. Doch nun setzen sie stattdessen vermehrt Autobomben ein – eine neue Strategie in Afghanistan. Der Anschlag mahnt noch einmal zu erhöhter Aufmerksamkeit. Aber worauf soll sie sich richten? Wie soll man sich vor einer Gefahr in Acht nehmen, die man nicht sieht? Die wie aus heiterem Himmel über einen hereinbrechen kann?

Noch am selben Abend besuche ich eine der heiligsten Stätten des Islam: den Schrein Hazrat Alis. Sein Name ist eng mit der Stadt verbunden, denn Masar-i-Scharif bedeutet »Grab des Erhabenen«. Die enorme Bedeutung der Gebetsstätte kann man daraus ersehen, dass sie selbst nach 26 grausamen Kriegsjahren noch immer unangetastet auf dem zentralen Platz der Stadt steht.

Nach Ansicht der Gläubigen soll Hazrat Ali – Neffe und Schwiegersohn des Propheten und vierter Kalif des Islam – hier begraben liegen. Ali wurde 661 ermordet und zunächst in der Nähe von Bagdad begraben. Der Legende nach setzten seine An-

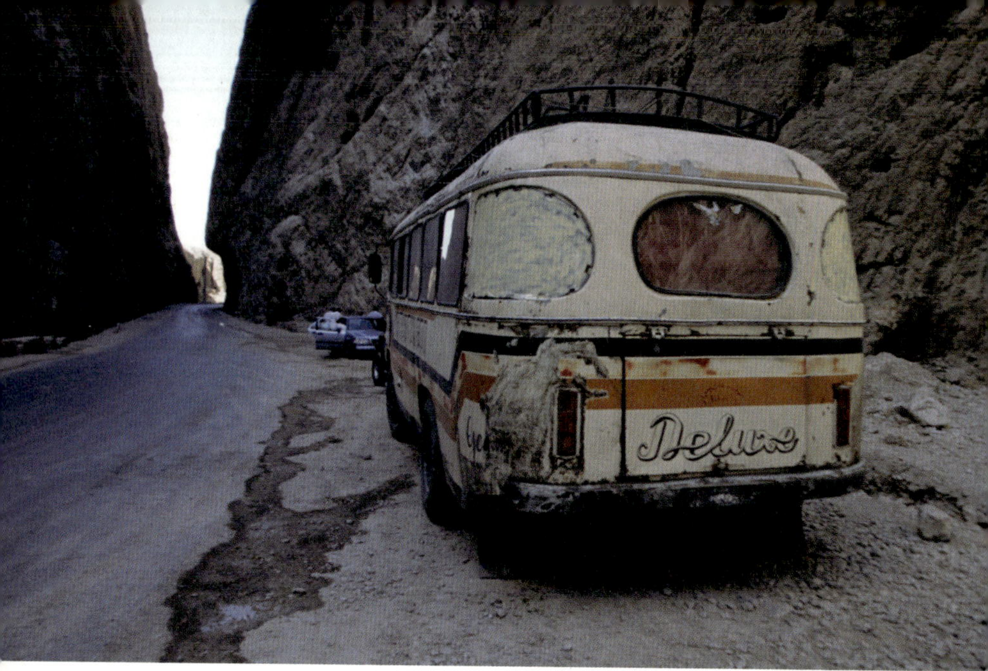

Afghanischer Bus auf dem Weg nach Masar-i-Scharif.
Man beachte die optimistische Aufschrift: »Deluxe«. Auf der Seite trägt er den äußerst passenden Schriftzug: »We trust in God«.

hänger, um eine Entehrung seiner sterblichen Überreste zu verhindern, seinen Leichnam jedoch auf eine weiße Kamelstute und jagten sie mit einem Klaps auf das Hinterteil in die Wüste. Als das Tier nach Wochen des Herumirrens tot zusammenbrach, begrub man Ali dort, wo das Lasttier sein Leben ausgehaucht hatte.

Doch noch immer war Ali keine ewige Ruhe vergönnt. Denn wer preschte wohl 560 Jahre danach in einer Staubwolke am Horizont heran? Richtig: Dschingis Khan. Sein Reitervolk legte die Stadt in Schutt und Asche – mein Gott, wie müssen die Mongolen Städte gehasst haben – und zerstörte bei der Gelegenheit auch gleich den Schrein. Daher stammen die heutigen Bauwerke aus dem 15. Jahrhundert. Aber was für Bauwerke! In der blassen Abendsonne kommt es mir so vor, als strahlten die glasierten Backsteine der Moschee ein Eigenlicht aus. Der größte Teil der Fayencen ist jadegrün und aquamarinblau, nur hier und da haben ein paar Kacheln die Farbe von englischem Senf. Das glänzende Portal des Haupteingangs erinnert an die Pforten der *madrasas* (der Religionsschulen) am riesigen Registanplatz von Samarkand in Usbekistan, aber sie wirken nicht so grell. In der Umgebung der Moschee haben Hunderte weißer Tauben einen Zufluchtsort gefunden. Und Gläubige, die ihre eigenen farbig gefiederten Tauben zur Moschee bringen und dort freilassen, stellen verwundert fest, dass sich das Federkleid der Vögel innerhalb von 40 Tagen ebenso weiß färbt wie das ihrer gefiederten Freunde, wahrlich ein Zeichen großer Heiligkeit.

Die Stimmung in der Umgebung des Schreins hat nichts von der Ekstase heiliger Stätten des Katholizismus an sich, die bisweilen masochistisch veranlagte Pilger anziehen. Hier herrscht eine eher herzliche Atmosphäre. Jeder ist zu einem kurzen Gespräch bereit, wünscht mir Glück auf meiner Reise durch Afghanistan, erkundigt sich nach dem Wohlergehen meiner Familie und erwägt die Aussichten auf Frieden im Land.

Auf einer langen Reihe von Teppichen am Rande der Moschee erteilt ein bedeutender Mullah Unterricht über die rituellen Waschungen vor dem Gebet. Hunderte barfüßiger Gläubiger gehen in der Moschee ein und aus. Leider wird mir dies von einem der Hüter des Heiligtums freundlich, aber bestimmt verwehrt. Er habe, wie er sagt, ein Schreiben aus Kabul erhalten, in dem zu seinem Bedauern Fremden der Zugang zum Allerheiligsten im Innern des Schreins untersagt werde. »Dabei handelt es sich auch um eine Sicherheitsmaßnahme, ich hoffe, Sie haben Verständnis dafür«, fügt er entschuldigend hinzu.

Aber immerhin kann ich auf dem Platz vor der Moschee nach Belieben fotografieren. An einer Seite des Heiligtums sitzen vier alte Männer auf einem Marmorsockel. Alle zusammen haben wohl nicht mehr als zwölf Zähne. Gegen diese Herren mit ihren Turbanen und schwarzen Bärten wirken selbst die übelsten Schurken mancher Hollywood-Kassenschlager noch wie Kommunionkinder. Ich bin beschämt darüber, aus meiner Beschreibung ihres Äußeren das Vorurteil abzuleiten, dass sie alles andere als umgängliche Menschen seien. Also nehme ich meinen ganzen Mut zusammen und gehe, ihren erschreckend finsteren, zugleich aber auch neugierigen Blicken standhaltend, auf sie zu.

»*Asalaam Aleikum. Storesti?*«, sage ich und deute auf meinen Fotoapparat. Sofort weicht die Strenge aus ihren Zügen, zum Gruß legen sie ihre rechte Hand aufs Herz und nicken voller Begeisterung und einigermaßen belustigt. Afghanen sind normalerweise ganz verrückt darauf, fotografiert zu werden, und diese ehrwürdigen Greise bilden darin keine Ausnahme. Es gibt jedoch ein Problem. Die Bitte um ein Foto führt jedes Mal zu ansteckender Heiterkeit und großem Gelächter. Aber sobald der Fotograf seine Linse auf sie richtet, erstarren alle mit breiter Brust und eingezogenem Bauch in heroischen und ernsten Posen, aus denen sie sich erst nach dem Klicken der Kamera wieder lösen, um dann genauso entspannt zu lachen wie zuvor. So ergeht es mir auch mit diesen Fotomodellen. Als ich mit meinen Fotos fertig bin, erheben sich alle und schütteln mir die Hand.

Als ich den Platz vor der Moschee ein paar Stunden später durch die Hauptpforte verlasse, greift der Mann, der die Schuhe verwahrt, ohne zu zögern mein Paar heraus. Ich gebe ihm ein Trinkgeld und verteile danach etwas Geld an die Bettler vor dem Tor. Drei Männer nehmen es begierig an und führen zum Dank die Scheine an ihre Stirn. Aber ein vierter, einbeiniger Mann reißt es mir aus der Hand, um es dann mit einem Blick voll wahnsinniger Wut wegzuwerfen. Erschrocken über seine Aggressivität weiche ich vor ihm zurück und überlasse ihn seiner Raserei.

KAUM EINE HALBE STUNDE FAHRT von Masar-i-Scharif entfernt liegt Balkh, einst die prächtigste Stadt an der Seidenstraße und schon zu Alexanders Zeiten eine Weltmetropole. Die damals Zariaspa genannte Stadt galt als Kronjuwel des einstigen Baktrien, einer der noch immer die Fantasie beflügelnden Satrapien des Achämenidenreichs. Hier in Balkh vermählte sich Alexander der Große auf seinem Vormarsch durch Baktrien bei einem der extravagantesten Hochzeitsfeste der Antike mit Roxanne. Und hier liegen die Wurzeln der »Feueranbeter«, denn Balkh ist der Geburtsort Zoroasters. Jahrhundertelang galt Balkh als »die Mutter aller Städte«.

Die vier vormaligen Stadttore haben in den Stadtmauern breite Lücken hinterlassen. Als ich mit Arif das einstige Stadtzentrum von Balkh betrete, zeigt sich uns ein ähnliches Bild, wie es sich mir schon in der Stadt Merv, in den unendlich weiten turkmenischen Ebenen, dargeboten hat. Auch Merv, wie Balkh einst eine Metropole, in der Muslime, Feueranbeter, Christen, Buddhisten und Juden friedlich zusammenlebten und in den jeweiligen Tempeln ihre Gottesdienste feierten, sieht heute, 785 Jahre nach den Ereignissen, die die Stadt in ihren Grundfesten erschütterte, immer noch so aus, als wäre es von einer Walze überrollt worden – einer Walze mit Namen Dschingis Khan.

Balkh, das einst Hunderte Moscheen und viele renommierte Bibliotheken besessen hatte, hat sich von diesem Schlag nie erholt, auch wenn es hier, anders als in Merv, in der Nähe der riesigen Stadtmauern immer Ansiedlungen gegeben hat. Heute ist das einst so stolze Balkh ein schattiges Dorf, in dessen Außenbezirk zwischen Fichten ein paar azurblaue Kuppeln aufragen. Sie entstanden im 15. Jahrhundert unter Timur dem Lahmen, der der Stadt ein wenig von ihrem früheren Glanz zurückgab. Ich stehe jetzt vor dem bedeutendsten dieser Bauwerke, dem Schrein Khwaja Parsas, dessen herrliche Fassade noch etwas von der vergangenen Größe erahnen lässt. Um die völlig zerstörte Altstadt liegen vereinzelt noch weitere muslimische Heiligtümer. Die meisten von ihnen sind bedeutenden, schon zu Lebzeiten vielfach wundertätigen Mullahs geweiht, doch einige von ihnen sind außergewöhnlich. Wie etwa das verwitterte Mausoleum des Lokalhelden Haji Piyada, der auf seinen Pilgerreisen den Fußweg nach Mekka und zurück nicht weniger als siebenmal zurückgelegt hat. Die einfache Strecke beträgt von hier aus – in Luftlinie – immerhin 2500 Kilometer.

Um das Grab des achtbaren Pilgers breiten sich, so weit das Auge reicht, Haschischfelder aus. Die Pflanzen sind über einen Meter hoch und verströmen einen starken Geruch. Auf den Feldern arbeiten ein paar Männer und Kinder. Es wird nicht lange dauern, bis ihre Ernte den Weg in die Amsterdamer Coffeeshops gefunden hat.

Am Grabe des *haji* steht auch die wackelige Ruine der ältesten in der islamischen Welt bekannten Moschee. Sie entstand Anfang des 9. Jahrhunderts und trägt den Namen Masjid-i-No Gumbad, was Arif zufolge »Neun Kuppeln« bedeutet. Um sie besser vor Wind und Wetter zu schützen, hat eine französische Organisation die mehr und mehr verfallenden Backsteinüberreste mit einer Aluminiumabdeckung versehen. Bei jedem dieser Heiligtümer trifft man auf Wächter, die ganz versessen darauf sind, den Besuchern die Legende ihres Heiligen zu erzählen. Auch wenn sie die einstigen tapferen Taten ihrer Mullahs zum tausendsten Mal wiederholen, schwelgen sie noch in Begeisterung.

Zum Abschied besuche ich das Grab der Dichterin Rabi'a Balkhi, einer Lady Chatterley des persischen 19. Jahrhunderts, die sich die Pulsadern aufschnitt, nachdem ihre Affäre mit einem ihrer Diener ans Licht gekommen war.

Dass hier einst ganz andere Verhältnisse herrschten, lässt sich an einer Persönlichkeit wie Königin Gauhar Shad ablesen, die über ein Reich regierte, das sich vom Tigris bis an die Grenzen Chinas erstreckte. Als Königin läutete sie eine wahre Renaissance ein und betätigte sich als Mäzenin von Künstlern, Philosophen, Architekten, Schriftstellern und Dichtern. 1447, in ihrem 80. Lebensjahr, wurde sie von missgünstigen politischen Gegnern erdrosselt.

An die ruhmreiche Herrschaft Gauhar Shads können afghanische Frauen heute nur noch mit Wehmut zurückdenken. Denn trotz der Vertreibung der Taliban aus Afghanistan hat sich für viele Frauen in den ländlichen Gebieten kaum etwas geändert: Nach wie vor sind sie Gefangene ihrer Männer. Mit dem einzigen für mich erkennbaren Unterschied, dass sie selbst in entlegenen Bergregionen wieder auf die Straße dürfen. Wohl möglichst nicht allein und eingehüllt in stoffreiche Burkas, die sie wie flatternde Gespenster aussehen lassen – aber immerhin.

Diese Einschränkung der Frauen deutet darauf hin, dass das Phänomen der Taliban und die von ihnen verübten groben Verletzungen von Frauenrechten nicht aus heiterem Himmel kamen. Die streng islamistische Talibankultur mit ihrer Furcht vor Frauen und ihrer radikalen Ablehnung jeglicher Bildung von Frauen konnte nahezu nahtlos an das anschließen, was paschtunische Männer schon von jeher vertreten

Afghanische Pilger rasten im Schatten der hochverehrten Hazrat-Ali-Moschee in Masar-i-Scharif.

und praktiziert hatten: Vermeidet Ehrverlust, indem ihr eure Frauen hinter Schloss und Riegel haltet.

In den Fünfzigerjahren konnten afghanische Frauen sich an Universitäten einschreiben und eine Arbeit außer Haus annehmen. Die zunehmende Präsenz der Frauen im Straßenbild hinderte die afghanischen Männer jedoch nicht daran, am Dogma der Frau als Seele der Familie festzuhalten. Da nun aber die Familie in Afghanistan die wichtigste Institution ist und die Frauen deren Ansehen und Ehre in Händen halten, sehen sich die Männer dazu verpflichtet, sie zu kontrollieren.

Ob Frauen in der Öffentlichkeit auftreten können, hängt in Afghanistan vor allem von der ethnischen Gruppe ab, der sie angehören: Die Frauen der Hazara und der Tadschiken genießen traditionell mehr Freiheiten als ihre paschtunischen Schwestern. Aber im Grunde sind Afghanen in allen Dingen Kontrollfreaks. Auch Höflichkeit und Schutz, die einem Gast in Afghanistan traditionsgemäß entgegengebracht werden, lassen sich daraus ableiten: Ein Gast, den man auf Schritt und Tritt begleitet und umsorgt, kann nicht einfach auf eigene Faust losziehen und die Umgebung gründlich erkunden.

Wie dem auch sei, in den Wochen meiner Afghanistanreise, die mich vor allem durchs Gebirge führte, habe ich mit keiner Frau sprechen können. Selbst in den größeren Städten wie Kabul, Masar und Herat war es undenkbar, eine Frau auf der Straße anzusprechen. Und wenn ich bei Afghanen zu Gast war, blieben die Frauen im Verborgenen, selbst wenn die Gastgeber den gebildeten Schichten angehörten. Selbst Arifs Frau bekomme ich in Masar nicht zu Gesicht. Nirgendwo sonst werden Religionen wie der Islam und das Christentum so frauenfeindlich interpretiert wie in Afghanistan.

Sind denn überhaupt keine Fortschritte zu verzeichnen? Gewiss doch, in der konstitutionellen *Loja Dschirga* wurden elf Prozent der Sitze für Frauen reserviert, was zur Folge hatte, dass 200 Frauen gewählt wurden und das Frauenministerium, zum ersten Mal in der Geschichte Afghanistans, von einer Frau geleitet wird. Frauen legen wieder Universitätsexamen ab und geben Unterricht an Schulen – auch wenn diese Möglichkeiten vornehmlich auf die großen Städte beschränkt sind und zwischen Theorie und Praxis immer noch ein himmelweiter Unterschied klafft. Wie es die Parlamentarierin Malalai Joya erst kürzlich erfahren musste, wird von Frauen hier vor allem erwartet, dass sie ihre Zunge im Zaum halten. Als sie sich in der *Loja Dschirga* Kritik an den früheren Kriegsherren erlaubte, die an der Zerstörung Afghanistans beteiligt waren und heute im Parlament sitzen, stand das ganze Land Kopf. Frau Joya wurde im Parlament von groben Kerlen attackiert, erhielt Morddrohungen und musste bei den Vereinten Nationen Schutz suchen. Seither wechselt sie fast täglich ihren Aufenthaltsort, um ihren Verfolgern zu entfliehen. Diese Drohungen kommen nicht etwa aus dem Munde irgendwelcher Höhlenbewohner in Tora Bora. Ich war schockiert, als ich in Kabul selbst von Daoud, einem intelligenten und hochgebildeten Mann, der sich gern westlich kleidet, hören musste, Malalai Joya könne nur »eine Agentin der Amerikaner« sein, da sie es sonst nicht wagen würde, so etwas von sich zu geben!

Aber mehr noch als öffentlich profilierte Frauen wie Malalai Joya tragen die Frauen auf dem Lande die Last der Unterdrückung. Viele Männer verbieten ihren Frauen, das Haus zum Wählen oder zum Arbeiten zu verlassen. Das erschütterndste Beispiel einer an Frauenhass grenzenden Dominanz hat mir ein französischer, in der orthopädischen Abteilung tätiger Chirurg geschildert, dem ich in Faizabad in Badakhshan begegnet bin. Er berichtete mir von einem Paschtunen, der eine Beinprothese für seine Frau, die auf eine Mine getreten war, nicht für erforderlich hielt, »da sie ja ohnehin nicht aus dem Haus geht«.

IM FARHAD HOTEL SCHAUT Doktor Ahmad Kamran bei mir vorbei. Er war früher für Ärzte ohne Grenzen tätig und lässt es sich nicht nehmen, mich zu begrüßen und vor meiner Weiterfahrt nach Herat zu warnen. »Fahr nicht mit dem Auto nach Herat und verhalte dich in der Stadt so unauffällig wie möglich«, sagt er. »Geh nicht allein auf die Straße und halte dich auf keinen Fall außerhalb der Stadt auf. Es ist dort extrem gefährlich; Ausländer werden entführt und ermordet. Man sieht dir nicht an, dass du kein Amerikaner bist. Du solltest *low profile* reisen!«

Je gebildeter die Leute sind, desto düsterer sind ihre Prophezeiungen darüber, was mich erwartet. Doch ich habe gelernt, mit unheilvollen Prognosen umzugehen – »Fahr nicht über den Khyberpass nach Kabul! Reise in Afghanistan nicht über Land! Geh in Kabul nicht allein auf die Straße! Begib dich nicht in die Berge! Verlass nie die Hauptstraßen!« –, auch wenn diese Ratschläge von allen gut gemeint sind. Denn schon vor meiner Abreise war ich mir im Klaren darüber, dass ich über Afghanistan nur schreiben kann, wenn ich mich über all diese wohlgemeinten Warnungen hinwegsetze.

Bis zum heutigen Tag habe ich mich auf die Sicherheitshinweise der Einheimischen verlassen: auf Leute, die denselben Weg nehmen und die dasselbe tun möchten wie ich selbst. Und natürlich vertraue ich auf Arifs Einschätzungen, der als professioneller Fahrer eine unglaubliche Ortskenntnis in Afghanistan besitzt und der, wo wir auch hinkommen, immer jemanden kennt, mit dem er schon zusammen gearbeitet hat oder mit dem er verwandt ist. Ich vertraue auch meinem Gefühl für die

Wächter am Grab eines ehrwürdigen Imams in der Nähe der uralten Stadt Balkh.

Situation, wenngleich nicht im selben Maße. Bisher hat es funktioniert. Doch die warnenden Hinweise eines Mannes wie Doktor Kamran kann ich nicht so leicht in den Wind schlagen. Der Weg von Masar nach Herat ist weit und er führt durch ein paar Dörfer hinter Maimana, in denen das Leben eines Fremden keinen Pfifferling wert ist. Zudem liegt Herat auf der imaginären Grenze zwischen Nord- und Südafghanistan. Und im Süden geht es nicht um vereinzelte Zwischenfälle, eine Autobombe oder eine Rakete, die gelegentlich mal ein UN-Fahrzeug oder einen ISAF-Konvoi hochgehen lässt: Hier herrscht offener Krieg.

Daher kaufe ich mir ein Flugticket nach Herat und führe von meinem Hotelzimmer in Masar aus eine ganze Reihe von Telefongesprächen. Zunächst telefoniere ich mit Broman, dem Bruder meines Kabuler Kontaktmannes Daoud, der in Herat wohnt. Aber er spricht so schlecht Englisch, dass ich mit meiner Frage, ob er mich nach der Landung in Herat vom Flughafen abholen und mich zu einem sicheren Quartier in der Stadt bringen könne, zunächst nicht richtig zu ihm durchdringe. Aber das ist nicht so tragisch. Denn aus Erfahrung weiß ich, dass dieses Telefongespräch eine Art Kettenreaktion auslösen wird und ich nur ruhig abwarten muss, was passiert. Nach ein paar Stunden habe ich einen unbekannten Mann an der Strippe, der gut Englisch spricht. Er sagt, ich solle ihn nur anrufen, sobald ich in Masar in das

Flugzeug von KAM-Airlines einsteige, dann werde er mich in Herat am Flugplatz abholen. Reisen kann so einfach sein in Afghanistan.

AM LETZTEN ABEND IN MASAR lädt Arif mich in ein gutes Restaurant ein. Hier begegne ich auch Herrn Rahmadgul, dem Chef von Supertransport, einem internationalen Transportunternehmen, das von Usbekistan und Turkmenistan aus mit 28 Lastwagen unterwegs ist.

Die Begrüßung am Tisch ist herzlich. Rahmadgul sagt, er heiße »Roma«, und kein anderer Name könnte besser zu seinem kahlen römischen Schädel, dem kräftigen Unterkiefer, der markanten Nase und seinen intelligenten dunklen Augen passen.

Während des Essens schildern wir Roma zunächst die prekäre Situation im Minenfeld. Ungläubig schüttelt er den Kopf und meint: »Da habt ihr sehr viel Glück gehabt!«

Aber in all den Jahren als Transportunternehmer in Afghanistan hat auch er schon einiges erlebt.

»Damals, als die Mudschahedin gegen die Taliban kämpften, war die Straße von Masar nach Herat von Minen übersät«, erzählt er. »Doch beide Seiten waren auf unsere Transporte angewiesen, denn wir lieferten den Medikamentennachschub des Roten Kreuzes. Wenn wir unter der Rote-Kreuz-Flagge nach Herat fuhren, räumten die Mudschahedin die Minen auf ihrer Seite der Front von der Straße, wenn wir vorbei waren, legten sie sie wieder aus. Später taten die Taliban auf der anderen Seite das Gleiche.«

Ich frage ihn, ob ihm schon einmal etwas zugestoßen sei.

»Nun ja«, grinst er, »das kann man wohl sagen. Einmal wurde ich, 50 Kilometer vor Masar, von Mudschahedin angehalten. Sie drohten damit, mich umzubringen, wenn ich ihnen nicht 50 000 Dollar bezahlen würde. Da ich so viel Geld aber nicht bei mir hatte, sagte ich: ›Ich bin nur ein armer Transportunternehmer. Legt mich an den Straßenrand, wenn ihr mich erschossen habt, einer meiner Fahrer wird mich dann schon finden, wenn er vorbeikommt, mich nach Hause bringen und dafür sorgen, dass ich ein anständiges Begräbnis bekomme.‹ Das belustigte sie zwar, doch sie glaubten mir nicht und nahmen mich mit in die Berge: Wir waren elf Stunden auf Pfaden unterwegs, die so steil waren, dass darauf selbst die Esel keinen Tritt mehr fassen konnten. Dann warfen sie mich in eine dunkle Höhle.«

Während er von seinen Erlebnissen berichtet, spielt Roma lässig mit dem Brot in seiner Hand und wirft ab und zu lachend den Kopf in den Nacken, als erzähle er gerade eine besonders heitere Geschichte.

»Was passierte dann?«

»Nun ja, mein Geschäftspartner organisierte eine Suchaktion.«

»Mithilfe von Verwandten?«

»Mit Verwandten? Haha! Nein, nein, natürlich mit anderen Mudschahedin.«

»Offensichtlich haben die Sie ja gefunden.«

»Ja, aber nicht gleich. Tagelang lag ich in dieser Höhle, doch dann bekamen meine Entführer Wind davon, dass bewaffnete Männer auf der Suche nach mir waren. Sie brachten mich noch höher in die Berge und warfen mich dort in ein anderes Loch. Ich weiß nicht mehr, wie lange ich dort war, bis ich auf einmal überall um mich herum Schüsse hörte. Ein wütender Mudschahed stürzte in mein Versteck und schrie: ›Ich mache dich kalt!‹ Aber seine Kameraden riefen ihn nach draußen, denn die Schießerei wurde immer wilder. Auf einmal war alles still und ich hörte nur noch eine Stimme, die sagte: ›Schmeißt eine Granate in dieses Loch!‹ Sofort machte ich mich bemerkbar und schrie lauthals, dass ich die ganze Zeit über in dieser Grube gefangen war. Wir haben dann stundenlang gefeiert.«

Wenn in Belgien jemand so etwas erlebt hätte, wäre er lebenslang traumatisiert, doch Roma erzählt davon, als handelte es sich um einen guten Witz.

Später am Abend, als die Gespräche vertrauter werden, kommen die wesentlichen Fragen auf den Tisch. Wie viel kostet in meinem Land ein Kilo Lammfleisch? Bauen wir unsere Häuser selbst? Wie viele Frauen dürfen wir haben? Kann man sich scheiden lassen und wie geht das vor sich? Ist es uns ebenso wie den Russen völlig egal, ob die Frau, die wir heiraten, noch Jungfrau ist? Wie gelingt es den Paaren, nicht mehr als ein oder zwei Kinder zu bekommen? Und schließlich: Ist es wahr, dass in manchen europäischen Ländern Männer auch andere Männer und – schlimmer noch – Frauen auch Frauen heiraten können und mit ihnen ins Bett gehen?

»Ja und sie können sogar Kinder adoptieren«, liegt es mir auf der Zunge, aber um ihren Vorurteilen über die zügellose Promiskuität des Westens nicht noch weiter Vorschub zu leisten, halte ich mich zurück. Ich habe mit einem Mal keine Lust mehr, ins Detail zu gehen, und bestätige nur Romas Vermutung, dass mein Land einer der Wegbereiter der Homo-Ehe gewesen sei.

Er schaut lange und tief in sein Teeglas und sagt dann: »Jedes Land hat natürlich seine eigenen Gesetze, aber das ist doch wirklich kaum zu fassen. Welchen Sinn soll das haben?«

Ich hebe zu einer Art Predigt darüber an, dass in meinem Land jeder die gleichen Rechte hat, doch das hört sich ziemlich belehrend an und so schlage ich gleich darauf einen anderen Kurs ein: »Tja, was die Politiker sich so denken, bleibt uns natürlich oft ein Rätsel. Aber in meinem Land kümmert sich eigentlich niemand groß darum, was sie erlauben und was nicht. Jeder macht, was er will.«

»Ha! Genau wie in Afghanistan«, bricht es aus Roma heraus. Er knabbert an einem Hähnchenschenkel und weist mit dem abgenagten Knochen auf mich. »Soll ich dir mal was erzählen?«

»Nur zu.«

»Vor einigen Jahren kam ein Mann aus dem Westen in unser Land. Er sah einen paschtunischen Bauern über sein Feld gehen, und traditionsgemäß folgte ihm seine Frau in einer Burka in einem Meter Abstand, wie es bei den Paschtunen Sitte ist. Als der Mann ein paar Jahre später zurückkam, bot sich ihm im selben Dorf ein überraschender Anblick: Jetzt ging die Frau vorneweg und ihr Mann einen Meter hinter ihr her.

›Aha! Ich sehe, es hat einen Fortschritt gegeben‹, sagte der Fremde anerkennend zum Dorfvorsteher.

›Sie gehen durch ein Minenfeld‹, antwortete der Dorfchef.«

Afghanischer Humor ist vielleicht nicht gerade subtil, doch er bietet ein gutes Spiegelbild eines Landes, das mit Frauenfeindlichkeit und dem Erbe eines 26 Jahre währenden Krieges zu kämpfen hat – eines Landes, in dem man sich völlig darüber im Klaren ist, dass ein Fremder es niemals wirklich verstehen wird.

ALS DIE PASSAGIERE DES FLUGES Masar-Herat die Landebahn betreten, werden sie sofort von einem Trupp Gepäckträger bestürmt, die voller Enthusiasmus der im Westen so geschmähten Kinderarbeit nachgehen. Alle schreien durcheinander, um auf sich aufmerksam zu machen und das Gepäck auf ihren Karren zu laden. Keiner der Jungen, die hier ihre Dienste anpreisen, ist älter als zwölf, und der jüngste Dreikäsehoch ist sicher erst sechs, denn er kann kaum über sein Gefährt hinwegschauen.

Ich werfe mein Gepäck in einen der Karren und bitte dessen Lenker, es zum Eingang des Flughafens zu bringen, wo ich mit einem Mann namens Sohail Hafizi verabredet bin. Ich kenne ihn überhaupt nicht, aber am Telefon hat er mir versichert, er werde dort auf mich warten. Schon von Weitem sehe ich neben einem Auto einen jungen Mann mit rabenschwarzem Haar, der die Ankommenden genau beobachtet. Sohail hat gerade seine Universitätsausbildung abgeschlossen und möchte unbedingt im Ausland weiterstudieren. Daher bestürmt er mich schon auf unserer ersten Fahrt mit Fragen. Ich kann ihm wenig Hoffnung machen, denn welches Land würde ihm ein Visum ausstellen?

Unser Weg in die Innenstadt führt uns durch von kräftigen Pinien gesäumte breite Alleen. So vermittelt sich mir von Anfang an der Eindruck, dass Herat im

Unterschied zu vielen anderen afghanischen Großstädten ein grüner Ort ist. Die Stadt hat asphaltierte Straßen und wirkt gepflegter als Kabul und Masar.

Unter allen Städten Zentralasiens nimmt Herat nicht nur wegen seiner geschichtlichen und strategischen Bedeutung eine herausragende Stellung ein, auch auf architektonischem Gebiet verfügt die Stadt über ein eindrucksvolles Erbe. Schon in meiner Jugend schweiften meine Träume in die Ferne, wenn ich mir die Fotografien der fremdländischen Minarette dieser Stadt in meinem Geschichtsbuch ansah. Bei dem Gedanken, diese Bauwerke bald mit eigenen Augen zu sehen, werde ich ganz aufgeregt. Ich kann es kaum erwarten.

Sohail setzt mich an der Tür des Marco-Polo-Hotels ab, wo man mir nach kurzem Feilschen ein sehr anständiges Zimmer zuweist. Zufrieden bitte ich Sohail, mich eine Stunde vor Sonnenuntergang hier wieder abzuholen, da ich davon ausgehe, zu dieser Zeit die besten Lichtverhältnisse für ein paar Fotos von Herats architektonischen Schätzen vorzufinden.

DIE FREITAGSMOSCHEE IN HERAT ist zweifellos eines der schönsten Beispiele islamischer Kunst und Architektur in Zentralasien. Als ich mich ihr bei Einbruch der Dämmerung nähere, sind die Lampen an den riesigen Minaretten schon angezündet und eine goldgelbe Mondsichel steht über dem Gebetshaus. Es kommt mir vor, als beträte ich eine persische Märchenwelt. Dutzende von Gläubigen eilen zum Abendgebet in die Moschee, doch ich bleibe vor dem riesigen westlichen Iwan, einer der vier Pforten der Moschee, stehen. Selbst im rot verglühenden Licht der untergehenden Sonne entfalten die Farben der glänzenden Fliesen an den Portalen und Mauern der Moschee noch ihre Leuchtkraft. Es ist beinah unfassbar, dass Byron bei seinem Besuch der Moschee im Jahr 1930 dazu lediglich bemerkte: »Keine Farbe hier, nur Kalkanstrich, schlechte Ziegel und vereinzelte Mosaikreste.« Wie lässt sich das mit diesem Anblick vereinbaren?

All diese Pracht, erklärt mir Sohail geduldig, sei das Werk von Restauratoren. Die Moschee wurde von Neuem mit Kacheln verkleidet, wobei man sich bei den Mustern an der ursprünglichen Gestaltung aus der Zeit Timurs des Lahmen orientierte. 1943 hat man mit den Arbeiten begonnen, und bis zum heutigen Tag bemüht sich eine Organisation darum, jüngeren Menschen zu vermitteln, wie sie hochwertige Kacheln herstellen und die Renovierung der Moschee vollenden können. Das Resultat dieser

Ein Mann begibt sich mit einem Besen zum Eingang der prächtigen Freitagsmoschee von Herat, um dort den Boden zu säubern.

Renovierung ist zweifellos fantastisch. Das alte Gebäude, dessen Pläne aus dem Jahr 1200 stammen, erstrahlt heute in zeitloser Vollkommenheit und seine Farben verleihen ihm neue Präsenz und Leuchtkraft.

Während ich fotografiere, werde ich von einem jungen Mann mit einem schwarzen Bart und schulterlangem Haar angesprochen. Er ist sicher ein frommer Anhänger des Propheten.

»Gefällt Ihnen unsere Moschee?«, fragt er mich. Als ich seine Frage bejahe, strahlt er, als hätte ich ihm ein persönliches Kompliment gemacht und sagt: »Willkommen in Herat!«

Als die ersten Sonnenstrahlen auf die Gipfel des westlich von Herat gelegenen Paropamisusgebirges fallen, befinden wir uns schon auf dem Weg zur Musalla (der Gebetsstätte) der berühmten Königin Gauhar Shad. Von allen erhaltenen Bauwerken aus dem Goldenen Zeitalter Herats unter den Timuriden ist dieses wohl das berühmteste. Seine Schönheit zeigten auch die vergilbten Fotos, die ich vor vielen Jahren so eifrig studierte.

Beim Anblick der königlichen Gebetsstätte wurde Byron lyrisch: »Die prächtigsten Bauwerke der islamischen Architektur des 15. Jahrhunderts«, schrieb er.

Zur Musalla gehörten früher eine Madrasa und eine Moschee, zu der Byron anmerkte, es dürfe wohl »bis heute keine prächtigere Moschee gegeben haben«. Leider gehören sowohl Moschee wie auch Islamschule der Vergangenheit an. Sie haben zwar den Untergang des Timuridenreiches und den Einfall der Usbeken und Perser überstanden, doch eine Horde barbarischer westlicher Militärs – die Briten – machte sie schließlich dem Erdboden gleich. Sie wollten zum Schutz gegen die nahende russische Armee 1885 einen stärkeren Verteidigungsring um die Stadt anlegen und rissen daher alle Bauten ab, die diesem Vorhaben im Wege standen. Zu ihnen gehörten neben der Musalla auch die viel gerühmte Madrasa Sultan Husseins und eine Reihe von Minaretten. Neun Minarette blieben zunächst erhalten, einige von ihnen stürzten jedoch im 20. Jahrhundert bei Erdbeben ein.

Während wir quer durch die Stadt zu der Ruine der Musalla fahren, bin ich gespannt, welcher Anblick uns dort erwartet: Wie viele der Minarette haben wohl die 26 Kriegsjahre in Afghanistan überstanden?

Hinter einer Kurve eröffnet sich mir plötzlich der Blick auf eine kahle Ebene, in deren erstarrtem Schlamm sich zwischen zahllosen Kratern und Löchern einsam ein Mausoleum erhebt und ein Minarett, das so schief steht wie der Turm von Pisa. Auf halber Höhe hat ein Geschoss ein großes Loch in dem mehr als 40 Meter hohen Backsteinturm hinterlassen, und er sieht aus, als hätte ein riesiges Ungeheuer seine Spitze abgebissen. Doch er weigert sich zu kapitulieren – schief und von Einschüssen durchsiebt steht er noch immer wie ein einsamer Wächter neben dem Mausoleum seiner Königin. In einiger Entfernung sehe ich vier weitere Minarette, die wie Schornsteine eines Hüttenwerks in den Himmel ragen. Sie standen einst um die Madrasa Sultan Husseins, doch Granatfeuer haben sie beschädigt und Raketen haben die herrlichen Verzierungen ihrer Außenwände zerstört. Am Fuß der Türme finde ich Scherben ihres 600 Jahre alten Kachelschmucks.

Auch heute wirken die Türme mit einer Höhe von etwa 40 Metern und einem unteren Durchmesser von sechs Metern noch eindrucksvoll. Während mein Blick über die Ebene schweift, kommen sie mir wie die krummen Beine eines gewaltigen umgestürzten Tisches vor.

Das erste Dämmerlicht verleiht der Szenerie einen magischen und zugleich düsteren Glanz. Ohne ihren einstigen Kachelschmuck scheinen die dunklen Minarette heute in der kargen Landschaft warnend gen Himmel zu zeigen, als unheilvoller Hinweis darauf, dass selbst die größten menschlichen Werke dem Untergang geweiht und im Lichte der Ewigkeit ohne Bedeutung sind. Das erinnert mich an den letzten Satz von Percy Bysshe Shelleys Gedicht »Ozymandias«:

»Nothing beside remains. Round the decay
of that colossal wreck, boundless and bare
the lone and level sands stretch far away.«

Und noch etwas ist befremdlich: Obwohl es sich hier um eine der größten Ruinen der islamischen Architektur handelt und die Minarette immer noch einen überwältigenden Anblick bieten, kümmert sich niemand um diese ramponierten Bauten. Um zu verhindern, dass sie bei schweren Unwettern einstürzen, hat man lediglich ein paar Stahlseile um die Basis der schiefen Minarette gespannt. Gleichgültig fließt der afghanische Verkehr an den Türmen vorbei, die aus einer finsteren Vergangenheit zu stammen scheinen. Selbst ein Akademiker wie Sohail kennt weder ihren Erbauer noch ihren architektonischen Kontext. Es kommt mir vor, als hätten die Kriege gegen die Russen und die Kämpfe im Inneren Afghanistans die Afghanen ihrer eigenen Geschichte beraubt.

UM DER MITTAGSHITZE ZU ENTFLIEHEN, verlassen wir die Stadt am nächsten Morgen in aller Frühe. Fünf Kilometer außerhalb von Herat liegt ein weiteres Baudenkmal, das ich mir auf keinen Fall entgehen lassen möchte: Gazargah, das

Der Abend senkt sich über die riesigen Minarette der verschwundenen Musalla von Königin Gauhar Shad.

Grab Abdullah Ansaris, eines berühmten Sufidichters und mystischen Philosophen, der im 11. Jahrhundert in Herat lebte. Bei unserer Ankunft treffen gerade zwei Busse mit Pilgern an der Grabstätte ein. Gemeinsam mit Dutzenden von Männern mit kräftigen Bärten und großen Turbanen zwängen wir uns ins Innere des Monuments.

Der Schrein aus dem Jahr 1428 besteht aus einem rechteckigen Hof, auf dem sich Gräber dicht an dicht aneinanderreihen. An einer Seite des Hofes, ganz in der Nähe eines beeindruckenden Portals, liegt das Grab des berühmten Heiligen. Byron:

> *»Khoja Abdullah Ansari starb 1088 im Alter von vierundachtzig Jahren, nachdem ein paar Jungen ihn bei der Andacht mit Steinen beworfen hatten. Man sympathisiert mit diesen Jungen. Selbst für einen Heiligen muß der Mann ein bemerkenswert begabter Langweiler gewesen sein. Er sprach in der Wiege, mit vierzehn predigte er bereits, im Laufe seines Lebens führte er Gespräche mit tausend Scheichs, er lernte hunderttausend Gedichte auswendig (manche sagen zwölfhunderttausend) und verfasste ebenso viele. Er war ein Katzenfreund.«*

Vor dem Schrein des Heiligen haben sich Männer und Frauen versammelt, um hier Ansaris Beistand zu erflehen. Manche pressen ihren Kopf an die Schutzgitter des Grabes, um so der segensreichen Ausdünstungen teilhaftig zu werden, die der Heilige immer noch verströmt. Andere singen Lieder oder streicheln liebevoll die Gitterstäbe der Einfassung. Frauen knien in ihren Burkas vor dem Schrein, und in einer Ecke entdecke ich drei uralte Männer, von denen einer aus einer prachtvollen, mit arabischen Arabesken versehenen Koranausgabe vorliest.

Wie an allen Gebetsstätten gehen auch hier Glaube und Aberglaube nahtlos ineinander über. Wer körperliche Gebrechen hat, schlägt in der Nähe des Schreins einen Nagel in einen Baumstamm. Frauen mit unerfülltem Kinderwunsch bitten den Heiligen um Fruchtbarkeit. Von meinem Beobachtungsposten an einer Ecke des Monuments kann ich sehen, wie sie in der Umgebung des Grabes nach einem Stein suchen, der das erwünschte Kind symbolisieren soll. In murmelnde Gebete vertieft, umwickeln sie ihn mit einem Stück Leinen und binden ihn an einen Baum.

Wir bleiben fast bis zur Mittagszeit, doch schließlich kehren wir zum Auto zurück. Ein beständiger föhnwarmer Wind lässt Sohails *shalwar kameez* wie eine Fahne im Wind flattern. Der *Baad-Yaksad-Bist-Rooz*, der 120-Tage-Wind, der von Mai bis August aus der iranischen Wüstenebene herüberweht, kann einen innerhalb kürzester Zeit zu einem Stück Pergament oder einer afghanischen Mumie verdorren lassen, wenn man nicht regelmäßig Wasser trinkt.

Bevor wir ins Auto steigen, schaut Sohail vorsichtig unter die Hinterräder.

»Wonach suchst du?«, frage ich lachend. »Nach einer Bombe?«

»Ja«, sagt er ohne die Spur eines Lächelns. »Mit einem Ausländer an Bord muss man vorsichtig sein. Ein wenig Achtsamkeit kann nicht schaden.«

MIT SOHAIL DURCH HERAT zu fahren, ist schon an sich ein Abenteuer. Mir war von Anfang an klar, dass er nicht der Besitzer des Geländewagens war, mit dem er am Flughafen auftauchte. Er hat ihn irgendwo ausgeliehen, weil Ausländer für gewöhnlich mit solchen Karren durch die Gegend kutschen. Wenn er einparkt oder die Schalter zum Schließen von Fenstern und Türen sucht, merkt man, dass er mit dem Wagen nicht vertraut ist. Problematischer wird es, wenn er diese Herausforderung zu bewältigen sucht, während er telefoniert oder lebhaft mit mir diskutiert, sei es über die Rechte der Frauen in Afghanistan, die amerikanische Präsenz in seinem Land oder über die Vor- und Nachteile einer iranischen Atombombenproduktion. Sohail hält während dieser Gespräche gerne Blickkontakt, was unterwegs hin und wieder zu spannenden Situationen führen kann. Einmal fuhr er während eines Gesprächs über Familienplanung in Europa die Lampe eines Straßenhändlers um. Der Lampenbesitzer schrie Zeter und Mordio und ließ keinen Zweifel daran, dass es sich um die schlimmste Katastrophe seit dem Einmarsch der Russen im Jahr 1979 handelte. Als Ausgleich für seinen kaum zu verschmerzenden Verlust verlangte er 100 Afghani. »Im Basar kostet diese Lampe kaum zehn Afghani!«, brüllte Sohail wutschnaubend. Letztendlich einigten wir uns auf eine Summe von 50 Afghani.

In einen wesentlich größeren Schlamassel gerieten wir jedoch unweit der eindrucksvollen Festung Herats, die ganz in der Nähe des Altstadtbasars liegt. Sie wurde im Jahr 1305 errichtet und hat mehreren persischen und usbekischen Angriffswellen standgehalten. Eine der denkwürdigsten Begebenheiten ereignete sich hier 1838, als die von den Russen unterstützte persische Armee die Festung belagerte. Eldred Pottinger, ein britischer Leutnant irischer Abstammung, der auf einer seiner Erkundungstouren die Stadt als Pilger verkleidet besuchte, bot dem Großwesir an, ihn bei der Verteidigung seiner Zitadelle zu unterstützen. Offenbar hat er dabei gute Arbeit geleistet, denn nach zehnmonatiger Belagerung mussten die Angreifer unverrichteter Dinge abziehen. Auf den Zinnen der Festung blieben nur ihre abgeschlagenen Köpfe zurück.

Hier im Basar, ganz in der Nähe der berühmten Festung, möchte Sohail während der Fahrt das für Muslime äußerst beunruhigende Thema der Homo-Ehe in Europa mit mir diskutieren. Als ich gerade zu Ausführungen über die Gleichberechtigung aller Menschen, ungeachtet ihrer sexuellen Orientierung, anheben will, rammen wir den Griff eines Apfelkarrens. Ein kleiner Schubs mit der Stoßstange unseres Jeeps

Täglicher Markt am Fuß der imposanten Zitadelle von Herat.

genügt, um der Karre Eigenleben einzuhauchen. Sie nimmt Fahrt auf, rollt führerlos über die Straße und kommt erst an einer Bude mit Bürsten wieder zum Stillstand. Ein Teil der Äpfel kullert beim Aufprall auf die Straße, der Rest ergießt sich über den Stand des Bürstenverkäufers. Der darauf einsetzende Tumult gleicht einer Massenszene aus den Filmen Cecille B. DeMilles. Der ganze Basar läuft zusammen, um mitzubekommen, was nun passiert. Den Apfelverkäufer trifft fast der Schlag. Wer wird ihm diesen Verlust je ersetzen? All seine erstklassigen Äpfel angestoßen! Dankbar für eine Ablenkung an diesem ruhigen Geschäftstag brechen die Umstehenden in schallendes Gelächter aus. Einige blicken zu mir und halten den Daumen hoch.

»Am besten kaufen Sie ihm die ganze Wagenladung ab!«, meint der Bürstenverkäufer, während ein paar Lausejungs die Äpfel von seinem Stand stibitzen, sie in ihre Taschen stopfen und damit in der Menge verschwinden. Um die Gemüter zu beruhigen und die Situation zu klären, wird zu guter Letzt ein Mullah aus der benachbarten Kharga-Moschee (in der ein Stück vom Gewand des Propheten aufbewahrt wird) herbeigerufen. Er schlägt vor, dass der Apfelverkäufer seine Äpfel behält und wir ihn für seine Unannehmlichkeiten und die Wertminderung seiner angestoßene Ware entschädigen. Um unsere Weiterfahrt nicht zu verzögern und einer Diskussion über die Höhe des Schadens aus dem Weg zu gehen, drücke ich dem empörten Apfelhändler 1000 Afghani (20 Dollar) in die Hand. Er starrt den Schein an, drückt ihn an seine Stirn und dankt dem Herrn. Wahrscheinlich hat er noch nie in seinem Leben mit einer einzigen Transaktion so viel Geld verdient. Während wir uns aus dem Staub machen und uns mit dem Auto einen Weg durch die Massen bahnen, applaudiert die Menge. So viel zu meinem Low-profile-Auftreten in Herat.

DIESE REISE NACH HERAT IST keine reine Besichtigungstour. Meine Entscheidung, die Stadt – unabhängig von der Entwicklung der hiesigen Verhältnisse – zu besuchen, hat einen betrüblicheren Grund. Ein Vorfall, der es mit sich brachte, dass Ärzte ohne Grenzen nach 24 Jahren alle Stützpunkte in Afghanistan aufgegeben hat und sich seither ganz aus diesem Land zurückgezogen hat.

Am 2. Juni 2004 fuhr ein Land Cruiser von Ärzte ohne Grenzen Niederlande mit zwei afghanischen Mitarbeitern und ihren niederländischen, belgischen und norwegischen Kollegen an Bord auf einer Straße in der Nähe des Dorfes Khairkhana im Bezirk Ghadis der Provinz Badghis, als der Wagen von einem Geschoss getroffen wurde und daraufhin explodierte. Einige Killer mit AK-47-Gewehren erledigten den Rest. Fünf Menschen starben an Ort und Stelle: der Niederländer Willem Kwint, die belgische Projektkoordinatorin Hélène De Beir, der norwegische Arzt Egil Tynaes, der afghanische Übersetzer Fasil Ahmad und Besmillah, der Fahrer des Wagens.

In einer Nachricht an das Pressebüro Associated Press erklärten sich die Taliban für den Anschlag verantwortlich. Einer ihrer Sprecher sagte: »Solange Ausländer unter dem Deckmantel von Hilfsorganisationen im Kampf gegen die Taliban mit den USA zusammenarbeiten, werden wir sie bekämpfen.«

In einer Gegendarstellung vertraten die afghanischen Behörden jedoch die Auffassung, es sei noch zu früh, um von einem Anschlag der Taliban auszugehen. Denn in diesem Gebiet komme es häufiger zu bewaffneten Überfällen. Während seines Besuches in Belgien im Mai 2005 bezeichnete der von den Amerikanern unterstützte Präsident Hamid Karzai in einem Gespräch mit dem Vater der ermordeten Hélène De Beir die »Taliban-Version« des Vorfalls selbst als Lüge. Nach Karzais Meinung handelte es sich um ein »gewöhnliches« Verbrechen, mit dem sich ein seines Amtes enthobener Kommissar rächen und deutlich machen wollte, dass ohne ihn die Sicherheit in der Region nicht gewährleistet sei.

Diese Version der Geschichte, die einen einheimischen Polizeikommissar als Verdächtigen präsentiert, machte schon unmittelbar nach dem Vorfall die Runde. Aber in den folgenden Monaten wurde kein Verdächtiger festgenommen. Auch im Lauf der Jahre klärte sich die Sachlage nicht weiter auf. Nach wie vor bleibt die große Frage: Warum wurden die Ärzte-ohne-Grenzen-Mitarbeiter ermordet? Haben Taliban oder irgendwelche Banditen das Schicksal dieser fünf Menschen besiegelt? Oder war es doch die Aktion eines durchgeknallten Polizisten und ein paar seiner Anhänger? Ob Ärzte ohne Grenzen sich wieder in Afghanistan engagieren wird oder nicht, hängt von einer ganzen Reihe operationaler Faktoren ab. Aber eine Voraussetzung dafür ist sicherlich, dass die afghanischen Behörden solche Anschläge nicht einfach auf sich beruhen lassen, sondern eine sorgfältige Ermittlung der Täter und Tatmotive durchführen.

Als ich im Januar 2006 meine in diesem Buch geschilderte Reise antrat, waren zwar schon einige Verdächtige verhaftet worden, doch man hatte sie schließlich alle wieder freigelassen. Keiner der vermeintlichen Täter saß hinter Schloss und Riegel und es erschien zu diesem Zeitpunkt äußerst fraglich, ob es jemals dazu kommen würde.

Doch schon während der ersten Tage meiner Afghanistanreise kamen mir Gerüchte zu Ohren, dass die Polizei von Herat in Zusammenhang mit diesem Fall einige Verdächtige festgenommen hätte. Auch mein Freund Arif aus Masar war bei unserer ersten Begegnung felsenfest davon überzeugt. Nun nach meiner Ankunft in Herat wollte ich mir selbst ein Bild von der Lage machen.

Daher bitte ich Sohail, der mich auf abenteuerliche Weise durch die Stadt kutschiert, einen Kontakt zu einem hiesigen Journalisten herzustellen, der den Fall verfolgt hat. Einerseits erhoffe ich mir von ihm Informationen, andererseits möchte ich ihn auch um seine Mitwirkung bei meiner Suche nach Namen und Motiven der möglichen Täter bitten.

Noch am selben Tag lerne ich den Fernsehjournalisten Reza Shir Mohammed kennen, der mir in seinem Büro bei Tolo TV bestätigt, dass es tatsächlich zu Festnahmen gekommen sei. Aber wer, wann und wo festgenommen wurde, ist auch ihm nicht bekannt. Er sichert mir seine Mitwirkung zu und macht sich gleich ans Werk, indem er mit dem Bürgermeister von Herat telefoniert und ihn bittet, sich mit mir über den Fall zu unterhalten. Der Bürgermeister Saïd Hussein Anweri, ein ehemaliger Mudschahed, willigt ein. »Kommen Sie heute Abend um 18.00 Uhr zu mir nach Hause«, lässt er mir ausrichten.

Die Bereitschaft des Stadtoberhaupts, sich auf ein Gespräch mit einem fremden Journalisten einzulassen, ist nicht allzu überraschend. Der Abzug von Ärzte ohne Grenzen hat eine schmerzliche Lücke hinterlassen. Wenn es auf der Welt ein Land gibt, in dem Ärzte ohne Grenzen etwas bewirken kann und in dem die Dringlichkeit eines Einsatzes außer Frage steht, dann ist es wohl Afghanistan. Denn hier ist alles, was die Gesundheitsversorgung betrifft, »dringlich«. Daher ist es nicht verwunderlich, dass die Behörden dazu bereit sind, alles für eine Rückkehr von Ärzte ohne Grenzen zu tun.

Ich habe zwar nicht die leiseste Ahnung, was der Bürgermeister mir erzählen kann, doch ich hoffe, dass er dem Polizeikommandanten die Anweisung erteilt, mich über die genaue Sachlage zu informieren.

Um fünf vor sechs kommen Reza Shir Mohammed, Sohail und ich beim Bürgermeister an. Es ist Freitag, also ein muslimischer Feiertag. Doch obwohl das Rathaus geschlossen ist, erklärt sich der Bürgermeister dazu bereit, uns in seiner Amtswohnung zu empfangen. Sein Haus, eine wahre Residenz, ist von einem schönen Park umgeben. Ein Bediensteter lässt uns ein und führt uns in einen großzügigen Raum, in dem sich zehn Sessel und ebenso viele Couchtische befinden. Überall stehen Schälchen mit Pistazien, Rosinen, Mais und Erdnüssen. Speziell für die Gäste bringt der Diener noch eine große Obstschale, mit Ananas, Trauben, Pfirsichen und Äpfeln, die er direkt vor meiner Nase platziert.

Nachdem wir eine halbe Stunde antichambriert haben, erscheint der Bürgermeister, ein bemerkenswerter Mann mit einem durchdringenden Blick. Auf meine Fragen hin erklärt er mir, in Zusammenhang mit diesem Fall seien neun Personen verhaftet und in das Gefängnis von Kabul überführt worden. Er entschuldigt sich dafür, dass er mir keine Details nennen könne, denn er bekleide das Amt des Bürgermeisters erst seit einem Jahr, doch er werde den Polizeichef anweisen, mich über den Stand der Dinge zu informieren. Morgen, verspricht er, würde ich eine Liste mit den Namen der in Kabul inhaftierten Männer erhalten.

Ich frage ihn, wie er die Sicherheitslage in Herat im Allgemeinen einschätzt.

»Positiv«, antwortet er. »Es gibt keine Organisation, die sich hier in unserer Stadt oder in unserer Provinz mit der Regierung anlegt. Hin und wieder kommt es zwar zu Anschlägen und Überfällen, aber in einer Stadt mit drei Millionen Einwohnern ist das nicht ungewöhnlich. Bei den Bombenanschlägen, die wir bisher erlebt haben, handelte es sich um vereinzelte Zwischenfälle. Im Süden Afghanistans bekommen die Taliban im Moment ordentlich eins aufs Dach. Deshalb haben sie sich auf Terroraktionen und Selbstmordattentate verlegt, die in Afghanistan eigentlich völlig unüblich sind.«

An Letzterem könnte einiges dran sein. Allein während meines einmonatigen Aufenthalts in Afghanistan haben die Taliban nach Angaben der Amerikaner und ihrer Verbündeten mehr als 200 Männer verloren. Am Tag vor meiner Zusammenkunft mit dem Bürgermeister von Herat hat sich diese Zahl noch einmal um 24 erhöht und am Tag unseres Gesprächs kamen 20 weitere Taliban bei einer Auseinandersetzung mit den Briten in der unruhigen Provinz Helmand ums Leben. Aus diesen Zahlen wird nicht nur ersichtlich, dass in den Provinzen Kandahar, Helmand, Nimroz und Zabul heftig gekämpft wird, sondern dass die Taliban bei diesen Konfrontationen meist auch den Kürzeren ziehen.

Die Amerikaner und die Briten räumen ein, dass ihre Gegner sich reorganisiert haben und ihre Aktivitäten nicht länger auf reine Guerilla-Aktionen beschränken: Offenbar sind sie mittlerweile zu militärischen Aktionen in der Lage, was zu größeren Verluste auf Seiten der Koalitionstruppen geführt hat.

Aber auch den Taliban dämmert allmählich, dass für sie ein neues Jahrhundert angebrochen ist. Eine kürzlich eingeleitete Offensive von 11 000 ISAF-Soldaten in den unruhigen Südprovinzen führt fast täglich zu neuen Zusammenstößen, die für die Taliban nur selten gut ausgehen. Was keineswegs heißen soll, dass sich die Aufständischen wie Schafe zur Schlachtbank führen lassen. Während meines Aufenthalts in Herat sendeten sie einen Bericht an die Presseagenturen, in dem sie ihre Kriegshandlungen der ersten Jahreshälfte 2006 auflisteten. Ihr Sprecher Mohammed Hanif spricht davon, dass die Taliban in diesem Zeitraum 21 Selbstmordattentate verübt und 18 Spione exekutiert hätten (Orte und Daten waren im Pressebericht vermerkt). Darüber hinaus seien sie für den Tod von 213 Soldaten der Koalitionstruppen verantwortlich. Dieser Behauptung widerspricht zwar die ISAF, doch es ist nicht zu leugnen, dass die Amerikaner und ihre Verbündeten 2006 weit mehr Soldaten verloren haben als in den vorangegangenen Jahren. In den ersten sechs Monaten des Jahres 2006 starben in Afghanistan mehr als 1000 Menschen, unter ihnen 70 ausländische Soldaten.

Bürgermeister Anweri konstatiert, dass die Operation *Mountain Thrust* – die größte Offensive gegen die Taliban seit der amerikanischen Invasion im Jahr 2001 – die Taliban ganz offensichtlich zur Flucht aus ihren angestammten Bastionen in die ruhigeren Nordprovinzen treibt. In diesen Provinzen stoßen sie natürlich auf wesentlich größere Lücken im Sicherheitsnetz, was die Ausweitung ihrer terroristischen Aktivitäten erleichtert. »Daher ist auch weiterhin mit Anschlägen zu rechnen«, sagt er.

Ungeachtet dieser neuen Entwicklungen beendet der Bürgermeister seine Einschätzung der Sicherheitslage mit der Bemerkung, dass er der Zukunft Afghanistans optimistisch entgegensehe. Anschließend gibt er Reza Shir Mohammed den Namen des Polizeichefs, den wir am folgenden Tag aufsuchen sollen. Ich danke ihm für seine Unterstützung und wünsche ihm *good luck*.

Da der Informationsgehalt dieses Gesprächs recht dürftig war, suche ich am nächsten Morgen Reza wieder in seinem Büro bei Tolo TV auf, um ihn darum zu bitten, den Gouverneur der Provinz Badghis, in der die Morde verübt worden waren, anzurufen.

Schülerinnen genießen eine kurze Pause in der Nähe der Moschee von Herat. In den Jahren des Talibanregimes war Unterricht für Mädchen und Frauen strikt untersagt.

Während unserer Besprechung möglicher Fragen an diesen Mann höre ich plötzlich einen dumpfen Schlag, so als hätte jemand weit weg eine Tür zugeschlagen.

»Das ist eine Bombe«, sagt Reza. Schon nach ein paar Telefonaten weiß er, dass ein Anschlag auf die Universität verübt wurde. Wir springen in Rezas Auto und fahren in rasendem Tempo zum Ort des Geschehens. Dort erwartet uns eine große Menschenmenge, durch die sich Krankenwagen mit heulenden Sirenen ihren Weg bahnen. Überall sehe ich weinende Studentinnen. Reza bringt in Windeseile in Erfahrung, was passiert ist: Eine Explosion hat eine Studentin des Englischkurses getötet und acht ihrer Mitstudentinnen verletzt. Vor unseren Augen werden die letzten Verwundeten weggebracht. Ihre Seidengewänder sind rot vor Blut.

Mädchenschulen gehören zu den bevorzugten Zielen fundamental-islamistischer Milizen in Afghanistan. Über diese feigen Anschläge ist jedermann in Afghanistan empört, denn sie richten sich gegen den Motor des Wiederaufbaus: die Bildung und vor allem die Bildung der Frauen. Im vergangenen Jahr kam es vermehrt zu derartigen Anschlägen, und wenn sie zunehmen, sieht die Zukunft des afghanischen Volkes wohl weniger rosig aus, als sie sich der Bürgermeister von Herat noch einen Tag vor den Ereignissen an der Universität ausgemalt hat.

Nachdem Rezas Kameramann das Chaos an der Universität und sein Interview mit dem Rektor im Kasten hat – »der Unterricht wird morgen wieder aufgenommen« –, kehren wir in sein Büro zurück, wo er mit dem Schnitt für die Abendnachrichten beginnt.

Inzwischen versucht Sohail, den Gouverneur von Badghis, Anaytullah Deneyit, telefonisch zu erreichen. Nach einigen vergeblichen Versuchen bekommt er ihn schließlich an die Strippe. Er bestätigt, dass der berüchtigte Polizeichef Mohammed Yakub Khan, von dem schon in früheren Berichten die Rede war, in Zusammenhang mit seiner mutmaßlichen Beteiligung an der Ermordung der Ärzte-ohne-Grenzen-Mitarbeiter verhaftet wurde. Momentan sitze er in Block drei des Pul-i-Charki-Gefängnisses in Kabul und warte auf seinen Prozess – wie ich später jedoch erfahre, ist seine Gerichtsakte »unauffindbar«.

Gegen eine weitere zentrale Figur in diesem Fall, General Abdul Zahir Nayebzada, kann keine Anklage mehr erhoben werden, da er 2005 in Kabul bei einem Autounfall ums Leben kam. Er war ein Cousin Mohammed Yakub Khans und stammte wie dieser aus der unruhigen Provinz Badghis. Von 2001 bis 2004 war er Kommandant der 17. Division in Herat. Gemeinsam mit seinem Bruder Amir Shah – einem früheren Polizeichef der Provinz Badghis – war er in den letzten Jahren vor seinem Tod an zahlreichen Menschenrechtsverletzungen und illegalen Machenschaften wie Erpressungen, erzwungenen Eheschließungen und bewaffneten Überfällen beteiligt. Dazu standen dem General 200 illegale bewaffnete Milizionäre zur Verfügung. Außerdem konnten er und sein Bruder sich bei ihren Mafiapraktiken auf die Unterstützung des Polizeichefs Mohammed Yakub Khan verlassen.

»General Zahir war ein Gauner«, sagt der Gouverneur am Telefon und bringt ihn auch mit dem Mord am Sohn Ismaïl Khans, des früheren Kriegsherrn und selbst ernannten »Emirs von Herat«, in Zusammenhang. Khan hatte jahrelang gegen die Taliban gekämpft. Doch letztendlich hat er Herat preisgegeben (nicht ohne sich zuvor die Taschen mit einer Ablösesumme der Taliban zu füllen). Nach der Niederlage der Taliban gegen die Amerikaner ist er jedoch blitzartig wieder auf der Bildfläche erschienen und bekleidet heute das Amt des Energieministers in der Regierung Karzai. Ihm ist es zu verdanken, dass in Herat als einziger Stadt in Afghanistan allmählich normale Verhältnisse einkehren: mit asphaltierten Straßen, einer zuverlässigen Energieversorgung und einem modernen Industriegebiet.

Der tote General war nach Aussagen des Gouverneurs von Badghis ein führendes Bandenmitglied. Seine Anhänger sitzen heute hinter Schloss und Riegel. Aber die Antwort auf die Frage, wer den Anschlag letztlich ausgeführt hat und welche Motive dem Blutbad zugrunde lagen, muss auch der Gouverneur schuldig bleiben. »Das müssen Sie die Polizei in Herat oder Kabul fragen«, sagt er.

Am nächsten Morgen fährt unser kleiner Trupp zum Polizeihauptquartier, wo uns der Kommandant äußerst zuvorkommend empfängt. Er hat nur eine Hand. »Die andere hat er bei einer Granatenexplosion im Kampf gegen die Russen verloren«, flüstert einer seiner Untergebenen Sohail ins Ohr.

»Mein Name ist Ghulum Sarwar!«, stellt sich der Befehlshaber vor, während er mit seiner verbleibenden Hand an einer Gebetsschnur spielt. Nachdem er uns Tee serviert hat, können wir zur Sache kommen. »Der Mann, der diese Morde begangen hat, heißt Ahmed Champa«, sagt der Kommandant. »Er sitzt mit seinen Handlangern in Kabul im Gefängnis. Aber für die Details des Falls muss ich Sie an die Kollegen der Kriminalpolizei verweisen. Ich werde Ihnen die Telefonnummer des Beamten geben, der für die Verhaftung dieses Banditen zuständig war.«

Nach langer Hin-und-Her-Telefonierererei erklärt sich Mohammed Mosa Rasoli, der Leiter des polizeilichen Ermittlungsdezernats von Herat, dazu bereit, uns am selben Abend in seinem Büro in der Nähe der schief stehenden Minarette zu empfangen. Ich bitte ihn, mir zunächst zu erklären, wie es ihnen gelungen ist, Ahmed Champa festzunehmen, und wie er überhaupt auf die Liste der Verdächtigen gelangt ist.

Der Kommandant legt sofort los. Offensichtlich ist er stolz auf die Leistung seines Teams bei dieser Ermittlung. »Einige Zeugenaussagen wiesen auf Champa hin«, sagt er. »Er ist ein professioneller Killer. Vor einem Jahr hatten wir dann genug Beweise, um ihn in der Provinz Badghis zu schnappen. Von einem Informanten hatten wir erfahren, dass er dort bei seinen Eltern zu Besuch war.«

Daraufhin hatte die Polizei zunächst die Armee gebeten, die Umgebung aus der Luft zu erkunden, bevor sie in das abgelegene, 250 Kilometer von Herat entfernte Bergdorf aufbrach. Im Schutze der Nacht drangen sie in das Haus ein. Doch Champa konnte entkommen und floh in die Berge. »Uns war sofort klar, dass wir aus dem Dorf verschwinden mussten, bevor Champas Familie uns alle umbringen würde«, sagt der Kommandant, ein großer vornehmer Mann von etwa 45 Jahren mit einem müden Blick. Um der unruhigen Provinz den Rücken zu kehren, fuhren sie die ganze Nacht durch.

In den folgenden drei Monaten konnte die Polizei lediglich in Erfahrung bringen, dass Champa sich in den Bergen Waffen besorgt hatte. »Doch eines Tages erhielten wir den Tipp, dass er sich in Herat aufhält«, fährt der Kommandant fort. »Mit einem Kollegen fuhr ich nach Saranah, einem Dorf hier ganz in der Nähe, in dem gerade eine Hochzeit gefeiert wurde.«

Ein Händler bietet an seinem Stand im Basar von Herat Ziegenköpfe zum Verkauf an.

Doch wieder ging die Polizei leer aus. Von Champa war hier keine Spur zu entdecken, aber die Polizisten trafen seinen Vater und seinen Bruder an. Ein Verhör des Bruders brachte allerdings keinerlei neue Erkenntnisse.

Den Tipp, der schließlich zu Ahmed Champas Festnahme führte, erhielten sie erst vier Monate später, im Februar 2006: »Genau zu der Zeit erhielten wir auch einen offiziellen Haftbefehl für Champa vom Innenministerium«, sagt der Kommandant. »Unser Informant berichtete, Champa komme nach Herat, um hier von einem Mann aus Badakhshan eine große Geldsumme in Empfang zu nehmen. Mittlerweile hatten wir auch seine Handynummer ermittelt. Da wir seinen Apparat abhörten, wussten wir, wo und wann Champa den Geldboten auf dem Geldwechslermarkt in Herat treffen wollte.«

Zum verabredeten Zeitpunkt postierte sich Kommissar Mohammed Mosa Rasoli mit zehn seiner Männer im Geldwechslerbasar. Jeder der Polizisten hatte eine Personenbeschreibung von Champa. Es war abgesprochen, dass einer der Polizisten auf dem Basar Champa auf seinem Handy anrufen sollte. Sobald der Verdächtige das Gespräch annahm, würden sie wissen, wen sie festnehmen mussten.

Doch es gab ein Problem. Der Basar war gut besucht und der Mann, in dem die Polizei Champa vermutete, war vermummt: Er hatte sich in eine paschtunische

Decke gehüllt und seinen Turban so sorgfältig um den Kopf drapiert, dass nur noch seine Augen zu sehen waren.

Schließlich entschied sich die Polizei doch dazu, das Manöver wie geplant durchzuführen: »Wir wählten seine Nummer und der Verdächtige nahm das Gespräch an«, berichtet der Kommissar. »Im selben Moment gab der Turban sein Gesicht frei, sodass wir sicher waren, dass wir den Richtigen gefunden hatten. Noch an Ort und Stelle legten wir ihm Handschellen an.«

Schon am nächsten Tag wurde der Verdächtige zum Verhör nach Kabul gebracht. Ich frage den Kommissar, ob diese Verhöre zu Geständnissen geführt haben.

»Das haben sie in der Tat«, bejaht Mohammed Mosa Rasoli. »Champa erwies sich als Anführer einer neunköpfigen Bande. Die Bande wurde offenbar auch von einem Heerführer in Herat unterstützt, von ›General‹ Zahir, der inzwischen bei einem Autounfall umgekommen ist, und außerdem von einem Polizisten namens Mohammed Yakub Khan. Aber beim Angriff auf den Ärzte-ohne-Grenzen-Konvoi hatte Champa das Kommando.«

Der Angriff war also sorgfältig geplant worden?

Der Kommissar fragt, ob ich etwas dagegen hätte, wenn er rauche. Dann zündet er sich eine Zigarette an, atmet tief den Rauch ein und fährt fort: »Wissen Sie, ich habe mir einige Zeit später den Ort des Anschlags im Bezirk Ghadis angesehen. Diese Stelle war ideal für einen Hinterhalt. Die Straße führt durch eine enge, sich verjüngende Schlucht in den Bergen. Der Ort, den Champa ausgewählt hatte und an dem seine Männer den Wagen erwarteten, liegt in dem Bezirk, aus dem der tote General stammte.«

Meine Fragen und die Antworten des Kommissars folgen nun rasch aufeinander.

»Welches Geschoss verwendete die Bande?«

»Ein raketengetriebenes Panzerabwehrgeschoss. Anschließend benutzten sie Kalaschnikows, um ihre Opfer zu töten.«

»Wer zündete die Rakete?«

»Ahmed Champa.«

»Hat er das gestanden?«

»Er konnte unseren Beweisen nichts entgegensetzen. In Kabul hat er seine Tat gestanden.«

Und zuletzt bleibt noch die wichtigste Frage: Warum? Warum wurden fünf Ärzte-ohne-Gren-

Polizeifoto von Ahmed Champa, dem Mörder der fünf Ärzte-ohne Grenzen-Mitarbeiter.

zen-Mitarbeiter in dieser abgelegenen Schlucht ermordet? Hat Champa sich dazu ebenfalls geäußert?

»Ja«, bestätigt der Kommissar. »Wie ich schon sagte, handelte es sich um einen sorgfältig vorbereiteten Plan, einen Plan der Taliban. Champa war schon seit Langem ein professioneller Killer, und die Taliban hatten ihn auch früher schon angeheuert und bezahlt, um irgendwelche Jobs für sie zu erledigen. Wir wissen, dass er an der Ermordung von Ismaïl Khans Sohn beteiligt war und dafür von den Taliban Geld kassiert hat. Dasselbe war auch hier der Fall.«

»Sind Sie sicher, dass die Taliban an dieser Sache beteiligt waren?«

»Hundertprozentig.«

Kurze Zeit nach Champas Geständnis wurden weitere acht Männer wegen ihrer mutmaßlichen Beteiligung an diesem Verbrechen verhaftet. Man nennt mir ihre Namen auf Persisch. Sohail übersetzt: »Abdul Latif (der Fahrer des Polizeichefs Mohammed Yakub Khan), Hasamudeen, Sadadeen, Naseem, Mohammed Azam, Jan Mohammed, Zabihullah, Abdul Aziz.«

Ich frage den Kommissar, ob der Fall nun abgeschlossen sei.

»Wir haben keine Order, ihn weiterzuverfolgen«, sagt er.

»Was passiert nun mit Champa?«

»Er wartet in Kabul auf seinen Prozess. Wenn man ihn im vollen Umfang schuldig spricht, wird er zum Tode durch Strangulieren oder Hängen verurteilt werden.«

Es ist an der Zeit, Abschied zu nehmen. Der Kommissar überreicht mir ein Foto von Ahmed Champa. Ich sehe einen jungen Killer, der mit ungerührter Miene in die Kamera blickt. Dann drückt der Polizeibeamte mir fest die Hand und sagt: »Würden Sie den betroffenen Familien bitte unser Mitgefühl ausdrücken. Während des Dschihad, als wir gegen die Russen kämpften, war ich bei den Mudschahedin. Damals habe ich gesehen, was Ärzte ohne Grenzen für die Menschen in Afghanistan getan hat. Das werden wir nie vergessen. Ich hoffe, dass die Ärzte aus Ihrem Land irgendwann wieder nach Afghanistan zurückkehren.«

AM NÄCHSTEN TAG VERLASSE ich Herat. Ich bin pleite. Die letzten drei Tage musste ich mit dem auskommen, was man mir im Hotel als Frühstück vorgesetzt hat, denn für eine weitere Mahlzeit fehlte mir das nötige Kleingeld. Daher langte ich morgens zu wie ein Scheunendrescher und stibitzte mir noch einen Apfel vom Frühstückstisch, um ihn abends mit ein paar Rosinen, die ich noch in meinem Rucksack gefunden hatte, festlich zu verspeisen.

Ich kehre nicht nur hungrig, sondern auch zufrieden nach Kabul zurück. Meine Gespräche mit dem Bürgermeister und der Polizei von Herat haben die Ereignisse im

Juni 2004 wieder aufleben lassen. Auch wenn es natürlich unsinnig ist, kommt es mir doch so vor, als hätte ich die Opfer, über deren Schicksal ich damals in Belgien bei meinem Spätdienst in der Redaktion noch in der Zeitung berichtet habe, jetzt besser kennengelernt. Doch dadurch, dass es mir gelungen ist, die Namen ihrer Mörder ausfindig zu machen, und die Polizei mir ihre Sicht der Tatmotive dargestellt hat, ist zu den Opfern eine Verbindung entstanden, die weit über die nüchterne journalistische Arbeit hinausgeht. Ob ihnen je Gerechtigkeit widerfahren wird, hängt natürlich weitgehend von der tatsächlichen Verurteilung der Täter und dem Strafmaß ab, das man ihnen auferlegt. Im Zwielicht der afghanischen Justiz ist es noch lange nicht ausgemacht, ob neben den Mördern auch ihre Auftraggeber verurteilt werden. Denn was diese betrifft, sind noch nicht alle Unklarheiten ausgeräumt: Welche Rolle spielte Polizeichef Mohammed Yakub Khan in dieser ganzen Geschichte? Das Verschwinden seiner Gerichtsakte lässt vermuten, dass man in dieser Frage keine vollständige Aufklärung erwarten kann. Doch eines habe ich auf meiner wochenlangen Reise durch Afghanistan gelernt: Vollkommene Transparenz ist in diesem Land ohnehin nicht möglich. Politik, Religion, Taliban, Mudschahedin, Polizei, Strauchdiebe ... alles ist hier miteinander vermischt, und zudem wechseln die Protagonisten immer wieder ihr Lager oder ihre Gesinnung, sodass sie häufig vielen Herren zugleich dienen müssen.

Meine Nachforschungen in Herat haben mir die Gewissheit verschafft, dass die Mitarbeiter von Ärzte ohne Grenzen nicht zufällig starben, wie zunächst vermutet, und die Morde nicht das Werk eines einzelnen verbrecherischen Polizisten waren. Sie fielen einem Anschlag zum Opfer, hinter dem Leute mit politischen Motiven standen, die daran interessiert waren, ausländische Helfer aus Afghanistan zu vertreiben, um das Land – wieder einmal – in blutige Wirren zu stürzen. Denn ein solches Chaos würde es ihnen einfacher machen, anderen ihren Willen aufzuzwingen und die Herrschaft über das Land zurückzugewinnen. Für gottesfürchtige Schurken wäre in einem solchen Staat sicherlich eine ganze Menge Geld zu verdienen.

Es gab auch noch einen weiteren Grund für mich, mit dem Verlauf meiner Recherchen zufrieden zu sein: Während meiner wiederholten Besuche bei der Polizei konnte ich feststellen, dass die Afghanen wirklich ernsthafte Anstrengungen unternehmen, einen funktionsfähigen Polizeiapparat aufzubauen. Dafür spricht allein schon die Tatsache, dass die mutmaßlichen Täter des Anschlags gefasst wurden. In einem Land wie Afghanistan, in dem man nach 26 Kriegsjahren unter »dem starken Arm des Gesetzes« etwas anderes versteht als im Westen, ist das wahrlich ein Husarenstück. Es dauert nicht nur Jahre, um den Polizeiapparat von unerwünschten Elementen zu säubern – was schon die Tatsache beweist, dass eines der für den Mord an den Ärzte-ohne-Grenzen-Mitarbeitern verantwortlichen Bandenmitglieder Polizist war –,

darüber hinaus müssen auch die lokalen Behörden zur Kooperation bereit sein. So etwas ist nur möglich, wenn ein staatlicher Zusammenhalt besteht. Mit ihm steht und fällt das Überleben Afghanistans. Auch wenn nur langsam Fortschritte erzielt werden, konnte ich in den Wochen meiner Reise doch oft beobachten, wie hart die Behörden daran arbeiten. Ganz auf sich allein gestellt, werden die Afghanen die Rückkehr in die Liga der zivilisierten Länder ganz gewiss nicht bewerkstelligen können. Dazu ist das Land noch zu instabil. Ahmed Kamran, ein Lehrer, den ich in Herat traf, brachte die Lage für mich in wenigen Worten auf den Punkt: »Wenn ich mir den Fortschritt betrachte, den wir in den vergangenen vier Jahren erreicht haben, blicke ich optimistisch in die Zukunft. Doch zugleich bin ich besorgt. Unser Staat ist noch sehr fragil. Wir haben keine eigene Produktion. Daher leben wir von dem Geld, das uns das Ausland zukommen lässt. Wenn es den Gegnern des afghanischen Staates gelingt, den Spendenfluss versiegen zu lassen – indem sie in unserer Hauptstadt beispielsweise immer wieder Selbstmordanschläge verüben, wie in Bagdad –, dann ist unser Schicksal besiegelt und es wird nicht lange dauern, bis die Taliban wieder an unsere Tür klopfen.«

NACH DER LANDUNG auf dem Kabuler Flughafen nehme ich ein Taxi zu der kleinen Pension, in der ich schon einmal abgestiegen war. Nachdem der Pensionsbesitzer mir mein Zimmer gezeigt hat, falle ich wie tot ins Bett und spüre plötzlich, wie müde ich bin. Es ist nicht die Trägheit eines anstrengenden heißen Tages, die einen urplötzlich überfällt, sondern eine tief sitzende, lange Zeit ignorierte Müdigkeit, die dazu führt, dass ich mich mittags fühle wie ein nasser Sack und nachts keinen Schlaf finden kann. Es ist an der Zeit heimzukehren.

Noch ein letztes Mal streife ich durch Kabul. Vorbei am Autobusfriedhof, wo sich Dutzende zerschossene Busse stapeln, vorbei an den Läden, in denen Fotografenjacken mit einer Unmenge von Taschen angeboten werden, wie sie in den Siebzigerjahren in südamerikanischen Bananenrepubliken Mode waren (und die hier wirklich *jeder* über seinem *shalwar kameez* trägt), vorbei an Ledergeschäften mit Jacken aus Schafsleder und an Regierungsgebäuden, vor denen die Passanten von sechs Männern mit geladenen AK-47 scharf beäugt werden. Mein Spaziergang führt mich noch einmal vorbei an der Zitadelle Bala Hisar, der von Stacheldraht und Betonquadern gesäumten UN-Niederlassung, dem berüchtigten Fußballfeld, an Rauch ausstoßen-

Porträt eines Hazara-Mannes. Nach Meinung mancher Historiker stammen die Hazara von einer der Legionen Dschingis Khans ab.

den Ziegelbrennereien und qualmenden Kebabrestaurants. Kinder zupfen bettelnd an meinem Ärmel – »*One Dollar! One Dollar!*« –, und wenn ich ihnen nichts gebe, brüllen sie mir ein aufrichtiges »*Fuck off!*« hinterher. Es ist seltsam, aber nach all den Wochen in den Bergen und auf dem Land erscheint mir Kabul wie eine Weltstadt mit all ihren Verlockungen. Die Spaghetti, die ich in einem italienischen Restaurant namens *Popo* in der Shar Naw, der »Neustadt«, esse, kommen mir wie die größte kulinarische Offenbarung meines Lebens vor.

Am nächsten Tag fahre ich zum Flughafen, passiere sechs verschiedene Gepäckkontrollen und steige schließlich in eine alte propellergetriebene russische Antonow, die mich nach Islamabad zurückbringt. Aus unerfindlichen Gründen startet der Flug anderthalb Stunden zu früh. Braun und staubig sehe ich die Stadt langsam unter mir vorbeiziehen, bis wir nach einem Schwenk über die Berge in das Niemandsland der Schmuggler und heiligen Krieger zwischen Afghanistan und Pakistan fliegen. Ich weiß nicht, ob ich froh oder traurig sein soll. Afghanistan und seine Bewohner haben bei mir einen unauslöschlichen Eindruck hinterlassen.

Ende Juli 2006 übernahm das westliche Militärbündnis NATO das Kommando über die südlichen Provinzen Afghanistans von den Amerikanern. Die Briten, die die Operation leiten, die Kanadier, Niederländer und Österreicher stellen den Großteil der Soldaten. Die Kämpfe gehen unvermindert weiter.

Auch was den Kampf gegen den Drogenhandel angeht, gibt es wenig Grund zum Optimismus: Die Opiumernte des Jahres 2006 ist die größte aller Zeiten. Nach Angaben der Vereinten Nationen wurden 2006 allein 6100 Tonnen Rohopium geerntet.

Am 28. August 2006 verurteilte The National Secondary Court in Kabul Ahmed Champa wegen seiner Beteiligung an der Ermordung der fünf Ärzte-ohne-Grenzen-Mitarbeiter zu fünf Jahren Haft. Sein Handlanger Abdul Latif erhielt eine einjährige Haftstrafe.

Im September 2006 zündete ein Selbstmordattentäter in Kabul eine Autobombe. 14 afghanische Passanten und zwei amerikanische Soldaten verloren dabei ihr Leben. Das Schreckensszenario, dass Kabul ein zweites Bagdad werden könnte, rückt dadurch wieder ein wenig näher. Angesichts der zunehmenden Gegenwehr der Taliban im Süden des Landes dringt der Kommandant der NATO-Truppen in Afghanistan bei den Mitgliedstaaten darauf, mehr Soldaten in das Land zu entsenden.

EPILOG

Auf dem Flughafen von Islamabad bekomme ich seit Wochen zum ersten Mal wieder Frauen zu Gesicht. Ich kann nicht anders, als sie ständig anzustarren, wie ein Pilger, der nach langem Herumirren in der Wüste, fast wahnsinnig vor Durst, plötzlich die Palmen einer Oase vor sich auftauchen sieht.

Ich nehme mir ein Taxi und bestaune während der Fahrt über breite asphaltierte Straßen die Reklametafeln und luxuriösen Gebäude, die an mir vorüberziehen. Mir ist, als käme ich aus einer ganz anderen Welt. Einer alten, in den Falten der Zeit verborgenen Welt, in der andere Gesetze und Sitten herrschen und die parallel zur modernen Welt existiert, ohne je mit ihr in Kontakt zu treten. Etwas, das so unbegreiflich ist, dass wohl nur jemand wie Stephen Hawking eine Erklärung dafür finden kann.

Wenn ich an die Reise zurückdenke, die ich in den letzten Monaten unternommen habe, kann ich es kaum fassen, dass mein Zigeunerleben nun ein Ende hat. Da gab es die Hauptstädte: Moskau, N'Djamena, Islamabad, Kinshasa, Eriwan, Port-au-Prince, Bogotá, Kampala und das explosive Kabul. Aber stärker noch als sie werden mir die gottverlassenen Gegenden, in die mich meine Reise geführt hat, in unauslöschlicher Erinnerung bleiben. Gegenden, die so weit vom Rest der »zivilisierten« Welt entfernt liegen, dass ich wohl zeit meines Lebens nicht wieder dorthin zurückkomme. Häufig sind es umkämpfte Grenzgebiete, in denen Aufstände und Kriege das tägliche Leben bestimmen, ohne dass die Weltöffentlichkeit – abgesehen von ein paar tapferen ausländischen Helfern – davon viel Notiz zu nehmen scheint. Gegenden, in denen die Lebensumstände nicht nur unglaublich hart, sondern manchmal auch himmelschreiend ungerecht sind. Wie oft haben mich die bittere Lage von Frauen und Kindern und der Mangel an elementarster Gesundheitsversorgung und Bildung in diesen Regionen zutiefst erschüttert.

Aber mir wurde schon sehr bald bewusst, dass auch in diesen vergessenen Landstrichen das Leben weitergeht. Die Hölle ist kein Gesamtkunstwerk. Sie ist eher ein vielgestaltiges Trauerspiel, dessen einzelne Akte immer wieder an anderen Orten zur Aufführung gelangen. Wenn sich die Rachegöttinnen zwischen ihren Unheil verkündenden Posaunenstößen vom Krieg erholen, geht das Leben vielerorts in den betroffenen Gebieten seinen gewohnten Gang, als hörte man nur hin und wieder von weit her das Echo eines fernen Krieges. Im Westen verbinden wir mit Krieg häufig noch die Vorstellung eines totalen Krieges, in dem Hunderttausende in den Flammen schrecklicher, alles vernichtender Schlachten wie jenen von Stalingrad und Berlin umkommen und in dem sich ständig verschiebende Fronten wie Schlangen aneinander vorbeiwinden. Aber Kriege bestehen fast immer aus Bombenangriffen hier, Anschlägen dort und vereinzelten Konfrontationen und Massakern. Und mitten darin befinden sich Millionen von Menschen auf der Flucht vor der Gewalt.

Ich fand es erstaunlich, mit welcher Vitalität und welchem Mut die Menschen in allen Ländern, die ich auf meiner Reise besuchte, noch aus der schlimmsten Lage das Beste machen. Noch mehr überraschte mich der Humor, der ihnen dabei hilft, ihr Schicksal zu bewältigen, wohl wissend, dass ihre Welt keinerlei Sicherheit zu bieten hat – was offenbar immer ein guter Nährboden für Scherze ist – und das Schicksal noch in derselben Nacht an ihre Tür klopfen kann.

Die wichtigste Lehre, die ich aus meiner Reise gezogen habe, ist: Überall auf der Welt – selbst in den »vergessenen« Regionen – sind die Menschen gleich und ringen mit den gleichen Fragen. Wie bringe ich meinen Sohnemann dazu, die Schule zu beenden? Wie kommt Brot auf den Tisch? Sollen wir den Präsidenten nächstes Mal wiederwählen oder er ist er nur ein Raffzahn und die Opposition gehört an die Macht? Warum unternimmt die Polizei nichts gegen Straßenräuber? Woher bekomme ich die billigste Munition für meine Kalaschnikow? Hat unsere Fußballnationalmannschaft eine Chance gegen die Krücken aus dem Nachbarland? Wer ist um Himmels willen auf die Idee gekommen, ausgerechnet hier einen Flugplatz anzulegen?

Wenn ich heute zurückblicke, empfinde ich vor allem Dankbarkeit dafür, dass ich während meiner kurzen Aufenthalte am Leben Hunderter Menschen teilhaben durfte, denen ich auf meiner Tour begegnet bin. Menschen, die es in ihrem Leben viel schwerer hatten als ich und sich trotzdem die Zeit nahmen, mir ihre Geschichte zu erzählen, oder mir erlaubten, ihre Gefühle oder ein Teil ihres Lebens in eine Fotografie zu bannen.

Einige haben mich bei meiner Arbeit hingebungsvoll unterstützt. Ich kann nur hoffen, dass es mir mit diesem Buch, das sich an die Öffentlichkeit wendet, gelungen ist, ihre Stimmen und Geschichten über unsere flüchtigen Begegnungen in diesen vergessenen Ländern hinaus zu bewahren. Ihnen möchte ich mein Buch widmen.

Mit Dank an: 

Foto S. 2–3: in Lumpen gehüllte Bettler neben der Kirche von Shushi (Armenien)

Titel der belgischen Originalausgabe:
Op reis naar Nergens

© Uitgeverij Lanoo nv, Tielt 2006
© der deutschen Ausgabe
2007 Verlag Wolfgang Kunth GmbH & Co. KG, München
Königinstraße 11, 80539 München
Telefon +49. 89. 45 80 20 - 0, Fax +49. 89. 45 80 20 - 21
www.kunth-verlag.de

Text und Fotos: Marc Helsen
Übersetzung: Bärbel Jänicke
Porträtfoto Marc Helsen: Pol de Wilde
Kartografie: Eli Smet
Gestaltung: Studio Lanoo und Helga Bontinck
Printed in Belgium

ISBN 978-3-89944-322-6

Alle Rechte vorbehalten. Reproduktionen, Speicherung in Datenverarbeitungsanlagen, Wiedergabe auf elektronischen, fotomechanischen oder ähnlichen Wegen nur mit der ausdrücklichen Genehmigung des Copyrightinhabers.

Ärzte ohne Grenzen (Médecins Sans Frontières) ist eine der größten privaten medizinischen Nothilfeorganisationen. Gegründet wurde sie 1971 von einer Gruppe junger Ärzte und Journalisten in Paris. Ihre Vision: von Kriegen oder Naturkatastrophen betroffenen Menschen schnell und über nationale Grenzen hinweg medizinisch zu helfen. Heute hat die Organisation Sektionen in 19 Ländern.

Neben der medizinischen Nothilfe hat es sich Ärzte ohne Grenzen zur Aufgabe gemacht, über die Lage der Menschen in den Projekten zu berichten. Wenn die Mitarbeiter Zeugen werden von schweren Menschenrechtsverletzungen und Verstößen gegen das humanitäre Völkerrecht, so machen sie diese öffentlich.

Im Jahr 2006 arbeiteten mehr als 2000 internationale Mitarbeiter für Ärzte ohne Grenzen – u.a. Ärzte, Krankenpfleger, Logistiker – in etwa 70 Ländern. Sie arbeiten eng mit den einheimischen Kollegen zusammen, mehr als 25 000 nationale Mitarbeiter sind jährlich im Einsatz für die Organisation. Neben profundem Fachwissen, Idealismus und dem Respekt vor fremden Kulturen müssen die Mitarbeiter vor allem die Fähigkeit mitbringen, im Team zu arbeiten. Dies ist besonders wichtig, da die Teams international zusammengestellt sind und über Monate auf engem Raum zusammenleben.

Für ihre Kompetenz und ihre Einsatzbereitschaft für Menschen in Not wurde die Hilfsorganisation Ärzte ohne Grenzen 1999 mit dem Friedensnobelpreis geehrt.

Weitere Infos unter:

Ärzte ohne Grenzen
Am Köllnischen Park 1
10179 Berlin
Tel.: +49. 30. 22 33 77- 00
Fax: +49. 30. 22 33 77- 88

www.aerzte-ohne-grenzen.de